ABRÉVIATIONS.

Le Recueil des historiens des Gaules, par D. Bouquet et les Bénédictins, 18 vol. in-fol., est indiqué après la date de la pièce par les initiales, *Hist.*; le chiffre romain indique le tome, et le chiffre arabe la page.

La Collection in-fol. des ordonnances de la troisième race, par *Laurière, Secousse, Villevault, Bréquigny et Pastoret*, est désignée sous les initiales C. L. (Collection du Louvre); le chiffre romain désigne le volume, et le chiffre arabe la page.

Baluze est cité en toutes lettres avec le tome et la page des deux éditions, ainsi que les autres collections académiques ou savantes dans lesquelles on a puisé.

Les notes signées L. ou Laur., sont de *Laurière*, premier éditeur de la Collection dite du Louvre; Sec., de *Secousse*; Past., de M. de *Pastoret*.

Bien que ce Recueil soit originairement l'œuvre de la collaboration commune des trois personnes indiquées sur le titre, il a néanmoins paru convenable d'annoncer au public la part que chacun d'eux y avait prise plus spécialement, en indiquant par leurs initiales, celles des notes qui leur appartiennent, et dont ils gardent la responsabilité.

Celles signées *Is.* sont de M. *Isambert*;

Celles non signées, ou signées *Dec.* de M. *Decrusy*;

Celles signées *J.* de M. *Jourdan*.

On a suppléé par des dissertations (Préface des 2e, 3e et subséquentes livraisons) aux monumens législatifs de toute espèce, qui appartiennent aux Nations qui ont habité la France, depuis l'an 600, avant l'ère vulgaire, jusqu'à l'avénement de Philippe de Valois, en 1328, époque depuis laquelle les registres publics nous ont été conservés presque sans interruption. *V.* préface de la 1re livraison.

IMPRIMERIE DE E. POCHARD,
RUE DU POT-DE-FER, N° 14, F. S. G.

RECUEIL GÉNÉRAL

DES

ANCIENNES LOIS FRANÇAISES,

Depuis l'an 429 jusqu'à la révolution de 1789;

CONTENANT LA NOTICE OU LE TEXTE DES PRINCIPAUX MONUMENS DES MÉROVINGIENS, DES CARLOVINGIENS ET DES CAPÉTIENS,

Qui ne sont pas abrogés, ou qui peuvent servir, soit à l'interprétation, soit à l'histoire du Droit public et privé;

Avec notes de Concordance, Table des matières, et Dissertation sur la constitution de la monarchie à la mort de Clovis.

PAR MM.

ISAMBERT, Avocat aux Conseils du Roi et à la Cour de cassation;
DECRUSY, Avocat à la Cour royale de Paris;
JOURDAN, Docteur en Droit, Avocat à la Cour royale de Paris.

> « Voulons et Ordonnons qu'en chacune Chambre de nos Cours de
> » Parlement, et semblablement es Auditoires de nos Baillis et
> » Sénéchaux y ait un livre des Ordonnances, afin que si aucune
> » difficulté y survenait, on ait promptement recours à icelles. »
> (*Art*. 79 *de l'Ordonn. de LOUIS XII, mars* 1498, Ire *de Blois*.)

TOME V.

1357 — 1380.

PARIS,

Chez { BELIN-LEPRIEUR, LIBRAIRE-ÉDITEUR, QUAI DES AUGUSTINS, N° 55;
{ VERDIÈRE, LIBRAIRE, QUAI DES AUGUSTINS, N° 25.

JANVIER 1824.

BIBLIOTHÈQUE
DU PALAIS
DE LA PAIX

ESSAI
SUR
L'ÉTABLISSEMENT MONARCHIQUE
DES
MÉROVINGIENS (1);
PAR M. ISAMBERT.

> Jura publica certissima sunt humanæ vitæ
> solatia, infirmorum auxilia, potentum fræna.
> *(Proclamation du grand Théodoric aux peuples des Gaules, en 510.)*

Selon nous, on n'a point encore expliqué la constitution politique de la monarchie, sous la première race de nos rois. Des hommes, d'une vaste érudition et de talens supérieurs, l'ont essayé; mais, ou ils ont écrit dans un esprit de système, et n'ont envisagé la question que sous un point de vue, ou ils ont réuni, dans un même tableau, des traits qui appartiennent à la physionomie de plusieurs nations diverses, prises à des âges bien différens.

Le comte de *Boulainvilliers*, pour donner plus d'illustration et d'indépendance à la noblesse, a prétendu qu'elle n'était autre que la milice de Clovis, et qu'ainsi elle a conquis ses droits à la pointe de l'épée, sans rien devoir à nos Rois.

Quand cela serait, les priviléges de toute espèce qu'avait obtenus l'ancienne noblesse n'en seraient pas plus

---

(1) Il fait suite à l'Essai sur l'état législatif des Gaules, avant et après la conquête de César. *V.* préface de la 2ᵉ livraison.

légitimes, car la force est un fait et non un droit; mais il n'est pas vrai que le servage général de la Nation, au profit d'un petit nombre de privilégiés, remonte si haut; les Gaulois n'ont point été réduits en servitude par Clovis et ses guerriers. Nous aurons même l'occasion de prouver que Clovis et ses successeurs accueillirent les riches Gaulois, qu'ils les admirent au rang de leurs Fidèles, de ceux qui s'engagèrent envers eux par un serment spécial.

La noblesse féodale est le résultat de l'érection des fiefs; les fiefs sont les enfans des bénéfices; et les bénéfices ne remontent pas au-delà du septième siècle. La noblesse n'a gagné ses prérogatives qu'à la fin de la seconde race, en usurpant les droits régaliens sur les descendans dégénérés de Charlemagne.

Le comte de Boulainvilliers n'a vu que le fait de la conquête, et toutes ses conséquences ordinaires dans des siècles de barbarie. L'abbé *Dubos* a fait un livre pour prouver au contraire que Clovis et ses successeurs n'obtinrent la souveraineté dans les Gaules, que par une cession authentique d'Anastase et de Justinien. Un seul fait est prouvé, c'est que Clovis s'est trouvé maître de toutes les provinces occupées par les Romains presque sans coup férir; il ne s'empara pas de leurs biens comme avaient fait les Bourguignons et les Visigoths, qui, en abusant du droit de la victoire, ne purent jamais gagner l'affection des vaincus.

Dubos a raison de voir dans les circonstances de l'établissement de la monarchie des Franks, plutôt une soumission volontaire qu'une conquête véritable; mais il conclut trop, quand il va jusqu'à prétendre que Clovis régna sur les Gaules avec le même pouvoir que les Empereurs. Son pouvoir fut limité, d'une part par la constitution démocratique de sa Nation, dont il ne pouvait ainsi se détacher tout-à-coup, et par le pouvoir du clergé catholique, représenté par des assemblées d'évêques élus par le peuple, et dont la personne était inviolable.

Mably ne voyant à la surface, paraître et agir que la nation des Franks, suppose que les Gaulois sont redevenus libres, en s'incorporant avec les vainqueurs, et qu'ainsi, non seulement ils n'ont rien perdu à la conquête, mais qu'ils y ont gagné l'exemption du tribut qu'ils payaient à l'empire, et des exactions qui en étaient la suite.

La constitution de la monarchie de Clovis et de ses successeurs ne fut pas républicaine, quoique composée de deux élémens démocratiques.

Montesquieu ne voulait pas établir un système; mais en examinant isolément les opinions de ses devanciers, et en censurant avec amertume l'abbé Dubos, il a prouvé que le génie seul ne suffit pas pour découvrir les vérités historiques et législatives; malgré ses critiques, le livre de Dubos n'en est pas moins resté le meilleur ouvrage relatif aux institutions publiques de la monarchie à l'époque qui nous occupe. *Montesquieu* a presque toujours combattu son adversaire par des argumens tirés des monumens de la seconde race, et par suite il soutient contre l'évidence des faits l'antiquité de la noblesse et des bénéfices. Ce qui a vivement piqué *Montesquieu*, c'est l'opinion professée par l'abbé *Dubos*, que dans les premiers temps de la monarchie il n'y avait qu'un seul ordre de citoyens : « Prétention, » s'écrie-t-il, injurieuse au sang de nos premières familles, et qui ne le serait pas moins aux trois grandes » maisons qui ont successivement régné sur nous. L'origine de leur grandeur n'irait donc point se perdre dans » l'oubli, la nuit et le temps ! l'histoire éclairerait des » siècles où elles auraient été des familles communes ! »

C'est-à-dire que pour caresser l'orgueil nobiliaire de quelques familles, et des maisons royales qui se sont successivement emparées du trône par une usurpation manifeste, il faudrait dépouiller le reste de la Nation de cet héritage d'égalité primitive, attestée par les monumens, et qu'elle n'a perdu un moment que sous le règne de la féodalité; il faudrait admettre les fables dont l'auteur anonyme des Gestes des Franks a environné leur berceau, faire remonter l'origine de la maison actuellement régnante à *Tros*, ou à l'un des fils de Priam, et admettre comme une vérité historique l'absurde généalogie dont le comte *Fortia d'Urban* s'est rendu le garant et le défenseur (1).

Parmi les publicistes (2) récens qui se sont occupés de l'examen de nos origines nationales, M. *Meyer*, dans ses Prolégomènes sur les institutions judiciaires, en a assez heureusement tracé le tableau général; mais par cela qu'il embrasse tout, on ne peut pas se flatter d'y trouver un exposé précis et fidèle de la constitution particulière du peuple intéressant qui doit nous occuper.

M. *Guizot*, dans un ouvrage rempli d'aperçus fins

---

(1) *V.* la généalogie de la maison de France, dans l'ouvrage de M. *de Courcelle*, récemment présenté au Roi. On y compte une série de 40 Rois avant *Pharamond*, et l'on n'a pas trouvé de difficulté à assigner la date du règne de chacun d'eux. On y soutient en outre, que la maison de Capet descend de la branche aînée, par l'un des fils de *Mérovée*.

(2) Malgré notre désir de rendre hommage à nos devanciers, nous ne pouvons citer ici l'histoire de la législation de M. *Bernardi*. Dans les 104 pages qu'il a consacrées aux institutions de la première race, et aux temps antérieurs, il n'a approfondi aucune question; il ne présente aucune idée nouvelle: heureux quand il ne substitue pas ses préjugés à l'opinion de ceux qu'il abrège en les copiant.

et ingénieux, a malheureusement cru qu'il était possible, de renfermer dans un seul cadre, l'ensemble des institutions politiques, en France, du cinquième au dixième siècle, c'est-à-dire qu'il embrasse sous un seul point de vue un espace de cinq cents ans.

Quoi! dans les temps où nous vivons, il faut à peine dix années pour voir les constitutions politiques s'altérer et changer, et cet habile publiciste n'a pas senti d'avance le danger de sa méthode? Peut-on conclure d'une institution de Charlemagne, qu'elle existait sous Clovis ou sous Charles-le-Chauve? Peut-on tirer d'un fait législatif établi au commencement ou à la fin du cinquième siècle, des conséquences décisives sur les bases de l'organisation politique du dixième?

Malgré toute sa sagacité, M. Guizot, après avoir couru cette longue et pénible carrière, n'y a vu, de son aveu, que le chaos. « Tout s'y rencontre, dit-il, les principes « comme les exemples de la liberté, du despotisme et du « privilége. »

Malgré la fixité de la monarchie, on ne trouverait pas un autre résultat, si l'on voulait mêler ensemble les institutions françaises sous Henri IV, et celles de la fin du règne de Louis XVI; et cependant il n'y a qu'un intervalle de deux siècles!

Loin de nous la folle présomption de prétendre à plus de sagacité que nos devanciers; mais après avoir bien médité sur les monumens de toute espèce échappés au naufrage des temps, après les avoir classés par époques, et avoir étudié chacune d'elles avec tout le soin dont nous sommes capables, il nous a semblé qu'il était aussi facile d'expliquer la monarchie des Mérovingiens que celle de Louis XIV.

Le point de départ seul nous a paru important à fixer. A la fin du cinquième siècle, deux grands faits historiques et législatifs s'offrent à l'observation; une Nation libre, mais barbare, occupe les Gaules; elle y trouve un peuple civilisé et encore organisé, quoiqu'en pleine décadence, dont elle maintient les lois et les coutumes. Cette nation, conquérante si l'on veut, adopte la religion et la langue des vaincus; dès lors il est évident que sa constitution doit changer, et que la religion exerce sur elle, à peu près un effet semblable à celui qu'elle produit elle-même, sur les peuples qu'elle soumet à sa nouvelle domination.

Le double fait de la conquête et du changement de religion n'a point encore été suffisamment observé.

D'un autre côté il s'est trouvé dans la loi des Franks une disposition, importante puisqu'elle se rattache à l'ordre de successibilité au trône, qui, pour n'avoir pas été comprise, a mis les écrivains dans l'impossibilité de nous expliquer la constitution Mérovingienne.

Beaucoup de dissertations, et de biens savantes, ont été publiées sur la loi Salique; et l'on a négligé l'explication la plus simple, la plus naturelle, celle qui se présentait la première à l'esprit; ou si plusieurs l'ont entrevue et admise, ils n'ont pas su en tirer toutes les conséquences.

L'ordre de successibilité au trône n'a pas eu, ni pu suivre d'autre loi que celle de l'ordre successif ordinaire; par là on explique les partages de la monarchie, le mélange d'élection et d'hérédité qui caractérise dans l'histoire la royauté mérovingienne; on explique les minorités, l'absence des régences, la magistrature des maires du palais, et plusieurs faits encore obscurs dans la succession de la dynastie des Carlovingiens.

Si la loi salique a de même régi la race des Capétiens, c'est en subissant une modification importante, que personne encore n'a, je crois, signalée.

Nous l'expliquerons ailleurs; mais après avoir reconnu la nécessité de fixer l'état de toutes les parties de la monarchie à la mort de Clovis, de saisir la Nation, ou les Nations dont elle se composait, à l'époque de la grande révolution qui termine le cinquième siècle, au moment du passage à une existence nouvelle, nous avons dû jeter nos regards en avant, afin de reconnaître le progrès des institutions, et de rectifier les idées trop absolues, que l'examen isolé d'une époque aurait pu nous inspirer.

Par cet examen anticipé, nous avons été confirmés dans l'idée que nous nous sommes faite de la constitution politique de la France à la mort de Clovis.

Depuis, la monarchie n'est pas restée stationnaire; elle a reçu tout son développement, elle a eu le temps de produire ses bons et ses mauvais effets. Deux fois partagée, deux fois réunie dans un espace de cent vingt-sept ans, on en voit jouer tous les ressorts. C'est dans cet intervalle qu'on aperçoit les premières traces des bénéfices militaires.

Mais après la mort de Dagobert (en 638), et même un peu avant, la puissance des maires du palais s'élève et devient une régence perpétuelle sous des rois adolescens ou imbécilles, flétris avec raison par l'histoire du nom de *fainéans*. Celle-ci est une époque de décadence; les Leudes, les Fidèles, les Antrustions ou bénéficiers, commencent à former une aristocratie, mais qui n'a encore rien de féodal. Par cela même qu'une classe s'élève, la classe moyenne s'abaisse, le nombre des hommes libres diminue, et celui des esclaves ou des serfs s'accroît.

Lorsqu'en 687, Pepin de Herstall, maire du palais d'Austrasie réunit à son gouvernement la mairie, c'est-à-dire la suprême autorité, dans les royaumes de Neustrie et de Bourgogne, la dynastie des Mérovingiens a de fait cessé de régner.

« Exhinc, dit un historien contemporain (1), exhinc « Reges nomen, non honorem habere cœperunt (2). »

On ne vit plus paraître sur le trône que des Rois enfans, et même il y eut des interrègnes.

Cette période, qui s'étend jusqu'à l'an 752, est une époque d'usurpation ; c'est la maison de Pepin qui préside aux destinées de la Nation, qui la représente et la fait respecter au dehors, et qui au dedans la gouverne avec les pouvoirs les plus étendus, et avec tous les attributs de la souveraineté.

Quand Pépin-le-Bref ceignit le bandeau royal au milieu du septième siècle, la seconde dynastie régnait déjà depuis plus d'un siècle ; Charlemagne fut le dernier grand homme que produisit cette famille ; sa décadence s'annonce sous Louis-le-Débonnaire, et se continue sous Charles-le-Chauve.

Après celui-ci commence une nouvelle race de Rois fainéans : le trône devient électif par leur faiblesse ; les usurpateurs se multiplient. Malgré l'anathême foudroyé contre celui qui oserait se substituer à la race de Pepin, l'oint du Seigneur, malgré le renouvellement de cet anathême contre son chef, la maison des Capétiens se rapproche chaque jour du trône. Elle y est portée par la noblesse féodale, qui s'est formée en se rendant héréditaire dans la possession de ses bénéfices, et qui veut ainsi se légitimer.

---

(1) *Erchambert*, fragment écrit sous Charles Martel, Recueil des histor. des Gaules, tom. II, page 690.

(2) *V.* aussi les Annales de Metz, même Recueil, page 676.

Quand Hugues Capet monta sur le trône vers la fin du dixième siècle, trois cents ans après l'élévation de la maison de Pépin, il ne fut envié de personne; le changement de dynastie se fit sans efforts.

Nous nous proposons de rechercher successivement dans les monumens législatifs, les causes de ces révolutions, et d'en signaler les phases et les progrès (1).

CHAPITRE Ier. — *Institutions sous Clovis.*

Nous avons partagé la série mérovingienne en quatre époques. Celle qui doit nous occuper la première, est le tableau des institutions sous Clovis.

Les Gaules alors, étaient partagées entre quatre nations principales, dont deux, les Bourguignons et les Visigoths, conservaient une sorte d'indépendance au moins nominale, et deux autres, l'une conquérante, et l'autre sinon conquise, au moins soumise par la terreur des armes, tendaient à ne former qu'un seul peuple.

Ce sont les Franks, et les Romains, ou plutôt les Gaulois; car ce nom de Romains doit disparaître, au moment de la chute de l'empire d'Occident; nous devons restituer à nos ancêtres leur vrai nom national, en observant toutefois, que chez les historiens, et dans tous les monumens de cette époque, ils sont nommés *Romains*, qualification qu'on oppose toujours à celle de Barbare.

La royauté de Clovis ne pouvait pas avoir aux yeux

---

(1) Nous comblerons ainsi l'espèce de lacune qui existe dans la collection à laquelle nous donnons nos soins, puisqu'elle ne commence guère qu'à la troisième race.

du guerrier Frank, accoutumé à délibérer avec son prince sur la paix et sur la guerre dans l'assemblée du Champ de Mars, le même degré de grandeur qu'aux yeux des Romains-Gaulois, dès long-temps façonnés au despotisme des empereurs.

La royauté des Mérovingiens, eût été absolue pour eux, si un élément démocratique et religieux, n'était venu s'y mêler : je veux parler du clergé gallican, qui dès cette époque se réunissait dans des assemblées synodales, et jouissait, en la personne des évêques, d'un pouvoir et d'une vénération, que les Rois, successeurs de Clovis, durent d'autant plus respecter qu'ils étaient plus ignorans.

Le clergé, pendant les guerres civiles qui déchiraient l'empire, ne s'était pas oublié; il avait peu à peu augmenté ses prérogatives, acquis de nouveaux biens; et, si des schismes ne s'étaient pas élevés dans son sein, il se fut emparé d'une grande partie de la puissance publique; il aurait dès lors fondé l'empire de la Tiare.

Nous développerons ailleurs les causes de sa force; nous devons nous attacher, plus particulièrement ici, à rechercher les causes d'après lesquelles la distinction en Nations fut maintenue dans les Gaules à l'époque de la conquête, distinction qui a continué de subsister fort avant sous la seconde race, et qui ne s'est effacée qu'à l'époque de l'établissement du système féodal; tous les habitans ayant été soumis au même servage, il fut dès lors impossible de distinguer le Gaulois du Frank, le Bourguignon du Visigoth.

Agobard, archevêque de Lyon, dans une lettre adressée à Louis-le-Débonnaire, avait engagé ce prince à faire cesser cette division en Nations.

« Je laisse à votre bonté, dit-il, à juger si la religion et la justice n'ont pas beaucoup à souffrir de cette diversité de

» lois qui est si grande, qu'il est commun de voir dans
» le même pays, dans la même cité, dans la même mai-
» son, des personnes qui vivent suivant des lois diffé-
» rentes; il arrive souvent que de cinq personnes qui
» conversent ou qui se promènent ensemble, il n'y en a
» point deux qui suivent la même loi temporelle, quoi-
» qu'elles soient toutes de la même religion.

« N'eut-il pas mieux valu, que tous les Français, qui
» obéissent au même prince, soient sujets à la même
» loi (1)? »

Pour arriver à l'uniformité, il aurait fallu plus de fermeté de caractère que n'en possédait le prince auquel ceci s'adressait. On ne détruit pas ainsi des habitudes enracinées depuis trois siècles.

Nous l'avons éprouvé nous-mêmes; pour abolir les coutumes et les priviléges des provinces, il a fallu convoquer les états généraux.

Clovis, vainqueur des Gaules, ne fut pas sans doute sans s'apercevoir combien l'uniformité de droits et de législation eût été desirable.

Mais le chef d'une tribu de 3000 guerriers, pouvait-il entreprendre une réforme si hardie?

L'entreprise eût été possible sans doute, s'il n'avait pas eu des ennemis extérieurs et intérieurs.

Il avait conquis les provinces occupées par les Visigoths; mais il les avait parcourues si rapidement qu'il ne pouvait les regarder comme acquises; il avait été obligé de laisser subsister le trône de Bourgogne.

Dans de telles circonstances politiques, pouvait-on convoquer une assemblée générale des Gaules? Le Frank

---

(1) *Ut Franci sub Rege uno, und omnes tenerentur lege.* V. édition de Baluze, page 111, chap. 4.

aurait-il délibéré avec le Gaulois, le Visigoth avec le Bourguignon?

D'un autre côté, pouvait-on, dans l'assemblée des Franks, statuer des lois pour tout le pays? Les guerriers de Clovis législateurs de toute la population des Gaules, il leur eût été plus facile de réduire leurs nouveaux sujets en esclavage!

Quand on veut affermir des conquêtes faites d'une manière si rapide et si inespérée, il faut laisser aux vaincus leurs lois civiles. Il est facile de consoler un peuple, abruti par le despotisme, de la perte de ses institutions politiques, quand depuis long-temps elles ont cessé de le protéger; mais il n'en est pas de même des lois qui maintiennent la paix dans les familles, et qui garantissent les intérêts de tous les jours.

Clovis fit ce qu'il pouvait; il tâcha, par une nouvelle rédaction de la loi Salique, d'amener peu à peu sa nation à fraterniser avec les autres nations des Gaules; il y stipula des droits particuliers pour les Gaulois, avec lesquels ils étaient déjà réunis par le lien de la religion.

Le clergé lui était dévoué; il se servit de cet instrument pour statuer des lois générales; c'est ce que prouve invinciblement le concile de l'an 511, tenu l'année de sa mort, et fait sous son autorité.

Si Clovis n'était pas mort à la fleur de son âge, il eût sans doute fait davantage.

Ses successeurs en avaient les moyens; mais la loi pernicieuse du partage de la monarchie y mettait obstacle. Les enfans de Clovis tournèrent les armes les uns contre les autres, après la conquête définitive de la Bourgogne.

Comment, d'ailleurs, aurait-on établi une seule loi, dans un pays obéissant à plusieurs souverains, et qui tendait toujours à se fractionner en corps de nations séparées ?

Bien loin de travailler à cette uniformité, Thierry, fils de Clovis, rédigea la loi des Ripuaires. Childebert, son frère, fit une nouvelle rédaction de la loi salique.

Clotaire, réunissant les parts de ses frères, pouvait établir des lois générales.

Mais il était si éloigné de vouloir effacer la distinction par Nations, que par sa constitution de l'an 560, il la consacra d'une manière formelle, oubliant ainsi qu'une monarchie n'est puissante, qu'autant que tous les citoyens sont unis, et obéissent à la même loi.

A sa mort le royaume des Franks se trouva de nouveau partagé.

Les membres épars de la monarchie se réunirent de nouveau sous Clothaire II, en 613 ; et dès l'année suivante nous voyons reparaître une loi générale. Cependant en 630, Dagobert, son fils, confirma la loi Salique, la loi des Ripuaires, la loi des Alemands, et la loi des Bavarois. La loi des Bourguignons continua de subsister, ainsi que la loi romaine, et même celle des Visigoths.

Après la mort de Dagobert, la chose ne fut plus possible, la monarchie fut de nouveau partagée; il s'éleva des rivalités sanglantes entre les Austrasiens, les Neustriens et les Bourguignons.

La main de Pepin d'Herstall, celle de Charles Martel, et de Pepin-le-Bref, étaient sans doute assez puissantes pour opérer des réformes; mais avant tout il fallait fonder la dynastie.

Nous examinerons plus tard les motifs pour lesquels Charlemagne crut devoir maintenir les lois des diverses nations soumises à son empire.

Il s'agit maintenant d'examiner la loi particulière de

chaque Nation, au moment de la conquête faite par Clovis.

Nous ne pouvons parler que de celles dont il reste des monumens. Nous serions réduits à des conjectures relativement aux diverses tribus, de Teiphales, de Saxons, de Bretons insulaires, d'Ampsivares, de Chattes et de Chamaves, dont il n'est parlé que dans l'histoire, et encore d'une manière vague et transitoire.

Pour obtenir la constitution mérovingienne, il faut examiner séparément les trois élémens dont elle se compose, savoir : 1° la loi des Franks ; 2° la loi des Gaulois ; 3° et la constitution ecclésiastique, qui en forme le lien commun.

Nous parlerons ensuite des Bourguignons et des Visigoths.

§ 1ᵉʳ. — *Loi des Franks.*

Clovis fut reconnu Roi de toutes les tribus des Franks sur la fin de son règne. Mais cette fusion, obtenue par la force autant que par l'inclination de ces tribus, ne fut pas durable, puisque nous voyons paraître bientôt après, les Franks ripuaires, les Alemands et autres, avec leurs lois personnelles.

Nous devons donc considérer en elle-même la constitution des Franks, à laquelle Clovis appartenait, et dont sortit aussi Charlemagne.

Leur loi doit être examinée de près, parce qu'étant celle du chef de la dynastie, elle a dû naturellement prévaloir sur les autres, ou du moins entrer comme élément principal dans la constitution mixte qui s'établit.

Il paraît certain qu'avant Clovis, la tribu s'assemblait tous les ans au mois de mars, pour délibérer sur la paix et la guerre.

Cette époque était bien choisie; si l'on décidait de se mettre en campagne, on avait le temps de faire les derniers préparatifs, ou de recourir encore aux négociations.

Sous la seconde race, ces assemblées furent remises au mois de mai, mais alors les moyens pour faire la guerre étaient plus grands; c'était plutôt une revue qu'une véritable délibération.

De notre temps, une assemblée pareille, indiquée pour le mois de mai, s'est trouvée reculée jusqu'au mois de j●●, et les hostilités ont commencé presque aussitôt.

C'est dans les assemblées du Champ de Mars que fut décrétée, vers l'an 420, la loi Salique, la plus ancienne des lois des barbares. De nos jours l'acte additionnel aux constitutions de l'empire, fut promulgué dans une assemblée qui portait le même nom. Mais ce fut une vaine cérémonie. Il est présumable qu'il en était de même sous Charlemagne.

On ne sait pas qui régnait sur les Franks en 420, la loi ne le dit pas; c'est une preuve bien forte, que les Rois n'exerçaient alors aucune partie de la puissance législative, et qu'ils n'étaient que les exécuteurs des résolutions de l'assemblée.

Grégoire de Tours nous apprend (Liv. II, chap. 9.), que l'on ne connaissait pas la lignée de ces Rois; et qu'autrefois, même vers la fin du 4ᵉ siècle (an 388), leurs chefs étaient encore appelés ducs ou vice-rois (1).

Des assemblées nationales qui se sont tenues sous Clovis, l'histoire ne nous a conservé que bien peu de traces. Nous en savons pourtant assez pour être certains qu'elles ont eu lieu annuellement.

---

(1) *V.* pour les détails antérieurs à Clovis, le § 3 de la Notice, préface de la 2ᵉ livraison.

C'était une assemblée nationale que celle tenue à Soissons, en 486, pour le partage des dépouilles provenant des premières conquêtes de Clovis.

« Transacto vero anno, jussit *omnem* cum armorum apparatu advenire phalangem, ostensuram in *Campo Martio*, suorum armorum nitorem; ubi cunctos circuire deliberat, etc. » (Grégoire de Tours, liv. II, chap. 27.)

L'opposition du soldat au prélèvement du vase dans le partage des dépouilles lors de la première assemblée, est une preuve sans réplique que le Roi n'était que le premier entre ses égaux.

La vengeance exercée par Clovis sur sa personne dans l'assemblée de 487, prouve que le général, comme grand juge militaire, avait droit de vie et de mort.

L'action de Clovis inspira une grande terreur: mais elle n'était pas illégale; le pouvoir de juger une faute contre la discipline lui appartenait.

Toutefois, il faut en convenir, la conduite du prince des Franks, dans cette circonstance, ressemble beaucoup à celle du chef d'une bande de brigands, qui ne peut rien soustraire dans le partage du butin, mais qui, dans l'exécution de ses ordres, ne prend conseil que de lui-même.

Un changement de religion était un acte trop important pour n'avoir pas besoin d'être sanctionné par une délibération publique, chez un peuple où le pouvoir des Rois était aussi restreint.

Aussi voit-on, qu'en 496, saint Remy prêcha toute la nation. Clovis se rend à l'assemblée avec les siens, *conveniens cum suis*. Ce n'est pas Clovis seul qui statue, *omnis populus adclamavit*. (Grégoire de Tours, liv. II, chap. 31, p. 178.) Si les Rois franks avaient été revêtus de la puissance législative, se serait-on exprimé ainsi. Quand Henri VIII, Roi d'Angleterre, rompit avec le pape, appela-t-il son peuple à délibérer?

Au reste, un changement de religion est un acte si important qu'il passe même les pouvoirs d'une assemblée nationale. S'il y a un grand nombre de dissidens, le pacte social est rompu; c'est ce qui arriva du temps de Clovis; trois mille seulement des siens se convertirent. Le reste se retira auprès des Rois des autres tribus. (*V*. la préface de la 2° livraison.)

La dernière assemblée dont parle l'histoire, est de l'an 507. Clovis y fit à ses guerriers la proposition de porter la guerre chez les Visigoths. L'entreprise était hardie. Clovis affecta le zèle religieux d'un nouveau converti.

« Valdè molestè fero, quod hi Ariani partem tenent Galliarum. Eamus cum Dei adjutorio, et superatis redigamus terram in ditionem nostram. »

L'espoir du butin enflamma tous les cœurs, *placuit omnibus hic sermo*, dit Grégoire de Tours; livre II, chap. 37.

C'est dans l'une de ces assemblées, on ne sait laquelle, parce que Grégoire de Tours n'en parle pas, que la loi salique fut traduite du langage barbare, dans lequel elle était écrite (1), et qu'elle fut revisée pour

---

(1) Montesquieu, livre 28, chap. 1er, s'élève contre Leibnitz, qui pense que cette loi fut faite avant le règne de Clovis; « elle ne put l'être, dit-il, avant que les Franks fussent sortis de la Germanie; ils n'entendaient pas pour lors le latin. » Si cette dernière raison est bonne, elle vient à l'appui de notre assertion. Le prologue atteste que la loi existait du temps que les Franks étaient encore payens, *dùm adhuc teneretur Barbarie;* elle a donc été écrite dans la langue du pays: tudesque ou autre, les Franks avaient un langage; ce qui l'indique c'est cette foule de

être appropriée au changement de religion, et purgée de toutes les superstitions payennes.

Le fait de la révision est attesté par le préambule de la loi salique elle-même, *nuper ad catholicam fidem conversa* (*Voy.* pag. 25, tom. 1ᵉʳ); la nécessité en est d'ailleurs évidente.

On peut dire de cette révision ce qu'on a dit de celle des Franks ripuaires : « *Quidquid Rex propter vetustissimam paganorum consuetudinem emendare non potuit, post hæc rex Childebertus inchoavit corrigere.* »

Il est bien fâcheux qu'on ne nous ait conservé que la rédaction faite sous Dagobert en 630; celle de Clovis nous eût révélé sans doute bien des détails précieux pour cette époque éloignée.

Mais nous sommes obligés de la prendre telle qu'elle est. Il est facile pourtant de conjecturer quels sont les changemens principaux amenés par le changement de religion.

En analysant la loi salique, nous devons négliger tout ce qui n'appartient pas à l'état des personnes, aux fonctions des magistrats, et à l'ordre de succession.

Nous ferons seulement ici la remarque que cette loi, destinée à une nation toute guerrière, contient plus de dispositions sur la culture des terres qu'aucune loi postérieure de la monarchie. Cela prouve que les Franks ne faisaient pas toujours la guerre; qu'ils étaient depuis long-temps colonisés dans les Gaules, et attachés au

---

mots barbares qu'on fut obligé de conserver, *chrenechruda*, *sagbaron*, *grafion*, *Werhgeld*, *adframire*; tous ces mots n'étaient pas romains. On l'a donc traduite en latin, à l'époque de la conversion; les évêques durent s'offrir pour ce travail. C'est aussi l'opinion de M. *Guizot*.

sol; que ce sol était cultivé (1) : il l'était sans doute par des esclaves, suivant l'usage de ce siècle.

Mais on ne trouve dans ce code antique aucune trace de féodalité, aucune prééminence de la terre ou de l'homme.

Point de cens, point de redevances; les terres des Franks étaient libres comme leurs personnes.

Comme il n'y avait pas de cour à entretenir, que tous les Franks étaient soldats, que la justice s'expédiait sommairement et brièvement, il n'y avait pas besoin de lever des impôts; quelques amendes, réservées au Roi ou aux juges, suffisaient.

La part dans le butin était sans doute proportionnée au grade que chacun occupait dans l'armée, et c'était là le seul avantage des tungmans (ou dixainiers), des centainiers, des grafions, et du Roi.

La première loi du premier titre (de l'ajournement), *si quis ad mallum legibus dominicis mannitus fuerit,* nous apprend que la justice civile et criminelle se rendait dans une assemblée appelée *malberg*, ou *mallum* (depuis *placitum*), en vertu des ordres du maître.

Mallum signifie assemblée publique; on ne désigne pas les assemblées générales de la nation, autrement que les assemblées particulières et cantonales. *Qui per tres mallos convenientes,* dit le préambule de notre loi, en parlant de l'adoption du pacte social des Franks, proposé par les quatre principaux d'entre eux.

Nous croyons qu'ici par *maître*, il faut entendre le

---

(1) Il résulterait du titre IV de la loi salique, que les Franks-aliens avaient établi leurs quartiers entre la Loire, la mer et la forêt Charbonnière. Ce qui fit plus tard donner à ce pays le nom particulier de *Francia*.

monarque lui-même; car rien n'est plus certain qu'alors il rendait la justice en personne (1), ce qui ne veut pas dire, que seul il participait au jugement, mais qu'il le prononçait et le faisait exécuter.

Cela ne veut pas dire non plus que le Roi jugeait toutes les causes, quoiqu'elles ne fussent pas nombreuses, mais seulement celles qui étaient importantes par elles-mêmes, ou qui lui venaient par appel des rachimbourgs, ou autres juges inférieurs.

« Licet apud concilium accusare quoque, et discrimen capitis intendere. » Tacite.

« Principes qui jura per pagos vicosque reddunt, » dit un ancien historien.

« Si quis in mallum publicum ierit, et aliquis extra ordinationem Regis restare eum fecit, aut adsalire presumpserit. » Art. 4 du tit. XVI de la loi salique.

Si quis hominem absentem apud Regem accusaverit, dit l'art. 1er du tit. XXI. On pourrait croire, d'après cet article, que le jugement était prononcé tant en absence que présence; mais on trouve au titre LIX, *De Despectionibus*, l'indication de formes très-solennelles pour appeler le défaillant devant la justice du Roi qui recevait l'appel de la justice du tungman et des centainiers (Loi salique, tit. XLIX).

Ces mêmes solennités sont prescrites à l'égard des *antrustions*, par le titre LXXVI.

Le titre XI a pour objet de punir le vol des esclaves. L'esclavage existait chez les Franks : on n'en doit pas être étonné ; cette violation du droit naturel a été l'erreur de toute l'antiquité.

---

(1) Nos Rois n'ont été dépouillés de ce pouvoir qu'à la révolution de 1789.

On pouvait vendre sa liberté ou engager ses services à perpétuité; ceux-là avaient un nom particulier, *lidus* (Loi salique, tit. XIV, art. 6).

On perdait la liberté à la guerre si l'on était fait prisonnier (*V.* la lettre de Clovis, écrite en 510 aux évêques, où il renonce en leur faveur à ce droit).

L'Église elle-même, qui, dit-on, a tant contribué à l'abolition de l'esclavage, le déclarait légal, et même elle poursuivait d'anathème ceux qui enlevaient ses esclaves. Cette propriété était comme les autres déclarée par elle imprescriptible; tant il est vrai qu'il y a des préjugés d'époque, contre lesquels la raison humaine et le sentiment inné de la justice ne peuvent rien.

L'ingénu qui épousait une femme esclave devenait esclave avec elle (Loi salique, art. 11, tit. XIV; art. 5, tit. XXIX). On ne pouvait affranchir un esclave qu'avec de grandes solennités devant le Roi (tit. XXX).

Comme les esclaves n'avaient rien pour payer les compositions pécuniaires, on les punissait à coups de fouet pour les délits légers, et pour vol on les soumettait à l'infâme peine de la castration, ou à la peine capitale. Le moyen de conviction était la torture (tit. XLIII). L'esclave n'est jamais cru quand il accuse son maître.

Les esclaves remplissaient dans la maison divers offices, et la composition était plus forte, selon que les services étaient plus importans; l'un avait le titre de *major*, maire ou majordome; d'autres celui d'*infestor*, sénéchal; *scantio*, échanson; *mariscalcus*, maréchal; *trator*, écuyer (tit. XI, art. 6).

M. *Bernardi* cite cette loi comme une preuve de l'antiquité de la dignité du sénéchal (Hist. de la législ., ch. 6, p. 47). Les titres des grands dignitaires de la couronne tirent donc leur origine des fonctions de l'esclavage.

La différence de la composition, ou **Wehrgeld** (1), indique évidemment l'état des personnes ; M. Guizot l'a nié, et son argument est fondé sur ce que la composi-

---

(1) Pour l'intelligence de ce qui va suivre, nous en donnons ici le tableau général selon les diverses lois des barbares, d'après M. Guizot, p. 198.

1° Pour le meurtre d'un barbare libre, dans la féauté du Roi, (*in truste dominicâ*), tué dans sa maison par une bande armée, chez les Franks-Saliens (titre 46, article 2.................. 1,800 solidi.

2° Le duc chez les Bavarois.—2, 20, 4.—L'évêque chez les Allemands.—12, 2......... 960

3° L'évêque chez les Franks ripuaires.—36, 9.—Le Romain dans la féauté du Roi attaqué et tué dans sa maison par une bande armée chez les Saliens.—44, 4............ 900

4° Les parens du duc (membres de la famille princière), chez les Bavarois.—2, 20, 4..... 640

5° Tout homme *in truste regiâ*, chez les Franks-Saliens.—44, 4.—Et chez les Ripuaires.—11, 1.—Le comte ou grafion, chez les Ripuaires.—53, 1.—Le prêtre né libre chez les Ripuaires.—36, 8.—Le prêtre chez les Allemands.—12, 2.—Le grafion chez les Saliens.—57, 1.—Le sagibaron libre chez les Saliens,—ibid. 2.—Le prêtre chez les mêmes (nouv. rédaction),—58, 3.—L'homme libre attaqué et tué dans sa maison par une bande armée, chez les mêmes.—45, 1*.............. 600

6° Le diacre chez les Ripuaires.—36, 7.... 500

7° Le sous-diacre chez les Ripuaires,—ibid. 6.—Le diacre chez les Allemands.—14.—Le même chez les Saliens (rédac. nouv.),—58, 2. 400

8° Le Romain convive du Roi, chez les Franks-Saliens.—44, 6.—Le jeune homme élevé au

* Nous prouverons ci-après que celui-ci est supposé.

(23)

ion varie à l'égard de la même personne, dans des circonstances différentes; mais il ne faut rien conclure de cette variation.

service du Roi, et l'affranchi du Roi qui a été fait comte chez les Ripuaires. — 53, 2. — Le prêtre chez les Bavarois. — 10, 2. — Le sagibaron qui a été élevé à la cour du Roi, chez les Saliens. — 57, 2. — Le Romain tué par une bande armée dans sa maison, ibid., — 45, 3. (Douteux.)	300 solidi.
9° Le clerc né libre, chez les Ripuaires. — 36, 5. — Le diacre chez les Bavarois. — 10, 3. — Le Frank ripuaire libre. — 7. — L'allemand de condition moyenne. — 68, 4. — Le Frank ou le barbare vivant sous la loi salique. — 44, 1. — Le Frank voyageant chez les Ripuaires. — 36, 1. — L'homme affranchi *par le denier*, chez les Ripuaires. — 52, 2.	200
10° L'homme libre en général, chez les Allemands. — 68, 1. — Le même chez les Bavarois. — 13, 1. — Le Bourguignon, l'Allemand, le Bavarois, le Grison et le Saxon chez les Ripuaires. — 36, 2 et 4. — L'homme libre, colon d'une église chez les Allemands. — 9.	160
11° L'optimas ou Grand, chez les Bourguignons, tué par l'homme qu'il avait attaqué. — 1, 2. — L'intendant d'un domaine du Roi, chez les Bourguignons. — 2. — L'esclave, bon ouvrier en or, ibid.	150
12° L'homme de condition moyenne (*mediocris homo*) chez les Bourguignons, tué par celui qu'il avait attaqué. — 1, 2. — Le Romain qui possède des biens propres, chez les Franks-Saliens. — 44, 15. — Le Romain voyageant chez les Ripuaires. — 36, 3. — L'homme du Roi ou d'une église, ibid., 9, 10. — Le colon (*Lidus*) par deux capitulaires de Charlemagne. (803, 2, et 813.) L'intendant du do-	

Pourquoi le meurtre du Frank est-il puni dans un cas, par un Wehrgeld de 600 solidi, et dans un autre cas de 200 ?

Parce que dans le premier, le meurtre est accompagné de violation de domicile, premier degré d'aggravation, et parce qu'il a été fait par une bande armée, second degré d'aggravation. Dans le dernier cas, la victime a

---

maine d'un autre que le Roi chez les Bourguignons. — 1, 2. — L'esclave ouvrier en argent, — ibid., 10.	100 solidi.
13° Les affranchis en présence de l'Église ou par une charte formelle chez les Allemands. — 17.	80
14° L'homme de condition inférieure (*minor persona*) chez les Bourguignons. — 1, 2.	75
15° L'esclave barbare employé au service personnel du maître ou à des messages, chez les Bourguignons. — 10.	55
16° Le forgeron (esclave), chez les Bourguignons, ibid.	50
17° Le serf d'église et le serf du Roi, chez les Allemands. — 8. — Le Romain tributaire chez les Franks-Saliens. — 44, 7.	45
18° Le simple affranchi chez les Bavarois. — 4, 11. — Le pâtre qui garde 40 cochons chez les Allemands. — 79. — Le berger de 80 moutons, ibid. — Le sénéchal de l'homme qui a 12 compagnons (*vassi*), dans sa maison, ibid. — Le maréchal qui soigne 12 chevaux, ibid. — Le cuisinier qui a un aide (*junior*), ibid. — L'orfévre, l'armurier, le forgeron, ibid. — Le charron, chez les Bourguignons. — 10. .	40
19° L'esclave, chez les Ripuaires. — 8. — L'esclave devenu colon tributaire, ibid., 62, 1.	36
20° Le gardeur de cochons chez les Bourguignons. — 4.	30
21° L'esclave chez les Bavarois. — 5, 18.	20

pu se défendre, le combat était égal. Chez les Franks, peuple guerrier, on devait punir la lâcheté jointe au crime.

La preuve que l'élévation du Wehrgeld n'est due qu'à la circonstance aggravante, c'est qu'elle se reproduit dans la même proportion à l'égard des autres personnes.

Ainsi le meurtre simple d'un Romain est, selon la législation des Saliens, puni de 100 solidi; celui d'un Frank, de 200; celui d'un antrustion, de 600. Ce meurtre, avec la circonstance aggravante, est puni par la même loi, à l'égard du Romain de 300 solidi, du Frank de 600, et de l'antrustion de 1800. Cette composition est la plus forte de toutes celles qu'on trouve dans la loi salique; comme elle est unique, elle serait suspecte, si l'induction tirée de la règle de proportion ne venait l'appuyer.

Au reste, nous sommes convaincus que, sous Clovis et avant, le Wehrgeld n'a pas pu excéder 200 solidi, qui est le prix de la composition pour le meurtre d'un Frank ou d'un homme libre, sauf le cas de circonstance aggravante.

La nation des Franks était alors trop pauvre, pour des compositions plus élevées.

Nous croyons que tout ce qui est relatif à la composition des antrustions, a été introduit dans la loi à l'époque de sa révision sous Dagobert, et nous y sommes autorisés, puisque le titre relatif aux antrustions ne se trouve pas dans le manuscrit de Wolfenbuttel, ni dans le manuscrit de la bibliothèque royale qui est du temps des Mérovingiens, ni même dans la rédaction de Charlemagne, édition de Baluze. Ce titre est le 76e. On ne le trouve que dans l'édition d'Eccard ou d'Hérold, et l'on sait que l'ancienne loi salique n'avait pas 80 titres, comme on le voit dans cette édition, mais 78 seulement, y compris les décrets de Childebert et de Clotaire; et lesquels étaient divisés en 3 livres (1).

A la vérité, dans toutes ces éditions, on lit au titre, du *meurtre des ingénus*, une composition particulière et plus élevée pour l'antrustion, ou ce qui est évidemment synonyme, pour celui qui est dans la *truste* ou la foi du Roi; mais cette disposition a pu et a dû être interpolée, ainsi que celle qui accorde au Romain *convive* du Roi, au diacre, au sous-diacre, et plus tard aux évêques, des compositions plus élevées.

Comment, en effet, l'assemblée nationale des Franks eût-elle sous Clovis, accordé de tels priviléges aux Romains, ou aux prêtres qui vivaient selon la loi romaine? c'eût été recevoir la loi du vaincu; et on voit, au contraire, dans cette même loi une séparation bien marquée entre le Romain libre, et le Frank ou barbare.

Ces priviléges n'ont donc été introduits qu'après coup, par l'autorité du Roi, à une époque où la nation n'exerçait plus sa puissance législative; ce qui l'indique c'est que tous ces priviléges sont accordés à raison du poste que l'on occupe auprès du Roi.

L'antrustion, ainsi que nous l'apprend une formule de *Marculf*, était celui qui promettait une fidélité inviolable au Roi, qui engageait toute sa fortune à ce service personnel, et qui, en échange, était reçu sous la protection du Roi (*V*. liv. II, n°. 18).

La preuve que la composition pour l'antrustion ne

---

(1) *Expliciunt legis salicæ, libri* III, *quam Clodoveus Rex Francorum statuit, et posteà unà cum Francis pertractavit, ut ad titulos aliquid adderet sicut à primâ usque ad 78ᵉ perduxerit. Inde verò, Childebertus*, etc. Recueil de Dom Bouq., tom. IV, pag. 113.

résultait pas de la loi ancienne, c'est que dans la formule, elle est expressément stipulée.

Les antrustions formaient un ordre ou un corps à part (1); ce n'étaient pas des fonctionnaires, comme les grafions ou autres; mais ils étaient sans doute préférés dans la distribution des faveurs et des commandemens.

Voilà quelle a été la source de la noblesse sous la première dynastie, noblesse de création royale, et non de race, comme l'a prétendu le comte de Boulainvilliers.

Sans doute, tous les Franks, compagnons de Clovis, qui, au lieu de jouir dans leurs terres des fruits de la conquête, voulurent s'attacher à la personne du monarque, ou y attacher la personne de leurs enfans, composèrent le corps des fidèles ou des leudes; ils obtinrent un nom particulier, celui d'antrustions, lorsqu'on les soumit à la formalité d'une réception préalable et d'un serment particulier.

Mais cette faveur ne fut pas exclusive; elle fut accordée à ceux des Romains riches, qui surent se ménager la faveur du prince; et ce sont eux que la loi salique désigne sous le nom de Romains, *convives du Roi;* assimilation adoptée par M. Guizot, et que nous croyons exacte, parce qu'elle s'accorde avec la progression des deux tiers, en cas de meurtre par bande armée. En effet, de même que l'antrustion a droit, dans ce cas, à une composition triple du Frank libre, c'est-à-dire de 1800 solidi, au lieu de 600; de même le Romain *convive du Roi,* a droit à un Werhgeld de 300 sous

---

(1) *In numero antrustionum computetur;* formule de *Marculf.*

tandis que le Romain possesseur de terres n'en peut demander que 100 (1).

D'où il suit aussi que *Romain possesseur* ou Ro-

---

(1) M. Guizot, dans son tableau du Wehrgeld, suppose qu'il existe dans la loi salique un texte précis, d'après lequel la composition pour le meurtre, avec la circonstance de bande armée et de violation de domicile envers le Romain *in truste regiâ*, est fixée à 900 solidi ; ce qui trancherait la question proposée sur l'existance d'antrustions romains ; mais c'est une fausse citation.

On trouve au titre 45 cette disposition que, si le corps d'un homme tué porte trois blessures ou plus, et si on trouve trois coupables du meurtre avec la circonstance, ces trois hommes seront tenus de subir chacun la loi fixée par les articles précédens, c'est-à-dire, 600 solidi pour un homme libre, ou 1800 pour un antrustion. Trois autres, s'ils sont trouvés du même complot paieront chacun 90 solidi. Et si enfin on en trouve encore trois autres qui aient participé au complot, chacun sera tenu de payer 45 solidi.

Puis la loi ajoute : « Si Romanus vel lidus in tali contubernio » occisus fuerit, hujus compositionis medietas solvatur. »

De là on a conclu que dans la circonstance dont il s'agit le meurtre d'un Romain était payé 900 solidi ; et M. Guizot a pensé que cela ne pouvait s'appliquer qu'à un Romain antrustion, puisque s'il s'agissait d'un Romain ordinaire, d'après la progression triple, la composition ne devrait être que de 300, et non de 900.

On peut répondre à M. Guizot que dans le passage en question, la loi n'est pas claire, puisqu'elle n'inflige aux complices qu'une amende de 90 ou même de 45 sols ; d'où il suit qu'il n'est pas possible de supposer que les trois premiers coupables soient punis de 900 solidi.

On répond en second lieu que le Romain dont il est ici parlé est assimilé à l'homme devenu esclave (*lidus*), et qu'ainsi il ne peut pas s'agir d'un Romain antrustion, qualité trois fois supérieure à celle d'un homme libre.

On répond enfin qu'il n'y a pas dans la loi ce qu'il y a lu, le Romain *in truste dominicâ* ; la première chose est de partir d'un

main *libre* est synonyme; et que le Romain convive du Roi, ou le Romain antrustion sont égaux.

Par où l'on voit enfin, que la différence entre un Frank et un Gaulois, est toujours de moitié. Le convive du Roi n'est estimé que la moitié d'un antrustion, et le Romain propriétaire, la moitié d'un Frank.

La loi salique accordait aussi une composition particulière au grafion. Elle était de 600 solidi, et ce qu'on a pu faire ensuite de mieux pour les antrustions, a été de les assimiler aux grafions;

Ce titre de Grafion correspondait au *comte*, ainsi que le prouve la loi des Ripuaires, c'est-à-dire à une dignité romaine; c'était la première chez les Franks.

Le grafion qui entrait au service personnel du prince, dérogeait. La composition est alors réduite à moitié, c'est-à-dire à 300 sous; et il est assimilé au sagbaron (1). Cela prouve que les grafions étaient d'abord élus par l'assemblée et non par les Rois, ce qui est conforme aux usages de la Germanie.

Il résulte de cette assimilation que sagbaron, ou *sagibaron*, était le titre d'une dignité inférieure; les sagbarons siégeaient au mallum; quand ils étaient réunis au nombre de trois, leur jugement ne pouvait être réformé par le grafion; il n'existait plus de recours qu'au Roi et à l'assemblée nationale (art. 4. tit. LVII).

---

texte précis, ou d'une démonstration, lorsqu'on veut fonder un système.

La disposition invoquée ne se trouve pas dans le manuscrit de Wolfenbuttel.

Il paraît que le lidus était assimilé au Romain tributaire.

(1) *Si quis sagbaronem, aut gravionem occiderit, qui puer regius fuerat, sol. 300, culpabilis judicetur.*

Voilà la première interprétation qui résulte du texte de l'édition d'Hérold, suivie par Eccard.

Mais s'il faut lire comme dans le texte de Baluze (rédaction de Charlemagne).

« Si quis sagbaronem qui puer regius fuerat, occiderit, xiii den. qui faciunt solid. ccc. culp. judicetur; si quis sagbaronem qui ingenuus est et se sagbaronem posuit, occiderit, xiiii den. qui faciunt solid. dc. culp. judicetur. »

Il en résultera que le sagbaron libre, et en fonctions était l'égal du grafion ; que l'un était exclusivement magistrat, et l'autre administrateur et chef militaire.

M. Guizot n'a pas cherché à expliquer cette difficulté; *Savigny*, dont l'opinion est embrassée par Meyer, pense que ces sagbarons étaient des comtes nommés par le Roi, lorsque ces charges étaient encore remplies par le vœu du peuple, et que le changement dans la constitution qui se fit à l'époque où les Rois s'attribuèrent exclusivement le droit de nommer à tous les emplois, a fait disparaître cette charge.

Mais le texte de la loi, *et se sagbaronem posuit*, semble résister à cette interprétation, d'ailleurs ingénieuse. Cependant on peut encore la défendre, car il y avait des sagbarons parmi les officiers domestiques du Roi, *puer regius*.

Sous Clovis, toutes les magistratures étaient à la nomination du peuple. L'exercice permanent des fonctions judiciaires devait être pénible et dangereuse chez les Franks, nation turbulente, ayant toujours les armes à la main. On leur devait des garanties particulières.

Comme le Roi était le chef de la justice, il est naturel de penser que ces magistrats aient été tirés de sa maison; mais tant qu'ils étaient sous la vassalité du Roi, ils ne jouissaient pas de la plénitude de leurs droits.

Du reste, rien n'indique que la dignité de sagbaron ait péri avant celle de grafion, puisqu'on les trouve toutes deux dans la rédaction de Charlemagne. Les historiens en ont peu parlé, parce qu'ils se servaient des dénominations romaines.

Il ne paraît pas, quoiqu'on ait écrit à ce sujet, que le grafion rendît la justice; il était plutôt l'exécuteur des jugemens; c'est ainsi qu'il en est parlé au tit. XLVII, art. 2, et tit. LIII. Il était chargé de la convocation des ratchimbourgs, (titre LII, art. 2.) Dans ce cas la réquisition de juger s'adressait non à lui, mais aux ratchimbourgs qui seuls étaient passibles du déni de justice. Il recevait le *fredum*, c'est-à-dire les amendes attribuées au Roi (tit. LV). Aussi la loi des Ripuaires l'appelle juge fiscal.

La loi salique parle encore de *ratchimbourgs*, de *centainiers*, et de *tungman*; comme aucune composition particulière n'était affectée à leur dignité, c'est une preuve que ces magistratures étaient peu élevées, et que la nation était avare de privilèges.

Le tungman (*tunginus*) paraît être un dixainier ou le chef de dix familles; par conséquent cette dignité est celle qui se rapproche le plus de celle des maires de nos communes rurales. Si elle était plus concentrée, c'est que l'organisation des Franks, était principalement militaire; ils réunissaient les fonctions civiles.

Il en était de même des centainiers; et c'est peut-être à cause de leurs habitudes purement militaires, qu'ils étaient assistés de *ratchimbourgs*, et que, pour juger les questions difficiles, on avait institué la cour des sagbarons.

Le tungman et le centainier tenaient le mallum ou l'assemblée publique; car tout se faisait collectivement; et l'assemblée générale n'avait pas un autre nom.

On y traitait de toutes les affaires de justice, et d'administration, des mariages, divorces, etc.; mais il n'appartenait qu'à l'assemblée suprême de délibérer sur la paix et sur la guerre, et de faire des lois générales, comme aussi de prononcer sur les accusations de trahison et autres grands crimes contre la sûreté de l'état, et de prononcer sur les affranchissements.

Nos ancêtres étaient avares du sang humain; il était précieux chez une nation de guerriers qui avait toujours les armes à la main; pour tous les crimes même capitaux, on admettait une composition. On ne mettait à mort que les esclaves.

Mais le Frank qui ne pouvait payer le prix de la composition, qui, par conséquent, ne pouvait plus s'entretenir comme guerrier, était mis à mort, à moins que ses parens ne vinssent à son secours (*Voy*. le tit. xxi, art. 3 de *Chroncobruda*).

Le supplice usité était la corde (tit. LXIX); mais quand il s'agissait de prononcer sur la vie d'un Frank, pour une accusation extraordinaire, c'était l'assemblée de la nation qui prononçait. A la vérité le tit. xxi, ne parle que du Roi; mais il ne dit pas que le Roi seul est juge « Si quis apud regem accusaverit; » et nous aurons occasion de remarquer en parlant du supplice de Brunehault et d'autres, que l'assemblée nationale en délibérait.

« Si vero tale crimen ei imputaverit, unde mori debuisset » dit la même loi.

Donc on ne se rachetait pas toujours d'une accusation par une composition. Il paraît qu'on distinguait dès-lors les crimes privés des crimes publics.

Dans le tableau que nous donnerons des assemblées tenues sous les premiers successeurs de Clovis, nous ferons voir qu'elles étaient absolument indépendantes, et que plus d'une fois elles rejetèrent les propositions de la couronne.

Aussi les Rois mérovingiens, ayant acquis un grand pouvoir et de grandes possessions, cessèrent-ils bientôt de réunir ces assemblées; mais ces détails appartiennent à notre seconde période. Contentons-nous pour le moment d'indiquer les attributions des diverses assemblées locales (1) et cantonnales, d'après le texte de la loi salique. Celles-là n'étaient pas redoutables, et elles continuèrent de subsister jusques fort avant sous la seconde race.

Le titre 1er prouve que les citations, devant la justice souveraine de l'assemblée générale, se faisaient par les ordres du prince (*legibus dominicis*); de même c'étaient le tungman et le centainier qui convoquaient le *mallum*, dont ils avaient la présidence (tit. XLVII, art. 1er, et tit. XLIX).

Ils y siégeaient avec leurs boucliers, armes défensives, ce qui prouve, d'abord l'existence de mœurs guerrières, et ensuite la nécessité, où quelquefois le juge était de résister aux attaques du justiciable mécontent.

Tout porte à croire que les assistans siégeaient aussi en armes.

Ces assemblées particulières se réunissaient fréquemment, comme on le voit par le tit. XLVIII, où il s'agit d'un Frank qui veut quitter son canton et se faire inscrire dans un autre.

Cela ne pouvait se faire sans l'assentiment de l'assem-

---

(1) La loi salique, tit. 1er, art. 3, et tit. LIII, les appelle Pagi.

5.

blée locale; on le conçoit bien. Au moment où l'on aurait voulu se mettre en campagne, les centaines et dixaines eussent été désorganisées, et on n'aurait pas pu remplir les cadres.

Il était si important de maintenir cette règle, que la loi faisait intervenir le grafion, pour expulser celui qui n'avait pas rempli les formalités, et qui pour cette violation était puni d'une forte amende.

Les tungmans ou centainiers ne pouvaient rien faire sans l'assistance de trois hommes (tit. déjà cité); de même le grafion était obligé de se faire assister de sept ratchimbourgs (tit. LIII).

On recourait directement de l'assemblée locale du tungman ou du centainier au Roi (tit. XLIX), et cela s'appelait recourir au *mallum legitime*.

Il paraît qu'on pouvait s'adresser indistinctement à l'assemblée du tungman, ou à celle du centainier, et même au grafion duquel le bourg relevait; lequel grafion était alors tenu de convoquer ses ratchimbourgs (tit. LIII).

Ces ratchimbourgs paraissent avoir rempli des fonctions analogues à celles de nos jurés; mais comme les peines étaient civiles, ils étaient juges civils du fait, comme les sagbarons l'étaient peut-être du droit. Ils étaient chargés d'évaluer les indemnités (tit. LIII, art. 3).

Ils participaient réellement au jugement (tit. LIX); ils avaient le droit d'ordonner la terrible épreuve par l'eau bouillante (*ibid*). L'appel de leurs décisions ne pouvait être porté qu'au Roi (*ibid*). On pouvait attaquer leur jugement comme n'étant pas conforme à la loi salique, c'est-à-dire par voie de cassation; et alors ils étaient condamnés chacun à une amende de quinze solidi; la partie qui succombait dans ce pourvoi, était à son tour condamnée à une pareille amende envers chacun d'eux (tit. LX).

Le déni de justice, de la part des ratchimbourgs, est puni après trois sommations; nouvelle preuve que le pouvoir judiciaire résidait en leur personne, et qu'ils n'étaient pas seulement des experts ou des prud'-hommes (*ibid.*).

On a dit, je ne sais pourquoi, que la cour de justice, chez les Franks, devait être composée de douze personnes, et qu'aux sept ratchimbourgs, on ajoutait des hommes du pays, probes et âgés, qu'on appelait *boni homines*. Cette opinion fondée sur des lois étrangères à celle que nous examinons, ne peut recevoir ici d'application. Les ratchimbourgs sont évidemment les juges du pays; il n'est question nulle part, dans cette loi, d'adjonctions. Le tribunal était donc complet au nombre de sept.

De ce que la peine du déni de justice n'est appliquée qu'aux ratchimbourgs, et de ce qu'il y a une peine particulière infligée au grafion (tit. LIII, art. 4), pour n'avoir pas fait la convocation; il en résulte que le grafion n'avait pas voix délibérative. Il présidait à la séance; cela est constant, puisque c'est à lui que les parties s'adressent; mais rien ne prouve que sa voix fût comptée; autrement, il aurait pu y avoir partage.

Voilà pourquoi nous avons eu raison de dire que les ratchimbourgs, sont des jurés, présidés par un magistrat.

On conçoit qu'il devait y avoir peu de questions de droit chez les Franks, de questions vraiment épineuses, et qu'ainsi la cour des sagbarons, ne devait pas être bien occupée. C'est peut-être pour cela qu'il n'en est question qu'une fois dans la loi salique.

Nous avons parlé de toutes les magistratures saliques. La dignité de duc n'y était pas connue; c'était le Roi qui en faisait les fonctions, ce qui est prouvé par le passage où Grégoire de Tours, dit que les Rois portaient autrefois le titre de ducs. Le prince des Bavarois, à l'époque dont nous nous occupons ne prenait pas un autre titre.

Les ducs ne furent créés qu'à l'époque où les Rois mérovingiens cessèrent de commander leurs armées en personnes.

On s'est étonné qu'il n'y eut pas de composition particulière pour le meurtre du Roi, ou des princes de sa famille; et on en a conclu mal à propos que le régicide n'était pas puni comme chez les Bavarois.

Sans doute ce cas était réputé possible; mais la loi salique se tait, parce qu'il était réservé à la souveraineté nationale de prononcer, et qu'ainsi il eût été inutile de le prévoir et de le punir.

Si ce crime a été prévu dans les lois d'autres peuples barbares, c'est qu'ils n'avaient pas ainsi de pouvoir permanent, ou qu'ils l'avaient perdu.

De la Noblesse.

La loi salique parle en plusieurs endroits (1), de leudes et de fidèles; ce mot signifie Frank, et rien de plus; plus tard ce nom fut donné aux antrustions. (*V.* la formule de Marculf, liv. II, n° 18).

Le titre de *baron*, qui, depuis, a fait trembler nos ancêtres, ne signifie pas autre chose dans la loi salique, qu'un *homme libre* (art. 1er du titre XXXIV); car il est opposé à une femme ingénue (art. 2, *ibid.*).

Le titre d'optimates ou proceres, ne se trouve pas dans le texte de la loi (2); ce n'était pas un titre de di-

---

(1) Tit. XIX, art. 3 et 9; tit. XLIV. art. 1, 4, 6; tit. L, article unique, édition d'Eccard.

(2) On a avancé le contraire dans la Thémis, tom. II, p. 519.

gnité, mais une qualification donnée aux vieillards, *seniores*, ou aux principaux officiers. Quand les Rois successeurs de Clovis, enflés de leurs nouvelles prérogatives, et de l'accroissement de leur pouvoir, ne voulurent plus délibérer avec la foule des guerriers, ils n'appelèrent au Champ de Mars que leurs optimates, c'est-à-dire qu'ils formèrent un conseil privé. Les Rois de Bourgogne n'en avaient pas d'autre (*V*. l'art. 1er. du décret de Childebert, de 532, et le préambule de la loi Gombette).

Quand ils voulurent se montrer un peu plus populaires, ils assemblèrent les *leudes*; mais dès lors s'établit une différence entre les assemblées plénières, *adunatis omnibus*, et les assemblées de leudes, *unà cum leudis nostris*, qui, alors, n'étaient qu'une assemblée de notables (art. 4 et 2 du décret de 552).

La raison de cette distinction est sensible; à chaque partage de la monarchie, la nation des Franks se fractionnait; ils choisissaient dans la famille royale le chef qui leur plaisait. Le titre de *leudes* ou *fidèles* était donné par les Rois à ceux qui les suivaient. C'était une sorte d'enrôlement; on s'obligeait dans les traités à ne pas se débaucher cette milice (Traité d'Andelaw, en 588; Grégoire de Tours, IX, ch. 20).

C'est pour renforcer ce lien, que plus tard on l'accompagna de la formalité du serment, et qu'on institua les bénéfices.

Tous les Franks étaient égaux, c'est ce qui résulte de l'ensemble de la loi salique; et cette égalité, est d'au-

---

323, 402, 404, 405. M. *de P*..., auteur de l'article, ne cite pas le titre et l'article où il l'a lu. Cette erreur l'a conduit à de fausses conséquences; du reste, nous sommes de son avis sur bien des points.

tant plus remarquable, que même ceux qui exerçaient des magistratures, comme les tungmans, les centainiers, les ratchimbourgs, n'avaient pas droit à un Wehrgeld plus élevé.

Il n'y avait dans l'exercice du droit de chasse, aucun privilége particulier, pas même de réserve pour les plaisirs du Roi (*Voy.* le tit. XXXVI de venationibus). La vengeance exercée plus tard (en 590) par Gontran sur Chundo, l'un de ses officiers, pour avoir tué une bête fauve dans la forêt royale des Vosges, n'est justifiée par aucune disposition de la loi salique. Il résulte du fait que le Roi avait le droit exclusif de chasse dans cette forêt, mais parce qu'il en était propriétaire, et non en vertu de sa prérogative; selon le droit naturel, le droit de chasse est l'accessoire de la propriété; mais l'usurpation de ce droit n'entraînait pas la peine capitale. Le combat judiciaire fut ordonné, parce que *Chundo* nia le fait; il périt ensuite misérablement, parce qu'il n'avait pas voulu subir la loi qu'il s'était faite à lui-même, et parce que sa lâcheté révolta tous les spectateurs; du reste Gontran se repentit d'avoir donné autant d'importance à cette affaire, et d'avoir perdu un de ses fidèles, pour une cause de si peu d'importance (*pro parvulæ noxæ causâ*). (Grégoire de Tours, liv. X, page 569). D'après la loi salique, la plus forte peine qu'il eût encourue, était une amende de quinze solidi.

Ceux qui ont voulu trouver dans la loi salique le principe de la noblesse territoriale, se sont appuyés d'une part, 1° sur l'existence d'un corps d'antrustions; nous avons déjà dit, que ce corps n'a été formé que sous Dagobert; 2° sur l'existence de la terre salique, qu'ils assimilent à un fief; nous prouverons tout à l'heure qu'au contraire la terre salique, est une terre franche, possédée patrimonialement ; 3° enfin sur l'analogie tirée de la loi des Bourguignons, où l'on voit les *nobles* Romains assimilés aux optimates Bourguignons.

Mais de ce que chez les Bourguignons, dont l'organisation politique était plus avancée, et déjà en décadence, il y avait une classe aristocratique, séparée du reste de la nation, il n'en faut pas conclure que le même privilége existât chez les Franks, nation sortie des forêts de la Germanie, avec tous les élémens d'une liberté native.

De ce que la loi des *Frisons* parle de nobles et de non nobles, il n'y a rien à en conclure relativement aux Franks, chez lesquels il n'existe pas une disposition semblable. Cette loi, et celle des Saxons où la distinction est écrite textuellement, le passage tiré de Nithard, historien, petit-fils de Charlemagne, et le capitulaire de 797, appartiennent d'ailleurs à une époque bien éloignée de celle dont nous faisons le tableau politique.

Qu'eût été chez eux une noblesse sans priviléges ni majorats? un fantôme. Chez nous du moins, dans notre vieille France, la noblesse existe de nom, elle vit de souvenirs, et peut-être de l'espérance de recouvrer ses anciennes prérogatives. Chez les Franks, elle n'aurait pas eu de précédents.

Boulainvilliers, qui n'a pu trouver de texte pour appuyer sa noblesse de race, a été obligé de considérer comme noble, toute la nation conquérante; mais tout Français peut prétendre à cette noblesse là; car personne ne peut affirmer qu'il descend plutôt d'un affranchi, ou d'un Romain tributaire, que d'un Frank.

Les familles sénatoriales dont parle Grégoire de Tours, sont des signes de notabilité, et non de noblesse. Il n'y avait pas de nobles chez les Ripuaires, nation qui s'est formée d'une fraction des Franks, vingt ans après la mort de Clovis.

L'abbé Dubos a donc eu raison de soutenir qu'il n'y avait pas de corps de noblesse chez les Franks.

Montesquieu, en combattant l'abbé Dubos, avec une amertume et une injustice marquées, tire son premier argument, purement d'analogie, de la composition accordée au Romain convive du Roi; mais nous avons fait voir que cette qualité est corrélative à celle d'antrustion, et que celle-ci est une institution postérieure à la conquête.

Le second argument est tiré des textes relatifs aux antrustions; nous avons déjà prouvé que ces textes ont été interpolés.

Le troisième argument est tiré de l'article 8 du décret de Childebert, où il est dit que le Frank accusé de vol sera amené devant le Roi, et que l'individu de condition inférieure, *debilior persona*, sera pendu sur le lieu du délit.

Debilior persona, signifie non seulement l'esclave, mais l'individu qui a vendu sa liberté, *lidus*; celui qui a été affranchi, le Romain tributaire, le Romain possesseur, en un mot, tout ce qui n'est pas Frank de nation. Impossible d'en conclure, comme le fait *Montesquieu*, qu'il y avait une noblesse; ou il faudrait en revenir à l'opinion de Boulainvilliers que tous les Franks étaient nobles.

Le quatrième argument de Montesquieu, est tiré d'un passage de Thegan, auteur d'une vie de Louis-le-Débonnaire, où il est dit, en parlant de Hebon, que le Roi l'avait fait *libre et non noble*, noblesse à laquelle on ne pouvait prétendre quand on avait vécu dans la servitude.

Mais les exemples tirés de la pratique du onzième siècle, ne peuvent être invoqués à l'égard de l'état politique du commencement du sixième ; s'il y a eu une noblesse sous Louis-le-Débonnaire, que peut-on conclure relativement à l'époque de Clovis ?

Le dernier argument de Montesquieu est une réponse à l'objection, que, y eût-il un corps d'antrustions, cela ne prouverait pas l'existence d'une noblesse héréditaire, parce que les bénéfices ne furent d'abord conférés qu'à vie ; et que sans hérédité il n'y a pas de noblesse véritable, il n'y a que des honneurs.

Montesquieu ne peut y répondre autrement, qu'en argumentant des passages précédens, et en disant que les antrustions ont précédé les fiefs, et que les fiefs n'ont pas précédé les antrustions ; mais on n'a point prouvé l'existence d'antrustions avant Dagobert, et comme les bénéfices ne sont venus qu'après, il en résulte qu'il n'y a eu de véritable noblesse que sous la seconde race, quoique beaucoup de distinctions aient été accordées sous Charlemagne, et même sous Charles Martel.

Mably suppose (liv. 1er, chap. 5) que les leudes, fidèles ou antrustions existaient chez les Germains ; qu'on était admis à ce vasselage envers le prince après quelque action d'éclat ; que par là on était tiré de la classe commune ; qu'ainsi il y avait une noblesse personnelle ; que les leudes occupaient dans les assemblées générales une place distinguée ; qu'ils possédaient les charges publiques, qu'ils formaient le conseil toujours subsistant de la nation, ou la cour du Roi, et que seuls ils jouissaient du privilége de n'être jugés que par le prince.

S'il en eût été ainsi, le gouvernement des Franks eût été fortement aristocratique ; et Mably lui-même aurait renversé son système.

Que le principe organique de l'antrustionage vienne

de cette ancienne liaison, qui selon Tacite, se formait entre les jeunes guerriers et leur chef, on le conçoit; mais qu'il ait été développé et réduit en système avant Dagobert, aucun texte ne le prouve, et Mably ne peut citer que la formule de *Marculf*, qui est de la fin de la première race.

Quant aux bénéfices, *Mably* convient qu'ils sont de création plus récente (1), et très postérieure à la conquête. Le droit de justice qui y fut attaché, est une prérogative récente sur laquelle nous aurons occasion de revenir, et dont on a tort de fixer l'époque au règne de Childebert Ier ou de Gontran; car elle forme le dernier degré d'usurpation de la noblesse féodale, et c'est pour la détruire que Saint-Louis établit la maxime : *toute justice émane du Roi.*

Montesquieu voit le commencement de la justice des seigneurs, dans la levée du *fredum*, qu'il regarde comme une espèce d'épices. Mais nous ferons voir que le *fredum* ne se levait pas par le juge, ni à son profit, qu'il était réservé au prince ou aux dépenses générales. Comme *Montesquieu* ne rapporte aucun texte à l'appui de son opinion sur la haute antiquité des justices patrimoniales, on n'a pas besoin de la réfuter plus long-temps. La charte la plus ancienne qu'on ait pu alléguer

---

(1) On ne trouve rien à cet égard avant les formules de *Marculf*, et les annales de Metz, ad ann. 747. On voit bien, dans un passage de Grégoire de Tours, liv. IX, ch. 38, que deux personnages furent, par suite de jugemens, dépouillés des choses qu'ils avaient méritées du fisc, *à rebus quas à fisco meruerant;* mais une concession de terres prouve-t-elle l'existence d'un bénéfice? C'était évidemment une confiscation par suite de jugement. Ce fait d'ailleurs appartient à l'année 589, époque voisine de Dagobert.

à cet égard, est de 630. Il sera temps de l'examiner en son lieu.

Meyer (Inst. judic., ch. 7) est aussi partisan de l'idée qu'il a existé un corps de noblesse chez les Franks; il convient que tel n'est pas le sens du mot *baro*; le seul argument qu'il propose, c'est que dans la loi salique, on oppose les *tonsorati* aux *criniti*, expression qui, vant lui, ne s'applique pas à tous les Franks.

Mais alors, pourquoi, au titre XXVIII de cette loi, parle-t-on des filles qu'on tonsurait sans la permission de leurs parens (*V.* l'art. 3)?

Quand la loi 2 au même titre statue une peine de soixante-deux solidi, contre celui qui coupe la chevelure d'un enfant sans la volonté de ses parens, c'est une disposition générale qui s'applique à tout le monde.

La tonsure était chez les Franks, le signe de la dégradation civique; appliquée aux princes, elle était une dégradation politique (1).

Le privilége de la longue chevelure appartenait donc à tous; et, si les rois Franks ont été appelés les princes chevelus, c'est parce que c'était le signe caractéristique de leur nation. Mais rien ne prouve que chez les Franks une classe particulière eût seule droit de porter cette longue chevelure.

Grégoire de Tours, il est vrai, (Liv. 2, chap. 9) dit que les Franks choisissaient leurs rois chevelus, dans la première et pour ainsi dire la plus noble famille. *Reges crinitos super se de primâ, et, ut ita dicam, nobiliori suorum familiâ.*

L'expression *nobiliori*, ne veut dire que notable,

---

(1) Il serait superflu de rapporter ici les exemples de ces dégradations, tant ils sont nombreux dans l'histoire.

illustre, ou si l'on veut qu'elle soit un signe de distinction, elle est tirée de la pratique romaine; c'est ce qu'indique l'*ut ita dicam*, qui prouve qu'il s'agit là d'une assimilation. Les ecclésiastiques étaient tous Gaulois, et Grégoire de Tours parle toujours comme un Romain et non comme un Frank.

M. *Guizot* a très bien saisi la question, et l'a résolue avec beaucoup d'esprit et de sagacité.

« Les barbares libres se divisèrent; les uns par la
» possession des bénéfices, des offices publics, ou des
» charges de cour, passèrent dans la classe des leudes,
» et la noblesse de leur race prit sa source dans la per-
» pétuité de ces avantages; la plupart de ceux qui ne
» purent les obtenir ou les conserver, virent bientôt
» en dépit de leur origine, leur liberté compromise, et
» leurs descendans tombèrent dans la condition de colons
» ou de serfs, ensorte que si l'on veut absolument appli-
» quer l'idée de la noblesse qui est l'œuvre du temps,
» à une époque où le temps n'avait encore rien reconnu
» ni garanti, il faut dire que les hommes libres (les
» conquérans) étaient une noblesse en dissolution, en
» décadence, et les leudes une noblesse en progrès.

» Tout ce qu'on peut affirmer, d'une part, c'est
» que c'est dans la classe des leudes, plutôt que dans
» celle des Franks, que la noblesse moderne a pris
» naissance. D'autre part, il n'exista du cinquième au
» dixième siècle, aucune noblesse véritable, puisque
» la loi des Franks ne leur garantissait point la per-
» pétuité des prééminences réelles sur lesquelles la no-
» blesse se fonde, et que les leudes ne les possédaient
» encore ni depuis un temps assez long, ni d'une manière
» assez stable, pour que leur supériorité de fait fût de-
» venue un droit héréditaire, avoué des peuples, et re-
» connu par les lois. »

L'opinion relative à l'existence d'une noblesse chez les Franks, à cette époque reculée, est donc insoutenable.

Titres des Rois Franks.

L'absence de dispositions sur le crime de lèse-majesté, quoiqu'elle s'explique parce que cette matière était de la connaissance exclusive de l'assemblée nationale, n'en est pas moins une preuve du peu de pouvoir des Rois.

On a remarqué que les titres dont la royauté est accompagnée, sont presque toujours caractéristiques de la présence et de l'étendue de leurs prérogatives. Dans les titres impériaux des souverains de l'Orient, on reconnaît tout d'un coup un autocrate, ou un despote (1).

La royauté chez les Franks était bien modeste; *Rex Francorum* est le titre des Rois, ils étaient les chefs de la nation, et non les maîtres du pays, ou du territoire.

Homme illustre, *vir inluster*, est la seule qualification honorifique ajoutée à leur titre, qu'ils prennent eux-mêmes dans leurs diplômes (2). Les maires du palais, quand ils eurent obtenu l'administration générale des affaires, prirent la même qualification, mais en sens inverse, *illustris vir* (3). Cela prouve quelle importance il faut attacher aux formules.

Les souverains étrangers en écrivant aux Rois des Franks, ne leur donnent pas d'autre titre, que celui de votre *excellence*, votre *gloire*, votre *éminence* (4). Le

---

(1) On connaît l'emphase des titres de Justinien.
(2) Acte authentique de l'an 508. *V.* pour plus de détails : Prolégomènes de la première livraison, n° 96.
(3) Lettre de Charles-Martel, de l'an 740. Recueil des Hist., tom. IV, p. 94.
(4) Lettres du grand Théodoric à Clovis, an 496 et 498. (Rec. de D. *Bouquet*, tom. IV, p. 2 et 4.) Lettre de saint Remy,

titre de *majesté* est moderne : *Louis* IX est appelé dans les lois, *Monsieur Saint-Loys*.

La formule par la *grâce de Dieu*, ne fut pas en usage avant le règne de Pépin, et à cette époque, elle signifia par la grâce du Saint-Siége. Les Mérovingiens devaient leur couronne au choix de la nation combiné avec l'hérédité ; le pouvoir religieux n'y entrait pour rien, puisque le principe d'hérédité subsistait déjà, lorsqu'ils étaient encore payens. Pépin y fit entrer cet élément nouveau, pour consacrer aux yeux du peuple, son pouvoir usurpé.

Lorsque les seigneurs usurpèrent, à leur tour, tous les droits régaliens, ils prirent tous dans leurs chartes, le titre de comte, duc ou baron par *la grace de Dieu*, pour se légitimer. Ce n'est que sous le règne de Charles VII, qu'il fut défendu au duc de Bourgogne d'adopter cette formule de chancellerie, comme étant l'attribut exclusif de la souveraineté.

Dans un diplôme de 496 (rapporté au Recueil des historiens, tome IV. pag. 615), on donne à Clovis, le titre de *fortissimus Rex* ; on ajoute la date du règne avec l'épithète de *magnus*. Mais cet acte qui a paru suspect aux savans bénédictins, et aux académiciens Brequigny et la Porte-Dutheil, est évidemment faux.

Clovis alors, n'était encore que le chef d'une tribu des Francks, il n'avait pas fait ses conquêtes ; il n'aurait pas osé prendre le titre de *Grand*, celui qui était obligé de demander l'aveu de sa nation pour porter la guerre chez les Visigoths.

On l'appelle *vir illustris*, mais la qualification est

---

archevêque de Reims, *ibid.*, p. 51. Lettre de l'empereur Maurice à Childebert, *ibid.*, p. 88.

vir intuster, dans les diplômes véritables, et cette différence n'est pas sans importance, comme on vient de le remarquer à l'occasion des maires du Palais.

Du temps de Clovis, on n'avait pas le loisir d'être verbeux, et ce diplôme est excessivement long. On met dans sa bouche une invocation au règne céleste; Clovis n'était pas dévot, et ce n'est pas là le langage simple des diplômes authentiques.

L'ordre est adressé aux abbés et autres hommes illustres, mais alors Clovis était à peine converti; ces abbés n'avaient aucun pouvoir; il suffit pour s'en convaincre de lire les conciles. Les évêques eux-mêmes n'étaient pas des fonctionnaires publics, capables d'assurer l'exécution d'un acte royal; il est adressé aussi aux ducs, aux comtes et même aux officiers domestiques; et en 496, Clovis ne commandait qu'à ses Franks; la dignité de duc était encore inconnue, si ce n'est chez les Goths (Grégoire de Tours, II, 20). Les comtes étaient des fonctionnaires romains, qui ne pouvaient encore obéir à Clovis.

Il est parlé dans ce diplôme de la soumission entière des Gaules; elles ne furent pas même entièrement conquises sous son règne.

On donne à Clovis le titre d'*Altesse* (*nostræ celsitudini*), et cette qualification n'a jamais été donnée aux Rois franks.

Le Roi parle de sa royale magnificence; Clovis était pauvre, en 496; pouvait-il donner alors à des moines dont le nombre n'est pas même déterminé, toutes les choses nécessaires à la vie, payables sur son trésor royal, à une époque où il n'avait pas de revenu fixe?

La donation de 508, a un tout autre caractère; nous sommes assez bien informés sur les monumens du temps de Clovis, pour demeurer convaincus, que le diplôme de 496, est une de ces fabrications pieuses, si communes, sous les deux premières races : falsifications dont les antiquaires ont donné tant de preuves. (*V*. la préface de la première livraison.)

Anachalus, signataire de ce diplôme n'est pas nommé une fois dans l'histoire.

Le diplôme de 508, est contresigné par Eusèbe, évêque d'Orléans; on le conçoit : le bien donné était situé dans son évêché, et cet évêque était le supérieur et le protecteur naturel des donataires. Dans ce diplôme, Clovis s'adresse aux saints évêques, pour qu'ils fassent des vœux au ciel pour lui et pour la prospérité de sa race; mais quelle différence entre cette allocution, faite d'un ton modeste et simple, et le mandement emphatique du pseudo-diplôme de 496 !

Peut-être aussi qu'à cette époque, Clovis n'avait point encore de chancelier. Le diplôme ne porte pas de signature, ni même de signe (comme le faux diplôme de 496.) Un barbare comme Clovis ne pouvait en savoir autant que Charlemagne.

La lettre écrite en 510, par Clovis aux évêques (1) prouve qu'il ne se regardait que comme l'exécuteur des volontés de sa nation, et qu'il n'avait pas le droit de disposer du butin. Il promet aux évêques de leur remettre les prisonniers qu'il a faits : mais il exige des garanties, non pour lui, mais au nom de son peuple.

« *Sic tamen populus noster petit... Dicere non tardetis rem veram esse.* »

Un autocrate n'eût-il pas cru abdiquer sa souveraineté, que de parler ainsi ?

---

(1) Voyez en la traduction, préface de la 2ᵉ livraison, p. 52.

Les Franks exempts d'impôts.

Les Franks ont-ils été soumis à quelque tribut public, notamment à l'impôt foncier, depuis la conquête?

Dubos a soutenu l'affirmative; mais nous croyons avec *Montesquieu* et *Mably*, qu'il n'en fut rien.

Ici l'argument négatif qu'on a opposé à *Dubos*, est aussi puissant que celui qu'il a proposé lui-même pour prouver que les Gaulois y furent soumis.

En effet, c'est un point constant qu'avant la conquête, les Franks ne payaient aucun impôt; ils étaient chargés du service militaire; et cette charge était assez lourde. Comment d'ailleurs, et pourquoi, un peuple libre, aurait-il dans ses assemblées accordé un subside au prince, qui n'avait aucune cour à entretenir, et qui n'avait point de charges publiques à supporter. Les *aleux* furent francs d'impôt dès l'origine, et c'est là leur caractère distinctif et primordial; c'est à cause de cette franchise, qu'après la conquête, beaucoup de biens devinrent des aleux; c'est aussi parce que cette franchise tendait à faire successivement passer dans les mains des Franks, toutes les terres des Gaulois soumises au tribut, que les princes travaillèrent à diminuer le nombre des aleux; ou du moins qu'ils les convertirent en bénéfices.

Voyons pourtant les argumens par lesquels *Dubos* prétend que les biens des Franks furent soumis à l'impôt foncier.

Il faut d'abord écarter tous ceux qu'il a tirés de Cassiodore, parce que ce chancelier de Théodoric ne nous a pas dit un mot des lois particulières aux Franks qu'il ne connaissait pas, et qu'il ne parle que de l'état politique des Gaulois sujets des Goths, et des Visigoths du midi de la France. La constitution des Visigoths n'était pas la même que celle des Franks, ainsi que nous le prouverons bientôt. Il en est de même des Bourguignons.

L'argument tiré de l'assujettissement des biens ecclésiastiques, est encore mauvais; car les ecclésiastiques et leurs terres étaient soumis à la loi romaine, et nous verrons que les Romains payaient aux Mérovingiens les mêmes impôts qu'aux Empereurs.

Dubos convient qu'il n'existe aucun texte dans les lois et monumens de la première race, d'où l'on puisse conclure que les Franks payaient le tribut pour leurs terres. Qu'importerait donc qu'ils l'eussent payé sous la seconde race? mais ce fait même n'est pas prouvé.

Clovis eût-il osé, après la conquête, violer les franchises de sa nation, au point de la soumettre à un tribut que ces peuples fiers regardaient comme l'apanage du vaincu? Il ne l'aurait pas pu, légalement, sans le faire décréter par l'assemblée du Champ de Mars; et alors comment l'aurait-il proposé? aurait-il allégué des besoins nouveaux, lorsqu'il s'était si fort enrichi des biens de l'empire, et par l'impôt établi sur les Gaulois?

C'est parce que les Rois Franks ne purent pas soumettre les possessions territoriales de leur nation à l'impôt général, qu'ils s'opposèrent prudemment à l'augmentation du nombre des aleux.

Dubos prétend que l'exemple tiré du soulèvement des Franks contre Parthénius, ne prouve pas contre l'existence de l'impôt, parce que, dit-il, il s'agissait d'une *surcharge*, et non de la création d'un impôt inconnu jusqu'alors; mais le texte ne par le pas de *surcharge*.

Le reproche fait par les Franks à Parthénius, était de

leur avoir *infligé* des impôts (1); cela était révoltant pour les Franks, puisque c'était les soumettre à la même loi que les Romains (2).

On conçoit que cette tentative ait été conseillée par un ministre en 547, pour mettre de l'uniformité dans l'administration; mais l'exemple du malheur arrivé à Parthénius, prouve qu'elle n'était pas possible sous Clovis, à une époque où la conquête n'était pas terminée.

Dubos a également traduit avec inexactitude le passage relatif au juge Audoin, et au préfet Mummol, qui, sous Childebert 1ᵉʳ avaient soumis plusieurs Franks libres, au tribut public (3). Il fallait que cette entreprise, faite vers l'an 582, fût bien audacieuse, puisqu'elle était restée comme une note d'infamie attachée à la mémoire des deux conseillers.

L'opinion de Dubos est donc complétement erronée, elle est fondée sur l'idée que les Franks après la conquête, durent suivre la même loi politique que les

---

(1) *In magno odio habebant pro eo quod tributa, prædicti regis tempore, inflixisset.* Grég. de Tours, III, ch. 36.

(2) Voyez en quels termes le préambule de la loi salique parle de l'illustre nation des Franks, comparée à celle des Romains :

« Hæc enim gens, quæ fortis cum esset et robore valida, Romanorum jugum durissimum, de suis cervicibus excussit pugnando. »

Voilà qui combat toute idée de cession diplomatique, et d'assimilation des vainqueurs et des vaincus.

(3) *Multos de Francis, qui ingenui fuerant, publico tributo, subegit*, VII, ch. 35. Dubos traduit : « avait obligé plusieurs Franks, qui avaient été *affranchis* du tribut public, à payer ce tribut-là. » Il n'y a point de grammairien qui ne pâlisse, dit *Montesquieu*, en voyant traduire *ingenui* par *affranchis*.

Gaulois, tandis qu'il est prouvé qu'ils eurent chacun une constitution séparée.

Des dons faits dans l'assemblée nationale.

On prétend que les Franks faisaient des présens à leurs Rois, dans l'assemblée du Champ de Mars, et que c'était là un des revenus du Roi. Il est, en effet, prouvé que tel était l'usage sous Charlemagne (1) et même sous Pépin (2), et les derniers Mérovingiens (3); mais existait-il sous Clovis? voilà ce dont il est permis de douter, quoique les annales d'un pays voisin, sous l'année 750, l'appellent une ancienne coutume (4).

La coutume pouvait être antique, sans remonter au cinquième siècle; or, les monumens de cette époque n'en parlent pas. On sait que depuis Clovis, l'assemblée nationale ne fut pas régulièrement convoquée.

C'est la maison de Pépin qui les rétablit, pour se concilier la faveur de la nation. Il est présumable qu'à cette époque l'usage commença à s'introduire de donner et

---

(1) *Dona verò tua*, écrit ce prince à Fulrad, *quæ ad placitum nostrum nobis præsentare debes, nobis mense maio transmitte ad locum ubicumque tunc fuerimus* (Recueil des Histor., v, p. 633), *ut quicumque ei dona regia caballos præsentaverit, in manu quemque suum nomen scriptum habeat*, capitul. de 803, Baluze, 1, 40.

(2) *Et qualia munera ad palatium dare voluerint per missos suos ea dirigant* (Capitul. de 755, Baluze, 1, 171).

(3) Dans le Champ de Mars (disent les Annales de Fulde, sous l'année 751), celui qu'on appelait Roi, porté sur un char traîné par des bœufs, séant dans un lieu élevé, et vu une fois par an de ses peuples, y recevait les dons qui lui étaient offerts solennellement.

(4) *In die martis campo secundùm antiquam consuetudinem dona regibus à populo offerebantur.* (Ann. Hildesh. ad ann. 750, apud Leibnitz; Scriptoresrer. Brunsw., tom. 1.", p. 712.)

d'accepter des présens. C'était une conséquence naturelle du principe de l'antrustionage. Ce devait être le prix de la protection que l'on demandait au Roi, protection dont il existe déjà des traces dans la loi salique, où il est question (tit. XIV, art. 4) d'un *fredum*, payé par une jeune fille, pour être sous la protection du Roi. Ce *fredum* devait être offert publiquement dans l'assemblée nationale; autrement comment aurait-on su, qu'en violant la protection du Roi, on était soumis à une peine plus forte? mais il ne paraît pas que cette coutume ait été générale.

On voit bien dans la loi salique que celui qui est cité au mallum, et qui ne comparaît pas, doit payer 15 solidi (tit. 1ᵉʳ et tit. XIX, art. 6).

On lit au titre XLVII, art. 3, que dans les causes de second mariage, le fisc succédait, à défaut de parens au septième degré, à l'indemnité mise à la charge du second mari.

On voit au titre LIII, art. 3, que le tiers des biens expropriés était attribué au fisc, et perçu par le grafion, à titre de fred. Le titre LIV punit comme exacteur le grafion qui exige plus qu'il ne lui est dû.

On voit au titre LVI, que l'accusé soumis à l'épreuve du jugement par l'eau chaude, qui compose avec sa partie, devra également le *fred* au grafion.

On voit au titre LIV qu'il y avait confiscation de tous les biens contre celui qui refusait de comparaître devant le Roi après avoir été cité trois fois, et que le fisc pouvait disposer de ces biens à volonté.

On voit enfin au titre LXV que le fisc succède à ceux qui n'ont pas de famille.

Mais était-ce le Roi qui profitait de ces avantages? ou les deniers se versaient-ils au trésor national ou public? voilà ce qui n'est pas facile à déterminer. L'argument qu'on pourrait tirer de l'art. 4 du titre XIV, n'est pas suffisant pour établir une solution; car il n'est pas parlé du fisc dans cet article.

L'interprétation donnée par M. *Meyer* (ch. 3 des Institut. jud.) du mot *fredum*, qu'il regarde comme synonyme de *paix*, ou comme indiquant cette sanction publique qui garantit la sûreté et la paix des citoyens, ne s'accorde guère avec le texte de la loi salique. Il paraît que dans cette loi, le fred est la composition payée au fisc, comme le Wehrgeld était la composition due à la partie lésée.

Le fred était reçu par le grafion; si, comme on a lieu de le présumer, le grafion était un magistrat populaire et non royal, il en résulterait que le *fred* lui aurait appartenu, et non au Roi, ou que ce *fred* aurait été employé aux dépenses publiques.

Dans ce cas, le Roi n'aurait pas eu d'autre revenu que le produit de ses domaines, et sa part dans le butin.

Que le trésor public ait ensuite été confondu avec le trésor du Roi, rien n'est plus facile à concevoir et plus vraisemblable; car, n'y ayant pas de responsabilité des ministres, le Roi pouvait disposer des valeurs fiscales comme de sa chose.

Mais nous le répétons, au temps où la nation se rassemblait annuellement, il est douteux que les Rois franks aient perçu à leur profit exclusif les droits de deshérence, les amendes, et autres prestations indiquées par les textes.

Il n'est donc pas prouvé que les revenus du Roi aient été aussi étendus que l'ont cru *Montesquieu* et *Mably*. Celui-ci a fait une erreur grave, quand il a dit que le tiers de toutes les compositions appartenait au Roi. La loi salique ne lui attribue une partie de la composition que dans deux cas déterminés, et rien au-delà.

Du paiement de la composition.

Il est au contraire unanimement reconnu que le Wehrgeld appartenait exclusivement à la partie lésée. Il n'y avait point alors de partie publique.

L'offensé était tenu de recevoir la composition. Loi des Saxons, ch. 3, § 4; des Lombards, liv. 1er, titre 37, § 1 et 2; des Allemands, titre 43, § 1 et 2. Cette dernière loi permettait de se faire justice à soi-même, en cas de flagrant délit.

Chez les Franks, il fut défendu plus tard de diminuer ou d'augmenter le Wehrgeld, et de traiter hors la présence du juge (pacte de l'an 542, et décret de Clothaire, art. 11).

C'était une espèce d'intervention de la partie publique.

Il n'y a qu'un cas dans la loi salique, où une famille pouvait refuser la composition, et rester en état d'hostilité naturelle contre son ennemi, c'est lorsqu'on avait exhumé un cadavre pour le dépouiller (titre LVIII, art. 1er, titre XVIII, art. 3). Ce crime était regardé comme tellement abominable, que le coupable était hors la loi, jusqu'à ce que les parens consentissent à le recevoir à composition; il était défendu même à sa femme de lui donner sa subsistance, ou de le recevoir dans sa maison. *Cui aquâ et igne interdictum erat.*

En établissant le *Wehrgeld* on avait dû prévoir le cas où le coupable serait dans l'impossibilité ou sans volonté de le payer, ce qu'on appelait en langage barbare *Chrenchrud*; si aucun de ses parens ne venait à son secours, on le livrait à la partie lésée qui pouvait en disposer à sa volonté, même lui ôter la vie (tit. LXI).

Il paraît que l'on pouvait tenir son débiteur en chartre privée ; *si quis hominem ingenuum sine* CAUSA *ligaverit*, tit. xxxv. Une telle disposition n'a rien qui doive étonner de la part d'un peuple, qui admettait l'esclavage, et chez lequel il était permis de vendre sa liberté. Il paraît que ce droit était accordé à raison de ce qu'il n'y avait pas de prisons où maisons de force; plus tard les comtes furent obligés d'en établir dans les villes de leur commandement (Capitulaire de l'an 813, art. 11).

Cette loi du *Chrenchrud* avait ruiné beaucoup de familles, et elle fut abrogée par Childebert, lorsqu'on vint à substituer peu à peu des peines corporelles aux compositions.

Comme il y avait une sorte d'engagement d'honneur de la part d'une famille à racheter ainsi la liberté ou la vie d'un de ses membres, on pouvait renoncer publiquement à sa famille, en faisant une déclaration solennelle dans le *mallum*, en présence du tungman. Dans ce cas on ne succédait pas à la famille qu'on venait de quitter; le fisc même était préféré (V. le tit. LXV).

Les Franks mesuraient le temps par le nombre des nuits et non par celui des jours, c'est ce qu'on voit notamment au titre LIX *de Despectionibus*, et ce que nous avons déjà remarqué (p. 89 des prolégomènes de la première livraison). Cette coutume a subsisté jusqu'au onzième siècle.

Les Franks étaient bien ignorans et par suite bien crédules; leur superstition est prouvée par les dispositions de la loi salique, contre les sorciers et les maléfices (tit. II, art. 6 et tit. XX); une sorcière qui sera convaincue d'avoir mangé un homme (dit l'art. 3, tit. XLVII), payera une composition de 200 solidi.

On trouve dans les conciles d'Agde et d'Orléans, des

peines très sévères contre les sorciers; l'importance, qu'on attache à leurs sortilèges, prouve qu'on y croyait.

Des jugemens par ordalie.

C'est à cause de cette stupide ignorance, qu'on remettait au jugement de Dieu, la décision des affaires que l'on jugeait difficiles. La loi salique ne parle pas du combat judiciaire, mais l'épreuve par l'eau bouillante est un de ses moyens de preuve.

M. *Weber*, dans un mémoire sur les ordalies (inséré dans la Thémis, tom. V; p. 51 et suivantes), pense avec M. Rogge, que nos ancêtres ne croyaient pas à la possibilité d'une justification par l'épreuve de l'eau bouillante, mais que c'était un épouvantail contre la mauvaise foi et le mensonge; aussi remplaçait-on cette épreuve par une composition spéciale.

La loi ordonnait à l'accusateur d'entretenir le feu sous la chaudière pendant plusieurs jours; d'où l'on conclut que la formalité devait être rarement ordonnée, parce qu'elle eût été trop incommode.

Le demandeur pouvait la proposer à son adversaire; mais si celui-ci adoptait la composition, elle était moindre que n'eût été la condamnation, et le fisc en percevait une partie (tit. LVI et LIX).

Montesquieu, (1) bien loin d'admettre l'explication de M. Weber, croit que la main de nos ancêtres était assez endurcie pour supporter cette épreuve, et que les efféminés seuls devaient succomber.

Ces deux opinions s'écartent également de la vérité; l'épreuve était redoutable; mais on croyait à son efficacité.

Montesquieu a prétendu que la loi salique, à la

---

(1) Esprit des lois, liv. XXVIII, ch. 17.

« 6. *De terrâ verò salicâ in mulierem nulla portio*
« *hæreditatis transit, sed hoc virilis sexus acquirit;*
« *hoc est filii ipsâ in hæreditate succedunt.*

« Sed ubi inter nepotes aut pronepotes post longum
« tempus de alode terræ contentio suscitatur, non per
« stirpes, sed per capita dividentur. »

Tel est le texte de la plus ancienne rédaction de la loi salique, d'après *Eccard* (Recueil des historiens, t. IV, p. 156). Le manuscrit de Wolfenbuttel, qui est très ancien aussi, comprend, sous le titre LXI, une rédaction différente.

« De terrâ verò illâ quod muliere hæreditas est, sed
« ad vero exugu frater fueret, tota terra permaniat. »
(Recueil des historiens, tom. IV, pag. 178.)

Un manuscrit de la bibliothèque du Roi, qui n'a pas été vu par Baluze, nous présente la rédaction suivante:

« De terrâ vero salicâ nulla in mulieris hæreditatis
« transeat portio, sed ad virile sexus tota terra proprie-
« tatis suæ possideant. » (Recueil des historiens, t. IV, pag. 201.)

Enfin la rédaction de Charlemagne, plus conforme aux règles de la grammaire, et dégagée de la dernière disposition *sed ubi*, etc., est ainsi conçue :

« De terrâ vero salicâ nulla portio hæreditatis mu-
« lieri veniat, sed ad virilem sexum tota terræ hæreditas
« perveniat. » (Recueil des historiens, tom. IV, pag. 226, et Baluze, Capitul.)

La loi des Franks ripuaires, rédigée sous Thierry, fils de Clovis, en 530, qui, sur ce point, ainsi que l'a remarqué Montesquieu, suit pas à pas la loi salique, s'exprime ainsi au titre *des aleux* : « Cum virilis sexus
« exstiterit, fæmina in hæreditatem *aviaticam* non suc-
« cedat. »

On trouve dans les formules de Marculf, liv. II, n° 12

le protocole d'un acte par lequel une fille peut être rappelée avec ses frères au partage de l'*aleu* paternel :
« Diuturna sed impia, inter nos consuetudo tenetur, ut de *terrâ paternâ* sorores cum fratribus portionem non habeant. »

Il faut conclure nécessairement du rapprochement de ces textes que la terre *salique* est la même chose que la terre *aviatique* des ripuaires, la terre *paternelle* de Marculf, et que cette terre est un *aleu*, puisque partout cette disposition est écrite au titre de *Alodis*.

Or, qu'est-ce qu'un aleu?

« Est prædium liberum, nulli servituti obnoxium, ideòque feudo oppositum, quod hoc semper alieni subjacet servituti.

» Dicitur etiam alodium terra libera, quam quis à nemine tenet, nec recognoscit, licet sit in alieno districtu et jurisdictione; ità quod solum est sub domino districtus, quoad protectionem et jurisdictionem. » (*Spelmann* voce alodium. *V.* aussi Glossaire de Laurière, Montesquieu, Liv. xxx, ch. 5, et le 2°. appendix de l'histoire de *Hume*).

Dans les langues germaniques, et particulièrement chez les Hollandais, le mot *aloud*, signifie *très ancien*. (*Meyer*). Par *aleu* on a toujours entendu, un patrimoine tenu en franchise par un homme libre (Merlin, Nouv. Rép., hoc verbo) (1).

Il est donc constant que la terre salique n'est pas comme on l'a dit et comme on devait le penser natu-

---

(1) C'est incroyable combien on a fait d'efforts, pour chercher à établir contre l'évidence, que les *aleux* étaient des terres privilégiées, des bénéfices ou des fiefs. *V.* à cet égard les étymologistes, au Nouv. Rép. V°. Aleu.

rellement, un fief donné par le souverain à la charge du service militaire.

D'une part, il n'y avait pas encore (1) de fiefs; et rien n'indique que les partages des terres conquises sur l'empire, sous Clovis, aient été grevés de substitution masculine, comme on l'a vu plus tard sous le régime féodal.

D'un autre côté, la disposition qu'il s'agit d'interpréter, est antérieure de près d'un siècle à la conquête.

Il n'est pas prouvé non plus que le mot *alod* vienne de *loos*, *sort* (2).

M. Meyer voit au contraire dans l'article 1er du titre 1er de la loi des Bourguignons, la preuve que les terres obtenues par le partage des biens des vaincus, qu'on appelait *sortes*, sont différens des biens paternels et des acquets : « *Ut patri de communi facultate et de labore suo cuilibet donare liceat, absque terra sortis titulo acquisita.* » Par où l'on voit que ces derniers biens seuls étaient majoratisés, et hors la loi ordinaire des successions, *de qua prioris legis ordo servabitur*; c'est-à-dire, qu'à l'égard de ces biens on observera les dispositions de la loi politique, qui en Bourgogne avait opéré le partage par moitié entre les Romains et les Bourguignons, leurs vainqueurs.

Puisque la terre salique est un véritable patrimoine et non un don usufructuaire du prince, fait à la charge

---

(1) Nous avons déjà prouvé que les bénéfices sont d'une création plus récente.

(2) V. Guizot, pag. 92, qui pense que les aleux sont les terres provenant des partages après la conquête; explication renversée par ce fait qu'*aleu* est synonyme de terre *paternelle* ou *patrimoniale*, et parce que les *aleux* sont aussi anciens que la loi salique, c'est-à-dire antérieurs à la conquête.

du service militaire, quelle est donc la raison qui en a fait exclure les filles?

L'étymologie du mot ne fait rien à la question; que ce soit la terre des Franks-Saliens, ou bien la terre qui entoure la maison à cause du mot germain *sala*, peu importe.

Il y a une raison naturelle de cette exclusion des femmes, que l'on n'a pas encore donnée, ou du moins que l'on n'a pas développée de manière à la rendre assez sensible. Chez les Franks, nation qui avait presque toujours les armes à la main, et qui délibérait sur la paix et la guerre dans les assemblées du Champ de Mars, chaque guerrier était obligé de s'armer et de s'équiper à ses frais, et de supporter toutes les charges du service militaire; leurs princes n'avaient point d'autres revenus que ceux de leurs domaines, ils ne levaient pas de tributs; que fit donc la loi salique? Elle disposa que les immeubles paternels seraient mis dans le lot des mâles, et voilà tout; c'est-à-dire, qu'au lieu de vouloir, comme le législateur moderne, (Art. 832 du Cod. civ.) que l'on fasse entrer dans chaque lot, celui des filles, comme tout autre, et s'il se peut, la même quantité de meubles, d'immeubles et de créances de même nature et valeur, on mettait tous les aleux, c'est-à-dire les propres anciens, dans le lot des mâles. A l'époque où cette disposition a été faite, les Franks ne prévoyaient pas qu'ils deviendraient conquérans des Gaules, et que cette disposition serait une source d'injustice.

Tous les mâles succédaient également à la terre salique parce que tous étaient soumis au service militaire. Les filles n'étaient pas entièrement exclues de la succession paternelle. Montesquieu remarque que dans les deux premiers degrés de succession, les avantages des mâles et des filles, étaient les mêmes; que dans les troisième et quatrième degrés les filles avaient la préférence; et les mâles dans le cinquième.

Il a trouvé l'explication de cette bizarrerie dans Tacite (*De moribus german*). « Les enfans des sœurs, » dit cet historien, sont chéris de leur oncle comme s'il » était leur propre père. Il y a des gens qui regardent » ce lien, comme plus étroit et même comme plus saint; » ils le préfèrent quand ils reçoivent des otages. »

On n'en pouvait donner une meilleure preuve.

La sœur de la mère était préférée à la sœur du père; la loi salique voulait qu'après la sœur du père, le plus proche parent par mâle eût la succession; mais s'il était parent au-delà du cinquième degré, il ne succédait pas; ainsi, une femme au cinquième degré aurait succédé au préjudice d'un mâle du sixième degré; et cela se voit dans la loi des Franks ripuaires, interprète de la loi salique au titre des aïeux.

Quoiqu'il ne soit pas très exact d'expliquer une loi de succession chez un peuple par une autre, on peut cependant faire de ces rapprochemens, lorsqu'ils tendent à montrer l'esprit d'une loi. On voit dans l'art. 5, du tit. VI, de la loi des Angles ou Thuringiens, que l'on donnait au mâle, avec la succession immobilière, les armes de guerre; *ad quemcumque hæreditas terræ perveniat, ad illum vestis bellica aut lorica debet pertinere.* Dans ce pays, la loi attribuait aux filles les valeurs mobilières, l'argent et les esclaves (titre VI, art. 1er).

La loi des Ripuaires, et la loi des Saxons (titre VII, art. 1 et 8), n'excluaient les filles de la succession immobilière qu'au cas où elles avaient des frères. Elles succédaient aux immeubles à l'exclusion des collatéraux. On a cherché à interpréter la dernière disposition du texte ancien de la loi salique dans ce sens.

Nous ne sommes pas de cet avis; il nous semble que

cette assimilation est repoussée par la dernière disposition.

Sed ubi inter nepotes aut pronepotes, post longum tempus, de alode terræ contentio suscitatur, non per stirpes, sed per capita dividentur.

Il en résulte que les collatéraux mâles succédaient toujours à la terre Salique ou à l'aleu; et je ne suis pas touché de l'argument de ceux qui disent qu'ici *nepos et pronepos*, peuvent s'entendre des filles comme des mâles, lorsque le principe de l'exclusion des filles est posé d'une manière absolue, deux lignes plus haut.

Si la loi des Ripuaires avait eu la prééminence sur la loi Salique, c'est-à-dire, si la branche de Thierry était devenue la maison régnante, nous croyons qu'en vertu de cette loi, les filles n'eussent été exclues qu'au premier degré, et qu'ainsi les prétentions d'Edouard au trône de France eussent été fondées.

Mais la loi Salique fut celle de la maison régnante, et c'est pour cela que les filles ont été exclues de la couronne, dans tous les cas.

Lorsque les circonstances politiques eurent changé; c'est-à-dire, lorsque la charge du service militaire eut cessé, sous les successeurs de Clovis, de porter exclusivement sur tous les Franks; lorsque les rois firent la guerre avec les Leudes et les milices des cités, et que le tribut levé sur les Gaulois leur permit de les entretenir; lorsque les Franks, enrichis par les avantages de toute nature que les conquêtes leur avaient procurés, eurent converti des propriétés considérables en aleux, l'exclusion des filles dût paraître bien injuste.

Les rois qui voyaient successivement passer les terres tributaires dans la classe des biens libres, et par suite leurs revenus diminuer, durent s'alarmer; les possesseurs des aleux, voulant jouir de leur fortune, ne faisaient plus de service militaire, et ne voulaient pas les convertir en bénéfices révocables. Les rois travaillèrent sourdement à ruiner la franchise des aleux; pour y parvenir, il n'y avait pas de meilleur moyen que de rétablir dans l'ordre civil l'égalité des partages, relativement à cette nature de biens.

Ils permirent donc que l'on dérogeât, par une disposition entre-vifs ou testamentaire, à la disposition absolue et irritante de la loi. Bientôt l'usage s'établit si généralement, que les praticiens en dressèrent la formule.

Comment Marculf aurait-il osé dans ses actes, traiter une loi toujours subsistante, de coutume impie et sacrilége, si l'autorité du prince n'avait permis aux juges de tolérer ce langage, et même d'y donner le sceau de leur autorité (1).

____

(1) Cette formule est si remarquable, que nous croyons devoir en donner ici la traduction, d'autant plus qu'elle consacre un principe de droit naturel et de justice éternelle.

« Ma très chère fille, une coutume ancienne, mais impie, a
» statué parmi nous que les sœurs n'entreraient point en par-
» tage avec leurs frères dans l'*immeuble paternel* » (preuve
que l'aleu n'était pas un bénéfice, un majorat constitué par
le prince, à la charge d'un service public); « mais moi, vou-
» lant remédier à cette impiété, et sachant que tous mes enfans,
» puisqu'ils m'ont été également donnés par Dieu, doivent être
» également traités par moi; je veux qu'ils jouissent, après mon
» décès, également de mes biens. C'est pourquoi par cette lettre,
» ô ma chère fille, je te constitue, à l'égard de tes frères, mes
» fils, leur égale dans mon hérédité, et je veux que tu aies une part
» égale à la leur, tant de cet aleu paternel, que des biens que j'ai
» acquis, des esclaves, etc. »

Il en est toujours ainsi des lois qui contrarient le sentiment naturel.

Le conquérant de notre âge a voulu fonder aussi, avec des

Mais, dira-t-on, pourquoi cette loi ne fut-elle pas abrogée sous Charlemagne? Si elle n'eût régi que l'ordre civil, elle l'eût été. Mais d'une part on sait, quel attachement invincible les nations non éclairées ont pour leurs anciennes coutumes. Il fut si fort, que, même sous la seconde race, toutes les nations des Gaules conservèrent leurs lois nationales, quoique professant la même religion, et obéissant aux mêmes princes depuis plus de trois siècles.

Ne voit-on pas en Angleterre conserver de vieilles pratiques, celle par exemple, de vendre sa femme sur un marché, sans que le législateur ait cru devoir abolir une pareille infamie. La raison publique seule en fait justice.

Charlemagne avait un autre motif, pour maintenir la disposition de la loi salique. Il était Frank Salien, il s'en glorifiait, et il affectait leurs mœurs, leurs usages, et jusqu'à la forme extérieure de leurs habits; de plus c'était un prince guerrier, il devait vouloir le maintien d'une disposition qui favorisait ses leudes.

Mais une raison plus puissante encore se présentait;

---

biens patrimoniaux, avec des aleux, des majorats auxquels il a attaché le privilége de masculinité et de primogéniture. Les filles de ceux qui par vanité ont accepté cette faveur, sont comme les filles des Saliens; elles sont réduites à une légitime: mais ces lois de priviléges ne sont pas vues avec faveur. Déjà, dans les chambres législatives, en discutant la loi sur les dotations, on a proposé d'abolir la substitution masculine, et de rappeler tous les enfans à l'égalité des partages. Le principe n'a été qu'ajourné, mais depuis, on a annoncé hautement l'intention de détruire par une loi l'égalité des partages; ou ce qui est la même chose, d'autoriser tous les chefs de famille à établir de nouvelles substitutions; personne ne doute, que par ce seul établissement, la constitution du royaume, ne se trouve altérée dans son essence.

en abrogeant cette loi, il aurait ébranlé le principe de l'ordre de successibilité à la couronne.

Car il est certain, comme l'a dit *Montesquieu*, que la loi de succession dans l'ordre civil, fut appliquée à l'ordre de succession dans l'ordre politique, et à la transmission de la royauté.

Rien de plus naturel que de considérer la royauté comme une sorte de patrimoine.

Telle fut la dignité de duc dans la maison des Agilolfinges, chez les Bavarois, droit que Louis-le-Débonnaire confirma comme la propriété de cette famille.

N'est-ce pas d'ailleurs aujourd'hui une opinion professée, sinon par la partie la plus éclairée, au moins par la majorité des états de l'Europe, que la royauté est patrimoniale de sa nature.

Telle étant la nature de la royauté, elle devait être considérée comme la plus noble des propriétés; c'est-à-dire comme la terre salique, l'ancien patrimoine des Saliens, la terre des ancêtres, la terre paternelle, enfin comme un aleu.

Et c'est pour cela que le plus profond de nos jurisconsultes, *Dumoulin*, a dit que la monarchie française était un *franc-aleu*; ce qui n'était pas tout à fait vrai de son temps, puisque l'aîné seul y succédait; mais ce qui est d'une vérité rigoureuse, à l'égard de la première et même de la seconde race de nos Rois.

Clovis et ses prédécesseurs ne jouissaient dans la nation d'aucun privilége particulier; ils étaient donc soumis eux et tout ce qui leur appartenait, à la loi commune.

Chez les Visigoths, qui admettaient les filles à succéder aux terres avec leurs frères, les femmes furent capables de succéder à la couronne.

Chez les Bourguignons, qui excluaient aussi les filles

de la succession aux immeubles, les filles ne succédèrent pas à la couronne.

C'est par la loi ordinaire de succession, et par cette loi seule qu'on peut expliquer, chez les Franks, la pernicieuse coutume de partager la couronne entre tous les enfans mâles du même Roi. Le principe des partages a été en vigueur avant Clovis; autrement, pourquoi y aurait-il eu tant de Rois franks?

Des écrivains ont pensé que la couronne était élective chez les Franks : non; mais au moment où se faisait la division des états du prince décédé, les Franks avaient le droit de se choisir pour chef celui qu'ils préféraient dans la lignée royale. Voilà ce que M. Guizot n'a pas pu expliquer (*Voy.* p. 294 et suiv.), et ce qu'il a cependant soupçonné. « Le trône, (dit-il, p. 299), appartient héréditairement à une famille; mais les Franks s'appartenaient à eux-mêmes. »

C'est là le double fait, qu'il est impossible de méconnaître dans les passages des historiens du temps qui ont été allégués, pour prouver tantôt l'hérédité, tantôt l'élection populaire des Rois franks (1). *Flodoard*,

---

(1) En 481, *Childerico hereditario jure successit Chlodovæus* (Aimoin de Gest. franc., I, 12). En 575, *tunc Franci qui quondam ad Childebertum aspexerant seniorem, ad Sigibertum legationem mittunt ut ad eos veniens, derelicto Chilperico, super se ipsum stabilirent* (Grég. de Tours, IV, 52). En 638, *Chlodoveum filium Dagoberti Franci super se regem statuunt.* (Gest. franc., I, 43). En 656, *decedente præfato rege Chlodoveo, Franci Chlotarium seniorem puerum ex tribus sibi regem statuunt* (ibid. 44). En 684, *principes sane Chilperici, è quibus Ansoaldus primus erat, acceptum filium ejus Chlotarium per civitates circumduxerunt, et sacramenta, ex nomine ipsius, susceperunt* (ibid. III, 58).

dit en parlant des Francks (liv. 4), *morem asseris secutos se fuisse.*

Ce choix était déterminé par l'élévation sur le pavois, cérémonie prouvée par la médaille d'inauguration de l'un des Rois de la première race, Pharamond ou un autre, (*Voy.* la dissertation publiée en 1772, réimprimée en 1822) et par une foule de passages de Grégoire de Tours, historien contemporain.

Comment aurait-on pu obliger des hommes aussi indépendans que les Franks, à suivre un Roi dont ils n'auraient pas voulu !

On sait qu'à l'époque où Clovis se convertit avec trois mille des siens, une partie de ses compagnons d'armes usa du droit qui lui appartenait de se choisir un autre souverain, et se retira auprès des Rois de Cambray, etc.

C'est sans doute à cause de cette variation dans le choix du souverain qu'on a cru le trône électif, et qu'il est si difficile de retrouver la lignée des princes Mérovingiens avant Clovis, surtout celle de ce Mérovée qui a donné son nom à toute sa race.

Il existe à cet égard deux dissertations, (Mémoires de l'Académie des inscriptions et belles lettres, tome xx, page 52 et 63).

Le savant Freret a très bien démontré, contre Gibert, que Mérovée n'était point le même que Marobodus; et qu'il n'était pas besoin de chercher si loin l'origine d'un nom barbare.

Les dynasties royales de cette époque avaient toutes adopté un nom générique qui n'était pas nécessairement celui du chef de la race, témoin les Carlovingiens, les Agilolfinges chez les Bavarois, etc.

Du reste, il est certain que malgré ce droit que les Franks avaient de choisir leurs chefs, l'ordre de succession fut établi dans la race mérovingienne, par droit d'hérédité et de patrimonialité. Les enfans prennent la royauté de leur père, dit Agathias, historien contemporain (Recueil des historiens, page 48). Ce principe fut exécuté après la conquête. Après la mort du jeune Théodebald, Childebert et Clothaire, les plus près par leur naissance lui succèdent *en vertu de la loi* (νομος εκαλει. Agathias, page 71). Childebert était déjà vieux et malade, il n'avait pas d'enfant mâle pour lui succéder, mais des filles; celles-ci furent exclues (an 558). Et Clotaire, qui avait quatre fils, réunit tout l'empire des Franks (Agathias, ibid. et Grégoire de Tours). *In Persarum Francorumque terrâ reges ex genere prodeunt*, dit le pape Grégoire-le-Grand, aussi contemporain (Homélie X). *In omnibus penè gentibus notum fuerit, gentem Francorum reges ex successione habere consuevisse* (Flodoard, Hist. de Rheims) *quorum mos semper fuerit, ut rege decedente, alium de regiâ stirpe vel successione*, ELIGERENT. Ibid. liv IV. Théophane, auteur du huitième siècle, dit que c'était une loi chez eux, que le Roi commande par droit de naissance. (κατα γενος αρχειν. Chronographie, p. 557.)

Ce principe de succession fut si respecté, que même les usurpateurs se disaient de la race royale. (Révolte de Munderic, en Auvergne. Grégoire de Tours, liv. III, chap. 14.)

La famille de Pépin elle-même, quoique si puissante, délibéra pendant un siècle pour ceindre le bandeau royal, et pour écarter les fantômes de Rois, qu'elle mettait sur le trône. On sait l'histoire du moine Chilpéric, qu'on tira de son monastère, en 715, pour le placer sur le trône. Mais on lui donna un nom royal, et on eut soin de supposer qu'il était de la lignée royale « quia deficiente *prosapiâ regum* illum quem propinquiorem

« Merovels invenire poterant statuere; quia Merovei,
» ut aiunt, sicut antiquitùs Nazareni, nullo capitis crine
» inciso erant. » (Fragment d'Erchambert, Recueil des histor., tom. II, p. 690.)

Pour légaliser le changement de dynastie, sous Pépin, il fallut l'intervention du ciel. « Sed ut non perturbaretur ordo, per auctoritatem apostolicam, jussit » Pippinum parvum regem fieri Francorum. » (Lettre du pape Zacharie, Recueil des hist. ibid., p. 698.)

C'est donc parce que la loi d'hérédité politique avait sa source dans la loi civile, que Charlemagne, chef d'une dynastie nouvelle, ne voulut pas changer la loi Salique.

Cette loi se trouva modifiée sous Hugues Capet, parce que l'égalité des partages avait cessé par l'établissement du système féodal.

« A cette époque la loi des fiefs, ou des bénéfices militaires, prévalut sur la loi des aleux; et le trône devint lui-même un grand fief. (*Voyez* le président *Henrion de Pansey, Autorité judiciaire.*)

C'est ainsi que tout s'enchaîne et s'explique sans effort, dans l'histoire des institutions, et que d'un changement dans le mode de transmission des biens, peut résulter un changement dans la constitution d'un empire.

C'est encore par la loi de la succession civile, et par cette loi seule qu'on peut expliquer pourquoi tant de Rois mineurs siégèrent sur le trône des Mérovingiens, et gouvernèrent en leur nom dès l'âge le plus tendre, sans qu'on eût établi de régence par aucune loi.

Puisque la royauté était un aleu, un patrimoine, les enfans, quelque fût leur âge, devaient entrer en possession de ce bien, et l'administrer en leur nom, la régence n'était qu'une tutelle.

Ces Rois adolescens ou ces Rois enfans avaient pour

tuteurs naturels, tantôt la reine-mère, tantôt le maire du palais. Mais leurs attributions étaient arbitraires; il n'y a rien de fixe à ce sujet dans la législation.

Elle est donc bien erronée, l'opinion de ceux qui se sont refusés à voir dans le titre des aïeux, la véritable loi de succession à la couronne, la vraie loi Salique; et qui ont prétendu, contre le témoignage de nos anciens historiens, que l'exclusion des filles n'était fondée que sur l'usage.

Cette opinion a été défendue par Foncemagne, dans un mémoire lu à l'Académie des inscriptions et belles lettres.

Il commence par reconnaître en fait, que les filles n'ont pas succédé à la couronne sous la première race; deux filles de Clovis ont été exclues par leurs frères; Thierry avait laissé une fille, qui fut exclue par son oncle Clothaire; Théodebert avait deux filles, et un fils nommé Théodebald, c'est celui-ci qui succéda; Childebert avait également deux filles, et Clothaire, leur oncle obtint sans difficulté de succéder à Childebert; Clothaire lui-même laissa une fille qui ne prétendit rien après sa mort; il en fut de même de la fille de Caribert, Roi de Paris. Gontran, quoiqu'il eût deux filles, présenta Childebert, son neveu, comme son successeur. Childeric avait deux filles, lorsqu'il dit aux députés de Childebert que n'ayant pas de postérité masculine, celui-ci lui succéderait également. Bathilde enceinte craignait d'accoucher d'une fille, parce que le trône sortirait de sa maison (1).

---

(1) *Ob hoc regnum succumberet*, Vie de Saint Eig. Spicil; tom. 1ᵉʳ, pag. 110.

Au contraire, chez les Visigoths, Amalaric succède du chef de sa mère au trône, et Théodat par son mariage avec Amalasonthe, fut reconnu Roi.

Malgré ces exemples, l'académicien Foncemagne croit que l'exclusion des filles n'était pas fondée en loi, mais seulement en coutume; et il prétend que Robert Gaguin et Claude de Seyssel, sont les premiers qui aient fait cette application, tandis qu'il est prouvé qu'elle eut lieu, après la mort de Louis le Hutin, en novembre 1316, par la décision d'une assemblée, à l'exclusion de la princesse Jeanne, et après la mort de Charles-le-Bel, à l'avénement des Valois, à l'exclusion du Roi d'Angleterre.

Foncemagne croit que la loi de succession ordinaire n'a pas pu être appliquée à l'ordre politique; mais il n'y en avait pas d'autre chez les Franks. Le savant académicien prétend que les terres saliques doivent s'entendre des terres distribuées après la conquête à la charge du service militaire. Nous avons démontré que cette interprétation est contraire à la loi des Ripuaires, à la rubrique du titre, et à la formule de Marculf. D'ailleurs, il est prouvé que les bénéfices sont nés plus tard; l'aleu est l'opposé de *fief*.

L'argument, *à contrario*, tiré par lui de la formule de Marculf, a déjà été réfuté par l'explication que nous en avons donné. On a pu dans l'ordre civil, permettre de rappeler les filles au partage des aleux, sans qu'on ait voulu changer l'ordre de succession à la couronne.

Il objecte enfin que la loi Salique est une loi personnelle, spéciale à la tribu des Franks, et qu'elle n'aurait pu obliger les autres; mais tous les Franks étaient soumis à cette loi; les Ripuaires en formant plus tard un corps de nation à part, ne l'ont pas répudiée puisqu'au contraire ils ont adopté l'exclusion des filles, tout en la restreignant au premier degré de succession agnatique.

Aussi Foncemagne est-il obligé d'en revenir à dire qu'il est probable que ce code a eu une application indirecte à la couronne. Selon lui, le principe a plus de force étant fondé sur la coutume, que s'il était appuyé sur la loi ; comme s'il n'était pas plus naturel de penser que la coutume s'est établie en exécution de la loi.

Vertot a soutenu à son tour, qu'il résulte de la loi Salique, que les filles étaient exclues de toute succession, et qu'ainsi elles n'avaient pas de dot. Mais la loi ne les prive que de leur part dans les immeubles paternels, nullement dans ceux maternels, et dans les valeurs mobilières.

Vertot prétend que le titre 62 de la loi appelle les filles à la succession des aleux et les exclut des terres saliques, d'où il suivrait que les terres saliques seraient toute autre chose que des terres patrimoniales, des terres franches, des terres paternelles ; mais son interprétation est contraire à tous les textes que nous avons rapportés, et elle est fondée sur une disposition qui n'existe pas dans cette loi, savoir, que la fille était appelée formellement à la succession de l'aleu avec ses frères, quand c'est le contraire qui est écrit. Il suppose donc que les terres saliques, différentes des aleux, quoique placées sous la rubrique, étaient des bénéfices ou des commanderies, et alors, il ne fait aucune difficulté de l'appliquer par analogie à la couronne. L'abbé Dubos (liv. VI, chap. 2), adopte l'avis que l'article de la loi Salique s'applique assez directement à la couronne ; mais il prétend que les terres saliques étaient des biens de même nature que les bénéfices, et qu'ainsi elles étaient de véritables fiefs, explication détruite par les textes, et par le sens du mot aleu, partout opposé à celui de fief.

C'est ce que *Montesquieu* (1) a très bien prouvé. Il observe que tous les mâles ne succédaient pas aux fiefs, et qu'ainsi on ne pouvait expliquer par la loi des fiefs l'ordre de succession sous les deux premières races: que les fiefs ne furent établis qu'après la conquête, et que les usages saliques existaient bien avant; enfin que ce ne fut pas la loi salique qui, en bornant la succession des femmes, forma l'établissement des fiefs, mais l'établissement des fiefs qui mit des limites à la succession des femmes et aux dispositions de la loi Salique.

« Après ce que nous venons de dire, on ne croirait
» pas, dit-il, que la succession perpétuelle des mâles de
» la couronne de France pût venir de la loi salique: il
» est pourtant incontestable qu'elle en vient. La disposi-
» tion de la loi civile a forcé la loi politique. »

Cette idée est juste; elle était féconde: Montesquieu ne l'a pas développée. Aussi a-t-il été fort embarrassé pour expliquer la majorité des Rois franks. Comme on ne peut nier le fait que des rois enfans (2) ont successivement régné sans difficulté et sans régence, il est obligé de supposer que les princes pupilles furent déclarés rois en bas âge pour arrêter une main sacrilége, nécessité qu'aurait fait sentir le meurtre des enfans de Clodomir. Mais ces enfans étaient déjà saisis de la succession de leur père, et voilà pourquoi leur meurtre fut un crime exécrable. Ce n'est donc pas à cause de cet assassinat que plus tard la loi fut établie; cette loi existait.

---

(1) Esprit des lois, liv. XXII, ch. 22.
(2) Tel fut Childebert II; il régnait, n'étant âgé que de cinq ans

Du reste, on a très bien prouvé contre Montesquieu que l'argument tiré de l'étymologie du mot *Sata*, terre de la maison, est puérile, puisque, si ce mot est germanique, il y aurait eu des terres saliques chez toutes les nations germaniques.

M. *Meyer*, dans ses institutions judiciaires, chap. 5, s'est beaucoup rapproché de l'opinion de Montesquieu; il a démontré que les aleux, bien loin d'être des fiefs, ont été restreints par la loi des fiefs. Plus la féodalité devint générale, et plus le nombre des aleux dut diminuer. Partout où l'on reconnaissait un droit de propriété non altéré depuis les premiers temps, on admettait cet aleu.

Ce savant publiciste observe avec raison que la terre salique aurait pu être appelée Ripuaire, Saxonne, ou Angle, si ces peuples ne s'étaient contentés de la désigner sous le nom général d'*aleu* ou de terre paternelle et héréditaire.

M. *Meyer* a bien vu que la succession à la couronne a toujours été régie par la loi Salique, quoique cette loi eût cessé d'obliger les particuliers, par suite des changemens qui ont dénaturé les propriétés particulières, et qui ont même fait perdre la trace des anciens usages.

Cette explication l'amenait à entendre comme nous la formule de *Marculf*; mais après s'être fait la question de savoir, si les femmes pouvaient être appelées à la succession de la terre salique par la disposition de l'homme, il répond négativement, et cela, parce qu'il a dit plus haut que la disposition de la loi qui exclut les femmes de la succession n'avait *rien d'injuste;* opinion que nous ne pouvons partager.

Selon M. Meyer, *Marculf* ne mérite pas confiance, parce qu'il était moine et Romain, et par conséquent ennemi de la loi Salique. Quel est le monument que l'on ne pourrait pas écarter d'une discussion par des argumens semblables?

Nous dirons plutôt que Marculf n'a pu rédiger sa formule que sur ce qui se passait de son temps; que bien évidemment les filles pouvaient être rappelées au partage de la terre salique, que la disposition s'applique aux terres des Franks, dont la loi est très clairement indiquée, et non aux terres romaines ni aux biens de l'Église.

La raison de cette différence, M. Meyer lui-même l'a donnée; c'est que le système des propriétés avait été dénaturé depuis plus de 200 ans, sans que pour cela la loi politique en ait été affectée.

M. Guizot, ainsi que nous l'avons déjà fait remarquer, s'est trompé en assimilant les aleux, aux terres partagées après la conquête, puisqu'il est prouvé que la terre salique est au contraire une terre patrimoniale et ancienne; et qu'il n'est nullement prouvé ou reconnu par les étymologistes, que *alode*, vienne de *loos*, sort.

Il y avait des aleux bien avant la conquête.

M. Guizot a bien vu la cause qui fit tomber la loi en désuétude; mais il s'est encore trompé quand il a dit que le service militaire n'était pas primitivement une obligation inhérente à la propriété alodiale. Ne fallait-il pas que le guerrier frank pût s'armer, s'équiper, et entretenir son cheval, et n'était-ce pas une raison suffisante pour lui attribuer la terre paternelle? Lui-même remarque que la possession de la terre était si intimement liée au système de recrutement, que Charlemagne en fit l'objet d'une loi positive (capitulaire en forme d'instruction de l'an 812).

M. Guizot (1) a voulu expliquer la loi de l'hérédité

---

(1) 4ᵉ Essai, ch. II, nº 1ᵉʳ, pag. 297.

dans la famille mérovingienne, par le fait et non par le droit; il suppose même que l'hérédité ne commença à prévaloir qu'après l'établissement territorial; auparavant la royauté eût été plutôt élective.

Mais rien n'indique qu'il se soit fait aucun changement à cet égard dans l'ordre de succession; la loi de l'hérédité existait avant la conquête comme après. Elle n'est donc pas, comme l'a dit M. Guizot, le résultat nécessaire de la prépondérance en fait que possédait la famille royale et de l'indépendance des chefs.

La monarchie s'étant divisée, sous les enfans de Clovis, d'après la loi ordinaire de succession, la prépondérance n'existait plus; dès lors la royauté serait redevenue élective comme avant.

M. Guizot pourtant a bien vu que le caractère fondamental et distinctif de la royauté barbare, c'est qu'elle était un pouvoir personnel, et non un pouvoir public; par conséquent, ce pouvoir, dans sa transmission, était nécessairement soumis à la loi personnelle de la nation à laquelle le prince appartenait.

Voilà pourquoi il nous paraît hors de doute que la loi ordinaire de succession a régi la famille royale, comme le reste de la nation.

Résumé.

Il est donc pleinement démontré que le Pacte de la loi salique, loi souveraine, délibérée et sanctionnée dans les assemblées de la Nation, avant sa conversion au christianisme, n'est pas seulement une loi rurale et forestière, ni même une loi criminelle; qu'elle est aussi une loi politique, puisqu'elle nous a donné l'état des magistratures, l'état des terres et des personnes, esclaves, affranchis, Romains tributaires et possesseurs, et des

Franks libres, l'organisation judiciaire et financière des Franks, la formation des assemblées locales, la compétence de l'assemblée générale, dans toutes les matières où il s'agit de la vie des hommes libres, et de l'élévation d'un homme de l'état d'esclavage à l'état de liberté, l'inviolabilité du domicile, et enfin l'ordre de successibilité à la couronne. Que fallait-il de plus à un peuple chez lequel il existait une assemblée permanente, appelée à délibérer sur tous les grands intérêts de l'Etat?

Cette loi est donc complète, et les reproches qui lui ont été adressés, ne viennent que de ce qu'on ne l'a pas étudiée d'assez près. Elle est supérieure à la loi des Douze Tables, autant du moins qu'on peut le conjecturer par les fragmens qui en sont parvenus jusqu'à nous; il y a même ceci de remarquable, que les deux maximes les plus importantes de la loi romaine se retrouvent dans la loi Salique.

Privilegia ne inroganto (1); la loi des Franks n'admettait pas non plus de privilége d'aucune espèce; il en doit être ainsi dans toutes les constitutions démocratiques.

De capite civis, nisi per maximum comitiatum ne ferunto. Nous avons vu, que de même chez les Franks, la tête d'un citoyen était trop précieuse pour qu'on la mît à la disposition des juges ordinaires. Quand un homme se rend l'ennemi de la société, n'est-il pas convenable que ce soit cette société tout entière qui, par ses représentans, prononce sur son sort.

Quant aux lois de Moïse, malgré leur antiquité et la divinité de leur origine, je leur préfère la loi Salique, car celle-ci ne parle point de circoncision (Exode, ch. 12

(a) Loi des Douze Tables, tab. 9.

vers. 44 et suiv.); ni de consécration des premiers nés (Exode, ch. 13, verset n° 2); ni de la défense de manger du pain avec du levain (ibid. vers. 3); ni du sabbat qu'il faut garder, parce que le Seigneur a envoyé une double nourriture le sixième jour (ibid., ch. 16, vers. 29 et 30); ni de la prohibition du culte des images (ibid., ch. 20, verset 4); ni des passions du Dieu fort et jaloux, qui punit sur les enfans au quatrième degré, l'iniquité du père (ibid., vers. 5); ni du droit que le maître a de percer l'oreille de son esclave (ch. 21, v. 6); ni du droit d'avoir des concubines, et de les renvoyer en leur payant le prix de leur virginité (vers. 10); ni du droit de battre son esclave, pourvu qu'il ne meure pas sous le coup (vers. 21, etc.); ni de la peine de mort portée contre celui qui n'a pas renfermé son bœuf (vers. 21, etc.) Nous pourrions pousser le parallèle beaucoup plus loin, et l'avantage serait à la loi Salique.

Qu'on cesse donc de nous parler de la barbarie de nos ancêtres. Au commencement du sixième siècle, il y avait plus de lumières dans les Gaules, que dans les dix siècles postérieurs. C'est le règne féodal qui nous a plongés dans les ténèbres de la barbarie, en ôtant toute dignité à l'homme, et en faisant peser sur lui le double joug de la superstition religieuse, et du pouvoir permanent de la lance et de la justice du baron.

Chez les Franks, le jugement par jury tant en matière civile qu'en matière criminelle, formait les bases du système judiciaire.

Les affaires de peu d'importance étaient décidées dans chaque localité, publiquement, par trois jurés, présidés par le *centenier* ou le *dizenier*.

Les affaires d'un ordre supérieur, telles que les compositions pour crimes ou délits, etc., étaient vidées par sept jurés, nommés *rachimbourgs*, présidés par le *grafion*.

Certaines affaires épineuses étaient jugées par une cour composée de trois magistrats nommés *sagbarons*.

Enfin, l'assemblée générale présidée par le Roi, connaissait de tous les appels, des accusations capitales, des affranchissemens, etc.

On ne pouvoit se pourvoir par appel que pour déni de justice, et pour violation de la loi Salique, et en cas de cassation, les premiers juges étaient punis. Il n'y avait pas deux degrés de juridiction.

Tout porte à croire que l'assemblée judiciaire présidée par le Roi était différente de l'assemblée annuelle du Champ de Mars; car celle-ci était une revue militaire générale, autant qu'une assemblée législative et politique; tous les Franks étaient convoqués, et il ne leur était pas permis de s'absenter : c'eût été une désertion.

Le Roi tenait ses assemblées particulières avec ses principaux officiers, optimates, proceres, ou vieillards sicambres; elles étaient publiques, comme les assemblées du grafion, du centenier et du dizenier; mais personne n'était tenu de s'y rendre.

Dès que l'on eut cessé de convoquer les assemblées du Champ-de-Mars, les Rois dont les prérogatives étaient devenues à peu près celles des Empereurs, conservèrent le pouvoir de juger seuls; ils eurent par conséquent droit de vie et de mort sur leurs sujets. Les successeurs de Clovis usèrent de ce pouvoir avec autant de cruauté et d'arbitraire que les sultans de Constantinople; les historiens contemporains, ou n'ont pas aperçu, ou n'ont pas osé signaler cette usurpation de pouvoir; mais la postérité, indignée de tant d'exécutions ordonnées de sang froid, par les princes de cette famille, sans bien démêler ce qu'il y avait de légal ou d'illégal dans ces actes de juridiction, les a considérés comme des assassinats; et en effet, selon Montesquieu, un roi qui juge ses sujets en personne, est un oppresseur.

Les rois ne voulant pas toujours exercer en personne le pouvoir judiciaire, le déléguèrent à des officiers du palais (1), mais il resta comme principe de droit public, qu'ils avaient droit de juger; et cette prérogative, exercée jusque sous Louis XIII, n'a réellement été abolie qu'en 1789 (Loi du 5 octobre, Nouv. Rép., V° Pouvoir judiciaire).

L'établissement judiciaire des Franks n'avait rien que de simple, et même de séduisant, et il est encore des bons esprits qui le préfèrent à notre système, si compliqué par ses formes, et qui exige un si grand nombre de magistrats. Il a été altéré et presque détruit par la naissance des justices seigneuriales, qui a nécessité plus tard la formation du parlement et des cours souveraines, c'est-à-dire les deux degrés de juridiction; règle qui, au surplus, n'était pas sans exception avant la révolution; car combien d'affaires étaient portées en premier et dernier ressort au parlement, *omisso medio !*

Le système judiciaire des Franks était donc fondé sur le jugement des pairs : il a subsisté dans les Gaules depuis le commencement du sixième siècle, et peut-être plus de deux cents ans auparavant, jusqu'à la fin du neuvième, c'est-à-dire pendant six cents ans.

Ce n'était donc pas une si grande nouveauté que la proposition faite à l'assemblée constituante d'établir le jugement par jurés en matière civile, proposition plutôt

---

(1) *V.* M. le président *Henrion de Pansey*, Introduction à l'Autorité judiciaire.

ajournée à cause des difficultés d'exécution dans notre vieille civilisation, qu'elle n'a été rejetée.

Mais ce qui distingue surtout la loi des Franks, ce qui la rend un monument de droit public, de la plus haute importance, c'est qu'elle est un pacte entre la Nation et les princes Mérovingiens, pacte renouvelé à l'avénement de Pépin-le-Bref, et même à l'avénement de Hugues Capet, ainsi que le prouvent des textes contemporains, et le serment de ce roi. « C'est le pacte » d'alliance formé, il y a neuf siècles, entre la nation » des Franks et la maison royale de France, alliance » perpétuée pendant neuf siècles, entre la postérité de ces » Franks et la postérité de leurs rois (1). »

Tout fait présumer que les Mérovingiens, lorsqu'ils étaient élevés sur le bouclier, prêtaient le serment de respecter et faire respecter ce pacte, ainsi que *les droits des peuples* (2).

On a publié en 1772, une dissertation très savante sur le sacre des Rois, (3) d'après une ancienne médaille dont la description avait été donnée comme authentique, sous Louis XIII, par de *Bie* et *Duval*, interprètes des langues orientales avec privilège du Roi, et après vérification du procureur-général *Molé*; elle représente l'inauguration d'un roi des Franks, par l'élévation sur le bouclier. On pourrait la croire authentique, en effet,

---

(1) Manifeste de S. M. Louis XVIII, délibéré en son Conseil d'état, à Gaud, le 24 avril 1815, sur le rapport de M. de Lally-Tolendal.

(2) Expressions du serment de Hugues Capet. *V.* tom. 1ᵉʳ de cette Collection.

(3) Réimprimée par M. *Dufey*, de l'Yonne, avocat. Paris, Béchet, 1822. Dans la préface, il désigne *Yves*, évêque de Chartres, sous le titre d'*Yvon-Carnot*.

si, sur l'une des faces on ne lisait cette inscription : *Faramundus, Franc. Rex;* car, s'il avait existé un chef des Franks de ce nom, Grégoire de Tours, le seul historien grave que nous ayons de cette époque, l'aurait connu. Si, dès ce temps, on avait frappé des médailles avec cette pureté de dessin, comment n'en aurait-on pas trouvé dans le tombeau de Chilperic, à Tournay, ou dans ceux de Clovis et de ses successeurs?

Du reste, le symbole de l'élévation sur le bouclier étant historique, devait être figuré par l'auteur de la médaille, quelle que soit l'époque où elle fut frappée.

La légende du revers, *unus omnium votis,* exprime bien le fait de l'élection qui accompagnait l'élévation sur le bouclier; mais le sceptre et le glaive paraissent des inventions presque modernes, à l'égard des premiers rois Franks, qui n'étaient que des généraux. La couronne d'olivier placée sur la tête du personnage est encore une invention moderne, ou empruntée des Romains.

L'exergue, *fid.* et *exer.*, qu'on traduit par *fidelibus* et *exercitibus;* ne convient pas même au temps de Clovis, et bien moins encore à l'an 420, où les Franks n'avaient qu'une armée, et la formaient seuls.

Du reste, les cérémonies du sacre y sont expliquées et commentées dans un très bon esprit; c'est le fruit de recherches considérables, et il y a des rapprochemens assez heureux. Les principes de l'auteur se retrouvent exposés avec plus de précision dans la dissertation lumineuse que l'abbé *Guillon,* de la bibliothèque Mazarine, a donnée sur le sacre de Pépin.

Des Franks ripuaires.

Ce serait ici le lieu de parler des lois particulières à cette tribu, s'il était vrai, comme l'ont prétendu l'abbé

Dubos et tant d'autres savans, qu'elle fut alors séparée des Franks-Saliens.

Mais nous croyons pouvoir établir la négative de cette question. Il nous paraît qu'à la mort de Clovis, tous les Franks étaient réunis en une seule tribu, régis par la même loi, et qu'avant même cette réunion, qui n'est prouvée historiquement que pour les dernières années de ce règne (de l'an 509 à l'an 511; Grégoire de Tours, liv. II, ch. 40 à 43) toutes les tribus des Franks étaient régies par la loi connue depuis sous le nom de loi *Salique*.

On voit en effet dans le préambule, qu'elle gouvernait toute la nation des Franks: *Gens Francorum inclyta*, etc. Frank-Salien, Frank ou Barbare, sont des termes synonymes; on n'y voit de distinction qu'à l'égard des Romains.

A la vérité, les historiens parlent des Visigoths, des Bourguignons, des Thuringiens, des Allemands, des Bavarois, comme de nations distinctes; mais aucun d'eux, aucune des nombreuses chroniques rassemblées par les Bénédictins (dans le tome II de leur Recueil), ne parlent de deux ou plusieurs nations des Franks. Tous, il est vrai, disent qu'ils étaient divisés en plusieurs tribus; mais ce qui prouve qu'elles étaient régies par la même loi, c'est qu'il est toujours parlé en nom collectif de leurs mœurs, de leurs habitudes.

La division en tribus est une conséquence de la division du trône, long-temps pratiquée avant Clovis; mais elle n'en opéra dans les lois que sous les enfans de Clovis. Voici à quelle occasion :

En 511, Thierry, Clodomir, Childebert et Clotaire, se partagent le trône de leur père, et ce par égales portions (1). On a cru que la division était territoriale, tandis que, par la nature même de la royauté Mérovingienne, elle fut plutôt personnelle; car Thierry, indépendamment des provinces du Rhin, et des pays entre ce fleuve et la Moselle, qui formaient le noyau de ses états, obtint aussi Rheims, Châlons, Troyes, l'Auvergne, le Rouergue, Cahors, Alby et Uzès, tandis que Clodomir avait Sens, Auxerre, Orléans, Tours, le Mans, Angers et la Novem-Populanie; Childebert, Meaux, Paris, Senlis, Beauvais, et le pays voisin jusqu'à l'Océan, le Lyonnais, la Bretagne, et aussi quelques villes d'Aquitaine; et enfin Clotaire, Laon, Soissons, le Vermandois, tout le pays entre la France, la Meuse et l'Océan, et encore une partie de l'Aquitaine (2).

Thierry avait un fils; il pensait à établir une monarchie séparée; il fallait donc penser à donner à ceux des Franks qui l'avaient suivi, une loi particulière. Le préambule de la loi Salique, en rendant compte de cette circonstance, conserve aux sujets de Thierry le nom de *Franks* (3); ce n'est que par la suite qu'on leur a donné celui de *Ripuaires*, pour les distinguer des Franks restés sous le commandement de Childebert et de Clotaire.

Le nom des *Ripuaires* ne se trouve dans aucun des historiens contemporains; il est évidemment emprunté du nom donné par les Romains aux colonies militaires de barbares qu'ils avaient autrefois établies sur les bords du Rhin. Eccard n'a pu trouver les Ripuaires dans aucun monument avant le règne de Charlemagne.

S'il se trouve dans leur loi, de même que dans la loi

---

(1) *Æquâ lance dividunt*, Grégoire de Tours, liv. III, ch. 1.
(2) C'est ce qu'a prouvé le P. Pagi, *ad ann.* 514, n° 11.
(3) Cette expression a embarrassé Eccard et Dubos, qui ont prétendu qu'elle s'appliquait aux Ripuaires : nous sommes de leur avis, quant au fond de la question; mais de l'emploi du mot *frank*, nous concluons, que la loi de Thierry n'était que la loi générale des Franks revisée.

Salique (titre XLIV et ailleurs), des termes distinctifs des deux nations, c'est une interpolation qui date de l'époque où la séparation fut bien marquée (1), et où ces lois furent confirmées séparément, c'est-à-dire sous Dagobert. *Ripuaire* a toujours été mis à la place de *Salien*.

Tout concourt à prouver que la loi des Ripuaires n'est qu'une rédaction nouvelle de la loi Salique, et qu'on lui chercha un nom particulier, parce qu'elle s'éloignait beaucoup de l'ancienne.

Du reste, nous aurons occasion de remarquer plus tard l'influence que la promulgation de cette loi eut sur les Franks du Nord, quand nous aurons à faire le tableau des rivalités entre les Franks d'Austrasie et les Franks de Neustrie. Cette séparation ne fut pas sensible sous Thierry, parce qu'il mourut avec son fils, et que sa part fut de bonne heure réunie à celle de Clotaire.

Nous en avons dit assez pour prouver que la loi des Ripuaires n'appartient pas à l'époque législative dont nous traçons le tableau.

(Voy. la suite de cette dissertation à la quatrième livraison; nous y parlons de la loi des Romains, de la constitution du clergé, de la loi des Bourguignons, de celle des Visigoths, et enfin de l'état politique des Juifs; ce qui complète le tableau politique de l'état des institutions en France, au commencement du VIe siècle).

---

(1) *Franci duos habent leges pluribus in locis valdè diversas*, *Eginhard*, ch. 29.

ORDONNANCES DES VALOIS.

SUITE DU RÈGNE DE JEAN.

RÉGENCE DU DUC DE NORMANDIE (1),

(LE DAUPHIN).

Du 14 mars 1357 au 4 octobre 1360.

N°. 268. — Lettres *du Régent, portant nomination du chancelier* (2) *de France.*

Saint-Denis, 18 mars 1357. (C. L. III, 212.)

Charles ainsnéz fils du Roy, regent le royaume de France, duc de Normandie et dalphin de Viennois:

A tous ceulx qui ces lettres verront, salut.

Comme par meure et grant deliberation que nous avons eu

---

(1) Il entrait dans sa 21ᵉ année, et il avait, dit *Villaret*, l'âge requis par les constitutions. Jusque-là, les arrêts du parlement, et autres lettres de justice, étaient expédiés au nom du Roi, quoiqu'absent. L'évêque de Terouane, chancelier de Jean, cessa d'en exercer les fonctions, parce que Jean de Dormans, chancelier du duc de Normandie, devint chancelier du royaume. Cette régence ne parait pas avoir donné lieu à aucune opposition de la part des Etats, quoique le prince n'eût pas de lettres du Roi son père. — Les Etats l'obligèrent seulement à prendre un conseil de régence de leur choix. (Is.)

(2) Ce sont les premières lettres de ce genre. (*Idem*)

5.

avec les gens du grant Conseil de monseigneur et de nous, et plusieurs autres prelaz, barons et bourgois de bonnes villes du royaume de France, nous aions pris pour l'évident necessité et proffit dudit royaume, le nom de regent et le gouvernement d'ycelli, jusques à tant qu'il plaise à Dieu que monseigneur puisse retourner en ycelli et estre ors de la main de ses ennemis, à laquelle chouse nous veillons et entendons de tout nostre povoir : et pour ce conviengne de mettre une pourveue, sage et loyaul personne qui face le fait de la chancellerie :

Savoir faisons que nous confians à plain du sens, loyauté et diligence de nostre amé et feal chancelier maistre Jehan Dormanz, par deliberation eue avec les gens de nostre grant Conseil, ycelli nostre chancellier avons ordoné et par ces presentes ordenons de grace especial, certaine science et autorité royaul dont nous usons, à faire le fait de la chancellerie en nostre nom et comme regent le royaume de France, et dudit fait li avons donné et baillé la charge tant comme nous aurons le gouvernement dudit royaume, aux gaiges de deux mille livres parisis par an, aux bourses, registres et autres proffiz et droiz que ont pris et accoutumé de prendre et avoir ou temps passé, les chanceliers de France, oultre et avec les gaiges, bourses, registres et autres droiz qu'il prent et doit prendre à cause de nostre chancellerie de Normandie.

Si donons en mandement à noz amez et feaulx les gens des comptes et tresoriers de monseigneur et de nous à Paris, et à chascun d'eulx, que lesdiz gaiges, proffiz et droits accoustumez à estre bailliez à chancelier de France, il fassent et lessent tant par le nottaire audiancier comme par touz autres à qui il appartiendra, baillier et delivrer à nostredit chancellier tant comme nous aurons ledit gouvernement, oultre lesdiz gaiges, droits et autres proffiz de nostredite chancellerie, et que ce qui pour celle cause li aura esté baillé par ledit audiencier ou par quelconques autres, il allouent ès comptes dudit audiencier et de tous autres à qui il appartiendra, sens aucune difficulté.

Toutes-voyes nostre entente n'est pas, ne ne voulons en aucune maniere deroguer en ce faisant, à nostre amé et feal conseiller le chancellier de France ne à son droit, que il ne fasse le fait de ladite chancellerie si-tost comme monseigneur sera retournez, et que nous delairons à avoir ledit gouvernement.

En tesmoing de ce nous avons fait mettre à ces presentes nostre seel.

Donné à Saint Denis en France, le dixhuitieme jour de mars l'an de grace mil trois cens cinquante et sept.

Ainsi signées; par monseigneur le Regent, en son Conseil, ouquel estoient messieurs l'evesque de Laon, le seigneur de Louppy, l'admirault de France et le connestables de Flandres.

N°. 269. — Assemblée des États de Picardie par le Régent.

Senlis, Pasques fleuries 1357. (Chronique de Saint-Denis.)

N°. 270. — Lettres du Régent qui convoquent les États généraux à Compiègne, pour le 4 mai (1).

Au commencement de 1358. (Chronique de Saint-Denis, et ord. du 14 mai.)

N°. 271. — Lettres du Régent au prevôt de Paris, pour convoquer les gens d'église et les bourgeois de Paris (2), au sujet du subside.

Compiègne, 14 mai 1358. (C. L. III, 221, note.)

Charles ainsné fils du Roy de France, regent le royaume, duc de Normandie et dauphin de Viennois, au prevost de Paris ou à son lieutenant, salut.

Comme pour avoir conseil et aide, tant sur le fait de la delivrance de nostre très chier seigneur et pere, comme sur la deffense dudit royaume, et pour resister aux ennemis d'iceluy, et iceulx debouter hors dudit royaume, nous ayons fait plusers assemblées des prelas et autres gens de sainte Eglise, dux, con-

---

(1) Les habitans de Paris en furent très-irrités, ils ne s'y rendirent pas. Cette assemblée désavoua en quelque sorte l'ouvrage de celle de 1356. Il y manqua les députés de 34 diocèses et de 18 bailliages. Le Roi y envoya de Londres des commissaires. Les lettres de convocation sont perdues (Is.).

(2) Ils s'étaient absentés des États de Compiègne à dessein, parce qu'ils savaient que le Régent y aurait toute influence. — Villaret, Hist. de France, XI, 504. — (Idem.)

tes, barons, baneretz et autres nobles, et des gens des bonnes villes dudit royaume, et à l'assemblée faitte à Compiegne par nostre mandement le quatriesme jour de ce present mois de may, les prelas et autres personnes d'Eglise, les dux, contes, barons, banerez, chevaliers et autres nobles et les gens des bonnes villes dudit royaume de la Languedoil, nous ayent benignement et gracieusement octroié pour la delivrance de nostredit seigneur et pere, et pour la deffence dudit royaume, etc.

Et comme à ladite assemblée, messire Sohier de Voisins chevalier ait esté esleus de l'estat des nobles pour ladite ayde mettre sus et gouverner en la ville et dioceze de Paris, excepté ce que d'icelle dioceze est de la prevosté et ressort de Meaulx; et de l'estat de l'Eglise, des bonnes villes ne du plat pays n'ayent aucuns esté esleuz pour nostre ditte ville de Paris, nous vous mandons et estroittement enjoignons et se mestier est commettons, que ces lettres veuës, comme la chose requiere celerité, et que il est necessité de ce faire senz delay, que vous faciez assembler à Paris des genz d'eglise et de nostreditte bonne ville de Paris, et à ce les contraignez, et eulx assemblez, requerez et commandez leur de par nostredit seigneur et de par nous, que il eslizent; c'est assavoir de l'estat de l'eglise, une bonne et suffisante personne, et pour les genz de nostreditte bonne ville et du pays, un bon et souffisant bourgois; lesquels deux qui ainsi seront esleuz, gouverneront et mettront sus ce fait de ladite aide bien et loiaument, et à ce les commettez de par nous, et par ces presentes les y commettons ovecques ledit chevalier, lequel nous y avons commis et deputé et encores commettons et deputtons; et se ceulx qui ainsi seront esleuz, et ledit chevalier estoient refusans ou delaians du fais de ladite besoigne entreprendre, nous vous mandons, commandons et commettons que à ce vous les contraignez (1); c'est assavoir lesdiz chevalier et bourgois par prise de corps et de biens, et celuy qui par l'eglise sera esleuz, par prise de son temporel: et se lesdites genz d'eglise et bourgois estoient deffaillanz, refusanz et delayans de eslire, esliziez par bon conseil deux bonnes et souffisantes personnes à ce faire; c'est assavoir

_____

(1) Hume a remarqué, qu'on a exercé, en Angleterre, la même contrainte contre les gens des communes, pour les forcer d'assister au parlement; ce qui prouve qu'on ne s'y occupait que d'impôts, et que l'autorité de ces états, ou parlemens, n'avait aucune influence permanente sur la marche du gouvernement. V. M. Henrion de Pansey, autor. judiciaire, p. 72, 76 et 185. (L.

de chascun desdiz estaz un avecques ledit chevalier : et nous donnons en mandement à tous à qui il appartient, que à ceulx qui par lesdittes genz d'eglise et de nostredite ville de Paris ou par vous en leur deffaut, seront esleuz, et audit chevalier soit obei et entendu diligemment, et prestée aide, conseil et confort se mestier en ont, et leur donnons povoir de faire un ou pluseurs receveurs, et de leur establir et tauxer gages par le conseil desdites genz, selon ce que bon leur semblera. Et gardez que en ce n'ait aucun deffaut ; quar nous nous en prendrions à vous, et vous en punirions.

Donné à Compiegne, le quatorzieme jour de may, l'an de grace mil trois cent cinquante et huit. Par monsieur le Regent en son Conseil

---

N°. 272. — ORDONNANCE *en conséquence des États-généraux de Compiègne* (1).

Compiègne, 14 mai 1358. (C. L. III, 221.)

CHARLES ainsné, fils du Roy de France, regent le royaume, duc de Normandie et dalphin de Viennois :

---

(1) Le Dauphin, réfugié à Compiègne, prit le titre de Régent et commença à faire paraitre cette politique adroite qui a rendu son règne si célèbre. N'ayant ni les moyens d'assembler une armée, ni les talens pour la commander, il ne fut point tenté de prendre, contre les mécontens, le seul parti que l'esprit de chevalerie et l'ignorance du temps semblaient lui indiquer, et que son père aurait pris. Au lieu de les réduire par la force en rassemblant ses amis, ressource impuissante qui l'aurait mis dans la nécessité de conquérir successivement toutes les provinces septentrionales de son royaume, et qui aurait infailliblement augmenté la confusion ; il fit entendre le nom des lois, nom qu'on peut craindre, mais qu'on n'ose mépriser publiquement, et qui est toujours si puissant sur les personnes mêmes intéressées à entretenir les désordres.

Il assembla à Compiègne, au commencement de 1358, les Etats généraux de la Languedoyl : il s'y rendit un grand nombre de prélats et de seigneurs dont la vanité souffrait trop impatiemment les abus du pouvoir anarchique que le peuple exerçait, pour imiter les barons d'Angleterre auteurs de la grande Charte, et penser qu'ils n'affermiraient leur fortune particulière qu'en conciliant les intérêts de tous les ordres de l'état. Il ne tenait qu'au regent de se faire déclarer le seul juge des besoins du royaume, et le maître d'établir à son gré des impositions ; mais il sentit que pour faire respecter des états dont il attendait le rétablissement de la tranquillité publique, sans laquelle il n'aurait aucun pouvoir, il fallait qu'ils ne révoltassent pas les esprits, et que cette assemblée lui donnerait en vain

Savoir faisons à tous present et à venir, que à la supplication de nos chiers, feaulx et bien amez les prelats et autres personnes de sainte Eglise, les dux, contes, barons, banerez (1), chevaliers et autres nobles, et les habitans de bonnes villes du royaume de France de la Languedoil, qui à nostre mandement (2) ont esté

---

une autorité que le reste de la nation desavouerait. En effet, s'il était indispensable de ne pas irriter de plus en plus les provinces révoltées de la Languedoyl, il était nécessaire de ne pas effaroucher celles de la Languedoc ou du Midi. Quoique ces dernières eussent eu jusque-là la docilité d'accorder au gouvernement tout ce qu'il demandait, elles n'avaient pas laissé de murmurer contre les demandes trop fréquentes qu'on leur faisait. Elles se plaignaient qu'on leur eût ôté la liberté de refuser ce qu'elles donnaient, et que leurs subsides ne fussent plus appelés des dons gratuits.

On retrouve dans l'ord. publiée à la clôture des Etats de Compiègne, les mêmes articles qui avaient été mis dans celle de 1355 et de l'année suivante, au sujet des monnoyes, des généraux des aides, des élus des provinces, du droit de prise, des emprunts forcés et des autres franchises de la nation. Les subsides y sont encore appelés des dons gratuits (art. 20), et le Dauphin consent à n'inférer de cette libéralité des Etats, aucun droit pour l'avenir. Les assemblées précédentes avaient voulu prendre part à l'administration du royaume; celle-ci l'abandonna toute entière au Dauphin, en réglant seulement qu'il n'ordonnerait ni ne statuerait rien sans l'avis de trois de ses ministres, qui contresigneraient ses ordres, ou du moins y mettraient leur cachet, s'ils ne savaient pas écrire leur nom (art. 11). Quels garans de la sagesse des lois, de la justice de l'administration, et de la stabilité du gouvernement, que des hommes complaisans par état, à qui le prince ouvre ou ferme à sa volonté l'entrée de son conseil, qui peuvent trouver leur avantage particulier à donner des avis contraires au bien public, ou qu'on peut du moins surprendre et tromper, puisqu'ils ne savent ni lire ni écrire!

Le Dauphin savait combien il lui importait d'avoir la disposition entière des finances, pour jouir de l'autorité sans bornes qu'il désirait; mais il fallait feindre d'y renoncer, pour s'en emparer dans la suite plus sûrement. En faisant régler que tout le produit de l'aide qu'on lui accorde sera employé aux dépenses de la guerre, il se fait permettre d'en prendre la dixième partie, dont il disposera à son gré. C'est ainsi qu'il trompe le peuple, toujours inquiet soupçonneux sur l'administration et l'emploi des finances; et sans doute que toutes les sommes qu'il fera verser des coffres des états dans les siens ne seront jamais réputées que cette dixième partie qui lui appartient. Etablit-on, par cette ordonnance, quelque règle générale qui paraisse fixer l'état des choses? on ne manquera pas d'y ajouter quelque clause dont on abusera pour anéantir la loi (art. 12. Note.) Il ne fallait pas plus d'art dans le 14ᵉ siècle pour tromper et gouverner les hommes: qu'on n'en soit pas surpris, cette politique grossière a eu un pareil succès dans des temps plus éclairés.— Mably, Obs. sur l'Hist. de Fr., liv. v, ch. v. — (Dec.)

(1) V. sur les chevaliers banerets, la 9ᵉ. Dissert. de Du Cange, édit. de Joinville, p. 189. (Sec.)

(2) Ce mandement est perdu. V. ci-dessus, p. 3. (Is.)

assemblez à Compiegne au quart jour de cest present mois de may, l'an mil trois cens cinquante huit, nous eu avec culs avis, et deliberacion avec noz amez et feaulx les gens du grant Conseil de nostredit seigneur et du nostre, avons voulu et ORDENÉ, voulons et ordenons et leur avons octroié et octroions par ces presentes lettres, de certaine science, du povoir et auctorité royauls dont nous usons à present, les choses, modifications et octroiz, qui ci-aprés s'ensivent.

(1) *Premierement.* Pour ce que nostre peuple estoit grandement domagiez pour causes de noz monnoies qui estoient foibles, nous voulons et ordenons que le jeudi avant la nativité St Jehan Baptiste prochain venant, le mouton de fin or que nous faisons faire, vaille vint-quatre solz parisis; le florin à l'escu du coing nostredit seigneur, seize sols parisis, et autres monnoyes blanches et noires à la valué. Et ferons faire monnoies blanches et noires bonnes et de bon aloy, selon le pris des florins dessusdiz par la deliberacion desdiz prelaz et autres gens d'eglise, nobles et bonnes villes, et de nostre grant Conseil, et en l'estat et pié dessusdit, les tendrons, et promettons en bonne foy tenir et faire tenir jusques à la St Jehan Baptiste qui sera l'an treize cens cinquante neuf, senz icelle muer, croistre ou abaissier en quelque maniere : et se le contraire estoit fait par inadvertance ou autrement, nous voulons et ordenons que ce ne vaille, et le promettons à faire remettre en l'estat dessusdit senz delai : et par ces presentes nous deffendons et enjoignons estroitement sur toutes les poines en quoi il pevent encourir envers nostredit seigneur et envers nous, aus mestres de noz monoies qui à present sont et ou temps à venir seront, que pour mandemens, lettres, commandemens de bouche ou autrement, icelles il ne muent, changent ou affoiblissent, ne ne seuffrent changier, muer, haussier ou affoibloier par quelconques soustivetez ou maniere, pour quelconque cause, ne de quelconque quantité. Et pour ce que nostredit peuple soit de ce pourveu, nous voulans obvier au domage d'icelui, ordenons et mandons à touz noz officiers que ce que dit est, soit crié et publié le samedi après le Saint Sacrement prochain venant, en touz les lieux notables et accoustumez à faire criz en tel cas.

(2) *Item.* Pour ce que plusieurs personnes de ladite Languedoil, ont passé et enfraint les ordenances faites par nostredit seigneur et par nous sur le fait et cours des monnoies, nous leur quictons, remettons et pardounons et à chacun d'euls pleine-

ment, de nostre grace special et de l'auctorité dessusdite, toute poine criminele et amende civile ou autre que pour ce pevent ou pourroient avoir encouru envers nostredit seigneur et envers nous, et rappellons touz commissaires, lettres et commandemens de par nostredit seigneur et de par nous sur ce deputez et faiz. Toute voye nostre entente n'est mie que nostredite grace se estande à ceuls qui ont usé de fausses monnoies, porté billon hors du royaume, achaté monnoie hors du royaume, *Compaignons, Tartes, Vaillans* ou autres monnoies que des nostres, et qui ont porté des monnoies de nostredit seigneur ou des nostres au billon hors d'icelui royaume; mais voulons que il en soient puni et corrigé selon leurs demerites.

(3) *Item.* Nous avons voulu et ordené, voulons et ordenons que durant l'aide que lesdessusdiz prelaz et autres genz d'eglise, nobles et autres genz de bonnes villes et du plat pays dudit royaume de ladite Languedoil, ont octroié presentement à nostredit seigneur et à nous, pour le fait des guerres, pour la delivrance de nostredit seigneur et la deffense dudit royaume, laquelle aide doit commencer et commencera le quinzieme jour de cest present mois de may, toutes autres aides, subsides quelconques generauls et especiauls, cessent et cesseront du tout à plain; et se de fait elles estoient assises ou imposées, ja soit ce que elles aient esté accordées à nostredit seigneur ou à nous, nous voulons et ordenons que elles cessent et que elles n'aient aucun effect ou valeur, et que il ne soit obey à l'execution d'icelles en quelque maniere, et que pour desobeir, les desobeissans ne soient tenuz ne poursuiviz de meffait ou amende, et des maintenant les en absolons et delivrons: et se aucuns aides, subsides, montonages (1), disiemes ou autres ont esté octroiez à nostredit seigneur ou à nous pour le fait desdites guerres ou autrement, à aucunes assemblées à Paris ou ailleurs, nous quictons plainement et absolument tout ce qui en est et peut estre deu, senz ce que aucun de quelconques estat qu'il soit de ladite Languedoil, en soient, doient ou puissent estre porsuiz, contrains ou executez en quelconque maniere que ce soit, nonobstant que les aucuns en aient payé leur porcion; et deffendons et enjoignons estroittement à touz les officiers de nostredit seigneur et

---

(1) Droit sur les bestiaux que l'on vend. *V.* Gloss. du Droit françois de Lauriere. (Secr.)

de nous et à leurs lieûtenans, et à touz esleuz, commis et deputez à ce et à chascun d'euls, de queloonques povoir et auctorité qu'il usent, que desoresenavant il ne poursivent ou contraignent, facent poursuir ou contraindre aucuns desdiz prelaz ou autres gens d'eglise, nobles, bourgois ou autres de bonnes villes ne autres du plat pays, et que en paiant la nouvelle aide à nous octroiée à ladite assemblée de Compicigne, il les laissent et teignent paisibles, et se aucunes choses ou biens en ont pris ou arrestez, levez ou fait prendre, saisir, arrester ou lever, il les rendent, delivrent et restituent à plain et sanz delay : et se lesdits esleuz ou receveurs en sont delaians ou refusanz, nous mandons, commandons et enjoignons estroittement aus baillis des lieux et autres justiciers ou à leurs liextenans, qu'il les rendent et delivrent ou facent rendre, delivrer ou restituer tantost et senz delay, non contrestant ordenances faites et à faire, lettres données ou à donner, commaudemens generaulx especiaulx de bouche ou autrement, au contraire, souz quelconques seurté de paroles que ce soit : quar des-maintenant nous de l'auctorité dessusdite et de certaine science, les en quictons ; excepté toutevoies ce qui peut estre deu des disièmes octroiez par nostre saint pere le Pape (1) sur lesdiz prelaz et autres gens d'eglise, avant l'assemblée de Paris faite ou mois de fevrier l'an treize cens cinquante six, qui se levera par lesdiz ordinaires, selon la fourme des bulles sur ce faites.

(4) *Item.* Nous rappellons toutes lettes et commissions par nous données tant sur le fait desdiz subsides et aides du temps passé, tant aus generaulx à Paris, aus esleuz particuliers par les dioceses et autrement : et aussi toutes manieres de reformateurs à Paris et ailleurs, et le povoir à eals et à chascun d'euls donné par nostredit seigneur ou nous, soubz quelconques fourme de paroles, ne pour quelconque cause que ce soit, et leur povoir remettons et retenons en nous, et leur defendons que dores-enavant il ne s'en entremettent en quelconque maniere, et les re-

---

(2) A cette époque, le Roi devait donc s'adresser au pape pour avoir des décimes sur le clergé. Le pape octroyait la levée et en prescrivait la forme. — Toutesfois ce recours au pape n'était pas nécessaire, quand le clergé, d'accord avec la noblesse et le tiers-état, consentait à la levée d'un subside sur la vente des denrées ou marchandises, par suite de quelque tenue d'Etats-généraux ou provinciaux. (Dec.)

putans pour estre privées personnes : quar lesdiz prelaz et autres gens d'eglise, nobles et gens de bonnes villes ont esleu et esliront personnes qui gouverneront le fait de l'aide à nous presentement octroié en ladite assemblée de Compiegne : et aussi avons entencion de instituer en chascun pays dudit royaume, reformateurs qui des officiers royaulx et du fait des monnoies selon la fourme et maniere dessusdite, conoistront seulement, afin que selon les ordenances royaulx que nous conferinons par ces preseptes, les subgiez dudit royaume ne soient traiz hors du pays où chascun sera demourant, et où il auront commis les deliz : quar mieulx seront cogneuz leurs meffaiz là où il les auront commis, et à moins de poine et de frait que ailleurs loin desdiz lieux : et mesmement que si lointain pays ne sont pas seur pour cause des guerres, par quoi les demourans en iceuls ne vendroient mie seurement loins d'iceuls pays, pour doubte des ennemis du royaume.

(5) *Item.* Pour ce que plusieurs chastiaux, fors-maisons et autres forteresces estanz oudit royaume, ont esté perdus par deffaut de garde, et ancores sont pluseurs en doubte de perdicion, dont grans dommages sont venuz et ancores pourroient venir plus grans se brief remede n'y estoit mis, nous avons ordené et ordenons que chascun capitaine ou pays où il sera deputez, appellez avec lui bonnes, sages et loyaux personnes de l'estat de l'eglise, des nobles et des bonnes villes en ce cognoissans, iront veoir et visiter les chasteaux, forteresses et fors-maisons du pays où il sera capitaine, et se il y en a aucuns qui ne soient garniz et en estat de deffense, le capitaine contraindra ou fera contraindre ceuls à qui lesdiz chastiaux, forteresces et fors-maisons seront, à iceuls mettre ou faire mettre en estat de deffense, et à les garnir et garder souffisamment, senz grant grief de ceuls à qui ils seront, euls de ce sommez avant toute euvre : et se de ce sont refusanz, desobeissans ou deffaillans, par quoi il puisse apparoir, ou qu'il soit doubte que dommage n'en adviegne ou pays, le capitaine les fera emparer et mettre en estat de deffense, et iceuls garder bien et diligemment aus frais et despens de ceuls à qui il appartendra : et de ce donnons par ces presentes mandement, et commandons à touz noz capitaines et à chacun d'euls, et à leurs lieuxtenans : et ou cas qu'ils trouveront que ceuls à qui iceuls chastiaux, forteresces ou fors-maisons seront, ne les voudront ou pourront mettre en estat de deffense, et les garnir et garder ou faire garder, et l'en ne trouve ou pays de leurs biens

pour ce faire en temps deû et senz delai, nous voulons et ordenons que lesdiz capitaines chascun ou pays où il sera deputez, les batent ou facent abbatre et araser, si que dommage n'en vieigne : et declarons que se en ce a deffaut par faveur ou negligence, les capitaines seront de ce puniz, et toutes autres ordenances sur ce et quant à ce autrefoiz faites par nous, nous rappellons et mettons au neant, et voulons que ces presentes soient tenues et executées.

(6) *Item.* Pour ce que ou temps passé, pluseurs capitaines ont esté ordenez en diverses parties dudit royaume senz deliberacion, et ont grandement fraié et despendu des deniers de nostredit seigneur, de nous et du peuple, senz ce qu'il ait porté grant proffit, nous avons ordené et ordenons que ès pays de frontiere où il sera necessité de envoyer et ordener capitaines, nous les ordenerons par bonne et meure deliberacion de Conseil (1), bons et souffisans et non autrement, en pourveant au pays et non mie as personnes, agreables aus pays où nous les envoierons, et qui ne se devront meffaire.

(7) *Item.* Pour ce que pour le fait et debtes recelées (2) et autres des Lombars usuriers tant des quatre compagnies comme autres, les subgiez dudit royaume ont moult esté grevez et dommagez, nous qui voulons ledit peuple tenir et gouverner en paix et faire grace en ce, avons rappellé et rappellons touz commissaires sur ce deputez, et tout ledit fait et le povoir desdiz commis avons adnullé et adnullons, et mettons du tout au neant à touzjours ; non contrestant ordenances faites ou à faire par nostredit seigneur ou par nous, lesquelles nous rappellons et mettons au neant ; et non contrestant allegacions, proposicions et raisons que nostre procureur, lesdiz Lombars ou autres veulent proposer au contraire, dont nous les forcloons et boutons de tout par ces presentes, et deffendons à tous commis et deputez que par vertu

---

(1) Le Conseil d'État ne prend aujourd'hui aucune part aux promotions qui appartiennent à chaque ministre. (Is.)
(2) Lorsqu'on faisoit le procès aux Lombards pour le fait d'usure, on ordonnoit que leurs debiteurs payeroient au Roy ce qu'ils leur devoient, moyennant une certaine remise. Quelquefois ces debiteurs s'accommodoient avec les Lombards, et moyennant une remise plus forte que celle que faisoit le Roy, ils ne declaroient pas ce qu'ils leur devoient, et leur en payoient une modique portion. Pour punir leur contravention aux ordres du Roy, on nommoit des commissaires pour le fait des debtes des Lombards recelées. (Sec.)

des lettres données ou à donner, commendemens faiz ou à faire sous quelconque fourme de paroles que ce soit, il ne s'en entremettent dores-en avant : quar quant à ce, nous les declairons estre privées personnes : sauf à nous la poursuite et punicion contre lesdiz Lombars, et contre ceuls qui dudit fait se sont entremis de par nostredit seigneur ou nous, ou par vertu de nos lettres.

(8) *Item*. Nous rappellons toutes manieres de commissaires et reformateurs donnez sur les faiz et contraux usuraires, et donnons en mandement à tous les subgiez et officiers dudit royaume et à leurs lieuxtenans, que se il treuvent ou scevent aucuns sergenz ou autres qui de par lesdiz reformateurs tant ceuls de Paris comme autres, ou de par les generauls de Paris ou des autres esleuz ès dioceses sur le fait des aides et subsides, les quiex nous avons remis, pardonnez et quictez, comme dit est, qui se veulent efforcier ou efforcent de user de leurs povoirs, faisans ou ayans faiz aucuns exploiz contre la teneur de ces presentes ordenances, que iceulx exploiz il defacent et mettent au neant royaument et de fait, senz autre mandement attendre; et avecques ce, deffendons à tous les subjez dudit royaume de quelconques estat et condicion qu'il soient, que ausdiz reformateurs, commissaires generauls, esleuz, sergens ou autres, pour cause de quelconque subside ne obeissent, mais que seulement pour la nouvelle aide à nous darrenierement octroiée à ladite assemblée de Compieigne : et deffendons aucores que aus adjournemens desdiz reformateurs aucun ne voit ou envoie, ne à euls obeissent en aucune maniere, et que en ce cas il soient reputez pour privées personnes.

(9) *Item*. Comme pluseurs commissaires deputez sur le fait des monnoies, se soient efforciez et efforcent de jour en jour pour la convoitise du prouffit qu'il y prennent autrement, de chercher les marchanz et autres passanz par les pays dudit royaume, par quoi leur estat et la chevance qu'il portent sont sceulzs de moult de genz, et s'en pourroient ensuir moult d'esclandes et inconveniens, et pluseurs marchanz et autres estoient espiez et murdriz en chemin : nous avons ordené et ordenons et deffendons que aucuns marchans ou autres ne soient cherchiez en chemin ne en villages, mais seulement aus pors et passages qui seront par nous ordenez en lieux notables et convenables, ne leur monnoie arrestée ne empeschée, s'il ne sont trouvez prenant ou mettant monnoie fausse ou deffendue, ou portant billon

ou vaissele hors du royaume, selon les ordenances qui seront faites sur le fait et cours desdites monnoies; et quant à ce, nous avons rappellé et rappellons tous lesdiz commissaires et les pouoirs à euls donnēz.

(10) *Item.* Comme par importunité de requerans et autrement, pluseurs dons et charges tant à heritage comme à vie, à voulenté ou à temps, aient esté ou pourroient estre faiz senz cauze necessaire, de et sur le domaine de nostredit seigneur et de nous, depuis le temps de nostre tres chier seigneur le Roy Philippe le Bel que Diex absoille, tant par nostredit seigneur et pere, ses predecesseurs, comme par nous, nous avons rappellé et rappellons et mettons au neant par ces presentes, touz lesdiz dons et charges faiz depuis le temps dudit Roy Philippe le Bel et par nostredit seigneur et pere, ses predecesseurs et par nous, et que nous ferons ou temps à venir, se aucuns en faisons, et les lettres sur ce faites; et voulons, ordenons et déclairons tout estre amené et adjoint audit demaine (1) reaument et de fait, et defendons à noz amez et feaulz les genz de noz comptes, à noz tresoriers, à touz baillis, receveurs et autres officiers ou à leurs lieuxtenans, que à lettres, mandemens ou commandemens sur ce faiz ou à faire de bouche ou autrement, faisant menciōn de telz dons, charges ou assignacions, il n'obeissent en quelque maniere, sur les serments qu'il ont à nostredit seigneur et à nous; excepté des choses qui auroient esté données et baillées à Dieu et à Sainte Eglise deüement sanz prejudice d'autruy, ou à cause de partage à aucuns du sanc et du lingage de France, ou autres aucuns dons à euls faiz ou par douaires ou pour recompensacions d'aucuns heritages à la valuë, senz point de fraude ne de ficcion: ou toutevoies bons advis et bonne deliberacion quant aus autres personnes qui ne sont mie du sanc de France, à qui aucuns dons pourroient avoir esté faiz; quar lesdites personnes pourroient estre teles et qui si bien l'auroient desservi et qui tant vaudroient, qu'il ne seroit mie juste chose du rappeller; et aussi pourroient bien estre teles personnes, ès queles lesdiz dons seroient et sont si mal employés, que juxte chose et honneste seroit du rappeller, et des-maintenant les rappellons et mettons au neant en ce cas.

---

(1) Il y a beaucoup d'ordonnances sur cette matière. *V.* l'ord. de 1566, et la loi de 1820, sur la recherche des biens domaniaux. (Is.)

(11) *Item*. Pour ce que par importunité de requerans ou autrement, nous avons passé ou pourrions passer et acorder ou temps à venir, senz advis et deliberacion de nostre Conseil ou autrement, plusieurs choses qui ont esté et sont ou pourroient estre ou dommage de nostredit seigneur, de nous ou du peuple dudit royaume, ou d'aucun d'icelui contre le bien de justice, nous avons ordené et promis, ordenons et promettons que doresenavant nous ne ferons ou passerons, ferons faire ne passer aucuns dons, remission de crimes ou ordenances d'officiers, capitaines ou autres, ou autres choses quelconques touchant le fait des guerres, le demaine du royaume et la finance de nostredit seigneur et de nous, senz la presence advis et deliberacion de trois des genz de nostre grant Conseil ensemble tout du moins, et en nostre presence (1); et se moins de trois en y a, nous voulons et desclairons les lettres, l'octroi ou octroiz estre nul et de nul valué, quelconques fourme de paroles que elles contieignent, et voulons et ordenons que ès lettres qui en seront faites, lesdites genz de nostre grant Conseil, c'est assavoir trois du moins de ceuls qui auront esté ausdites lettres passer et acorder, se subcripsent de leurs mains, ou qu'il y mettent leurs signez se il scevent escrire, avant que les secretaires ou notaires les signent; et ou cas que autrement seroit fait, nous deffendons et enjoignons si estroittement et acertes comme nous povons, à noz amez et feauls les chanceliers de nostredit seigneur et de nous, et à chacun d'euls et à touz autres deputez en lieu de euls et de chascun d'euls, sur le serment qu'il ont à nostredit seigneur et à nous sur la loiauté de euls, que lesdites lettres il ne scellent, ne facent ou seuffrent sceller, nonobstant quelconques mandement ou commandement que de bouche ou par lettres signées de nostre main, ou autre mandement par quelconque voie que ce soit ou puist estre, nous leur faciens sur ce : et au cas que le contraire seroit fait par quelconque maniere ou voye, nous voulons que les choses et lettres soient de nulle valeur et de nul effect, et deffendons à touz baillis, prevoz et officiers de nostre dit seigneur et de nous, et à tous autres et à chascun d'euls, et à leurs lieutenans, qu'il n'y obeissent ne ne les acomplissent, comme celles

---

(1) *V*. Nouv. Rép. V°. *Signature*. Les décrets, avant d'être soumis à la signature du chef du dernier gouvernement, portaient toujours la signature du conseiller d'État rapporteur. *V*. l'ord. du 19 avril 1817. (Is.)

que nous tenons et desclairons estre nulles et de nulle valuë comme dit est.

(12) *Item.* Nous avons entendu que pluseurs lettres pendens ont esté ou temps passé scellées de nostre secret, senz ce que elles aient esté veues ne examinées en la chancellerie, nous avons ordené et ordenons que dorés-en-avant aucunes lettres patentes ne soient scellées pour quelconque cause que ce soit dudit scel du secret, mais seulement lettres closes; et ou cas que aucunes lettres patentes en seroient scellées, nous voulons, ordenons et declairons que icelles ne vaillent, et deffendons à touz les justiciers et subgez dudit royaume, qu'il n'y obeissent; se ce n'est en cas de necessité, et les cas touchant l'estat et le gouvernement de nostre hostel, et autres cas (1) là où l'en a acoustumé seeller (2).

(15) *Item.* Nous avons entendu que souvente-foiz par nostredit seigneur et nostre très chiere dame madame la Royne (3), nous, noz lieuxtenans, capitaines, connestables et autres qui se dient avoir de ce povoir, aucuns et pluseurs crimes tant d'occisions comme autres, sont et ont esté remis et pardonnez à pluseurs, souz umbre de aucunes excusacions ou deffenses que euls ou leurs amis donnent à entendre en empetrant les remissions et pardons, lesque les causes sont ou pourroient aucunes foiz

---

(1) On voit qu'il n'est pas nouveau de consacrer en théorie de beaux principes, et de mettre à côté le moyen d'en éluder l'application. Mably fait, à ce sujet, les réflexions suivantes : Cette malheureuse méthode, de faire des lois inutiles, ou qui ne sont propres qu'à laisser la liberté de tout faire à son gré, n'a que trop été imitée par les successeurs de Charles V.

L'inconsidération française aime à espérer contre toute raison; elle ne voit jamais la fraude qu'on prépare, et quand elle est obligée enfin de l'apercevoir, elle croit que le législateur, entraîné par les événemens, fait le mal malgré lui; et va se corriger. Nous avons peu d'ordonnances qui, à la faveur de quelque clause, ou de quelque malheureux, etc., ne se detruise elle-même. (Dec.)

(2) Il y a aujourd'hui beaucoup d'ordonnances qui ne sont soumises à aucun controle, et ne sont pas insérées au Bulletin des lois. (Is.)

(3) Les Reines joüissoient alors du privilege d'accorder la grace à un criminel la première fois qu'elles entroient dans une ville depuis qu'elles estoient Reines; et mêmes les lettres estoient expédiées en leurs noms, et confirmées ensuite par le Roy. On en trouve un assez grand nombre dans les registres des chartes de ces temps-là. (Sec.)

estre trouvées fausses : et quant eux ou leurs amis presentent aus bailliz ou à autres officiers les lettres desdites remissions ou pardons, l'en se efforce de vouloir estre receuz par procureur pour celui ou quel nom et pour qui la grace, remission ou pardon sont faiz, et aussi se il voient ou scevent que le jugement doie venir pour euls, lors il se traient avant, mais se il doubtent, scevent ou pensent que le jugement doie venir contre euls, il n'y vendront ja ; et ainsi ne sera faite aucune punicion de leurs deliz, supposé que leurs lettres soient surreptices ou de nulle valeur ; qui est contre raison et contre justice et chose de mauvais exemple : pour ce avons nous ordené et ordenons que dores-en-avant aucun en tel cas ne soit reçu par procureur à verifier les lettres dont il se voudroit aidier ; mais y soient tenuz de venir et viegnent personnellement, non contrestant droit, usage, coustume ou stile de court ou de pays à ce contraire, que nous ordenons et dicernons non avoir vertu ne valeur, et deffendons à touz officiers royaulx et autres, que par procureur il ne reçoivent l'empetrant, nonobstant lettres quelconques octroiées ou a octroier au contraire, que nous reputons et desclairons estre de nulle valeur et les mettons au neant par ces presentes, et n'y voulons en rien estre obei.

(14) *Item*. Comme lesdites personnes d'eglise, exemps, hospitaliers et autres de quelconque condicion qu'il soient, les nobles, dux, contes, barons, banerez et autres nobles, pour euls, pour leurs gens, hommes et femmes de corps et pour leurs súbgez, les genz des bonnes villes et du plat pays dudit royaume en ladite Languedoil, nous aient amiablement et gracieusement octroié et acordé à ladite assemblée de Compiegne faitte le quatrieme jour de ce present mois de may, pour le fait des guerres soustenir, c'est assavoir les genz de Sainte Eglise exemps et non exempts, hospitaliers et autres de quelque estat, condicion ou religion qu'il soient, un plain et entiers disieme de touz leurs benefices tauxez, et quant aus benefices non tauxez, les ordinaires y pourveront de subside convenable, et par leur main le feront lever, excepté toute-voyes lesdiz hospitaliers qui paieront disieme entier de toutes leurs possessions et revenues, ja soit ce que elles ne soient mie tauxées : les nobles de toutes leurs terres, possessions, justices, seigneuries, heritages et revenues quelconques, douze deniers pour la livre de rente ; rabatu quant ausdiz nobles seulement, ce que leurs hommes et femmes taillables à voulenté leur

pourroient valoir (1) à pris de terre pour cause de leurs tailles, et les gages des officiers à leurs terres garder : desquêles rentes et revenues lesdiz nobles seront creuz par leurs loyautez; et se il ne le veulent dire, elles seront prisées justement par ceuls qui seront deputez au pays sur ledit subside ou aide : les genz des bonnes villes et citez fermées et non fermées, et villes marchandes, autres villes où il a marchié, chastiaux clos, villes basties où les habitans sont riches, oultre le commun du plat pays, de soixante dix feux (2), un homme d'armes de demi-escu pour jour.

(15) *Item.* Lesdites genz d'eglise et les nobles (3) de et sur leurs hommes, hostes et justiciables de leurs bonnes villes, de soixante et dix feux, un homme d'armes de demi-escu pour

---

(1) Les personnes de condition servile payoient une taille à leurs seigneurs, qui quelquefois avoient le droit de l'imposer à leur volonté, et cette taille faisoit partie des revenus ordinaires des terres des seigneurs : mais comme par l'article suivant, il est porté que les serfs payeront une aide au Roy; et que moyennant cette aide, ils ne devoient plus payer de taille à leurs seigneurs, parce qu'il leur auroit esté impossible de payer ces deux charges en même temps; il est ordonné par cet article que l'on ne comptera point dans le revenu de la terre des seigneurs, la taille qu'ils avoient coustume de lever sur leurs serfs, attendu qu'ils ne la percevront pas. (Sec.)

(2) Dans cet article, il faut entendre par *feux*, une maison ou un menage. Ce qui me le persuade, c'est que dans l'art. 17 il est parlé des pupilles et des veuves, qui n'ont point de *feux*; c'est-à-dire qui ne sont pas censez avoir de maisons ou de menages. (*Idem.*)

(3) Les seigneurs avoient dans leurs terres deux sortes de subjets, des personnes franches et libres, et des *serfs*. Les personnes franches, ou demeuroient dans les villes et on les nommoit alors *bourgeois*, ou ils habitoient dans les campagnes, et ils estoient appellez *hostes*.

Les personnes franches ne payoient pas de taille à leurs seigneurs à qui ils estoient redevables que d'un cens annuel, et de quelques autres devoirs seigneuriaux.

Les serfs payoient tous la taille : mais ou le seigneur pouvait la leur imposer à sa volonté, et alors on les nommait *taillables de haut et bas à volonté*, ou il étoit fait avec eux une convention, par laquelle la taille estoit fixée à une certaine somme par an, et on les appelloit alors *serfs conditionnez ou abonnez*; et c'est ainsi qu'il faut lire dans nostre article, et non pas *ebonnez*. *V.* coustume de Troyes, art. 2 à 7, et le Comment. de Pithou; les Recherches de Pasquier, l. 4, ch. 5, 6, 7; les coustumes locales de Berry et de Lorris, par la Thaumassierre, ch. 4 à 22; Gloss. de Du Cange aux mots *Burgenses*, *Hospes*, *Servitus Taltia*; Glossaire de Lauriere, aux mots *Abonnez*, *Bourgeois*, *Serfs*, *Taille*. (*Idem.*)

5.

jour, comme dit est : et des genz de leur plat pays ; c'est assavoir, des franches personnes et de leurs sers ou condicionnez, puisque il soient ébonnez ou qu'il ne soient taillables haut et bas à volenté chascun an, et autres genz habitanz oudit plat pays de quelconque estat ou condicion que il soient, de cent feux, un homme d'armes de demi-escu pour jour : et de leurs sers demourans en plat pays qui envers eux sont astrains de tele servitude, comme taillables chascun an haut et bas à voulenté, et qui seront trouvez loiaument et senz fraude, de deux cenz feux, un homme d'armes de demi-escu pour jour, en tele maniere que le fort portera le foible ; c'est assavoir que toutes manieres de genz, contres-marregliers (1) lais, monnoiers et autres de quelconque condicion ou estat que il soient, en quelconque lieu que il demeurent, et en quelconques juridictions oudit royaume en la dite Languedoyl, payeront ladite aide en la maniere que dessus est dit, non contrestant privileges, coustumes, usages, droiz saisines quelconques et pour quelconque cause que ce soit.

(16) *Item.* Touz pupilles, femmes veuves et autres qui ne tiennent feux, douze deniers pour livre de toutes les rentes revenues que il tiennent et ont : et sur touz serviteurs gaignanz salaires et non tenant feu, douze deniers pour livre de leur loyers ou salaires ; excepté seulement dudit subside, personnes purement mendianz et non autres : et commencera ladite aide le quinzieme jour de cest present mois de may jusques à un an, et se levera de troyx mois en troyx mois : et à la S'. Jean Baptiste prochain venant. seront cueilliz et levez les premiers troyx mois, sauf et reservez toute-voies que es plaz pays de ladite Languedoyl qui ont esté couruz, et là où les ennemis sont ou seront, ez termes que l'en cueillera ladite aide, li esleu desdiz pays pourront quant aus genz autres que de Sainte Eglise, faire moderacion loiaument, de bonne foi, senz fraude, si comme il verront que fait devra estre, eu regart à l'estat dudit plat pays : et quant aus genz de Sainte Eglise demouranz esdiz plaz pays couruz et en leurs benefices y auront, li prelatz du lieu, appellez avecques euls les esleuz et le receveur d'iceli lieu, il pourront mode-

---

(1) Je n'entends point ces mots qui ne sont point dans des lettres du même année, où on lit seulement, *toute maniere de gens, monnoyers, etc.* soupçonne qu'au lieu de *marregliers*, il faut lire *marguilliers*; et l'on peut consulter Du Cange au mot *Matricularii.* (Sec.)

quant au disjeme des benefices estant esdiz pays courus, oiz lesdis esleuz et receveur, et faire tele moderation comme il verront en leurs consciences devoir estre faites, eu regart au benefice et à l'empirement d'iceli : pour tourner et convertir toutes lesdites aides ou fait des guerres et en la deffense dudit royaume, en tele maniere que les deniers qui en istront demourront ès pays là où ils seront cueilliz et levez, afin que se mestier leur est et que guerres y seurvieignent, iceuls pays en puissent estre deffenduz; sauf tant que se les aides des pays qui seront en frontiere, ne pouvoient souffire à la deffense des frontieres, li esleu des pays qui ne seront mie en frontiere, seront tenuz de aidier aus frontieres des genz d'armes du pays aus fraiz de l'aide; pourvu que nul pays ne demeure si desgarniz des deniers de ladite aide que se besoing leur seurvenoit, il se peussent et puissent aidier et deffendre : senz ce que nostredit seigneur, nostre très chiere dame madame la Royne de France, nous ne autres de par nous puissions ou doions aucune chose avoir, prendre, lever, ne recevoir esdites aides, excepté la disieme partie en celles, que lesdiz prelaz et autres genz de Sainte Eglise, nobles et bonnes villes nous ont gracieusement et liberalement donné et octroïé pour l'estat de nous et de nostre chiere compaigne la duchesse, et pour le gouvernement de noz hostelz ; sauf à nous que se les ennemis dudit royaume venoient par icelui, par quoi il nous fausist à grosse bataille aler contre euls en nostre propre personne, les capitaines des pays seront tenuz de venir à tout ce que il pourront avoir de genz d'armes et au plus efforciement que il pourront, pour combattre à nosdiz ennemis aus frais desdites aides : et se il avenoit que nostredit seigneur, nous et nostredite compaigne par lettres, mandemens ou autrement, mandassent aus esleuz generauls ou particuliers, aus receveurs desdites aides ou à aucuns d'euls, plus grant quantité ou somme desdites aides que ladite disieme partie à nous octroïée, comme dit est, nous avons ordené et ordenons et leur deffendons sur les seremens et sur poine de en faire restitucion du leur propre, que il n'y obeissent ; quar nous desclairons et discernons les lettres, mandemens et commandemens, se aucuns leur estoient faiz oultre la disieme partie, estre nulz et de nulle valeur, et donnez par inadvertence. Et parmi ce, nous voulons et accordons que se nostre Saint Pere le pape de son mandement ou autrement, donnoit à nostredit seigneur, à nous ou à autres pour li ou pour nous, disieme ou autre charge sur les genz de l'Eglise ou sur leurs benefices pour le fait des guerres ou autrement, que ce ne nous vaille, et que lesdites gens d'eglise n'en puissent estre contrains ou poursuiz, et leur promettons que il ne seroient mie levez, et dès maintenant les en quictons ou cas dessusdit; quar par ceste presente aide, nous nous tenons pour bien contens de culs pour ceste presente année.

(17) *Item.* Et que certaines personnes; c'est assavoir un de chascun estat, seront esleuz par lesdites genz d'eglise, nobles et bonnes villes, et commis de par nous pour le fait desdites aides ordener et mettre sus et gouverner, ès lieux où il seront commis, et receveurs qui recevront les deniers de ladite aide; lesquelz receveurs seront ordenez par iceuls esleuz par conseil des bonnes genz du pays, et seront lesdiz esleuz et receveurs serement à nous ou à noz genz, de bien et loiaument faire ledit fait : lesquelz esleu ne pourront aucune grant chose faire touchant ledit fait, l'un senz l'autre, mais que touz les troiz ensemble.

Et pour ce que les autres aides du temps passé ont esté cueillies à très grans frais et à très grans depens, si que elles en sont très grandement appeticées, et ont valu pou ou neant par les grans et excessis gages et salaires des esleuz, particuliers receveurs, sergenz, generaulz à Paris et autrement, nous ordenons que chascun des esleuz aura pour ses gaiges ou salaires, cinquante livres tournois pour l'année, et les receveurs au-dessouz de ladite somme selonc ce que lesdiz esleuz verront estre bon par le conseil des bonnes genz du pays : et seront les sergens royaulx et autres des lieux et pays, tenuz à faire les adjournemens, executions et contraintes qui seront à faire pour ledit fait, senz aucun salaire, mais pour leurs poines et travauls et pour leurs despens, seront quictes de ceste presente aide, ne ne seront mie mis en nombre des feux, non mie touz, mais que ceuls qui embesoignez seront : et ne pourront les receveurs ne leurs clercs prendre ne avoir que quatre deniers pour chascune quictance, ne de prendre quictance ne pourra aucun estre contrains : et quant aus escriptures que il faudra faire par les esleuz pour le fait desdites aides mettre sus, elles seront prises sur lesdites aides.

(18) *Item.* Et parmi l'aide dessusdite, toutes manieres de prises (1) et de empruns efforciez cessent et cesseront du tout

---

(1) Pour donner une idée de ces prises dont les peuples demandoient si vivement la suppression, l'on a jugé à propos d'imprimer ley une clause des Etats

abatons, et deffendons tant pour garnisons de chasteaux, pour
nostredit seigneur, pour nostredite dame la Royne, pour nous,
pour nostredite compaigne la duchesse et pour nos hostiex, pour
noz freres, pour noz enfanz et autres de nostre sanc, connestables, lieuxtenans, mareschaux, capitaines generaulx et particuliers, et de touz autres seigneurs quelconques, tout en la fourme
et maniere contenues en noz autres ordenances faites à l'assemblée qui de nostre commandement fu faite à Paris ou mois
de fevrier l'an 1356, et à autres assemblées : et deffendans dores-
en-avant à touzjours sur la fourme et maniere et sur toutes les
poines contenues esdites ordenances, que nul de quelconque estat que il soit, ne facent prises quelconques de quelconque chose
ne sur quelconque personne, autrement ne par autre maniere
que contenu est en nosdites autres ordenances.

(19) *Item.* Touz pardons et remissions contenuz esdites autres
ordenances et en autres lettres de nous données aus genz des
bonnes villes en general ou en especial, loüons, greons, acord ons,
promettons, ratifions et confermons, et voulons et derechief ordenons que lesdiz pardons et remissions leur soient tenues et
acomplies de point en point, comme se tout estoit mot à mot escript et exprimé en ces presentes.

(20) *Item.* Et avons octroié et octroions (1) ausdiz prelaz et

---

mois de septembre 1357, portant exemption de prises pour les habitans de S..
près Pontoise. Avons octroyé..... ausdiz habitans..... que pour les garnisons et
pourveances des hostieulx de notre très cher Seigneur et pere, nostre tres chere
dame la Royne sa compaigne, du nostre, de celli de nostre tres chere et
amée compaigne la duchesse, de noz tres chers freres ou de quelconques autres
de nostre lignage aians prinses ou royaume, ou par quelconque autre cause que
ce soit, ou ne lieve, praigne, saisisse, ou arreste les chevaux, charretes, blés,
vins, foins, avennes, Feurres, coutes, coussins, draps, et couvertures de l'
orilliers, cuevrechiez, tables, tresteaux ne autres choses quelconques des faiz
desdiz habitans ou d'aucun d'iceulx, pour quelconque besoing ou necessité que
ce soit, orés ou temps à venir, se ce n'est par juste et convenable prix; duquel
prix nous en ce cas voulons que pleniere satisfacion soit faite entierement des
choses prises ou arrestées des biens desdiz habitanz ou d'aucun d'iceulx, en quelconque lieu que ce soit, avant que les preneurs ou arrestateurs les puissent lever
ou faire lever des lieux, ou lieu où elles seront arrestées, à ceulx à qui lesdites
choses seront.

Ces lettres sont au tresor des chartres, reg. 87, piece 176. (S. c. — P. l'act.
ou 28 décembre 1358. (P.)

(2) Si l'on compare le stil de cette ordenance avec celui...

autres gens d'eglise, nobles, bonnes villes et plaz pays et aus habitans dudit royaume de ladite Languedoil, que les octroiz, aides, dons, subsides et impositions et gabelles autrefoiz faiz à nostredit seigneur, à ses devanciers, à nous, ne ceste presente aide ne soient traiz ne ramenez à consequence, à debte, ne à servitude, et que en aucune maniere ce ne face, porte ou engendre à euls ne à aucun d'euls ne à leurs successeurs, servitude, dommage ne prejudice, aucun prouffit ne nouvel droit à nostredit seigneur, à nous ne aus successeurs de lui et de nous, en saisine ne en proprieté, pour le temps passé et à venir, et confessons pour nostredit seigneur, pour nous et pour les successeurs de lui et de nous, que ce ont-il fait de leur liberalité et courtoisie, et par maniere de pur don.

(21) *Item*. Nous avons ordené et ordenons que quiconque voudra avoir lettres de ces presentes ordenances, octroiz et modifications, que elles leur soient faites et baillées en cire vert et en laz de soie, franchement senz en rien payer au scel, et que se il les apportent à nostre amé et feal nostre chancelier, escriptes puis que elles soient signées de aucun secretaire ou notaire, elles leur soient scellées et rendues franchement, comme dit est, et mandons et enjoignons estroittement à touz nos secretaires et notaires et à chacun de euls, que il en facent collacion, et que il les signent tantost et senz delay, et senz en prendre aucun salaire de ceuls qui escriptes les leur porteront, et voulons que la copie souz scel authentique vaille original.

(22) *Item*. Il est nostre entente que les personnes de sainte eglise soient contrains à payer ceste presente aide par leurs ordinaires ou cas que les ordinaires en feront leur devoir; sauf ce que se aucuns par vertu de la contrainte de leurs ordinaires cessassent longuement à paier ladite aide, et se laissassent endormir et endurcir en excommuniment, li bras seculers à la requeste de leurs ordinaires, les contraindra deüement à eulz mettre en estat comme bon crestian, et à paier ce qu'il devront de ladite aide.

(23) *Item*. Nous avons ordené et encores ordenons et promettons en bonne foy, que nous ne ferons dons ou assignacions

---

anglaises, on voit que les successeurs de Philippe le Bel parlent en législateurs et que ceux de Jean-Sans-Terre partagent avec leur nation la puissance legislative. — Mably, Obs. sur l'Hist. de France. — (Dec.)

quelconques pour quelconque cause que ce soit ou puist estre ne ne ferons faire sur les aides dessusdites octroiées à ladite assemblée de Compiegne; et se nous par inadvertance, importunité ou autrement, faisons ou faisons faire aucuns dons ou assignations sur lesdites aides, que pour commandemens de bouche, pour lettres ou mandemens quelconques souz quelconque fourme de paroles, nos amez et feaulx les tresoriers de nostredit seigneur et les nostres, les esleuz à ladite aide garder et gouvener et mettre sus, les receveurs desdites aides ou autres ne y obeissent, ne que le quantité ou somme de deniers desdites aides ne paient, baillent ou delivrent à ceuls à qui nostredit seigneur ou nous aurions fait dons ou assignacions; mais leur deffendons si estroittement comme plus povons, sur leurs seremens et sur toute la loyauté qu'il ont à nostredit seigneur et à nous, tant sur la disieme partie desdites aides qui octroiée nous a esté pour nous et pour le gouvernement des hostelz de nous et de nostredite compaigne, quant sur ce qui en doit tourner à la deffense dudit royaume et ou fait de la guerre; et se il avenoit que lesdiz tresoriers, lesdiz esleuz, lesdiz receveurs ou aucuns de euls obeissent, et que les dons ou assignacions il paiassent ou feissent paier sur ladite aide, ceuls qui lesdites assignacions paieront ou feroient paier, soient lesdiz trosoriers ou autres, seroient ou seront tenuz et contrains par la vertu de ces presentes senz autre mandement attendre, de les rendre et restituer (1) : et aussi ceuls à qui lesdites assignations ou dons seroient faiz, seront tenuz à nous rendre et restituer plainement ce qu'il en auront receu, comme paiez et receuz senz cause et contre nostre ordenance et deffense, et à ce les avons condempné et par ces presentes condempnons, et avecques seront tenuz de nous faire et paier amende pour la transgression de ces presentes ordenances, et puniz de leur serement enfraint; quar nous avons consideré et considerons que miex est prendre nostre estat, et faire les fraiz du gouvernement des hostiex de nous et de nostredite compaigne, en et de ce qui est nostre, meesmement sur la disieme partie de ladite aide qui donnée nous est, comme dit est, et le surplus d'icelle aide estre converti en la deffense dudit royaume, pourquoi elle a esté octroiée et ordenée, et fermement tenir les convenances, promesses

_____

(1) Aujourd'hui, ils seraient poursuivis comme concussionnaires, en vertu de la disposition finale de toutes les lois de finance. (Is.)

et ordenances que nous avons à nostredit peuple de cesser de toutes manieres de prises, que prendre senz païer les biens de nostredit peuple, et donner ce qui est nostre, que pour les expressis dons que nous ferions par inadvertence ou par l'importunité et convoitise des requeranz, l'estat de nous et de nostredite compaigne peut diminuer.

(24) *Item*. Nous avons ordené et ordenons que les genz des bonnes villes abiles pour les armes, soient receuz pour genz d'armes, puisqu'il soient souffisament armez et montez, et que les capitaines ne les puissent refuser neant plus que les autres genz d'armes, et ainsi le mandons nous par ces presentes à touz les capitaines et autres à qui il appartendra, ou à leurs lieutenans.

(25) *Item*. Nous par ces presentes restrengnons, moderons, ordenons et attrempons ols, chevauchiées, mandemens, bans, arrierebans, tout en la fourme, maniere et condicions contenuz en nozdites autres ordenances.

(26) *Item*. Que les capitaines prendront chascun ou païs là où il sera deputez et envoiez par nous, genz d'armes, senz en prendre nulz ailleurs, se trouver en peven t ce qui leur en convenra.

(27) *Item*. Que les esleuz facent l'inquisicion et compte du nombre des feux ès bonnes villes et citez, appellez les maires desdites villes, ou atournez (1) là où il aura maires ou atournez, ou des plus souffisantes personnes d'icelles, là où il n'aura maire et eschevins, et pour le conseil d'iceuls.

(28) *Item*. Chascun capitaine ou pays là où il sera deputez de par nous, assemblera et pourra assembler les genz d'eglise, les nobles et genz de bonnes villes dudit pays, là où il sera ordené en lieu plus emmi (2) marchié, et là où lesdites genz d'eglise, nobles et genz de bonnes villes ainsi assemblez, et lesdiz capitaines esliront en chascun pays troix ou quatre personnes ou tant que il verront que bon sera, qui lesdiz capitaines conseilleront, senz

---

(1) Les maires sont ainsi nommes dans quelques villes. *V*. Gloss. de Laurière, V°. *Atour. Atournez* signifie quelquefois aussi *Procureurs*. *V*. du Cange, V°. *Aturnatus*. (Sec.)

(2) Je crois qu'il manque quelques mots entre *plus* et *emmi*. *Emmi* signifie *au milieu*. (*Idem*.)

le conseil desquelz li capitaine ne pourront ordener du fait de la mise.

Et toutes les choses, modificacions, graces, promesses et ordenances dessusdites et chacune par soi, nous de grace especial, de l'auctorité royal dont nous usons, et de certaine science, considerans la tres bonne amour et affection que nous avons touzjours eu, avons et aurons audit royaume, et au peuple d'icelli gouverner doucement et amiablement, et la tres bonne subjeccion et parfaite amour que nous avons trouvé ès prelaz et autres genz d'eglise, nobles et bonnes villes et à tout ledit peuple, et ce que nostredit seigneur, ses predecesseurs roys de France et nous les avons touzjours trouvé bons et loiaux subgez, et trouverons, se Dieu plait, et ont à nostredit seigneur, à ses predecesseurs et à nous fait bonnes et souffisantes aides quant requis en ont esté : acordons, voulons et donnons par ces presentes, et ycelles et chascune d'icelles promettons en bonne foy tenir, garder, acomplir, executer et enteriner de point en point, et se aucune chose a esté ou est faite au contraire, loy remettre ou faire remettre senz delay à deu estat, et à punir touz ceuls noz officiers ou autres qui en aucune maniere feroient le contraire; et mandons, commandons et enjoignons et commettons tres estroittement à touz nos officiers et à touz autres, et à leurs lieuxtenans, sur les sermens que il ont à nostredit seigneur et à nous, et sur poine de encourre en nostre indignacion, et de perdre leurs offices, que euls et chascun d'euls en droit soit, tiegnent et facent tenir et enteriner et acomplir les choses dessusdites et chascune d'icelles de point en point, et que senz autre mandement attendre, il les executent et facent executer chascun en droit soi senz aucun deffaut, si et en telle maniere qu'il n'en soit faite plainte à nostredit seigneur ne à nous; quar nous les punirions si que touz autres y prendroient exemple.

Et afin que ces choses soient plus diligemment executées et fermement tenuës, nous avons à ces presentes fait mettre nostre scel.

Donné à Compiègne, le 14e. jour du mois de may, l'an de grace mil trois cens cinquante et huit.

Par monseigneur le Regent, en son conseil.

N°. 253. — MANDEMENT (1) au prévôt de fermer une rue de Paris, pour empêcher des désordres publics, et pour assurer la tranquillité des études de la faculté des arts.

Compiègne, mai 1358. (C. L. III, 237.)

KAROLUS regis Francie primogenitus, regnum regens, dux Normannie et Dalphinus Viennensis :

Notum facimus tam presentibus quam futuris, quod cum dilectis filiis nostris magistris, scolaribus Parisius studentibus in artium facultate et à principio fundationis studii Parisiensis ut quasi, certus vicus ultra parvum Pontem (2) vocatus gallice la rue du Feurre (3), eisdem magistris ad legendum, scolaribus vero audiendum et proficiendum fuerit assignatus, et in dicto vico temporibus retroactis dicti magistri pacifice legerint, et scolares audierint sine inquietatione vel notali perturbatione, nunc vero crescente malitia hominum et inimico scientie ziza niam inter bonos et alios seminante, in dicto vico de nocte immundicias et fecosa (4) portando ac ibidem dimittendo, que corda et corpora ibidem inhabitantium corrumpunt et infestant, sed quod horrendius seu detestabilius est, inter studentes et philosophos reperiri per leones (5) et spurcissimos homines Deum nec scientiam pre oculis habentes, imo, ut presumendum est, de talibus florem et margaritam scientie impedire potius cupientes, de nocte vilissime et inhonestissime ostia scolarum frangantur, ac in eisdem meretrices communes ac mulieres immunde adducuntur, ac in eisdem villissime et inhonestissime aliquotiens pernoctando et remanendo, immundicias orribiles tam super cathedras dictorum magistrorum quam per scolas et loca in quibus scolares sedent et sedere debent, faciunt et dimittunt, que in crastino magistri ad legendum, scolares ad proficiendum ibidem accedentes, et tam enormia, turpia ac fetida reperientes à tam fetido, horrendo et immundo loco fugiunt et recedunt

---

(1) Nous donnons le texte de cette ordonnance à cause de sa rédaction et de la protection accordée par le Régent aux études, et aux bonnes mœurs (E.).
(2) Le Petit Pont. (SEC.)
(3) Du Foüarre. (Idem.)
(4) Matières fécales. (Idem.)
(5) Il paroist par la suite, qu'au lieu de leones, il faut lire lenones. Idem.

dunt : quid mirum, cum philosophus mundos esse doceat et ho-
nestos, et habitare loca munda, decentia et honesta ; et sic,
quod dolendum est et dampnosum, tunc temporis sepe dictos
magistros et scolares à suo studio, lectura et auditorio, necnon
a fine principaliter intento, scilicet margarita scientie, defrau-
dari. Quibus impedimentis, perturbationibus et inquietationibus
continuatis et durantibus, iidem supplicantes dictum vicum diu
inhabitare (1), possunt neque possent nisi per nos et de nostra
gratia speciali eisdem provideremus de remedio opportuno. Et
cum in dicto vico sint due extremitates vel exitus qui ad impedi-
menta et nociva predicta removenda claudi possent, ibidem
portas faciendo que de nocte clauderentur et de die apperirentur,
prout in pluribus aliis locis ville Parisiensis est repertum, iidem
magistri et scolares nobis humilime supplicarunt, quatinus de
hujusmodi clausura ac portis faciendis de nostra gratia speciali
et scientia certa, dignaremur licentiam impertiri, maxime cum
hujusmodi licentiam claudendi jam diu est, habuerunt à domino
fundi terre. Nos igitur qui intima cordis affectione voluntatem,
tranquilitatem, bonum honorem et quietem dilecte ac devote
filie nostre Universitatis Parisiensis, cujus dicta facultas artium
est quarta pars nobilis ac quartum membrum nobile, continua-
cionem dicti studii etiam totis visceribus affectamus, intendentes
insuper dictam facultatem que dicitur facultas septem artium li-
beralium, esse fundamentum, originem et principium omnium
aliarum scientiarum, et sine qua nulla alia scientia haberi potest
perfecte, commode nec complete, ut de cetero sepedicti magistri
et scolares liberalius, attentius et serius studere valeant tam le-
gendo quam audiendo, eisdem de nostra gratia speciali, certa
scientia et de nostra plenitudine potestatis, CONCEDIMUS et VOLU-
MUS quod ad eorum et tocius vici securitatem, in dictis extremi-
tatibus seu exitibus vici predicti, possint et eisdem liceat facere
portas et clausuras que de nocte claudi debeant et possint, et
tota die apperiri per bonos, legitimos et certos custodes per eosdem supplicantes ibidem deputatos : dantes preposito Parisiensi
presenti pariter et futuro, ac etiam committentes tenore presencium in mandatis, necnon omnibus nostris justiciariis ac regni
nostri aut eorum locatenentibus presentibus pariter et futuris,
et eorum cuilibet prout ad eum vel eos pertinere poterit, quati-

---

(1) Nou. (Sec.)

nus dictos magistros et scolares dicte facultatis artium faciant [...] permittant seu sinant et gaudere et uti pacifice et sine aliquo impedimento, de presenti nostra gratia speciali, non obstantibus quibuscunque litteris in contrarium impetratis seu etiam impetrandis, non facientibus plenam et expressam de verbo ad verbum de hujusmodi gratia per nos eisdem magistris et scolaribus facta et concessa, mentionem: salvo in aliis jure nostro et in omnibus quolibet alieno.

Quod ut firmum, perpetuum et stabile permaneat in futurum, nostrum presentibus apponi fecimus sigillum.

Datum apud compendium, anno domini millesimo trecentesimo quinquagesimo octavo, mense maii. Per dominum regentem.

N°. 274. — LETTRES *du Roi aux évêques, baillis, nobles, bourgeois, etc., des baillages, pour le paiement du subside accordé par les états de Compiègne.*

Londres, 15 juin 1358. (C. L. III, 692.)

N°. 275. — LETTRES *du lieutenant du Roi en Languedoc, portant confirmation des résolutions des Etats assemblés (1) à Toulouse, en vertu d'une lettre du Roi.*

Toulouse, 16 juillet 1358. (C. L. IV, 187.)

N°. 276. — ORDONNANCE *de Jean, Comte de Poitiers, lieutenant de Roi dans le Languedoc, en conséquence d'une assemblée de partie des Etats de la Languedoc, à Toulouse.*

Toulouse, 26 juillet 1358. (C. L. IV, 187.)

SOMMAIRES.

(1) *Le subside accordé ne pourra estre employé qu'à payer la rançon du Roy.*

(2) *Ce subside sera levé par les communautez ou leurs députez.*

---

(1) Ils stipulèrent qu'ils pourraient s'assembler jusqu'à la Toussaint, [quand] ils voudraient. (Is.)

(3) Les communautez pourront contraindre ceux qui ne voudront pas payer ce subside.

(4) Les officiers du Roy ne se mesleront point de la levée de ce subside, s'ils n'en sont requis.

(5) Si le traité fait pour la rançon du Roy, n'a point de lieu, on cessera de lever le subside, et ce qui en a esté payé, sera restitué.

Les communautez ne rendront point de compte de ce subside, à moins que quelqu'un ne se plaigne.

(6) Moyennant ce subside, tous les autres cesseront, et on ne pourra en establir de nouveaux, que lorsque les communautez le jugeront nécessaire.

(7) Les notaires payeront

(12) On n'envoyera point de commissaires pour la fortification des villes, et pour la réparation des chemins; mais les juges ordinaires y pourvoieront.

(13) Remission generale des peines portées dans les ordonnances, au sujet des monnoyes et des contracts faits au marc d'argent, ou à une espece de monnoye; laquelle remission cependant n'aura point de lieu pour les faux-monnoyeurs et pour ceux qui ont fait sortir du billon hors du royaume.

(14) On n'envoyera pour faire payer ce qui est dû au Roy, qu'un commissaire ou sergent, auquel on fixera un salaire modéré. On pourra envoyer plusieurs sergents pour faire payer ceux qui refusent

des marches et des contracts à une certaine espece de monnoye qui ait cours; nonobstant les ordonnances qui le deffendent, et ceux qui y auront contrevenu à cet égard, ne seront point sujets aux peines qui y sont portées.

(18) Les seneschaux et autres juges royaux, seront restituer les salaires excessifs qui ont esté extorques par les sergens ou commissaires envoyez par les officiers royaux pour lever les imposts, ou pour visiter les fortifications et les chemins.

(19) On ne fera plus de prises de vivres, sans en payer le prix.

Johannes (1) etc., Universis presentes litteras inspecturis, salutem. Notum facimus quod cum de et pro liberatione persone dicti domini genitoris nostri, idem dominus genitor noster nobis per suas litteras mandaverit pro somma sexcentorum millium florenorum auri ad scutum, veterum, ad instans festum omnium sanctorum, regi anglie est solvenda pro liberacione persone prefati domini genitoris nostri; prout inter ipsum et regem anglie extitit concordatum, nosque predictis et aliis in dictis litteris communitabus (2) lingue occitane expositis, communitates infrascripte; videlicet, capitulares Tholose pro sua universitate, et alii consules et universitates villarum et locorum judicature dicte senescallie, de dicta summa pro liberacione dicti domini genitoris nostri predicti, quinquaginta millia denariorum auri ad mutonem; et consules Montispessulani, Nemausi, Bellicadri et quidam alii missi pro senescallia Bellicadri, septuaginta millia florenorum auri ad mutonem, et consules universitatum senescallie Ruthenensis, sex millia auri florenorum ad mutonem, pro dicta financia et liberacione, ut veri fideles, nobis graciose obtulerunt, ut hinc ad dictum festum omnium sanctorum solvere promiserunt; salvis tamen retencionibus, pactis et condicionibus et protestationibus infrascriptis.

(1) *Primo*. Videlicet, quod dicta pecuniarum summa,

---

(1) C'est le fils du Roi, son lieutenant en la Languedoc, par-deçà la rivière de Dordoigne, comte de Poitiers. (Is.)

(2) Les Estats du Languedoc s'assemblèrent encore l'année suivante, et accorderent un nouveau subside : l'ordonnance qui fut faite en conséquence ne s'est pas conservée, mais il est fait mention de ces Estats, dans les lettres du 2 octobre 1360. (Sec.)

refertur, ex causa predicta oblata, in predictis et non in aliis usibus, quomodolibet convertatur, nec Universitates predicte tradere vel assignare cogantur, nisi pro liberacione effectuali et reali prefati domini nostri regis.

(2) *Item*. Quod summe predicte per dictas Universitates et per manus earum leventur, seu per deputandos ab eis lem.

(3) *Item*. Quod Universitates predicte auctoritate regia plenam compulsionem et cohercionem habeant, si necesse fuerit, compellendi et cohercendi illos qui reperti fuerint desides vel rebelles in solutione summe eis imposite pro predictis.

(4) *Item*. Quod thesaurarius seu alii offic. regii super hoc se nullatenus intromittere valeant quoquomodo, nisi requisiti.

(5) *Item*. Quod in casu quo cessaret (1), quod absit, redempcio et liberatio antedicte, summa predicta hujusmodi occasione oblata, prefatis universitatibus, prout ad ipsarum quamlibet pertineret, libere remaneret et restitueretur, si forsan facta fuisset aliqualis per eas vel per earum aliquam assignatio seu depositum ubicunque : hoc tamen expresse acto, quod nec ad solvendum nec ad deponendum ultra et extra manum suam, nisi pro dicta liberacione, cogi possint, nec de eis compotum reddere, nisi sint aliqui conquerentes.

(6) *Item*. Quod cum oblacione predicta, cessant penitus omnia alia subsidia ac etiam mutua tam universitatum quam singularum personarum, nec non municiones (2) et missiones propter hec servientium (3) gratis ab eis procederent, vel necessitas eis exponenda et cum eis concordanda, alia nova subsidia seu mutua essent necessario imponenda.

(7) *Item*. Quod notarii et servientes qui cum villis et communitatibus contribuere sunt soliti, et in exsolucione dicte summe contribuent pro rebus et possessionibus suis, ratione suorum officiorum, ad aliam contribucionem pro liberacione predicta,

---

(1) Si le traité fait pour la rançon du Roy n'était pas exécuté. (Sec.)
(2) Je crois qu'il s'agit-là de sergents mis en garnison pour faire payer les imposts. (*Idem.*)
(3) Il n'y a dans le registre que *servicn*, avec une marque d'abbreviation. Cet endroit est corrompu : et je soupçonne qu'il manque-là quelques mots. On voit cependant bien que la fin de cet article signifie, qu'on n'establira point de nouveaux imposts que les Estats ne le jugent nécessaire. Il faut le corriger par l'art 8 des lettres suivantes. (*Idem.*)

nomine mutui seu alio, minime compellantur; nisi gratis et [...] corum mera liberalitate procederet quod ipsi seu aliquis ex ei[s] [r]acione dictorum suorum officiorum, vellent eidem liberalita[te] subvenire.

(8) *Item*. Quod liceat dictis universitatibus seu communitati[bus], se congregare infradictum festum, tociens quocien[s...] seu earum alteri, pro tractando, tailliando, portando et co[n]gregando dictas pecunie summas, videbitur expedire.

(9) *Item*. Quod omnes couppatores monetarum revocen[tur] et amoveantur; nisi in confinibus regni et portuum passagior[um] consuetis.

(10) *Item*. Quod in summis predictis, solvant et contribua[nt] cum aliis personis illarum et locorum predictorum, omnes [...] qui alias et actenus in aliis subsidiis, cum ipsis universitatib[us] contribuere consueverant, sint officiales vel alii.

(11) *Item*. Quod mediantibus dictis oblacionibus, cesse[nt] refformatores et commissarii generales quicunque.

(12) *Item*. Quod multi nitantur impetrare commissiones [ad] visitanda fortalicia locarum, et ad eadem loca muranda, va[l]landa et fortifficanda, et itinera reparanda, qui nullum fru[c]tum faciunt, nisi sibi ipsis in excessivis sportulis exigendis, quod [de] cetero nullus mittatur, sed ordinarii qui cum requisiti fueri[nt] requirentibus providebunt.

(13) *Item*. Quod si que pene commisse sunt per quascunq[ue] personas, in transgressionibus ordinacionum regiarum sup[er] monetis et contractibus (1) editarum, quod omnes sint remiss[e] exceptis falsonariis et extractoribus billoni extra regnum.

(14) *Item*. Quod pro debitis fiscalibus exigendis, non mi[t]tatur per thesaurarios seu alios quoscunque, nisi unus commi[s]sarius seu unus serviens, et cum salario moderato, juxta regi[as] ordinaciones; nisi contra rebelles et in solutiones remissos.

(15) *Item*. Quod consules, sindici seu alii quicunque dict[a]rum universitatum et locorum, qui pro bono publico, si[ne] fraude et odio, pro fortifficatione et securitate locorum, hospic[ia] vel alia edificia vel feuda dirruerunt predia rustica seu urbana [...]

---

(1) Il s'agit-là de la deffense de faire des contrats au marc d'argent, ou à u[ne] espèce de monnoye. (S[ic].)

(2) Ont pris des places, soit dans les villes ou dans les campagnes, pour y [ele]ver des fortifications. (*Idem*.)

lapides seu sementa pro dictis necessaria acceperunt et dexstruxerunt, non possint ex hoc puniri; licet à domino nostro rege seu alio quocunque, in feudum vel emphiteosim teneantur : et si ex hoc penam aliquam incurrerint, eis libere et totaliter ipsa pena sit remissa : salvo tamen interesse pecuniario rationabiliter moderando et taxando illis qui dampnificati fuerunt de predictis.

(16) *Item.* Quod dicta peccunia non fuerit levata seu exacta, apportetur per sumilas communitates cujuslibet senesoallie et judicature, ad certum locum seu certa loca cujuslibet senescallie et judicature, per ipsas communitates cujuslibet senescallie, concordatum seu concordata, et ibidem tradatur et deponatur in manibus illius communitatis seu certarum personarum idonearum ab ipsis communitatibus eligendarum, per ipsas tenenda et custodienda, donec liberari et solvi debeat pro liberacione persone dicti nostri regis : et quod dictarum peccuniarum solucio fiat per certas personas per dictas universitates in singulis senescalliis deputatas, personis que potestatem habeant dictum dominum nostrum regem restituendi et tradendi : et eo tunc et cum realiter et cum effectu tradetur (1).

(17) *Item.* Quod quilibet possit mercari et negotiari et contractus inire ad monetas firmas et stabiles auri et argenti regni Francie, que cursum habebunt, et ad dictas firmas monetas et stabiles valeant incartare (2); ordinacionibus regiis in contrarium factis vel faciendis, non-obstantibus; et quod sint quitti à transgressione ordinacionum, et à penis, siquas incurrerint ipsarum occasione.

(18) *Item.* Quod cum plures commissarii et servientes ad levandas decimas Regias, sigill. Montispessulani, et ad visitandos muros et fortalitia locorum, et super reparationibus itinerum, et levanda subsidia, focagia, cappagia, hactenus in senescalliis et judicaturis predictis, per officiarios Regios et nostros deputatos, plures et diversas excessivas exactiones et salaria immoderata per impressionem et potentiam officiorum suorum, extorserint, de quibus nondum fuit justitia ministrata, quod committatur senescallis, vicariis et judicibus cujuslibet senescallie, vicarie

---

(1) Et on ne donnera l'argent, que lorsque le Roy sera réellement mis en liberté. (Sec.)
(2) Je crois que ce mot qui n'est pas dans Du Cange, signifie *faire rediger en contract par écrit*. (Idem.)

et judicature, qui sine strepitu et figura judicii, appellationibus et recusationibus remotis et non-obstantibus, dampna passis emendam et restitutionem, et ad emendandum domino nostro Regi fieri faciant; et idem fieri volumus et deputandis in posterum à predictis officialibus Regiis atque dampnis.

(19) *Item*. Quod cum officiales et gentes Regii quandoque accipiunt à dictis subditis, blada, vina et alia victualia absque solucione dictorum victualium facienda, volumus quod abinde quod dicte captiones cessent penitus, nisi pretium seu valor dictorum victualium, in capcione eorumdem fieret realiter personis à quibus capientur.

Nos vero predictas oblaciones senescalliarum predictarum Tholose, Bellicadri et Ruthen. acceptantes, et eas ratas et gratas habentes, eisdem oblacionibus mediantibus, predictas retenciones, convenciones et pacta ac condiciones superius expressatas, et omnia alia et singula supradicta, predictis universitatibus et singulis earumdem, auctoritate Regia atque nostra, concedimus, et volumus inviolabiliter observari : promittentes nostra bona fide, quod dictas convenciones et pacta tenebimus et servabimus, tenerique faciemus, et inviolabiliter observari : mandantes committendo senescallis Tholose, Bellicadri et Ruthen. dictisque vicariis, judicibus, ballivis Regiis quibuscunque senescalliarum predictarum et eorum cuilibet, vel Loca-tenentibus eorumdem, ut predicta omnia et singula teneant et observent, teneri et observari faciant infra eorum districtus et jurisdictiones, si et cum fuerint requisiti, nec permittant per aliquem contrarium attemptari : que omnia singula supradicta sic fieri volumus, et dictis communitatibus et singulis earumdem, tenore presentium concedimus dicta auctoritate Regia, ex certa sciencia et de speciali gratia et ex causa; litteris sub speciali ac generali forma impetratis in contrarium vel impetrandis, non-obstantibus quibuscumque. In quorum fidem testimonium, sigillum etc.

Datum Tholose, vigesima-sexta die julii anno Domini millesimo trecentesimo quinquagesimo-octavo. Per dominum Locumtenentem, ad relacionem consilii in quo vos et domini mei.

N°. 277. — ORDONNANCE (1) *du lieutenant du Roi dans la Languedoc, en conséquence des Etats particuliers de la sénéchaussée de Carcassonne et de Beziers.*

Carcassonne, dernier juillet 1358. (C. L. IV, 191.)

N°. 278. — TRAITÉ *entre le Roi de Navarre* (2) *et le Roi d'Angleterre, au sujet des affaires de France.*

1er août 1358. (Rymer, III, p. 70.)

N°. 279. — LETTRES *du Régent, portant abolition* (3), *en faveur de la ville de Paris, à cause des derniers troubles* (4).

Paris, 10 août 1358. (C. L. IV, 346.)

CHARLES ainsné, filz de Roy de France, regent le royaume, duc de Normandie et dalphin de Viennois :

Sçavoir faisons à tous presens et advenir, que comme à l'instigation, enortement et promotion de feu Estienne Martel n'aguères prevost des marchands de la ville de Paris, et de plusieurs autres ses alliez, adherans, collateraulx et conplices, disans et maintenans en tous leurs faictz, pour le temps qu'ils ont de fait gouverné la bonne ville de Paris, et li plat pays d'environ, que tout quanques ils faisoient, estoit à bonne fin et pour la redemption et dellivrance de nostredit seigneur, et le bien publicque, plusieurs et grande quantité du bon peuple et loyal commun de ladite ville de Paris, sur l'esperance dessusdicte, sans l'auctorité, volenté ou consentement de nostredict seigneur ou de nous,

---

(1) Les dispositions sont les mêmes, à quelque différence près, que dans l'ordonnance du 26 juillet. (Is.)

(2) Acte de défi par le Roi de Navarre au Régent. (Trésor des chartes, reg. 96, p. 219.) (*Idem.*)

(3) Ce mot est synonime d'amnistie. — La Charte de 1814 semble conférer au Roi le droit de grâce et non celui d'amnistie. *V.* la loi du 12 janvier 1816. (*Idem.*)

(4) *V.* sur ces troubles les Mémoires de Secousse. Académ. des Inscrip. Belles-Lettres, 1732 et 1753. (*Idem.*)

ignorant les grandes trahisons et malefices que les prevostz et ses complices secretement faisoient, pourpensoient et à faire entendoient contre nostredit seigneur, nous et la majesté Royal, se soient consentus de eslever et prendre à gouverneur et deffenseur et capitaine, le Roy de Navarre; de faire alliance avec luy et ses complices, aydans et hadherans, tant par lettres comme par serremenz; de porter fermellez d'argent mipartis d'aimail vermeil et azeur, au-dessoubz avoit escript, *à bonne fin;* et chaperons de drap desdictes couleurs, en signe d'alliance, de vivre et mourir avec ledit prevost, contre toute personne; d'aller aux assemblées et congregation dudit prevost; de eux armer contre nous; de nous usurper aucuns droictz royaulx; d'estre rebelles contre nostredict seigneur; de dire parolles et reproches de nostre personne; de mettre à mort et occire en nostre presence et en nostre chambre, messire Robert de Clermont et le mareschal de Champaigne, et M. Regnault Dacy ailleurs en ladite ville; de prendre et occuper de faict nostre chastel du Louvre; et aussi de arrester et prendre nostre artillerye que nous faisions amener par la riviere de Seine en certains lieux, et d'icelle oster de la puissance de nos gens qui l'amenoient, et l'applicquer pardevers eulx; de nous envoyer à Maulx lettres contenant plusieurs parolles rudes, laides et mal gratieuses; de estre allez ou estre consentans de l'allée des gens-d'armes, que fu Pierre Gilles mena à Meaulx contre nous et nostre très chere compaigne; de faire par maniere de monopole, une grant Compaignye appellées la confrerie Nostre-Dame, en laquelle il avoit fait et faisoient plusieurs sermens, convenances et alliances, sans l'auctorité et licence de nous; de avoir soubz umbre et couleur de justice, mis ou faict mettre à mort sans cause raisonnable, Jehan Perret et Thomas Foquaut; de prendre, arrester et faire emprisonner et questionner et maltraicter plusieurs de nos gens et officiers, leurs femmes et leurs familliers et mesnies; de prendre plusieurs des biens de nosdictes gens et officiers, et iceulx biens applicquer au proffit de la ville ou à leur singulier proffit; de reffuser et constredire la monnoye pour le cours que nous luy avions ordené en l'assemblée de Compiegne, et de faire monnoye et de contraindre nos monnoyez à ouvrer et monnoyer, et le proufit de nos monnoys applicquer à leur profit; de abatre et ardoire, et faire abattre et destruire plusieurs châteaux, forteresses et autres maisons des nobles; de piller et faire piller leurs biens; et de plusieurs autres crimes et delictz et malefices faits contre la majesté royal et autrement, pour ce qu'audit peuple donnoient à entendre que nous les voullions destruire et faire piller par nos gens-d'armes; que abandonné avions ladite ville avec les autres citez et plat pays du royaume de France, à iceulx gens-d'armes, et que en riens du monde, n'avions voulenté de entendre à la dellivrance ne redemption de nostredit seigneur; combien que le contraire des choses dessusdites, fust vrai et appere nottoirement de present: et pour ce que les dessusditz ou plusieurs d'eulx, ne se pouroient excuser, se par rigueur de droict voullions proceder, que leurs biens et corps ne fussent forfaictz à nostredit seigneur et à nous; ou au moings, que de ce les peussions poursuir et aprochier et traire à grands punitions ou amendes, nous a-il esté supplié humblement par nos bien amez Gentian Tristan à present prevost des marchands, les eschevins, bourgeois et habitans de ladite ville de Paris, que sur ce leur voullions estre piteable et misericorde, ou autrement pourvoir de remede gratieux:

Pourquoy nous, considerans la bonne amour et loyalté que lesdicz prevost, bourgeois et habitans de ladicte ville, ont eu toujours à nostredict seigneur et à nous et comme de fait, l'ont bien demontré en la prinse et destruction des traistres, rebelles et ennemis de la couronne de France, inclinans à leur supplication, à tous ceux de ladite ville, habitans et ayant leur domiciles ou leur demourance plus continueille en icelle qu'ailleurs, ou temps desdictz delictz, qui ont esté consentant d'iceulx crimes, delictz et malefices; excepté ceux qui estoient et auroient esté du Conseil secret sur le faict de la grant trahison dudict prevost et de ses complices; c'est assavoir, de vouloir empescher de faire et pourchassier la dellivrance de nostredict seigneur; de vouloir occire monsieur ou nous, ou mettre et tenir en prison perpetuelle, et de faire le Roy de Navarre Roy de France; et ainsy interpretons nous et declarons par ces presentes, le faict de ladicte grant trahison.

Avons pardonné, remis et quitté, remettons, quittons et pardonnons de nostre plain pouvoir, certaine science et grace especial, tous lesdict crimes, delictz et malefices, et tous autres quelzconques, comment qu'ilz puissent estre appellez, qui des cas dessusdits dependent et peuvent deppendre; excepté le faict de ladicte grande trahison dessus declaré, que on leur pourroit imposer au temps advenir en aucune maniere, avec toute peine tant criminelle que civile, en laquelle il pourroient pour ce estre encourus envers nostredict seigneur et nous, et toutes autres choses en quoy les dessusdits ou aucuns d'eux, auroient ou pourroient avoir mespris ou peché contre nostredit seigneur et nous, pour raison des choses dessusdites, et des deppandance d'icelles; et les restituons à ladicte ville à leur bonne renommée, avec tous leurs biens meubles et immeubles quelzconques, que de nouvel de nostre grace leur donnons, se mestier est : en imposant silence perpetuelles au procureur de nostre très cher seigneur et de nous, et à tous autres promoteurs, juges ou commissaires de nostredict seigneur ou nostre.

Sy donnons en mandement à nos amez et feaux les gens des comptes, tresoriers de nostredict seigneur et nostres à Paris, au prevost de Paris et tous autres justiciers royaulx ou commissaires depputtez et à depputer par nostredict seigneur et nous, ou à leurs lieuxtenans, et à chascun d'eux s'y comme à luy appartiendra, que contre la teneur de nostre presante grace, ne les molestent, contraignent, sueffrent estre contrains ou aucuns d'eulx, en corps ne en biens, en aucune maniere; mais se pour ce, aucuns de leurs biens estoient prens, saisis, arrestez ou mis en la main de nostredict seigneur et nostre, que tantos et sans delay, leur soient mis au delivre; non-contrestant que don ou dons en ayent faictz ou facions à quelques personnes que se soit : lesquelz oudit cas, nous rapellons et mettons du tout au neant : et aussy non-obestant que pour ce aucuns se soient rendus fugitif ou absent de ladite ville; lesquelz nous de nostre grace, rappellons, et ne voulons pour ce estre molestez en corps ne biens en aulcune maniere, se coulpables n'estoient de ladite grand trahison dessus esclarcie : et voullons qu'ilz puissent joüir et user de ceste presente grace : et pour ce que aucun' ou aucuns ne puissent ignorer le contenu d'icelle, voullons qu'elle soit publiés à Paris, et aillieurs par tous les lieux où il plaira au dessusdit prevost, eschevins, bourgeois et habitans de la ville; et que la coppie ou le *vidimus* de ceste presente grace, soubz scel royal ou autentique, vaille autant, et y soit autelle foy adjoustée comme à l'original.

Et que se soit ferme chose et estable à tousjours, nous avons faict mettre nostre scel à ses presentes : saouf le droict de nostredict seigneur et nostre en autres choses, et l'autruy en toutes.

Donné à Paris, le dix jour d'aoust, l'an de grace mil trois cens cinquante-huict.

Signées par monsieur le Regent. Et seellées de son grand scel en lacz de soye et en cire verte.

N°. 280. — ORDONNANCE *du Roi Jean* (1), *sur la fixation des droits à l'exportation des marchandises, et sur la jurisdiction du visiteur général des ports et passages du royaume.*

Londres, septembre 1358. (C. L. III, 254.)

JEAN, par la grace de Dieu, Roy de France : au maistre-visiteur general des ports et passages de nostre royaume, ou à son lieutenant, salut.

(1) Comme ès ordonnances royaux jadis faites par nos predecesseurs par deliberation du grant Conseil, et à la requeste de plusieurs prelats, nobles et communautés, et pour le profit du commun peuple de nostredit royaume, par nous après confirmés, soit entre les autres choses contenu, accordé et deffendu que laines, quelles qu'elles soint, traites ou menées hors de nostre royaume par ailleurs que par les ports et passages d'Aigues-Mortes et de S.' Jean de Leuc, auxquels ports et passages sont ordonnés et establis de par nous à certains gages, cartulaires (2) qui lesdites laines doivent peser ; et aussi lesdits marchands qui lesdites laines veulent traire et passer hors dudit royaume, comme dit est, sont tenus de payer à toy au nom de nous, pour chacune charge de laine prime pesant vingt-cinq preries ou quatre quintaux au poids de Montpellier, soixante sols tournois, forte monoye ; et des autres laines du pays de Languedoc, pour chacune charge, quarante-cinq sols tournois ; et des laines grosses de montagne, trante sols tournois par charge.

(2) *Item.* Que nulles toilles, peaux lanües, moutons, brebis ne soint traites ou menées hors dudit royaume, sinon par certains ports et passages par tes predecesseurs maistres desdits ports, ordonnés et establis ; auxquels Ports et passages se doit payer à toy ou à tes deputés au nom de nous, pour lesdites toilles, sept

---

(1) Cette ordonnance est remarquable, comme l'une des plus anciennes et des plus détaillées d'entre les lois de douanes, et en ce qu'elle émane du Roi Jean, pendant sa captivité. Cette pièce n'est pas au Trésor des chartres, ensorte qu'il est douteux qu'elle ait été reçue à Paris. (Is.)

(2) Je crois qu'il faut entendre par ce mot, des *commis* qui tiennent registre de tout ce qui entre dans le royaume, et de tout ce qui en sort, et qui font payer les droits. (Sec.)

deniers pour livre par dessus les quatre deniers pour la reve (1); et les autres quatre deniers pour livre de la boëte aux Lombards; et pour chacune peau laine, et pour chacun mouton ou brebis, trois deniers tournois.

(3) *Item.* Que nulles teintures ne soint traites hors du royaume, sans accorder à nos amés et feaux les gens de nos comptes à Paris, à toi ou à tes deputés.

(4) *Item.* Que nul billon, vaissellemente, joyaux d'or et d'argent ne soint traits hors dudit royaume par personne quelle que ce soit, si ce n'estoit vaissellemente de prelats, ou de nobles, ou d'autres gens d'eglise pour leur service.

(5) *Item.* Que nuls arnois, grands chevaux, fer ou acier, suif ou sayn, draps blancs, fil de laine, de lin ou de chanvre, ou draps crus ne soint traits hors dudit royaume, sans congé et licence de nous, de toy ou de tes deputés.

(6) *Item.* Que nul ne doit traire ou mener hors dudit royaume, aucunes marchandises, quelles qu'elles soint, sans payer les quatre deniers pour livre de la reve; et s'il estoit Transmontain ou Lombard, autre quatre deniers pour livre.

(7) *Item.* Que nul, de quelque estat ou condition qu'il soit, ne doit mettre de dans ledit royaume, monoyes fausses, estrangeres ou contrefaites; si ce n'estoit pour les porter à nos monoyes, pour mettre au billon et pour les fondre, sur peine de corps et d'avoir qui fairoit ou attempteroit au contraire desdites ordonnances et deffenses dessusdites, lesquelles ont esté criées et publiées par les bonnes villes de nostredit royaume; neanmoins, si comme nous avons entendu, plusieurs marchands et autres, tant de nostredit royaume que dehors, en attemptant follement contre nos ordonnances et deffenses dessusdites, et nous et icelles meprisant, ont faites et menées, ou faites traire et mener hors de nostredit royaume, par autres ports et passages que par les deux dessusdits d'Aigues-Mortes et de St. Jean de Leone, plusieurs et grandes quantités de laines aignelins et recours, sans payer à nous, à toy ou à autre de par nous, les de-

---

(1) Ancien droit ou imposition qui se paye sur les marchandises qui entrent en France, ou qui en sortent. *V.* le Dictionn. de commerce de Savary, V°. *Traitte foraine.* (Ser).

voirs dessusdits, et sans congé et licence de nosdits gens des comptes ou tresoriers à Paris, ou de toy, ou de tes deputés, ou de tes predecesseurs; et les autres qui ont porté ou fait porter hors dudit royaume, billon, vaisselemente, joyaux d'or et d'argent, et mis et porté dedans icelluy royaume, monoyes fausses, estrangeres ou contrefaites, et icelles mises en payement, tant en fait de change que autrement; et aussi plusieurs marchands lombards ou autres, qui ont trait ou fait traire hors dudit royaume, guerdes, guerances, bresils (1) et autres teintures, grands chevaux, porceaux, bestes lanuës, vins, bleds et plusieurs autres marchandises, sans congé ou licence de nous, ou de nosdites gens ou de toy, ou de tes deputés, ou de tes predecesseurs, et sans payer les devoirs dessusdits.

(8) *Item.* Nous avons entendu que aucuns fermiers arandeurs de la reve, tant desdits quatre deniers pour livre, comme pour la boëte aux lombards, par leur grande fraude et malice, sans le congé et licence de toy ou de tes deputés ou d'autre ayant pouvoir de le donner, ont prises compositions d'aucuns marchants qui avoint passé marchandises hors dudit royaume, et autres qui estoint en voye de passer, sans payer ladite reve de quatre deniers pour livre, ou les devoirs accoustumés, contre les ordonnances et deffenses dessusdites; lesquelles marchandises, porceaux et bestes estoint à nous acquises; et les corps desdits marchands à nostre volonté; et icelles compositions lesdits fermiers ont appliquées devers eux, en nous grandement defrauder.

(9) *Item.* Que plusieurs subvisiteurs, gardes et autres officiers desdits ports et passages, se sont portés mauvaisement et frauduleusement en leursdits offices, et commis plusieurs crimes et malefices, desquels punition ne s'en est encore ensuivie, en grande lesion de justice, dommage de nous et de tout le commun peuple, de quoy nous deplaît, s'il est ainsi. Pourquoy

---

(1) C'est un bois dont on se sert pour teindre en rouge, et qui est ainsi nommé, parce qu'il est d'abord venu du Bresil, province de l'Amérique. Mais puisqu'il paroist par ces lettres, que le bresil qu'on employe dans la teinture, estoit connu long-temps avant la découverte de l'Amérique, il y a grande apparence que la province du Bresil n'a esté ainsi nommée, que parce qu'on y trouva une grande quantité de bois de Bresil que l'on connoissoit auparavant. (Sec.)

nous voulans obvier à telles fraudes et malefices, et que t[ous]
mauvais faits soint punis, et afin que nosdites ordonnances so[ient]
tenuës et gardées de point en point et sans enfraindre, te ma[n-]
dons, et si mestier est, commettons que tous ceux qui te app[a-]
roitra par informations faites ou à faire ou autrement, deüeme[nt]
avoir fait ou attampté contre nos ordonnances dessusdites, [et]
estre coulpables des choses dessusdites ou d'aucune d'icelles, [et]
les autres qui en aurront esté consautans, confortans ou ayda[ns]
soit subvisiteurs, sergens, gardes, notaires, commissaires ou a[u-]
tres quelsconques, soint punis civilement, selon ce que le c[as]
le requerra, par telle maniere que ce soit exemple aux autr[es]
et si aucun ou aucuns par appellations frivoles, recusations, d[é-]
clinatoires ou autres diffuges, se vouloint departir de ton jug[e-]
ment, ou de tes lieutenant ou deputés, nous, afin que justi[ce]
ne soit en aucune maniere dilayée, et nos droits par tels diffu[ges]
retardés ou empeschés, voulons et expressement te mando[ns]
que nonobstant lesdites recusations, appeaux ou autres decli[na-]
toires et diffuges, lesquels nous rappellons des-maintenant, t[r-]
ailles et ne laisses d'aler avant contre lesdits malfaiteurs et le[urs]
biens civilement, jusques à diffinitive sentence : et au cas q[ue]
de la diffinitive sentence ils appelloint, nous voulons que tu, t[es]
lieutenans ou deputés, les envoyés à certain jour et competa[nt]
pardevers nos amés et feals les gens qui tiendront nostre pa[rle-]
ment à Paris, se il sied ; et au cas ledit parlement ne seroit, p[ar-]
devers nos amés et feals les gens de nos comptes à Paris, a[vec]
les procès, enquestes et sentences qui contr'eux auront e[sté]
faites ou données ; et nous mandons à nosdites gens de parleme[nt]
se il sied, et au cas où il ne seroit, à nosdites gens des compt[es]
que veus lesdits procès, enquestes et sentences, et les part[ies]
oüyes, fassent bon et brief accomplissement de justice. Mando[ns]
et commandons à tous seneschaux, baillifs, prevosts, viguie[rs]
juges, châtelains et autres nos officiers et justiciers, que d[es]
choses dessusdites ne des dependances ou d'aucune d'icelles, [de]
toy, ny de chose touchant à ton office, de tes lieutenans, sub[vi-]
siteurs, sergens, gardes ou comis ne se meslent en rien, ne [en]
pregnient aucune cognoissance quelle qu'elle que ce soit ; ain[s]
te donnent conseil, confort, ayde, et baillent prisons et territo[ires]
pour juger si mestier est, toutesfois qu'ils en seront requis
par toy, tes lieutenans ou deputés dessusdits.

Car ainsi le voulons nous estre fait, et l'avons ordonné

tre certaine science, nonobstant lettres impetrées ou à impetrer, us, stille ou coutume à ce contraires.

Donné à Londres, le seizieme jour de septembre, l'an de grace mil trois cens cinquante-huit.

Par le Roy.

N° 281. — LETTRES *qui permettent aux couturiers (tailleurs) de faire et de vendre des doublez.*

Paris, septembre 1358. (C. L. III, 262.)

EXTRAIT.

Laquelle information et le procès renvoiez pardevers nostre conseil, et depuys de nostre commandement, bailliez a veoir les procureurs et advocaz de monseigneur et de nous en parlement (1), desquels la relacion oye, nous par bonne deliberation et par le prouffit commun, etc.

N° 282. — LETTRES *de sauve-garde pour l'ordre de Saint-Jean de Jérusalem* (2).

Paris, septembre 1358. (C. L. III, 263.)

---

(1) Remarquez le pouvoir de ces magistrats à cette époque. — Henrion de Pansey, aut. jud. — Nouveau Rép. V°. Avocat général, 1, 478. — (Dec.)

(2) Les corps et communautés qui étaient sous la sauve-garde du Roi avaient leurs causes commises pour eux personnellement, et pour tous les biens qui leur appartenaient, en quelque lieu qu'ils fussent situés, pardevant un juge royal qui était le conservateur de leurs priviléges, et qui était ordinairement nommé dans ces lettres. Il paraît par celles-ci que lorsqu'un pays était séparé de la couronne, de quelque manière que ce fût, par exemple, lorsqu'il était donné à un prince en partage, ou assigné à une princesse pour douaire, etc., les abbayes, et autres corps qui étaient sous la garde royale, et qui étaient dans ce pays, cessaient de ressortir devant les juges royaux pardevant lesquels ils ressortissaient, avant que le pays eût été séparé de la couronne, et qu'ils obtenaient des lettres pour ressortir devant un autre juge royal d'un pays qui fût resté uni à la couronne. Les priviléges des gardes-gardiennes ont été confirmés par l'art. 9 de l'édit de Amicu. Cet art. a été confirmé par l'art. 3 d'un édit de juin 1559, qui restreint cependant ces priviléges. (Sec.)

N°. 283. — *Mandement du Régent aux présidens et conseill[ers] du dernier parlement, de juger les affaires en état, j[usqu'] qu'à ce que le nouveau parlement soit assemblé* (1).

Paris, 18 octobre 1358. (C. L. IV, 723.)

N°. 284. — *Lettres sur la jurisdiction et les droits du c[on]cierge du Palais, à Paris.*

Au Louvre, janvier 1358. (C. L. III, 310.)

Charles aisné fils du Roy de France, regent le royaume, d[uc] de Normandie et dauphin de Viennois:

Sçavoir faisons à tous presens et à venir, que nostre am[é] feal escuyer Philippes de Savoysi, concierge du palais Roy[al de] Paris, nous a humblement supplié que nous les libertez, dr[oits] et usages de concierge et de ladite conciergerie, que à l[ui] comme concierge à cause de ladite conciergerie dudit pa[lais] Royal, et à ses devanciers concierges dudit palais, appartien[nent] et ont appartenu, voussissions confirmer, loüer et approuver, [et] par nos lettres declarer, afin qu'au temps advenir aucun em[pes]chement ne luy fust mis, et que d'iceulx il peut jouïr et [user] paisiblement, sans ce qu'au temps present ou advenir, au[cun] débat, doubte ou question luy peut estre mis; lesquels libert[ez,] droits et usaiges avons trouvez et declarons estre telz: c'est [à] savoir,

(1) Que ledit concierge à cause de ladite conciergerie, a, pr[is] et doit prendre, exercer et percevoir seul et pour le tout, p[our]

---

(1) Il n'y eut point de parlement jusqu'au 13 janvier 1360. (Sec.) — V. [N°] ci-après, 19 mars 1359. (Is.)

Les affaires se multipliaient de jour en jour dans un temps où l'on n'avait aucune loi, et où les coutumes n'étaient pas rédigées par écrit; il est très semblable que l'ordre établi par Philippe-le-Long, en 1320, subsista co[mme] ment après lui. Tous les ans on nommait un nouveau parlement, c'est-à[dire] qu'on faisait une nomination des magistrats qui devaient tenir cette co[ur,] sans qu'il y eût une ordonnance générale qui la rendit perpétuelle, et qui ch[angeât] l'ordre établi par Philippe-le-Bel, on lui ordonna, par des lettres particuli[ères] et suivant le besoin, de continuer ses assises. Cet usage subsistait encore en [...] — Mably, Obs. sur l'Hist. de France. — (Dec.)

et ses officiers audit palais, et dedans le pourpriz et appartenances d'iceluy palais, tout ainsi comme il se comporte et estend de toutes parts, jusques à la riviere de Seyne d'un costé et autre; et pardevant, depuis le ruissel ou goulet qui est au bout [du] grant Pont, ainsi comme ledit palais se comporte du costé [d']iceluy, tant ès hostels comme ès auvens (1), et au-dessous d'iceux jusques à la riviere pardevant Saint Michel; et aussi en retournant en la rue de la Kalandre, et ès hostels d'icelle rue aussi comme elle se comporte, jusques à la ruelle que l'on dit Lorbe[rie], et descendant par icelle par-dessus ladite riviere, tant comme il y a terre seche tout autour dudit palais, ainsi comme se comporte du costé vers les Augustins, et d'autre part, pardevers le Chastellet de Paris jusques au grant Pont et goulet haut [et] bas, toute justice, jurisdiction et seigneurie moyenne et basse [en] tout cas; excepté l'execution des cas criminels, pour lesquels conviendra faire execution corporelle; auquel cas ledit concierge ou ses genz gardans et exerceans sa justice, sont tenus de [ren]dre le malfaiteur tout jugé; s'il est lay, ou prevost de Paris [de]hors la porte dudit palais sur la chaussée, pour en faire execu[tio]n, en retenant les meubles du malfaiteur, s'aucuns en sont [tro]uvez sur luy; et s'il est clerc ou prestre, il le rend à l'official [de] Paris ou à autres juges ses ordinaires, chargé de ses meffaits.

(2) Et a et doit avoir audit palais, cour, et y tient ses plaids [et] jurisdiction par luy, son lieutenant ou garde de sa justice, ses [ser]gens ou ses officiers par luy et en son nom, soit d'office ou à [re]queste de partie, de quelques persones que ce soit, nobles ou [au]tres, trouvez demeurans ou meffaisans ès mettes, pourpris, [lie]u et terme cy-dessus devisez et esclarcis.

Et a et doit avoir prisons (2) et ceps audit palais, pour y mettre [et] tenir les malfaicteurs qui se meffont ès lieux dessusdits, et qui [pe]uvent estre prins et detenus, pour punir et corriger iceux des[dit]s meffaits, et taxer à amendes telles qu'il appartient au cas et [ju]risdiction moyenne et basse.

Et ne peut ou doit aucun de quelque estat ou condition qu'il [soi]t, tenir cour ou jurisdiction temporelle audit palais, pourpris

---

(1) Ce mot peut désigner les échoppes ou petites boutiques, qui étaient [aut]refois appliquées aux murs du Palais le long de la rue de la Barillerie. [V.] cy-dessous l'art. 4. (J.)

(2) V. Gloss. du Droit françois de Lauriere, V°. Prison. (Sec.)

et appartenances, sans le congé et licence dudit concierge ou de la garde de sa justice; excepté les gens des comptes de monsgneur et les nostres, de parlement et des requestes du palais, et aucuns commissaires deputés de par eux, ou aucuns d'eux; aussi exceptez les maistres de l'hostel de mondit seigneur et les nostres, tant que mondit seigneur et nous serons audit palais.

Et avec ce, a ledit concierge et doit avoir la prinse et congnoissance, correction et punition de ceux qui se meffont au palais, pourpris et ès lieux dessus esclaircis, soient nobles ou autres.

Et aussy la congnoissance des contracts, marchez, promesses que audit palais, pourpris et appartenances, ont esté et sont faits sur toutes personnes, et en toutes persones foraines ou autres, quand et toutes fois que audit palais, pourpris et appartenances sont trouvées, d'iceux contraindre à y respondre, mesmement au lais; toutefois qu'on s'est dolu et deult pardevers luy, ses gens et officiers.

Et s'il y a aucuns qui se combattent, ou se font sang ou autres injures ou battements ès lieux dessusditz, et il vient à sa congnoissance, il en doit avoir la prinse, detention, punition et correction: et s'ils s'absentent ou defuyent, il les peut et doit poursuir pour cause du delict et meffait au palais et pourpris susdit, et en doit avoir la congnoissance et punition en sa cour.

Et a et doibt avoir toutes espaves, trouveures ou choses adirées qui sont ou pourroient estre trouvées comme espaves, au palais, pourpris et appartenances cy-dessus declarez, et les peut tourner à son profit.

Et avec ce, peut et doit prendre ou faire prendre et emprisonner tous ceux et celles qui ont faict ou font faire audit palais, pourpris et appartenances, faussetez, larrecins ou mauvaistiez, et les tenir et garder en ses prisons, jusques à ce qu'il soit sçeu esdits meffaicts et delicts a crime capital; et si les cas sont civils, il en a la congnoissance, punition et correction, et en a prise et doit prendre les exploits des amendes desdits malfaiteurs, qui convaincus ou condamnez en ont esté; et taxe et fait taxer les amendes par luy ou son conseil, grandes ou petites, ou telles comme bon luy semble, selon la qualité des meffaicts, et les deniers d'icelles doit lever et recevoir, et tourner à son singulier profit.

Et avec ce, s'il advient que aucuns facent contrefaire ou graver aucun scel ou seaux, contre et à l'exemplaire des empraintes d'autres sceaux, et il sont trouvez qu'ils les ayent fait contrefaire audit palais, pourpris et appartenances, ledit concierge, ses gens et officiers pour luy gardans sa justice, les prennent et doivent prendre et emprisonner, et les contraindre à amender; et icelles amendes taxer à telles sommes d'argent comme bon luy semble et à son conseil, soient grandes ou petites, eu consideracion au cas et à la qualité des personnes, et comme des cas civils; mesmement quand lesdits malfaiteurs n'avoient ne n'ont mie usé desdits seaux contrefaicts.

Et outre ledit concierge peut et doit prendre et faire prendre audit palais, pourpris et appartenances, toutes manieres de fausses denrées qui y ont esté et sont apportées par quelque personne que ce soit, et icelles faire ardre et faire ardoir devant le perron audit palais, quand ce est venu ou vient à sa congnoissance, et des vendeurs ou apporteurs prendre et lever amende ou amendes telle qu'il appartient en tel cas.

Et advient aucunes fois que ledit concierge appelle les maistres commis et ordonnez sur la visitation desdites denrées à Paris, pour visiter audit palais, pourpris et appartenances, et s'ilz y trouvent aucunes faussetez, il les jugent à ardoir; et par ledit concierge et ses gens en est faite execution devant ledit perron, et par luy levée ladite amende ou amendes; ne ny peuvent visiter lesditz maistres que ce ne soit à la requeste dudit concierge ou de ses officiers.

(3) *Item.* A et prend ledit concierge à la cause dessusdite, ès hostels de ladite ruë de la Calande et de la place Saint Michel, ainsi comme il se comporte jusqu'à ladite ruelle de Lorberie, le chantelage de vin; c'est assavoir de chacun tonneau de vin vendu esdits hostels et en chacun d'eux, quatre deniers parisis; et de chacun muid d'avoine, quatre deniers parisis.

Avec ce, ledit concierge ou ses genz pour luy et en son nom, prend et doit prendre chacun jour que le Roy mondit seigneur sous pour luy (1), sommes au palais, un septier de vin, douze pains de cour et un de bouche, deux poulles, deux pièces de

---

(1) Quand nous le representons en qualité de son lieutenant, ou de régent. etc.)

chair, et deux quiahouers de candelle à coucher; et tout le v[in]
merrain et les coupeaux qui demeurent en faisant les œuvr[es]
dudit palais; et aussi le charbon, buches et cendres qui de[-]
meurent ès cuisines, quand mondit seigneur et nous se parte[nt]
dudit palais.

Et outre, a et peut et doit prendre ledit concierge un cent [de]
baran chascun carême, du sous-aumônier de mondit seigneur
de nous, et un drap de bureau pour donner pour Dieu, a[ux]
pauvres valets qui nettoyent l'hostel dudit pallais, ou là o[ù]
plaira à departir et donner de par ledit concierge.

Et aussi le clerc des œuvres dudit palais, doit chacun [an]
payer une fois seulement audit concierge pour son varlet q[ui]
nettoye ou fait nettoyer la court dudit palais, trente solz p[a-]
risis.

Et si a et doit avoir ledit concierge les feures qui demeur[ent]
audit palais des licts de mondit seigneur et de nous, et ceux d[es]
chambellans : et ceux de l'Hostel-Dieu ont les autres feures [du-]
dit hostel.

(4) *Item.* Ledit concierge à la cause dessusdite, peut mett[re]
ou faire mettre et oster les auvants tenants aux murs dudit pal[ais]
toutes fois que bon luy semble : et a la cognoissance et puniti[on]
civile de tous cas qui y eschéent ou peuvent escheoir au d[e-]
soubs d'iceux, mais qu'ils viennent à la cognoissance de [lui]
de ses gens et officiers. Et peut et doibt corriger les malfaict[eurs]
aussi-bien que si les cas fussent advenus audict palais.

Avec ce, a, prend et doit prendre chascun an, à cause de [la]
dicte Conciergerie, soixante et quatre solz parisis de rente, s[ur]
maison qui fut à Supplice le Chasublier, à la faute de Gra[nd]
Pont, payez en deux termes en l'an; c'est assavoir, moitié à N[oël]
et l'autre moitié à la Saint Jean, chascun an; et deux sols par[isis]
de cens, sur les maisons qui furent à Gaultier Langlois; à sçav[oir]
en la place Saint Michel.

(5) *Item.* Ledit concierge à cause de ladite Conciergi[e]
peut et doit mettre au palais et ès allées de la mercerie en ha[ut]
en bas audit palais, tels merciers ou mercieres que bon luy se[m-]
ble, ou à ses officiers, bailler places, changer icelles et ice[ux]
ou aucuns d'eux boutter et mettre hors de leurs places et r[ap-]
peller, et souffrir vendre iceulx en quelque place que ce s[oit]
toutes fois qu'il luy plaira. Et s'il advient que lesdits merc[iers]
dudit palais veulent faire ensemble ou chacun par soy, auc[un]

courtoisie une fois en l'an, comme aus estraines ou autrement, ledit concierge le peut prendre sans offense, et ainsi a esté faict de long-temps.

(6) *Item.* Ledit concierge à cause de ladite Conciergerie dessusdite, a et prend chacun an sur treize hostels assis à Nôtre-Dame des Champs, en certain lieu appellé les Mureaux, et en plusieurs terres appartenans à iceux, assis à Nôtre Dame des Champs, et la maladerie apellée la Banlieuë, soixante-trois sols neuf deniers parisis de menus cens, receus à la Saint Remy, ou chief d'octobre chacun an, au pressoir devant Saint Estienne des Grez, compté en seize sols parisis que les religieux de Chaalis doivent audit concierge, pour une grange qu'on appelle Soissy, avec les vins, ventes desdits hostels et les terres desdits mureaux, toutes fois que les cas y eschéent, et qu'on les vend.

Et aussi a et doit avoir à la cause dessusdite, toute justice et seigneurie moyenne et basse, esdits lieux des Mureaux et ès terres et appartenances d'iceux, et sur toute la chaussée depuis la porte Saint Jacques jusques à ladite maladerie de la Banlieuë : et audit lieu pour luy et en son nom, a et peut avoir maire et sergents pour garder sadicte justice et seigneurie, et pour prendre les malfaiteurs qu'ils trouveroient en ladicte terre et lieu, mésfaisant en aucune maniere, et iceux amener ès prisons dudit palais pour les punir et corriger selon ce que les cas le requierent, en la maniere qu'il appartient à justice moyenne et basse.

Et aussi tous espaves et choses adhirées quand les cas y echerront, et les rouages (1) des vins vendus audit lieu; c'est assavoir de chascune piece, deux deniers.

(7) *Item.* Avec ce a ledit concierge à la cause dessusdite, sur la grange à l'evesque d'Auxerre, et sur un petit Courtil (2) qui est derriere ledit hostel, quarante-deux solz six deniers de cens de terre, payez par chacun an à la Saint Remy.

Et aussi sur plusieurs heritages assis à Baigneux Saint Œuf-Blanc et au terroüer d'environ, trois chapons et demy et trois pains et demy payez audit palais audit concierge,

---

(1) Droit seigneurial qui se prend sur le vin qui est vendu en gros, et transporté par charrois. *V.* Gloss. du Droit françois. V°. *Rouage.* (Sec.)

(2) Petite maison avec un jardin, située aux champs. *V.* Gloss. de Du Cange mot *Cortis.* (Idem.)

...que à ses gens ou officiers pour luy, le lendemain de Noël chacun an.

(8) *Item.* Ledit concierge a et doit avoir à cause de ladite Conciergerie, toutesfois que l'on fait un nouvel boucher en la boucherie de Paris devant le Châtelet, trente livres et demie, la moitié d'un quarteron et la moitié de demi-quarteron pesant de chair, moitié beuf et moitié porc; la moitié d'un chapon plumé, demi-septier de vin et deux gasteaux : et doit donner celuy qui les va querre, au chanteur qui est en la salle aux bouchers, deux deniers.

(9) *Item.* Ledit concierge à la cause dessusdite, a et doit avoir la congnoissance de tous ormes et arbres qui sont et demeurent secs en toutes les voiries et chemins royaux de la Banlieüe et vicomté de Paris, et iceux ormes et arbres puis qu'ils soient secs, faire prendre, lever et emporter, ou qui luy plaist : et si aucuns les coupent, il les peut contraindre à amendes, et en doit avoir le proffit.

Avec ce ledit concierge à la cause dessusdite, a et doit prendre et parcevoir chacun an à la feste de Saint Andrieu, en l'hostel de ladite Conciergerie à Paris, où là il lui plaist en ladite ville, tout le gruage (1) de tous les bois d'Yveline (2), et de toutes les appartenances et appendances d'iceux, et de tous voituriers et charbonniers et de toutes autres manieres de gens de quelque condicion qu'ils soient, faisans ou voiturans charbon et escorces, par eux ou par autres ès mettes qui s'ensuivent.

C'est assavoir, du pont de St Cloud jusqu'à Poissy : de Poissy jusqu'à St Legier en Yveline : dudit St Legier jusqu'à Nogent les Coulons : dudit Nogent jusqu'à Voolon : de Voolon jusqu'à St Arnoul en Yveline : de St Arnoul jusqu'à Châtres soubs Montlhery : de Châtres jusqu'à Lonjumel : et en tous les hayes et buissons assis esdittes mettes et ès appartenances d'icelles jusques à Paris, et en tous les lieux de semblable condition, de chacun voicturant charbon ou escorce à char ou charrette, une charté...

---

(1) Dans la coustume d'Orleans, ch. 1, art. 82, il est parlé de la coustume de gruage, selon laquelle il faut mesurer, arpenter, layer, crier et lever le bois. V. Gloss. du Droit françois par Lauriere, au mot *Gruerie*. (Sec.)

(2) Ancienne forests dans la Beausse. Elle est presque entierement défrichée près de Rambouillet. (*Idem.*)

de charbon ou d'escorce; et de chacun voicturant charbon à cheval ou autrement, une somme de charbon rendu audit jour, touttesfois que le cas s'y est offert et offre; et iceux contraindre par la prinse de leurs biens, à payer à ladite feste S.t Andrieu audit hostel de la Conciergerie, lesdits charbons et escorce pour cause dudit gruage en la maniere dessusdite; et s'ils sont refusans ou contredisans, ledit concierge les peut et doit contraindre ou faire contraindre à amender à mondit seigneur, à nous et à luy, d'amende convenable. Et pour lever et cüeillir ledit charbon et escorce ou la valeur d'iceux, ledit concierge y peut commettre pour luy et en lieu de luy, tant et telles personnes comme bon luy semble, et rappeller iceux touttesfois qu'il lui plaist.

Et aussi s'il advenoit que ledit concierge voulsist envoyer lettres à Gonesse pour faire venir bleds ou autre chose au grenier du Roy, les escorcheurs de la boucherie de Paris les doivent porter ou envoier à leurs propres cousts et despens; et s'ils le refusent, ils sont tenus de l'amender à nostredit seigneur et au concierge dessusdit.

(10) *Item.* Ledit concierge a et doit avoir toutes les clefs de tout le palais, excepté de la porte de devant, que le portier garde par jour; et toutefois qu'il y a faute dudit portier ou de guettes dudit palais, de faire leur services, ledit concierge peut arrester leurs gages, et iceux punir selon leurs mesfaicts.

Et outre ledit concierge à cause de ladite Conciergerie, est voyer de toute la Caulendre jusqu'à la ruelle de Lorberie et par dessous devers la riviere, qui fut à Jean Legras, et de la place S.t Michel; et aussi des hostels des Mureaux assis à Nostre-Dame des Champs: et ne peut aucun massoner ne édifier sur la voyrie (1) ne aucun d'iceux, si ce n'est du consentement, volonté et licence dudit concierge, ou de ses gens gardans sa justice; et s'ils font le contraire ils sont tenus de l'amender à nostredit seigneur, à nous et audit concierge. Et pour l'amende ledit concierge les peut suir en sa court audit palais.

Et a et doit avoir ledit concierge sur nostre recette de Paris aux termes accoutumez, chacun jour trois sols pour jour,

---

(1) Il me semble qu'il manque-là quelques mots, comme *desdits lieux.* (Sec.)

qui valent par an cinquante-quatre livres unze sols parisis, et un muid de bled prins ès greniers royaux ès alles de Paris.

Nous considerans ledit palais royal estre et avoir esté le principal hostel de nôtre très cher seigneur et pere, et des Roys de France ses predecesseurs et les nostres, et aussi à la requeste et supplication dudit concierge, en consideration aussi aux bons et agreables services que ledit suppliant a fait à nostredit seigneur et à nous, et fait de jour en jour et sera encore, si Dieu plaist, les libertez, droits et usages dessusdits, avec toutes les choses dessusdites et chacune d'icelles, en la maniere que cy-dessus elles sont divisées et declarées, de nostre grace especiale, certaine science, plaine puissance et authorité royale de quoy nous usons à present, loüons, greons, ratifions et approuvons, et par la teneur de ces mesmes presentes, confirmons, et d'abondant en ampliant nostredite grace.

Nous de nostredite grace speciale, toutes les choses dessusdites et chacune d'icelles, avons de nouvel donné et donnons par la teneur de ces presentes, audit suppliant, et à ceux qui auront cause au temps advenir à ladite Conciergerie, se mestier est. Et mandons par ces presentes au prevost de Paris et au procureur general de nostredit seigneur et le nostre, et à tous justiciers et officiers du royaume de France, que de nostredicte grace et don acent et laissent user et joüir ledit suppliant et les autres concierges qui doresnavant seront en ladite Conciergerie, sans y mettre ne souffrir estre mis empeschement aucun, et s'aucune chose estoit faicte au contraire au temps present ou advenir, que tantost et sans délay, soit mis au premier estat et deub. Et donnons en mandement à nos amez et feaulx les tresoriers et receveurs de Paris, de mondit seigneur et les nostres, qui à present sont, et qui pour le temps advenir seront, que audit suppliant et aux autres concierges qui pour le temps advenir seront, ils payent lesdits gages aux termes accoustumez, et leur facent delivrer ledit muid de bled sans aucun delay ne contredit, nonobstant que les choses dessusdictes et ledit don touchent on peuvent toucher en aucune maniere le patrimoine de nostredit seigneur et le nostre, ne quelsconques autres dons autrefois faits audit suppliant, ne deffenses ne mandemens à ce contraires.

Et nonobstant aussi que aucuns au temps passé ayent mis ou se soient efforcés de mettre empeschement audit concierge ou à ses predecesseurs, ès choses dessusdites ou en aucunes d'icelles, et que ledit concierge ou ses predecesseurs n'en usent ou ayent usé si pleinement ou si continuellement comme dessus est devisé : car ainsi le voulons nous, et l'avons octroyé et octroyons audit concierge et à ladite Conciergerie, de grâce especiale, si mestier est : et que ce soit chose ferme et establé à tousjours, nous avons fait sceller ces presentes lettres de nostre seel : sauf en autres le droit de mondit seigneur et le nostre, et en toutes le droit d'auruy.

Ce fut fait et donné au Louvre lès Paris, l'an de grace mil trois cens cinquante-huit, au mois de janvier.

N° 285. — LETTRES *de sauve-garde pour l'évêque de Meaux, son official, etc.*

Paris, 10 mars 1358. (C. L. III, 327.)

EXTRAIT.

DAMUS dicto preposito Parisiensi tenore presencium potestatem deputandi unum, duos vel tres aut plures servientes idoneos dicti Domini nostri, nostros que, dicto episcopo, et ipsos ex parte nostra deputandi pro premissis debite exequendis : qui rem litigiosam seu contenuosam, si qua in casu novitatis fuerit seu evenerit inter ipsum et adversarios suos racione bonorum suorum quorum cumque, ad manum dicti domini nostri atque nostram tanquam superiorem ponant, gentes que carissime domine nostre domine Johanne Francie (1) et Navarre regine, domine que de Creçiaco et de Columbariis, et Carissimi avunculi nostri ducis Aurelianensis comitis que Valesii, necnon et officiarios et justiciarios nostros comitatus campanie, super opposicionibus que in casu novitatis coram ipsis servientibus facte extiterint, et super injuriis et violenciis predictis adsint coram gentibus nostris in parlamento Parisiensi ad certam et competentem diem, super hoc cum dicto episcopo ut fuerit racionis et alios adversarios dicti episcopi super oppressionibus que in dicto casu novitatis coram ipsis servientibus, etc.

---

(1) Le droit d'avoir le parlement pour juge immédiat, et de ne pouvoir être traduit devant aucun autre tribunal, était au rang des plus belles prérogatives. Les Rois se l'attribuèrent pour toutes les affaires qui interessaient leur domaine et leur couronne, et la conférèrent aux grands du royaume et aux établissemens

N°. 286. — RÉGLEMENT *pour la pêche du poisson de mer.*

Au Louvre, 10 mars 1358. (Rég. de la marée, f°. 207.) — Blanchard.

N°. 287. — NOMINATION, *dans une assemblée populaire, du Roi de Navarre, comme capitaine général du royaume* (1).

Paris, 1358. (Villaret, Hist. de France, IX, 323.)

N°. 288. — DÉFENSE *de sonner les cloches après vêpres, pendant le siége de Paris, pour ne pas troubler les sentinelles* (2).

1358. (Froissard. — Spicileg., Cont. de Nangis.)

N°. 289. — ORDONNANCE *faisant défenses aux grands officiers du Roi d'accorder des lettres de grâce* (3).

13 mai 1359. (Nouv. Rép. V°. Grâce.)

N°. 290. — ASSEMBLÉE (4) *des Etats-généraux* (4).

Paris, 25 mai 1359. (C. L. III, 347.)

---

publics qu'ils voulaient le plus favoriser. (L'hôpital général de Paris en jouissait encore en 1789.) — Henrion de Pansey, aut. jud., p. 65. — (Dec.)

(1). Cette nomination ne fut pas agréée des autres villes, auxquelles il fut écrit au nom des parisiens. Cette commission lui fut même retirée par les parisiens au moment de sa retraite, pendant le siége. (Villaret, Hist. de Fr., IX, p. 330. — Il y eut une sédition dans Paris; Marcel, prevôt des marchands, fut tué, et la ville ouvrit ses portes au Régent, *ibid*, p. 545. (Is.)

(2) On excepta le *Couvrefeu*, ou *Angelus*. Villaret, Hist. de France, IX, 351, 401. — (*Idem*.)

(3) Nous n'avons pu trouver le texte de cette ordonnance. (Dec.)

(4) Le Régent ne déguisa pas long-temps ses vrais sentimens ; il savait que plus les peuples se sont écartés de leur devoir, plus ils sont impatiens après y être rentrés. La division qui régnait entre les différens ordres des citoyens, lui donna de la confiance ; et assemblant les Etats-généraux de la Languedoyl, le 25 mai

N°. 291. — **Arrêt ou Ordonnance** *portant rétablissement des officiers destitués à la réquisition des États-généraux* (1).

Paris, 28 mai 1359. (C. L. III, 345.)

Charles ainsné filz du Roy de France, regent le royaume, duc de Normandie et dalphin de Viennois :

Savoir faisons à tous presens et à venir, que comme tantost après la très douloureuse et adverse fortune de la bataille de Poitiers, ouquel fait il pleut à Dieu le tout puissant seigneur pour les pechiez commis ou royaume de France, ou pour autres causes, souffrir que nostre très chier seigneur et pere fût pris par les ennemis de li, de nous et du royaume; nous sur toutes les choses du monde desirrans la brieve delivrance de sa personne, eussions mandé et fait venir à Paris pluseurs notables personnes de touz estaz du royaume de la Langue-Doil, et leur eussiens requis que il nous vousissent donner loial conseil et bonne et preste aide sur le fait de la délivrance dessus-dite, et à la deffense et seurté du royaume, lesqueles choses il nous eussent promis à faire en offrant à ce leurs corps et leurs biens en general, et pour trouver les voies et manieres especiaulx à ce convenables, eussent eu pluseurs traittiez ensemble par pluseurs assemblées et continuacions de journées, esqueles assemblées estoient aucuns qui avoient entre les autres grant auctorité et

---

1359, il s'y rendit, non pas comme trois ans auparavant, pour traiter avec eux, mais pour leur déclarer que les Etats de 1356 n'avaient été qu'une faction de séditieux et de traîtres, qui avaient conspiré la ruine de la monarchie, et on n'aurait dû leur reprocher que d'avoir pris de fausses mesures pour corriger des abus intolérables. Le Dauphin rétablit dans leurs charges les officiers qu'on l'avait contraint de déposer; et des hommes couverts d'ignominie, et qui, par leurs rapines, avaient causé tant de malheurs, furent honorés comme les martyrs et les défenseurs de la patrie. — Mably, Obs. sur l'Hist. de Fr. — (Dec.)

Le Régent se rendit au Palais, sur la pierre de marbre, en la Cour, et là, en présence de tout le peuple, il fit lire le traité fait par le Roi à Londres. Ce traité révolta *tout le peuple du royaume de France*, et les Etats le rejetèrent. Pendant ces Etats, le Régent dit, le 27 mai, en personne, que c'était injustement que les États avaient demandé la destitution de 22 de ses officiers, et il les rétablit. — Le 2 juin, on statua sur le subside. Les députés de plusieurs villes ne voulurent rien octroyer sans parler à leurs villes. On les renvoya; plusieurs ne voulurent rien donner. (Is.)

(1) Nouv. Rép. V°. *Office*, p. 729, et V°. *Avocat général*. — V. art. 11 de l'ordon. de mars 1356. (*Idem*.)

puissance, pour ce qu'il faisoient très grant semblant de parole de vouloir la bonne et briève delivrance dessus-dite, et l'onneur et le bon estat de nostre très chier seigneur et pere, de nous et de tout le royaume, pourquoi les autres bonnes personnes innocenz et de bonne foy, estant esdittes assemblées, adjoustoient très grant foy à leurs diz et à leurs opinions, cuidans que il feussent loiauls preudomes et tels comme il devoient estre, et que il tendissent de tout leur cuer aus droites fins dessus dittes; lesqueles choses alloient tout autrement, si comme depuis par leur envies et par l'issuë des besoignes est à touz apparu, et encore appert clerement et notoirement que aucuns d'euls comme traitres et conspirateurs encontre la majesté de Monsieur, et de nous, et de l'onneur et bien de la couronne et royaume de France, en ont esté depuis justiciez et mors vilainement, et les autres s'en sont fouiz qui n'ont osé attendre la voie de la justice, et se sont rendus nos ennemis de tout leur povoir publiquement et notoirement : et comme tant par mauvaise hayne et par envie comme pour venir plus aisiement à leurs emprises, eussent conspiré encontre pluseurs des conseilliers et officiers de nostre très chier seigneur et pere, c'est assavoir mestre Pierre de la Forest qui paravant avoit esté chancellier de France et arcevesque de Roüen, et estoit fait cardinal de la sainte eglise de Rome et ancores est, mestre Regnauls Meschin pour le temps abbé de Falloise, lors president de la chambre des enquestes du parlement de Monsieur et de nous, mestre Estienne de Paris et mestre Pierre de la Charité clercs-conseilliers et mestres des requestes de l'ostel de Monsieur et de nous, messire Anceau Choquart clerc-conseillier et mestre des requestes de l'ostel de Monsieur et de nous, messire Symon de Bucy chevalier, premier president dudit parlement et mestre des requestes de l'ostel et du grant et secret conseil de Monsieur et de nous, messire Robert de Lorriz chevalier, du grant et secret conseil de Monsieur et de nous, messire Nicolas Braque chevalier, mestre de l'ostel de Monsieur et de nous et du grant et secret conseil, mestre Jehan Challemart et mestre Pierre d'Orgemont presidens oudit parlement et mestres des requestes de l'ostel de Monsieur et de nous, messire Jehan Taupin seigneur en lois, clerc et conseiller de ladite chambre des enquestes de Monsieur et de nous, feu Engerran du Petit-Celier lors vivant, et Bernart Fermant tresoriers de Monsieur et de nous, Jehan d'Auceurre mestre de la chambre des comptes de Monsieur et de nous, Jehan Poillevilain mestre aussi de ladite chambre des comptes, et general et souverain mestre des monnoyes du royaume de France, de Monsieur et de nous, Jehan Chauvel et Jaques l'Empereur tresorier des guerres de Monsieur et de nous, feu maistre Regnaut Daci lors vivant general advocat en parlement, et aussi especial advocat de Monsieur et de nous oudit parlement, maistre Robert de Preaux clerc et nottaire de Monsieur et de nous, Gieffroy le Masurier, le Borgne de Viaux et Johan de Bahayne noz escuiers et de nostre hostel, contre lesquelz il controuverent et semerent esdites assemblées pluseurs menconges et paroles fausses et mauvaises, par lesquelz il s'efforçoient de les diffamer, et donnoient entendre aux autres bonnes genz desdites assemblées, que grant prouffit seroit que il feussent deboutez perpetuelment de touz consauls et offices royaulx et des nostres : quar bien savoient que il ne pourroient accomplir leur mauvaise intencion tant comme lesdiz officiers qui estoient bons et loyaux, preudes hommes et sages et expers ès besoignes du royaume, demourroient en leurs estaz, et que nous les appellerions à nos consauls : et finablement pour venir à leur emprise, et pour euls vengier d'aucuns desdiz officiers et conseilleurs ausquelz, senz cause raisonnable, il estoient hayneux et avoient conçu particulierement haynes et malivolences, tant eussent pouchacié que sur le fait de l'aide et du conseil par nous requis, nous furent de par euls dis de bouche et bailliez par escript pluseurs poins et articles touchant nostre estat et nostre gouvernement, entre lesquelz il en y avoit aucuns moult prejudiciables aus droiz et noblece de la couronne de France, à nostredit seigneur et à nous : et avec ce y estoit contenu que nous priverions de tous offices et consauls royaulx et nostres à touzjours, les dessus nommez comme mains souffisanz et indignes; tous lesquelz poins et articles il vouloient que nous leur accordissiens par nos lettres et accomplissiens de fait, ou autrement l'octroi des aydes par euls adviziez estre nul et cesseroit sitost que nous ferions le contraire d'aucuns des poins et articles dessus-diz, ou que nous ne les accompliriens en tout et par tout. Et combien que nous apparceussiens bien que lesdiz poins et articles estoient moult prejudiciables à nostredit seigneur et à nous, et que à mauvaise occhoison nous requeroient la privacion des dessus nommez, et pour ce eussions delayé le plus que nous peüsmes à leur accorder l'article de ladite privacion et aucuns autres, cuidans toujours que il s'en departissent, neantmoins par leur malice et à leur instigation, convint comme par necessité et pour eschiver plus grands perils; (quar autrement nous failliens à touz aydes, et ne trouviens qui nous aidast à resister à leur male concepcion et voulenté), que nous leur accordissions ladite privacion et tous les poins et articles dessus-diz, en la fourme et maniere que il les voudrent tailler et escrire et baillier en un rolle, lequel il firent lire et publier en la chambre de nostre parlement devant le peuple à ce appellé, en la presence de nous et de pluseurs prelaz, nobles et autres de tous estaz, et depuis à la table de marbre ou grant palais et ou chastelet de Paris, lesqueles choses nous desplaisoient deslors de tout nostre cuer et à très bonne cause; quar bien cognoissons que icelle privacion estoit procurée, non pas de bonne intencion ne pour le bien de justice, mais de mauvais courage, par hayne, envie et pour vengence torconniere et injuste, tant pour deffaut de toute vraie et juste cause; (quar oncques n'en apparu ne ne fu proposée contre euls ne lors ne depuis), comme aussi pour deffaute de tout ordre de droit et de coustume, qui en riens n'y estoit gardée, mais estoit tout fait euls non appellez, non oyz, non convaincus, combien que il nous eussent offert à euls deffendre et respondre à tout ce que l'en vourroit dire ou proposer contre euls pardevant nous; et aussi aucuns d'euls estans notoirement et necessairement à Bordeaux avec Monsieur de son commandement et du nostre, pour le fait de sa delivrance et pour le traittié de la pais, par quoi toutes leurs causes especialement touchant l'estat et l'onneur de leurs personnes, devoient estre tenues en estat jusques après leur retour.

Pour toutes les causes dessus-dites, nous combien que à très grant desplaisance et comme contrains, toutes voies nous enclinasmes plustost à leur voulenté, et autrement jamais ne l'eussions fait, mais quar bien savons que tout yceli fait ne se povoit soustenir à la parfin, mais seroit encore cassé et rappellé par nous et briefment, et telle estoit et a touzjours esté nostre ferme entencion, ne lesdiz officiers ne conseilliers pour cause de ladite privacion, nous en nostre cuer n'esloignasme oncques de nostre amour, mais desirriens touzjours comment nous les peussions retraire devers nous, avoir et tenir en leurs estaz, ny oncques ne les teinsmes ne reputâmes pour privez ne pour souspeccionez ou diffamez en riens : et pour ce est-il que eu par nous sur ces choses grant et meure deliberacion avec le grant conseil de Monsieur et de nous, en la grant chambre de parlement à Paris, ouquel estoient des gens de nostre lignage, ducs, contes, barons, prelaz et autres gens d'eglise, nobles et autres gens des bonnes villes du royaume en grant nombre, de nostre pleine puissance et auctorité royal da laquele nous usons comme regent le royaume, non pas à l'instance ou pourchaz d'aucun, mais de nostre pur et noble office auquel appartient rappeller et corrigier tant nostre fait comme l'autruy, toutesfoiz que nous cognoissons que en icelui justice a esté blecieé ou pervertie, especialment en grevant et oppriment l'innocent par fausse et calompnieuse subgestion, nous en perseverant et continuant en la droite entencion en laquelle nous avons touzjours esté en cestui fait, comme dit est, considerées diligemment les causes et raisons dessus-dites, et pluseurs autres justes et raisonnables.

Par arrest avons de nostre propre bouche prononcié, dit et declarié, prononçons, disons et declarons ladite privacion et les publicacions d'icelle, et toutes les chosez qui s'en sont ensuivies, avoir esté faite de fait tant seulement, et pourchaciées frauduleusement et calompnieusement, et optenues par fausse suggestion, par très grant importunité comme par impression et non pas de nostre franche voulenté, mais à nostre grant desplaisir, et avoir esté et estre nulles, vaines, torçonnieres et injurieuses, et faites senz loi, senz jugement, senz cognoissance ou existence de cause, et non avoir eu de droit aucun effect de privacion, suspencion, infamacion, diminucion ou lesion quelconques desdiz conseilliers et officiers en leurs personnes, estaz, honneurs, renommée, offices, gages, droiz ou autres biens quelconques ne de aucun d'euls; et neantmoins icelles privacions et publicacions en tant comme elles ont esté faites de fait et tout ce qui s'en est ensuivi, annullons, cassons, rappellons et condempnons à tousjours-mais perpetuelment, et lesdiz conseilliers et officiers et chascun d'euls, disons, declarons et prononçons avoir esté touzjours devant ladite privacion, et après estre bons et loiaux envers Monsieur, nous, le royaume et couronne de France, souffisans, et dignes d'avoir et tenir les offices et estaz paravant et depuis à euls donnez et commis par Monsieur et par nous, et de bonne et entiere fame et renommée, senz aucune mauvaise suspeçon, reprouche ou tache de desloiauté quelconque, et se mestier est, lesdiz officiers et conseillers et chascun d'euls, restituons entierement et reintegrons plenierement en leurs estaz, offices, honneurs et bonne fame, et deffaçons et abolissons toute note et tache que il pourroient avoir encouru de fait ou autrement, pour occasion des choses dessus-dites, et ancores leur rendons et restituons à plain leurs gages, droiz et emolumens quelconques : lesquelz gages, droiz et emolumens nous decernons et declarons leur avoir esté et estre deuz pour tout le temps couru depuis ladite privacion comme devant, nonobstant que il n'aient exercé leurs-diz offices depuis ladite privacion, et de iceuls gages, droiz et emolumens leur voulons et commandons estre baillées cedules, et leur voulons et commandons estre comptez et paiez par nos amez et feaulx les gens des comptes et les tresoriers de Monsieur et de nous, senz delai ou empeschement quelconque, et aussi les restituons et reintegrons à tous leurs biens donnez ou occupez par nous ou par autre personne quelconque.

Toutes lesqueles choses faites par nous contenues en ces presentes, nous voulons et commandons estre signifiées et publiées à nostre saint Pere le Pape, au college des cardinaulx de la sainte eglise de Rome, à nostre très chier oncle l'Empereur, à touz prelaz, nobles, bonnes villes, especialment à ceuls et ès lieux esquels lesdites privacions furent signifiées et publiées : mandons et commandons à touz nos subgiez, prians et requerans nostre saint pere, le college et nostre oncle dessus-diz et tous autres, que pour occasion de la privacion et des publications dessus-dites, ne de choses qui en soit ensuivie, il ne aient aucune senestre soupeçon contre lesdiz officiers et conseilliers ; et se aucune en ont eue, que il la deposent et mettent hors de leurs cuers du tout, et tiengnent et reputent lesdiz officiers et conseilliers avoir esté et estre bons et loiaux, et adjouster pleine foi aus choses faictes, dictes et prononciées par Nous, et contenues en ces presentes, et les accomplissent entierement chascun en droit soi, si comme il leur appartendra, et que toutes les lettres passées par nous ou par autres sur le fait de la privacion et des publicacions dessus-dites, il les despiecent et ardent par telle maniere que jamais ou temps à venir ne puissent estre occasion d'aucun reprouche ou tache à nosdiz conseilliers et officiers, ne à leurs posteritez, hoirs ou successeurs d'iceuls ou d'aucun d'euls : et que ce soit ferme chose et estable à touzjours, Nous avons fait mettre nostre scel à ces presentes lettres : sauf en autres choses le droit de mondit seigneur, le nostre et l'autrui.

Donné à Paris, en la chambre dudit parlement, le 28°. jour de may, l'an de grace mil trois cent cinquante et neuf.

Par arrest prononcié par monsieur le Regent.

N°. 292. — LETTRES qui établissent N.... juge des Juifs (1), et gardien de leurs priviléges.

Toulouse, 5 juillet 1359. (C. L. III, 351.)

N°. 293. — LETTRES d'érection en pairie, du comté de Mâcon, en faveur d'un frère du régent (2).

Saint-Denis, septembre 1359. (*Lancelot*, Preuves du Mémoire des pairs, p. 549.)

CAROLUS primogenitus Regis Francorum, regnum regens (3), dux Normaniæ, ac Delphinus Viennensis.

Celsitudo regiæ majestatis illos majoribus prærogativis et honoribus insignire, et inter cæteros attollere consuevit, quibus cum præcellenti nobilitate generis, quâ alios antecellunt, concurrentia virtutum, et insolitorum actuum merita suffragantur. Nos igitur antiquas memoriæ dignas progenitorum nostrorum Regum Francorum ordinationes ad memoriam rovocantes, qui ad conservationem honoris coronæ Franciæ, ac consilium et juvamen reipublicæ, in eodem regno duodecim Pares, qui regni Franciæ in arduis consiliis et judiciis assisterent, et in factis armorum strenuè, ad tutamentum regni et reipublicæ, regem ipsum paritate fideli inter collaterales suos splendidius comitarent, consideratione providâ statuerunt, inter quos comes Tholosanus unus esse solebat, cujus successio ad coronam Franciæ jure hæreditario pervenisse noscitur ab antiquo loco, cujus quantum ad parriæ et parriatus honorem et nomen attinet, alium æque vel magis idoneum, præsertim his temporibus quibus in eodem regno viguerunt et vigent guerræ à statore zizaniæ et humani inimici generis procuratæ, subrogare volentes, ut saltem quantum ad illum numerus deficiens suppleatur.

---

(1) *V.* note, vol. III, pag. 287, et les ordon. de mars 1360, et 26 avril 1361. (Dec.)

(2) Nous donnons cette pièce, parce qu'elle contient des notions sur l'importance qu'avait la pairie, alors à son second âge. *V.* les lettres d'érection de la Bourgogne, 6 sept. 1363. (ID.)

(3) On a pensé que le régent n'avait pas le droit de créer des pairies; que c'était une prérogative toute royale. (*Idem.*)

Communicato magnatum et prælatorum aliorumque sapientium coronæ Franciæ fidelium consilio; et deliberatione super his habita diligenti; ad personam charissimi fratris nostri Germani domini Joannis Matisconensis et Pictaviensis comitis, qui ad dimicandum contra hostes charissimi et metuendi domini nostri Joannis Dei gratiâ Francorum regis, et regni non solùm ejusque genitoris nostri et sui, verum et fidelem naturâ legitimâ filium se exhibuit; imo pro tuitione regni et reipublicæ se pugilem et defensorem evidenti virtutum et actuum strenuorum judicio demonstravit, et præcipuè in partibus oxitanis nostræ considerationis aciem dirigentes.

Notum facimus universis, præsentibus pariter et futuris, nos præfatus regnum regens, jure et authoritate regis quibus utimur in hac parte, et de plenitudine potestatis regiæ nobis in absentiâ præfati genitoris nostri attributæ et debitæ competentis, constituisse et creasse dominum Germanum nostrum ex utroque fraternâ lineâ nobis junctum *parem Franciæ, et in numero parium collocamus, ut comitem Matisconensem constituimus et parem Franciæ creamus;* decernentes, pronunciantes, ac etiam statuentes authoritate, jure et plenitudine supradictæ potestatis, ut idem Germanus noster, ut comes Matisconensis, et sui successores de ejus sanguine in eodem comitatu Matisconensi paternâ lineâ descendentes, omnibus et singulis prærogativis, juribus, privilegiis, libertatibus et honoribus gaudeant et utantur quibus cæteri pares Franciæ gaudere et uti sunt soliti præteritis temporibus et modernis, nec de personis eorum, vel causis in quantum ad comitatum et ballivatum Matisconensem, eorumque ressorta, vel ressorti dependentias, vel appendentias attinet, vel attinere poterit, possit per quemcumque, quâcumque authoritate comissione vel potestate fugentes; sed solummodo per reges, vel regentes regnum Franciæ, vel de eorum speciali mandato, in regio parlamento cognosci, ac etiam judicari, salvo ressorto causarum et negotiorum quo ad partes jurisdictionem suam in suo foro tangentes, per viam appellationis deducendo ad dictum regium parlamentum, sicut de causis et negotiis cæterorum Franciæ Parium fuit et hactenus consuetum, non obstantibus si comitatus et ballivatus Matisconensis alias non consueverint teneri in parriam, nec censeri honore vel nomine paritatis, consuetudinibus, usibus, stylis et ordinationibus contrariis quibuscumque non obstantibus, etiamsi authoritate regiâ sint firmatæ.

Mandantes authoritate, jure, et potestate regis quibus supra, universis et singulis ducibus, principibus et prælatis, comitibus et baronibus et aliis subditis regni Franciæ, quocumque nomine censeantur, quod dominum Germanum nostrum comitem Matisconensem, et alios ejus successores comites Matisconenses ex suâ posteritate ut præmittitur descendentes, ut pares Franciæ tractent, recipiant et honorent; inhibentes eisdem et eorum singulis authoritate, jure et potestate prædictis, sub omnibus pœnis quas ei possumus comminari, ne ipsum vel ejus prædictos successores in præmissis impediant, vel perturbent, aut præsenti gratiæ detractare præsumant; si offensam et ultionem effugere voluerint regiæ majestatis.

Quod ut perpetuam roboris firmitatem obtineat, litteras præsentes sigilli nostri fecimus appensione muniri, salvo in aliis jure regio et quolibet alieno.

Datum apud S. Dyonisium in Franciâ, anno Domini MCCCLIX mense septembri.

N°. 294. — ORDONNANCE *sur le serment des clercs* (1) *de la chambre des comptes.*

4 décembre 1359. (C. L. III, 395.)

Juramentum clericorum camere Compotorum.

Die 4ª decembris 1359, clerici camere Compotorum superius colligati (2) juraverunt servare ordinationes camere que secuntur.

(1) *Primo.* Quod ipsi bene, fideliter et diligenter tenebunt et servabunt secreta domini Regis et camere Compotorum.

(2) *Item.* Quod officium suum et omnia que ad ipsum spectant, diligenter et fideliter facient, tam pro Rege quam pro aliis, quod habebunt facere cum ipsis racione Compotorum suorum.

(3) *Item.* Quod ea que ad Compotos et eorum audicionem (3),

---

(1) Ce sont les référendaires actuels. (Is.)

(2) Il paraît que pendant les troubles, la chambre avait cessé ses fonctions. Elle fut rétablie par le régent, le 4 novembre 1359. Aussitôt la nomination, ils prêtèrent le serment suivant, qui indique leurs devoirs. (*Idem.*)

(3) Je crois que cela signifie le jugement du compte, dont le rapport est fait par un auditeur des comptes, devant les présidens et les maistres. (Sec.)

et fines (1) eorum fideliter redigendos in scriptis, spectant, secrete tenebunt.

(4) *Item.* Quod dictos fines Compotorum redigent in debitis, et correcciones (2) eorum facient prout fieri debent, nec revelabunt aliqua debita aut aliqua domania aliquibus personis aliis quam magistris camere Compotorum, nec fines vel correcciones predictas, nec tradent copiam eorum alicui, nec de aliis scriptis camere, nisi de licencia magistrorum vel alterius eorum.

(5) *Item.* Quod dicta scripta et Compotos camere diligenter ordinabunt, et ordinata servabunt, et quociens pro aliqua necessitate amovebuntur de locis suis, statim quam cito poterunt, reponent ea in locis suis.

(6) *Item.* Quod tam Compotos et scripta quam etiam domania vel expletta seu revenutas Regni vel debita quecunque, non ostendent vel revelabunt alicui persone extranee, nisi solis gentibus Compotorum.

(7) *Item.* Quod nullam collationem de *vidimus* facient de aliquibus litteris vel scriptis prejudicialibus, sine licentia duorum vel alterius eorumdem.

(8) *Item.* Quod nullus faciet avaluacionem monetarum, nisi ad hoc fuerit per cameram deputatus.

(9) *Item.* Quod deputati super Compotis guerrarum et litteris eorum recipiendis, diligenter et sollicite caveant de cautela et duplicitate et deceptione clericorum thesaurarii guerrarum, tam in receptis et compotis, quam litteris recipiendis.

(10) *Item.* Quod venient mane ad cameram hora debita et sufficiente, et quod non recedent ante horam sine licentia.

---

(1) C'est ce qu'on appellait arrester l'estat final du compte; c'est-à-dire, fixer le total de la recepte et de la dépense, et la somme à laquelle monte l'excedent de la recepte au-dessus de la dépense; ce qui constitue le debet du comptable. (*Sec.*)

(2) Lorsque les comptes sont rendus, ils sont de nouveau examinez et corrigez; et ce n'est que lorsque l'arrest de correction a esté rendu, que le comptable a sa décharge entiere. (*Idem.*)

N°. 295. — LETTRES *du Régent, portant que les pairs de France, et leurs sujets, ne doivent ressortir que devant les juges royaux.*

Melun, décembre 1359. (Mss. de Brienne, vol. 236, f°. 97. — Lancelot, preuves du Mémoire des pairs, p. 551.)

N°. 296. — ORDONNANCES *du conseil de régence, sur le rétablissement des officiers du parlement, des guerres, des monnaies, des eaux et forêts, des notaires; sur les attributions du conseil du Roi, les grâces, les sceaux, la suspension des receveurs, la prohibition de cumul des offices, la rédaction des ordonnances* (1), *etc.*

Paris, 27 janvier 1359. (C. L. III, 386.)

Ce sont les ordenances faites sur la restitucion du nombre de nos officiers, et sur pluseurs autres choses contenuës ci-dessous après le nombre desdiz officiers : lesqueles ordenances furent luës en la presence de nous et de nostre Conseil à Paris, le vingt et septiesme jour de janvier, l'an mil trois cens cinquante-neuf, et par nous et nostredit Conseil passées en la maniere qui s'ensuit.

Premièrement. Quant à l'office des presidens en parlement, ordené est que de ceuls qui à present sont presidens, demourront ancores quatre : et ou lieu de celui qui premiers laissera ledit office, ne sera mis nul autre, mais y demourront les trois autres tant-seulement, ne plus de troix dès-lors en avant n'aura oudit office.

(2) *Item.* En l'office des requestes de l'ostel (2), seront à

---

(1) V. Nouv. Rép. V°. Régence. — Henrion de Pansey, autor. judic., p. 77. (Is.)

(2) Les fonctions des maitres des requêtes de l'hôtel étaient de recevoir les placets présentés au Roi, de les examiner, de rejeter les demandes déraisonnables; et, quant à celles qui leur paraissaient justes, de faire dresser les lettres nécessaires par le notaire du Roi, qui faisait les fonctions de greffier auprès d'eux. Ces lettres étaient terminées par cette formule : *in requestis hospitii;* ou *ès requêtes de l'hôtel.* Elles étaient ensuite portées au conseil du Roi, où, après une nouvelle discussion, elles étaient définitivement rejetées ou admises.

Ces lettres, ainsi rédigées par les maîtres des requêtes, corrigées et adoptées

present et dores-en-avant quatre clers et quatre lais tant-seulement.

(3) *Item*. En l'office des conseillers de la grant chambre de parlement, seront à present et dores-en-avant tant-seulement quinze clers et quinze lais: exceptéz les prelaz, princes et barons (1), dont il y en aura tant comme il nous plaira, pour ce qu'il ne prennent nulz gages.

(4) *Item*. En l'office de la chambre des enquestes, seront à present et dores-en-avant tant-seulement vingt-quatre clers et seize lais; exceptez les prelaz, dont il y aura tant comme il nous plaira pour la cause dessusdite.

(5) *Item*. En l'office des requestes du palais, seront à present et dores-en-avant tant-seulement cinq clers et trois lais

(6) *Item*. En l'office de la chambre des comptes, seront à present tant-seulement neuf mestres; c'est assavoir cinq clers et quatre lais et douze petiz clers; et en lieu de celui des clers qui premiers laissera ledit office, ne sera mis nul autre, mais y demourront les quatre autres, ne plus de quatre clers et

---

par le conseil, étaient envoyées au sceau. Le chancelier avait encore le droit de les examiner, et d'y faire les corrections qu'il croyait convenables, suivant l'art. 44 de l'ordon. de mars 1356. (*V*. Tome 4, pag. 838.) L'une des fonctions de ce premier magistrat était de voir et examiner, corriger, passer et sceller les lettres qui seront à passer et à sceller; et par l'art. 12 de l'ordon. du 14 mai 1359 (*V*. pag. 15 de ce vol.), il lui est enjoint de ne pas sceller les lettres passées au conseil, lorsqu'elles ne seront pas revêtues des formalités prescrites par cet article.

Quelques-unes des lettres ainsi dressées par les maîtres des requêtes, approuvées par le conseil et scellées, avaient force de loi dans tout le royaume. Tels étaient les priviléges accordés à des villes. Il était encore dans les attributions des maîtres des requêtes de faire les réglemens que les corps de communautés demandaient au Roi.

Les maîtres des requêtes avaient aussi une jurisdiction. *V*. l'art. 18 de l'ordon. de décembre 1363.

Le Roi était toujours accompagné de quelques maîtres des requêtes; aussi sont-ils désignés, dans quelques ordonnances, sous la dénomination de *poursuivants le Roi*; et, comme ils auraient pu abuser de cette prérogative, il leur était expressément défendu de rien demander ni pour eux, ni pour leurs parens ou amis. *V*. l'art. 47 de l'ord. de mars 1356. — Henrion de Pansey, aut. jud. p. 71. — (Dec.)

(1) Ils composaient la Cour des pairs. (Is.)

quatre lais et douze petits clers n'aura dès-lors-en-avant oudit office.

(7) *Item.* En l'office des tresoriers de France et de Normandie, seront à present et dores-en-avant trois tant-seulement.

(8) *Item.* En l'office des tresoriers des guerres, seront à present et dores-en-avant deux, et non plus.

(9) *Item.* En l'office de la clergie des arbalestriers, sera à present et dores-en-avant un tant-seulement.

(10) *Item.* En l'office des monnoies, seront à present et dores-en-avant huict generauls-mestres des monnoies tant-seulement.

(11) *Item.* Un clerc pour tout l'office des monnoies, et en chascune monnoie deux gardes.

(12) *Item.* En l'office de la mestrie des eaues et des forez, seront à present et dores-en-avant quatre pour la Languedouyl, et un pour la Languedoc (1) tant-seulement.

(13) *Item.* En l'office des nottaires, seront à present et dores-en-avant cinquante nottaires tant-seulement, comptez dedans les secretaires : desquelz pour certaines causes nous avons retenuz en leursdiz offices de secretaire jusques au nombre de dix-huit, dont les douze ont esté faiz par Monsieur et les six par nous, et ne ferons nul secretaire jusques à tant qu'il seront ramenez au nombre de six.

(14) *Item.* En l'office des huissiers de parlement, comptez dedenz le portier de palais les deux huissiers des requestes et des enquestes, seront à present et dores-en-avant douze des plus souffisans tant-seulement.

(15) *Item.* Comme jadis nostre très-chier seigneur et ayeul le Roy (2) Philippe, dont Diex ait l'ame, considerans que le nombre des sergens-d'armes estoit trop grant et excessif, et que souvent estoit pressez de en faire, eust par bonne et meure deliberacion de Conseil, restraint, tauxé et ordené le nombre des sergenz-d'armes au nombre de cent : nous semblablement par ces presentes ordenances, le taxons et ordenons estre ramené au nombre

---

(1) Le Languedoc était alors beaucoup moins considérable que plus tard, et que la Languedoyl ; voilà pourquoi on appelait états généraux, ceux de la Languedoyl seulement. (L^s.)

(2) Philippe de Valois, art. 3, ordon. du 18 avril 1342. *V.* Tom. 4, pag. 466. (*Idem.*)

de cent dessusdit, et ne feront sergenz-d'armes jusques à tant que il seront ramenez à ce nombre.

(16) *Item*. Nous avons taxé et ordené le nombre des huissiers-d'armes estre ramené au nombre de (16).

(17) *Item*. Nous avons ordené que dores-en-avant nulz des officiers de Monsieur ou de nous, de quelque estat ou condicion qu'il soit, ne porra tenir deux offices, se ne sont offices qui aient accoustumé estre ensemble, et qui puissent bien et convenablement estre desservi et gouverné par une personne (1).

(18) *Item*. Que nous tendrons requestes en la presence de nostre Conseil, chascune semaine deux fois ou une foiz se nous n'avons empeschement : et lors par nous seront delivrées en la presence de nostre Conseil ce qui ce porra bonnement delivrer des requestes qui nous doivent estre reservées (2).

(19) *Item*. Que dores-en-avant nulz de nos officiers de quelque estat ou condicion que il soit, exceptez tant-seulement nostre chancellier, nos conseilliers du grant Conseil, noz chambellans, les mestres des requestes de nostre hostel, nostre confesseur ou son compaignon en s'absence, et nostre aumosnier ou le souz-aumosnier en l'absence de l'aumosnier, ne nous ferons requestes, se n'est pour leurs personnes, et en la presence de trois ou de deux au moins des genz de nostre Conseil, ou se ce n'est de benefices de sainte eglise.

(20) *Item*. Que noz confesseur ou son compaignon, aumosnier ou souz-aumosnier ne nous ferons nulles requestes; fors de choses qui pevent touchier leurs offices, et aux heures accoustumées (3).

---

(1) Le cumul des fonctions a été souvent interdit par la législature. Sous ce règnes faibles, il a été porté à l'excès. *V.* l'ord. de 1302, celle de Charles VII, en 1446; les ordon. de Blois et de Moulins, et de François Ier, de 1555, loi du 15 octobre 1794. (Is.)

(2) Encore aujourd'hui, le Roi est réputé présent au Conseil d'état à toutes les décisions. Dissertation sur les arrets du conseil, Rec. Isambert, 1811, préface. (*Idem.*)

(3) On sait que c'est à l'influence du père Lachaise, confesseur de Louis XIV, que sont dues les persécutions dirigées contre les protestans, sur la fin de son règne. C'est à quoi l'on a voulu remédier ici. — Aujourd'hui le grand aumônier a la feuille des bénéfices, c'est-à-dire la présentation aux évêchés (*Idem.*)

(21) *Item.* Que nulle requeste de don, quictance, remission ou autre grace, ne sera par nous passée senz la deliberacion de nostre Conseil, ouquel Conseil en ait deux à tout le moins, lesquelz seront nommez en la lettre; et se autrement la passons, elle sera de nulle valeur, et n'en sera point signée ne scellée la lettre, et se elle l'est, l'en y obéira point.

(22) *Item.* Que nulz de noz secretaires ou notaires sous poine d'estre privez de leurs offices, et d'estre autrement condempnez et puniz, ne prendront ne consentiront estre pris à leur proufflit dores-en-avant, or ne argent ou autre chose de quelconque lettre qu'il facent, se ne sont choses permises de droit (1) ou de ordenance royal; exceptez les lettres de sanc et les chartres (2) dont il porront prendre; c'est assavoir des lettres de sanc, les seauls, et des chartres attrempeement, non pas en la maniere que aucuns l'ont fait depuis aucun temps, mais selon l'ancienne coustume, ou selon ce qu'il sera taxé raisonnablement par nostre chancellier.

(23) *Item.* Que nul de noz conseillers, chambellans, mestres des requestes, secretaires, notaires ou autres officiers quelsconques, souz poine d'estre privez de leurs offices, et d'estre autrement griefment condempnez et puniz, ne prendront or ne argent ne chose que le vaille, de empetrer ou procurer par-devers nous aucunes lettres ou besoignes de quelque chose que ce soit, se ne sont choses permises de droit ou de ordenance royal.

(24) *Item.* Que l'en ne scellera nulles lettres ou cedules ouvertes de nostre scel secret, se ne sont lettres très-hastives touchant Monsieur ou nous, et en absence du grant scel et du scel

---

(1) Je crois que la disposition du droit qui est icy rappellée, est la Loy 18, §. *de officiis præsidis*, laquelle porte, *plebiscito continetur, ut ne quis præsidum munus donumve capere, nisi esculentum, poculentumve, quod infra dies proximos prodigatur*. Cette deffense se trouve aussi dans plusieurs ordonnances. (Sec.)

(2) Je crois que ce sont les lettres de graces obtenuës par ceux qui avaient repandu du sang, soit en tuant, soit en blessant.

Par chartres on entendait les lettres d'annoblissement, d'amortissement, de légitimation, et de naturalité, et quelques autres. *V.* dans le Recueil Isambert, 1821, l'ordon. du 16 septembre 1814, sur les formes des actes de l'autorité royale. (Is.)

du Chastellet, non autrement, n'en autre cas : et se autres ne autrement en sont scellées, l'en n'y obeïra point.

(25) *Item*. Que touz receveurs de Monsieur et de nous seront suspendus de leurs offices, jusques à tant qu'il aient compté et qu'il soient affiné et acquitté entierement envers nous et nos subgiez de ce qu'il leur seront tenuz de leurs receptes, dont le payement sera alloué en leurs comptes ; mais après leur compte et affinement, s'il sont trouvez souffisans et quictes envers Monsieur et nous et envers nozdiz subgiez, il seront remis en leurs offices.

(26) *Item*. Que dores-en-avant les mestres et les clers de la chambre des comptes, tresoriers, mestres de monnoies, receveurs et autres officiers qui regardent fait de compte ou de finance, seront mis par nous en nostre Conseil, et en seront après portées les lettres qu'il en auront, en la chambre des comptes, et passées par les gens de ladite chambre, avant qu'il usent de leurs offices.

(27) *Item*. Semblablement dores-en-avant les genz du parlement et des requestes, touz baillifs, notaires et officiers royaux qui seront menistres du fait de justice, seront mis par nous, eu sur ce premierement l'avis et deliberacion des genz de nostre Conseil ; se ce ne sont sergenteries senz gages accoustumées à donner par nostre chancellier, et par les mestres des requestes de nostre hostel.

(28) *Item*. Que touz dons faiz et octroiez par nous à heritage, à vie, à temps ou à voulenté, seront veus et visitez par ceuls que nous ordenerons à ce, afin que tout ce qui en sera trouvé avoir esté fait raisonnablement et attrempeement, tieigne, vaille et soit confermé, se mestier est ; et ce qui aura esté fait sanz desserte ou cause raisonnable, ou trop excessivement, soit retraitié et rappellé du tout, ou attrempé et moderé raisonnablement.

(29) *Item*. Que dores-en-avant nous ne ferons aucunes ordenances, ne n'ottroierons aucuns privileges que ce ne soit par deliberacion de ceuls de nostre Conseil (1).

(30) *Item*. Nous retenons en l'amour, en la grace et en la

---

(1) Cette importante disposition se retrouve dans l'ordon. royale du 19 avril 1817, mais elle n'a jamais été bien exécutée. (Is.)

provision de Monsieur et de nous, toutes les personnes qui par la restriction du nombre faite par nostre presente ordenance, ne demeurent plus en office ; et ne voulons que ce leur puisse tourner à reprouche ; lesion ou diminucion aucune de leur renommée par quelque maniere que ce soit ; mais voulons que quant aucuns lieux où offices vaqueront, esquels selon l'ordenance dessusdites, aucuns devront estre subrogiez ; que devant touz autres qui autrefoiz n'auront esté ès lieux et offices dessusdiz, il soient avanciez, preferez, mis et instituez en iceuls, si comme il seront trouvez convenables, eu regart à la condicion des offices et à la qualité et souffisance de leurs personnes.

Donné, comme dessus (1).

N°. 297. — LETTRES *qui portent qu'attendu la perte des titres de l'abbaye de Saint-Martin de Seez, la possession de 40 ans lui servira de titres pour tous les droits et héritages dont elle jouit.*

Paris, janvier 1359. (C. L. VII, 459.)

N°. 298. — ORDONNANCE *du Régent, portant qu'il sera perçu un droit sur toutes les marchandises qui sortiront de Paris.*

Melun, 11 février 1359. (C. L. IV, 357.)

---

(1) Le 28 nov. 1359, le Régent avoit fait une nomination des officiers du parlement, de la chambre des comptes, et il avoit réduit leur nombre à celuy qu'il fixa dans la suite par cette ordonnance.
La liste de ces officiers se trouve dans le Mémor. de la chambre des comptes immédiatement avant cette ordonnance, et on la trouve en la Coll. du Louvre III, 390, avec la liste de quelques officiers de la Maison du Roy. (Sec.) — *V.* l'Histoire des avocats, par *Fournel.*

N°. 299. — Edit (1) *portant entre autres dispositions, défense à tous les officiers du Roi de lui présenter requêtes autrement que par les gens de son conseil, sous les seules exceptions y portées.*

27 février 1359. (Du Cange sur Joinville, p. 69, Éd. 1819.)

EXTRAIT.

« Nous tiendrons requestes en la présence de nostre grant con-
» seil chascune semaine deux fois. Nul de nos officiers de quelque
» estat qu'ils soient ne nous feront requestes, si ce n'est pas leurs
» personnes, sinon nostre chancelier, et nos conseillers du grant
» conseil, nos chambellans, nos maistres des requestes de nostre
» hostel, nostre confesseur, et nostre aumônier. »

N°. 300. — Traité *de pacification entre le Régent et le Roi de Navarre* (2).

14 mars 1359. (Trésor des ch., reg. 87 et 107. — Chambre des comptes, mémor. D. — Blanchard, compil. chron. — Villaret, Hist. de Fr., IX, 371.)

N°. 301. — Mandement *du lieutenant du Roi aux présidens du parlement, de juger, pendant la suspension du parlement* (3), *toutes les affaires, et de rendre justice sans égard aux lettres du Roi, lesquelles sont déclarées subreptices.*

Paris, 19 mars 1359. (C. L. IV, 725; enregistré au parlement le 20 avril 1360.)

Charles ainsné, filz du Roy de France, duc de Normendie, et dauphin de Vienn.

A noz amez et feaux conseillers de nostre très chier seigneur et

---

(1) Nous n'avons pu trouver cet édit important, mentionné par Du Cange. (Dec.)

(2) Ce traité fut soumis à l'assemblée du peuple parisien, qui y donna son consentement par l'organe de Jean Desmares, avocat. — Villaret, Hist. de France, IX, 3-5. — (Is.)

(3) *V.* Hen. Abr. chr. (Dec.)

pere, et les nostres, les presidens par nous deputez en la chambre du parlement à Paris, salut et dilection.

Comme pour le fait et occupacion des presentes guerres, qui lonctemps ont esté et encore sont, lesqueles croissent et multiplient de jour en jour; le parlement qui touztemps a esté, et est, quant il se tient, la justice capital et souveraine de tout le royaume de France, representant, sanz moyen, la personne de mondit seigneur et la nostre, n'ait pas esté tenuz par certainnes années derrenierement passées, et encore pour la cause dessusdicte, ne puisse-l'en savoir bonnement, quant il se pourra tenir, et pour ce, nous, par noz autres lettres faites et données à Paris, le 18.ᵉ jour d'octobre, l'an 1358, vous eussions commis, deputez et establiz president oudit parlement, pour faire et exercer et maintenir en lieu dudit parlement, et ycelui vaccant, ladicte justice capital, si comme plus à plain est contenu en nozdictes lettres: toute-voiz, nous avons entendu que de plusieurs faiz et causes civiles et criminelles, qui depuis sont avenuës et escheuës, et de jour en jour aviennent et eschient, vous n'avez voulu ne ne voulez cognoistre, sanz en avoir de nous, mandement et commission par nos lettres patentes: et comme depuis la date de noz lettres dessusdictes, et n'agaire, Nous, par grande et meure deliberacion de nostre Conseil, pour le bien principalment de justice, qui est lumiere et conservacion de païs, et pour le proufit évident de la chose et du bien publique, qui est à preferer devant toutes choses terriennes, aians entre les autres choses, fait certainne ordenance (1) sur le fait et estat dudit parlement, et sur l'eleccion et nombre des personnes qui seront et continuëront dores-en-avant, en icelui parlement, pour faire et exercer laditte justice capital; duquel nombre, combien que à present, ledit parlement nonséant vous soiez nommez et appelez president, vous avez esté et estes nommé et eslu pour le grant bien, prudence, science, loyauté et diligence qui sont en vous: pourquoy, considerées les choses dessusdictes, et mesmement, que selon toute raison, et les droitz qui parlent et traittent de conservacion, seurté et union de peuples, royaume et regions, justice est plus neccessaire, et doit estre plus diligemment et asprement faite, maintenuë et gardée en temps de guerre, que de païs, Nous, qui sommes grandement occupez à veillier et entendre neccessairement et continuelment,

_____

(1) C'est celle du 27 janvier 1359. (Sec.)

au fait desdictes guerres, et au bon gouvernement dudit royaume, pour la seurté d'icelui, et la bonne et breve délivrance et recouvrance de mondit seigneur et pere principalement; confians aussi à plain de vos discrecions, sens, prudences, loyautez et diligences dessusdictes.

Avons commiz, deputé et enchargié, et par la teneur de ces presentes lettres, vous commettons, deputons et enchargons par-dessus touz, tout le fait, la charge et l'exercice entierement de toute ladicte justice capital dudit royaume, sanz aucunes causes ou personnes quelconques en excepter; et quant à ce, nous en deschargons nostre conscience et en chargons les vostres.

Si vous mandons, commettons et estroitement commandons et enjoignons, sur les loyautez et seremens que vous avez à mondit seigneur et à nous, que en touz cas, et en toutes causes civiles et criminelles, avenuës et à avenir, meuës et à mouvoir, entre, pour et contre quelques personnes que ce soit, de quelque estat et condicion que elles soient, nobles ou non nobles, de nostre sanc, des hostelz de nous, de nostre très chiere compaigne la duchesse, ou d'autres, vous faciez raison et justice, sanz faveur, delay, ne déport, et sans acceptation de personnes grandes, moiennes, au petites, selon ce et par la maniere que vous verrez qu'il sera à faire, et que les cas les requerront, tout en la fourme et maniere que vous feriez, pourriez et devriez faire par la justice ordinaire, souveraine et capital dudit parlement, se il seoit.

Et oultre, se par aucune aventure, par importunité de requerans, par inadvertence ou autrement, comment que ce soit ou feust, nous ou noz lieutenans, connestables, mareschaulx, mestres des arbalestriers, au capitaines, avons fait, ont fait ou temps passé, faisons ou facent ou temps avenir, aucunes remissions, graces, dons ou pardons, soit en cas civil ou criminel, qui aient esté ou soient ottroiées et passées sans cause juste et raisonnable, ou contre bien de justice, ou au préjudice et dommage de mondit seigneur, de nous, ou d'autre personne quelconques, nous voulons et vous deffendons estroitement, que aus lettres patentes ou closes qui en sont ou seront faites, et seellées, soit en laz de soie et cire vert, en jaune ou vermeille cire, signées de nostre propre main ou autrement, ne à quelconques mandemens de bouche que nous vous en facions, vous n'y obbeissiez en aucune maniere; mais icelles lettres comme injustes, subreptices, torsionneres et iniques, cassés et annulées sanz difficulté aucune, et sans de nous avoir, ne attendre autre mandement sur ce: et nous icelles lettres oudit cas, comme obtenuës et empetrées par importunité, inadvertence, et contre nostre conscience, les cassons, irritons et anullons par ces presentes; et tant ce que vous avez fait et ferez d'ores-en-avant, ou fait de justice et ès choses dessusdictes et en leur dependances, nous voulons, décernons, declairons et ordenons, que il tiegne et vaille, et ait autele force et vertu, et soit miz à execucion, comme s'il avoit esté et feust fait par vous, ledit parlement séant. Car ainsi le voulons nous, et l'avons ordené et ordenons pour consideracion des choses dessusdictes, par la déliberation de nostre grant-Conseil, de certaine science, et de l'auttorité royal dont nous usons.

En tesmoing de ce, nous avons fait seeller ces lettres de nostre seel.

Donné à Paris, le 19.° jour de mars, l'an de grace 1359.

Publicata ad hostium camere Parlamenti, die lune, 20 die aprilis, anno domini 1360.

N°. 302. — LETTRES *de convocation par le Régent, des Etatsgénéraux, pour le 19 mai, afin de délibérer sur le traité négocié en Angleterre.*

1359. (Chron. de Saint-Denis, f°. 187.)

N°. 303. — MANDEMENT *portant défense aux capitaines et autres, de rien toucher des revenus domaniaux.*

Paris, 15 avril 1360. (C. L. III, 404.)

N°. 304. — TRAITÉ *entre la France et l'Angleterre, pour la délivrance du Roi Jean* (1).

Bretigny, 8 mai 1360. (Corps diplom. de Dumont, III, 7.)

CHARLES ainsne, filz du Roy de France, regent le royaume, duc de Normandie, et dauphin de Vienne, a tous ceux qui ces presentes lettres verront, salut.

---

(1) Les peuples des pays cédés ne vouloient pas consentir, disant qu'ils

Nous vous faisons savoir que,

De toux les debax et descorz quelconques, menez et demenez, entre monsire le Roy de France et nous d'une part,

---

étaient incorporés au royaume, et que c'est une maxime fondamentale en France que celle qui n'admet pas le démembrement. (Is.)

On ne peut comprendre comment tous nos historiens ont eu la simplicité d'assurer que le roi Edouard III, étant venu pour recueillir le fruit des deux victoires de Crecy et de Poitiers, s'étant avancé jusqu'à quelques lieues de Paris, fut saisi tout-à-coup d'une si grande frayeur, à cause d'une grande pluie, qu'il se jeta à genoux, et qu'il fit vœu à la Sainte-Vierge d'accorder la paix. Rarement la pluie a décidé de la volonté des vainqueurs et du destin des états; et si Edouard III fit un vœu à la Sainte-Vierge, ce vœu était assez avantageux pour lui. Il exige pour la rançon du roi de France, le Poitou, la Saintonge, l'Agenois, le Périgord, le Limousin, le Quercy, l'Angoumois, le Rouergue, et tout ce qu'il a pris autour de Calais, le tout en souveraineté, sans hommage. Je m'étonne qu'il ne demanda pas la Normandie et l'Anjou, son ancien patrimoine. Il voulut encore trois millions d'écus d'or.

Edouard cédait par ce traité à Jean le titre de roi de France, et ses droits sur la Normandie, la Touraine et l'Anjou. Il est vrai que les anciens domaines du roi d'Angleterre en France étaient beaucoup plus considérables que ce qu'on donnait à Edouard par cette paix; cependant ce qu'on cédait était un quart de la France. Jean sortit enfin de la tour de Londres, après 4 ans, en donnant en ôtage son frère et deux de ses fils. Une des plus grandes difficultés était de payer la rançon. Il fallait donner comptant 600,000 écus d'or pour le premier paiement. La France s'épuisa et ne put fournir la somme. On fut obligé de rappeler les juifs et de leur vendre le droit de vivre et de commercer. (V. Note, Vol. III, p. 287.) Le roi même fut réduit à payer, ce qu'il achetait pour sa maison, en une monnaie de cuir qui avait au milieu un petit clou d'argent. Sa pauvreté et ses malheurs le privèrent de toute autorité et le royaume de toute police. — Volt. Essai sur les mœurs. — Le Roi, dit Villani, fut réduit à vendre pour ainsi dire sa propre chair à l'encan. Il vendit sa fille à Galeas Visconti, tiran de Milan, 600,000 florins, pour être mariée à Galeas qui avait alors 11 ans.

Ce traité fut ratifié par les deux Rois, à Calais, le 24 octobre suivant, à la réserve du seul art. 12, qui n'y est pas rappelé. Cependant ces princes conviennent, par des lettres signées le même jour, d'envoyer à Bruges, à la Saint-André 1361, les renonciations que par le traité de Bretigny, on avait projeté de faire à Calais; mais cette dernière convention n'eut pas lieu, car Jean ayant envoyé à Bruges, suivant la parole qu'il en avait donnée, porter ses renonciations, et les députés d'Edouard ne s'y étant pas trouvés, les choses demeurèrent par rapport à la souveraineté de la Guyenne, dans l'état où elles étaient avant le traité de Bretigny, et Edouard fut mis en possession de la Guyenne, etc. *nonobstant les commissaires du Roi*, dit le Songe du Verger, *la souveraineté, le ressort et les sujets*, sans que ceux d'Edouard s'y opposassent: leur raison était qu'il eût fallu qu'Edouard eût renoncé, suivant le même article, au titre

Et le Roy d'Engleterre d'autre part,

Pour bien de païs, est accordé le VIII. jour de may, l'an de grace mill. ccc soixante, à Bretigny de les Chartres, en la maniere qui s'ensuit,

(1) *Premierement.* Que le Roy d'Engleterre, avéuc ce que il tient en Guyenne et en Gascoigne, aura, pour lui, et pour ses hoirs, parpetuelment et a touz jourz, toutes les choses qui s'ensuivent, a tenir par la maniere, que le Roy de France et son filz, ou aucun de ses ancestres, Roys de France, les tindrent, c'est asçavoir,

Ce que en SOUVERAINETÉ EN SOUVERAINETÉ, CE QUE EN DEMAINE EN DEMAINE,

Et par les temps et manieres au dessouz declarés,

La cité et le chastel, et la conté de Poitiers, et toute la terre et le païs de Poitou, ensamble les fiez de Thoart et la terre de Beleville,

La cité et le chastel de Xainctes, et toute la terre et le païs de Xainctonge, par deçà et par delà la Charente,

La cité et le chastel d'Agen, et la terre et le païs d'Agenois,

La cité, et le chastel, et toute la conté de Pierregort et la terre et le païs de Pierreguys,

La cité et le chastel de Limoges, et la terre et le païs de Limosin,

La cité et le chastel de Caours et la terre et le païs de Caourcin,

La cité, et le chastel, et le païs de Tarbe, et la terre, païs et conté de Bigorre,

La conté, la terre et le pays de Gaure,

La cité et le chastel d'Engolesme, la conté, la terre, et le païs d'Engolesmois,

La cité et le chastel de Rodeis,

Et la terre et le pays de Rovergue,

Et s'il y a aucuns seigneurs, comme le conte de Foix, le

---

de roi de France : ainsi Edouard resta vassal du Roi. En conséquence du traité de Bretigny, le roi Jean fut mis en liberté après 4 ans de prison. — Hen. Abr. Chr. — (Dec.)

conte d'Armignac, le conte de Lille, le conte de Pierregort, le viconte de Limoges, ou autres qui tiegnent aucunes terres ou lieux, dedenz les metes des diz lieux, il feront hommage au Roy d'Engleterre, et touz autres services et devoirs, deuz à cause de leurs terres ou lieux, en la maniere que il ont fait ou temps passé.

(2) *Item*. Aura le Roy d'Engleterre tout ce que le Roy d'Engleterre ou aucun des Roys d'Engleterre anciennement tindrent en la ville de Monstereel sur la mer, et les appertenances.

(3) *Item*. Aura ledit Roy d'Engleterre toute la conte de Pontieu tout entierement; sauf et excepte que, se aucunes choses ont été alienées, par les Roys d'Engleterre qui ont esté pour le temps de la dite conte et appartenances, et a autres personnes, que aus Roys de France, le Roy de France ne sera pas tenu de les rendre au Roy d'Engleterre.

Et, se les dites alienations ont esté faites aus Roys de France, qui ont esté pour le temps, senz aucun moien, et le Roy de France les tiegne ad present en sa main, il les lessera au Roy d'Engleterre entierement; excepté que, se les Roys de France les ont euz par eschange pour autres terres, le Roy d'Engleterre delivrera au Roy de France ce que l'on a eu par eschange, ou li lessera les choses ainsi alienées.

Mais, se les Roys d'Engleterre qui ont esté pour le temps, en avaient aliene, ou transporte, aucunes choses en autres personnes, que es Roys de France, et depuiz soient venues es mains du Roy de France, ou aussi par partage, le Roy de France ne sera pas tenu de les rendre.

Aussi, se les choses dessus dittes doivent hommage, le Roy les baillera a autre, qui en fera hommage au Roy d'Engleterre; et, se il ne doivent hommage, le Roy de France baillera un tenant, qui li en fera le devoir dedenz un an prochein, apres ce que il sera partie de Calais.

(4) *Item*. Le Roy d'Engleterre aura le chastel et la ville de Calais,

Le chastel, la ville, et seignourie de Merch,

Les villes, chasteaux, et seignouries de Sangate, Couloigne, Hames, Wale et Oye,

Aveuc terres, bois, marios, rivieres, rentes, seignouries, advoiaisons d'esglises, et toutes autres appertenances, et lieux, estregisanz dedenz les metes ou boundes qui ensuivent, c'est ascavoir,

De Calais jusques au fil de la riviere, par devant Gravelinghes : et aussi, par le fil de mesme la riviere, tout entour langle : et aussi par la riviere qui va par delà Poil : et aussi, par mesme la riviere, qui chiet ou grant lac de Guignes, et jusques a Fretun ; et d'illeuc par la vallée entour la montaigne de Calkully, encloant mesme la montaingne, et aussi jusques a la mer.

Avec Sangate et toutes ses appartenances.

(5) *Item.* Ledit Roy d'Engleterre aura le chastel, et la ville, et tout entierement la conte de Guignes, aveuc toutes les terres, villes, chasteaux, forteresses, lieux, hommes, hommages, seignouries, bois, forez, droitures d'icelles, aussi entierement comme le conte de Guignes, derrenement mort, les tint ou temps de sa mort : et obeiront les eglises et les bonnes genz, estans dedenz les limitations dudit conte de Guignes, de Calays et de Merch, et des autres lieux dessus diz, au Roy d'Engleterre, aussi comme il obeissoient au Roy de France, et au conte de Guignes qui fuz pour le temps.

Toutes les quelles choses, de Merch et de Calais, contenues en cest présent article et en l'article prochein precedant, le Roy d'Engleterre TENDRA EN DEMAINE : excepté les heritages des eglises, qui demourront aus dittes eglises entierement, quelquepart qu'il soient assiz ; et aussi exceptés les heritages des autres genz des pais de Merch et de Calais, assiz hors de la ville de Calays, jusques à la value de cent livres de terre par an de la monnoye courant ou paiis, et ou dessouz ; lesquels heritages leur demourront jusques a la value dessus ditte, et au dessouz ;

Mais les heritages et heritations, assisez en ladite ville de Calays, aveuc leur appartenances demourront, en DEMAINE, au Roy d'Engleterre, pour en ordonner à sa voulante ; et aussi demourront aux heritanz, en la conte, ville, et terre de Guignes, touz leurs demeines entierement, et revendront plainement ; sauf ce que dit est des confrontations, metes, et bondes en l'article prochein precedant.

(6) *Item.* Accordé est que le dit Roy d'Engleterre, et ses hoirs, auront et tendront toutes les illes, adjacenz aus terres, paiis, et lieux avant nommez, ensamble aveuques toutes les autres illes, lesquelles le dit Roy d'Engleterre tient a présent.

(7) *Item.* Est accordé que ledit Roy de France, et son ainsné filz, le regent, pour euls, et pour touz leurs hoirs et successeurs,

au plutost que bien pourra, senz fraude et senz mal engin, et au plustart dedenz la feste Saint-Michiel, prochein venir, en un an, rendront, bailleront, et delivreront audit Roy d'Engleterre, et a touz ses hoirs et successeurs, et transporteront en euls, toutes les honneurs, obediences, hommages, ligeances, vassauls, fiez, services, recognoissances, droitures, mer et mixte impere, et toutes manieres de jurisdictions hautes et basses, ressorz et sauvegardes, avoaisons et patronnages d'eglise, ET TOUTES MANIERES DE SEIGNURIES ET SOUVERAINETEZ, et tout le droit qu'il avoient ou povoient avoir, appartenoient, appartienent, et povent appartenir pour quelque cause, tiltre, ou couler de droit, a euls, aus Roys et a la couronne de France, pour cause des citez, contes, chastiaux, villes, terres, paiis, illes et lieux avant nommez, et de toutez leur appartenances et appendences, quelque part qu'il soient, et chascune d'icelles, senz y riens retenir a euls, a leurs hoires ne successeurs, aus Roys ne a la couronne de France :

Et aussi manderont le diz Roy et son ainsné filz, par leurs lettres patentes, a touz arcevesques, evesques, et autres prelaz de sainte eglise, et aussi aus contes, viscontes, barons, nobles, citoienz, et autres quelconques des citez, contes, terres, paiis, illes, et lieux avant nommez, qu'il obeissent au Roy d'Engleterre et a ses hoirs, et a leur certain commandement, en la maniere qu'il ont obei aus Rois et à la couronne de France :

Et, par mesmes les lettres, leur quittront et absoldront, au mielx qu'il se pourra faire, de touz hommages, fois, seremenz, obligations, subjections et promesses, faiz, par aucun d'euls, au Roy et a la couronne de France en quelque maniere.

(8) *Item*. Accordé est que le Roy d'Engleterre aura les citez, contez, chasteaux, terres, paiis, ylles, et lieux avant nommez, aveuc toutes les appartenences et appendences, quelque part qu'il soient, a tenir a luy, et touz ses hoirs et successeurs heritablement et perpetuelement, en DEMAINE, ce que le Roy de France y avoit en DEMAINE et aussi en fié, service, SOUVERINETE OU RESSORT, ce que les Rois de France y avoient, sauf tout ce que dit est par dessus en l'article de Calais et de Merch.

Et, se des citez, contes, chasteaux, terres, paiis, illes et lieux avant nommez, SOUVERAINETEZ, drois, mere et mixte imperes, jurisdictions et profiz quelconques que tenoit aucuns Roy d'Engleterre illoveques, et en leur appartenances et appedences quelconques, aucunes alienations, donations, obligations, ou charges ont este faitez par aucuns des Roys de France, qui ont esté pour le temps puis LXX. ans en ca, par quelque fourme ou cause que ce soit, toutes teles donations, alienations, obligations, et charges sont dessores, et seront du tout, rappelees, cassees, et annullees et toutes choses, ainsi données, alienées, ou chargées, seront realment et de fait rendues et baillées au dit Roy d'Engleterre, ou a ses deputes especiauls, a mesme l'entiereté, comme ils furent aus Roys d'Engleterre depuis LXX. ans en ca, au plutost que l'en pourra, sanz mal engin, et au plus tart dedenz la Saint Michiel, prochein venant, en un an, a tenir au dit Roy d'Engleterre, et a touz ses hoirs et successeurs, parpetuelment et heritablement, par maniere que dessus est dit : excepté ce qui est dit par dessouz en l'article de Pontieu qui demourra en sa force : et sauf et excepté toutes les choses donnés et alienés aux eglises, qui leur demourront paisiblement en tous les paiis et lieux, ci-dessus et dessouz nommez; si que les personnes des dittes eglises prient diligement pour les diz Roys, comme pour leurs fondeurs; sur quoy leur consciences en seront chargées.

(9) *Item*. Est accordé que le Roy d'Engleterre toutez les citez, villes, chasteaux et paiis dessous nommez, qui anciennement n'ont este des Roys d'Engleterre, aura et tendra, en l'estat et aussi comme le Roy de France, ou ses filz, les tiennent à present.

(10) *Item*. Est accordé que, se, dedenz les metes des diz paiis, qui furent anciennement des Roys d'Engleterre, auroiement aucunes choses, que autrefoitz n'eussent este des Roys d'Engleterre, dont le Roy de France estoit en possession le jour de la bataille de Poitiers (qui fu le XIX. jour de septembre, l'an mill CCCLVI.) elles seront et demourront au Roy d'Engleterre, et a ses hoirs en la maniere que dessus est dit.

(11) *Item*. Est accordé que le Roy de France, et son ainsné filz, le regent, pour euls, et pour leurs hoirs, et pour touz les Roys de France, et leurs successeurs, à touz jours, au plustost que pourra faire, sanz mal engin, et au plustart dedenz la Saint Michiel, prochein venant, en un an, rendront et bailleront au dit Roy d'Engleterre, et a touz ses hoirs, et successeurs, et transporteront en euls touz les honneurs regalitez, obediences, hommages, ligeances, vassauls, fiez, services, recognoissances, serements, droitures, mere et mixte impere, toutes manieres de jurisdictions hautes et basses, ressors, sauvegardes, et SEIGNOURIES

et souverainetez qui appartenoient, appartienent, ou pourroient en aucune maniere apartenir, aus Roys, et a la couronne de France, ou a aucune autre personne, a cause du Roy et de la couronne de France, en quelque temps, es citez, contez, chasteaux, terres, paiis, illes et lieux avant nommez, ou en aucun d'eulx, et a leur appartenances et appendences quelconques, ou es personnes, vassauls ou subgiez quelconques d'iceulx soient princes, dux, contes, vicontes, arcevesques, evesques, et autres prelaz d'eglises, barons, nobles, et autres quelconques ainz riens a eulx, leurs hoirs, et successeurs, la couronne de France, ou autre que ce soit, retenir ne reserver en yceuls, pour quoy ilz, ne leurs hoirs, et successeurs, ou autres Roys de France, ou autre que ce soit, a cause du Roy ou de la couronne de France, aucune chose ne pourront chalengier ou demander ou temps avenir, sur le Roy d'Engleterre, ses hoirs, et successeurs, ou sur aucun de vassauls et subgiez avant ditz, pour cause des paiis et lieux avant nommez,

Einsi que tous les avant nommez personnes, et leurs hoirs et successeurs perpetuelement seront hommes liges et subgiez du Roy d'Engleterre et a touz ses hoirs, et successeurs,

Et que le dit Roy d'Engleterre, ses hoirs et successeurs, toutes les personnes, citez, contez, terres, paiis, illes, chasteaulx, et lieux avant nommez, et toutes les appartenances et appendences, tendront, auront, et a eulz, demourront pleinement, perpetuelement et franchement, en leur SEIGNOURIE, SOUVERAINETÉ et OBEISSANCE, ligeance et subjection, comme les Roys de France les avoient et tenoient en aucun temps passe,

Et que le dit Roy d'Engleterre, ses hoirs et successeurs, auront et tendront perpetuelement touz les paiis avant nommez avec leur appartenances et appendences, et les autres choses avant nommez, en toute franchise et liberté perpetuele, comme SEIGNEUR SOUVERAIN ET LIGE, et COMME VOISINS AU ROY et au royaume de France.

SENZ Y RECOIGNOISTRE SOUVEREINETÉ, OU FAIRE AUCUNE OBEDIENCE, HOMMAGE, RESSORT, SUBJECTION, ET SENZ FAIRE, EN AUCUN TEMPS AVENIR, AUCUNS SERVICE OU RECOGNOISSANCE, AUX ROYS NE A LA COURONNE DE FRANCE, des citez, contez, chasteaulx, terres, paiis, illes, lieux et personnes avant nommez, ou pour aucun d'icelles.

(12) *Item.* Est accordé, que le Roy de France et son aigné fils, RENONCERONT expressement aus diz RESSORS et SOUVEREINETEZ et à tout le droit qu'ils ont, ou povent avoir, en toutes les

choses qui, par ce present traittie, doivent appartenir au Roy d'Engleterre.

Et, samblablement, le Roy d'Engleterre et son ainsné fils, renounceront expressement a toutes les choses qui, par ce present traittie, ne doivent estre baillées, ne demourer au Roy d'Engleterre, et a toutes les demandes qu'il fasoit au Roy de France,

Et par especial, au nom et au droit de la couronne et du royaume de France,

Et a l'omage, souverainete et demeine du duchie de Normandie, de Toureine, des contez d'Anjou et du Maine,

Et a la souverainete et hommage du duchie de Bretaigne,

A la souverainete et hommage du conte et païs de Flandres,

Et à touz autres demandes, que le Roy d'Engleterre fasoit, ou faire pourroit, au Roy de France, pour quelconque cause que ce soit, oultre ce, et excepté que, par ce present traittie, doit demourer et estre baillié au dit Roy d'Engleterre, et a ses hoirs.

Et transporteront, cesseront, et delaisseront l'uns Roys a l'autre, perpetuelment, tout le droit que chascun d'euls peut avoir en toutes les choses, qui, par ce present traittie doivent demourer ou estre baillees à chascun d'euls; et du temps et lieu, ou et quant les dittes renunciations se feront, parleront et ordeneront les deux Roys a Calais ensamble.

(13) *Item*. Est accordé, afin que ce present traittie puisse estre plus briefment accompli, que le Roy d'Engleterre fera amener le Roy de France a Calais, dedenz III sepmaines après la nativité St. Jehan Baptiste, prochein venant, (cessant tout juste empeschement) aus despenz du Roy d'Engleterre; hors les frais de l'ostel du dit Roy de France.

(14) *Item*. Est accordé que le Roy de France paiera au Roy d'Engleterre III millions d'escus d'or; dont les II valent un noble, de la monnoye d'Engleterre.

Et en seront paiez au dit Roy d'Engleterre ou a ses deputez, VI. mille escus a Calais, dedenz quatre mois, à compter depuis que le Roy de France sera venu a Calais:

Et dedenz l'an, deslorz prochein ensieuvant, en seront paiez IV°. mille escus, tels comme dessuz en la cité de Londres en Engleterre :

Et deslorz, chascun an prochein ensieuvant, IV°. mille escus, tels commme devant en la dite cité, jusques a temps que les dit III millions seront parpaiez.

(15) *Item*. Est accordé que,

" Pour payant les diz VI^c. mille escus a Calais, et pour baillant les ostages, a dessous nommez, et delivrant au Roy d'Engleterre, dedenz les IV moys, a compter depuiz que le Roy de France sen venu a Calais, comme dit est; la ville et les forteresces de La Rochele, et les chasteaux, forteresces, et villes de la conté de Guygnes, aveuc toutes les appartenances et appendances :

La personne du dit Roy sera toute delivre de prison, et pourra partir franchement de Calais, et venir en son povoir, senz aucun empeschement; mais il ne se pourra armer, ne ses genz, contre le Roy d'Engleterre, jusques a tant qu'il ait accompli ce qu'il est tenu de faire par ce present traittie : et sont ostages, tant prisons pris a la bataille de Poitiers, comme autres, qui demourront pour le Roy de France, ceuls qui s'ensuit; c'est a savoir.

Monsire Loys, conte d'*Anjou;* monsire Jehan, conte de *Poitiers;* le duc d'*Orliens;* le duc de *Bourbon;* le conte de *Bloys,* ou son frere; le conte d'*Alençon,* ou monsire *Pierre d'Alençon* son frere; le conte de *St. Pol;* le conte de *Harcourt;* le conte de *Portien;* le conte de *Valentinoys;* le conte de *Breme;* le conte de *Vaudemonz;* le conte de *Forez;* le viconte de *Beaumont;* le sire de *Couci;* le sire de *Fienles,* le sire de *Preans;* le sire de *Saint Venant;* le sire de *Garentieres;* le dauphin d'*Auvergne;* le sire de *Hangest;* le sire de *Montmorency;* monsire Guillem de *Craon;* monsire Loys de *Harccourt;* monsire Jehan de *Ligny.*

Ce sont les noms des prisons, qui furent pris en la bataille de Poitiers.

Monsire *Phelippe de France;* le conte de *Eu;* le conte de *Longueville;* le conte de *Pontieu;* le conte de *Tancarville;* le conte de *Joigny;* le conte de *Sanceurre;* le conte de *Donmartin;* le conte de *Ventadour;* le conte de *Salebruche;* le conte de *Anceurris;* le conte de *Vendosme,* le sire de *Craon;* le sire de *Derval;* le mareschal de *Dencham;* le sire d'*Aubigny.*

(16) *Item*. Est accordé que les diz seze prisons, qui vendront demourrer, en hostage, pour le Roy de France, comme dit est, seront parmi ci delivres de leurs prisons, senz paier aucune

raencon pour le temps passé, se il n'ont esté a acort de certaine raencon par convenences, faites par avant le tiers jour de may darrein passe; et, se aucunes d'euls est hors d'Engleterre, et ne se rent a Calais, en ostage, dedenz le premier moys apres les dittes 3 sepmaines de la Saint Jehan (cessant juste empeschement) il ne sera paz quitte de la prison, mais sera contraius par le Roy de France, a retourner en Engleterre, comme prisonnier, ou a paier la peine, par luy promise, et encourue, par deffaut de son retour.

(17) *Item.* Est accordé que, en lieu des diz ostages, qui ne vendront a Calays, ou qui demourront, ou se departiront senz congie hors du povoir du Roy d'Engleterre, le Roy de France sera tenu de en bailler d'autres, de samblable estat, au plus pres qu'il pourra estre fait, dedenz IV moys prochein apres que le baillif d'Amiens, ou le maire de Saint Omer, en sera sur ce par lettres dudit Roy d'Engleterre certeifie, et pourra le Roy de France, a son departir de Calais, amener, en sa compaignie, X des ostages, tels comme les deux Roys accorderont; et souffira que, du nombre de XL dessus diz, en demeure jusques au nombre de XXX.

(18) *Item.* Est accordé que le Roy de France, dedens III moys apres ce qu'il sera parti de Calais, rendra a Calais, en ostage, IV personnes de Paris, et II personnes de chascune des villes, dont les noms s'ensuist; c'est ascavoir,

De Saint-Omer, Arras, Amiens, Beauvez, Lisle, Douay, Tournay, Reims, Chaalons, Troyes, Chartres, Thoulons, Lion, Orliens, Compiegne, Rovan, Caen, Tours, Bourges.

Plus souffisanz desdites villes, pour l'accomplissement de ce present traittie.

(19) *Item.* Est accordé que le Roy de France sera amene d'Engleterre a Calais, et demorra a Calais par IV mois apres sa venue; mais il ne paiera riens, du premier moys, pour cause de sa garde, et, pour chascun des autres moys ensuit, qu'il demourra a Calais, par deffaut de lui ou de ses gens, il paiera, pour ses gardes, X mil roiauls, tels comme il courent ad present en France, avant son partir de Calais; et ainsi au fuer du temps, qu'il y demourra.

(20) *Item.* Est accordé qu'au plustot que faire se pourra, dedenz l'an prochein apres ce que le Roy de France sera parti de Calais, monsire Jehan conte de Montfort, aura la conté de

Montfort, avenc toutes ses appertenances, en faisant hommage lige au Roy de France, et devoir, et service en tous cas, tels comme bon et loial vassal lige doit faire a son seigneur lige, à cause de la ditte conte; et aussi si seront renduz ses autres heritages, qui ne sont mie de la duchié de Bretaigne, en faisant hommage ou autre devoir qui appertendra.

Et, s'il veut aucune chose demander, en aucune des heritages, qui sont de la ditte duchie, hors du païs de Bretaigne, bonne et brief raison li sera faite par la court de France.

(21) *Item.* Que sur la question, du demaine de la duchié de Bretaigne, qu'est entre le dit monsire Jehan de Montfort d'une part, accorde est que les II Roys, appeles pardevant euls, ou leurs deputez, les parties principauls de Bloys et de Montfort, par euls, ou par leurs deputez especiaulz, s'enfourmeront du droit des parties, et s'enforceront de mettre les parties a accort, sur tout ce qu'est en debat entre culs, au plustost qu'il pourront.

Et, en cas que les ditz Roys, par eulx, ne par leurs deputez, ne les pourrount accorder, dedans un an prochein apres que le Roy de France sera arrivee a Calais, les amis, d'une partie et d'autre, s'enformeront diligeamment des droits des parties, par maniere qui dessus est dit, et s'afforceront de mettre les dites parties a accord, au mieltz que faire se purra, a plus tost qu'ils pourront.

Et, se ilz ne les povent mettre a accort, dedenz demi an, adonc prochein ensuivant, ils rapporteront aus diz II Roys, ou a leurs deputez, tout ce qu'il auront trouve sur le droit des dittes parties, et sur quoy le debat demourra entre les dittes parties; et alone les II Roys, par euls, ou par leurs deputez especiaulz, au plustot qu'il pourront, mettront les dittes parties a accort, ou diront leur final avis sur le droit de l'une partie et de l'autre, et ce sera execute par les II Roys.

Et, en cas qu'il ne le pourroient faire, dedenz demi an prochein ensuit, adonques les II parties principauls, de Bloys et de Montfort, feront ce que mieux leur samblera; et les amis d'une partie et d'autre aideront quelque part qu'il leur plaira, sans empeschement des diz Roys, et senz avoir en aucun temps dommage, blasme, ne reproche, par aucun des diz Roys, pour la cause dessus ditte.

Et, se ainsi estoit que l'une desdites parties ne vausist comparoir souffisamment devant les diz Roys, ou leurs diz deputez, ou temps qu'il y sera establi,

Et aussi en cas que les diz Roys, ou leurs deputez auroient ordene, ou declarie, que lesdittes parties fussent a accort, ou qu'il auroient dit leur avis pour le droit d'une partie, et aucune des dittes parties ne se voldroit accorder ad ce, ne obeir a laditte declaration.

Adonques les II diz Roys seront encontre lui de tout leur povoir, et en aide de l'autre qui se voldroit accorder et obeir; mais, en nul cas les II Roys, par leur propres personnes, ne par autres, ne pourront faire ne entreprendre guerre, l'une à l'autre, pour la cause devant dite.

Et touziours, demourra la sovereinté et l'omage de laditte duchie au Roy de France.

(22) *Item*. Que toutes les terres, paiis, villes, chasteaux, et autres lieux, baillees aus diz Roys, seront en telles libertes et franchises, comme elles sont ad present, et seront confermees par les diz seigneurs Roys, ou par leur successeurs, et par chascun d'euls, toute fois qu'il en seront sur ce requis, se contraires n'estoient a cest present accort.

(23) *Item*. Que le diz Roy de France rendra, et fera rendre et establir de fait, a monsire Phelip de Navarre, et a touz ses adherenz en appert, au plustot que l'en pourra, senz mal engin, et, au plustart, dedenz un an prochein, apres que le Roy de France sera parti de Calais, toutes les villes, chasteaux, forteresces, seignouries, droiz, rentes, profiz, jurisdictions, et lieux quelconques, que le dit monsire Phelip, tant pour cause de lui, come pour cause de sa femme, ou ses diz adherenz, tindrent, ou devoient tenir, ou royaume de France, et ne leur sera jamais le dit Roy reproche, domage, ne empeschement, pour aucunes choses, faites avant ces heures; et leur pardonera toutes offenses et mesprises, du temps passé, pour cause de la guerre; et sur ce auront ses lettres, bonnes et souffisanz; si que le dit monsire Phelip et ses avant diz adherenz retournent en son hommage, et li soient bons et loiauls vassauls, et li facent ses devoirs.

(24) *Item*. Est accordé que le Roy d'Engleterre pourra donner, c'este fois tant seulement, a qui lui plaira, en heritage toutes les terres et heritages, qui furent de feu monsire Godefroy de Barecourt, a tenir du duc de Normandie, ou d'autre seigneur,

de qu'elles doivent estre tenues par raison, parmy les hommages et services, anciennement accoustumez.

(25) *Item.* Est accordé que nul homme, ne paiis, qu'ait esté en l'obeissance d'une partie, et vendra par c'est accort à l'obeissance de l'autre partie, ne soit empeschie pour chose faite ou temps passé.

(26) *Item.* Est accordé que les terres des banniz et adherenz, de l'une partie et de l'autre, et aussi des eglises, d'une roialme et de l'autre, et que touz ceulz qui sont desheritez ou ostes de leurs terres ou heritages, ou chargez d'aucune pension, taille ou redevance, ou autrement grevez, en quelque maniere que ce soit, pour cause de ceste guerre, soient restituez entierement en meisme le droit et possession, qu'il eurent devant la guerre commencié :

Et que toutes manieres de fourfaiteures, trespaz, et mesprisons, faiz par euls, ou aucun d'euls, en moien temps, soient du tout pardonnez;

Et que les choses soient faites au plustost que l'en pourra bonnement, et au plustart, dedenz un an, prochein après ce que le Roy sera partiz de Calais;

Excepte ce qu'est dit en l'article de Calais, de Merch, et des autres lieux nommez ou dit article;

Excepté aussi le visconte de Fronssac, et monsire Jehan de Galard, lequels ne seront pas comprinz en cest article; mais demourront leurs biens et heritages en l'estat, qu'il estoient par avant cest present traittie.

(27) *Item.* Est accordé que le Roy de France delivrera au Roy d'Engleterre, au plustost qu'il pourra bonnement, et donra et, au plustart, dedenz la feste Saint Michiel, prochein venant, en un an, apres son partir de Calais, toutes les citez, villes, paiis et autres lieux dessus nommez, qui par ce present traittie doivent estre baillées au Roy d'Engleterre.

(28) *Item.* Est accordé que,

En faillant au Roy d'Engleterre, on a autre pour lui par especial depute, les villes et forteresces, et toute la conte de Ponthieu.

Les villes et forteresces, et toute la conte de Montfort,

La cité et le chastel de Xainctes,

Les chasteaux, villes et forteresces, et tout ce que le Roy tient en demaine, ou paiis de Xainctonge deça et dela Charente,

Et la cité d'Engolesme, et les chasteaux, forteresces et villes, que le Roy de France tient en demaine en païs d'Engolesmois.

Aveuc lettres et mandemenz des delaissemenz des fiez, et hommages;

Le Roy d'Engleterre, a ses propres couz et fraiz, delivrera toutes les forteresces, prisez et occupeez par lui, par ses subgiez, adherenz, et aliez, es païs de France, et de Toureine, d'Anjou, de Maine, de Berri, d'Auvergne, de Bourgoigne, et de Champaignie, de Picardie, et de Normandie, et de toutes les autres parties, terres, et lieux du royaume de France; excepté celles du duchié de Bretaigne, et des païs et terres qui, par ce present traittie, doivent appartenir et demourer au Roy d'Engleterre.

(29) *Item.* Est accordé que le Roy de France fera bailler et delivrer audit Roy d'Engleterre, ou a ses hoirs, ou deputez, toutes les villes, chasteaulz, forteresces, et autres terres, païs, et lieux avant nommez, aveuc leurs appartenences, aus propres fraiz et coux dudit Roy de France.

Et aussi que, si il y avoit aucuns rebelles, ou desobeissantes de rendre, bailler, ou restituer audit Roy d'Engleterre aucunes citees, villes, chasteaux, païs, lieux, ou forteresces, qui par ce present traittie li doivent appartenir, le Roy de France sera tenu de les faire delivrer au Roy d'Engleterre a ses despenz.

Et, samblablement, le Roy d'Engleterre fera delivrer a ses despenz, les forteresces, qui, par ce present traittie, doivent appartenir au Roy de France.

Et seront tenuz lesditz Roys, et leur genz, a culz entraidier, quant ad ce requiz en seront, aus gages de la partie qui le requerra; qui seront,

D'un flourin, de Flourence, par jour, pour chivalier,

Et demy flourin pour eschier,

Et pour les autres au feur,

Et, du sourplus des doubles gages, est accordé que, se les diz gages sont trop petiz, en regart au marchié des vivrez en païs, il en sera à l'ordenance de IV chivaliers, pour ce esleuz; c'est asçavoir, II d'une partie, et II d'autre.

(30) *Item.* Est accordé que tous les arcevesques, evesques, et autres prelaz de sainte eglise, a cause de leur temporalité, seront subgiez de celi des II Roys, souz qu'il tendront leur temporalité; et, se il ont temporalité souz touz les II Roys, il seront subgiez

de chascun des II Roys pour leur temporalité, qu'il tendront soubz chascun d'iceulx.

(31) *Item.* Est accordé que bonnes alliances, amitiez, et confederations soient faites entre les II Roys de France et d'Engleterre, et leurs royaumes, en gardant l'onneur et la conscience de l'un Roy et de l'autre, non obstant quelconques confederations qu'il aient, deçà et delà, aveuc quelconques personnes, soient d'Escoce, de Flandres, ou d'autres païs quelconques.

(32) *Item.* Accordé est que le dit Roy de France, et son aisné fils, le regent, pour eulz et pour leurs hoirs, Roys de France, si avant comme il pourra estre fait, se delairont et departirout du tout des alliances, qu'ils ont aveuc les Escoz, et promettront, si avant comme faire se pourra, que jamais eulz, ne leurs hoirs, ne les Roys de France, qui pour le temps seront, ne donront, ne feront, au Roy, ne au royaume d'Escoce, ne aus subgiez d'icelui, presens et a venir, aide, confort, ne faveur contre le dit Roy d'Engleterre, ne contre ses hoirs, ne successeurs, ne contre son royaume, ne contre ses subgiez, en quelconque maniere; et qu'il ne feront autres alliances aveuc les diz Escoz, en aucun temps a venir, encontre les diz Roy et royaume d'Engleterre.

Et, samblablement, si avant comme faire se pourra, le Roy d'Engleterre, et son ainsné fiz, se delairont et departiront des aliances, qu'il ont aveuc les Flamenz; et promettront qu'eulz, ne leurs hoirs, ne les Roys d'Engleterre qui pour le temps seront, ne donront, ne feront, aus Flamenz, presens ou a venir, aide, confort, ou faveur contre le Roy de France, ses hoirs et successeurs, ne contre son royaume, ne contre ses subgiez, en quelque maniere; et qu'il ne feront autres alliances aveuc les Flamenz, en aucun temps a venir, contre les Roys et royaume de France.

(33) *Item.* Accordé est que les collations et provisions, faites d'une partie et d'autre, des beneficesc vacanz tant comme la guerre a duré, tiegnent et soient valables; et que les fruez, yssuez, et revenuez, recevez et levees de quelconques benefices, et autres choses quelconques, es diz royaumes de France et d'Engleterre, par l'une partie et par l'autre, durant les dittes guerres, soient quittes d'une partie et d'autre.

(34) *Item.* Que les Roys dessus diz seront tenus de faire confermer toutes les choses dessus dittes par nôtre Saint Pere, le

Pape, et seront vallées par seremenz, et sentences, et censures de court de Rome, et tous les autres lieux, en la plus fort maniere que faire se pourra.

Et seront empetrées dispensations, et absolutions, et lettres de ladite court de Rome, touchanz la perfection et complissement de ce present traittié, et seront baillés aux parties, au plus tart, dedenz les III sepmaines après ce que le Roy sera arrivés à Calais.

(35) *Item*. Que touz les subgiez des diz Roys, qui vouldront estudier es estudes et universites des royaumes de France et d'Engleterre, joyront des privileges et libertez desdites estudes et universites, tout aussi comme il povoient faire avant ces presentes guerres, et comme il font ad present.

(36) *Item*. Afin que les choses dessus dittes, traittees et parlees, soient plus fermes, stables, et valables, seront faites et donnees les fermetez qui s'ensuivent ; c'est asçavoir,

Lettres seellées de seaux des diz Roys, et des ainsnez filz d'iceuls, les meilleurs qu'il pourront faire et ordener par les conseils des diz Roys.

Et jureront les diz Roys, et leurs enfanz ainsnez, et autres enfanz, et aussi les autres des linages des diz seigneurs, et autres granz des royaumes, jusques au nombre de XX de chascune partie qu'il tendront, et aideront à tenir, pour tant comme à chascune d'eulz touche, les dittes choses traittees et accordees, et accompliront, senz jamais venir au contraire, senz fraude, et senz mal engin et senz faire nul empeschement.

Et se il avoit aucun, dudit royaume de France, ou du royaume d'Engleterre, qui feussent rebelles, ou ne vausissent accorder les choses dessus dittes, les II Roys feront tout leur povoir de corps, de biens, et d'amis, de mettre les diz rebelles en vraie obeissance, selon la fourme et teneur dudit traittié.

Et, avec ce, se submettront les diz Roys, et leurs hoirs, et royaumes, à la cohercion de nôtre Saint Pere le Pape, afin qu'il puisse contraindre, par sentences, censures d'eglises, et autres voyes deuez, celui qui sera rebelle, selonc ce qu'il sera de raison.

Et, parmy les fermetez et seurtez dessus dittes, renonceront les diz Roys, et leurs hoirs, par foy et par serement, à toutes guerres et à touz proces de fait.

Et, se par desobeissance, rebellion, ou puissance de aucuns

subgies du royaume de France, ou autre juste cause, le Roy de France, ou ses hoirs, ne povoient accomplir toutes les choses dessus dittes, le Roy d'Engleterre, ses hoirs, ou aucun pour eulx, ne feront, ou deveront faire guerre contre le dit Roy de France, ses hoirs, ne son royaume; mais touz ensemble s'efforceront de mettre les diz rebelles en vraie obeissance, et de accomplir les choses dessus dittes.

Et aussi, se aucuns, du royaume et obeissance du Roy d'Engleterre, ne voloient rendre les chasteaux, villes, ou forteresces qu'il tiennent ou royaume de France, et obeir au traittie dessus dit, ou pour juste cause ne pourront acomplir ce qu'il doit fere par cest present traittie, le Roy de France, ne ses hoirs, ou aucun pour eulx, ne feront point de guerre au Roy d'Engleterre, ne a son royaume, mais touz II ensemble feront leur povoir de recouvrer les chasteaux, villes. et forteresces dessus dittes, et que toute obeissance et accomplissement soient faiz es traitties dessus dittes.

Et seront aussi faites et donnees, d'une part et d'autre, selon la nature du fait, toutes manieres de fermetez et seurtez, que l'on saura en pourra deviser, tant par le Pape, le college de la Court de Rome, comme autrement, pour tenir et garder parpetuelement la paix, et toutes les choses par dessus accordees.

(37) *Item*. Est accordé que, par ce présent traittie et accort, touz autres accorz, traittiez, ou prolocutions, se aucuns en y a faiz ou pourparlez ou temps passe, sont nulz, et de nulle valeur, et du tout miz a neant, et ne s'en pourront jamais aider les parties, ne faire aucun reproche l'un contre l'autre, pour cause d'iceulz traittiez ou accorz, se aucuns en y avoit, comme dit est.

(38) *Item*. Que ce present traittie sera approuve, jure, et conferme par les II Roys a Calais, quant il y seront en leurs personnes.

Et, depuis que le Roy de France sera parti de Calais, et sera en son povcir, dedenz un mois, prochein ensuivant ledit departement, ledit Roy de France en fera lettres confirmatoires, et autres necessaires ouvertez, et les envoyera et delivrera, a Calais, audit Roy d'Engleterre, ou a ses deputez au dit lieu.

Et aussi le dit Roy d'Engleterre, en prenant les dittes lettres confirmatoires, en baillera lettres confirmatoires, pareilles a celles du dit Roy de France.

(39) *Item.* Est accordé que nul des Roys ne procurera, ne fera procurer, par lui, ne par autre, que aucunes nouveletez ou griefs se facent par l'eglise de Rome, ou par autres de sainte eglise quelconques il soient, contre ce present traitié, sur aucun desditz Roys, leurs coadjuteurs, adherens, ou aliez, quelconques il soient, ne sur leurs terres, ne de leurs subgiez, pour achais ou de la guerre, ou pour autre cause, ne pour services que les diz coadjuteurs ou aliez aient fait aux diz Roys, ou aucun d'iceulz; et, se nôtre dit Saint Pere ou autre le vouloient faire, les II Roys le destourberont, selonc ce qu'il pourront, bonnement, senz mal engin.

(40) *Item.* Des ostages, qui seront baillés au Roy d'Engleterre a Calais, de la maniere et du temps de leur departement les II Roys en ordeneront a Calais.

Toutes lesquelles choses dessus escriptes, et chascune d'icelle furent faites, ordenees et accordeez par et en la presence.

De reverent pere en Dieu, nôtre tres cher et feal chancelier, Jehan par la grâce de Dieu, esleu de *Biauvez*, Per de France;

Noz amez et feaulz conseilliers, maistre *Estienne* de Paris, chanoine; Pierre de la *Charite*, chantre de l'eglise de Paris; Jehan de *Angerent*, doien de Chartres; messire Jehan de *Mengre*, dit *Boucicant*, mareschal de France; Charles, sire de *Mountmourency*; Evart de la Tour, sire de *Vinay*; Jehan de *Groulee*; Regnault de *Govillons*; Pierre d'*Omont*; Symon de *Bucy*.

Chivalers : maistres, Guillaume de *Dormans*, et Jehan *Des Marez*, Jehan *Maillart*.

Bourgois de Paris : maistres, Mate *Guehery*, et *Nichole* de *Verres*, nos clers, secrétaires.

Commiz et deputez, de par nous, sur ce, avec les commiz et deputez dudit Roy d'Engleterre, ci dessous nommez; c'est ascavoir,

Monsieur Henry, duc de *Lancastre*; William, conte de *Northampton*; Thomas, conte de *Wardwikz*; Raoul, conte de *Stafford*; William, conte de *Sarebris*; Monsieur Gautier, sire de *Manny*; monsieur Regnault de *Cobham*; monsieur Jehan de Beauchamp; monsieur Guy de *Brian*; Jehan Capital de *Buch*; Bertholomieu de *Burgoshe*; Frances de *Hale*; Guillaume de *Granson*; Jehan *Chaundos*; Noel *Loreng*; Richart *Lavache*; Miles de *Stapelton*.

Chivalers: monsieur Jehan de *Wyncwyks*, chancelier du Roy d'Engleterre; maistre Henry de *Ashton*; maistre Williaume de *Loughteburgh*; maistre Jehan de *Brankestre*; Adam de *Hylton*, et Williaume de *Tyrringham*. L'an, et le jour, et au lieu dessusdits.

N°. 305. — ORDONNANCE d'amnistie pour les crimes et délits commis pendant la guerre (1).

Paris, 22 mai 1360. (C. L. III, 407.)

CHARLES ainsné fils du Roy de France, regent le royaume, duc de Normandie et dalphin de Vienne:

Au prevost de Paris, ou à son lieutenant salut.

Comme plusieurs et innumerables pilleries, larrecins, roberies et autres malefices aient esté commis et perpetrez où royaume, durant ces guerres soubz umbre et à cause d'icelles, et par la voulenté et grace de nostre seigneur, bonne paix et bon accort soient à present entre nostredit seigneur et nous par tout ledit royaume d'une part, et nostre cousin le Roy d'Angleterre pour lui et pour tous ses adherens et aliez d'autre part : et nous desirans de tout nostre cuer, et ayans ferme propos et voulenté de faire à nostre povoir, que les pilleries et autres malefices dessusdiz cessent, et que bon amour et union soit dores-en-avant entre les subgez dudit royaume, telle que les habitans d'icelui se puissent retraire et demourer sauvement chascun en son lieu et habitacion, pour faire leurs labourage et autres besongnes, ainsi comme l'en a fait ou temps passé, et que tous marchans et autres genz puissent aler et mener leur marchandise et autres biens, où il leur plaira oudit royaume et dehors, sanz peril et empeschement:

Savoir vous faisons que par deliberacion de grant conseil de monseigneur et de nous, et euë consideracion à ce qui faisoit à considerer à la fin dessusdite, et que les subsides ordenez et à ordener oudit royaume pour la redemption de nostredit Seigneur, puissent plus aisiement et promptement estre levez et cueillis, et que nostredit Seigneur puis plustost revenir oudit

---

(1) La paix venait d'être conclue avec l'Angleterre, à Bretigny, le 8 mai. (*Éd.*)

royaume, et que ladite paix soit ferme et estable à tousjours, et vrays amour et union oudit royaume, avons fait, faisons et octroyé, faisons, ordenons et octroyons de grace especial, de certaine science et d'auctorité royal dont nous usons,

Pleniere remission et absolucion des malefices dessusdiz, et de toute paine et amende criminelle et civile que les coulpables des choses dessusdites pevent avoir pour ce encouru en quelque maniere que ce soit, sans ce que ilz en puissent estre poursuis ne approuchiez ou temps avenir, surquoy Nous imposons silence au procureur de nostredit Seigneur et de Nous; sauf et reservé à partie l'action et poursuite civilement de ce que elle vouldret demander pour ses dommages et interés, et à partie adverse ses deffenses pardevant les juges à qui la congnoissance en appartendra, sans que l'une partie ne l'autre puisse proceder de fait, mais par voie de justice civilement tant seulement. Touteffois nostre entente est, et voulons et declarons que ceulz qui rencherroient en aucun desdiz malefices, ou qui ne vouldroient du tout cesser, ou qui vouldroient faire ou feront guerre, ou autrement procederont par voie de fait oudit royaume pour quelque cause et en quelque maniere que ce soit, ou qui y seroient et s'efforceroient de tenir aucuns forteresse contre la voulenté de nostredit Seigneur et de Nous, ou de ses subgez et des nostres, ou qui les delaieront ou reffuseront à mettre en la main et obeissance de nostredit Seigneur, culz ne soient point comprins en nostre presente grace, et qu'ilz ne s'en puissent aidier, et pour occasion d'icelle ilz ne soient, ne puissent estre receuz à excusation desdits malefices et des autres choses dessusdites.

Si vous mandons et commettons et enjoingnons estroitement, que noz presentes lettres vous publiez, et faites lire et publier en la ville de Paris, et en tous les autres lieux notables de vostre prevosté et viconté, et aux lieux et personnes que vous verrez que bon sera et qu'il appartendra, et que tous ceulz qui en vouldront avoir noz lettres (1), viengnent devers Nous et devers nostre chancelier, nostre conseil et les gens des requestes de

---

(1) Des lettres particulieres de grace. Les registres du Trésor des chartes de ces temps-là, sont pleins de lettres accordées sur tout ce qui s'était passé pendant le temps de la guerre. (Sec.)

nostre hostel, et Nous leur ferons avoir telle comme au cas appertendra.

Ce que fait en aurés, Nous rescripvés hastivement.

Donné à Paris, le vint-deuxieme jour de may, l'an de grace mil trois cens soixante.

N°. 306. — LETTRES *pour la levée des impositions accordées au lieutenant du Roi, en Languedoc, par les Etats de 1359.*

Calais, 2 octobre 1360. (C. L. IV, 199.)

JEHAN par la grace de Dieu Roy de France : à touz ceulx qui ces lettres verront, salut :

Comme Nous avons entendu que les prelaz, les nobles et les communes des parties de la Languedoc, octroierent en l'année darrenierement passée, à nostre très-chier et amé fis le comte de Poictiers, lors et à present nostre lieutenant èsdictes parties, certaines imposicions et gabelles à lever et cüillir èsdictes parties, en certaines formes et manieres contenuës à plain oudit octroy, et nostredit filz eut tenu plusieurs gens-d'armes et autres oudit païs et ès frontieres, pour la garde et deffense dessusdictes et pour resister à nos annemis, à noz gaiges, et ait eu plusieurs autres charges pour la garde et deffense dudit païs, desquelles plusieurs grantz sommes de deniers sont encoure à payer; lesquelles nostredit filz ne pourroit aucunement païer, si ce n'estoit des deniers desdictes imposicions et gabelles qui ne sont pas encore levées pour tout le temps que elles furent octroiées : et aussi alons entendu que les prelaz, nobles et communes dessusdiz aient du consentement de nostredit filz et lieutenant, volu et octroié que ladicte gabelle dure et soit cuillie oudit païs, jusques à Noël qui sera en l'an 1361.

Savoir faisons que Nous euë consideration aus choses dessusdictes, et aus grans charges que nostredit filz et lieutenant a eu à supporter ou temps passé, si comme Nous savons bien, avons voulu et OCTROYÉ, voulons et octroyons de nostre certaine science et auctorité royal, que tout ce qui est à cüillir de ladicte imposicion, attendu le tems par lequel elle fu octroyée, et aussi de ladicte gabelle jusques audit Noël qui sera en l'an 1361 dessusdit, soit levé et cüilli en la forme et maniere ordennées par nostredit fils et lieutenant sur ce. Ordonnons en mandement à nos amez et feaulx le chancellier de nostre dit filz, et Jehan Sonnain chevalier, seneschal de Beaucaire, lesquiex nostredit filz et lieutenant a fait et ordonné nos lieutenans et les siens oudit pais, et à tous nos autres justiciers, officiers et sujets à qui il appartiendra, que lesdictes imposicions et gabelle il facent et sueffrent lever et cuillir oudit pais, par les commis et deputez ou à deputer ad ce, de par nostredit filz ou desdiz lieutenanz de nous et de li audit pais, en la forme et maniere dessusdictes, et les rebelles et désobeissans, se aucuns en treuvent, contraignent ad ce riguereusement par toutes les voyes et remedes convenables : et de ce fere leur donnons povoir et especial autorité et mandement, de nostre science et auctorité dessusdictes.

En temoing de ce, nous avons fait mettre nostre secret scel à ces lettres.

Donné à Calais, le secont jour d'octobre, l'an de grace mil trois cens soixante.

Ainsi signé, par le Roy.

GOUVERNEMENT DU ROI,

Du 4 octobre 1360 au 17 décembre 1362.

N°. 307. — LETTRES *par lesquelles le Roi confirme les actes de la régence du duc de Normandie* (1).

Calais, 14 octobre 1360. (C. L. III, 428.)

JEAN par la grace de Dieu Roy de France : à tous ceux qui ces presentes letres verront, salut.

Comme depuis la bataille devant Poitiers, en laquelle, si comme il plot à Dieu, Nous fusmes pris et detenuz prisonier,

---

(1) Villaret observe que cette confirmation fut nécessaire, parce qu'il n'en est pas de la régence en cas d'absence du Roi, comme de la régence pendant la minorité. Dans le premier cas, elle n'est qu'accidentelle. — V. Nouv. Rep. V°. Régence. — Dupuy, Traité de la majorité, et préface du Recueil complet, année 1817. (Is.)

nostre très-chier et ainznez fils Charles duc de Normandie et dauphin de Viennois, ayt eu ou nom de Nous et pour nous, de nostre voulenté (1) et comme nostre ainzné fils, le gouvernement de nostre royaume, et durant celuy temps, nostredit fils ayt donné et conferé par ses letres à plusieurs et diverses personnes, plusieurs benefices de sainte eglise vacans, et appartenans à nostre collation, presentation ou autre disposition, tant de nostre plain droit et à cause de regale, ou du bail et garde de nostre très-chier et ainzné fils le duc de Bourgoigne comte d'Artois, et aussi ayt fait, donné et octroié à plusieurs et diverses personnes, plusieurs graces et dons, et donné plusieurs offices, et assignations faites à plusieurs personnes de plusieurs prets, aydes et finances faites à luy : et nostredit fils nous ayt humblement supplié et requis que nous veuillions declairier et decerner les choses dessusdites et chascunes d'icelles, par luy estre et avoir esté faites de nostre voulenté, et ycelles estre valables et avoir à sortir plain effect.

Nous considerans les choses dessusdites, et que l'estat et honneur du fils est gloire et vie du pere (2), et la vraye amour, parfaite honneur et filial obeissance, et la très-grant affection que nostredit ainzné filz a touzjours eu à nous et nostre delivrence, toutes collations, dons, presentations et provisions de quelconque benefice d'eglise qui ont vacquié par ledit temps, faites par nostredit fils par la fourme et maniere dessusdite, à quelconques personnes habile à les tenir, les possessions et saisines qu'ils ont eu ou auront d'iceuls, tout ce qui s'en est ensuy ou ensuivra, les dons et graces faites par nostredit fils, et aussi les assignations faites par luy pour prets, aydes et finances à luy faites, comme dit est, et dons d'offices royaux et autres offices quelsconques faiz par luy, ledit temps durant, à personnes souffisans, se cause raisonable n'y a, parquoy il doivent estre deboutez; avons DECLAIRIÉ et decerné, et de nostre certaine science

---

(1) On n'a pas d'acte qui constate cette délégation. Il paraît constant que le Dauphin ne prit le titre de régent que de concert avec les états-généraux, et qu'à l'égard des pouvoirs qu'il remplit comme lieutenant général pendant deux ans, il n'y eut aucunes lettres patentes du Roi. (Is.)

(2) Ce n'est pas là le motif légal. Le vrai motif, c'est qu'en l'absence du Roi légitime, il faut que l'état soit gouverné. V. Dissertation, préface du vol. 1811 du Recueil des lois et ord., par Isambert, et Préface de 1817 sur les régences en cas d'absence. (Idem.)

et autorité royal decernons et declairons par la teneur de ces presentes, être fermes, tenables et vallables perpetuellement, et icelles tenir et valoir, et avoir telle force et vigeur et sortir plain effet, comme se nous estans en notredit royaume franc et delivré, eussiens par noz letres lesdicts benefices, dons, assignations, offices, graces faiz, donnez et conferez :

Et Nous voulons et mandons par ces presentes, aus chapitres et colleges, et à touz justiciers et officiers royaulx qui à present sont et pour le temps seront, et autres à qui il appartiendra, que yceulx à qui lesdiz benefices ledit temps durant, ont esté conferez par notredit filz, reçoivent ausdiz benefices, et que desdictes collations, provisions, offices, dons, graces et assignations et autres choses dessusdictes, laissent et fassent joir et user paisiblement sanz contredit ou empeschement aucun, et aus lettres de notredit filz faictes sur les choses dessusdictes, obeissent comme aus nôtres propres, non-obstant lettres, mandemens, inhibitions, deffenses ou ordenances, collations desdiz benefices ou offices faictes ou à faire sur quelconque forme de paroles par nous ou notredit filz ledit temps durant; sauf, excepté et reservé que, Nous voulons, ordenons, decernons et declairons les collations et provisions par nous faictes; c'est assavoir, à notre très-chier et especial amy le cardinal de Roüen, de la prebende et prevosté de Normandie en l'eglise de Chartres; des prebendes en ladicte eglise qui ont vaqué en cest present regale, que nous avons donné, l'une à maistre Macé Guchery, avecques digneté, office et personnage, et l'autre prebende à maistre Denys de Golers, noz amez et feaulx secretaires, lesquelles il ont voulu ou vouldront accepter; et de la prebende de l'eglise de Bayeux que nous avons donné audit maistre Macé Guchery, laquelle tint jadis un surnommé Pantouf, et laquelle Richard le Prevost a occupée de fait; et aussi de la prebende de la Saincte Chapelle de notre palais royal à Paris, vaquant par la mort de feu Raoul Bonseus, que nous avons donnée audit maistre Denys; lesquelles salvations, reservations, decret et declarations, Nous de notre propre mouvement faisons, et non pas à instance ou requeste des personnes dessusdictes ou d'aucunes d'icelles, mais eux ignorans de ce; et decernons de notre auctorité royale et de certaine science, lesdictes collations par nous faictes, estre valables et avoir force et vertu, tout aussi comme se nous les eussions faictes presens en notre royaume en notre plaine liberté; et les collations des choses dessusdictes faictes par notredit filz ainsné, avant ou après les nôtres, decernons non-valoir et estre de nulle vertu et de nulle force; et voulons que les autres collations faictes par nostredit filz à autres personnes que les dessusdictes, soient et demeurent en leur force et vigueur, et que ceste presente declaration ne puisse porter prejudice ne dommage à leursdictes collations et provisions ou à aucune d'icelles : et aussi sauf et reservé que se notredit filz, ledit temps durant, a fait aucuns dons ou alienations à vie ou à heritage, du demaine du royaume et de la coronne de France, que nous les puissions revoquer et rappeller, et en ordener selon que bon nous semblera. En tesmoing de laquelle chose, nous avons fait mettre notre seel à ces presentes lettres.

Donné à Calais, le quatorziéme jour d'octobre, l'an de grace mil trois cens soixante.

N°. 308. — LETTRES *par lesquelles le Roi se porte garant de l'exécution de l'article du traité de Bretigny, concernant les otages, princes du sang.*

Calais, 24 octobre 1360. (Rymer., III, part. 2, pag. 26 et 27.)

N°. 309. — TRAITÉ *de paix entre la France et l'Angleterre.*

Boulogne, 26 octobre 1360. (Corps diplom. de Dumont, II, 29.)

CHARLES, ainsné filz du Roy de France, duc de Normandie, et dalphin de Vienne, sçavoir faisons à touz presens et a venir, que nous avons veu et diligement avise les lettres de nôtre treschier seigneur et pere contenant la forme qui s'ensuit.

Jehan, par la grace de Dieu, Roy de France, a touz ceux, qui ces presentes lettres verront, salut.

Sçavoir faisons que nous,

Pensanz et consideranz que les Roys et les princes crestiens, qui veulent bien governer le peuple qui leur est subget, doivent fuyr et eschiver guerres, dissensions, et discordes (dont Dieu est offendu) et querrer et avier, pour eulx et pour leurs subgez, paiix, unite et concorde.

Par laquelle l'amour du souverain Roy des Roys doit estre acquise, les subgez sont gouvernez en transquilite, et aux perilz des guerres est obvie,

Et recordans les grans maux, domages, et afflictions, que nôtre royaume et noz subgez ont soustenu par long temps, pour cause et occasion des guerres et discordes, qui ont duré longuement entre nous et nôtre très chier frere le Roy d'Angleterre, et les royaumes, subgez, amis, aydenz, et alliez d'une partie et d'autre,

Sur lesquelles entre nous et nôtre dit frere finablement est fait bon accort et bonne paiz reformee.

Et desiranz ycelle tenir, et garder, et perseverer en vraye amour parpetuelement, par bonnes et fermes aliances entre nous et nôtre dit frere, noz hoirs, et les royaumes, et subgez de l'une et de l'autre,

Par lesqueles pourroit laditte paix, accorde, et bonne amour estre plus fermement et plus entierement en concorde garde,

Justice mieux estre exercee,

Les droiz et seignories de l'une et de l'autre mieulx deffenduz,

Les rebelles, malfaitteurs, et desobeissans a l'un et a l'autre, estre plus aiselment contrains a obeir, et cesser des rebellions et exces.

Toute christienté estre maintenue en plus paisible estat.

Et la terre sainte en pourroit mieux estre secorue et aidee,

Et toutes ces causes et autres attendenz, et considerans que, nôtre Saint-Pere le Pape ait dispense, par grant deliberation, avec nous et nôtre dit frere; c'est ascavoir.

Avec nous et touz noz subgez tant genz d'eglise, comme seculeurs, sur toutes les confederations, aliances, couventions, obligacions, lettres, et seremenz, qui estoient entre nous, nôtre royaume, et noz subgez, d'une partie, et nôtre tres chier cousin, le Roy d'Escoce, son royaume, et ses subgez d'autre part, comme le bien et l'effect de laditte paiz, entre nous et nôtre dit frere d'Angleterre, les royaumes et subgez de l'une et de l'autre, peust-estre empeschee par icelles, et pour ce les ait ledit nôtre Saint Pere cassees, ostees, anulees, et irrites de tout.

Si comme en ses lettres, et es proces, sur ce faiz, est plus plenement contenu.

Pour consideration des causes et choses dessus dittes, et aussi voulens acomplir, en tant comme toucher nous peut, ledit accort fait sur lesdites alliances, si comme ottroie l'avons, comme dit est, eue, sur ce, tres grant et meure deliberation,

Avons fait, et par ces presentes faisons, pour nous, noz enfanz, noz hoirs, et noz successeurs, nôtre royaume, et noz terres quelconques, et noz subgiez d'une part, avec nôtre dit frere ses enfans, ses hoirs, et successeurs, son royaume, ses terres, et ses subgez d'autre partie, parpetueles aliances, confederations, amitiez, pactions, et convenances qui après s'ensuiront; c'est ascavoir,

Que nous, noz enfans, noz hoirs, et successeurs, nôtre royaume, noz terres, et noz subgez quelconques, presens et a venir, nez, et a naistre, serons, a touz joursmais, a nôtre dit frere, ses enfans, ses hoirs, et successeurs, son royaume, ses terres, et subgez quelconques, bons, vrays, et loyaulx amis et alliez, et leur garderons, de tout nôtre povoir, leurs honours, et leurs droix,

Ou nous les saurons, leur dishoneur, leur vitupere, et leur dommage empescherons loyaument de tout nôtre povoir.

A aucuns de leurs ennemiz, presens et a venir, nez ou a naistre, quelqu'il soient aucun conseil, confort, ou aide en contre eulx, ou aucun d'eulx, pour quelconques cause ou occasion que ce soit ou puist estre, par nous celeement ou en appert, nous ne donnerons, ne ferons,

Ne yceulx ennemiz, au domage ou prejudice de nôtre dit frere, ses hoirs, ou son royaume, scieument recepterons, recevrons, ne recepter, ne recevoir ferons ou souffrerons, en aucune maniere, en nôtre royaume, ou autres noz terres ou seignories,

Ne, par iceux royaume et terres, ou aucun d'eulx, en prejudice ou domage de nôtre dit frere, ses hoirs, successeurs, son royaume, ses subgez, et ses terres, leurs diz ennemiz passer ne demorer scieument souffrerons,

Ne autrement yceulx ennemis par nous, ou par autres, en apport ou en repost, sous quelconque tiltre ou coleur que ce soit, contre nôtre dit frere, ses hoirs, et subgez, et son royaume, et autres terres, ne porterons ne soustendrons,

Noz amiz et noz alliez a leur amour et alliance, s'il nous en requierent, de nostre povoir enduirons,

Et ne souffrerons aucuns de noz subgez, ne autres quelconques, aler ou entrer en royaume ou autres terres de nôtre dit frere, ses enfans, hoirs ou successeurs, pour y faire guerre, domage, ne offense aucune, a gaiges ou service d'autrui, ou autrement, par quelque maniere et cause que ce soit, aincois les empescerons et destourberons de tout nôtre povoir,

Et se aucuns de nos subgez faisoient le contraire, ou aucune guerre, villenie, ou dommage à nôtre dit frere, a son royaume, par terre ou par mer, ne a ses enfanz, hoirs, successeurs, ou subgez, nous les en punirons et ferons punir, si grandement, qu'il sera example à touz autres.

Et, de tout nôtre povoir, ferons adrecier et reparer touz les domages, attemptaz, ou emprises, faittes contre ces presentes alliances, se nous en sommes requis,

Et toute foiz, que nôtre dit frere, ses hoirs, ou successeurs, aurons mestier de nôtre ayde, et il nous en requerront, ou ferront requerir, nous, encoutre toute personne, qui puise vivre et morir, leurs aiderons, et donrons tout le bon conseil, confort, et aide, a leurs propres frais et despens, que nous ferions et pourroions faire pour nôtre propre fait et besoigne, et sanz fraude et mal engin,

Non contrestant quelconques autres alliances, amitiez ou confederations, que nous, ou noz predecesseurs, aions eues, en temps passe, a quelconques autres personnes; auxquelles toutes, et chascune d'icelles, nous renoncerons du tout, pour nous, noz successeurs, royaumes, terres, et subgiez, à tous joursmais, par presentes;

Reserve toute fois et excepte le Pape et le Saint Siege de Rome, et l'Empereur de Rome qui ores est; les quiex nous ne voulons estre compris en ces presentes alliances en aucune maniere.

Et, pour ce que alliances, confederations, convenances, pactions, et autres choses dessus dittes, et chascune d'icelles, soient plus fermement tenues, gardees, et accomplies, nous avons juré sur le saint corps de Jesu Christ, et encores jurons et promettons par la foy de nôtre corps, et en parole de Roy, les choses dessus dittes et chascune d'icelles tenir fermement et acomplir à tous jours sanz enfreindre en tout ou en partie, en aucune maniere, par quelconque cause ou occasion que ce soit,

Et se nous faisions, procurions, ou souffririons sciement le contraire estre fait (ce que Dieu ne vuille) nous voulons estre tenu et repute, en touz lieux, et en toutes places, et en touz païs, pour faux, maures, et desloial parjur, et encourir tel blasme et diffame comme Roy sacré doit encorir en tel cas.

Et, par ces presentes aliances, nous n'entendons, ne voulons, que aucun prejudice se face a nous, a nos hoirs, et subgez, per quoy nous, et eux, pourrions et pourront recepter, porter et tenir touz les banniz et fuitis hors du royaume d'Angleterre presens et a venir, nez et a naistre, par quelconques cause ou occasion que ce soit, par maniere que a este fait, et acoustume de faire en temps passe.

Et souzmettons, quant a toutes ces choses, nous, et noz hoirs, et successeurs à la jurisdiction et cohercion de l'eglise de Rome.

Et voulons et consentons que nôtre Saint Pere, le Pape, conferme toutes ces choses, en donnant monitions et mandemens generaux, sur l'acomplissement d'icelles, contre nous, noz hoirs, et successeurs, et contre touz noz subgez, soient communes, colleges, universitez ou personnes singulieres quelconques,

Et en donnant sentences generaux d'escomueniement, de suspension, et de intredit, pour estre encoruz par nous et par eulx, pour celui fait, sitost que nous ou eulx ferons ou attempterons, en occupant forteresce, ville ou chastel, ou autre quelque chose faisant, ratifiant, ou agreant, ou donnant conseil, confort, faveur ou aide, celeement ou en appert, contre ladite paix et cestes presentes alliances.

Et avons fait semblablement jurer toutes les devant dittes choses par,

Nos tres chers enfanz le duc d'*Anjou* et du *Maine*; le duc de *Berri* et d'*Auvergne*; le duc de *Thouraine*; le duc d'*Orliens*, nôtre frere; et, noz cousins, le duc de *Bourbon*; monsire Jaque de *Bourbon*; Jehan d'*Artois*; monsire Pape d'*Alençon*; monsire Jehan d'*Estampes*; Guy de *Bloys*; le conte de *Saint Pol*; le conte d'*Harecourt*; le conte d'*Auceurre*; le conte de *Tancarville*; le conte de *Sanceurre*; le conte de *Joigny*; le conte de *Salebruche*; le conte de *Breile*; le sire de *Coucy*; le sire de *Craon*; le sire de *Fientes*; le dauphin d'*Auvergne*; le sire de *Montmorency*; Guillaume de *Craon*; le sire de *Saint Venant*.

Et ferons aussi jurer, semblablement et au plustost que faire pourrons bonnement, la plus grant partie des prelaz, pers, dux, contes, barons et autres nobles de nôtre royaume.

En tesmoing desquelles choses nous avons fait mettre notre seel a ces presentes lettres.

Donné à Bouloigne le XXVI jour d'octobre, l'an de grace mil ccc sexante.

Et nous, Charles dessus dit;

Voulons de tout nôtre povoir enteriner et acomplir tout ce, que nôtre dit seigneur et pere a promis et convevancie,

Promettons, loyalment et en bonne foy, et avons juré, et jurons, sur le corps Jesus Crist sacré, tenir, garder, et acomplir, pour tant comme il nous touche et pourra toucher, toutes, et chascune, les choses contenues es lettres ci dessus transcriptes et par la forme et maniere que compris y est, sanz venir, ne faire venir, en aucune maniere, a l'encontre,

En tesmoing de ce nous avons fait mettre nôtre seel a ces presentes lettres.

Donné à Bouloigne le XXVI. jour d'octobre l'an de grace mill ccc sexante. Par monsire le Duc.

N°. 310. — ORDONNANCE (1) *sur la réparation des torts causés par la guerre, l'administration de la justice, la levée d'une aide, les monnaies, les salaires des ouvriers, la mise à ferme des offices, la réduction des sergens.*

Compiègne, 5 décembre 1360. (C. L. III, 433.)

JEHAN par la grace de Dieu Rois de France : A touz ceulz qui ces lettres verront, salut.

Comme ou temps de nostre très cher seigneur et pere, dont Dieux ait l'ame, guerre eust esté mehuë entre lui et son royaume de France d'une part, et nostre très cher et amé frere le Roy d'Angleterre, son royaume et ses alliez d'autre part, dont plusieurs personnes grans et nobles chevetains de nostre sanc et lignage et autres de nostre royaume, et autres de nos alliez et adherens furent occis et mis à mort, plusieurs églises arces, destruites et gastées, et plusieurs autres excès cruels et orribles faiz et perpetrez, lesquelles choses sont notoires à touz : et eust esté traitié par plusieurs foiz et diverses manieres de paix d'acort et ny pout estre fait durant la vie de nostre dit seigneur et pere, et depuis son trespas la guerre ait esté enforcée et engreignée, dont nous aviens grant tristesce et douleur, et feust venu nostredit frere à grant effort en nostre royaume assez près d'Amiens, et y eust fait bouter feux et plusieurs grans damaiges, et encontre de

---

(1) Le préambule de cette ord. est surtout important. (Is.)

lui feussienz alé en entention de nous combattre à lui, et aprés que departi s'en fust de nostredit royaume et retourné ou sien, eust envoyé nostre amé et feaul cousin le duc de Lenclastre ès parties de Normandie, et feussienz alez contre lui : et depuis nostre très cher et amé neveu le prince de Galez filz ainsné de nostredit frere, feust venuz pour guerroier nous et nostre royaume jusques ès parties de Berry, Touraine et Poitou, et là en grant compaignie de genz d'armez, feussienz alez en personne contre lui pour lui resister, et deffendre nostre royaume et pueple, en entencion de delivrer nostre royaume et pueple de griefz et maulx que il portoit, et eussiens abandonné à l'aventure de la bataille nostre propre corps, nous enfans, plusieurs de nostre lignage et autres pour le salut et saulvement de nostre royaume et pueple, et par adverse fortune eussienz esté pris en ladite bataille avec plusieurs autres de nostre sanc et autres, et avons esté detenu tant à Bordeaulx comme en Angleterre et à Calais, par l'espace de quatre ans et plus, ou quel temps continuelment Nous et nostredit pueple avons soustenu et souffert moult de maulx, mésaises et douleurs : quar touzjours en continuant de mal en pis, nous venoient nouvellez, comment les genz de nostre royaume estoient divisez et entertuoient, destruoient et damagoient l'un l'autre, et se mettoient les uns après autres en rebellion et desobeissance, et commettoient plusieurs orribles et enormez crimez, et tels dont il estoit tout apparent, se les choses se feussent continuées, nostredit royaume et pueple fussent venuz à destruction et perdicion du tout : et pour ce que par plusieurs foiz après nostredit prise, durant le temps dessusdit, avoit esté traité de paix et d'acort tant à Bordeaulx comme en Angleterre, lesquels ne peurent avoir effet, nousdiz frere et neveu vindrent en nostre royaume en grant effort, multitude et nombre de gens-d'armez, archers et autres genz tant de cheval comme de pié, et firent moult d'arseures et occisions des genz, et damages innumerables, et pour ce certains messaiges de par nostre Saint Pere le Pape furent envoiez en France et en Angleterre par plusieurs foiz, pour traitier de paix et d'acort, et finalment entre nostredit fil pour nous, pour lui, pour nostredit royaume et pueple, alliez et adherans d'une part ; nostredit frere et neveu pour eulx et pour le royaume et pueple d'Angleterre, leurs alliez et adherens d'autre part, fut traitié à Breteigny-de-lez-Chartres, de finale paix et acort ; et fut juré par nostredit filz pour nous et lui, et aussi par nostredit neveu pour nostredit frere et pour lui : lequel traitié, non pas pour nostre delivrance tant-seulement, comme pour eschever la perdicion et destruction de nostre royaume et nostre bon pueple, fu par nous acordé, et depuis encor confermé, promis et juré solemneement sur le cors Jesucist sacré et sur les saintes Euvangiles de Dieu, par nous, nostredit fil et autres nous enfans, et plusieurs de nostre lignage, prelaz et autres nobles, et par semblable maniere, par nostredit frere et neveu et autres ses enfans, et plusieurs autres de son lignage, prelaz et noblez : par lesquielx traitié, paix et acort finaulx et perpetuelx, nous avons desja delaissié, baillié et transporté, et encores sommez tenuz de bailler à nostredit frere, plusieurs et granz nobles terres, possessions et heritages, et avons baillé quatre cens mille escus, et sommez encoures tenuz de bailler la somme de vint et six cens mille escuz d'or, dont les deux valent un noble d'Angleterre; c'est à savoir cent mille à Noël prochain venant, et cent mille à la Chandeleur ensuivant, et de là en avant dedans six ans, chascun an quatre cens mille : et par la paix dessusdite, parmi les hostaiges pour nous baillez pour l'accomplissement de la paix, nous avons esté delivrez à plain de prison, et sommez franc et delivré à touzjours, et ne povons dores-en-avant nous et nostredit frere, nos royaumez, alliez et adherens avoir ne faire guerre, ne proceder de fait l'un contre l'autre, et avons fait très-bonnez alliences ensemble, et somez retornez en nostre royaume franc et delivré, par la grace de Dieu et de la benoite Vierge Marie, sa glorieuse mère.

Si avons consideré l'estat de nostre royaume pour le temps passé, present et advenir; et entre les autres maulx, avons trové que en nostredit royaume a eu plusieurs divisions et rebellions, roberiez, pilleriez, arsurez, larrecins, occupacions de biens, violances, oppressions, extorcions, exaccions et plusieurs autres cruez maleficez et excés, et justice meins deuëment gardée, et que plusieurs nouviaux paagez, coustumez, redevences, subsidez et chargez tant par eaue comme par terre, oultre les anciens et accoustumez, ont esté levez et mis en plusieurs et divers lieux du royaume, parquoy les vivres et marchandises ont esté et sont si chargéez que nulx n'en puet avoir raison, et que plusieurs prinsez, ravissemens et rançonnemens de personnes, de vivres, chevalx, bestez et autres biens ont esté faiz; parquoy les labouragez cessent comme du tout : et aussy que plusieurs mutacions et affeblissemens des monoiez ont esté faiz; parquoy nostredit royaume et pueple d'icellui a esté moult diminué et gasté, et encore pourroit venir à plus grant destruction et perdicion, se remede n'y estoit mis : quar le pueple de nostre royaume ne scet, ne ne puet bonnement mener ces marchandises, sauvez son chastel, ne nulx n'a de quoy il puisse tenir son estat, pour occasion des mutacions et affeblissemens desdites monoiez et autres griefz et inconveniens dessusdiz.

Pour ce est-il que nous euê grant et meure deliberacion de conseil, pour relever nostredit pueple des charges, griefz, miseres et meschés dessusdiz, avons ordené et ordenons que nous ferons faire bonne, vraie et loial justice en nostre royaume, et ferons reparer et adrecier touz les mauls et griefz dessusdiz et cesser dores-en-avant du tout à nostre povoir. Avons aussy ordené et ordenons que touz trehuz, paages, pontenages, montenages, subsides et chargez mis de nouvel, cesseront dores-en-avant, et dès-maintenant les rappellons, et abatonz du tout, et que toutes manierez de marchandises, bestes et autres denrées passeront franchement et quitement tant par terre que par pons, par eauë, bars et bateaux, en paient seulement les anciens paiages et coustumez; et que dores-en-avant par la maniere cy-desoubz à esclarcir, nous ferons faire bonne et fort monoie d'or et d'argent et noire monoie, par laquelle l'an pourra faire plus asieément des aulmonez à la poure gent; et que toutes prises de vivres, de chevaux, de bestez et d'autres biens, tant pour nous comme pour noz enfans, les autres de nostre lignage, conestable, mareschaut, maistre des harbeletriers, maistre d'ostel et autres quelconques noz officiers, et touz autre de quelconque auctorité, condicion ou estat qu'il soient, cesseront et ne pourront faire aucunes prinses, se ce n'est par juste et loïal pris, et en paient et satisfient deuement à ceulz à qui les vivres, choses et biens seront, toute impression et violance cessanz, si comme y laist à faire entre personnez privéez; et ou cas que aucuns prenroient, ou se efforceroient de prendre contre leur volunté, nous leur donnons povoir, auctorité et licence de faire rescousse et desobeissance, et de les prendre et mener à la nostre plus prochaine justice du lieu où ilz seront. Et avons consideré les très-grans profiz qui s'ensuivront par l'accomplissement de la paix, et les très-grans damagez qui avendroient à nous ou à nostre royaume, se par deffaut de nous, nouvelle guerre recommançoit, que ja n'avendra, se Dieu plaist, pour lesquelx domagez et reproches eschever, et pour enteriner et acomplir les choses par nous promises et jurées en ladite paix et le despendences d'icelle, et pour les mises qui sera necessité de faire, tant à chacier et faire vuider de nostre royaume les compaignez (1) et les pillars qui tienent plusieurs forteroscez, et font guerre à nous et à nostre royaume contre la volunté de nostredit frere, et pour nous autres necessitez, il convient que nous soieuz aydiez et secouruz par tout nostredit pueple, mesmement que à nostredite forte monoie aurons nul ou moult petit aquest et gain, lequel nous peust estre très-grant, si comme chascun puet savoir, et aussi pour charger le meins que nous pourrons nostredit pueple.

Nous avons ordené et ordenons que nous prandrons et aurons sur ledit pueple ès parties de la Lenguedouyl, qui nous est necessaire et qui ne grevera pas tant nostre pueple de trop comme feroit la mutacion de nostre monoie, seulement ; c'est à savoir, douze deniers pour la livre de toutes marchandisez et danrées qui seront venduez ès parties de la Lenguedouyl, et le paira le vendeur, et ayde sur le sel, le cinquiesme, et aussy aurons le treiziesme sur les vins et autres bevragez : lesquellez sur le sel et sur les vins et autres bevragez, seront levez et cuillez par la forme et maniere que nous avons ordené et ordenerons au meins de grief de nostre pueple que nous pourrons : lesquelles nous feronz mettre ès commissions et instruccions que nous envoirons à ceulx que nous deputerons sur ce ès parties de la Lenguedouyl (2).

---

(1) On appellait dans ce temps-là *compagnies*, des gens de guerre qui s'estoient réunis en corps de troupes sans l'authorité du Roy, et qui sous la conduite de capitaines qu'ils avoient élûs, ou ausquels ils s'estoient soûmis volontairement, ou faisaient la guerre pour eux-mêmes, en ravageant, pillant et rançonnant le pays, ou vendoient leurs services aux ennemis de la France, aux Rois d'Angleterre et de Navarre, et au comte de Montfort, qui soustenoit ses droits sur la Bretagne. Lorsque la paix eust esté faite avec ces trois puissances, quelques-unes des compagnies resterent dans la France, qu'ils continuèrent de ravager : quelques-unes passerent en Italie, mais le plus grand nombre suivit Bertrand du Guesclin en Espagne. Le Roy d'Angleterre estoit soupçonné de leur fournir secretement du secours depuis la paix, quoyqu'il eust promis par le traité de paix, d'aider le Roy Jean à les chasser de France ; et ce fut là une des raisons qui engagea Charles V à luy déclarer la guerre. Dès qu'elle fut recommencée, quelques-unes des compagnies prirent le parti de la France, et les autres se mirent au service de l'Angleterre. Froissart parle en cent endroits de ces compagnies. *V.* surtout les secours secrets que le Roy d'Angleterre leur donnoit. Liv. 1, ch. 246, p. 340. (Sec.)

(2) Cette ordonnance ne fait aucune mention des États pour la levée du subside qu'elle établit, formalité à laquelle on n'auraît pas manqué, s'ils eussent été assemblés. En second lieu, ces différentes impositions sont établies pour

Duquel ayde pour la grant compassion que nous avons de nostredit pueple, nous nous passerons et tenrons pour coutens, et sen levé tant-seulement jusques à la perfection et enterinement de ladite paix.

(a) Et avons ordené et ordenons que ledit ayde sera levé à soulz et à livres, et non pas à taxacion de florins : par quoy nous voulons qu'il appere clerement au pueple, que nous avons entencion et propos ferme de tenir et garder et faire tenir et garder la forte monoie par la maniere qui s'ensuit : c'est à savoir, que nous avons ordené et ordenons que le denier d'or fin que nous faisonz faire à present et entendonz à faire continuer, sera appellé franc d'or, et aura cours pour seize sols parisis la piece;

Et le royal d'or fin qui a couru et court à present, aura cours seulement pour treize sols quatre deniers parisis;

Les deniers blans que nous faisons faire à la fleur de lis, auront cours pour huict deniers parisis la piece.

Item. Les parisis petiz que nous faisonz faire, auront cours pour un parisis la piece.

Et les tournois petiz que nous faisons faire, auront cours pour un denier tournois la piece :

Et les deniers blans qui ont couru et courent à present, auront cours pour quatre deniers tournois la piece :

Et deffendons à touz que ne soit si ardiz de prandre ne mettre monoie d'or ne d'argent de nostre coing ou d'autre, fors celles dessusdites et par le pris dessusdit. Et en outre voulonz et ordenons que toutes manierez de marchans, genz de mestier, laboureurs, serviteurs et autres quel qui soient, et de quelconque marchandise, mestier, ouvrage, labeurs et service qui soient, usent et doient ou puissent user et eulx entremettre pour gaigner à autres, ordenent et mettent leurs marchandises, denrées, mestiers, ovragez, labouragez, servicez et salaires à tel et si juste, loial et convenable pris, selond nostredit bonne et forte monoie, que les poures genz, ne les autres qui les requerront à avoir pour leur necessité, n'aient cause de eulx douloir de la

---

dix ans, ce qui est contraire à la pratique des États, qui n'accordaient jamais qu'un subside annuel. — Mably, Obs. sur l'Hist. de Fr., liv. V, aux preuves. — (Dec.)

grant cherté qui y pourroit estre pour la mutacion de nostredite forte monoie, si comme par plusieurs foiz est advenu en nostre royaume ou temps passé, quant nostre monoie estoit muée de flebe à fort, dont nous avons moult de complaintez.

(3) *Item*. Nous avons ordené et ordenons que nos prevostez, tabellionages, clergeries, tant de nos seneschauciés, bailliages comme de ycellez prevostez, et touz autres officiers de nostredit royaume qui ont esté ou temps passé et sont encoures baillez à ferme de par nous, ne le seront plus; ains dores-en-avant seront baillez à bonnez personnez, suffisenz et convenablez, qui bien exercer et gouverner les sauront, sans grever nostre pueple.

(4) *Item*. Avons ordené et ordenons que touz sergenz de nousdites seneschauciées, bailliages, prevostez et autres nous juridicions, lesquelz sergenz ne sont mie du nombre et ordenances anciennez, soient ostez et deboutez à plain de leursdiz officez, et dès maintenant les deboutons et ostons par ces presentes, senz ce que eulz ne autres y soient plus mis ne instituez par qui que ce soit dores-en-avant, et que les sergenz du nombre et ordenances anciennez, demourent en leurs offices, se il sont souffisenz à les deservir, et que eulx et les autres qui ont officez, ne les puissent vendre, transporter, ne aliener par quelque maniere ne à quelque personne que ce soit.

Si mandons et commettons à touz nos justiciers ou à leurs lieutenans et à chascun de eulx, que nous presentes ordenances facent tantost et senz delay crier sollemnement en tous les lieux notables de leurs juridicions et ressors et ailleurs, si comme il est accoustumé, et ycellez ordenancez tenir et garder fermement senz les enfrendre ne venir encontre en aucune maniere; et facent commandement à tous et à chascun desdiz marchans, ovriers, laboureurs, serviteurs et autres à qui il appartiendra, que sur quanque il se pueent mesfaire envers nous, il mettent leursdites danrées, marchandises, ovragez, labouragez et salaire à juste et rasonable pris selond nostredite forte monoie, comme dessus est dit. Et ou cas que en ce faire et autres choses dessusdites ou aucunes d'icelles, eulx ou autres de quelque estat ou condition qui soient, seroient rebellez ou desobeissenz, nous y pourverriens à leurs coux et despens, de bon et brief remede, et en oultre leur monstreriens que nous desplairoit forment, et par telle maniere que nul n'aura cause ne occasion de faire plus ainsy.

En tesmoing de ce, nous avons fait mettre nostre seel en ces presentes lettres.

Donné à Compiegne, le 5e jour de décembre, l'an de grace mil trois cent soixante.

Sur le repli est écrit. Par le Roy, en son conseil.

N°. 311. — LETTRES *portant révocation des aliénations du domaine, faites depuis Philippe-le-Bel* (1).

Paris, décembre 1360. (C. L. III, 443.)

JEAN par la grace de Dieu Roy de France.

Sçavoir faisons à tous presens et avenir, que comme par importunité de requeranz et autrement, tant du temps de nostre très chier seigneur et pere, dont Diex ait l'ame, comme du nostre temps, en ensuivant les traces de nos devanciers Roys de France, qui toujours ont esté abandonnez à donner et octroyer liberalement plusieurs grans nobleces et seigneuries, rentes et revenues qui estoient du domaine royal et propre heritage du royaume et de la coronne de France, ou qui avoient ou devoient avoir aucune nature ou condicion de domaine royal, aient esté donnez tant à heritage comme à vie et à voulenté, à plusieurs personnes qui ne deussent pas prendre ne recevoir telz dons ne si excessis, et par raison ne se pevent ne doivent soutenir; quar par telz dons excessis les hauteces et nobleces de ladite coronne de France, ont esté et sont appeticiées en grant partie, nous adecertes considerans les choses dessusdites, voulans, si comme tenus y sommes, les nobleces et seigneuries de ladite couronne accroistre et iceuls maintenir et garder en leur premier et ancien estat, lesdits dons du propre domaine Royal, ou qui ont ou doivent avoir nature et condicion de domaine, ainsi donnez, alienez, separez, mis hors et estrangiez du domaine de ladite coronne, tant à heritage comme à vie à voulenté depuis le temps du Roy Philippe le Bel enença, avons par grant et meure deliberacion de nostre conseil, de nostre autorité royal et certeine science, rappellez et rappellons par la teneur

---

(1) Nouv. Rép. V°. Domaine public, §. 2. (Is.)

de ces lettres, et iceuls donné à la coronne de France dont il sont issuz, rejoignons, rappliquons et remettons du tout, excepté les choses qui auroient esté baillées à Dieu et à sainte eglise, deucment, senz prejudice d'autruy, ou à nos très chiers enfanz le duc de Normandie, dauphin de Viennois, le duc d'Anjou et du Maine, le duc de Berry et d'Auvergne, et le duc de Touraine, pour tenir leurs Estatz; et afin que ceste presente revocation et ordenance soit parfaitement tenue et gardée doresen-avant senz enfraindre, nous voulons et commandons que ces lettres soient publiées par tout où il appartiendra, et enregistrées en la chambre de nostre parlement, en la chambre de noz comptes et en nostre tresor à Paris. Et pour que ce soit chose ferme et estable à toujours-mais, nous ayons fait mettre nostre scel à ces presentes lettres.

Faites et données à Paris, l'an de grace mil trois cens soixante ou mois de decembre.

Par le Roy en son conseil.

N°. 312. — ORDONNANCE (1) *sur le paiement des dettes contractées pendant la forte monnaie.*

Paris, 7 janvier 1360. (C. L. III, 453.)

N°. 313. — RÉGLEMENT *sur la coupe des bois, la pêche des étangs et des viviers, et l'administration des églises vacantes en regale.*

Paris, janvier 1360. (Mém. chambre des comptes, coté 18, f°. 99. — Blanchard.)

N°. 314. — ORDONNANCE *sur l'hôtel du Roi.*

Paris, mars 1360. (C. L. III, 403.)

---

(1) *V.* l'ord. plus ample, du 13 janvier 1355. (Is.)

N°. 315. — ORDONNANCE (1) *portant rappel des juifs, et concession de priviléges* (2), *contenant des dispositions sur le prêt à intérêt et sur gage.*

Paris, mars 1360. (C. L. III, 473.)

JEHAN par la grace de Dieu Roys de France,

Il est chose convenable, et si avons acoustumé de donner à ceulx à qui nous avons fait et octroyé aucune grace par notre liberalité, à leur octroyer privilege, libertez, et franchises, sens lesquels notre premier don et octroy ne leur pourroit valoir ou profiter : et pour ce, comme nostre très-chier ainsné filz à pour le temps qu'il estoit en nostre absence regent notre royaume, pour certaines causes regardant et touchant le proufit commun de nostredit royaume, douné et octroyé par ces lettres, à tous juys et juyves qui vourroient retourner et venir demourer et habiter en notre royaume, que il y peussent venir et demourer jusques à vingt ans : Et nous après par noz lettres, en approuvant et confermant l'octroy fait par notredit filz, ayons par grant et meure deliberation de conseil eue avec plusieurs de notre lignage, prelaz, dux, barons, princes, gens d'eglise, nobles et autres habitans de nôtre royaume, et sages personnes, octroyé ausdits juys et juyves et leurs enfanz, genz et mesnie, le retour, demorer et habitation audit royaume, jusques à vint ans continuellement entresivans, à compter de la date de ces presentes, soubz certaines conditions et modifications, et pour certaines sommes de deniers que il nous devront et seront tenuz de payer à l'entrée et chascun an durant le temps dessusdit, et yceulx juys et juyves, leurs enfanz, mesnie et biens quelconques, aions pris et mis en notre sauf conduit, sauve et special garde, si comme les choses dessusdictes puent plus pleinement apparoir par nos lettres et par les lettres de notredit filz sur ce faites : et pour ce que il ne pourroient ou oseroient bonnement, ne sauroient demourer en notre royaume et pais, se il n'avoient de nous certains privileges, libertez et immunitez, par lesquelx il peussent

---

(1) Le texte latin est en regard.
(2) *V.* le président *Henrion de Pansey*, de l'autorité judiciaire, p. 73, note, vol. III de ce Recueil, p. 287, et les ordon. des 5 juillet 1359 et 26 1361. (Dec.)

obvier et contrester aus malices et fraudes de plusieurs qui par aventure senz cause, les vourroient travaillier, molester, grever ou damagier en corps ou en biens, si nous ont fait humblement supplier que yceulx privileges, franchises, immunitez nous leur vuillons octroyer: car tant comme il pourront plus seurement et plus en pais demourer en notre royaume, et que il y seront mielx maintenuz et gardez, tant nous pourront-il mielx obeir et payer des redevances qu'il nous devront, comme dit est.

Sçavoir faisons à touz presenz et à venir, que nous considerans les choses dessusdictes, avons ausdiz juys et juyves qui sont desja venus demourer en notre royaume, ou il demourront durant le temps dessusdit, octroyé, et par ces presentes de notre autorité et pleine puissance royal, de certaine science et de grace especial, leur octroyons les privileges, libertez, immunitez et franchises qui cy-après s'ensuivent.

(1) Et premierement, octroyons à yceulx juys et juyves demourans et qui demourront en notredit royaume, que il puissent acquerir et avoir maisons et habitacions pour leurs mensions, et places pour leurs corps enterrer, et aussi faire leurs autres necessitez, en la maniere que jusques-ores a esté acoustumé entre lesdiz juys, pour le temps qu'il demouroient en notre royaume, sanz ce que sur les choses dessusdictes, lesdiz juys et juyves puissent estre aucunnement molestez ou empeschiez.

(2) *Item.* Avecques ce, nous yceulx juys et juyves qui demouront en notre royaume, comme dit est, exemptons et voulons estre tenuz pour exemps de tous noz justiciers ou autres quielxconques, soit commissaires ou autres, de quelconques povoir ou autorité qu'il usent et de quelque estat ou condition qu'il soient, tant en cas criminels comme civilz ou autres : mais d'iceulx juys et juyves, reservons à nous et à leur gardian (1) et à noz commis et deputés sur ce, la court, cognoissance, punission et juridiction quelconques; c'est assavoir, de ceulx dont la cognoissance nous doit et puet raisonnablement appartenir; se n'estoit que lesdiz juys en requeissent noz autres justiciers : et pour ce deffendons par ces presentes, à touz noz justiciers et autres dudit royaume, commissaires ou autres quelconques,

---

(1) Il y a une ordon. spéciale à ce sujet, du mois de mars 1360. C. L. III, 471. — C'était le comte d'Étampes. — Cette juridiction paraît avoir été rendue aux ordinaires; ordon. de décemb. 1362, ci-après, (Is.)

de quelconques dignité, puissance et auctorité que il usent, que desdiz Juys ne de leurs causes quelconques ou de leur punicion, cognoissance ou juridiction aucune, il ne s'entremettent en aucune manière, en rappellant et mettant au neant tout ce qui seroit ou auroit esté fait au contraire.

(3) *Item.* Se il avenoit que en notre roiaume, eut aucun d'iceulx juys et juyves qui fust moins souffisant ou ne fust mie digne pour ses meffais, demerites ou autrement, de demourer entre lesdiz juys oudit royaume, mais en fust à debouter pour aucune cause, nous, à la relation de deux des maistres de la loy desdiz juys, et de quatre autres juys que il auront esleu à ce, le bannirons du royaume, ou le punirons selon la qualité du fait, au dit et à la relation desdiz deux maistres et quatre juys, ausquels nous adjoutons plenière foy, senz leur demander, ne que il soient tenuz de dire ou monstrer la cause pourquoy ce sera fait (1), par nous paiant toutes-voies par lesdiz deux maistres cent florins de Florence de bon pois; et si aurons avec ce et nous appartiendra la confiscation et forfaiture des biens dudit juy, ainsi banni ou puni, comme dit est.

(4) *Item.* Et se aucuns desdiz juys ou juyves demouroient en et soubz autres justiciers ou jurisdictions que la nôtre, en nostre royaume, il y pourront demourer et habiter paisiblement et franchement, sanz ce qu'il soient tenuz de payer aux justiciers ou seigneurs soubz qu'il il seront, aucunnes servitutes ou redevances quelconques, ne à autres; fors celles que il nous doivent et devront payer, comme dit est; et aussi les cens et rentes de leurs maisons et habitations, chascun an, lesquels il seront tenus de payer aux seigneurs, si comme feront les autres genz du royaume.

(5) *Item.* Voullons et leur octroyons que il puissent venir demourer audit royaume, sanz ce qu'il puissent estre pris, arrestez ou empeschiez par vertu d'aucunne marque, de gaigement de marque, ou par vertu de quelconques autres privileges.

(6) *Item.* Que il ne puissent estre pris ou arrestez pour quelconques autre cause que ce soit, se ce n'estoit pour cas criminel; en baillant toute-voie pour ladicte cause civile, bonne et souffisant caution de juys ou de christians.

---

(1) Les juifs etaient hors du droit commun. *V.* l'art. 5, ci-après.

(7) *Item.* Pour ce que par avanture, aucuns desdiz juys ou juyves ont ou temps passé, avant leurdit département derrenier fait, commis et perpetrez aucuns crimes, deliz ou malefices, pour lesquiex il pourroient estre pris ou arrestez, ou empeschiez en corps ou en biens, au temps à venir, nous leur avons quitté, remis et pardonné, et par ces presentes leur quittons, remettons et pardonnons touz crimes, deliz ou meffaiz, que eulx ou aucuns d'eulx auroient faiz, commis et perpetrez au temps passé, audit royaume ou ailleurs, avecques toute peine et amende corporelle, criminele ou civile que il pourroient avoir pour ce encouru, soit pour crime de léze-magestez, fause monnoye, murtre, rapt, larrecin, mutilation ou autre quelconques crime capital, ou autre quelque il soit et comment qu'il soit ou puist estre appellé, en imposant sur ce silence à nôtre procureur et à touz autres justiciers et officiers, en leur deffendant que pour yceulx crimes ou aucuns d'iceulx, il ne poursuient, molestent, traveillent ou empeschent yceulx juys et juyves ou aucun d'eulx, en corps ou en biens, mais se aucune chose estoit faite au contraire, si le rappellent et mettent, ou facent rappeller et mectre au premier estat.

(8) *Item.* Nous leur octroyons et voulons que tant comme il demouront en notre royaume, il puissent marchander tant de leurs deniers comme de leurs autres marchandises et denrées quielxconques, et que il puissent prester leurs deniers, ainsi toutes-voies que il ne pourront prendre oultre quatre deniers pour livre pour chacune sepmaine.

(9) *Item.* Aussi que il puissent faire et exercer leurs mestiers, leur fait, courrateries et autres euvres ou ars speculatives (1), pratiques, mechaniques ou autres quelconques, si comme il ont accoutumé à faire ailleurs et ou temps passé.

(10) *Item.* Pour ce que iceulx juys ou juyves ont accoustumé à prester ou temps passé, aus crestians tant-seulement, si comme il dient, leurs deniers, nous leur octroyons et voulons que tant comme il demouront au royaume, il puissent prester et baillier leurs deniers, sur toutes obligations ou autrement et

---

(1) C'est-à-dire, les sciences, soit pour la theorie, soit pour la pratique. Les juifs exerçoient, par exemple, la medecine, et ils estoient même obligez de prendre des degrez dans les universitez. *V.* l'ordon. du 27 décembre 1362. (Sec.)

sur quelconques gaiges; excepté saintes reliques, calices, sanctuaires, libres et ournemens ou autres biens d'eglise dediez à Dieu, socs, coultres et ferremens de charrue et fers de molins, en paiant par ceulx à qui il presteront leur argent, comme dit est, pour chacune livre ou vingt sols, quatre deniers seulement pour chascune sepmaine, sur touz gaiges; exceptez les dessusdis (1).

(11) *Item.* Voulons que il soient creuz par leur loy, sur leur foy et sermenz, de tout ce qu'il diront ou affermeront que il auront baillé et qui leur sera deu sur lesdiz gaiges, des termes sur ce donnez, et de toutes autres convenances sur ce faites.

(12) *Item.* Se rien n'estoit dit ou convenancié sur la garde desdiz gaiges, entre ceulx qui les auroient bailliez ou bailleroient, et lesdiz juys qui les recevroient et prandroient, nous voulons, accordons et leur octroyons que il ne soient tenuz de les garder oultre un an et un jour; lequel temps passé, il pourront vendre ledit gaige : et avec ce, leur octroyons que il ne seront tenuz de rendre ou restituer desdiz gaiges sur quoy il auront presté, comme dit est, jusques à ce qu'il soient payez entierement de tout ce que il affermeront, comme dit est, avoir presté sur ycelui, et de ce qui pour ce leur sera deu, ne ne seront tenuz de nommer la personne qui leur aura baillé aucuns gaiges.

(13) *Item.* Ou cas que aucuns leur bailleroit en payement aucunne chose de sa pure volenté, il ne seront tenuz de le restituer, ne rendre ce à ceulx qui ce leur auroient payé, comme dit est.

(14) *Item.* Se lesdiz juys ou juyves prenoient ou recevoient plus de quatre deniers pour livre de l'argent qu'il auroient presté, il n'auroient que le pur sort, et rendront tout ce que il auront eu oultre le pur sort, et les depens à la partie fait pour ce.

(15) *Item.* Se il avenoit que aucuns desdiz juys ou juyves qui eussent aucuns gaiges sur lesquiex il eussent presté, s'en alast ou transportast de pais en autre, de aucunne juridiction ou ville en une autre, nous voulons, et seront tenuz lesdiz juys et ainsi le promettront-il, que avant que il se partent de la ville où il demouroient, il feront crier et vendre lesdiz gaiges publiquement

---

(1) Quatre-vingts pour cent par an. (Is.)

et solempnellement en lieux publiques et à ce acoustumez, par trois cris et subastations, en prenant lettres sur ce de la justice du lieu : et se lesdiz gaiges sont vendus ou vallent oultre ce pourquoy il seront obligez ou mis en gaige, ou que l'en n'en devroit sus, le remenant et surplus sera rendu et restitué à celui ou ceulx à qui sera ledit gage, ou sera mis et deposé en la main de la justice, souz et en laquelle lesdiz gaiges seroient criez et venduz, comme dit est.

(16) *Item*. Voulons aussi, et octroyons ausdiz juys et juyves, que il soient exemps frans et quittes de toutes impositions, subsides, maltoultes, gabelles et aides, de ost, de chevauchée, de gardes de villes et fortereces, de servitutes et redevances quelxconques qu'elles soient, faictes et ordonnées pour quelconque cause et à quelque personne et en quelque lieu du royaume que ce soit; excepté toutesfois les aides et subsides ordenez et à ordener pour le fait de nôtre delivrance et les treuages devant diz.

(17) *Item*. Ne payeront aucuns païages, travers, chaucies ou treulages à aucuns de noz subjets, se ce ne sont les anciens.

(18) *Item*. Pour ce que par avanture, noz procureurs les pourroient poursuire ou molester sanz cause, nous ne voulons que nozdiz procureurs se puissent faire partie contre eulx ou les poursuivre pour quelconques cause ou occasion que ce soit, se il n'est avant bien et souffisamment enformé sur les faiz que l'en leur imposeroit ou pourroit imposer.

(19) *Item*. Leur octroyons que nulz ne les puisse poursuir par voie d'accusation, denonciation ou autrement, ne pour quelconques crime ou cause que ce soit, se il ne sont partie contre eulx, et se il enchient, ils payeront les despens ausdiz juys faiz en icelle cause.

(20) *Item*. Pour ce que par avanture, aucuns chrestians ou autres, malveillans ou hayneux ausdiz juys et juyves, et lesquielx il vouldroient villener, grever et dommager, pourroient mettre couvertement ou par personne interposée, aucunnes choses en leurs maisons, lesquelles, se elles y estoient trouvées, pourroient estre dites emblées ou fortraites par lesdiz juys, dont il pourroient estre accusez ou poursuiz comme de larrecin ou autrement: nous voulons et leur octroyons, que pour quelconque chose trouvée en leurs maisons ou habitacionz, il ne puissent estre repris, poursuis, approchiez ou molestez par quelconque personne, et à la requeste de quelconques personnes que ce soit; fors tant-seulement de rendre la chose, se ladicte chose n'estoit

trouvée dedanz huche ou escrin ferment, dont le seigneur ou la dame de l'ostel juys ou juive, portast la clef sur luy.

(21) *Item.* Pour ce que aucuns officiers de notre hostel ou autres, pourroient ou vourroient plus ligierrement et plus volentiers prendre des garnisons et biens desdiz juys et juyves, que autres personnes, nous leur avons octroyé et octroyons, et expressément deffendons que nulz maistres de notre hôtel, maistres de noz garnisons, chevaucheurs, preveneurs, fourriers ou autres officiers quelconques de nous, de noz enfanz ou autres de notre lignage, de dux, barons, preslaz et autres quelconques, ne praignent ou facent prendre aucuns des chevaulx, jumens, bestes à laine, aumaille, charretes, blez, vins, foin, aveine, oustillement d'ostel ou autres biens meubles desdiz juys ou juyves, pour quelconques cause ou nécessité que ce soit, ne par vertu de quelconques commission ou povoir que il aient sur ce : et ou cas que aucuns des dessusdiz officiers s'efforceroit ou vouldroit efforcier de faire le contraire, nous voulons que yceulx juys ou juyves et leurs genz y puissent desobéir et requerre leursdiz biens, sanz ce qu'il puissent pour ce, estre traiz ou poursuiz en aucune peine ou amende.

(22) *Item.* Avec ce, octroyons ausdiz juys que pour quelconque cas ou cause que l'en leur impose ou mette sus, il ne puissent estre appellez de gaige de bataille.

(23) *Item.* Ne voullons que il soient ou puissent estre contrainz d'aller à aucun service ou à predication de chrestians, ne que il y soient tenuz d'aler, se ce n'est de leur assontement et voulenté.

(24) *Item.* Pour ce que il conviendra lesdiz juys et juyves faire plusieurs fraiz et mises et despens pour leurs faiz et besoingnes, lesquiex il ne pourroient bonnement faire, se il ne faisoient taille sur eux, et qu'il eussent congié de les faire, nous leur avons octroyé et octroyons par ces presentes, que toutesfoiz que il auront mestier ou vourront faire taille ou cueillette sur eux-mesmes, il puissent elire un ou deulx de chascune ville pour ordener, faire et asseoir et imposer tailles ou cueilletes, si comme bon leur semblera, pour faire leurs fraiz, leurs mises et leurs besoignes, comme dit est, et que yceulx juys et juyves se puissent assembler pour ce faire seulement : lesquelles tailles ou cueillettes, lesdiz esleu ou esleuz puissent lever, cuillir ou recevoir, ou faire lever, cuillir ou recevoir pour faire leursdiz fraiz et besoignes; et que il puissent faire contraindre par la justice du

lieu esquelles lesdiz juys ou juyves demourront, touz contredisans et refusanz à payer lesdites tailles, si comme il appartiendra (1).

(25) *Item.* Nous voulons aussi et octroions ausdiz juys et juyves, que touz notaires et tabellions de nôtre royaume, puissent recevoir et mettre en escript touz les contraux et convenances faictes entre-eulx et avec autres, et faire lettres sur ce.

(26) *Item.* Que aucunes lettres impetrées ou à impetrer de nous, de notre court ou autres, contre les privileges, libertez ou franchises desdiz juys ou juyves, ne soient d'aucune force ou vertu, se elles ne sont veues ou acceptées par leur conservateur ou gardianz que nous leur avons octroyé par noz autres lettres.

(27) *Item.* En oultre, leur octroyons que leurs livres ou roules (2) ne puissent estre pris ou empeschiez par aucuns de noz officiers ou autres quelconques personnes, pour quelconque cause que ce soit.

(28) *Item.* En-seur-que-tout nous octroyons ausdiz juys et juyves demourans et qui vourront demourer et habiter en nôtredit royaume, que tous les privileges anciens à eulx octroyés par noz seigneurs et devanciers Roys de France, lesquielx ne seroient contraires à ces présentes, et lesquiex il ne pourront monstrer et ensaingner ou faire foy par chartres, registres anciens ou *vidimus* faiz soubz seaulx, leur soient et seront confermez par nous, quant il vourront et il nous en requerront.

Si donnons en mandement à touz seneschals, bailliz, recteurs, viguiers, prevos, mairez, jurez, eschevinz, commissaires et justiciers ou à leurs lieutenans presens et à venir, et à chascun d'eulx, que tous les juys et juyves dessusdiz, leurs enfanz, genz, famille et mesniée, tant en commun et université comme singu-

---

(1) Cela subsiste encore. Les israélites dressent des rôles pour les frais du culte. Ces rôles sont rendus exécutoires par les préfets, et recouvrés comme les contributions publiques. A l'égard de leurs dettes anciennes, des ordonnances royale ont, en 1817, autorisé des poursuites dans la même forme, mais on a soutenu que ces créances ne pouvaient être poursuivies que devant les tribunaux. *V.* notes par les lois de finances, de 1820, 1821 et 1822. Rec. *Isambert*.

(2) Anciennement les livres estoient écrits sur des bandes de parchemin que l'on cousoit les unes aux autres, et que l'on rouloit ensuite. Ces *rouleaux* estoient nommez en latin *volumina*. J'ai lû quelque part, que les livres de la Loy que l'on lit dans les synagogues, sont encore aujourd'huy écrits de cette maniere.

Il y a une ancienne ordonnance qui ordonne de brusler le *Talmud* et les autres livres des juifs. *V.* Ordon. de décembre 1254, art. 52. (Sec.)

lierement et chascun par luy, facent et laissent joir et user de tous les privileges, libertez et franchises et immunitez dessusdites, et de chascunes, et des circonstances et dependances d'icelles, senz les empeschier, molester ou travailler ès choses dessusdictes ou aucunes d'icelles, en corps ou en biens ou autrement, comment que ce soit au contraire; mays se aucunne chose estoit faite au contraire, si le rappellent et remettent, ou facent rappeller et mettre au premier estat et deu, tantost et sanz delay, en contraignanz les faisanz ou attemptanz au contraire, à nous faire pour ce amende convenable et si comme il appartiendra. Et pour ce que lesdiz juys et juyves pourront avoir affaire de ces presentes universaument ou particulierement, en plusieurs et divers lieux, lesquelles il ne pourroient bonnement ne aisément avoir, ne ne pourroient estre bonnement devisées en divers lieux, nous voulons et leur octroyons de grace especial, que au *vidimus* et transcript de ces presentes, ou de la clause de ces presentes extraite soubz *vidimus* et transcript fait soubz scel royal, soit adjoustée plaine foy comme à ces presentes, senz contredit ou difficulté quelconques. Et que ce soit ferme chose et estable, nous avons fait mettre notre scel à ces presentes: sauf en autres choses notre droit et en toutes l'autruy.

Ce fû fait et donné à Paris, l'an de grace mil trois cens soyssante, ou moys de mars.

Par le Roy en son conseil, estant en la chambre des comptes (1).

N°. 316. — FRAGMENT *d'un traité passé* (2) *entre le Roi Jean, prisonnier, et Édouard III, Roi d'Angleterre.*

Londres, 1360 (3). (Corps diplom. de Dumont, tom. II, p. 5.)

Rex Angliæ habere debet totam Aquitaniam et Vasconiam pro

---

(1) On croit que les lois étaient délibérées aussi bien dans la chambre des comptes qu'au parlement et au conseil du Roi; on ne connaissait pas la séparation des pouvoirs législatif, judiciaire et exécutif. (Is.)

(2) Les Etats généraux refusèrent de ratifier ce traité. On établit comme principe, qu'un Roi, hors de son territoire, prisonnier ou sous l'influence étrangère, est momentanément dépossédé de l'exercice de la royauté, et que ses actes ne sont point obligatoires pour ses sujets. V. Préface du Recueil des lois et des ordons. *Isambert*, vol. 1815.

Le roi Jean fut très-mécontent contre son fils, du refus des États. *Villaret*, Hist. de France, IX, 386 — 387, in-12. (Is.)

(3) Cette pièce n'est pas ici à sa date. — Elle a précédé le traité de Bretigny.

perpetuo absque reverso, civitatem quoque de Peytres cum castello, cum toto comitatu et patria de Peyters : Item totum feodum de Durward : Item totam terram de Belvill : Item civitatem cum castello de Saintona cum tota patria de Saintona tam ultra aquam de Charent quam citra aquam : Item civitatem Andegaviæ cum castello cum tota patria Andegaviæ : Item civitatem cum castello de Paragors cum tota patria in circuitu : Item civitatem cum castello de Caours cum patria de Caoursina : Item civitatem et castellum et terram de Tarke : Item civitatem et patriam de Wigornesia : Item civitatem et castrum et terram cum patria de Caurs : Item civitatem et castellum cum patria de Angelmosia : Item civitatem et castellum de Rodesya et patriam de Vergia : Item homagia, servicia et honores comitum de *Foys* et *Armenak* de *Paragorensi* et vice comitis de *Lyngesia*; et servicia de dictis dominis pro terris quas habent in ante dictis patriis : Item Mostrellum super mare cum suis pertinentiis : Item integrum comitatum de Pountif : Item castellum cum villa de Calesia cum dominiis et castellis Merk, Sandegate, Colne, Hammes, Wald, Sex cum terris, mariscis, boscis, rivulis, reditibus et cum vestituris ecclesiarum et omnibus pertinentiis : Item omnes insulas appendentes ante dictis dominiis : Item castellum cum toto comitatu de Gynes cum suis pertinentiis : Item castellum et villam de Rochell cum omnibus suis pertinentiis. Et ad ista firmiter et inviolabiliter perpetuis temporibus observanda juraverunt utrique reges super sacramento corporis Jesu Christi. Simili modo juraverunt Magnates utriusque partis pro se et hæredibus atque successoribus suis coram III Archiepiscopis et VIII Episcopis cum indenturis per sigilla ambarum partium munitis, et pro redemptione regis Franciæ darent.

Elle est donc du commencement de 1360. — Sa place serait entre les n°ˢ 302 et 303, pag. 75 de ce volume. (*Idem.*)

N°. 317. — TRAITÉ (1) *entre le Roi de France et le Roi de Navarre, sous la médiation de l'Angleterre, portant abolition et amnistie.*

1360. (Rymer, part. 3, p. 30. — Mss. de la Bibl. du Roi, chambre des comptes, mém. D. — Villaret, Hist. de France, IX, 426.)

N°. 318. — ORDONNANCE *portant assignation des gages des officiers du parlement.*

Paris, 7 avril 1361. (C. L. III, 482.)

N°. 319. — LETTRES *en faveur des Juifs* (2) *qui voudront passer, commercer, ou demeurer dans le royaume.*

Paris, 26 avril 1361. (C. L. III, 487.)

N°. 320. — LETTRES *du duc de Normandie, qui homologuent un réglement du maire de Rouen, par lequel, de l'avis des pairs et prud'hommes de la ville, les draps doivent être marqués.*

Paris, avril 1361. (C. L. III, 496.)

N°. 321. — LETTRES *portant attribution au prévôt de Paris* (3) *des causes concernant les marchands de poisson de mer et leurs voituriers, pour la provision de Paris.*

Paris, avril 1361. (C. L. III, 558.)

---

(1) Ce traité remarquable contient réserve, de la part du Roi de Navarre, de trois cents lettres d'abolition, qu'il pouvait remplir à volonté. (Is.)
Les lettres du Roi données à Calais le 24 octobre 1360, en exécution du traité de Bretigny, restituent au roi de Navarre, tout ce qui lui avait été pris par suite de la guerre. (Rymer, t. III, p. 12 et 30.) Il ne porte pas abolition et amnistie. — Il paraît que cette amnistie fut accordée par un acte postérieur. (Dec.)

(2) V. note, vol. III, p. 287 de ce Recueil, et ord. des 5 juillet 1359, et mars 1361. (Idem.)

(3) Par lettres de déc. 1360, le Roi avait réglé que les marchands de marée auraient leurs causes commises par-devant le parlement, et des commissaires qui

N°. 522. — Edit *portant défenses d'arrêter les chasse-marées, leurs chevaux et harnois.*

Paris, avril 1361. (Reg. de la marée, f°. 16. — C. L. III, 561.)

N°. 523. — Lettres *qui permettent aux marchands de marée et voituriers de s'assembler de trois en trois ans, en présence d'un commissaire, pour élire quatre personnes, qui lèveront sur eux, les sommes nécessaires pour la poursuite de leurs procès* (1).

Paris, avril 1361. (C. L. III, 563.)

N°. 524. — Lettres *du Roi, portant remplacement moyennant certaine finance, de l'imposition ordonnée pour la rançon du Roi, dans les sénéchaussées de Beaucaire et de Nismes de la Languedoyl.*

Château royal près Compiègne, mai 1361. (C. L. III, 496.)

N°. 525. — Mandement (2) *portant qu'à l'avenir les terres et seigneuries ressortiront aux prévôtés et lieux accoutumés, nonobstant tous transports de juridiction.*

Au bois de Vincennes, août 1361. (C. L. III, 507.)

---

devaient être nommés par le Roi. Les marchands de marée formèrent opposition à ces lettres. Un arrêt du parlement, du 21 août 1361, les déclara subreptices et injustes ; les annulla et renvoya les affaires des marchands de marée par-devant le prévôt de Paris, qu'il commit pour être leur juge conservateur. Les lettres ci-dessus confirment l'arrêt du parlement. — (Traité de police de Delamarre.) — (Dec.)

(1) La même autorisation est aujourd'hui nécessaire aux personnes de la même profession, quand ces réunions excèdent le nombre de 20. (Code pénal.) Les professions syndiquées ont de droit cette autorisation, sans qu'il soit besoin de commissaires ; mais les syndicats n'ont aucun moyen de contraindre au paiement les membres de la profession refusans, s'ils n'ont souscrit un engagement direct. — L'autorité administrative ne peut donner force d'exécution à ces taxations. — Ceci tient à ce que nos lois actuelles ne reconnaissent pas le principe des corporations. (Is.)

(2) *V.* Brussel, Traité des fiefs, CXIV. (Dec.)

N°. 326. — ORDONNANCE *portant que les trésoriers et receveurs du Roi pourront seuls recevoir les amendes dues à la couronne, avec défense aux conseillers, réformateurs et commissaires, ou autres préposés du Roi, d'en rien prendre.*

25 septembre 1361. (C. L. III, 523.)

N°. 327. — ORDONNANCE (1) *qui défend aux nobles de se faire la guerre, et de se tenir en armes; qui enjoint aux commandans des compagnies, et à tous autres, de rentrer dans leurs domiciles, et qui punit les rebelles du bannissement et de la confiscation.*

Paris, 5 octobre 1361. (C. L. III, 525.)

JEHAN par la grace de Dieu Roy de France : Au prevost de Paris ou à son lieutenant, salut.

Nous avons entendu que aucuns nobles et autres de notre royaume, disanz estre privilegiez ou accoustumez de user de defiances et de guerres les uns contre les autres, combien que ce ait esté plusieurs foiz par nous défendu pour cause de noz guerres, veulent à present soubz umbre de la paix publiée en nostre royaume, et s'efforcent de faire défiances et guerres entreulx et de proceder par voie de fait : Et aussi plusieurs continuanz les mauvaistiez que l'en a deportées pour l'empeschement de noz dictes guerres, de jour en jour font et ont fait depuiz notre revenue d'Angleterre, plusieurs mauvaises convocations, assemblées et chevauchiées en armes et autrement (2), tant en appert comme en repost, et perpetrez et commis moult de maulx, crimes et meffaiz en plusieurs pais, et aucuns qui se absentent de leurs domiciles, pour lesdiz maulx, chevauchées et assemblées faire, et leurs mauvaises volentés accomplir ou dommager publiquement sanz obeir ne ensuyvre les voies de droit et de justice, en lesion de nous et de nôtre seigneurie et souveraineté, et très grant grief, dommage et esclandre de nostre royaume et de noz bons et loyaulx Subgez, que nous voulons et entendons, à l'aide de notre Seigneur, tenir en paix et

---

(1) Ducange, sur Joinville, p. 484, édit. 1819. (Dec.)
(2) Ce sont les compagnies dont on eut tant de peine à purger la France. (Is.)

en tranquilité et gouverner par bonne justice : Et pour ce, par grant délibéracion, avons Ordené en notre conseil et ordonnons par ces présentes :

Que nonobstant lesdiz privileges ou usages des nobles, sur le fait desdictes défiances et guerres, et que nous ayons paix en notre royaume, toutes telles defiances et guerres et toutes voies de fait contre toutes personnes et en quelconques pais que ce soit en notre royaume, cessent dores-en-avant et pour cause, jusques à notre espécial octroy, et toutes assamblées, convocations et chevauchiées de gens d'armes ou Archiers soient de pié ou de cheval, se ce n'est par le congié ou ordennance de nous ou de noz officiers, et aussi tous pillages, prinses de biens et de personnes sanz justice, venjances et contrevenjances, desroberies et aguez : Et oultre que toutes manieres de gens nobles et non nobles, privilegiez et non privilegiez, à ce que leur estat soit miex cogneu, et eulz soient plus aiables à convenir; s'il est mestier, lesquiex durant noz dictes guerres ou depuis, se sont absentez ou esloignez de leurs vrais domiciles et principaux habitacions qu'il avoient et ont en notre royaume, retournent et reviegnent en yceulz domiciles et habitacions, dedenz un mois après ce que ces présentes seront publiées ès bailliages, chastellenies et prevostez ou jurisdictions dont il seront, et y soient senz fraude comme il estoient et avoient accoustumez paravant, s'il n'en sont relevez par souffisante cause, dont nous ou noz justiciers soubz qui bailliage il seront, soions deuement certiffiez :

Toutes lesquelles choses nous voulons estre tenues et gardées par tout sanz enfraindre, sur paine d'encourre notre indignacion, et estre reputez et tenuz desobeïssanz et rebelles envers nous et la couronne, et en nostre mercy de corps et de biens senz deport.

Pourquoy nous vous mandons et commettons, s'il est mestier, et neanmoins enjoignons et commettons estroictement, que noz dictes ordennances vous tenez et faitez tenir et garder, et ycelles faites tantost et sanz delay, de point en point publier et scavoir tant en jugement comme ailleurs, et par criz solemnez ès lieux notables et accoustumez à ce en votre prevosté et ou ressort, en faisant commandement à touz que à ce obeïssent; et deffendez que à l'encontre rienz ne soit fait ou souffert faire sur les paines dessusdictes : Et se vous trouvez aucuns desobéïssans ou faisant le contraire, dont vous soiez contre eulx souffisaument enformez, yceulz en quelque lieu que trouvez pourront estre en notre royaume, hors lieu saint, prenez ou faitez prendre et emprisonner, et leurs biens saisir en notre main et tenir pour souffisamment inventorié, et contre yceulx procedez à faire restitution et amende à partie comme il appartiendra, et oultre à les punir selon nostre dicte ordennance, et tant que il torne à exemple aux autres:

Et se aucuns se absentent ou ne reviennent à leursdiz domicilles et habitations, selon ce que ordené avons, touz leurs biens prenez en notre main sanz en faire recreance ou delivrance tant qu'il soient venuz et comparuz devant vous pour attendre droit et justice, et en leurs biens mettez mengeurs à leurs coustz, et yceulx doublez et multipliez selon ce que bon vous semblera : et avec ce, s'ilz ne viengnent, contre yceulx absens sanz plus de solemnitez, après ce qu'il seront une foiz adjornez par cri au lieu ou il avoient accoustumé de répairier, et mis en deffaut, sanz attendre autres appeaulz ne dilacions, procedez à bannissement de leurs personnes et confiscations de leurs biens, et à les tenir et publier désobéissans et rebelles contre nous et la coronne, comme dessus est dit :

Et se aucuns desdiz malfaiteurs et rebelles sont en forteresses ou aillieurs en vostre prevosté ou ou ressort, dont prestement vous ne puissiés avoir l'obéissance, faites commandement de par nous à ceulz de la forteresse et qui lesditz malfaiteurs soustendront et compaigneront, que il les vous baillent et rendent sanz delay, pour en faire raison et justice, sur tant qu'il se pevent meffaire envers nous, et sur peine d'encourre notre indignacion et aux peines dessusdictes ; et ou cas que obéir ne vouldront, si faites tant par gens d'armes et assemblées de nobles et autres, s'il est mestier, comme par siege mettant devant les lieux, et par toutes autres voies contraintes que vous verrés convenables, que la force en soit votre et que l'obéissance vous en soit rendue pour nous, comme estre doit : Et les malfaiteurs et rebelles punissiez par bonne justice, tant que ce soit aux autres chastiement et exemple, et que en votre defaut il n'en conviegne retourner à nous : Et en ces choses entendez et faites entendre diligemment, et par tele voie que vous n'en puissiez estre reprins de négligence; car se défaut y avoit pour vous, nous vous en ferions punir et les dommages recouvrer sur vous :

Et adfin que de notre dicte ordennance soit greigneur mémoire et soit diligemment gardée sanz enfraindre, nous avons ces presentes fait enregistrer en la chambre de noz comptes, et nous mandons et commandons à tous voz justiciers et subgiez que à vous et à voz députez en ces choses obéissent et entendent diligenment.

Donné à Paris, le cinquieme jour d'octobre, l'an de grace mil trois cens soixante et un.

Par le Roy en son conseil.

N°. 328. — MANDEMENT *au bailly de Rouen* (1), *à l'occasion de la publication d'une ordonnance sous forme de lettre close, sur les monnoyes.*

Paris, 6 novembre 1361. (C. L. III, 530.)

DE PAR LE ROI.

Bailly de Roüen : Nous vous envoyons certaines lettres ouvertes, scellées de nostre grant scel, encloses en une boeste scellée du contre-scel de la prevosté de Paris : si vous mandons que le contenu d'icelles vous faciez tenir et garder plus diligemment que vous n'avez fait ou temps passé : et bien vous gardez que icelle boeste ne soit ouverte, et que lesdites lettres vous ne veez jusques au 15° jour de ce present mois de novembre, auquel jour nous voulons que le contenu d'icelles vous faciez cryer et publier par tout vostre bailliage et ressort d'iceluy, et non avant. Si gardez si cher comme vous doubtez encourre en nostre indignation, que de ce faire n'ayt aucun deffaut.

Donné à Paris, le 6° jour dudit mois de novembre mil tro cens soixante et ung.

N°. 329. — CHARTE *de réunion des duchés de Bourgogne de Normandie, et des comtés de Champagne et de Brie à la couronne* (2).

Château du Louvre, novembre 1361. (C. L. IV, 212.)

JOHANNES Dei gratia Francorum Rex :

Licet sceptri regalis imperiosa majestas in apicem celsitudinis sursum elevata, suorum subditorum reique publice jugiter invigilet commoditatibus, quia subjectorum commoditate, principis locupletatur potencia; tamen non ob hoc, minus curiose sue corone jura tuens regalia, ad ejusdem exaltationem magni-

---

(1) Pareil mandement fut adressé à trente deux baillis et prevôts. (Dec.)
(2) V. Brussel, Usage des fiefs, 134. (Idem.)

ficam gloriosumque decorem aspirans, sue considerationis perspicaccissimos oculos debet erigere : istorum etenim alterum alterius auxilio semper eguit, ut in subditorum prosperitatibus gaudeat se felicem, et in sui diadematis exaltacione, suum stabiliatur imperium sane nos divina favente clementia, super cathedram regalis preeminentie sublimati, presidentes gloriose francorum corone, quam felicibus predecessorum nostrorum meritis inclitis, inter ceteras hujus orbis dominationes et regias potestates, ipse per quem reges regnant, gloriosius exaltavit, scientiarum et aliorum bonorum communivit beneficiis, victoriosisque tribuit gloriari triumphis, donec nostris novissimis temporibus, idem Rex regum et dominus, post tam prospera, in signum dilectionis comprobande, nobis subministravit adversa, quia hostium nostrorum impietas, exigentibus hominum peccatis, adversus nos hostiliter insurrexit, quod post illata per regni nostri diversa climata, magnifesta et non modica dispendia, idem dominus omnium, corone nostre gloriam sugillans per eum sic exaltatam, in personam nostram humiliari, et nostram personam hostium nostrorum concludi et captivari manibus voluit et permisit. Tandem, illo procurante qui est auctor pacis et amator, liberati, non modicum nostra corona in sui alienacione patrimonii per nos facta (1), passa est detrimentum, quod sic fieri, nobis et reipublice credidimus expedire, ut quod bellorum calamitas introduxit, hoc presentis pacis lenitate sopiatur.

Quapropter ad nostre corone exaltationem, decorem et magnificentiam, nostre providencie figentes intuitum, idem providere cupientes, notum facimus per presentes tam presentibus quam futuris, quod cum nuper per mortem carissimi filii nostri Philippi ducis Burgundie, dictus ducatus Burgundie cum juribus et pertinenciis universis, nobis in solidum jure proximitatis, non ratione corone nostre debitus, ad nos fuerit devolutus, et in nos jure successorio tranlatus, ac à nobis tanquam noster acceptatus, ipsum eundem ducatum Burgundie ac comitatum Campanie (2), nec non comitatum Tholose (3) ad nos pleno jure spectantes, cum ipsorum singulorum juribus et

---

(1) *V.* le traité de Bretigny de 1360. (Is.)

(2) *V.* mémoire de *Secousse*, académ. des inscriptions et belles-lettres, 1730. (*Idem.*)

(3) *V.* dans le Traité des droits du Roy, par Du Puy, p. 856, comment après la mort d'Alfonse comte de Toulouse, frère de S¹. Loüis, et celle de Jeanne

pertinenciis universis, nostre felici corone Francorum, de nostra certa sciencia et auctoritate regia,

Donamus, unimus, Conjungimus et inseparabiliter solidamus, juribus dicte nostre corone, dictos ducatum Burgundie, comitatus Campanie et Tholose exnunc applicantes, appropriantes, et inter ea jura numerantes, et sic solidatos in perpetuum dicte corone per presentes volumus, ac decernimus unitos, quoscumque alios successores in eisdem ducatu et comitatibus preter futuros reges Francorum, inperpetuum excludentes. Insuper dicte nostre corone augentes insignia ducatum Normannie volumus in modum qui sequitur, nostre corone sociari; nam cum de presenti dictus ducatus Normannie, sine cujusquam injuria, dicte nostre corone uniri nequiret seu consolidari, cum eodem ducatu carissimus noster primogenitus, Carolus Dalfinus Viennensis, ex dono regio per nos sibi facto, jam pluribus temporibus fuerit et sit investitus (1), et eidem jus reale quesitum, quem legitimum possidentem, sicut nec alium quemcunque, spoliari non intendimus: ipsum tamen ducatum Normanie tunc nostre dicte corone uniendum et consolidandum volumus et disponimus, altero duorum casuum subsequentium eventu; videlicet, quando nobis presenti vita functis, dictus primogenitus noster in regno successor extiterit, ad quod tunc consolidandum jubemus, et ad hoc ipsum, quantum possumus, obligamus, cum insignia coronacionis suscipiet (2), prestans tunc juramentum, quod nunquam per ipsum inter tam sic unita et conjuncta, aliqua generabitur divisio seu scissura: pro quibus omnibus et singulis ademplendis totaliter et complendis, dictum carissimum primogenitum nostrum juramento volumus astringi, et super hoc per ipsum de presenti sollempne prestari corporaliter juramentum; vel si, quod absit, ordine mortalitatis turbato, nobis adhuc vita fungentibus, dictus noster

---

sa femme, morts l'un et l'autre en 1270, le comté de Toulouse passa à S¹. Leüis, en conséquence d'un traité conclu à Paris, en avril 1228. (Sec.)

(1) En 1355. *V.* le mémoire déjà cité de *Secousse.* (Is.)

(2) *Husson,* dans un factum pour la baronie de Monbar, ensuite du traité de *Duplessis,* sur la coutume de Paris, a prétendu que ce fut en vertu de cette clause, que lors du couronnement de Charles V, on ajoûta au serment que les Rois font dans ces occasions, ces termes: *Superioritates, jura et nobilitates coronæ Franciæ custodiam, et illa nec transportabo nec alienabo.* Addition qui ne se trouve point dans les sermens faits par ses successeurs. *V.* le ceremonial franç. de Godefroi, t. 1, p, 33. (Sec.)

primogenitus diem suum clauderet extremum, dictum ducatum Normanie tunc uniemus, consolidabimus, et unire seu inperpetuum consolidari tunc promitimus, prout in dictis ducatu Burgundie, ac comitatibus Campanie et Tholose superius est expressum : promitentes sub fidelitatis juramento, quo eidem nostre corone sumus obligati (1), contra hujusmodi dispositionem et ordinationem predictas, seu contra aliqua premissorum, aliqua via directe, vel exquisito colore per obliquum et indirecte non venire, vel incontrarium attemptare : que sic fieri et adimpleri jam ad supra sancta Dei Evangelia manibus sursum elevatis, juravimus solempniter et servari, et ad que perficienda et observanda perpetuo, nos et futuros successores nostros reges Francie obligamus et volumus esse astrictos, ac dum insignia coronacionis recipient, ad predicta juramenta renovenda per eosdem modo et forma predictis, ipsos teneri volumus ac decernimus per presentes.

Ad quorum omnium plenissimam confirmationem, nostrum presentibus litteris fecimus apponi sigillum.

Datum in castro nostro de Lupera prope Parisius, anno Domini millesimo trecentesimo sexagesimo-primo, mense novembris.

Per regem in suo consilio.

N°. 330. — Réglement (2) *sur les notaires secrétaires du Roi, et des conseils.*

Vers le 7 décembre 1361. (C. L. III, 532.)

N°. 331. — Ordonnance *portant confirmation des priviléges, franchises et libertés des habitans du duché de Bourgogne, nouvellement réuni à la couronne* (3), *qui décide qu'on ne pourra appeller des grands jours de cette province* (4), *et qu'on y établira une chambre des comptes.*

A l'abbaye de Saint-Bénigne de Dijon, 28 décembre 1361. (C. L. III, 534.)

---

(1) Donc le prince a des devoirs à remplir dont il ne peut se dégager. *V.* dissertation, servant de préface au vol. 1817 du Recueil des lois et des ordonn. *Isambert.*

(2) Il n'a aucun rapport avec les fonctions des notaires du Châtelet. (It.)

(3) Il en fut distrait le 6 septembre 1363, par l'attribution que le Roi en fit à son ... ce qui nous dispense de copier cette pièce. (*Idem.*)

(4) C'est l'origine du parlement de Dijon. (*Idem.*)

N°. 332. — LETTRES *portant nomination de trois commissaires, à l'effet d'informer des abus d'autorité et forfaitures des officiers royaux, dans le bailliage de Mâcon, et ailleurs, pendant la captivité du Roi, et qui leur enjoint de recevoir toutes les dénonciations, et de ne permettre aucunes transactions.*

Paris, 26 février 1361. (C. L. IV, 114.)

N°. 333. — MANDEMENT *portant que les lettres royales seront notifiées et publiées par les baillis et sénéchaux, à l'exclusion de tous autres, nonobstant les commissions qui en auraient été données aux princes du sang ou autres.*

Au bois de Vincennes, 20 mars 1361. (C. L. III, 555.)

N°. 334. — LETTRES *qui défendent aux sénéchaux et baillis d'entreprendre sur la juridiction* (1) *des maîtres des eaux et forêts.*

Paris, 14 mai 1361. (C. L. III, 560.)

N°. 335. — LETTRES *sur les priviléges et coutumes de Prissey, près Mâcon, portant que les adultères seront fustigés à travers la ville, ou qu'ils paieront 60 sous d'amende.*

Mâcon, octobre 1362. (C. L. III, 597.)

N°. 336. — TRAITÉ *pour la liberté des otages* (2) (*princes du sang*).

Londres, novembre 1362. (Rymer, III, part. 2, p. 71 et 72.)

---

(1) Cette juridiction a été supprimée par un édit de Louis XVI, proposé au lit de justice, du 8 mai 1788, comme un tribunal d'exception. — Le garde-des-sceaux a dit que la plupart des juges n'étaient pas gradués, et qu'il en résultait beaucoup de conflits. — Ce vœu de Louis XVI n'a été réalisé qu'en 1789 par l'assemblée nationale, qui a eu la force d'opérer cette abolition. (Is.)

(2) Le Roi étant à Avignon le confirma et le renvoya au lieutenant général — Celui-ci l'ayant communiqué à la Cour des pairs, et pris l'avis des prélats, seigneurs et gens de son conseil, représenta qu'il n'était pas possible d'accepter un traité d'où il ne résultait d'autre bien que la liberté momentanée des otages. Ce refus rompit le traité. L'un des otages s'évada. Aujourd'hui, le droit des gens n'admet plus d'otages. (*Idem.*)

GOUVERNEMENT DU ROI,

ET LIEUTENANCE GÉNÉRALE DU ROYAUME.

Du 17 décembre 1362, au mois d'août 1363.

N°. 337. — *Lettres par lesquelles le Roi nomme son fils aîné lieutenant-général du royaume* (1), *pour les provinces septentrionales du royaume, pendant son voyage à Avignon.*

Villeneuve-d'Avignon, 17 décembre 1362. (C. L. III, 602.)

Jehan par la grace de Dieu Roys de France : A touz ceulz qui ces lettres verront, Salut.

Savoir faisons que nous avons fait et ordené, faisons et ordenons par la teneur de ces présentes, nostre lieutenant general en toutes les parties de la Languedoyl, nostre très-chier ainsné filz Charles duc de Normandie et dauphin de Viennoys, et li avons commis et commettons le gouvernement de toutes lesdites parties et de nos subgiez, en lui donnant plain povoir, auttorité et mandement especial de ordener et faire en tout et par tout, autant comme nous mesmes ferions et faire pourrions, se nous y estions presens; ja soit ce que les choses ou aucunes d'icelles requeyssent mandement especial : et voulons que ce que par li sera fait et ordené, tiegne, vaille et ait fermeté pleniere, et le promettons avoir ferme et aggreable à touzjours. En temoing de ce, nous avons fait mettre nostre scel à ces lettres.

Donné à Villenove-lèz-Avignon, le dix-septième jour de decembre, l'an de grace mil trois cens soixante et deux. Ainsi signé. Par le Roy en son conseil.

Lecte fuerunt littere originales in presencia totius consilii,

---

(1) Ces délégations sont d'une haute importance; elles confèrent une régence momentanée. *V.* Dissertation servant de préface au vol. 1817 du Recueil Isambert. Le caractère d'inviolabilité attaché à la personne du monarque, est-il transmis de droit à son lieutenant ? Sous la Charte de 1814, la décision doit être négative. *V.* Nouv. Rép. V° Régence, p. 125. (Is.)

in domo domini Ducis apud sanctum Paulum propre Parisius, mense februarii, anno millesimo trecentesimo sexagesimo secundo.

N°. 338. — LETTRES *au parlement, au sujet de bénéfices vacans en regale, conférés par le Roi, durant sa prison.*

Dijon, 22 décembre 1362. (Ordin. Antiquæ, coté A, f°. 51.)

N°. 339. — ORDONNANCE *du Roi* (1) *qui permet aux juifs d'exercer la médecine, s'ils sont gradués, et qui les oblige de porter une marque sur leurs habits.*

Nîmes, 27 décembre 1362. (C. L. III, 603.)

JEHAN etc. Au sénéchal de Beaucaire ou à son lieutenant, salut. Pour ce que il est venu à nôtre cognoissance, que des Juys qui sont demourans à présent en notre royaume, dont les uns se dient estre phisiciens, et les autres sirreurgiens, il se sont entremis et entremettent de jour en jour de user entre les crestiens nos subgiez, tant en pratiquant comme autrement, desdictes sciences de phisique et de sirreurgie, et icelles exercent et veullent exercer sans ce qu'il soit apparu à vous ou à autres de noz gens demourans en votre seneschaucie, qu'il soient souffisans et abiles pour lesdictes sciences exercer, ce que par aventure eulx ou aucuns d'eulx ne sont mie, et ainsi par leur inscience et fole entreprise, grans perilz et inconveniens irréparables se pourroient ensuir envers lesdiz crestiens nos subgiez, se par nous n'y etoit pourveu de remede.

(1) Nous par deliberacion de notre conseil, avons ordonné et ordounons par la teneur de ces lettres, que lesdiz Juys ne aucuns d'eulx ne soient si hardiz seur quanque il se pueent mesfaire envers nous, de exercer, user ne eulx entremettre par quelque maniere que ce soit, desdictes sciences de phisique ne de sirreurgie ne d'aucunnes d'icelles, en pratiquant ne autrement, envers lesdiz crestiens ne aucuns d'eux, si ne sont premierement et avant toute œuvre examinez en la presence de vous ou d'autres noz gens de votre seneschaucie, par maistres

---

(1) *V.* ci-dessus les ord. des 5 juillet 1359, mars 1360, 26 avril 1361, et les notes. (DEC.)

ou autres crestiens expers esdites sciences, et que celui ou ceulx desdis Juys qui s'en voudra entremettre, soit trouvez abiles et souffisans et convenables pour en user entre lesdiz crestiens.

(2) *Item.* Comme autres-foys ait esté ordené que lesdis Juys auroient et porteroient certain signe apparent, par quoi l'en les peust cognoistre des crestiens, et yceulx Juys ou aucuns d'eulx, si comme nous avons entendu, aient esté et soient remiz et negligens de le avoir et porter; ou au moins se il le ont porté ou portent, si est de si petite apparence et en tel lieu que à paines le puest l'en cognoistre : nous samblablement avons ordené et ordenons de nouvel, que tous lesdis juys qui demeurent et demourront en notre royaume, auront et porteront signe notable et apparent, afin que diference soit faite de eulx aux cretiens, et que d'iceulx juys l'en puisse avoir meilleure et plus clere congnoissance.

(3) *Item.* Nous avons ordenné que de tous les contraux, causes, querelles et demandes quelles que elles soient, que lesdis juys auront et pourront avoir à faire contre lesdiz crestiens, et les crestiens contre les juys pour le temps present et à venir, desquiex destric ou controversion sera meue ou pourra mouvoir entre eulx ou aucuns d'eulx, les juges ordinaires soubz qui lesdictes parties demourront, auront la cognoissance entierement et à plain, et sur les debas feront aux parties bon et brief accomplissement de justice. Si vous mandons et enjoignons estroitement, que noz presentes ordenances vous sens aucun delay, faictes crier et publier ès lieux notables et accoustumez en votre seneschaucie, et icellez tenir et garder de point en point, sens les infraindre en aucunne maniere, seur quanque l'en se peut mesfaire envers nous : sachans que qui fera le contraire, nous le ferons punir tellement que tous autres y pranront exemple.

Donné à Nymes, le vingt-septieme jour de decembre, l'an mil trois cens soixante-deux.

Par le Roy en son conseil.

N°. 346. — ORDONNANCE *du lieutenant portant que les prévôtés seront mises à ferme* (1), *et données à personnes suffisantes.*

Paris, 2 février 1362. (C. L. III, 609.)

CHARLES ainsné filz du Roy de France et son lieutenant, duc

---

(1) Les états-généraux en 1355, 1356 et 1357 avaient proscrit cet abus. *V.* ci-

de Normandie et dalphin de Viennois : à nos amez et feaulx gens des comptes de Monsieur et les nostres à Paris, salut et dilection.

Sçavoir vous faisons que par grant et meure deliberacion que nous avons eue avec les gens du conseil de nostredit seigneur et du nostre, et pour certaines et justes causes qui de nouvel sont venues à nostre cognoissance et audit conseil, et aussi pour pourveoir aux assignez sur le demaine dudit royaume, tant eglises comme religieux et autres, avons ORDENÉ et ordenons que toutes les prevostez dudit royaume qui estoient bailliez en garde, soient bailliez desormaiz à ferme à personnes convenables et suffisanz à ce, en la forme et maniere que l'en le souloit faire ou temps passé ; si vous mandons et enjoignons estroitement que tantost ces lettres veues, vous faciez faire mandement à touz bailliz et receveurs qu'il facent crier et publier solennelement nostredite presente ordenance par tous les bailliages et ressorts dudit royaume, ès lieux ordenez et accoustumez à ce, et icelle publiée, iceulx bailliz et receveurs desditz baillages, icelles prevostez baillent à ferme en la maniere accoustumée, comme dit est, de quoi lesdiz receveurs seront chargiez de prendre les pleges et tenuz rendre compte, comme autre foiz a esté fait : et incontinent les deniers-à-dieu des fermes d'icelles prevostez receus, facent cesser du tout les prevosts qui les ont tenues en garde, lesquiex du jour des fermes baillées, comme dit est, nous ostons du tout par ces presentes, et ce fait, soient contrains à rendre compte et payer tout ce qu'il ont receu des emolumens desdites prevostez, du temps qu'il les ont tenues en garde, eu leur desduisant gages raisonnables : et faites faire par telle maniere que vous n'en doiez estre repris d'aucune négligence. Mandons et commandons à tous les justiciers, officiers et subgiez de nostredit seigneur et les nostres, qu'à l'execucion et accomplissement de nostre presente ordenance, ils obeissent diligemment et entendent.

Donné à Paris, le secont jour de fevrier, l'an de grace mil trois cent soixante et deux.

Par M. le duc en son conseil.

---

dessus. La vénalité des charges de magistrature a été abolie définitivement en 1789, d'après les cahiers des états-généraux. Il ne faut pas la confondre avec la transmissibilité des offices ministériels, comme on l'a fait dans une circulaire du garde-des-sceaux, du 21 février 1817, Recueil Isambert. *V.* les notes sur cette pièce, p. 541 et suiv. vol. 1817, et Nouv. Rép. V°. Denier-à-Dieu. (Is.)

N°. 341. — LETTRES *du duc de Normandie, dauphin de Viennois, lieutenant du Roi, qui permet aux aubains, membres du chapitre de Reims, de disposer de leurs biens*.

Paris, 26 février 1362. (C. L. IV, 225.)

N°. 342. — LETTRES *du Roi qui maintiennent les barons dans le droit à eux appartenant, de punir les officiers royaux, leurs sujets, pour faits étrangers à leurs fonctions.*

Nîmes, 7 mars 1362. (C. L. IV, 231.)

N°. 343. — BULLE DU PAPE, *qui déclare le Roi Jean chef de la croisade.*

Avignon, mars 1362. (Villaret, Hist. de France, IX, 507.)

N°. 344. — LETTRES (1) *du Roi, portant homologation des délibérations des états de la sénéchaussée de Beaucaire et de Nismes, assemblés à Villeneuve-les-Avignon, en présence du Roi, relatives à une imposition et à une levée destinées à réprimer les violences exercées par les compagnies d'aventuriers.*

Villeneuve près Avignon, 20 avril 1363. (C. L. III, 620.)

JOANNES Dei gratia Francorum Rex : Universis præsentes litteras inspecturis, salutem.

Notum facimus quod, convocatis coram nobis et concilio nostro, prælatis, nobilibus et communitatibus senescalliæ nostræ Belicadri et Nemausi, ac comparentibus congregatis de nostri licentia et mandato apud Villam-novam-prope-Avinionem pro negotio infrascripto, explicataque per dictum nostrum consilium necessitate defensionis dictæ patriæ senescalliæ et totius linguæ occitanæ, eo quia inimici et latrociunculi dictam se-

---

(1) Ces lettres nous ont paru importantes, parce que le Languedoc s'est maintenu comme pays d'états jusqu'à la révolution de 1789. — Le Languedoc était alors divisé en trois sénéchaussées, Nîmes et Beaucaire, Carcassonne et Toulouse. — Ces lettres nous apprennent qu'elles délibéraient auparavant en commun, ce qui formait les états-généraux du Languedoc ; mais que cette réunion paraissait onéreuse aux habitans, tant on était loin alors de soupçonner les avantages du gouvernement représentatif. (IS.)

nescalliam subintrare more hostili conantur, et eorum totis viribus eamdem et subditos nostros damnificare, prout eamdem alias discurrerunt, vi armorum capiendo, furando bona, hominesque et mulieres tam viduas, virgines quam maritatas et etiam moniales Deo dedicatas capiendo, carnaliter cognoscendo, violando et corrumpendo, et ipsas, sicque homines tam prælatos quam religiosos, præsbiteros, clericos, nobiles atque villicos, agricultores et quoscumque alios, per vim et violentiam redimi faciendo, occidendo eosdem indiferenter et inhumaniter, pluraque loca fortia occupando et igne concremando, multaque alia damna et maleficia detestabilia committendo, quod abominabile est enarrare : propter quod ad obviandum malitiis damnisque intolerabilibus per dictos latrunculos illatis, et quæ inferri totis eorum viribus conantur subditis nostris, dicti prælati, nobiles et communitates, habita eorum deliberatione, certificatique super his de nostro populo senescalliæ predictæ, pro provisione defensionis patriæ et salvatione dicti populi fecerunt, ordinaverunt et etiam nobis attendere et compellere infrascripta in rotulo subsequenti contenta, promiserunt : cujus rotuli tenor sequitur in hæc verba.

Quia placuit vobis domino nostro regi, gentes cujuscumque status ; scilicet, personas ecclesiasticas, barones, nobiles et communitates senescalliæ Bellicadri et Nemausi, facere consultare super defensionis provisione et statu patriæ ejusdem, contra hostes et inimicos qui de die in diem parati sunt dictam senescalliam hostiliter aggredi, et eamdem in personis et bonis damnificare, retenta in omnibus voluntate et honore vestri domini nostri regis et vestri præexcellentis consilii, fuit avisatum et consultum super protestationibus et retentionibus infrascriptis, ut sequitur.

(1) Protestantur namque primo, quod per inferius consultanda vel scribenda, nulla-tenus honori regio derogare intendunt, nec se subjicere alicui oneri novæ servitutis, nec se privilegiis, usibus, libertatibus, consuetudinibus, saisinis, franchesiis, compositionibus vel concessionibus quibuscumque renunciare ; imo ipsas et ipsarum quamlibet, protestantur et volunt fore salvas et eis et eorumcuilibet illibatas pœnitus permanere, nec aliquid intendunt dicere, consultare, facere vel tractare quod ad incomodum versatur eorumdem nec alterutrius, nec quod tractanda vel consultanda ad aliquam consequentiam inposterum trahi possunt, nec novum jus vobis domino nostro regi

seu vestris successoribus requiri, nec aliqua servitus eisdem imponi : quas protestationes volunt habere pro repetitis in singulis actibus inferius consultandorum et scribendorum.

Rex per ea quæ sequuntur, non intendit jus novum sibi acquirere, nec juri suo, vel ipsorum et cujuslibet ipsorum juri derogare in futurum.

(2) Verum cum ad notitiam personarum ecclesiasticarum, baronum et nobilium præsentis senescalliæ devenerit, comunitates trium senescalliarum linguæ occitanæ; videlicet Tolosæ, Carcassone et Bellicadri, dudum adunare unionem tam financiarum quam Gentium armorum, et aliter pro expellendis hostibus et inimicis è dictis senescalliis et earum qualibet, inter se cum certis pactis stipulationibus et promissionibus vallatis, fecisse, et per vos dominum nostrum regem seu loca-tenentes vestros prædicta confirmasse, prout hæc in certis cartis et instrumentis super hoc confectis, latius dicuntur contineri : Dictaque unio seu provisio damnosa fuerit ipsis ecclesiasticis, baronibus et nobilibus præsentis senescalliæ; nec in utilitatem dictarum comunitatum præsentis senescalliæ dicatur redundasse; quinimo magis damnosa et periculosa, si duraverit, ulterius existeret. et in tantum onerosa ipsi senescalliæ et habitantibus in eadem, quod quasi impossibiliter possit sustineri : Supplicant dictæ personæ ecclesiasticæ, barones et nobiles nomine eorum et sindicorum suorum, dictam unionem per vos dictum dominum nostrum regem, nullam aut inutilem fore decerni et declarari de vestra certa scientia et speciali gratia, si opus fuerit, et ex causa ad finem, quod tam dictæ personæ ecclesiasticæ, Barones et nobiles cum communitatibus præsentis senescalliæ dissolutis prius ab unione prædicta, comme dei et vestro auxilio consulere et provisionem facere valeant et ordinare, prout melius facere et consultare poterunt, ad expellendum, obviandum et ejiciendum hostes, tyrannos et inimicos, qui dictam senescalliam bellicadri invadere seu damnificare invaderent seu damnificarent, et ex causa.

(3) Et quia vos dominum nostrum regem et vestrum præeminens consilium ac officiales vestros presentis senescalliæ, credimus sufficienter esse informatos de damnis, oppressionibus et gravaminibus ac deprædationibus per inimicos qui nuper presentem senescalliam discurrerunt, et de die in diem discurrunt et damnificant, et aliis oneribus quæ quotidie occurrerunt et occurrunt per factum talliarum, tam pro facto. redemptionis personæ ves-

træ, expulsionis inimicorum, vadiis gentium armorum, quam aliis oneribus, ratione quorum quasi ad inopiam incipiunt devenire, nec haberent unde aliquam provisionem gentium armorum facere possent, eorum paupertate attenta, nisi prædicta facerent in totum seu in parte de emolumento gabellæ salis præsentis Senescalliæ: Vobis domino nostro regi supplicant ut dictam gabellam salis præsentis senescalliæ, ipsis et ad eorum voluntatem et arbitrium velitis prorogare ultra tempus in dicta unione alias per vos concessum seu prorogatum, ad duos annos continuos et completos, ut ex nunc ex emolumento dictæ gabellæ jam imposito vel imponendo, per eosdem quantum sufficiet, gentibus armorum et aliis stipendiariis satisfacere possint: Cum, si non sufficiat, sibi providere intendunt de aliquibus impositionibus seu gabellis pro dictis gentibus armorum et aliis stipendiariis satisfaciendo: Quodque etiam cum super dicta gabella salis præsentis senescalliæ, vos et nonnulli alii nobiles habere dicamini magnas pæcuniæ quantitates vobis et ipsis debitas, supplicant etiam ratione eminentis periculi, et ut facilius gentibus armorum de emolumento dictæ gabellæ satisfieri possit, ut medietas emolumenti dictæ gabellæ salis convertatur in dictam satisfactionem dictarum gentium armorum, et alia medietas in solutionem tam debiti vestri quam aliorum nobilium quibus dicta gabella dicitur esse obligata, quo usque de dictis debitis sit integraliter satisfactum, et prædicta satisfactione ad plenum facta, dicta gabella in factum prædictum integraliter convertatur.

(4) *Item*. Quod concedatis eis licentiam et auctoritatem in casu in quo emolumentum dictæ gabellæ salis non sufficeret ad solutionem gentium armorum et aliorum stipendiariorum, imponendi certas impositiones seu gabellas super his de quibus ipsi, ut infra continetur, concordarunt, ponereque et instituere thesaurarium seu thesaurarios vel receptorem nomine ipsorum conciliariorum, et alia facere et ordinare quæ ad dictam provisionem faciendam fuerint necessaria ac etiam opportuna, et pro prædictis et infrascriptis, se seu deputatis ab eis, toties congregare quoties eis videbitur expedire.

(5) *Item*. Quod ipsi, seu deputati ab eis, possint et valeant eligere et receptores nostrarum gentium armorum et servientium, qui prædictam nostram recipere habeant una cum dicto capitaneo seu deputato ab eo: Et dictus capitaneus recuvras gentium armorum facere vel eas cassare, si et quando eidem

fuerit, de et cum consilio consiliariorum super præsenti provisione ordinandorum.

(18) *Item.* Quod ea quæ per dictas gentes armorum seu servientium capientur communiter seu divisim, super dictis inimicis sive sit pilha sive prisonerii sive aliud quodcumque, quod sint eorum et cujuslibet eorum propria, et ea convertere possint in eorum propriam utilitatem; nisi sit talis proditor quod de eo justitia corporalis realiter fiat : Quod casu pilha remanebit capienti una cum armis, equis et aliis bonis suis.

(40) *Item.* Quod nullus justiciarius regius cujuscumque status seu dignitatis existat, de dicta Gabella et aliis impositionibus, nec etiam de dictis pecuniis inde levandis et exigendis, custodiendis seu erogandis, et in stipendiariis et aliis usibus necessariis convertendis, nec etiam super compotis audiendis particularium receptorum, se habeant aliqualiter intromittere, nec etiam impedire : sed illi dumtaxat qui per ipsos seu deputatos aut deputandos ab eis fuerint super hoc electi, qui præmissa omnia libere levent, exigant, custodiant et errogent, et compotum reddant illis qui per ipsos seu deputatos aut deputandos super hoc electi, qui etiam habeant potestatem dictum thesaurarium seu thesaurarios de prædictis de quibus compotum reddiderit seu reddiderint, quittandi; vocato et præsente dicto capitaneo vel deputado ab eo, si adesse voluerit. Quod si Dominus noster Rex seu ejus locum-tenens, aut quivis alius justiciarius et officiarius cujuscumque conditionis et preeminentiæ existat, contrarium facere, ex tunc omnis impositio et Gabella ipso facto cesset, et quod ipsi et omnes habitantes et subditi in dicta senescallia, ad præmissorum observantiam minime teneantur, sed ab omnibus et singulis supradictis oneribus sint quitti, liberi poenitus et immunes, et quod impune possint desistere à prædictis.

(41) *Item.* Quod durante tempore dictæ provisionis, cessent omnia subsidia, focagia, capagia quarentena, indictiones equi qui dicuntur de debito, et alia onera; excepta redemptione personæ domini nostri regis.

Supplicantes dicto domino nostro regi et ejus honorabili consilio, quatenus ordinata et consultationem, descripta et contenta in hoc præsenti rotulo, ad ipsius domini nostri regis honorem et pro bono et deffensione suæ præsentis senescalliæ, dignetur aprobare, ratificare etiam et confirmare : aliàs ipsa ordinata et consultationem ad fines prædictos et pro ipsa provisione, casu quo dicto domino nostro regi et dicto ejus honorabili consilio, aprobare, ratificare etiam et confirmare non placeret, intendunt et volunt minime fecisse.

Nos autem prospicientes necessitatem defensionis hujusmodi senescalliæ et subditorum nostrorum ejusdem, ne dicti latrunculi eamdem valeant subintrare aut ulterius damnificare, habitaque prius deliberatione ac relatione contentorum in dicto rotulo à dilectis et fidelibus nostris gentibus nostri magni consilii nobiscum existentibus, quod necessaria et plusquam oportuna existant prædicta : idcirco ea omnia et singula in ipso rotulo contenta, laudamus, aprobamus et etiam confirmamus, et ipsa dictis prælatis, nobilibus et communitatibus, tenore præsentium, concedimus de nostra certa scientia, autoritate regia et gratia speciali, si sit opus :

Mandantes senescallo Bellicadri ac capitaneo super hoc per nos ordinato ac etiam deputato, cœterisque officiariis nostris aut eorum locatenentibus, et cuilibet eorumdem ut ad eum pertinuerit, quatenus omnia et singula in ipso rotulo contenta, de puncto in punctum teneant et servent, tenerique et observari faciant, literasque oportunas ad observationem et executionem contentorum in articulis in dicto rotulo transcripto contentis, ad perfectionem operis antedicti, dictis prælatis, nobilibus ac communitatibus et eorum super hoc deputandis pro præmissis exequendis, juxta tenorem rotuli prædicti concedant, et concedere valeant : jure nostro et alieno in omnibus semper salvo. In cujus rei testimonium præsentes litteras nostro sigillo muniri fecimus impendenti.

Datum apud Villam-novam prope Avinionem, die 20 aprilis, anno domini 1363.

N°. 345. — ORDONNANCE *du Roi et de son conseil, qui maintient les officiers royaux dans le droit de punir les officiers des seigneurs, délinquans dans leurs offices.*

Villeneuve d'Avignon, 28 avril 1363. (C. L. III, 627.)

N°. 348. — *Lettres du lieutenant du Roi, qui permet aux notaires du Châtelet de ne pas remplir leur office le dimanche, et punit d'amende, ceux qui vaqueraient ce jour-là à leurs fonctions, au préjudice de leurs confrères.*

Paris, avril 1363. (C. L. III, 636, et IV, 727.)

Carolus primogenitus et locum-tenens regis Franciæ, dux Normanniæ, Delphinus Viennæ, universis præsentibus, pariterque futuris, salutem.

Inter curas et sollicitudines quæ nobis ex ministerio prædictæ regalis dignitatis Locum-tenenti incumbunt, sollicite cogitare nos convenit atque decet, et ad id summo opere nostræ considerationis acies versetur, quæ carissimo domino genitori nostro atque nobis fideliter ac fructuose obsequentes, et qui fidelitatis vinculo naturaliter conjuncti eidem domino nostro et nobis existunt, et potissime circa divina vacare volentes condigne producuntur, et in suis oportunitatibus per dictum dominum nostrum, notarios scientes se adjutos.

Sane humilis dilectorum nostrorum notariorum castelleti Parisiensis nobis porrecta supplicatio continebat, cum secundum normam decem præceptorum legis à summo omnium conditore prophetæ Moysi collatam, et postmodum per dominum nostrum Jesum-Christum unicum ejus filium post ejus incarnationem confirmatam et impletam, inter cætera unusquisque fidelis catholicus et creatura humana inter festa et solemnitates annuales diem dominicam solemnizare, et ex necessitate salutis sabatizare, necnon in eadem die ab omni opere manuali penitus cessare teneatur, seque devote, pio affectu et contrito precibus et orationibus erga omnipotentem cui proprium est misereri semper et parcere, humiliter exponendo, deoque de delictis et negligentiis per sex dies hujusmodi diem dominicam præcedentes, mediante misericordia divina, eadem die ipsi veniam obtineant: quamobrem memorati supplicantes circa præmissa pro viribus vacare adoptantes, ex eorum communi assensu et conformiter unanimes, certam ordinationem et colloquium adinvicem patraverunt, ac etiam egerunt: verumtamen dicti genitoris nostri et nostrum super hoc præbere vellemus accordum, licentiam et assensum suo tenore qui sequitur, et in forma; videlicet quod ipsi supplicantes eorumque successores dicti castelleti parisiensis amodo in antea cessabunt et ab exercitatione eorum officiorum notariatus, et opere suo tunc peragendo in hujusmodi castelleto et sedibus ibidem constructis, necnon in cœnobio seu camera, tabernaque vel locis communicativis, die dominica prælibata supersedere omnino tenebuntur, et ea ipsi suique successores notarii in creatione vel institutione eorumdem tempore successivo, coram preposito parisiensi vel ejus locum-tenenti, vel dicti castelleti sigillifero præsentibus vel futuris, promittere fide et juramento intervenientibus, tenebuntur, et inviolabiliter observare sub pœna viginti solidorum parisiensium, tot vicibus à transgressoribus erigendorum, quot casus erigit committendorum, et applicando mediatum dicto domino genitori nostro et nobis, per receptorem parisiensem præsentem vel futurum, et mediatum in usibus confratriæ beatæ Mariæ dictorum notariorum in eodem castelleto, per prædecessores dicti domini genitoris nostri et nostros fundatæ; in qua confratria missa quotidiana suis sumptibus ibidem celebratur, precibus et suffragiis cujus missæ, prædictus dominus noster ejusque prædecessores francorum reges et nos participes efficimur et consortes, sicut dicunt.

Notum igitur facimus quod supplicationis eorumdem, præmissis consideratis, favore benigno, prompte et liberaliter annuentes, laudabile propositum dictorum supplicantium in domino commendando et ad memoriam reducentes fructuosam et commendabilem fidelitatis constantiam quam supplicantes prælibati erga præfatum dominum genitorem nostrum ejusque prædecessorum francorum reges et nos, legitimum absque ulla macula seu opprobrio, necnon attentione sinceræ devotionis, constantiæ, fidei probitatisque fidelitatis et affectionis ipsorum integritate, quam ad eumdem dominum nostrum et nos temporibus dudum lapsis habere percepimus, hæc omnia hujusmodi ipsorum delectabiliter recensentes ac dignum reputantes et congruum, ut in his quæ ad ipsorum cedunt prosperitatis augmentum, dominum genitorem nostrum et nos propitios inveniant et benignos, ac in suis opportunitatibus liberales, prædictam ordinationem, necnon omnia et singula superius expressa tanquam rationi consona approbantes, dicti domini genitoris nostri et nostrum super hoc præbendo assensum, ea volumus, laudamus, ratificamus, et ex certa scientia, authoritate regia nobis in parte attributa, perpetuo confirmamus et gratia speciali per præsentes: dantes autem tenore præsentium in mandatis præposito parisiensi vel ejus locum-tenenti; necnon sigillifero dicti castelleti præsentibus vel futuris, et cuilibet eorumdem, prout promiserunt, quatenus prædictam ordinationem ac omnia et singula in præsentibus litteris contenta, viso tenore earumdem, et quæ in suo robore volumus perpetuo permanere, receptoque ab eisdem, ut promittitur, sacramento, palam et publice loco solito et diebus opportunis in dicto castelleto publicari, ipsamque per dictos supplicantes et ipsorum quorumlibet, necnon successores eorumdem notarii dicti castelleti tempore successivo, sub pœnis superius expressatis et injunctis à delinquentibus erigendis et elevandis, dum et quoties casus se contulerit, inviolabiliter observari faciant; necnon receptori prædicto ut pœnas hujusmodi ordinatione præmissa commissas, ab omnibus quorum intererit, et in usibus prædictis applicandis erigi et elevari, ut cæteris transeat in exemplum, faciant convicti, delinquentes ad hoc viriliter compellendo : inhibentes insuper districte injungendo memorato dicti castelleti sigillifero, ne dicta die dominica ad locum solitum pro exercitatione dicti sui officii ullatenus accedat, usu, consuetudinibus, ordinationibusque et mandatis contrariis neque obstantibus quibuscumque : et ut præmissa roboris perpetuo obtineant firmitatem, præsentes litteras sigilli nostri fecimus appensione muniri : salvo in aliis jure prædicti domini nostri et nostro et in omnibus quolibet alieno.

Actum Parisiis, anno domini millesimo trecentesimo sexagesimo-tertio, mense aprilis.

Per dominum ducem. Scellé en lacs de soye rouge et verte.

N°. 347. — *Lettres du Roi qui suspendent de leurs fonctions les sergens non commissionnés par le Roi.*

Villeneuve d'Avignon, 2 mai 1363. (C. L. IV, 232.)

N°. 348. — *Déclaration portant que les excommuniés qui ne défèrent pas aux censures ecclésiastiques, y seront contraints par la saisie de leurs biens et la prison.*

Paris, 19 juillet 1363. (Ordin. Antiqua, cotté A, f°. 68.)

GOUVERNEMENT DU ROI SEUL (1),

Du mois de mai au mois de mars 1363.

N°. 349. — RÉGLEMENT *du Roi* (2), *sur la tenue des boucheries et la fonte des suifs, à Paris.*

Paris, août 1363. (C. L. III, 639. — Reg. au Châtelet le 16, et au parlement le 7 septembre 1366.)

Jehan par la grace de Dieu Roy de France.

Savoir faisons à tous presens et avenir, comme à la requete de notre tres chiere fille l'université de Paris, des colleges des hostelz de Navarre et de Laon, des religieux mendiens de l'église de Notre-Dame du Carme et de aucuns autres singuliers, tous demourans et habitans en la rüe Sainte Genevieve à Paris, les bouchers de la boucherie Sainte Genevieve eussent esté approuchiez et traiz en cause, pardevant noz amez et feaulx les gens de notre grant conseil etant à Paris, sur ce que laditte université, colleges et autres singuliers dessusdiz, se douloient et complainguoient desdiz bouchers, de ce que yceulx bouchers tuoient leurs bestes en leurs maisons, et le sanc et ordures de leursdictes bestes getoient tant par jour comme par nuit, en la rüe Sainte Genevieve, et plusieurs foiz l'ordure et le sanc de leursdictes bestes gardoient en fosses et latrines qu'il avoient eu leursdictes maisons, tant et si longuement qu'il estoit corrumpu et pourri, et puis le gettoient en ladicte rüe de jour et de nuit, dont ladite rüe, la place Malbert et tout l'air d'environ cloit corrumpu, infect et puant, et que pour plus aisiement getter ledit sanc et leurs ordures, pluseurs de yceulx bouchers avoient fait faire puis trois ans ou quatre, chacun en sa maison un conduit qui vient jusqu'au milieu de la rüe, et plusieurs d'iceulx bouchers

---

(1) Il partit de France après l'ord. du 6 mars, et mourut à Londres le 8 avril 1364 (33 jours au plus), avant l'expiration du sauf-conduit. (IV.)

(2) C'est une ord. de police rendue pour la salubrité de cette grande ville. Les dispositions de cet acte subsistent encore en partie. (*Idem.*)

avoient fosses et latrines en leurs maisons, pour recevoir ledit sang et ordures, et en oultre que yceulx bouchers ardoient et affinoient leur suif et leurs gresses en leurs maisons, et vendoient leurs chars au jour de samedi : lesquelles choses etoient et sont faictes par lesdiz bouchers contre raison, contre les ordonnances, usages et communes observances des autres Boucheries tant de la bonne ville de Paris comme des autres bonnes villes du royaume de France, contre les registres et ordonnances anciens faiz en l'eglise de Sainte Genevieve, sur l'etat et gouvernement de ladicte boucherie, et aussi contre le prouffit, le bien et utilité desdiz complaignans et de toute la chose publique, et par especial des habitans et demourans en ladite rue Saincte Genevieve et de la place Malbert, et de tous ceulx qui frequentent et passent par le lieu, et pour ce requeroient que briefment remede y fût mis : Et pour plus meurement et seurement proceder ès choses dessusdictes, aient nosdictes gens ordonné et deputé certain commissaire pour aler sur lesdiz lieux, et soy informer des choses dessusdictes : laquelle information faicte etre portée pardevers eulx, et ouïs pluseurs monvimens que lesdiz bouchers avoient sur les choses dessusdictes, veue aussi certaine cedule baillée à nosdictes gens par lesdiz bouchers, qui disoient estre la copie du droit regestre ancien de ladicte eglise de Sainte Genevieve, sur l'etat et gouvernement de ladicte boucherie, et veue à grant et meure déliberation la deposition des tesmoings ouïs et examinés en ladite information, et tout ce qui fait à considerer en ceste partie, fu dit et ordonné par nosdictes gens en la presence desdictes parties, par la maniere qui s'ensuit.

(1) C'est assavoir que nul boucher de ladicte boucherie de Sainte Genevieve, ne pourra doresnavant acheter ne vendre char morte quelle que elle soit, se elle n'a eté tuée en ladicte boucherie.

(2) *Item*. Que nul boucher ne pourra ne devra par lui ne par autre, tuer chars quelles quelles soient, au jour dont l'en ne mangera point de char lendemain, puisqu'il sera adjourné; se ce n'est aux vendredis depuiz la Saint Remi jusques à caresme prenant.

(3) *Item*. Que nul boucher ne pourra ne devra par lui ne par autre, tuer chars quelles que elles soient, qui aient été nourries en maison de huillier, de barbier, ne de maladerie.

(4) *Item*. Que nul boucher ne pourra ne devra ardoir en la-

dicte boucherie, les gréaulx qui yssent du suif des bêtes qui tueront ou feront tuer (1).

(5) *Item*. Nul ne pourra avoir esvier ne agoust par lequel il puisse laissier couler sang desdictes bêtes, ne autre punaisie, se ce n'est eaue qui ne sente aucune corruption.

(6) *Item*. Que nul boucher ne pourra avoir ne tenir fosses, et celles qui à present sont, seront emplies dedens la mie-aoust prouchain venant, aux depens et frais de ceulx qui les ont : et recueilleront yceulx bouchers le sang, les breuilles, les fiens et les laveures de leurs bestes, en vaisseaulx; lequel sang, fiens et laveures, yceulx bouchers seront tenus de faire porter et vuidier le jour mêmes hors des murs et fossés de Paris, hors voie.

(7) *Item*. Nul boucher pourra ne devra tuer en ladicte boucherie, aucune grosse bête qui ait le fil : et ou cas qu'il seroit trouvé sur aucun, il perdroit la beste et seroit arse devant son huis.

(8) *Item*. Que nul boucher ne fera aucune chose contre les poins et articles dessusdiz ou aucuns d'iceulz, en paine de paier pour chacune foiz, six livres d'amende, moitié à nous et moitié à Sainte Geneviefve de Paris : et sur ce seront ordonnez jurez de par nous et de par ladicte esglise, pour tant comme à chacun touchera, sur la garde et visitation des choses dessusdictes, et pour ycelles ordonnances faire tenir et garder.

Toutes lesquelles ordonnances dessusdictes, nous pour le bien et proufit commun, et des habitans et conversans en ladicte boucherie ès lieux dessusdiz, eu sur ce advis et délibération à notre conseil, voulons et ordonnons par ces présentes estre tenües et gardées dores-en-avant à tousjours-maiz senz enfraindre, et sur les choses et peines dessusdictes, eu la fourme et maniere comme ordonné a esté par nozdiz conseillers, et comme dit est dessus : Et que ce soit ferme chose et establie à tousjours-maiz, nous avons fait mettre nôtre scel à ces présentes lettres : sauf notre droit en autres choses et l'autrui en toutes.

Donné à Paris, l'an de grace mil trois cens soixante et trois, ou mois d'aoust. — Par le conseil étant à Paris.

Publiées en jugement au Chastelet de Paris, le mercredy seize jours d'aoust, l'an mil trois cens soixante et trois.

L'an mil trois cens soixante-six, le 7e jour de septembre, par la court de parlement fu dist par arrest, que lesdiz bouchers estouperoient leurs fosses et esbiers : Et outre fut octroyé que yceulx

---

(1) La fonte des suifs ne peut avoir lieu aujourd'hui que dans les établissemens autorisés, loin des habitations. *V.* l'ord. du 14 janvier 1815. (Is.)

bouchers tueroient dores-en-avant leurs chars hors Paris (1) sur la riviere, et après les apporteroient à Paris pour vendre, sur peine de dix livres, moitié au Roy et moitié à Sainte Genevieve, toutes les ordonnances dessusdites demorans en autre choses en leur vertu.

N°. 350. — LETTRES *du Roi, qui donnent à Philippe, son fils, les duché et comté de Bourgogne* (2) *pour les posséder, ainsi que les ducs précédens, avec le titre de premier pair de France* (3).

Germigny, 6 septembre 1363. (Corps diplom. de Dumont, III, 42. — Brusel, Usage des fiefs. — Lancelot, preuves du Mémoire des pairs, p. 556.)

JOHANNES Dei gratia Francorum Rex.

Ad subditorum quietem et pacem curam gerentes sollicitam,

---

(1) Aujourd'hui ces tueries se font dans des abattoirs placés près des barrières, et il est défendu aux bouchers d'abattre à domicile. Ordon. du 1823. (Is.)

(2) Originairement le duc de Bourgogne ne tenait pas sa pairie du Roi; mais à l'extinction des grands fiefs, nos rois remplacèrent les pairies éteintes par des titres qu'ils conférèrent aux seigneurs de leur cour. — C'est là le second âge de la pairie, qui est toute entière d'institution royale. — C'était une faute contre la politique de réunir dans une seule main une province toute entière. — Le Roi Jean fit deux fois cette faute, qu'il chercha à réparer sur la fin de son règne, en réunissant la Normandie à la couronne. L'erection de la maison de Bourgogne en grand fief devint funeste à ses successeurs. (Is.)

Il est assez bizarre qu'en faisant des efforts continuels pour faire oublier les prérogatives des fiefs et réunir les grands vassaux, nos rois créassent cependant de nouveaux pairs auxquels ils attribuoient tous les droits de l'ancienne pairie. Ne soyons pas étonnés de cette bizarrerie dans tout pays où le gouvernement n'a aucune règle fixe; les passions les plus opposées entr'elles doivent gouverner successivement, et il ne peut en résulter que la politique la plus déraisonnable. Aujourd'hui l'ambition ou l'avarice décidera de tout, et demain ce sera la vanité ou la prodigalité. Les successeurs de Saint-Louis aspirèrent à un pouvoir arbitraire, parce qu'il est doux de ne trouver aucun obstacle à ses volontés; ainsi ils vouloient écraser tout ce qui était puissant. Mais, parce qu'ils étaient vains, et que l'ancien gouvernement les avait accoutumés à juger de la grandeur du suzerain par celle des vassaux, ils vouloient encore faire des grands. — Mably. — (Dec.)

(3) Jusques là les ducs d'Aquitaine et de Normandie avaient pris, en plusieurs occasions, le pas sur le duc de Bourgogne, qui ne l'a eu d'une façon bien décidée que depuis l'an 1589. Ce fait est digne de remarque, par rapport à l'autorité royale, qui peut en quelque sorte changer la nature des choses, en donnant à une institution nouvelle la priorité du temps sur de plus anciennes; c'est sans doute cet exemple qui autorisa Henri III à ce qu'il fit en faveur des ducs de Joyeuse et d'Epernon. — Hen. Abr. chr. — (Dec.)

heti didicimus experientia, non modicùm prodesse, fideles et strenuos habere vasallos. Ipsorum enim meritis, propulsis invidis et æmulis, pacis tranquillitas acquiritur, et justitia, omnium regnorum fundamentum, pacificè administratur, ad regnantium gloriam et honorem : unde fervor oritur dilectionis ad dominum, cujus etiam crescit vigor subjectionis in eisdem.

Novimus insuper coronam stabiliri regiæ majestatis, dum personæ præclari generis, moribus utique et honestate vernantes, dignitatibus inclytis præferuntur. Ipsorum igitur adsistentia laterali non minùs sceptra coruscant regnantium, quàm gemmis corona.

Laudabilia igitur prædecessorum nostrorum regum, qui solita munificentia dignis consueverunt digna rependere, sequentes vestigia, etsi singulos, juxta suorum exigentiam meritorum, desideremus prosequi favoribus gratiosis, digniores tamen censemus debere dignioribus insigniri. Attendentes quòd et si naturaliter nostris tenemur liberis assignare, undè statum juxta suæ perspicuitatem prosapiæ, honorificè contineant; ad hoc tamen impendendum eò liberaliùs inducimur, quò instantiùs eorum continuata merita id exposcunt.

Et desiderantes affectuosiùs gravamina et oppressiones, irruentibus hostibus, illatas subditis nostris *ducatus Burgundiæ*, qui ex successione bonæ memoriæ Philippi, ultimi ducis ejusdem, in nos, ut in propinquiorem in genere, noviter est delatus, amputare, et ipsorum providere quieti : et ad memoriam reducentes grata et laude digna servitia, quæ carissimus Philippus, filius noster quartò genitus, (qui sponte expositus mortis periculo, nobiscum imperterritus et impavidus stetit in acie prope *Pictavos* vulneratus, captus et detentus in hostium potestate) ibi et post liberationem nostram hactenus exhibuit, indefessè, et vero amore filiali ductus : ex quibus suum meritò cupientes honorare personam, perpetuoque præmio fulcire, sibi paterno correspondentes amore, spem et fiduciam gerentes in domino, quòd ipsius crescente providentia, dicti nostri subditi ducatus ejusdem, à suis oppressionibus releventur.

Notum itaque facimus universis, præsentibus pariter et futuris, quòd nos his et aliis justis considerationibus excitati, et ad humilem supplicationem subditorum nostrorum dicti ducatus. Prædictum *ducatum Burgundiæ* in pariatu, et quidquid juris, possessionis et proprietatis habemus, et habere possumus, et debemus, in eodem, necnon et in *comitatu Burgundiæ*, et in quacumque parte ipsius, ex successione prædicta, cum universis et singulis honoribus, juribus, redditibus et proventibus, hominibus, homagiis, feudis et retrofeudis, jurisdictionibus altis, mediis, et bassis, mero et mixto imperio, civitatibus, villis, castris, et Castellaniis, domibus, maneriis, stagnis, fluviis, seu ripariis, nemoribus, forestis, vineis, terris, pratis, censibus, et aliis possessionibus quibuscumque dicti ducatus, et juris, quod habere possumus ex caussa prædicta in comitatu prædicto, quocumque nomine nuncupentur, et cujuscumque valoris existant, dicto filio nostro concessimus, donamusque et concedimus, tenore præsentium, de nostris speciali gratia, certa scientia, auctoritate regia, et nostræ regiæ potestatis plenitudine, præmissaque in eum transferimus tenenda, possidenda per eum, et hæredes suos, in legitimo matrimonio, ex proprio corpore procreandos, perpetuò, hereditariè, pacificè, et quietè.

Ponentes ex nunc dictum *ducatum Burgundiæ*, et jus, quod ex successione prædicta habemus in *comitatu* prædicto, cum suis prædictis pertinentiis, extra nostrum domanium, et separantes omninò: cui si quidem domanio, præmissa duxeramus adjungenda, nonobstante, si voluerimus et ordinaverimus, sub quibuscumque modo, obligatione, submissione et forma verborum, vel quod ejusmodi ordinatio præcesserit, vel si habitatoribus dictorum ducatus et comitatus, seu communitatibus villarum, castrorum, vel locorum aliorum eorumdem, vel personis singularibus concesserimus, præmissa in toto vel in parte, à nostro et coronæ nostræ domanio, nullatenus ex tunc in antea separari. Quorum dictum filium nostrum *Ducem*, *primumque parem Franciæ* facimus et creamus. Volentes et concedentes eidem, ut ipse suique hæredes ex proprio corpore, in legitimo, ut prædicitur, matrimonio procreati, qui se succedent in ducatu prædicto, utantur et fruantur perpetuò et pacificè universis et singulis privilegiis, franchisiis, juribus, libertatibus, et prærogativis, quibus usi sunt hactenus et utuntur ceteri pares Franciæ, omni modo et forma, quibus tenebant dictum ducatum, et dictis privilegiis usi fuerunt hactenus duces Burgundiæ, et utebatur dictus defunctus, ultimus dux Philippus, dum vivebat; salvis tamen donationibus et concessionibus, si quas fecimus, postquam dictus ducatus devenit ad manum nostram, ut prædicitur, quas nolumus effectu frustrari. Salvis insuper, et retentis nobis et successoribus nostris Franciæ Regibus, superioritate et ressorto dictorum donatorum; fide etiam ac homagio ducis præstandis nobis et successoribus nostris prædictis, modo debito et consueto fieri et præstari per duces Burgundiæ temporibus anteactis, regalibusque et juribus aliis regiis ad nos pertinentibus ad cau-

... nostræ coronæ, et quæ habebamus vivente dicto ultimo duce defuncto, in ducatu prædicto.

Pro quibus donatis prædictis, dictus filius noster nobis fecit homagium tanquam dux et primus par Franciæ prædictus, et eo modo, quo defuncti duces Burgundiæ tenebantur, et consueverant facere nobis, et nostris prædecessoribus. Ad quod homagium admisimus eumdem : quem per hoc emancipavimus, et extra potestatem nostram paternam posuimus, et ponimus per præsentes. Salvo insuper et retento, quod si dictus filius noster, vel sua posteritas, ut prædicitur, procreanda decesserint, quod absit, absque herede ex proprio corpore, succedente in dicto ducatu, præmissa universa et singula sic donata, pleno jure integraliter revertentur ad nos, et successores nostros reges, qui pro tempore fuerint, nostræ coronæ domanio applicanda.

Per hanc autem concessionem nostram præsentem, et donum, *Ducatum Turoniæ*, quem cum suis pertinentiis dicto filio nostro aliàs donavimus, ad manum nostram ponimus, et retinemus, ordinaturi de eodem ad nostræ beneplacitum voluntatis. Quapropter damus præsentibus in mandatis universis prælatis, et aliis personis ecclesiasticis, universis ducibus, comitibus, baronibus, et aliis nobilibus, aliisque clericis et laicis, ad quos pertinuerit, quatenus homagia et deveria, honores, servitia, et obedientias, in quibus nobis tenebantur ante donationem præsentem, ratione ducatus, et aliorum donatorum prædictorum, præstent et faciant indilatè et de cetero dicto filio nostro, suisque heredibus antedictis, de legitimo matrimonio procreandis, modo et forma, quibus ipsa fecerant, et facere debuerant dicto ultimo defuncto duci : per quorum præstationem nos inde absolvimus penitus, et quitamus eosdem, volumusque obediant dicto filio nostro, tanquam duci dicti ducatus et pari Franciæ primo, plenariè, et absque difficultate quacumque.

Mandamus insuper dilectis et fidelibus consiliariis nostris, præsidentibus, et aliis gentibus nostri parlamenti Parisiensis, universis insuper justitiariis et officiariis nostri regni præsentibus et futuris, quatenus dictum filium nostrum et heredes suos, prædictos duces Burgundiæ et pares Franciæ, in omnibus casibus atque locis, in judicio et extra, ut duces et primos pares Franciæ recipiant et admittant, ipsosque faciant et permittant uti et gaudere pacificè prærogativis, franchisiis, libertatibus, honoribus, et juribus ducatus et pariatus, et nostram præsentem ordinationem teneri perpetuò inviolabiliter : nihil facientes,

...el attemptantes in contrarium quoquomodo; nonobstantibus consuetudinibus, statutis, usibus, et privilegiis contrariis quibuscumque, donisque et gratiis dicto filio nostro factis aliis, et quae in praesentibus non fuerint expressata.

Quod ut firmum et stabile permaneat in futurum, nostris praesentibus litteris fecimus apponi sigillum : salvo in aliis jure nostro et in omnibus alieno.

Datum Germiniaci supra maternam in die sexta septembris anno Domini millesimo trecentesimo sexagesimo tertio.

N°. 351. — LETTRES *du lieutenant du Roi dans le Languedoc, qui ordonnent que les juifs seront payés de ce qui leur est dû par les chrétiens, nonobstant toutes lettres d'état.*

Villeneuve près Avignon, 8 octobre 1363. (C. L. IV, 237.)

N°. 352. — ÉDIT *du Roi, fait en conséquence d'une assemblée de notables, contenant des dispositions sur les juifs.*

Reims, 20 octobre 1363. (C. L. III, 642. — Rég. au parlement le 20 novemb.)

JEHAN etc. Sur plusieurs requestes à nous faites par aucuns des habitans de plusieurs bonnes villes de nostre royaume (1), lesquels nous avons mandé à venir pardevers nous, pour oir certaines choses que nous leur entendons à dire et monstrer, touchans l'onneur et l'estat de nous et de nostredit royaume, nous par deliberation de nostre grant conseil, avons ORDENÉ et ordenons par la maniere qui s'ensuit.

(1) *Premierement.* Que tous juifs de quelque estat qu'il soient, et en quelque terre qu'il demourront dores-en-avant, porteront une grant rouelle bien notable, de la grandeur de nostre grant seel, partie de rouge et de blanc, et telle que l'en puisse bien appercevoir ou vestement dessus, soit mantel ou autre habit, en tel lieu qu'il ne la puissent musser, non contrestant quelconques privileges que eux ou aucuns d'eulx dient avoir ou aient de non porter icelle rouelle, lesquelx nous cassons, irritons et mettons du tout au neant quant à ce, et aussi que tous lesdiz juifs de quelque privilege ou povoir qu'il usent, ou condition et estat qu'il

---

(1) C'est une assemblée de notables. (Is.)

soient, seront subgez et justiciables aus juges ordinaires soubz cui juridiction il demourront, tout en la fourme et maniere que sont les crestians, non-obstant quelconque privilege ou prerogative qu'il aient sur ce, lesquelz quant à ce, si comme dit est, nous mettons du tout au neaut, pour les grans abus qu'il ont fais et qui en sont venus à nostre congnoissance : Et avec ce que aucun crestian ne pusse obligier son corps à aucun juif, mais ou cas que aucune obligation par quelconque maniere et soubz quelconque scellé, privilege ou autre, en seroit faite, nous, quant au corps, voulons qu'elle soit de nulle valuë (1).

(2) Et quant aus fais des Lombars usuriers, nous voulons et aussi ordennons ycellui fait estre du tout mis au neant, et que dores-en-avant tous commissaires establis de par nous ou de par autres sur ce, soient rappelés, et que jamais ne s'entremettent d'en congnoistre en aucune maniere : Ainçoins voulons que tous obligiez envers lesdiz Lombars usuriers, en soient et demeurrent quittes perpetuelment sans riens jamais en païer à euls ne à autres (2).

(3) Et quant au fait des generaulx-reformateurs par nous deputés en nostre royaume, nous voulons que lesdis reformateurs puissent mener à fin les causes commenciés pardevant eulx, desquelles les demandes ont esté ouvertes : Et des causes dont adjournemens ont esté donnés, et demande n'a esté ouverte pardevant eulx, elles seront envoyées pardevant les juges ordinaires, avec les parties en l'estat où il seront : Lesquelz juges procederont en ycelles causes sumierement et de plain par voie de reformation : Et dores-en-avant lesdiz reformateurs ne congnoistront d'aucunes causes nouvelles, ne aucunes en feront venir pardevant eulx; se ne sont d'officiers, si comme de prevos et au-dessus, et non d'autres officiers au-dessoubz : Et avec ce ordenons que tous reformateurs particuliers par les pays que nous ou les generaulx-reformateurs de Paris ont faiz, cessent du tout et soient rappelez, et que dores-en-avant aucuns autres nouveaulx n'en soient faiz ne envoiés par lesdiz pays : Et ne prendront lesdiz reformateurs de quelque estat ou condition qu'il soient, autres gaiges que noz genz de nostre parlement prennent : Lesquelz il pren-

---

(1) *V.* ci-dessus notes sur les ord. de mars 1360 et décembre 1362. (Is.)
(2) Ces confiscations étaient fréquentes. On les prononçait, quand on présumait que les usuriers étrangers s'étaient enrichis, et quand la clameur publique s'élevait contr'eux. *V.* ord. de mars 1360 et avril 1361, et note, p. 387, vol. 3. (Idem.)

dront pour le temps qu'il vacqueront audit fait de reformation et non ailleurs.

(4) Et oultre voulons que nos connestables, mareschaulx, maistres de nos arbalestiers, maistres de nostre hostel, maistres de nos yaues et forés et tous autres telz officiers, soient seulement contens de ce qui regarde leurs offices, sans entreprendre autre chose, selon ce que autrefois a esté ordené.

Toutes lesquelles choses dessusdites et chacune d'icelles ainsi ordenées par nous, sous de grace especial, certaine science, auctorité royal et de nostre plaine puissance, voulons estre tenues et gardées sanz corrumpre, ne venir à l'encontre dores-enavant en aucune maniere.

Si mandons à nostre prevost de Paris et à son lieutenant present et à venir, que nostredit edit ou ordennance il face tantost crier et publier solemnnellement par tous les lieux notables de sa prevosté accoustumés à faire cris, et ycelles faire tenir et garder en la fourme et maniere que dessus est dit :

Et que ce soit ferme chose et estable à tousjours, nous avons fait mettre nostre séel à ces presentes faites et données à Rains, le vingtieme jour d'octobre, l'an de grace mil trois cens soixante et trois.

Par le Roy en son conseil.

N°. 353. — ÉDIT OU ORDONNANCE *faite par le Roi, en conséquence de l'assemblée des États généraux* (1) *tenue à Amiens.*

Amiens, 5 décembre 1363. (C. L. III, 646. — Rég. au parlement le 15 décembre.)

JEHAN par la grace de Dieu Roy de France :

Sçavoir faisons à touz presens et à venir, que sur plusieurs requestes à nous faites par plusieurs preslaz et autres gens d'église, plusieurs nobles tant de notre sang comme autres, et plusieurs bonnes villes de notre royaume qui darrainement ont esté à Amiens à notre mandement, pour avoir avis et deliberacion avecques eulx sur le fait de la guerre et provision de la defense de notre royaume, nous par la deliberacion de notre

---

(1) On ne sait pas comment ces états furent composés. Comme ces convocations n'étaient faites que pour obtenir des subsides, il paraît qu'on les com-

grant conseil (1), avons ORDENNÉ et ordenons en la maniere qui s'ensuit.

(1) *Premierement.* Que dores-en-avant aucunne ville, ne personnes quelconques, soit de notre sang ou autre, ne mette aucunes aides pour ledit fait ne autres quelconques, sur les denrées et marchandises qui passeront par leurs destrois, et que dès-maintenant-en-avant, cessent toutes celles aides imposées en pors ou en autres passages, tant à Paris, à Bray, à Melun, comme par tout ailleurs.

(2) *Item.* Que en toutes les lettres qui seront passées par noz amez et feaulz conseillers l'evesque de Nevers, le Sire de Chasteillon souverain maistre de notre hostel et Olivier le Fevre generaulx esleuz sur le fait de la guerre et provision dessusdicte, où les deux d'eulx, touchans ledit fait; noz secretaires et notaires qui les auront signées, y mettent que ce est pour nous, et que riens n'en soit pris à notre seel; excepté pour les particulieres personnes de ce qu'il requerront à leur singulier prouffit.

(3) *Item.* Que li maistres de noz arbalestriers ne autres quelconques officiers, n'aient riens des abillemens qui seront faiz pour la guerre presente; maiz seront rendus aus villes qui à leurs despens les auront fait faire : et aussi n'aient aucunne chose des abillemens et emparemens que les bonnes gens ont fait en forteresse ou temps passé, soit en église ou ailleurs : mais leur soit enjoint, et nous leurs enjoignons par ces présentes, que il se cessent de en riens demander, soit pour cause de amendes ou desdiz abillemens et emparemens, et aussi se cessent de touz autres empeschemens y mettre pour ceste cause.

(4) *Item.* Que le connestable, les mareschaulx, ledit maistre de noz arbalestriers, tresoriers des guerres ne autres noz officiers quelconques, ne prengnent ne aient cause de prendre ou demander durant l'aide octroyé par notre poeuple pour ledit fait, aucuns drois sur les gens d'armes qui seront mis sus pour ledit fait, ne qui ont esté mises par les bonnes villes ou temps passé, pour ce que les missions ont esté et sont prises sur la

_____

droit comme des charges, et qu'on ne mettait aucun empressement à s'y rendre. (Is.)

(1) La nation est donc réduite à présenter des requêtes et à faire des remontrances; le prince ne traite plus avec elle; c'est dans son conseil qu'il délibère sur les graces qu'il veut bien lui accorder. (Dcc.)

chose publique : mais nous voulons que ce soit sanz préjudice d'eulx ne de leurs offices ou temps à venir et en autres cas.

(5) *Item.* Que les réformateurs surseent dès-maintenant jusques à la Saint Jehan-Batiste prouchain venant : mais s'il a devant eulx aucunnes causes desirans célérité, selon l'avis de notre grant conseil (1), elles seront oyes en parlement et sommerement et de plain là déterminées, et les autres renvoiées à pais (2) selon l'avis dudit grant conseil, pour en congnoistre par maniere de reformation.

(6) *Item.* Nous avons mis jus tout le fait des lombars usuriers; excepté ce qui est reservé pour notre très-chere et très-amée fille la duchesse de Normandie; c'est assavoir ce dont compocicion a esté faicte à notredicte fille, ou ce dont sentence diffinitive a esté donnée, qui passée est en force de chose jugée, et ce qui s'en est ensievy avant ce que nous meissions à Reins au neant ledit fait desdiz lombars : et ce sera levé tant-seulement : et aussi des sentences et jugemens diffinitis donnés par les commissaires sur ledit fait, dont il a esté appellé en parlement, lesdictes causes d'appel seront plaidoiées et poursivées oudit parlement, et là déterminées selon raison : et quant au seurplus, tout est mis au neant, tant des causes commenchées comme autrement.

(7) *Item.* Que toutes prises cessent selon la fourme des ordonnauces faites après notre couronnement (3).

(8) *Item.* Que toutes-voies de fait de guerre, de contrevengement et de proussement de quelconques personnes, cessent du tout, tant comme noz ennemis et mal-veillans soient en notre royaume : et quicunques fera le contraire par li ne par autres, en appert ne en couvert, il sera en notre plaine voulenté et punis si griefment que ce sera exemple à touz (4). Et tous leurs biens et des soustenteurs pris et mis en nôtre main par noz receveurs des leux sanz en faire delivrance ne récréance, jusques à tant qu'il aront esté sur ce adroit, non-obstant quelconques privileges, usages, ou coustumes de quelconques pais à ce

---

(1) C'est le conseil d'état, auquel appartenaient alors les réglemens de juges. (Ib.)
(2) Ou naturellement elles auraient dû être jugées. (Sec.)
(3) Voir notes sur l'ord. du 28 décembre 1355. (Is.)
(4) Ci-dessus, l'ordon. du 5 octobre 1361. (*Idem.*)

traires : et s'il avoit aucuns seigneurs soubz qui les mal-faiteurs fussent demourans, et les seigneurs ou leur officiers fussent sommés de faire cesser telz mal-faiteurs, et ils ne le
faisoient, lesdiz seigneurs ou leurs officiers seront adjournez à
certain et competent jour en parlement, par le premier notre
officier ou sergent qui sur ce sera requis, sanz autre commission,
pour ester à droit sur ce, si comme raison donra.

(9) *Item.* Que dores-en-avant toutes les execucions qui seront à faire tant pour le fait de notre délivrance, comme autres
quelconques, soient faites par noz sergenz royaulx ou autres ordinaires du pais, et non par autres personnes : et nous mandons
aus commissaires sur ledit fait et à tous autres à qui il appartendra, que se il ont ordenné aucuns deputez sur ce autres que
lesdiz sergens, il les rappellent du tout, et nous dès-maintenant
les ostons desdiz offices et rappellons.

(10) *Item.* Que touz les juys qui demeurent ou demourront
en notre royaume, portent sur touz leurs vestemens houces, et
le signe tel comme ordené a esté par nous à Reins, sur lesdictes houces par dehors et en tel lieu qu'il puisse être veu tout
à plain, et lesdiz juys congneus tout appertement : et aussi sur
la premiere robe qu'il auront vestu dessoubz la houce, soit cote,
sercot ou autre vestement, afin que quant il auront devestu la
houce, ils soient congneu comme dit est : et ce facent sur quon-
ques il se poent meffaire envers nous; c'est assavoir dedans un
mois après la publication de ces presentes (1).

(11) *Item.* Et que toutes noz autres ordenances faites par
nous, et celles de noz predecesseurs par nous consermées en
notre joyeux advenement (2), à la reveuuë de notre sacre en notre
chambre de parlement, soient de nouvel (3) criées et publiées
solennelment par tout notre royaume, et tenuës et gardées
dores-en-avant sanz enfraindre, selont leur forme et teneur :

---

(1) *V.* ci-dessus les ordon. de mars 1360, décemb. 1362 et 20 oct. 1363. (Is.)

(2) On ne trouve point d'ordon. importante du Roi, avant celle du pénultième janvier 1350, postérieure de trois mois à son sacre, qui ne contient aucune confirmation des ordonnances des Rois ses prédécesseurs. La Convention,
par un décret du 21 septembre 1792, commença son existence législative par
une confirmation semblable. *V.* préface, tom. 1er de cette Collection. (*Idem.*)

(3) Avant la découverte de l'imprimerie, il était nécessaire de publier souvent
les lois, comme on le fait encore à l'égard des ordon. de police à Paris; autrement, elles seraient tombées en désuétude. Voilà pourquoi on trouve tant
de vidimus dans les anciennes chartes. (*Idem.*)

toutes lesquelles choses dessusdictes et chascune d'icelles ainsi par nous par la délibération dessusdicte ordenées.

De nostre certaine science, grace espécial, plaine puissance et auctorité royal, voulons et commandons estre tenuës et gardées entierement et perpetuellement sans corrompre ne venir à l'encontre dores-en-avant en aucune manière.

Si mandons et commettons par ces presentes à noz amez et feaulx gens de notre parlement, au prevost de Paris et à tous les autres justiciers et officiers quelconques de notre royaume, ou à leurs lieux-tenans qui ores sont et pour le temps à venir seront, et à chascun d'eulx, que nôtre présent édit ou ordenance facent tantost crier et publier solennelment en notre parlement, et ailleurs par touz les lieux notables de leurs juridictions accoustumez à faire criz, et toutes les choses dessusdictes et chascunne d'icelles, facent tenir et garder en la fourme et maniere que dessus est dit et devisé, et tout ce qu'ilz trouverent estre fait, attempté ou innové au contraire, ilz le rappellent et adnullent ou ramainent et remettent, ou facent rappeller, adnuller ou remettre et ramener au premier et deu estat, selont l'ordenance de chacun article chi-dessus escript, et des autres ordenances dont ces presentes font mencion, sanz delay et quelconques autre mandement attendre.

Et que ce soit ferme chose et establé à touzjours, nous avons fait mettre notre seel à ces presentes faites et données à Amiens, le cinquième jour du mois de decembre, l'an de grace mil trois cens soixante et trois.

Par le Roy en son conseil.

Lecta et publicata in camera parlamenti, decima-quinta die decembris, anno sexagesimo-tertio.

N°. 354. — ORDONNANCES OU ÉTABLISSEMENS (1) *du Roi, sur l'ordre judiciaire, sur la compétence du parlement et la procédure, les devoirs des avocats, les évocations, lettres d'état, etc.*

Hesdin, décembre 1363. (C. L. III, 649.)

SOMMAIRES.

(1) On n'introduira au parlement que les causes qui doivent y être jugées; celles des pairs de France, prélats, cha-

---

(1) V. Nouv. Rép. V°. Roles. — Le président Henrion, autor. ji p. 67 et 72. (It.)

tres, religieux, barons, consuls, échevins, communautés, ou autres qui jouissent de ce droit, soit en vertu de privilèges à eux accordés, soit par un ancien usage; les causes du domaine, et les appels du prévôt de Paris, des baillis et sénéchaux, et des autres juges qui ressortissent nuement au parlement, à moins que le Roi ou le parlement ne juge à propos d'évoquer.

(2) Si quelqu'un appelle de la sentence d'un arbitre, ou d'amiable compositeur, au jugement d'un honnête homme, il ne pourra pas porter cet appel au parlement.

(3) Lorsqu'on voudra introduire au parlement une affaire, avant qu'elle ait été jugée par les juges qui en doivent connaître, le parlement la renverra devant ces juges.

(4) Trois jours après que les rôles des sénéchaussées et bailliages seront publiés, le demandeur ou son procureur, sera obligé, sous peine d'amende, de montrer son ajournement au défendeur ou à son procureur, ou de lui en donner copie, s'il la demande : les huissiers feront trouver à cet effet les parties à la porte de la chambre. Si le demandeur ne s'y trouve pas, il sera obligé de communiquer son ajournement un autre jour; mais si le défendeur n'a pas comparu, le demandeur ne pourra être obligé de le lui montrer.

(5) Si le défendeur demande un délai pour consulter ou pour faire faire une enquête, ou pour appeler garant, on ne lui donnera qu'un court délai.

(6) Si le demandeur meurt pendant l'instance, son héritier peut la reprendre. Si c'est le défendeur, l'héritier assigné aura délai pour consulter et voir l'état du procès.

(7) Si le demandeur ne fait pas assigner au prochain parlement, les héritiers du défendeur, et que ceux-ci demandent congé, prétendant que le demandeur a renoncé à sa demande, le demandeur soutenant qu'il n'a pas sçu la mort, la cour pourra recevoir son serment.

(8) Si les parties ou l'une d'elles concluent simplement à ce que leur adverse soit déboutée de ses conclusions, se réservant la faculté de proposer dans la suite d'autres raisons, la cour l'obligera à prendre des conclusions péremptoires, à moins qu'elles n'appuient de titres les conclusions préliminaires.

(9) Lorsque la cause aura été plaidée, et que les parties ne s'accordant pas sur les faits auront été appointées, les avocats rédigeront par écrit les faits positifs et défensifs de leurs parties, et ils pourront raisonner sur les causes de ces faits et sur les conséquences qui en résultent, se réservant la faculté d'employer dans la suite des moyens de droit. Les avocats signeront les écritures qu'ils feront.

(10) On procédera sommairement dans les causes des bénéfices; on exposera le fait tel qu'il est; on ne mettra rien

dans les écritures de superflu.

(11) Les appointemens dont les parties seront convenues, seront donnés deux jours après à un notaire, qui en dressera l'acte.

(12) Les avocats ne seront entendus que deux fois dans la même affaire; s'ils répètent dans leurs répliques ce qu'ils ont déjà dit, ils seront punis.

(13) Les délais pour donner les articles ne seront que de trois jours, à moins que la cour n'en accorde de plus longs.

(14) Les articles donnés, la cour nommera des commissaires devant lesquels les parties articuleront les faits dans le terme de quinze jours, lequel ne sera prolongé que par la permission de la cour.

(15) Les commissaires useront de diligence dans les enquêtes. On ne recevra plus de procédures feintes à ce sujet.

La cour fixera un temps pour l'enquête, s'il y a lieu de renouveler la commission.

(16) Si après que les commissaires auront été donnés, une des parties se sert de lettres d'état, le temps accordé pour faire l'enquête ne courra point à son préjudice.

(17) Les lettres d'état ne seront cependant pas admises indifféremment; et nonobstant ces lettres, les commissaires ne laisseront pas de procéder à l'audition des témoins, à la requête de la partie contre laquelle on aura obtenu ces lettres, et en l'absence de celle qui les aura obtenues; laquelle cependant pourra fournir, à la fin de l'enquête, ses reproches contre les témoins.

(18) Ceux qui se serviront de lettres d'état pour empêcher la poursuite d'une de leurs affaires, ne pourront pas poursuivre les autres, si ce n'est du consentement de leurs parties adverses.

(19) Les réglemens portés par cette ordonnance n'auront point lieu dans les affaires qui regardent le Roi, où son procureur est seul partie, particulièrement dans les affaires domaniales.

(20) Les gens du parlement useront de diligence pour terminer les affaires.

(21) L'ancien style de la cour sera observé, excepté dans les articles auxquels il a été dérogé par cette ordonnance.

(22) Les nouveaux réglemens seront observés même dans les affaires qui sont déjà pendantes devant le parlement.

JOHANNES Dei gratia Francorum Rex : Ad perpetuam rei memoriam.

Nonnullorum fide digna relatione multorumque querimonia frequenter intelleximus, quod licet curia nostra parlamenti sit et esse debeat totius justitiæ regni nostri speculum verissimum et origo, ex eaque ceteri nostri judices et subditi recipere debeant elucescentis justitie documenta, per que possint lites summarie dirimere, causarum anfractus tollere, et cunctis ad eosdem accedentibus solatium celeris justitie ministrare : attamen obstantibus et repugnantibus quibusdam stilis et observantiis diutius in dicta nostra curia retroactis temporibus observatis, qui tunc pro bono et securitate justitie fuerunt introducti, nunc vero dilucide tendere dignoscuntur ad noxam, barrisque et dilationibus per partes ipsas litigantes frequentius exquisitis, cause in dicta nostra curia introducte non potuerunt breviter dirimi, sed sunt et fuerunt citra, ymo contra votum judicantium, in ea protelate : nonnulle vero earumdem remanserunt omnino deserte; unde sepius contingit illum qui bonam causam foveral, à jure suo cadere, et in expensis adversarii comdempnari : quod Deo et nobis odibile, ceterisque nostris judicibus et subditis perniciosum exemplo cernitur et dampnosum.

Volentes igitur premissis, ut tenemur, adhibere remedium, nostrosque subditos per justitie tramitem, a talibus gravaminibus relevare, duximus circa judiciarium ordinem et stilum ac observantias antiquas dicte nostre curie, salubriter providendum : et quia propter effrenatam causarum multitudinem, que de facili et absque deliberatione congrua, sed per importunitatem petentium aut aliter, indebite in dicta nostra curia fuerunt introducte, cause que jure proprio in dicta curia debebant agitari, sunt et fuerunt, ut experientia docuit, retardate et ad futurum tunc parlamentum remisse, id circo obviandum duximus circa introductiones causarum in dicta nostra curia de cetero faciendas.

(1) In primis ordinamus et statuimus, quod nulla causa de cetero in dicta nostra curia introducatur, nisi sit talis quod jure suo ibidem debeat agitari, sicut sunt cause parium Francie, nonnullorum prelatorum, capitulorum, religiosorum, religiosarum, baronum, consulum, scabinorum, communitatum, sive aliquarum personarum quibus hec per privilegia aut antiquam consuetudinem dignoscuntur pertinere : similiter et cause proprietatis nostri patrimonii. Cause etiam appellationum emissarum à preposito Parisiensi, senescallis et baillivis nostris aut aliis judicibus à quibus consuevit sine medio ad dictam nostram curiam appellari : inhibentes adjornamentum in causis aliis in dicta nostra curia introducendis, preterquam in premissis, concedi, nisi ex causa justa etiam in litteris super hoc impetrandis, inserta,

nos aut curia nostra ad introducendam causam aliquam moveremur (1). Si vero ad nostram curiam, omisso medio, contigerit appellari, et ex parte appellantis adjornamentum ad causam in nostra curia introducendam petatur, non concedatur adjornamentum; sed causa coram judice ad quem appellandum erat, remittatur sine debito terminanda. Et hoc precipimus per gentes requestarum hospitii et palati nostrorum, diligentius observari.

(2) Si quis autem à dicto aut pronunciatione arbitrorum (2), arbitratorum aut amicabilium compositorum, ad arbitrium boni viri duxerit appellandum, non liceat appellanti dictam curiam nostram pro viro bono eligere; nisi partes aut ipsarum altera de jure suo inibi debeant litigare.

(3) Quod si per importunitatem aut aliter subrepticie, aliquis adjornamentum obtinuerit, sive sit in appellationis aut reclamationis causa, ad nostram curiam, omisso medio, interjecte, sive alia causa que jure suo ad nostram non debeat curiam ventilari, cognito de subreptione aut potentis importunitate summarie et de plano, audiendo partem quamlibet semel tantum vel bis, si hoc curie videatur, remittantur per nostram curiam ipse partes ad ordinarium aut omissum judicem, coram eo processure ut jus erit: et pars impetrans in expensis adversarii condempnetur; nisi curia ipsa viderit ipsam ab expensis ex causa justa relevandam.

(4) Et ut amputetur dilatio que communiter ex parte rei providendis adjornamentis peti aut requiri consuevit, precipimus et per curiam nostram precipi volumus et injungi omnibus actoribus aut eorum procuratoribus, quod ex quo publicatum fuerit expeditionem causarum (3) alicujus prepositure, baillivie, comitatus, ducatus aut senescallie fieri debere, infra triduum aut quam citius fieri poterit, sine fraude ostendant adjornamenta sua partibus suis adversis, et eorum copiam tradant, si petita fuerit.

---

(1) C'est le principe de l'évocation dont on a tant abusé, et qui n'existe plus qu'au cas de suspicion légitime et de sûreté publique. *V.* ci-après l'ordonn. de Charles V, sur une évocation, avec les notes. (Is.)

(2) Le premier est un juge qui rend une sentence : l'autre est un ami qui fait un accommodement, dont on peut cependant appeler à l'arbitrage d'un homme de bien. (*Ducange.*)

(3) C'est là l'ordre suivant lequel on doit plaider les appels des sentences des baillis et des seneschaux. (Sec.)

aut collationem cum copia partis adverse, si habeat, fieri patiantur; injungatque curia omnibus et singulis hostiariis parlamenti nostri, quod ad instantiam actorum aut procuratorum suorum, vocent ad hostium camere defensores aut eorum procuratores, visuros adjornamenta actorum : quod si actor presens, aut ipsius procurator in ejus absentia, in premissis negligens extiterit, condempnetur in emenda quadraginta solidorum turonensium, et in expensis defensoris, si presens fuerit, pro triduo antedicto : tenebitur tamen actor aut ejus procurator iterum facere ostentionem adjornamenti : sed si defensor aut ejus procurator in videndo adjornamento negligens fuerit aut remissus, non tenebitur actor adjornamentum suum ulterius eidem ostendere ; sed procedet cum eo defensor, ut fuerit rationis.

(5) Actore si quidem et defensore in nostra curia judicialiter, aut eorum procuratoribus constitutis, facta ex parte actoris petitione sive demenda, si defensor diem consilii sive advisamenti petierit, si talis fuerit causa in qua dilatio ad veutam (1) hebendam et garandum adducendum cum die consilii dari debuerit, non dentur dilationes annuales, ut preteritis temporibus solebat fieri ; sed cum die consilii petita, in eodem parlamento (2), si possit fieri, certa dies concedatur ad veutam faciendam, et veauta facta ad garandum adducendum ; quem garandum, si quem habere voluerit, per executorem ad veutam faciendam deputandum, adjornari facere tenebitur ; alioquin pro ipso adducendo, dilatio nulla detur : et si garandum quis petierit non faciendo retenutam de causa defendenda, si garandus defensionem cause in se non assumeret, volumus quod defensor in deffectu garandi, ad ipsius cause defensionem admittatur, si velit.

(6) Nos insuper volentes rebus et non verbis leges imponi, decernimus quod si actoris persona mutetur pendente judicio, heres aut successor ipsius possit in causa cum parte non mutata procedere, et ad procedendum admittatur, etiam absque eo quod verbaliter teneatur dicere *arramenta resumo* : Si vero ex parte defensoris mutatio persone evenerit, heresque aut successor de-

---

(1) Il s'agit des vûes et monstrées qui avoient lieu, lorsque le juge faisoit une descente sur les lieux, afin de connoistre par luy-même ce qui estoit l'objet du procès. *V*. Glossaire de Lauriere. (Sec.)

(2) On ne pouvoit, suivant l'ancien stile du parlement, prendre un adjournement et proceder en consequnence, dans le cours d'un même parlement. (*Idem.*)

fensoris ad resumenda arramenta adjornatus, diem appensamenti (1) petierit, et propter hoc dilationem requirat, non sibi tempus annuale ad habendum appensamentum tribuatur, sed infra illud parlamentum ad quod adjornatus extitit, si possit fieri, appensamenti dies assignetur : quo pendente, statum duntaxat in quo causa erat tempore mortis sui predecessoris ipsius defensoris, actor ostendere tenebitur, et quem statum defensori defuncto, si viveret, actor ostendere tantummodo teneretur, cum heres aut successor defensoris possit pendente appensamento, si velit, de causa sive causis sui predecessoris sufficienter instrui; advenienteque die appensamenti, teneatur heres aut successor defensoris, cause ipsius in qua appensamentum habuit, arramenta resumere vel deserere; resumetque tacite in ea procedendo, aut verbo-tenus resumendo, sicut de actore superius est expressum.

(7) Et si actor, defensore mortuo, heredes aut successores ipsius defensoris ad tunc proximum parlamentum non fecerit adjornari, et propter hoc heredes aut successores defensoris peterent et obtinerent in proximo parlamento post mortem defensoris comparente, sibi dari (2), cujus virtute dicant actorem interruptionem processus fecisse, et ipsum à causa vel instantia cecidisse, cum ipse actor sufficiens intervallum habuerit à dicto mortis tempore, usque ad tunc proximum parlamentum, ad faciendum heredes adjornari; actor vero asserat se mortem defensoris ignorare, offerendo se super hoc prestare juramentum. volumus quod attenta qualitate persone actoris, vulgataque fama mortis defensoris, curia dictum juramentum admittat, vel non admittat, prout sibi videbitur : quo admisso, heredes aut successores defensoris, si adjornati fuerint ad resumenda vel deserenda arramenta, prout superius est dictum, curia nostra procedere faciat.

(8) Sublatis igitur diffugiis et difficultatibus, que propter adjornamenta et dilationes in dicta curia peti consuetas, occasioneque mutationis personarum aut alias, solebant processus in curia nostra pendentes multipliciter prolongare et nonnumquam pe-

---

(1) Du temps pour consulter et pour deliberer, si on poursuivra l'affaire ou non. (Sec.)

(2) Il y a dans Joly *sibi dari congedium*. En effet, il manque-là un mot, et il y a grande apparence que c'est celui-là. (*Idem*.)

rimere, ad ulteriora procedendo, statuimus quod si contingerit ambas partes aut alteram earumdem, concludere ad finem quod pars adversa ad proposita vel conclusa per eam non admittatur, volendo in hanc stare conclusionem, faciendo retenutam de procedendo et proponendo ulterius in causa, quod ad hoc nullatenus per curiam nostram admittatur, quin teneatur peremptorie concludere, nisi de hiis que ad illum finem proponit, promptam fidem faciant per instrumenta (1).

(9) Causa vero utrimque placitata, et factis negatis, si partes fuerint apunctate ad tradenda curie facta sua, volumus quod advocati in vim juramenti sui, in scriptis tantummodo redigant et curie tradant facta positiva et deffensiva, et ea que replicando vel duplicando, ex intentione partium (2) noscuntur, faciendo illationes (3) et conclusiones necessarias : Reservato partibus de tradendo rationes juris coram commissariis in cause conclusione, si ipsis expediens videatur : ac ut scientia et experientia advocatorum curie nostre lucidius appareat, atque ad succinte, bene et sustentialiter scribendum, intentius animentur, volumus quod advocati qui scripturas fecerint, in fine scripturarum sub proprio nomine et cognomine se subscribant (4).

(10) In causis beneficialibus in curia nostra intantatis ratione collationum ex causa regalie aut alias jure nostro per nos factarum seu etiam faciendarum, procedatur velo levato, summarie et de plano, proponendo verum factum sine palliamentis aut rationibus frivolis et non necessariis : quod etiam servetur in scribendo, si partes ad scribendum fuerint apunctate : et quotiens partes debent ex precepto curie rationes juris et facta tradere in scriptis per modum memorie, nihil superfluum tradant, nec in scribendo idem bis repetant, et hoc injungatur advocatis et procuratoribus in vim prestiti juramenti.

---

(1) En Cour souveraine, il faut conclure à toutes fins. La Cour de cassation, dans l'affaire Berton, a exigé que l'on procédât et sur l'inscription de faux, et sur les moyens de cassation. Arrêt du 3 octobre 1822. (Is.)

(2) Je crois que cela peut signifier, que les advocats pourront non seulement rendre compte des faits, mais encore expliquer quel a été le motif et l'intention des parties, lorsqu'elles ont fait certaines choses. (Sec.)

(3) Ce mot peut venir d'*infero* pris dans le sens où il signifie, *tirer une conséquence d'une chose, en conclure*, etc. d'où on a fait le mot français *inférer*. *Illatio* peut donc signifier icy, *une conséquence tirée d'un fait*. (Idem.)

(4) Alors l'instruction des procès se faisait par écrit. (Is.)

(11) Apunctuamenta vero per partes accordanda aut aliter per cedulas tradenda, à partibus vel eorum procuratoribus infra biduum vel triduum tradentur in scriptis notario cui littera injuncta fuerit facienda : et hoc injungatur procuratori sub pœna præstiti juramenti (1).

(12) Nullus advocatus admittatur sive ex parte actoris sive ex parte defensoris, ad placitandum aut aliquid proponendum ultra bis duntaxat, juxta antiquum stilum (2) : et advocatis curiæ nostræ firmiter injungatur, quod replicando vel dupplicando, à repetitionibus prius propositorum vel dictorum abstineant, nec ea que in primis propositis dixerint, refricent, nisi prout fuerit necesse ; et quod in factis proponendis breviores, prout potuerint, existant, intimando eisdem quod si fecerint contrarium, graviter punientur.

(13) Volumus insuper quod dilatio de tradendis articulis infra tres dies ab antiquo concessa, firmiter observetur ; nisi curia longiorem dilationem concesserit, et ex causa.

(14) Articulis igitur traditis, dentur per curiam commissarii ad concordandos articulos sine sumptu (3). Teneantur insuper partes ipsæ infra quindenam articulos concordare, nec poterunt datum terminum autoritate sua absque licentia curiæ, ulterius protelare.

Concordatis articulis, dentur commissarii pro veritate super factis partium inquirenda : et si ambæ partes vel earum altera, commissarium vel commissarios cum adjuncto de partibus (4

---

(1) Voicy comment ces mots se lisent dans le stile du parlement, pars 3ª, tit. 15, § 1°, p. 507, col. 1. (Œuvres de du Moulin, tom. 2, édit. de 1681.) *Apunctuamenta vero per partes concordanda, aut alias per schedulas tradenda, à partibus vel eorum procuratoribus infra biduum vel triduum tradantur in scriptis notario cui fuerit injuncta littera facienda : et hoc injungitur procuratoribus sub pœna præstiti juramenti.* (Scc.)

(2) Cet usage est encore pratiqué ; mais à la Cour de cassation, on n'accorde jamais de réplique en aucune matière. (Is.)

(3) Il paroist par l'article suivant, que ces mots signifient, que les parties poseront et articuleront les faits desquels ils demandent à faire preuve. (Sec.)

(4) Voicy comment je conjecture que l'on peut entendre ces mots qui ne presentent pas un sens bien clair. Il est dit dans l'art. 12 de l'ordon. de mars 1356, que les enquestes seront commises, si les parties le requiérent, à bonnes personnes du pays dont les parties seront : et ou cas que l'une des parties vouldroit avoir commissaires du pays, et l'autre du parlement, nous voulons et ordonnons que la commission s'adresse à un des conseillers dudit parlement, tel comme la

..erint, eisdem concedatur : qui parlamento sedente et non
..dente, procedere poterunt ad inquestam super factis partium
faciendam.

(15) Postquam dati fuerint commissarii ad inquirendum veri-
tatem super factis partium, diligentiam faciant partes cum suis
commissariis infra tempus debitum, nec de cetero ficte diligen-
tie (1) recipiantur, nec commissiones ultra duo parlamenta; vel
ex causa, ultra tertium parlamentum renoventur; nisi per curiam steterit quominus in inquesta procedatur : veluti si post
primam diligentiam, altera partium petat inquestam ad finem
debitum recipi, et super fine debito partes apunctate fuerint in
arresto, quo pendente tempus partibus non currat.

Volumus tamen quod curia in dicto arresto reddendo, partibus tempus prefigat ad perficiendam inquestam, in casu quo
commissio fuerit renovanda.

(16) Si vero commissariis datis, contigerit alteram partium
uti literis status, tempus non currat parti ipsas producenti, ad
diligentias faciendas (2).

(17) Nolumus tamen literas status indifferenter admitti, sed
eis non-obstantibus, volumus in causis procedi et per commissarios testes recipi et examinari ad instantiam partis contra
quam status producetur; non-obstante absentia partis literas
status producentis : salvis eidem nominibus (3) et reprobationibus testium, si tradere voluerit in fine inqueste.

(18) Utentibus autem literis status in aliqua causarum suarum,
interdicimus in aliis causis suis aut earum aliqua, invitis suis

---

Cour ordonnera, adjoint avec luy un prud'homme du pays de l'autre partie.
Je crois que nostre article renouvelle cette disposition, et qu'il signifie, que si
les parties demandent qu'on joigne aux commissaires de la Cour, une personne
de leur pays, on le leur accordera. (Sec.)

(1) Ce sont apparemment les procedures par lesquelles il paroissoit qu'on
avoit fait des diligences pour proceder à l'enqueste, quoyque réellement on
n'en eust pas fait. (*Idem.*)

(2) Pontanon a adjousté des mots au texte de ces articles, il en a retranché
d'essentiels, il y en a quelques-uns qu'il a mal lûs dans l'original, comme
reprobabilibus, au lieu de *reprobationibus*; et apparemment par la faute de
l'imprimeur, il y a un *non* de supprimé, qui change entièrement le sens de
l'article. (*Idem.*)

(3) C'est-à-dire, apparemment, les noms des temoins qu'l voudra recuser.
(*Idem.*)

adversariis, placitare; et de cetero de literis status illam clausulam adimi volumus, qua solitum erat concedi, quod si impetrans in aliqua causarum suarum placitare vellet, ad hoc etiam absque gratia, admitteretur.

(19) Presentes autem ordinationes ad causas nostras quas procurator noster solus prosequitur, potissime patrimonium seu nostrum domanium concernentes, volumus non extendi.

(20) Gentes nostre que nostrum tenent aut tenebunt parlamentum, diligentes existant in consulendis et proferendis arrestis et causarum expeditionibus : sicque poterit subditis nostris solutium justitie celeriter ministrare.

(21) In ceteris autem preter quam in premissis, stillis antiquis et ordinationes curie non mutentur; sed eas volumus firmiter observari.

(22) Presentes autem ordinationes non solum ad causas de novo in nostra curia introducendas, sed etiam ad jam pendentes extendi volumus et jubemus.

Quod ut perpetue firmitatis robur obtineat, presentes literas fecimus sigilli nostri apensione muniri.

Datum apud Hisdinum, anno Domini millesimo trecentesimo sexagesimo-tertio, mense decembris.

Per regem.

N°. 355. — SAUF-CONDUIT *donné au Roi Jean, pour passer en Angleterre.*

Westminster, 10 décembre 1363. (Rymëer, III, 2° part., p. 84, 3° édit. in-fol., 1740.)

Rex universis et singulis admirallis, vice comitibus, majoribus, custodibus portuum et paragiorum, ballivis, ministris, et aliis fidelibus suis, ad quos etc. salutem.

Sciatis quod, cùm, magnificus princeps, JOHANNES Rex Francie illustris, frater noster carissimus ad nos, in regnum nostrum Anglie, sit venturus,

Nos (volentes securitati ejusdem fratris nostri providere) suscepimus ipsum fratrem nostrum, veniendo, cum ducentibus equitibus et eorum famulis, in dictum regnum nostrum, ibidem morando, et exinde ad partes Francie redeundo (1), ac

---

(1) Les historiens ont cherché à accréditer l'opinion que Jean était retourné

...nesia, pecuniam, res, et bona sua quæcumque, in sal- ... et securum conductum nostrum, ac in protectionem et ...ensionem nostram specialem;

Et ideò vobis MANDAMUS, firmiter injungentes, quod eidem ...tri nostro, vel equitibus, aut famulis suis prædictis, in per- ...nis, equis, hernesiis, pecunia, rebus, aut bonis suis præ- ...ctis non infaratis, seu, quantum in vobis est, ab aliis inferri ...rmittatis injuriam, molestiam, dampnum, violentiam, in- ...edimentum aliquod, seu gravamen; sed ipsos benignè et fa- ...orabiliter pertractantes, sibi salvum et securum conductum ...otiens et quando super hoc ex parte sua fueritis requisiti, ...is sumptibus habere faciatis;

Et, si quid eis foris factum vel injuriatum fuerit, id eis, sine ...latione, debitè corrigi et reformari faciatis.

In cujus etc. usque ad festum Pentecostes, proximò futurum, ...uraturus.

Teste rege apud Wert-monasterium decimo die decembris. Per ipsum regem.

Et memorandum quod ista commissio renovata fuit post mo- ...dum, sub eadem data, usque ad festum Paschæ (1), proximò futurum, duratura.

Per breve de privato sigillo.

...en Angleterre pour y remplacer en otage un de ses fils, qui s'était échappé secrètement, quoiqu'il y fût retenu en exécution du traité de Bretigny; mais la clause de sauf-conduit prouve que le Roi Jean se réservait le droit de retour, et son cortége nombreux qu'il voyageait en Roi, et non en captif. — Est-ce donc par l'effet d'une autre passion, qu'il est retourné en Angleterre? nous l'ignorons. Ce prince a toujours agi avec beaucoup d'inconséquence (Is.)

(1) Pasques n'est-il pas avant la Pentecôte? Dans ce cas, le Roi Jean serait donc mort après l'expiration du délai fixé par le second sauf-conduit. Est-ce un manque de foi de la part du Roi d'Angleterre, qui aurait donné un chagrin mortel au Roi Jean, et l'aurait fait périr huit jours après, ou bien doit-on entendre le *memorandum* de la fête de Pasque 1365? C'est aux lecteurs à le dé- cider. (*Idem.*)

N°. 356. — ORDONNANCE *du Roi portant règlement sur la g[arde]
de la ville de Paris, par les gens de métier* (1).

Paris, 6 mars 1363. (C. L. III, 668.)

JEHAN par la grace de Dieu Roy de France :

Savoir faisons à tous presens et à venir, que comme ja pie[ça]
par nos predecesseurs Roys de France, et de si long-temps qu[’il]
n'est memoire du contraire, pour la garde et seurté tant de nos[tre]
bonne ville de Paris, des saintes reliques de nostre chappell[e,]
des corps et personnes desdiz predecesseurs, des prisonniers e[s-]
tans en nostre Chastelet de Paris, comme des personnes et co[rps]
des marchans, gens de mestiers, biens et marchandises d'ice[lle]
ville, affin de pourveoir et remedier aux perilz, inconveniens [et]
maux qui toutes les nuiz povoient ou pourroient seurvenir en la
dite ville, tant par fortune de feu qui d'aventure ou autrement
se povoit prendre ou estre boutez par aucuns mal-faitteurs, e[n]
aucune partie dicelle ville, des roberies, murtres et larrecins, e[f-]
forcemens et ravissemens de femmes, comme des hostes et ho[s-]
tesses qui de nuit vuidoient leurs maisons et hostelz qu'ils tenoient à loüiers, pour defrauder leurs hostes, et autrement e[n]
plusieurs et diverses manieres, feust et eust esté ordonné pa[r]
grant et meure deliberacion de conseil, certain guet estre fait e[n]
icelle ville, de par chacune nuiz, par les gens de certains mestiers de ladite ville, qui de se faire se chargerent et furent chargiez, li un mestiers après l'autre, et le faisoit chacun mestier e[n]
troiz sepmaines une foiz; en telle maniere que s'il en deffailloit
un, les clercs du guet en mettoient un autre aux despens du
deffaillant : et oultre pour plus grant garde et seureté avoir e[t]
estre en ycelle ville, fu par nosdiz predecesseurs ordonné à leurs
gages et despens, oultre et par-dessus ledit guet desdiz mestiers,
chacune nuit estre fait en ycelle ville, certain guet durant toute
la nuit, de vingt sergens à cheval, et vingt et six sergens de pi[é,]
tous armés en la compagnie d'un chevalier dit le chevalier du
guet, gouverneur et meneur d'iceulz sergens, lequel chevalie[r]
prenoit dix soulz parisis de gaiges par jour, et vingt livres parisi[s]

---

(1) La composition de cette garde avait beaucoup d'analogie avec la gard[e]
municipale ou nationale d'aujourd'hui. — Le mode de convocation, le service
de nuit, les remplacemens, les excuses légitimes, tout cela est de même qu[’à]
présent. (IS.

ar au pour manteaulz ; lesdiz sergens à cheval chacun deux solz, et lesdiz sergens de pié chacun douze deniers parisis : pour lesquelsques recevoir, escripre et enregistrer, furent et estoient par nosdiz predecesseurs ordonnez, commiz, jurez et sermentez deux clercs appellez clercs du guet, prenans gages chacun de douze deniers parisis par jour : lesquieulz clercs devoient et estoient tenuz de faire pour le fait et ordonnance dudit guet, les choses qui s'ensuivent et par la maniere cy-dessouz esclarcie.

Ilz estoient tenus de envoier dire et faire savoir chacun jour, dedens heure compétent, aux gens du mestier ou mestiers qui pour la nuit devoient le guet, que ilz feussent au guet en leurs personnes ou envoiassent pour eulz : et ce fait, estoient tenus chacune nuit, avant heure de carrefeu et de guet livrer (1), d'estre en certain lieu et place en nostre chastellet : pardevant lesquelz venoient et estoient tenus de venir tant les gens des mestiers qui pour la nuit devoient faire ledit guet, comme lesdiz chevalier, sergens de cheval et de pié ; les noms de tous lesquelz ilz enregistroient et estoient tenus de enregistrer : et quiconque deffailloit, quant aux gens de mestiers, iceulz clers metoient un autre en lieu du deffaillant et à ses despens, dont tenu lui estoit de faire le lendemain satisfaction le deffaillant (2). Et n'en estoit aucun excusez, puis que semons eust esté de venir audit guet, se ainsi n'estoit que la femme d'icellui geust d'enfant (3) ou qu'il feust saigniez en icellui jour, ou hors de la ville en sa marchandise ou autrement, ou que il eust passé soixante ans d'aage (4) ; esquels cas un chacun estoit tenus de le faire savoir pardevers lesdiz clers, ou se ce non, point n'estoit quittes dudit guet ; et quant auxdiz chevalier, sergens de cheval et de pié, quiconque d'eulz deffailloit, il perdoit les gaiges de la nuit dont deffaillans estoit, et ledit enregistrement fait par la maniere que dit est, lesdiz clers ordonnoient et envoioient lesdites gens de mestiers par la ville pour la garde d'icelle, ès lieux, par le nombre et maniere que s'ensuit.

---

(1) Avant que le guet partit pour se rendre aux postes qui lui estoient assignez. (Sec.)

(2) La loi du 14 octobre 1791 admet les taxes de remplacement. On le tolere aujourd'hui. (Is.)

(3) Plus bas il y a, *gist d'enfant*; c'est-à-dire, est en couche. (Sec.)

(4) Ce principe est encore admis dans la garde nationale. Ord. du 17 juillet 1816. (Is.)

six sur les carreaux oultre le guischet de nostredit Chastellet, pour la garde des prisonniers estans en ycellui, afin que nul ne s'en peust aler ne eschapper par les huis; six en la rue à la Pierre dudit Chastellet, qui toutes nuit estoient tenus de aler et venir entour ledit Chastellet, afin que nul prisonnier ne peut descendre par cordes ne autrement, ne aucun ne lui peust donner confort ne aide, qu'il ne feust apperceuz; six en la court de nostre palais alans et venans toute nuit par icelle, tant pour la garde desdites saintes reliques comme du lieu; six en la cité devant l'ostel des Fauxilles assez près de la Magdalaine; six en la place aux Chas; six devant la fontaine des Sains Innocens; six sous les pilliers en Greve, et six à la porte Baudoier devant l'ostel des Chappellez, et le demourant, se demourant y avoit, par autres carrefours, ou plus proufitable sambloit auxdiz clers : tous lesquels mestiers ainsi ordonnez et mis, comme dit est, se tenoient et estoient tenus de tenir toute la nuit jusques au jour et guette dudit Chastellet cornant, faisant garde et guet esdiz lieux, armés de telz armes qu'ilz povoient avoir : et ledit guet de cheval et de pié, ledit chevalier eulz menans et conduisans, dès-lors que carrefeu estoit sonnez, estoient tenus de eulx partir dudit Chastellet, chevaulcher et aler toute la nuit et jusques au jour et heure de guette cornant, comme dit est, par toutes les parties de ladite ville, visitans et confortans lesdiz gués, et savoir leur estat, et se riens leur estoit advenu ou avoient eu riens a faire : et se lesdiz sergens de cheval trouvoient faulte esdiz guez des mestiers; c'est assavoir que les aucuns s'en feussent alez coucher, ou en leurs besoignes, il mettoient le demourant en prison (1) oudit Chastellet, affin que par le prevost de Paris feust sçeu pourquoy les deffaillans s'en estoient partis, et que par lui en feussent punis, si comme le cas le requerroit. Lequel guet depuiz le temps que ordonné fu par la maniere dessus esclarcie, a tousjours depuis esté fait, gardé et continué, et jusques à naguaires que par la faulte, mauvaistié et desloialté de Pierre Gros-Parmi et Guillaume Poivre qui dernierement ont esté clers dudit guet, et aucuns autres qui devant eulx ont esté, qui au desceu de nous et sans nostre congié et licence, de tous ceulz qui ont deu lesdiz gués de mestiers, ont prins grans finances, et

---

(1) L'ord. du 17 juillet 1816 permet de prononcer huit jours d'arrêt ou trois jours de détention. (Is.)

ycelles ou la plus grant partie tournées et appliquées à leur proufit, et aucune petite partie attribuoient à nous, et par ce n'ont esté par certain temps aucuns guès de mestiers assiz ne faiz en ladite ville, ne aussi par nostredit guet de cheval et de pié n'a esté fait leur devoir, ne les defaultes par lesdiz clers rapportées comme faire le devoient : dont plusieurs maulz et inconveniens s'en sont ensivis, tant par prisonniers qui sont eschappez de nostredit Chastelet, comme roberies et autres malefices, et plus pourroient encore ensuire ou temps à venir, se par nous n'y estoit mis brief remede.

Pourquoy nous qui tousjours jusques à ore, avons esperé et cuidie ledit guet estre fait et gardé par la maniere dessus esclarcie, et anciennement par nosdiz predecesseurs ordonné, tenu et gardé, voulans sur ce remedier, affin de remettre ledit guet à son premier estat pour le proufit de la chose publique, par grant et meure deliberacion de nostre conseil, avons pourveu et ORDONNÉ par la maniere qui s'ensuit.

(1) *Premierement.* Nous avons privé et privons dès-maintenant à tousjours, lesdiz clers dudit office de clergie de guet, pour leurs demerites, et en lieu d'eulz et pour eulz faire et exercer ledit office, avons ordonné que de par nous aura audit office de clergie de guet, des-ores-en-avant, nottaires dudit Chastellet. Et pour ce que Pierre Gillebert et Pierre de Saint Omer nottaires, nous ont esté tesmoingnez bons et convenables personnes ad ce souffisans, preudommes et loiaulz, nous leur avons donné l'office et les gages de douze deniers par jour pour un chacun, oudit office de clergie de guet appartenant, senz ce que ce leur porte prejudice aucun en leursdiz offices de notaire : parmi ce toutes-voies qu'ilz sont tenus de jurer et jureront ès mains de nostredit prevost et chevalier du guet, faire et exercer bien et loialment de leur povoir, ledit office de clergie du guet, par la maniere et selon ce que cy-après s'ensuit.

Iceulz clers sont tenus d'un chacun jour, faire savoir de heure competent, au mestier ou mestiers qui pour la nuit devront guet, qu'il soient audit guet, et nulz de mestier qui doie guet, ne sera tenuz de aler au guet, se il a passé soixante ans d'aage; se sa femme gist d'enfant; ne nulz qui pour la journée qu'il devra le guet, sera saigniez, ou qui sera hors de la ville pour ses necessitez, ou sera faisant guet sur les murs de la ville, ou essonnez de maladie; maiz sont tenus, se semons est au guet, de ce faire savoir auxdiz clers à ladite heure de queuvre-feu ou avant, ou autrement ne sera point quittes.

(2) *Item.* Que iceulz clers seront tenus chacune nuit, de estre en Chastellet à heure ordonnée, de recevoir guet; c'est assavoir, avant queuvre-feu, et plustost en Yver que en esté. Et là auront et tendront chacun un grant papier esquelz ilz enregistreront; c'est assavoir en l'un, les noms et seurnoms des gens des mestiers qui pour la nuit seront tenus au guet faire, et en l'autre, lesdiz chevalier ou son lieutenant et les sergens de cheval et de pié: ce fait asserront, mettront et envoieront ledit guet des gens de mestier ès lieux, par le nombre et en la maniere cy-dessoubz esclarcie, et selon l'ordonnance de nostredit chevalier ou son lieutenant, en tant comme il touche lesdiz sergens de cheval et de pié: et se aucuns en y a defaillans, supposé qu'ilz feussent essonnez d'un des six poins dessus touchiez, ce savoir ne l'ont fait de heure pardevers lesdiz clers, si comme dit est, iceulz clers seront tenus de y en mettre un en lieu de deffaillant: et lendemain seront levez sur le deffaillant, douze deniers qui seront baillez à cellui qui pour lui aura veillé (1): et ne seront tenus lesdites gens de mestier de partir de leurdit guet, jusqu'au jour, et guette toute cornée en nostredit Chastellet, sur paine d'amende volontaire; laquelle, quant le cas y escherra, nous voulons estre tauxée par nostredit prevost.

(3) *Item.* Pour ce que pluseurs ont esté trouvez faisans faux guès (2) avant heure que ledit guet feust livré, avons ordonné que ledit guet de cheval et de pié se presentera en esté à heure de queuvre-feu sonné à Nostre-Dame, et en yver à la nuitie (3), et

---

(1) Aujourd'hui l'amende peut être portée à 50 francs; ordon. du 17 juillet 1816. Mais comme cette peine n'est point autorisée par la loi de 1791, elle n'est prononcée que par forme de commutation. (Is.)

(2) C'est abandonner son poste, et se retirer avant l'heure marquée. *Livrer le guet*, c'est luy donner l'ordre pour partir et aller se rendre à son poste. *Faire faux guet avant que le guet soit livré*, c'est, à ce que je crois, se retirer après avoir fait écrire son nom sur le rolle, et avant que le guet parte. (Sec.)

(3) C'est-à-dire, *à la nuitée*, lorsque la nuit vient. Si le couvre feu de N. D. se sonnoit dans ce temps-là à sept heures, il suffisoit que le guet s'assemblât pendant l'esté à l'heure du couvre-feu; mais pendant l'hyver, il falloit qu'il s'assemblât plustost, parce que la nuit commence vers les quatre ou cinq heures. (Id.)

ledit guet livré à ycelle heure, à laquelle heure nous voulons ycellui guet estre livré et partir de Chastellet, ilz seront tenus de chevauchier et aler faisant guet parmi la ville, et visitans lesdiz guéz de mestiers par la maniere dessus esclarcie, et de chascun guet où faulx trouveront, dont les aucuns se sont allez coucher ou en leurs besoingnes, ceulx qui seront trouvez presens faisant guet, seront tenus par leurs sermens, de dire les noms et seurnoms des deffaillans, affin que par le prevost de Paris soient lendemain pugnis, se ilz n'ont juste et loial excusacion.

(4) *Item.* Ledit chevalier par lui ou par personne souffisante, sera tenus de faire guet chacune nuit bien et deuement. Et quiconque desdiz sergens de cheval et de pié sera deffaillant, il perdra ses gages pour la nuit que deffailli y aura. Et ne sera aucun desdiz sergens receu en aucune essoyne; excepté de maladie ou autre essoine de corps; et en ce cas il prendra gages.

(5) *Item.* Lesdiz clers du guet seront tenus dores-en-avant de bailler les deffaulx des sergens de cheval et de pié en la fin de chacun moys, à nostredit chevalier du guet, liquelz les baillera soubz son séel à nostre receveur de Paris.

(6) *Item.* Que pour la garde et seurté de ladite ville, des demourans et habitans en ycelle, et à la conservacion des choses dessus esclarcies et de chacune d'icelles, nous ne voulons que des-ores-en-avant par lesdiz clers du guet ne autres, à leur proufiz singuliers aucune finance de guet se face de quelque mestier que ce soit qui doie guet : sauf et reservé à nous toutes les droitures et finances anciennement à nous appartenans ; et ce deffendons et enjoingnous expressement ausdiz clers du guet, sur quanqués ilz se peuent meffaire envers nous ; maiz voullons et ordonnons que dores-en-avant, chacun de quelque estat ou condicion qui doie guet, veille ou envoie souffisant pour luy au jour et tour qui devra guet.

Toutes lesquelles choses dessus dites et chacune d'icelles ainsi par nous ordonnées par la deliberacion dessusdite, nous de certaine science, grace especial, plaine puissance et auttorité royal, voulons et mandons estre tenuês et gardées entierement et perpetuelment sens corrumpre, ne venir à l'encontre dores-en-avant en aucune maniere.

Si mandons et commettons par ces presentes à nostredit prevost de Paris qui est et sera, que nostre presente ordonnance faite sur ledit guet, face tantost crier et publier solempnelment en nostredit Chastellet et ailleurs par tout où bon luy semblera. Et audit prevost et chevalier du guet qui sont et pour le temps venir seront, et à chacun d'eulx pour tant comme à chacun puet et doit appartenir, que ycelle facent tenir et garder en la fourme et maniere que dessus est dit et devisé. Et tout ce qu'ilz trouveront estre fait, attempté ou innové au contraire, ilz le rappellent et adnullent, ou facent rappeller et adnuller, remettre et ramener en estat selon nostre presente ordonnance, sur un chacun article cy-dessus escript, senz delay et senz quelconque autre mandement attendre. Et que ce soit ferme chose et estable, nous avons fait mettre nostre seel à ces presentes lettres.

Donné à Paris, le sixiesme jour de mars, l'an de grace mil trois cens soixante et treiz, soubz le seel de nostre Chastellet de Paris en l'absence de nostre grant.

Par le conseil estant à Paris, ouquel estoient messieurs l'arcevesque de Rains, vous les evesques de Lizieux et de Nevers, les abbés de Clugny et du Jard, Alphouse Chevrier, Hue de Chastillon, et maitre Aymoin de Mignac maistre des requestes de l'hostel, le seigneur de Chastillon, Olivier le Fevre, Guillaume de Hanteul tresorier de France et plusieurs autres.

Nº. 557. — ORDONNANCE (1) *sur le serment des baillis a sénéchaux.*

1363. (C. L. IV, 410.)

(1) *Premierement.* Il jureront que il tendront et garderont toutes les ordenances ci-après declarées; c'est assavoir, que bien et loiaument il feront justice et droit à touz les subgiez de leurs bailllies et seneschaussées, aussi au pouvre comme au riche, sans nul deporter; et garderont le droit du Roy, et garderont ses secrez; et les causes abregeront à leurs povoirs, au moins de despens et dommages des subgiez que il pourront : Et là où il scauront le droit du Roy estrangié et aliené, il y mettront remede à leurs povoirs; et ou cas que il n'y pourront briefment

---

(1) Elle n'est pas en forme; elle est tirée du Mémorial D, chambre des comptes de Paris, F°. 55, R°. On ne sait pas si elle émane du roi ou de la chambre des comptes, et qu'elle est sa date exacte. Elle nous a paru assez importante pour être recueillie toute entière. (Is.)

mettre bon remede et adrecement, il le feront sanz delay savoir au Roy ou à son grant conseil, ou aux genz des comptes.

(2) *Item.* Il demourront, espécialment durant les guerres, continuelment en leurs baillies et seneschaussées, sanz avoir lieutenant : Et pour leurs besoignes faire hors de leurs bailliages, ne pourront vaquer en l'an, fors seulement par l'espace de un moys ou de cinq sepmaines en l'an au plus; non pas à une foiz, mais par partie : Et en ce cas, auront un seul lieutenant.

(3) *Item.* Que lesdiz bailliz ne leurs lieutenans, ne attriburont à eulx aucune jurisdicion appartenant au prevost de leurs bailliages.

(4) *Item.* Il tendront leurs assises de deux mois en deux mois, ou plus tart ; se il est necessitez, et le temps le puet souffrir.

(5) *Item.* Que chacun bailliz et seneschaux fera crier et savoir au comencement desdites assises, se nul se veult douloir ou plaindre de prevos ou d'aucuns sergenz, et leur en fera droit et raison, si comme il verra qui doie mieulx estre fait, sommierement et de plain, sanz trop grand delay.

(6) *Item.* Pour ce que le commum est souvent mengié et grevé en toutes baillies et prevostez, de la grand multitude et insuffisance des sergenz, il seront à present tous ostez; et appellera le baillif ou seneschal, six prudes-hommes des plus convenables de la chastellerie ou prevostez, des plus sages et des mieulx renommez; c'est assavoir, deux nobles, deux d'eglises, et deux bourgois; et les seremens pris d'eulx, par la foy de leurs corps, et sur les saintes euvangiles, ycelli baillif par leur conseil, mettra le mendre nombre de sergenz qu'il pourra en bonne maniere: et en ce nombre mettra les plus convenables sergenz que il poura trouver, qui bien et loiaument se seront portez : Et se l'en n'y trouve pas tant de sergens souffisans, que il puissent attaindre au nombre necessaire, ycellui baillif au conseil des dessusdiz, pourra eslire, et y mectre autres bonnes personnes à estre sergens, jusques au nombre deu : Et donront tous iceuls sergens chacun pour soi, considéré (1) le petit nombre de genz et la

---

(1) Voicy comment je crois qu'on peut entendre cette clause, qui n'est pas fort claire. On obligera les sergents de donner des cautions, contre lesquelles les parties à qui ils auront fait tort dans leurs fonctions, pourront avoir recours. Comme les sergents sont pauvres, la précaution de leur faire donner des cau-

pauvreté d'iceulx, especialement ou plat-païs, bonne seurté de bien et loyaument sergenter et servir; et leur seurté donnée, il n'en pourront estre deboutez hors de leurs sergenteries; se ce n'est pas leur meffait ou par leur gré, tant comme il se pourront bien et loiaument porter en leurs services : Ne aucuns autres ne pourront sergenter, ou avoir commission, se il ne sont du nombre d'iceulx sergens : Desquielx sergens ainsi establiz et aplegiez, le baillif, ou le seneschal et les six prudes-hommes envoiront les noms et les seurnoms en la chambre des comptes, par lettres rendent soubz seaulx, dedenz un mois après la dite élection et ordenance : et quant aucuns d'iceulx sergens mourra, le baillif en y mettra un autre; appelez aveque luy les six prudes-hommes, comme dessus; et en rescriprout par leurs letres ouvertes en la dite chambre, si comme dit est des autres cy-dessus.

(7) *Item*. Tous les baillis et seneschaux en la fin de leurs assises, avant qu'il se partent, tauxeront toutes les amendes gagées (1); et soubs leurs seaulx, baudront aux receveurs de leur baillies et seneschaussées, sanz nul delay.

(8) *Item*. Tous quins-deniers, toutes composicions, finances, reliz, rachaz et generalment tous les exploiz qu'il auront faiz en leurs assises, et dehors leurs assises de tout le temps precedent, il bailleront semblablement ausdiz receveurs, par la maniere que dit est.

(9) *Item*. Et se il par aucune cause, ne tenoient leurs assises, il seront tenuz de envoler, comme dit est, toutes les composicions, finances, quins-deniers, reliz, rachaz et autres exploiz, audit receveur, dedenz quinze jours après.

(10) *Item*. Il jureront et feront jurer à leurs prevoz et clercs, et à ceulx (2) du conseil et à leurs mesnies (3), que il tendront

---

tions est nécessaire; et comme les sergens ne sont pas en grand nombre, ils pourront trouver des cautions. (Sec.)

(1) Apparemment que lorsqu'un homme estoit condamné à l'amende, on luy faisoit donner caution, pour la sûreté du payement. On trouve très souvent dans ce Memorial *D. gagiavit emendam ad burellum*. (*Idem.*)

(2) Je crois qu'il faut ectendre par ces mots, ceux dont les baillis et seneschaux prenoient conseil dans l'administration de la justice. Le concierge du palais qui y rendoit la justice, et qui depuis a esté nommé bailli, avoit un conseil. Ce conseil estoit peut-estre composé des *prudes-hommes* dont il est parlé cy-dessous, art. 11. (*Idem.*)

(3) Domestiques. (*Idem.*)

scires les exploiz, forfaicture et autres revenues en leurs bailliages, ou seneschaussés, afin que ceulx qui le pourroient savoir, aient cause de les venir demander ou empetrer.

(11) *Item.* Il envoieront (1) chascun an, trois fois ou deux, une au moins, toutes les parties des demandes (2), composicions, quins-deniers, rachaz, reliez, forfaitures, espaves, mortemains, et grosses amendes, et toutes les causes esclarcies desdites choses : Et ce sera en roolles scellez de son scel, et des seaulx de deux prudes-hommes de ceulx qui auront esté aus choses dessusdites.

(12) *Item.* Que il ne pourront marier eulx ne leurs enfans, aux personnes de leurs baillies ou seneschaucies, ne faire moines ne nonains ileques à leurs prieres

(13) *Item.* Que il visiteront toutes les euvres des chasteaux, fours, moulins, hales et manoirs du seigneur, qui seront à faire, qui seront bailliées par conseil de ceulx qui se cognoissent en ouvrages ; tant par maistres des euvres, comme par autres sages en ce : Et bien et loiaument les tesmoigneront quant elles seront, et quant seront faites, se il en sont requis par le receveur ou autres pour le Roy.

(14) *Item.* Il ne recevront riens pour leurs gaiges ne autrement ; fors par la main du receveur de la baillie ou seneschaucié.

(15) *Item.* Il ne prendront dons ne pensions ou robes, eulx ne leurs genz ne leurs clers, se ce n'estoit par avanture vins et viandes, qui se pevent et doivent user par raison, en peu de jours : Ne ne prendront à ferme, ou autrement, aucunes maisons, granches, cences, terres, prez, vignes, ou autres revenues d'eglise aucune, ou d'autres personnes, en leurs bailliées ou seneschaucies.

(16) *Item.* Que il ne feront en maisons d'eglise, sejours à une fois, aus dépens des esglises, plus d'un jour entier.

(17) *Item.* Que les femmes, veuves et les orfenins, il garderont, se il ont à faire pardevant eulx ; soit en assise ou ailleurs ;

---

(1) Apparemment à la chambre des comptes : ce qui pourroit prouver que ce serment a esté dressé par les gens de la chambre des comptes. (Sec.)

(2) Je crois que par ce mot, il faut entendre l'amende que payoit celuy qui succomboit sur une demande formée en justice contre luy. *V.* Gloss. du Droit franc., V°, *Clain* : car clain et demande sont la même chose. (Idem.)

et leur avanceront leur droit, et les delivreront touz premiers, ou la meilleur maniere que il pourront, avant touz autres.

(18) *Item.* Les ordonnances faites et à faire par le Roy, sur le cours de ses monnoies, et sur la deffense des autres, il tendront en leurs personnes; et feront jurer et leurs mesnies que il les tendront; tant au recevenr, preves, procureurs et sergenz de leurs baillages, et les feront souvent publier, et contraindront et feront contraindre touz leurs subgiez à les tenir, selon ce que mandé leur a esté ou sera ou temps à venir; et que il mettront toute diligence de punir les desobeissanz; et aussi de faire garder les passages par lesquieux les mauvais convoiteux portent le billon hors du royaume, et en raportant la fausse monnoie contre-faite ou deffendue à avoir cours oudit royaume : Et il en auront pour eulx et leurs commissaires, tel prouffit comme il est ordenné es lettres sur ce faites, et envoiées en chascun baillage; ou que il sera mandé quant lesdites letres seront renouvellées.

N°. 358. — TESTAMENT *du Roi Jean* (1), *par lequel il déclare qu'il veut être enterré à Saint-Denis, et il fait des legs aux officiers de son hôtel, de sa chambre et de sa garde-robe.*

Faubourg de Londres, maison de Savoye, 6 avril 1364. (Layette, *Testamenta Regum et Reginarum*, 169. — Dutillet, Recueil des Rois de France, Invent. des Testam., tom. I, p. 355.)

---

(1) Il fait ses exécuteurs son fils aîné, les évêques de Beauvais et de Sens, le comte de Tancarville, et son confesseur, auquel il commet toute sa disposition dernière.

Voici le détail de cet événement, recueilli à la bibliothèque du Roi, manuscrit de Dupuy, vol. 756.

« Martis 16 aprilis, 1364. Post pascha venerunt nova ab Anglia Parisius dominis de consilio magno de obitu domini Regis Joannis in anglia apud Londoniam 8 die dicti mensis circa medium noctem, et 17 dicti mensis presentibus in camera compotorum parisiensis domino cancellario et pluribus aliis dominis tam magni consilii quam parlamenti, inquestarum, gen. theseau. quod donec habeatur responsum a dom. *rege Carolo moderno* vacabitur negotiis camer. Parlamenti inquest. compot. Thesauri, requestar. et Castelletti, prout autem fie... sigillabiantur litteras. ex lib. 4, memorialium camere... D. fol. 60. » (Ia.)

REMARQUES SUR CE RÈGNE.

Jamais la misère ne fut plus grande parmi le peuple. Les pauvres gens languissaient de faim dans les champs... Le menu peuple était réduit à chercher des racines et à peler des arbrisseaux pour trouver de quoi se nourrir. (Mézerai.)

Jamais le luxe n'avait été porté plus loin par la noblesse. (Hen. Abr. chron.)

Elle étoit si corrompue, qu'elle se portoit facilement à la trahison, pourvu qu'on fournit de l'argent à ses débauches. La conduite des prélats n'était pas fort régulière; l'avarice et l'ambition s'étaient introduites dans les cloîtres. (Mézerai.)

Pierre de Bourbon (1356) est excommunié à la requête de ses créanciers, parce qu'il ne paie pas ses dettes. — Les excommunications pour dettes deviennent très-communes sous Charles V et Charles VI. (*V.* ci-après, l'ord. de 1372.) Le clergé les prodiguait pour les causes les plus légères; il est vrai qu'il n'en consentait la levée que pour de l'argent. L'abus de ces excommunications en détruisit l'effet. Le peuple cessa de les craindre, et par conséquent de les payer, et par conséquent le clergé d'en faire usage. (Dec.)

Invention de l'usage des chaînes dans les rues (1357). — On les fait servir de retranchement pour la défense de la ville.

Le Roi, à l'occasion d'une tentative d'assassinat, établit (1358) des gardes à pied et à cheval pour la sûreté de sa personne (1). (Mézerai.)

Pierre de la Forêt, chancelier, est obligé de prendre des lettres d'anoblissement, parce que l'office de chancelier n'anoblissoit pas alors. (Hen. Abr. chr.)

Renaud de Aci, avocat du Roi, est qualifié général avocat en parlement, et aussi spécial avocat du Roi, pour distinguer ses fonctions quand il parlait dans les causes des particuliers ou dans les causes du Roi. (Hen. Abr. chr.)

Les officiers de la chambre des comptes portaient de grands ciseaux à leur ceinture, pour marquer le pouvoir qu'ils avaient de retrancher les mauvais emplois dans les comptes qu'on leur présentait. (Mém. ch. des compt. — Villaret.)

---

(1) Nous n'avons pas trouvé l'ordonnance d'établissement. (Dec.)

Édouard III (1360) interdit l'usage de la langue française dans tous les actes publics d'Angleterre, où l'on s'en était servi jusqu'alors. (Hen. Abr. chr.) — *V.* note 6, 1er vol., p. 107.

Ces temps de grossièretés, de séditions, de rapines et de meurtres, furent cependant le temps le plus brillant de la chevalerie. Elle servait de contrepoids à la férocité générale des mœurs. L'honneur, la générosité, jointes à la galanterie, étaient ses principes. Le plus célèbre fait d'armes dans la chevalerie est le combat de 30 Bretons contre 30 Anglais, 6 Bretons et 4 Allemands, quand la comtesse de Blois, au nom de son mari, et la veuve de Montfort, au nom de son fils, se faisaient la guerre en Bretagne. Le point d'honneur fut le sujet de ce combat; car il fut résolu dans une conférence tenue pour la paix. Au lieu de traiter on se brava, et Beaumanoir, qui était à la tête des Bretons, pour la comtesse de Blois, dit qu'il fallait combattre pour savoir qui avait la plus belle amie. On combattit en champ clos. Il n'y eut que cinq chevaliers de tués, un seul du côté des Bretons, et quatre du côté des Anglais. Tous ces faits d'armes ne servaient à rien, et ne remédiaient pas surtout à l'indiscipline des armées, à une administration presque toute sauvage. Si les Paul Émile et les Scipion avaient combattu en champ clos pour savoir qui avait la plus belle amie, les Romains n'auraient pas été les vainqueurs et les législateurs des nations. — (Essai sur les mœurs. — Dec.)

CHARLES V,

DIT LE SAGE (1).

Succède à Jean son père, le 8 avril 1364; sacré et couronné à Reims avec la Reine, le 19 mai (2); mort au château de Beauté-sur-Marne, le 16 septembre 1380.

CHANCELIERS ou gardes-des-sceaux. — 1° Jean de Dormans, dit le cardinal de Beauvais, en 1364, par continuation; 2° Guillaume de Dormans, le 21 février 1371; 3° Jean de Dormans, cardinal, à la mort de son frère, le 11 juillet 1373; 4° Pierre d'Orgemont, premier président, élu par voie de scrutin, en grand conseil, après la mort du précédent, le 20 novembre 1373.

N° 359. — ORDONNANCE *par laquelle le Roi, à son avénement à la couronne, confirme tous les officiers, jusqu'à ce qu'il en ait été autrement ordonné en grand conseil* (3).

Château du Goulet, 17 avril 1364. (C. L. IV, 415.) Registré en parlement et à la chambre des comptes le 19.

---

(1) Il est le premier des fils de France qui ait pris le titre de *dauphin*. (Dec.)
Presque tous les actes du règne du Roi Jean appartiennent à ce prince, et c'est ce qui fait qu'on cite plusieurs actes du dernier règne, comme appartenant à Charles V. Ce prince enseigna cette doctrine, que l'on n'est pas obligé de tenir les promesses que l'on a faites aux sujets. *V.* ci-dessus, p. 55. Du reste, la législation de ce prince, qui fut un très-habile politique, est très-remarquable. C'est lui qui a fixé la majorité des Rois à 14 ans. (Is.)

(2) Lorsque les Rois étaient mariés à leur avénement au trône, les Reines recevaient, en même temps qu'eux, la couronne et l'onction royale à Reims. — (Dutillet. *V.* ci-après, l'acte du sacre.) — (Dec.)
En Angleterre, les Reines-épouses peuvent n'être pas couronnées, si telle est la volonté du Roi. C'est ce qui a été décidé en 1820, à l'ayénement de Georges IV. — La Reine avait subi un procès en adultère, avant l'avénement. (Is.)

(3) *V.* ci-après, l'ordon. du 28 avril, qui confirme définitivement les officiers du parlement. (*Idem.*)

N°. 360. — *Lettres portant qu'en cas où le Roi aurait des enfans successeurs à la couronne, le duc d'Anjou, son frère, aura, pour lui et sa postérité, le duché de Touraine et ses dépendances, pour les tenir en pairie à perpétuité* (1).

Château du Goulet, 18 avril 1364. (Thes. Nov. Anecdot., I, 1491. — Lancelot. Mémoire des pairs, p. 539.

Charles par la grace de Dieu, Roy de France : A tous ceux qui ces presentes lettres voiront, salut.

Sçavoir faisons, pour l'amour et affection naturelle que toujours avons euë et volons avoir à nostre très cher et feal frere le duc d'Anjou, et que pour le temps à venir li voulons pourvoir en accroissement de sa seigneurie, et de ses rentes et revenus. Nous ou cas que à Dieu plairoit que nous eussions hoirs masles procréez de nostre corps, qui à nostre royaume succederoient : pour laquelle chose nostredit frere par ce seroit esloigné de succession dudit royaume : à iceluy nostre frere promettons par ces lettres de certaine science, grace speciale et de nostre autorité royale pour luy et son hoir masle de son corps procréé en loyal mariage, donner, octroyer, delaisser et transporter à toujours la duché de Touraine avec toutes ses appartenances et appendances, tant la cité et chasteau de Tours, comme quelconques autres chasteaux, villes, forteresses, edifices grands et petits, terres, prez, moulins, fours, estangs, viviers, pecheries, forests, bois, rentes, cens et autres emolumens, obventions et revenus quelconques, avec toute justice, haute, moyenne et basse, mere et mixte impere, collations et patronages de benefices, hommes, hommages, vassaux, vasselages, obeissances, honneurs et quelconques autres rentes, appartenances, comment qu'elles soient nommées, et en quelconques choses qu'elles soient appartenans audit duché, et tout en la forme et maniere que la tenoit nostre très-cher seigneur et pere, que Dieu absolue, et tous nos autres predecesseurs Rois de France;

Et voulons au cas dessusdit, qu'icelle duché nostredit frere pour luy et son hoir masle, quand il l'aura, comme dit est, tienne de nous et de nostredit hoir et successeur en pairie de

---

(1) … est une dérogation au principe des apanages, qui contenait toujours … de revenir à défaut de postérité masculine. Il est étonnant qu'une … pièce ait été omise dans la Collection du Louvre. (Is.)

France, sans y retenir à nous, ne à nostre hoir et successeur aucune chose, fors tant seulement l'hommage souveraineté et ressort en nostre parlement à Paris, et la souveraineté en feauté de l'archevesché de Tours, et de l'église monseigneur S. Martin de Tours, avec les collations des benefices et dignitez d'icelle église, nonobstant quelconque privilege octroyé par nous, nos predecesseurs Rois de France, ne autres quelconques, à quelconques personnes, soient d'église, communitez, universitez, ou autres singulieres personnes de quelque estat et condition qu'ils soient, et de quelconque autorité qu'ils usent, par lesquels privileges il leur soit octroyé que nous ne les puissions, ou aucun d'eux mettre hors de nos mains, ne separer de la couronne de France.

Et pour ce que nostredite promesse, quand le cas escherra, et non autrement, voulons avoir son plein effet par la maniere que dit est, nous promettons à nostredit frere pour luy et son hoir procrée de son corps en loyal mariage estre faites par nous, ou nostre hoir, ou successeur, sur ce nos lettres en las de cire verte, telles et si bonnes que sur ce appartiendra, afin que nostredit frere et son hoir masle puisse jouir de nostre presente promesse, comme son heritage.

Et pour ce qu'il appert qu'ainsi nous plaist estre fait, nous avons mis nostre nom de nostre main à ces lettres scellées du sceau de nostre secret, duquel nous usions paravant que nous vinssions au gouvernement de nostre royaume.

N° 361. — LETTRES *portant qu'on ne donnera à personne des deniers royaux, si ce n'est en vertu de lettres du Roi* (1), *à l'exception des fiefs et aumônes.*

Pontoise, 20 avril 1364. (C. L. IV, 416.)

N° 362. — LETTRES *portant confirmation des officiers du parlement, exerçant lors du décès du Roi* (2).

Paris, 28 avril 1364. (C. L. IV, 418.)

---

(1) V. l'ordon. du 14 septembre 1822, sur la comptabilité des dépenses publiques. (IS.)

(2) Les lettres du 17 avril sont générales, mais provisoires : elles n'empê-

N°. 303. — Lettres contenant les priviléges accordés aux marchands Castillans trafiquant dans le royaume (1)

Paris, avril 1364. (C. L. IV, 421.)

SOMMAIRES.

(1). Les Castillans qui viendront commercer dans le royaume, seront sous la protection du Roi.

Quelques guerres qui surviennent, on ne pourra les arrêter, ni saisir leurs biens, si ce n'est pour délits par eux commis, ou pour dettes par eux contractées.

Ils auront un an, pour exporter leurs effets.

(2) Les Castillans ne seront mis en prison que par ordre des juges; et s'ils donnent caution, à moins qu'il ne s'agisse de délit ou contrainte par corps.

(3) Les contestations civiles qui s'élèveront entre Castillans, seront jugées par des officiers de marine, ou des marchands de leur pays.

(4) S'ils ont querelle avec des Français, ou avec d'autres étrangers, ils seront jugés au civil seulement, par le juge du lieu, lequel appellera avec lui deux prud'hommes et deux marchands Castillans. L'appel sera porté à Rouen, devant le doyen de l'église, le bailli et le vicomte.

(5) Ils ne seront pas tenus de la réparation des ports où ils sont reçus.

(6) Il sera entretenu des feux pour la sûreté des vaisseaux qui viendront aborder sur les côtes, qu'ils puissent connaître leur route, sans que les Castillans soient tenus de rien payer pour l'entretien de ce feu.

(7) Ils ne seront pas tenus de l'entretien des quais.

Ils pourront décharger et charger leurs marchandises, même les jours de fêtes, sans qu'on puisse les condamner à l'amende à ce sujet.

(8) On fournira des bateaux pour alléger les vaisseaux à leur débarquement.

Les frais d'emmagasinage seront réglés par le prévôt, et deux prud'hommes, de concert avec deux marchands de leur nation.

(9, 10 et 11) Si les marchandises que les Castillans auront données en compte aux maîtres du cabotage, sont endommagées, ceux-ci en seront responsables.

Les voituriers seront aussi responsables.

(12) En cas de bris ou nau-

---

cherraient pas qu'on n'en adressât de particulières aux Cours souveraines. — Celles que nous donnons ici pour le parlement, forment le plus ancien monument en ce genre. (Villaret.)

Elles furent trouvées en 1545, et le parlement, par arrêt du 3 avril même an[née], donna leur enregistrement au registre des anciennes ordonnances. (C. L. IV, 420.) — (Dec.)

(1) [Elle] est citée par Hénault. — Abr. chr. — (Dec.)

frage, on leur rendra ce qui sera ramassé, en payant les frais de sauvetage, si la réclamation est faite dans l'année.

(13) Il en sera de même, dans le cas où un vaisseau à l'ancre serait obligé de mettre à la voile, sans avoir le temps d'emporter son ancre et ses agrès.

(14) Les maîtres des vaisseaux Castillans pourront prendre des esquifs dans tous les ports sans rien payer.

(15) Les biens des Castillans pourront dans le royaume, sont affranchis du droit d'aubaine.

(16) Les Castillans ne pourront être condamnés à l'amende que pour blasphême ou injures contre le Roi, les princes du sang, les officiers du Roi, les prélats ou les grands seigneurs, et pour crime, ou autre cause notable.

(17) Ceux qui auront frappé ou blessé des Castillans seront punis comme violant la sauvegarde enfreinte.

(18) Les Castillans ne seront point obligés à faire le guet.

(19) Les officiers de marine ne pourront, sous aucun prétexte, prendre leurs vaisseaux ou effets.

(20) Les Castillans pourront établir des procureurs pour avoir soin de leurs affaires.

(21) Les peseurs royaux pèseront leurs marchandises sans aucuns droits.

(22) Les Castillans pourront choisir des courtiers.

(23) Les juges feront payer ce qui sera dû aux Castillans, nonobstant tous les privilèges et lettres d'état, même par l'emprisonnement des débiteurs.

(24) Les Castillans pourront payer avec les monnaies qu'ils ont reçues, quoique ces monnaies n'aient plus cours.

(25) Les Castillans pourront emporter les monnaies hors du royaume.

(26) Tout ce que les Castillans trouveront en mer, leur appartiendra, sauf réclamation des propriétaires.

(27) Les Castillans qui auront commis des délits en seront seuls punis.

(28) Les Castillans qui auront porté quelque dommage aux effets d'autres marchands de leur pays, seront arrêtés, et leurs effets saisis.

(29) Les Castillans ne seront pas sujets au droit de prise.

(30) Le prix des maisons et des magasins sera fixé par des prud'hommes.

(31) Les Castillans fixeront le prix de leurs marchandises, qui ne paieront aucuns droits.

(32) Les Castillans ne paieront aucuns droits pour la première vente; s'ils ne veulent les vendre, ils pourront les remporter, sans droits; pourvu qu'ils ne les portent point en pays ennemis.

(33) Les Castillans pourront faire incarcérer les voleurs saisis dans leurs maisons ou magasins.

(34) Les Castillans sont déclarés quittes de toutes les amendes qu'ils pouvaient devoir au Roi.

(35) Les Castillans ne pourront être poursuivis aux sujet des dettes contractées par leurs agens, à moins qu'ils ne les aient autorisés.

(36) On ne pourra lever aucuns impôts sur les Castillans.

(37) Les juges feront payer aux Castillans les sommes auxquelles ils seront imposés par l'ordre du Roi de Castille.

(38) On punira ceux qui donneront atteinte aux privilèges des Castillans.

(39) Les Castillans seront exempts de tous impôts.

(40) Ils ne paieront au prévôt de Leure, aucuns droits pour les marchandises qu'ils déchargeront dans sa juridiction.

(41) Les Castillans pourront vendre dans leurs maisons, le cuir qu'ils apporteront à Paris.

(42) Le capitaine de Harfleur sera juge de toutes querelles entre Castillans et François: il se fera assister par deux bonnes gens de Harfleur, et par deux bonnes gens de Castille; et l'appel sera porté à Rouen, devant les conservateurs des privilèges des Castillans.

(43) Les Castillans pourront sortir du royaume en toute sûreté, eux et leurs effets, même en temps de guerre.

CHARLES etc. (1).

Savoir faisons à tous presens et avenir, que comme plusieurs bons et loyaulx marchands et gens du royaume de Castelle aient propos et volunté, si comme il dient, de converser et frequenter nostre royaume, et de y faire mener et conduire leurs loyaulx marchandises, et especialment es villes et pors de Harefleur et de Leure; et pour ce nous aient fait instamment supplier et requérir, que il nous pleust leur faire grace, et eslargir nostre puissance royal envers eulx, et leur pourveoir de telle grace et seurté, par quoy il aient cause de venir en nostredit royaume, et de faire conduire et mener leursdictes marchandises; et qu'il puissent dores-en-avant demourer et séjourner paisiblement esdictes villes de Harefleur et de Leure, et ailleurs en noz royaume et seignories, et d'y mener, tenir et garder leursdictes denrées et marchandises, si comme font les autres marchands noz subgez, demourans esdictes villes: nous qui desirons et volons les subgez et marchands frequentans nostredit royaume, gouverner en bonne paix et transquilité, et qu'il

---

(1) A l'avenir, nous ne donnerons les formules initiale et finale qu'autant qu'elles viendraient à changer. (Is.)

soient plus grant cause d'y venir; et pour la bonne et vraie amour et affection, que nostre très chier et très amé cousin le Roy de Castelle et ses predecesseurs, et aussi que les marchans et subgez de sondit royaume, ont touzjours euë et ont à nous et à nostre royaume, et esperons qu'il aient ou temps avenir, voulons que en ceste partie, apperçoivent nostre grace et liberalité royal, pour contemplacion de nostredit cousin qui sur ce nous a très affectueusement escript, et à la supplicacion et requeste desdis marchans, de grace especial et certaine science et de nostre auctorité royal, avons Octroié et octroyons par ces presentes, ausdiz marchans et gens dudit royaume de Castelle:

(1) Que touz les marchans, gens, admiraux et maistres de nefs et de navire dudit royaume de Castelle, qui venront, converseront et habiteront ausdiz pors et villes de Harefleur et de Leure, et par-tout ailleurs en nosdiz royaume et seignories, leurs corps, nefs, navires, biens, muebles et marchandises, que il y ameneront ou vouldront amener, soient et demeurent en nostre salve-garde et seure proteccion, et que pour guerres quelconques que ait esté faite ou temps passé, ou pourroit estre ou temps avenir, que Diex ne veille, entre nous et nostredit cousin le Roy de Castelle, enfenz, freres, gens ou amis de Nous ou de noz hostelz ou autres, dux, comtes, barons, communautez ou autres quelconques subgez desdis royaume et seignorie, de present ou pour le temps avenir, pour prince de hommes, de femmes ou de biens, faites en mer ou en terre, dedtes ou pleigeries, pour (1) marques, ou autres quelconques choses données ou octroyées par nous ou noz successeurs, contre nostredit cousin le Roy de Castelle ou ses successeurs, au contraire, ou pour quelconque autre chose qui ait esté faite ou tems passé, en mer ou en terre, avec quelconques gens de nos royaume et seignorie, ou d'autres quelconques, ou pourront estre ou temps avenir, que eulz ou aucuns d'eulz, ne soient prins, leurs corps ne leurs biens et marchandises, leurs nefs ne navires, pour quelconque cause que avigne ou soit avenuë; si ce n'est pour son propre meffait qui ait esté fait en nozdis royaume et seignories, ou pour sa propre pleigerie ou debte qu'il auroit faite : et n'en

---

(1) Les procédures pour obtenir des *marques*, se faisoient au parlement; V. ci-après, pag. 208 et 210, deux arrêts qui apprennent comment on y procédoit dans ces occasions. (Sec.)

sera tenus; fors celui qui auroit fait le meffait; et que le fait, obligation, délit ou meffait de l'ub, ne lie en rien l'autre, ne les biens de l'autre n'en soient en aucune maniere arrestés, s'il n'estoit trouvé deuëment qu'il eust compaignie ou biens communs aveoques autres qui samblablement seroient obligez : ou quel cas, nous volons que lesdis biens communs demeurent tenus et obligez en la maniere que le cas le requerroit, et soient executez ainsi comme de raison appartendra : et s'il avenoit, que Diex ne veuille, que aucuns contens fust meuz entre nous et nostredit cousin de Castelle, ou les successeurs de nous et de lui, par quoy les gens et marchans dudit royaume de Castelle, deussent départir de nostredit royaume, par le commandement de nous ou de nos successeurs; nous volons et nous plaist, que leurs biens et marchandises estans pour lors en nozdiz royaume et seignorie, il puissent faire vuidier et emporter seurement et salvement, dedens un an après ce qui leur sera signiffié, sans ce qu'il soient en leursdis biens et marchandises, grevés ou domagiez, ne qu'il soient par nous ou nos subgez, arrestés ou empeschez pour ceste cause.

(2) *Item.* Nous volons, et leur ottroyons en la maniere que dessus est dit, que en touz noz royaume et seignories, ne soient mis en prison, hommes qui sont dudit royaume de Castelle, pour quelconque cause que ce soit, jusques à tant qu'il soit amené devant le juge ordinaire; et qu'il soit délivrés en baillant pleges convenables de faire et accomplir ce qui lui sera raisonablement demandé : et ne leur soient arrestés ne empeschés leurs corps, nefs, navires, marchandises ne biens quelconques, en baillant pleges, comme dit est; si ce n'estoit pour cas de crime; ou que aucuns fussent obligez; lesquelz nous volons qu'il soient contrains selon la teneur de l'obligation.

(3) *Item.* Volons et leur octroyons, que se aucun debat ou discort avenoit entre les marchaus et gens dudit royaume de Castelle, les uns contre les autres, d'iceulz débas et discors, deux ou trois hommes mariniers ou marchands d'icelli royaume de Castelle, ou d'autres telz comme ceulx qui auront fait le débat, vouldront eslire, les puissent delivrer et mettre à acort; sanz payer pour ce aucune amende; fors tant-seulement en cas de crime.

(4) *Item.* Nous volons, et leur ottroyons que se aucun debat ou discort avenoit entre les marchans et gens dudit royaume de Castelle, ou contre ceulx de Harefleur ou de Leure, ou autres

quelconques de noz royaume et seignories, ou autres gens quelconques d'autres terres et seignories, ou cas qu'il y auroit sanc ou playe, par quelque maniere que ce soit, qu'il puissent estre délivrés en cas civil tant-seulement, par le jugement du prevost de Harefleur, ou d'autre juge ordinaire du lieu où le contens et debat sera meu; appellé avecques lui, deux preudomes de ladicte ville de Harefleur, ou d'autre où ledit debat aura esté fait; et aussi deux des marchans dudit royaume de Castelle, qu'il sommeront, s'il y veulent estre; et se il n'y veulent comparoir, ledit juge ne leissera pas pour ce, à proceder avant et faire ledit jugement, en faisant droit aus parties. Et si aucune d'icelles parties, se sentoit grevée du jugement qui lui auroit esté fait, nous volons et nous plaist, que, sanz aucun moyen, elle puisse appeller à Roüen, devant le doyen de l'eglize de Roüen, le bailli et le viconte de ladicte ville de Roüen, qui à present sont et pour le temps avenir seront; qui jugeront loyaument selon les cas, leurs causes d'appel, et feront droit aus parties, quand le cas y escherra; et seront et demourront perpetuelment leurs juges en leurs causes d'appel, et leurs conservateurs : et volons que en leursdictes causes et fait qui seront meuz pardevant culz, il procedent et facent proceder sommierement et de plain, sanz lonc procès et figure de jugement, et au moins de grief et dommage desdictes parties, qu'il pourront; et leur donnons povoir et actorité, et commettons par ces presentes, qu'il puissent faire convenir et citer pardeuant eulz, toutez personnes qu'il leur apperra deüement, qui aucune chose feroient ou attempteroient, ou feroient faire ou attempter contre la teneur de noz preseus privileges, franchises et libertez, et qu'il commandent et facent tenir et acomplir tout ce que esdiz privileges est contenu, et les facent enteriner, tenir et garder saus les souffrir enfreindre en aucune maniere au contraire.

(5) *Item.* Nous volons et leur ottroyons, ordennens et mandans par ces presentes, à ceulz à qui il appartient, que il soit fait en la crique de Leure, et devant la ville de Harefleur, port et hable, par quoy le nefs et navires dudit royaume de Castelle, puissent aler, venir, séjourner et demourer seurement et sauvement, afin que aucun dommage n'en viengne ausdictes nefz, navires, ne aucun peril aus biens et marchandises qui venront et seront amenées et conduites audit port de Harefleur : et volons et mandons que toutes-foiz que ledit hable sera empirés, qu'il soit refait et appareilliez, sans ce que les marchans et gens

dudit royaume de Castelle, soient tenus de payer aucune chose pour la refection et appareillement d'icelli port et hable : et s'il avenoit que pour l'empirement dudit port et hable, lesdis marchans et gens dudit royaume de Castelle, n'y peussent descharger leursdiz biens et marchandises, et qu'il les menassent en la ville et jurisdiccion de Leure, pour les decharger, et que pour ceste cause, le prevost de Leure leur voulsist aucune chose demander, ou aucune chose faire qui leur peust porter grief ou dommage, nous volons que iceulz gens et marchans et chascun d'eulz, qui audit port de Leure deschargeront, soient frauz et quittes pour eulz, leursdiz biens et marchandises, de toutes coustumes, deffaux et amendes, qu'il pourroient au prevost de Leure pour ceste cause, appartenir.

(6) *Item.* Nous volons et mandons à ceulz à qui il appartient, que l'en face en touz temps de nuit, feu ou groing de Caux; afin que les nefs et navires qui venront au port de Harefleur et ailleurs ou païs, puissent venir seurement, et pour aviser leur chemin et adresse; sans ce que lesdiz marchans, gens, amiraux, maistres et mariniers dudit royaume de Castelle, soient tenus d'en payer aucune chose.

(7) *Item.* Nous volons que les chaucées et quaiz de ladicte ville de Harefleur, soient mis en tel estat et si convenable point, que lesdiz marchans et gens dudit royaume de Castelle, puissent charger et descharger leurs denrées et marchandises, de nuis et de jours, sanz païer aucun païage ne autres chose quelconques : et volons aussi qu'il puissent charger et descharger par nuit et par jour, à jour de feste et autres, toutes-foiz que il leur pleira, où besoing leur sera, sans païer aucune amende (1).

(8) *Item.* Nous volons et mandons que les capitaine, prevost et autres officiers de ladicte ville de Harefleur, qui à present sont et pour le temps avenir seront, ou leurs lieuxtenans, donnent et soient tenus de donner brainnes, vaisseaulx et bateaulx, pour alegier les nefs et navires dudit royaume de Castelle, et leurs marchandises et biens que il apporteront audit port de Harefleur, tantost qu'il seront arrivez : et volons aussi que tous les biens qui venront èsdictes nefs et navires, soient deschargez et mis en les hostelz et celiers desdis marchans en ladicte ville de

---

(1) *V.* la loi du 8 novembre 1814, art. 6, n° 7, qui contient la même exception. (Is.)

Harefleur, aus couz raisonables desdiz marchans, au dit et ordennance dudit prevost de Harefleur, et de deux bons hommes de ladicte ville, avecques d'eux autres bons hommes dudit royaume de Castelle.

(9) *Item.* Volons que les maistres des petiz vaisaulz, qui à present sont et pour le temps avenir seront, reçoivent les marchandises et biens qui de cy-en-avant seront deschargés et se deschargent des nefz et navires dudit royaume de Castelle, en Saine et dedens la crique de Leure, ou au hable qui vient de Harefleur, ou ailleurs en nos royaume et seignorie; et seront tenus de les recevoir par compte, aus propres despens et missions desdiz marchans, comme fer, avoir de pois, vins ou autres quelconques marchandises, et que il les rendent par compte à ceulz à qui y seront; et s'aucune chose d'icelles estoit perduë, ou aucun dommage y estoit par defaut d'eulz, nous volons qu'il soient tenus à le restituer, et desdommager par la maniere que souficaument porront monstrer; et qu'il en soient pugnis par telle maniere, que les autres dores-en-avant y preignent exemple.

(10) *Item.* Volons et mandons que se les voituriers et charretiers, ou autres gens quelx qu'il soient, prennent aucunes marchandises et biens desdis marchans et gens dudit royaume de Castelle, pour mener et ramener par nostre royaume, par mer, par eaué et par terre, ou par aucun autre lieu; et il faisoient, ou s'il estoit trouvé avoir esté fait aucun dommage, qu'il soient tenus dores-en-avant, de le rendre et restituer par tele maniere que lesdiz marchans soient payés des dommages que il y averoient euz et soustenus.

(11) *Item.* Volons et mandons que se aucune personne de noz royaume et seignorie, ou autres quelconques, estoit pris et reçeu és nefs et navires dudit royaume de Castelle, qui viennent au port de Harefleur ou de Caen, ou en autre lieu de nozdiz royaume et seignorie, pour convoier lesdictes nefs, marchans et marchandises, et allrecier leur chemin, pour certain pris fait entre eulx; et promet que les nefs et marchandises, il menera et conduira sauvement et seurement; et se par la faute de lui, il avoit aucun dommage esdictes nefs et marchandises, lesdictes gens et marchans dudit royaume de Castelle, ne autres pour eulx, ne seroient tenus de lui aucune chose païer; mais sera tenu celui ou ceulx qui le deffaut auront fait, de rendre et restituer les vraiz coulz et dommages fais par leur defaut; et à ce con-

trains par prince et explictation de leurs biens, et detencion de leurs corps.

(12) *Item*. Volons et leur ottroyons, que se aucune nef ou navires qui soient dudit royaume de Castelle, chargées de biens et de marchandises quelques que elles soient, et de quelque nation que ce soit, ou wide, en alant ou en venant, aloit et arrivoit audit port de Harefleur, ou ailleurs en nozdiz royaume et seignorie, et que pour tourment que avenist, ou pour quelconques autre avantures, périllassent en mer ou en terre, en aucunes partiez de noz royaume et seignorie, ou en la terre et jurisdiccion d'aucuns seigneurs ou dames, ou de personne d'eglise ou de religion, ou d'autres quelconques nos subgez; ou venissent ou alassent nefz ou navires de quelque seignorie que ce soit, chargées de biens et marchandises des marchans et gens dudit royaume de Castelle, soient perilz les gens et conducteurs ou salves; et leurs biens ou naves se salvassent ou se perissent, ou aucune partie d'iceulz, que tous les biens, marchandises, navires et appareilz de leurs nefs et vaisseaulz, qui par celle maniere eschapassent à l'ancre, ou par autre maniere quelconque se salvassent, qu'il soient rendus et restitués à ceulz à qui il appartendront, et de qui il seront, ou à leurs hoirs ou aians cause d'eulz; ou cas toutes-voiez qu'il seront requis et demandez dedens un an depuis qu'il auront esté salves; en paiant à ceulz qui les auront trouvés, salvés ou peschés, pris et salaire convenable et raisonable pour leur paine et travail, au dit et creance de deux preudommes des lieux où lesdictes choses seront trouvées et peschées : et se le cas dessusdit avenoit, que Diex ne veuille, nous volons que les justiciers du lieu ou lieux où ledit cas seroit avenu, facent commandement et crier publiquement, que tous ceulz qui auroient aucune chose trouvé ou recelé des biens perdus, comme dit est, qu'il le rendent et restituent tantost et sans delay, et qu'il soient mis en garde et depost en certains lieux seleuz et ordennez, pour bailler à ceulz à qui il appartendront; et que lesdiz juges facent lesdiz marchans ou à ceulz à qui il appartendront, rendre et restituer entierement desdiz biens et marchandises, qui par la maniere dessusdicte, auront esté trouvez; sanz ce que nosdis juges ou officiers, ou autres quelconques seigneurs nos subgez, en puissent aucune chose demander, ou reclamer à nous ne à eulz appartenir, en maniere d'espave ou autrement, par quelque maniere que ce soit.

(13) *Item.* Nous volons que se aucune nef ou navires dudit royaume de Castelle, demouroit sur l'ancre en la mer ou en aucun port en noz royaume et seignorie, et par fortune de temps ou autre cause, il le convenist appareiller sanz prendre l'ancre et le chable, et demourast là l'ancre ou chable ou batel, ou coquet, ou autre appareil, ou se aucun le trouvoit avant que le maistre de la nef l'envoiast querir, celuy qui le trouvera, sera tenu de le rendre à celui ou ceulz à qui il appartendra, en paiant pris et salaire raisonable à celui qui l'aura trouvé, pour son salaire et travail, au dit et ordennance de deux preudeshommes des lieux où lesdictes choses seront trouvées.

(14) *Item.* Nous plaist et leur ottroyons, que les maistres mariniers dudit royaume de Castelle, soient frans de prandre escaches (1) pour leurs nefs et navires, en touz les pors de nozdiz royaume et seignorie, sans paier aucune chose, et sans ce qu'il en soient tenus de paier aucun ancrage par quelque maniere que ce soit : et se aucun dommage est fait à aucun en ce faisant, par eulx ou aucun d'eulx, nous volons que satisfaction raisonable en soit faite.

(15) *Item.* Nous volons que se aucuns marchans ou gens dudit royaume de Castelle, mourroient de leur mort naturelle, ou de mort violente, ou par autre occasion quelconques, en la mer ou en la terre, en noz royaume et seignorie, ou autre part, que leurs nefs, navires, marchandises ou autres biens quelz qu'il soient, ne puissent estre arrestez ne pris, et que tous leurs biens, marchandises, nefz et navires, soient rendus et délivrés aus hoirs de qui il seront, ou à ceulz à qui il appartendront et devront appartenir; et que les marchans, maistres et mariniers qui auront aucuns biens ou marchandises, nefs ou navires du trespassé, ne soient pour ce arrestés ne empeschés; ne que nous, nos gens et officiers ou autres, y puissent aucune chose reclamer ou demander de droit d'espave ou autrement, ou cas que l'eritier ou celui qui auroit juste tiltre, en feroit deuëment foy, ou qu'il ne nous appartenissent comme à nous forfais, et acquis par le fait et coulpe dampnable (2) dudit trespassé.

(16) *Item.* Nous leur accordons et ottroyons, que se aucuns

---

(1) Ce mot signifieroit-il une *chaloupe* ou un *esquif* du latin *scapha?* (Secr.)
(2) Crime qui mérite une punition, laquelle emporte confiscation des biens. (*Idem.*)

marchans ou gens dudit royaume de Castelle, disoient aucunes paroles deshonetes de leur bouche, ou faisoient aucune autre chose en nos royaume et seigneurie, contre aucunes personnes quelques elles soient, il n'en payent aucune amende; se ce n'estoit qu'il eussent dit ou fait aucune chose contre l'oneur de Dieu, nous ou aucuns de nostre lignage, de noz officiers, prelaz, ou riches hommes, ou autres personnes de grant auctorité; ou pour cas de crime, ou pour autre cause notable (1).

(17) *Item*. Nous volons que se aucun de noz royaume et seignorie, ou de quelque autre lieu qu'il soit, ferist ou navrast en aucune maniere, aucuns des marchans ou genz qui soient ou fussent de ycellui royaume de Castelle, celui ou ceulz qui auront fait le meffait, soient punis par les justiciers de nostre royaume, à qui la cognoissance en devra appartenir, comme de sauve-garde enfrainte, selon la qualité du fait: et s'il avenoit que aucun dudit royaume de Castelle, fut tué en nostredit royaume, nous voulons que celui ou ceulz qui ledit fait auront commis et perpetré, en soient pugnis selon raison, sanz ce que remission ou pardon en soit fait: et se faitte estoit par aucune avanture, que elle ne soit d'aucune valeur; mais soit fait bon acomplissement de justice: ou cas toutes-voiez que le fait ne seroit tel, que la grace y fust bien amploiée.

(18) *Item*. Nous leur ottroions, que aucun capitaine ne autres personnes, ou officiers quelconques de la ville de Harefleur, ou d'autres lieux de nostre royaume et seigneurie, là où seront les marchans et gens dudit royaume de Castelle, ne les puissent contraindre ou faire contraindre à aler faire guect et garde de jours ne de nuis, aus portes, ne sur les murs, en quelque maniere que ce soit (2), et qu'il ne soient tenus de paier aucuns aydes, subsides ou coustumes anciennes ordenées ou à ordenner, pour les refections et fortificacions des villes, murs, fossés ou chauciés des lieux et villes où il seront, et semblament en autres choses quelconques.

(19) *Item*. Nous leur ottroions, que nostre admiraut ou son lieutenant, ne quelconques autres capitaines ou officiers ordenez par nous ou par ledit admiraut, des nefz, galées, navires ne autres vaisseaulz quelconques en nostre royaume, n'auront au-

---

(1) *V*. les lois des 17 mai 1819 et 25 mars 1822. (Is.)
(2) Il en est de même aujourd'hui; les étrangers sont dispensés du service de la garde-nationale. (*Idem*.)

cun droit ne povoir sur les marchans, gens, admiraulz, maistres et mariniers, ne sur les nefs et navires, grans ne petites, dudit royaume de Castelle, ne sur leurs marchandises, pour quelconque navée que l'en face, ne ne prandront ou feront prandre eulz, leurs hoirs, leurs hommes, leurs biens, ne autre chose du leur; et quant à ce, seront exemps de leur jurisdiccion et seignorie.

(20) *Item.* Nous volons que les marchans et gens dudit royaume de Castelle, et chascun d'eux, puisse faire et establir procureurs un ou plusieurs, en nos royaume et seignorie, telz comme il leur pleira, par lettres scellées soubz seel autentique, pour toutes les choses faire qui leur plaira, toutes-foiz que mestier sera.

(21) *Item.* Nous leur ottroions et voulons, que les peseurs ordenez de par nous, en ladicte ville de Harefleur et ailleurs en nostre royaume, aillent peser ès hostelz desdiz marchans et gens dudit royaume de Castelle, leurs denrées et marchandises, toutes-foiz que requis en seront, et mestier en sera, sanz payer aucune chose pour ledit pesage; et que les pois demeurent touzjours en un estat, sans croistre ne appeticier.

(22) *Item.* Nous volons que toute-foiz que lesdiz marchans et gens dudit royaume de Castelle, touz ensamble, ou un marchant de chacun hotel, de ceulz qui demourront ou seront residens en ladicte ville de Harefleu, ou ailleurs en nosdiz royaume et seignorie, des plus souffiçans, adviseront et voldront eslire aucun courratier ou courratiers souffiçans, ou changer et oster autres courratiers non souffiçans, qui seroient ordenés; yceulz courratiers par eulz esleuz, il presenteront à nostre juge dudit lieu; lequel, s'il les trouve souffiçans, et nez de nostre royaume, deuëment applegiez, il les institura et ordenera audit office de courraterie, en leur faisant faire serment, que bien et loyalment il feront et exerceront leurdit office, ne ne seront marchans, taverniers, ne hostelliers: et se par le fait et deffaut desdiz courratiers ou d'aucun d'eulz, aucune perte ou dommage avenoit ausdiz marchans et gens dudit royaume de Castelle, ledit juge estant de par nous audit lieu, contraindra et fera pugnicion de ceulz qui auront fait le meffait, sur eulz et leurs pleges, par la forme et mennierc qu'il appartendra, et selon ce que le cas le requerra, à en faire satisfaction raisonable, à ceulz qui auront euë ladicte perte.

(23) *Item.* Il nous plaist et voulons, se aucune personnes ou personne de nozdiz royaume et seignorie, et de quelconque

antre lieu, doivent et sont tenus en aucune chose, aus marchans et gens dudit royaume de Castelle, pour marchandises achetées d'eulz, ou pour autre cause quelque elle soit, que noz baillis, prevos, justiciers et autres officiers de nostre royaume, qui à present sont et seront pour le temps avenir, ou leurs lieuxtenans, à qui la cognoissance en devra appartenir, facent briefment, sans lonc procez, paier lesdiz creanciers, de tout ce qu'il leur apperra estre deu, tant par lettres, obligacion, instrumens, ou autres loyaulz enseignemens; comme par confession de parties, par tesmoins, et autrement deuëment; en contraignant à ce touz leurs débiteurs, ainsi comme il appartendra à faire; mesmement par prinse de corps, et à tenir prison; combien que par lettres ne autrement, lesdiz debteurs n'y soient obligez; nonobstant privileges, graces, respiz, et estas qu'il aient en quelque maniere que ce soit au contraire: lesquelz, en tant comme il pourroient empescher ladicte execution, nous ne volons qu'il aient aucun effet.

(24) *Item.* Se aucune monnoie d'or ou d'argent, estoit nouvellement faitte et ordenée en nozdiz royaume et seignorie, ou que autre monnoye y eust cours pour le temps, nous volons que se lesdiz marchans dudit royaume de Castelle, avoient prinses aucunes monnoies d'or et d'argent, ayant cours en nostre royaume, paravant celle qui nouvellement seroit faite, pour la venduë de leursdis biens et marchandises, pour le freit de leurs nefs, ou pour cautre ause quelconques, ycelle monnoye il pourrons mettre pour le pris que elle vaudra deuëment, en tout ce qu'il acheteront en nozdiz royaume et seigneurie: et aussi pourront vendre et acheter à soulz et à livres, ou à florins aianz cours en nostredit royaume, lequel que mielz leur plaira.

(25) *Item.* Nous volons et ottroïons, que lesdiz marchans et gens dudit royaume de Castelle, puissent aler hors de nozdiz royaume et seignorie, et emporter avecques eulz, pour faire leurs denrées et marchandises, la monnoie d'or et d'argent aiant pour lors cours en nostredit royaume; et aussi la monnoie de leur païs.

(26) *Item.* Nous volons que toutes choses que lesdiz marchans et gens dudit royaume de Castelle, trouveront en la mer, que aucunes personnes de nozdiz royaume et seignorie, ou de quelque autre lieu que ce soit, ne le puisse avoir, ne y reclamer droit, ou empeschement y mettre; fors seulement celui ou ceulz de qui il apperra deuëment, que lesdictes choses seront.

(27) *Item.* Que s'il avenoit que aucun ou aucuns des gens dudit royaume de Castelle, eussent aucune chose meffait, de nuict ou de jour, en nozdiz royaume et seignorie, nous volons et nous plaist, que pour quelconque meffait que yceulx facent, aucuns des autres ne soient pris, molestés ne dommagez; fors celui ou ceulz qui auront perpetré ledit meffait, ou qui en seront consentans ou aidans; et que les marchandises et biens qu'il auront ou seront de leurs maistres ou d'autrez personnes quelconques, en leur povoir ou comandement, ou en autre maniere quelconques, ne soient pris, empeschés ne arrestez pour cause ou occasion du meffait dessusdit; ne leurs compaignons ou faiteurs, ne les biens d'eulz qui seront estans et demourans en un hostel : et se par avanture, celui ou ceulz qui auroient fait et perpetré ledit meffait, ou les consentans et aidans, aloient en hostel d'autres marchans, que yceulz marchans de l'hostel où il seroient entrés ou trouvés, ne soient empeschés ne arrestés en corps ne en biens, pour ledit cas; mais celui ou ceulz qui auront commis ledit meffait, et les aidans et consentens, comme dit est, tant-seulement, facent amende et soient pugnis et corrigés selon ce que le cas le requerra.

(28) *Item.* Nous volons et nous plaist, que se aucuns marchans et gens dudit royaume de Castelle, malmetoient, dissipoient et gastoient aucuns biens des marchandises de leurs maistres ou de leurs compaignons et faiteurs, ou d'autres quelconques, par mariage ou par autre maniere quelque elle soit, que leurs corps et biens soient pris et detenus, et touz les biens qu'il auront, et qui seront trouvez estre de leurs maistres ou de leurs facteurs et compaignons ou d'autres quelconques, ou à leurs procureurs, soient rendus, baillez et delivrez; et les corps d'iceulz dissipeurs et gasteurs, demeurent prisonniers, jusques à tant qu'il aient faite restitution et amendement du meffait qu'il auront fait, selon ce qui sera trouvé et prouvé par lettres et obligacions, ou par deuës cognoissances; ou autrement, par dit et ordennance des bonnes gens.

(29) *Item.* Nous volons et ottroyons ausdiz marchans et gens dudit royaume de Castelle, que aucuns maistres de nostre hostel, de nos garnisons, ou autres quelconques de noz officiers, ou de l'ostel de nostre très chere et très amez compaigne, la Royne, ou de nos très chers et très amez freres, ou d'autres quelconques de nostre sanc, de dux, de comtes, de barons, de seigneurs, chevaliers, escuyers, de personnes d'esglise ou de religion, ou

d'autres quelconques de nozdiz royaume et seignorie, ou aucun d'eulz, n'aient povoir, auctorité ne puissance, par noz lettres, ne autrement par quelque maniere que ce soit, de prandre desdiz marchans et gens dudit royaume de Castelle, vins, blez, chars, cire, ne autres biens et marchandises, ou autres choses quelques elles soient, contre leur volenté, jusques à tant qu'il les aient acheptées d'eulz par le pris qu'il vauldront, ou que deux courratiers diront qu'il vaudront par leurs sermens, pour la saison : et voulons que lesdiz marchans ou autres pour eulz, aient et detiengnent pardevers eulz et en leur main, leursdiz biens et marchandises, jusques à tant qu'il en soient paiés de juste pris : et se pour ceste chose ou autres quelconques, l'en vouloit faire ausdiz marchans ou aucuns d'eulz, dommages, injures ou violences, ou autres quelconques injures faire, nous volons et mandons par ces presentes, aus bailliz et capitaines, et autres officiers quelconques de nozdiz royaume et seignorie, soubz quelz jurisdiccion et puissance il seront, qu'il les gardent et deffendent de toutes injures, oppressions, dommages ou molestes; et s'aucuns leur en estoient faiz, qu'il leur en facent faire justice, et raisonable amende selon le meffait, et tellement pugnissent les coulpables et malfaitteurs, que ce soit perpetuel exemple aus autres : et quant à ce, nous ne volons que aucuns soient exemps desdiz capitaines et justiciers.

(30). *Item.* Nous volons et ordenons par ces presentes, que le bailli de Caux, ou le capitaine ou prevost de Harefleur, qui sont à present et pour le temps avenir seront, ou leurs lieuztenans, ou aucun d'eulz, facent bailler et delivrer ausdiz marchans et gens dudit royaume de Castelle, qui venront en ladicte ville de Harefleur, hostelz et selliers, toutes-foiz que mestier en auront, pour eulz et les denrées, marchandises et biens mettre et retraire; par achat de ceulz qui de leurs bonnes volentés les vouldront vendre; ou par loyer, à pris convenable : lequel pris nous volons qu'il soit fait par deux preudes-hommes de ladicte ville, esleuz par lesdiz marchans, et par deux autres marchans dudit royaume de Castelle, esleuz par les bonnes gens de ladite ville de Harefleur: lesquelles quatre personnes esleuz, feront serment pardevant ledit prevost, que bien et loyaument priseront, selon le temps; sanz ce qu'il puissent croistre le pris qui sera prisé par lesdis esleuz, comme dit est.

(31) *Item.* Il nous plaist et volons, que lesdiz marchans et gens dudit royaume de Castelle, puissent ordener et faire ordener

quelconques choses qu'il leur plaira, sur leurs marchandises qu'il ameneront et feront conduire au port doudit Harefleur, ou en autres quelconques lieux de nozdis royaume et seignorie; et soient frans et quittes eulz et leursdictes denrées et marchandises, de toutes les coustumes, amendes, et deffaulz qu'il pourroient appartenir au prevost de ladicte ville de Harefleur, ou à autres juges quelconques; en cas civil tant-seulement.

(32) *Item.* Nous volons que tous les marchans et gens dudit royaume de Castelle, qui venront au port et ville de Harefleur, où y demourront, ou en quelconques autres lieux de nozdiz royaume et seignorie, soient frans et quittes, eulz et toutes leurs marchandises et biens qu'il y ameneront, pour la premiere vente seulement; tant vins, comme sel et autres denrées quelconques; et toutes leurs nefs et navires par tout nozdiz royaume et seignorie, de toutes malestostes et coustumes enciennes et nouvelles, de toutes imposicions, aides, subsides, treizieme du vin et cinquiesme du sel, et autres aides et subsides quelconques, ordenez ou à ordener, tant pour le fait de la redemption de nostre très chier Seigneur et Pere que Diex absoille, comme pour quelque autre cause que ce soit; et des quatre deniers pour livre qui sont levés en ladicte ville de Harefleur et ailleurs : et ou cas que lesdiz marchans et gens dudit royaume de Castelle, ne pourroient vendre ne eulz delivrer si briefment comme il vouldroient, de leursdictes denrées et marchandises, quant elles seroient venues audit port de Harefleur, il les pourront faire descendre et décharger, en ladicte ville de Harefleur, là où bon leur semblera, et les vendre ou faire vendre à leur volenté, sanz ce qu'il en soient tenus de paier aucunes aides, coutumes, subsides, imposicions, trezime du vin et cinquiesme du sel, ne autres aides quelconques dessusdictes, pour la premiere vente : et se bon leur sambloit et qu'il voulsissent faire recharger en nez ou vaisseaulz, leursdictes denrées et marchandises, et mettre ou mener hors de ladicte ville de Harefleur, il les pourront faire mener et arriver quelque part qu'il leur plaira, en nozdis royaume et seignorie, ou ailleurs; ou cas qu'il ne les feront mener en aucuns lieux dont les ennemis de nous et de nostre royaume, en peussent estre soustenus; par la mer, par la riviere ou par terre; et ne seront tenus d'en payer aucunes des aides dessusdictes, en quelque maniere que ce soit, pour la premiere vendue : et s'il avenoit qu'il eussent sel qu'il ne peussent vendre à leur volenté, il le pourront faire descharger et mettre

en aucuns greniers de gabelle, en nostre royaume, tant en ladicte ville de Harefleur comme ailleurs, et le faire vendre par le grenetier du lieu, par la forme et maniere que font et ont accoustumé de faire les marchans de nostredit royaume : et aussi se aucuns vins il faisoient descharger en ladicte ville de Harefleur ou ailleurs, qu'il voulsissent et feissent vendre à détail, il seront tenus de paier de tout ce qu'il vendront et feront vendre à détail, seulement les aides, par la maniere que font les autres marchans de nostre royaume. Et en oultre, avons ottroyé ausdis marchans et gens dudit royaume de Castelle, que il puissent acheter et revendre en ladicte ville de Harefleur seulement, toutes-foiz qu'il leur plaira, toutes manieres de marchandises quelconques, sanz paier aucuns aides ou subsides ordenés ou à ordener; fors les enciennes coustumes : et aussi volons et leur ottroions, que de quelconques denrées ou marchandises qu'il acheteront en nozdiz royaume et seignorie, pour mener oudit royaume de Castelle ou ailleurs; maiz que ce ne soit en païs de noz ennemis, il soient frans et quittes de touz les aides et subsides dessusdiz, sans en rien paier.

(33) *Item.* S'il avenoit que les marchans et gens dudit royaume de Castelle, trouvassent en leurs hostelz et celiers, aucunes gens qui voulsissent prandre leurs biens, par maniere de larrecin ou autrement indeuëment contre leur volenté, nous volons et leur ottroions, que sans batre ou villener, il les puissent prandre et mener en prison, ou à la justice du lieu : et se ceulz qu'il trouveroient malfaisans, se plaignoient à la justice, d'aucunes causes pour ladicte prise, lesdiz marchans, ou ceulz qui les prandront, n'en seront eulz ne leurs biens, en aucun dommage ou amende pour ce, en quelque maniere que ce soit.

(34) *Item.* Se lesdiz marchans et gens dudit royaume de Castelle, ou aucuns d'eulz, avoient fait ou temps passé, chose pour quoy il feussent tenus à nous en aucune amende ou amendes, nous volons qu'il soient et demeurent quittes et paisibles d'icelles amendes, et de tous les deffauz qu'il auroient fait jusques aujourd'uy.

(35) *Item.* Il nous plaist et volons, que se aucun ou aucuns des vallés desdiz marchans et gens dudit royaume de Castelle, faisoient aucune obligacion de debte ou de pleigerie ou autrement, envers aucuns de noz subgez ou autres, les maistres d'iceulz vallés qui ce feroient, ne seront en leurs biens et marchandises, tenus, obligés, empeschés ne arrestés en aucune maniere; se

de leursdiz majstres n'avoient bonne et souffisante procuration, ou s'il ne se portoit notoirement comme facteur.

(36) *Item*. Nous volons et mandons à tous fermiers et receveurs presens et avenir, de touz les aides, coustumes, subsides, imposicions, treizieme du vin et cinquiesme du sel, et autres aides quelconques ordenés et à ordener en nozdiz royaume et seignorie, que sur lesdiz marchans et gens dudit royaume de Castelle, ou sur aucun d'eulz, ne prengnent, lievent ou demandent aucune chose contre la teneur de leurs presens privileges; mais selon la teneur d'iceulz, les facent, sueffrent et laissent joïr paisiblement, de leurs franchises et libertés : et s'aucune chose estoit faite au contraire, nous volons qu'il leur soit amendé, ainsi comme il appartendra à faire de raison : et s'aucuns desdiz aides, subsides ou imposicions, nous tenions en nostre main, nous mandons à tous nos vicomtes ou receveurs, ou autres quelconques à qui il appartendra, que lesdiz marchans et gens dudit royaume de Castelle, et chascun d'eulz, facent samblablement tenir frauz et quittes, selon ce que dessus est dit.

(37) *Item*. Se lesdiz marchans et gens dudit royaume de Castelle, qui seront et demourront en nozdiz royaume et seignorie, ou aucun d'eulz, ne voloient païer ce qui sera ordené par le comandement du Roy de Castelle, ou par l'ordenance d'aucune villes de sa seignorie, ou soit ordené en nozdiz royaume et seignorie, par aucuns qui seroient esleuz par ledit commandement, nous volons et mandons au bailli de Caux, au vicomte de Monsterviller, au capitaine et prevost de ladicte ville de Harefleur, et à tous autres justiciers, officiers et sergens de nozdiz royaume et seignorie, qui pour le temps seront, ou à leurs lieuztenans, qu'il facent païer aus marchans, maistres de nefs, mariniers et gens dudit royaume de Castelle, toutes choses qui seront ordenez qu'il paient, comme dit est : et se païer ne le voloient, qu'il contraignent par prinse de corps, ceulz qui en seront refusanz, jusques à ce qu'il aient deuëment paié.

(38) *Item*. Se lesdiz marchans ou gens dudit royaume de Castelle, ou aucun d'eulz, recevoient, ou leur estoit fait aucun grief ou dommage, en nozdiz royaume et seignorie, depuis le jour de la date de ces presentes, contre la teneur de leurs precieus privileges; ou s'aucun les enfraignoit, nous mandons aux conservateurs dessusdis ou autres juges quelconques, à qui la cognoissance en devra appartenir, qu'il contraignent les malfait-

teurs par prinse de corps et de biens, à faire amende selon le cas, à ceulz à qui il appartendra.

(39) *Item.* Nous ottroïons et volons, que aucunes nouvelles coustumes ou enciennes imposicions, subsides, redevances, ne autres choses quelconques, ne soient ordenées ne levées d'ores-en-avant, sur les marchans et gens dudit royaume de Castelle, ne sur leurs biens et marchandises, nefs et navires : et s'aucunes en estoient ordenées en quelque maniere, qu'il n'en soient tenus d'en rien paier, fors tant-seulement en la maniere que dessus est dit.

(40) *Item.* Nous volons que pour nulle marchandise ne autre chose quelconques, que les marchans, maistres et mariniers, et gens dudit royaume de Castelle, déchargent en la jurisdiction de Leure, pour porter à Harefleur ou autre lieu quelconques, il ne soient tenus de payer aucunes coustumes ou amendes au prevost de Leure, ne à autres personnes quelconques.

(41) *Item.* Nous volons que les marchans et gens dudit royaume de Castelle, qui ameneront ou feront amener cordoüan ou autres marchandises quelconques, en la ville de Paris ou en autres quelconques lieuz de nozdiz royaume et seignorie, les puissent vendre, ou changer en leurs hostelz, sans aucun empeschement, et sanz en paier aucune amende.

(42) *Item.* Se aucuns debas, descors ou discencions, estoient ou avenoient entre les marchans et gens dudit royaume de Castelle, avecques les gens de ladicte ville de Harefleur ou de Leure, ou aucun autres quelconques gens de nozdiz royaume et seignorie, ou d'autres quelconques lieuz, de quoy il y eust fait sanc, plaie, mehain, ou mort, nous leur ottroïons et ordenons par ces presentes, le capitaine de ladicte ville de Harefleur, qui à present est et pour le temps avenir sera, et volons qu'il soit leur juge ordinaire, et lui donnons povoir et auctorité, desdiz descors, debas et dissensions cognoistre et determiner, sommerement et de plain, sans lonc procès ou figure de jugement, selon les merites des causes, et selon les coustumes de la mer, et les droiz de layron dehors, et les estatus de leurs marchandises, et pour lesdictes causes delivrer, sera ledit juge deux fois le jour en jugement, se mestier est : loquel juge appellera et jugera par le conseil de deux bons hommes de ladicte ville de Harefleur, et de deux bons hommes dudit royaume de Castelle, qui seront esleu par les bonnes gens de ladicte ville de Harefleur : et de tous cas quelconques, tant en demandant comme en deffendant, les

tant en la jurisdiccion de Leure comme de Harefleur, cognoistra plainement et sommierement, en faisant aus parties bon et brief acomplissement de justice : et volons que lesdiz marchans et gens dudit royaume de Castelle, ne soient tenus de respondre pour quelconques cas que ce soit, fait tant en la jurisdicion de Leure comme de Harefleur, devant quelconque juge que ce soit; fors tant-seulement devant ledit juge, aveques lui lesdiz quatre hommes de son conseil, les troiz ou les deux d'iceulz; c'est assavoir, l'un dudit païs de Harefleur et l'autre de Castelle : et se pardevant ledit juge, lesdictes parties ne povoient estre à acort, et qu'il y eust appel, ledit appel yra tout droit à Roüen, devant lesdiz conservateurs, le doyen, le bailli, le viconte de Roüen, qui desdictes causes d'appel cognoistront, et feront aus parties, bon et brief acomplissement de justice, par la maniere que dessus est dit : et aura puissance et auctorité ledit juge, de faire adjourner et couvenir pardevant lui, toutes les personnes estans et demourans tant en la jurisdicion de Leure comme en la jurisdicion de Harefleur, de qui lesdiz marchans et gens dudit royaume de Castelle, se plaindront, pour leur faire droit et raison, tantost et sanz delay, toutes-foiz que mestier sera, et les gardera ledit juge, de injures et violences en tous cas : et s'il avenoit que ladite ville de Harefleur, peust estre et demourer seurement sanz y avoir capitaine, et que le païs fust en paix et tranquilité, par quoy il ne fust neccessaire que aucun capitaine y feust ordené, nous volons que en lieu dudit capitaine, lesdiz marchans et gens dudit royaume de Castelle, aient audit lieu, un autre bon et soufficant personne leur juge, aiant de nous autel et samblable povoir que auroit ledit capitaine, lequel en ce cas, sera par nous ordené toutes-foiz que requis en serons.

(43) *Item*. Nous volons et leur ottroïons, que se les marchans, admiraulz, maistres de nefs ou navires, mariniers ou autres gens quelconques desdiz royaume et seignorie de Castelle, voloient aler hors de nozdiz royaume et seignorie, en autres lieux et païs, il y puissent aler tonz temps, heures et saisons qu'il leur plaira, eulz, leurs corps, leurs marchandises, leurs biens et leurs nefs et navires, ne pour guerrez qui en mer et en terre, aient esté ou temps passé, ou puissent estre ou temps avenir, ne pour volenté qu'il aient d'aler hors de nozdiz royaume et seignorie, il ne pourront estre empeschés; maiz pourront aler seurement et sauvement par mer et par terre, leurs corps, biens, marchandises, nefz et navires : et se aler s'en voloient, il auront

troiz mois de terme d'eulz departir : et se esdiz troiz moiz, n'avoit temps ou vent couvenable, il pourront atendre tant que Dieu leur envoie vent et temps convenable pour eulz en aler ; et pendent seront et demourront touzjours en nostre proteccion et especial sauve-garde, leurs corps et leursdiz biens, marchandises, nefs et navires ou autres choses quelconques : et avecque ce, volons et mandons à tous nos justiciers, officiers et subgez, à leurs lieuxtenans et à chascun d'eux, que se lesdiz marchans et gens dudit royaume de Castelle, voloient avoir vivres, qu'il leur en facent delivrer et bailler, par paiant le juste pris ; et qu'il ne les empeschent ou sueffrent estre empeschés ou arretés en aucune maniere ; se ce n'estoit qu'il fussent obligez envers aucunes personnes, et qu'il facent serement en levant leursdiz biens et marchandises, qu'il ne les feront mener pour conforter ne soustenir aucuns ennemis de nous et de nostre royaume : et se lesdiz marchans et gens dudit royaume de Castelle, nous estoient tenus en aucune chose, ou envers autres, il ne seront tenus de respondre ; fors chascun pour sa propre chose et fait, et pour ses propres debtes seulement.

Lettres de marque (1) *contre les sujets du Roi d'Arragon.*

Paris, en parlement, 10 août 1355. (C. L. IV, 424, aux notes.)

Excellentissimo principi Petro Dei gracia, Aragonum, Valencie, Sardinie et Corcisse Regi ac comiti Barchinonensi, consanguineo nostro carissimo.

Johannes eadem gracia Francorum Rex, salutem cum gracie et honoris augmento, prosperos ad vota successus.

---

(1) Aujourd'hui on n'accorde plus de semblables lettres. Le gouvernement se charge de venger l'injure faite à ses sujets. Guyot, auteur du Nouv. Répertoire, dit que ces lettres remontent à l'année 1345. Elles sont plus anciennes. V. tom. 3, p. 35, des lettres semblables contre les sujets du même Roi, renouvelées en 1353, tom. IV, p. 415, et la note, p. 654, sur l'ordonnance de juin 1351. Nous n'avons pas trouvé non plus l'arrêt du parlement de Paris, du 14 février 1392. Les dates du Nouveau Répertoire sont très-fautives. L'ordonnance de 1485, dont il parle, et qui aurait aboli les lettres de marque, n'est point au code des prises de Lebeau ni de *Fontaines*. Bien loin que cette ordonnance ait aboli les lettres de représailles, il en existe de 1596, en faveur de *Lesseigneur*. L'ordonnance de la marine, d'août 1681, fixe les règles à cet égard, tit. X, liv. 3. Il en a été accordé en 1692, 1702 et 1778 ; et en dernier lieu, par décret de la Convention, du 2 février 1793. (Is.)

Dilectus noster Bertrandus archiepiscopus Salernitatus, de Regno nostro oriundus, nobis conquerendo monstravit, quod cum ipse nuper fuerit ambaxator missus ex parte excellentissimorum principum; Roberti Imperatoris Constantinopolitan. ac Ludovici Jherusalem et Sicilie Regis, consanguineorum nostrorum carissimorum, ad summum pontificem et ad nos, super certis eorum negociis que prefatus archiepiscopus nobis seriosius exposuit. et dum suum viagium faciendo, esset in mari juxta portum Montis d'Argentarie; videlicet, die festi sancti benedicti ultimo preteriti, Ferrerii de Majorica, Fr. Dom. de Barchinona habitatores castelli castri, patroni necnon Raym. Girardi, comita, et Fr. Ray subcomita, ac Anthonius scriptor cujusdam Galee, in qua erat vexillum vestrum Regium appositum; qui prenominati morantur in castello de Calhia, sive castello castri in Sardinia, una cum pluribus suis complicibus, ad quamdam parvam Galiotam in qua erat dictus archiepiscopus, ejus familiares et gentes, ac nonnulli alii tam de Regno nostro quam de Regno Sicilie, impetuose irruentes, dictum archiepiscopum et ejus gentes et familiares, per vim et violenciam omnibus bonis suis que in dicta Galiota habebant; ut pote, pecunia, auro et argento, raubis, libris, reliquiis in argento repositis, jocalibus, ac pluribus aliis bonis mobilibus disraubarunt, usque ad valorem trium millium florenorum auri de Florencia, et alios in dicta Galiota existentes, suis vestibus nudos in camisia spoliarunt; nonobstante quod dictus Archiepiscopus eisdem piratis diceret, et promptam fidem facere offerret per litteras Imperatoris ac Regis predictorum, quod ipse erat ambaxator missus, ut prefertur: quas litteras dicti pirate videre contempserunt, prout per informacionem per certos consiliarios nostros, super hec factam ad instanciam dicti archiepiscopi, constare posse dicebat archiepiscopus ante-dictus: Quiquidem pirate dicta bona prefatis archiepiscopo et ejus gentibus ac familiaribus, reddere et restituere recusarunt, super hoc pluries et debite requisiti: que cedunt in ipsius archiepiscopi prejudicium atque dampnum non modicum, legacionisque predicte vilipendium et contemptum, propter quod nobis humiliter supplicavit, ut pro predictis, eidem marcham contra vestros subditos concedere dignaremur.

Cum igitur dictam informacionem in curia nostra diligenter et videri examinari fecerimus, et ea diligenter examinata, eidem curie nostre legitime constiterit de predictis, hinc est quod nos, qui non possumus nec debemus deficere in justicia exhibenda, vestram Regiam Celsitudinem attente requirimus et rogamus, quatenus dicto archiepiscopo aut ejus certo mandato, predicta bona, si extant; vel, si non extant, dictam extimacionem una cum dampnis, interesse et expensis factis et faciendis, reddi et restitui, absque morosa dilacione, taliter faciatis, quod dictus archiepiscopus non habeat materiam ad nos ulterius recurrendi: alioquin dicto archiepiscopo providebimus de remedio oportuno, per *marcham* vel aliter ut nobis justum visum fuerit, quousque de predictis vel eorum valore, dicto archiepiscopo fuerit plenarie satisfactum : Vos insuper requirentes, ut quibuscunque personis ad premissa deputatis seu eciam deputandis, quas, premissis pendentibus, in nostra salva-gardia suscipimus per presentes, cum in terra et districtibus vestris fuerint, salvum et securum guidagium et conductum, eundo, morando et redeundo, prebeatis, et ab omnibus injuriis et violenciis protegi et defendi faciatis.

Datum Parisius, in Parlamento nostro, die decima Augusti, anno Domini 1355.

Lettres de marque contre les Siciliens.

10 juin...... (C. L. IV, 425, aux notes.)

Serenissimo principi consanguineo nostro carissimo, Ludovico Dei gracia Jherusalem et Sicilie Regi illustri, Johannes eadem gracia Francorum Rex: salutem et successus prosperos votivorum.

Ad nostre Regie Celsitudinis presidium, fidelis noster subditus Guillelmus Pellicerii Mercator Narbone, confugiens, eidem Celsitudini sua devota supplicacione fecit exponi, quod licet ipse Guillelmus Pellicerii tunc in partibus Chipri, apud civitatem Famagoste, existens, Jacobum Sageti de Sancto Felice, ad navigandum pro se et ipsius nomine, conduxisset eumdemque Jacobum Patronum ejusdem lunbi vocatus *Sanctus Nicholaus*, constituisset, tradidissetque eidem Jacobo, infra dictum lunbum causa portandi ad regnum nostrum; videlicet, quasdam quantitates dondi, bagnadelli, piperis, ginginbris et nonnullarum aliarum rerum seu mercium, ac vestimenta sua aliqua; que omnia communi existimacione valebant et valere poterant summam septingentarum unciarum auri; dictusque lunbus suum iter abinde faciens, predictis rebus et mercibus et quibusdam aliis onerat... apud partes regni nostri prefati, secure venire inchosset, nihilominus dictus lumbus cum fuit in mari vocato de Sarragossa, in insula vestre dominacionis, una cum predictis rebus et mercibus dicti Guillelmi Pellicerii, per sergium Furencium, et quosdam alios complices suos et sequaces, vestros justiciabiles et subditos, more piratico et hostili fuit captus, et abinde res predicte per eosdem sergium et alios, rapte et abstracte fuerunt, et eas apud civitatem vestram Regii asportarunt, et capitaneo vestro tunc ejusdem civitatis, realiter tradiderunt; de quibus rebus et mercibus seu eorum valore, dictus Guillelmus Pellicerii sic depredatus, nullam restitucionem habere, nec à vobis seu predecessoribus vestris, qui super predictis informacionem per certos ad hoc per ipsos deputatos, fieri fecerunt, per quam de predictis lucide eisdem constitit, justicie complementum huc usque potuit obtinere; licet nedum semel sed pluries, tam ex parte senescalli nostri Carcassonne quam aliter, Celcitudini vestre et predecessorum vestrorum, per prefatum Guillelmum Pellicerii, pro obtinenda super premissis justicia, cum instancia super hoc extiterit requisitum; prout eciam de predictis omnibus et singulis, tam per informaciones in curiis vestris, et per dictos super hoc specialiter deputatos, factas, quam per plura instrumenta publica, nobis et curie nostre constitit evidenter que cedunt in dicti nostri subditi grande prejudicium et jacturam; qui, nisi predicta bona aut eorum valorem recuperet, perpetua laborabit egestate :

Quocirca vestram serenitatem affectuose requisivimus et rogamus, quatenus, pro cultu justicie qui ex fonte vestre clemencie et predecessorum vestrorum, consuevit dirivari, merces et res, ac omnia alia bona predicta, si extent; et, si non extent, dictam extimacionem, una cum dampnis, interesse et expensis per predictum Guillelmum occasione premissorum factis et passis, eidem Guillelmo libere et absque mora reddi et restitui faciatis, taliter quod nobis debeat esse gratum, et in casu simili, vestris subditis in obtinendis à nobis graciis, reddamur liberales; et quod non oporteat nos prefato notro subdito, ex defectu justicie super predictis, per *marcham* vel aliter, de oportuno remedio providere; quod, cogente justicia, ipsi nostro subdito, nisi res et bona predicta aut eorum valorem, una cum dampnis, interesse et expensis predictis, recuperaret, denegare non possemus : prebentes insuper personis pro premissis obtinendis, ad vestram Celcitudinem deputandis, quas nos in nostra speciali salva-gardia, tam eundo, quam ibi stando et exinde redeundo, suscipimus per presentes, vestrum salvum conductum et guidagium, cum easdem per vestros districtus contigerit comerari.

N°. 364. — LETTRES *qui exemptent, pour un temps limité, du droit de prises* (1), *appartenant au Roi, à la Reine, aux princes du sang, au connétable, maréchaux et officiers du Roi, les habitans de Paris, et leurs propriétés hors de cette ville.*

Paris, 12 juillet 1364. (C. L. IV, 461.) Publiées au Châtelet, le 7 septembre.

CHARLES etc., au souverain et autres maistres de nostre hostel, et des hostelz de nostre très chiere compaigne la royne, de nos très chers et amez freres, et des autres de nostre lignage, du connestable et des mareschaux de France, et à tous les maistres de noz garnisons, fourriers, chevaucheurs, et à quelconques autres vos officiers, de nostredicte compaingne, de nosdiz freres, et des autres de nostre lignage, salut.

Comme nostre très cher seigneur et pere dont dieux ait l'ame, aiant singulere affection au prevost des marchans, eschevins, bourgoiz et habitans de nostre bonne ville de Paris, lesquels il avoit tousjours trouvé prests et appareillez à lui subvenir à toutes ses necessités, et aux autres touchans le bien commun du royaume, et pour ce et pour autres justes causes et consideracions, desirans eschever les griefs et dommages qu'il avoient euz, et avoient et soustenoient chascun jour, par les prises qui avoient esté faictes et se faisoient sur eulz, de leurs biens et des biens de leurs closiers et fermiers, en ladicte ville et dehors, par les gens de nostredit seigneur et pere, et des autres dessus nommez, et autres qui se disoient avoir prinses ou royaume, eust de grace

---

(1) Droit, qui a donné lieu, en Angleterre comme en France, à de très-grandes vexations. Les villes réclamaient à prix d'argent cette exemption. *V.* l'ordón. de décembre 1118, et celle de 1265. — On a cherché à régler l'exercice de ce droit par une ordon. de 1308, p. 864, tom. II, et par celle du 18 novembre 1318, p. 121, tom. III. — Philippe V l'abolit sur la demande des États, ord. du 25 février 1318, art. 4, tom. III, p. 198. — Par l'ord. du 8 avril 1342, art. 12, p. 469, tom. IV, ce droit fut rétabli. *V.* aussi les art. 4 et 5 de l'ordon. du 15 février 1345, p. 5.. — Le Roi Jean paraît en avoir abusé plus que ses prédécesseurs. Les États-Généraux, en 1355, en demandèrent l'abolition, art. 5, 2ᵉ part., 36. — Une ord. du 28 décembre 1355 (C. L., tom. IV, p. 326), accorda une exemption momentanée à la ville de Paris, à cet égard. C'est cette ordonnance que confirme Charles V. *V.* art. 16 de l'ord. de 1356, p. 825. (Is.)

especial ordonné et ottroïé auxdiz prevost des marchands, bourgoiz et habitans de nostredicte bonne ville, que toutes prinses cessassent jusques à certain temps, sur tous les biens, denrées et marchandises, desdiz bourgoiz, de leurs closiers et fermiers, qui demeurent en leurs manoirs et maisons pour eulz, en leurs noms, senz fraude, en quelque lieu que il feussent en nostre royaume, pour quelconcques cause, besoing ou necessité que ce feust, pour nostredit seigneur et pere, et pour les autres dessus nommez, et tous autres de quelque estat ou condicion qu'il feussent, de nostre lignage ou autres; en deffendant à tous ses officiers, preneurs, pourveeurs, chevaucheurs, commissaires et autres, feussent de son hostel ou d'autres, que sur painne d'encourre l'indignacion de nostredit seigneur, et sur quanque il se povoient meffaire envers lui, il ne preissent ne laissassent prendre par eulz ne par leurs deputez, aucuns des biens, denrées ou marchandises desdiz bourgoiz et habitans, de leursdiz closiers et fermiers, leurs chevaux, charretes, voitures, ou autres biens; voulant que ou cas que aucuns s'efforçassent de faire contre sadicte grace, que on ne obeist à eulz en aucune maniere, quelque povoir, auttorité, commission ou mandement que il eussent; et en establissant lesdiz bourgoiz et habitans, leursdiz closiers ou fermiers et leurs gens et chascun d'eulz, nos sergens pour prendre et mener en prison en nostre chastellet de paris, ou ailleurs en la justice dont il feussent plus prèz, tous officiers, preneurs, pourveurs, chevaucheurs, commissaires et autres, qui en aucune maniere s'efforçassent de venir contre ladicte grace et ottroy, durant le temps d'icelles, de quelque estat, ne à qui il feussent, senz ce que yceulz bourgoiz et habitans ne aucuns d'eulz, en paiast pour ce aucune amende à nostredit seigneur, ne à autres en aucun temps : Et avecques ce, leur eust ottroïé que, ou cas que les preneurs se complainsissent d'aucunes injures ou violences faictes à eulz, que le prevost de Paris ou le juge ordinaire du lieu, en eust la congnoissance, la correction et punicion, se elle y feust afferant : et en tous les cas qui advenissent par le temps de ladicte grace, eust exempté du tout les dessusdiz prevost des marchans, eschevins, bourgoiz et habitans, leurs closiers et fermiers et gens ou que il feussent, et chascun d'eulz, de la jurisdiction, congnoissance, la correction des maistres desdiz hostelz, et de chascun d'eulz, et de tous autres que de leurs ordinaires, en deffendant à eulz et à tous autres, que de ce ne se entremissent en aucune maniere, et en decernant non valable, tout ce qu'il en auroient fait, et declairant que yceulz prevost des marchans, eschevins, prevosts et habitans, leurs closiers, fermiers ou gens, ne feussent tenus de obéir, ne comparoir à leurs adjournemens on mandemens, en ce cas ne autres, que desdiz ordinnaires : et eust nostredit seigneur et Pere avecques ce, voulu ceste sienne ordonnance estre publiée en son parlement, en son chastellet de Paris, et par tout ailleurs où mestier feust, affin que elle en feust mieulz gardée et deffendu; que lors ne autrefoiz, son procureur ne autres ne puissent opposer contre ces lettres sur ce faictes, iniquité, subrepcion ne autre deffaut quelconque, parquoy elles puissent estre anullées ne empetrées en aucune maniere; mais feussent tenuës fermes en tout; nonobstant quelconques ordonnances, statut, Arrest ou commandement de bouche, fait ou à faire, par lui ou ses successeurs au contraire : Et neantmoinz eust ordonné que se le prevost de Paris ou autres juges competens desdiz prevost des marchans, eschevins, bourgoiz et habitans de Paris, de leurs closiers, fermiers, vallez et autres gens, en quelque lieu que ilz les eussent, feussent negligens ou en donner force, aide et conseil contre les dessus nommez, leurs gens ou autres quelz que il feussent, qui aucune chose preissent ou voulsissent prendre du leur contre leur voluuté, que yceulx justiciers et officiers quels que il feussent, à la requeste des dessusdiz ou d'aucun d'eulz, peussent estre et feussent convenus pardevant les gens de son parlement, ou le (1) prevost de Paris, pour respondre à yceulx, sur tout ce que il leur vouldroient demander pour raison de non leur avoir presté aide, force, conseil et autrement : auxquelz estoit commis que sur ce, feissent accomplissement de justice, en donnant en mandement entre les autres choses, au prevost de Paris, et à tous ses autres justiciers et subgez, que à l'aide desdiz bourgoiz, habitans, closiers et fermiers, il preissent tous officiers, preneurs, pourveurs, chevaucheurs, commissaires et autres, de quelque estat et à qui qu'il feussent, qui alassent ou feissent contre les choses dessusdictes et aucunes d'icelles, et les menassent ou feissent mener en prison oudit chastellet, ou ailleurs en la justice dont il seront plus prèz, sens en faire délivrance; se ce ne feust de son especial mandement : maudant aussi, et voulant auxdiz officiers, preneurs, pourveurs, chevaucheurs, commissaires et autres, que à la coppie ou *vidimus*

---

(1) ......ble qu....... ces lettres, il est dit que le prevost de Paris sera adjourné ...... lui-m...... mais voicy comment il faut entendre cette clause. Le prevost de Paris se...... journé devant le parlement, et les autres juges devant le prevost de Paris. (Sec.)

de ladicte grace, scellée soubz scel autentique : il obéissent aussi et autant comme à l'original se present y estoit, sur painne de perdre leurs offices, et de encourre l'indignacion de nostredit seigneur ; non contrestans ordonnances faictes ou à faire au contraire ; les privileges desdiz bourgoiz et habitans, donnez de nostredit seigneur, ou de ses predecesseurs et par lui confermés, demourans en leur vertu, senz rienz en enfraindre ou amenrir par saditte grace et ottroy, si comme nous avons veu toutes ces choses et plusieurs autres, estre plus à plain contenuës ès lettres de nostredit seigneur, faictes et ottroïées auxdiz prevost, eschevins, bourgoiz et habitans, pour eulz, pour leursdiz closiers et fermiers.

Sur ce, savoir faisons que à la supplicacion desdiz prevost des marchans, eschevins, bourgoiz et habitans, requerans que lesdictes franchises, libertez, et autres graces contenuës èsdictes lettres de nostredit seigneur et pere, et par lui à eulz ottroïez, nous voulsissions avoir aggréables, et eulz ottroïez de nouvel, et à plus long-temps que dit est.

Nous considerans la vraie amour et parfaitte obéissance que tousjours ont euë à nos predecesseurs et à nous, et encores ont lesdiz prevost, eschevins, bourgoiz et habitans, et que en perseverant toudiz en leur parfaitte loïalté, ont esté et sont enclins à nous faire aides et subsides pour l'accomplissement de la paix, et pour le fait de noz guerres et la deffencion de nostre royaume, et que telz les avons trouvez et trouvons de jour en jour, voulans pour ce et pour plusieurs autres bonnes causes et justes qui ad ce nous ont meu et doivent esmouvoir, nous rendre gracieux à eulz ; especialment pour l'amour et affection singulere que nous avons à nostredicte ville, comme à celle qui est la plus principal et la maistre-ville de tout nostre royaume, toutes les graces, ottroiz, concessions, previlleges, libertez, franchises, ordonnances, declaracions et autres choses dessusdictes et contenuës èsdictes lettres de nostredit seigneur, sur ce faicte, si comme plus à plain est contenu en ycelles et ci-dessus, aïans fermes et aggréables, ycelles et chascune d'icelles.

Loons, gréons, ratiffions, approuvons et confermons :

Voulans et ordonnans que elles et chascune d'icelles, aient leur force et vertu en tous leurs poins et chascun d'eulz, tout ainsi que se perpetuelment et nommeement, tenir yceulz poins et chascuns d'eulz, estoient nommez et déclarés en ces lettres et en nostre nouvel ottroy.

Et en ampliant nostre presente grace, pour la consideracion dessusdicte, avons de nouvel ottroié et ottroïons par ces presentes, de nostre auttorité roial et de nostre certaine auxdiz prevost des marchans, eschevins, bourgoiz, et habitans de Paris, pour eulz et pour leurs closiers et fermiers dessusdiz, où que il soient, et pour les singuliers d'eulz, toutes les choses contenuës et déclarées ès lettres de nostredit seigneur dessusdictes, jusques à deux ans continuez, à compter du jour que le terme pour lequel elles doivent durer et avoir leur effect par la teneur desdictes lettres de nostredit seigneur, sera feni et accompli : lequel temps devoit durer jusques au premier jour de may, qui sera l'an mil trois cens soixante et sept, si comme il nous ont apparu par lesdictes lettres à eulz ottroiées par nostredit seigneur et pere.

Voulons que par yceulz deux ans, oultre l'autre temps et terme dessusdit, lesquelz commenceront le premier jour de may, l'an soixante et sept dessusdictes, toutes les graces, ottroiz et concessions, previleges, libertez et franchises, ordonnances, declaracions, mandemens, deffenses et autres choses dessusdictes, demeurent en leur plainne force et vertu, et soient tenuës et gardées par vous et chascun de vous, enterinées et acomplies de point en point : Et aussi voulons et octroions auxdiz prevost des marchans, eschevins, bourgoiz et habitans, pour eulz et les autres dessusdiz, et pour chascun d'eulz, pour ce que l'original de ceste presente grace, ne pourroit bonnement estre devers tous ceulz qui en auroient ou pourroient avoir afaire, ne monstrer en tous les lieux où l'en en pourroit avoir besoing, que à la coppie ou *vidimus* de ces presentes lettres, scellées de scel autentique, vous et tous nos autres officiers, obéissiez aussi et autant comme à l'original, se moustré vous estoit en present.

Si vous mandons et à chascun de vous, et à tous nos autres officiers et à chascun d'eulz, sur les painnes dessusdictes, et sur toutes autres que vous et eulz povez encourir ou deservir envers nous, que vous ne eulz ne faittes en aucune maniere au contraire.

En tesmoing de ce, nous avons fait mettre nostre scel à ces presentes lettres.

Donné à Paris, le douziesme jour de juillet, l'an de grace mil trois cens soixante et quatre.

N°. 365. — Lettres *par lesquelles Philippe, duc de Bourgogne, consent qu'il soit levé des impôts en son duché, à charge qu'il sera appelé à en délibérer, si les autres pairs de France sont appelés à le faire.*

Au Louvre, près Paris, 2 juin 1364. (Mss. de Brienne, vol. 236, f°. 103; Lancelot, preuves du mémoire des pairs, p. 563.)

JUILLET 1364.

N° 366. — ORDONNANCE *portant révocation des domaines aliénés depuis le règne de Philippe-le-Bel* (1).

Paris, 24 juillet 1364. (C. L. IV, 466.)

CHARLES etc. : Savoir faisons à tous presens et avenir, que comme par importunité de requerant et autrement, tant du temps de nostres très chiers seigneurs aïeul et pere, dont Dieux les ames, comme du nostre, ensuivant les terres de nos devanciers Roys de France, qui tousjours ont esté abandonnées à donner et ottroier liberalment grans noblesses et seigneuries, rentes et revenuës, qui estoient du domaine roïal et propre heritage du Royaume et de la couronne de France, ou qui avoient eû ou devoient avoir aucune nature ou condicion de domaine roïal, aient esté données tant à heritage comme à vie et à volenté, à pluseurs personnes qui ne deussent pas prendre ne recevoir telz dons ne si excessifs, et par raison ne se pevent ne doivent soustenir : car pour telz dons excessifs, les hautesses et noblesses de ladicte couronne de France, ont esté et sont appeticées en grant partie; et pour ce, nostredit seigneur et pere considerant ces choses, veullant accroistre les noblesses et seigneuries de ladicte couronne, et ycelles maintenir en leur premier et ancien estat, par ses lettres données en decembre, l'an mil trois cens soixante, en las de soïe et cire vert, par grant et meure déliberacion de son conseil, eust rappellé de sa certaine science, lesdiz dons faiz du

---

(1) *V.* note, p. 98, 1er vol., sur l'origine du principe de l'inaliénabilité qui a subsisté jusqu'en 1789. — *V.* aussi p. 660, l'indication d'un accord prétendu entre les princes de l'Europe en 1275, pour déclarer ce principe. Nous croyons qu'une telle convention n'a pu exister. — C'eût été un singulier droit des gens. — Philippe-le-Bel n'a pas rendu d'ordonnance sur l'inaliénabilité, non plus que Louis-le-Hutin. C'est Philippe-le-Long qui, le premier, en juillet 1318, révoqua les dons faits depuis Saint-Louis. C'était rétroagir, s'il n'existait pas de loi antérieure. — Depuis ce temps, il n'est pas de règne où on ne trouve des ordonnances portant révocation des domaines aliénés, tant les courtisans étaient habiles pour surprendre la religion de nos Rois, et tant il est vrai que les princes ont besoin d'être préservés contre leur propre faiblesse. — *V.* les ordon. de Charles-le-Bel, avril 1321; de Philippe-de-Valois, en septembre 1334 et décembre 1355; du Roi Jean, en novembre 1351. *V.* art. 41 de l'ord. de 1356, faite en conséquence des remontrances des États, p. 856; les ord. de juillet 1357. — Octobre 1381. — Septembre 1386. — Juin 1388. — Février 1391. — Juin 1396. — Mai 1403. — Septembre 1461. — Mai 1466. — Septembre 1483. — Juin 1492. — Mars 1516. — Avril 1517. — Janvier 1532. — Juin 1539. — Et enfin, la fameuse ord. de février 1566, qui est la dernière loi à consulter aujourd'hui pour la révocation. (Is.)

propre domainne, ou qui ont ou doivent avoir nature et condicion de domainne, ainsi donnez, separez, aliénés et mis hors du domaine de ladicte couronne, tant à heritage comme à vie et à volunté, depuiz le temps du Roy Philippe le Bel ença, si comme plus à plain est contenu ès lettres de nostredit seigneur et pere, sur ce faictes :

Nous adecertes, qui de tout nostre cuer avons toujours desiré, et encore désirons l'accroissement, honneur et bon estat dudit Royaume et de la couronne de France, loans en ceste partie le bon et loüable proppos de nostredit seigneur, si comme tenus sommes, et pour ce voulans lesdictes noblesses et seigneuries de ladicte couronne, estre remises et ramenées, gardées et maintenuës en leur premier et ancien estat, lesdis dons du propre domainne roïal, ou qui ont ou doivent avoir nature et condicion de domainne, ainsi donnez, alienez, separés, mis hors et estrangiez du domainne de ladicte couronne, tant à heritage comme à vie et à volunté, depuiz le temps du Roy Philippe le Bel ença.

Par grant et meure déliberacion de nostre conseil, de nostre aultorité roïal et certaine science, avons rappellé et rappellons de certaine science, par la teneur de ces presentes ; et yceulz dons, à la couronne de France dont ilz sont yssus, rejoingnons, rapplicons et remettons du tout ; excepté les choses qui auroient esté baillées à Dieu et à sainte esglise, deuëment, senz préjudice d'autrui, ou à nos très chers freres, le duc d'Anjou, le duc de Berry et d'Auvergne et le duc de Bourgoingne, pour tenir leurs estas :

Et affin que ceste renonciacion ou ordennance soïent parfaitement tenuës, et gardées dores-en-avant senz enfraindre, nous voulons et commandons que ces lettres soient publiées par tout où il appartendra, et enregestrées en la chambre de nostre parlement, en la chambre de nos comptes, et en nostre trésor à Paris : et pour ce que ce soit ferme chose et valable à tousjours, nous avons fait mettre nostre scel à ces lettres presentes, qui furent faictes et données à Paris, le 24ᵉ jour de juillet, l'an de grace mil trois cens soixante et quatre.

Et estoient ainsi signées en la marge. Par le Roy en son conseil.

N°. 367. — LETTRES *qui réunissent au domaine de la couronne l'hôtel de Saint-Pol, avec ses jardins et dépendances, bâti par le Roi, et qui l'érigent en palais du Roi, pour tenir rang après le palais Royal, (auj. le palais de Justice).*

Paris, en l'hôtel de Saint-Pol, juillet 1364. (C. L. IV, 475.)

N°. 368. — LETTRES *portant diminution du nombre de* feux (1) *dans les villes et lieux du diocèse de Mende.*

Paris, août 1364. (C. L. IV, 486.)

KAROLUS etc. Notum facimus etc.

Quod cum ex parte consulum et habitatorum civitatis, villarum et locorum diocezis mimatensis, senescallie bellicadri, fuisset Domino progenitori nostro expositum, quod ipsi solverunt et solvere consueverunt, temporibus retroactis, dicto Domino progenitori nostro et suis successoribus regibus Francie, subsidia, juvamina et auxilia pro guerris et aliis oneribus regiis, juxta antiquum focorum numerum predictorum civitatis, villarum et locorum dicte dyocesis, usque nunc; quamvis in predictis civitate, locis ac villis, foci antiqui qui erant in numero tredecim milium trecentum et septuaginta octo, pro quibus, retroactis temporibus, solvere consueverant, sint adeo, tam propter mortalitatem, quam eciam propter guerras, diminuti, quod dimidia portio reperiri non posset; ex quibus erant maxime molestati et gravati; nisi eis super hoc provideretur de remedio opportuno.

Quare supplicarunt dicto Domino progenitori nostro, quod fieret informacio de numero focorum predictorum civitatis, locorum et villarum dicte diocezis; quodque juxta numerum focorum qui reperiretur per informacionem, in predictis civitate, locis ac villis, deinceps futuris temporibus, dicta subsidia, juvamina et onera regia, si et quantum imponerentur, solvere tenerentur. Cumque de mandato dicti Domini progenitoris nostri per premissis facta fuit quedam informacio, que in camera nostra compotorum Parisius, extitit allata, et per dilectas et fideles gentes nostras dicte camere, visa et diligenter examinata, per quam numerus

---

(1) On trouve dans le Trésor des chartes plus de 200 lettres de cette espèce, expédiées en faveur des différentes villes et communautés. — Elles attestent la misère de la France à cette époque. (Dec.)

quatuor milium sexcentum et decem focorum, dumtaxat extiti repertus in civitate, locis ac villis dyocesis memorate :

Igitur ad ipsorum habitatorum et consulum humilem supplicacionem, et contemplacione domini nostri (1) pape, qui dictum dominum progenitorem nostrum et nos affectuose rogavit, ac habito respectu ad premissa in prefata imformacione contenta, habitaque matura deliberacione nostri consilii super premissis, volumus ac concedimus, ac super hiis tenore presencium, ordinamus de nostra certa scientia et de gracia speciali.

Quod dicti consules et habitatores prefatorum civitatis, locorum, ac villarum predicte mimatensis diocesis, solvant deinceps futuris et successivis temporibus, ac contribuant dictis subsidiis, auxiliis, juvaminibus, et aliis oneribus regiis, dumtaxat pro numero predictorum quatuor milium sexcentum et decem focorum, qui veraciter est per dictam imformacionem repertus in predictis civitate, villis et locis diocesis memorate, tociens quociens ipsa subsidia, juvamina et auxilia, ac eciam alia onera regia imponere contingerit et levare; quodque pro majori numero, vocari seu compelli nullatenus valeant atque possint :

Proviso tamen quod prefati consules et habitatores predictorum civitatis, villarum et locorum dicte dyocesis, nobis aut receptori nostro bellicadri, solvant et solvere teneantur unum florenum auri pro foco, juxta supradictum antiqum numerum focorum predictorum civitatis, locorum et villarum dicte diocezis, semel dumtaxat solvendum, quem dicto domino progenitori nostro ac nobis, ex causis predictis solvere promiserunt.

Mandantes, ac eciam tenore presencium inhibentes gentibus nostris predictis camere compotorum Parisius, ac dictis receptori et senescallo, et eorum loca-tenentibus, ac aliis quibuscumque receptoribus, thesaurariis ac commissariis ad hujusmodi subsidia, juvamina, auxilia et alia onera regia levanda, deputatis seu deputandis, quatenus predictos consules et habitatores civitatis, villarum et locorum, qui nunc sunt et pro tempore futuro fuerint, ad solvendum et contribuendum predictis subsidiis, juvaminibus, auxiliis et aliis oneribus regiis, compellant seu compelli faciant, ac permittant quoquomodo ultra numerum predictum dictorum quatuor milium sexcentum et decem focorum, in ipsis civitate,

---

(1) Urbain V, qui siegroit alors, et qui se nommoit *Grimoardi*, estoit de de Mende. (Sec.)

villis et locis dicte diocesis, veraciter repertum; ipsosque et eorum quemlibet, ac eorum successores nostra presenti gratia uti et gaudere faciant perpetuo et permittant; ipsos seu eorum alterum, contra formam et tenorem hujusmodi nostre gratie, nullatenus molestando seu vexando, aut molestari seu vexari à quocumque permittendo; ordinacionibus regiis in contrarium factis seu faciendis, non-obstantibus quibuscumque.

Quod ut firmum et stabile perpetuo perseveret, nostrum presentibus litteris fecimus apponi sigillum : salvo in aliis jure nostro et in omnibus quolibet alieno.

Datum Parisius, anno domini 1364. mense Augusti.

Per consilium existens in camera compotorum Parisius, in quo vos eratis.

N°. 369. — RÉGLEMENT *de la prévôté de Paris, portant, art. 1er, que nul ne peut être poulaillier à Paris, s'il n'a acheté son métier du Roi* (1).

Paris, 11 septembre 1364. (C. L. IV, 490.)

N°. 370. — LETTRES *portant annulation des lettres de rappel aux bannis d'une ville, expédiées par le bailli, sans l'ordre du Roi, de son lieutenant, du chancelier, ou du connétable.*

Paris, 21 septembre 1364. (C. L. XII, 103.)

---

371. — ÉDIT (2) *qui ordonne le rapport des lettres de don de la terre de Lunel.*

27 septembre 1364. (Brussel, usage des fiefs.)

---

(1) On avait poussé, dit Louis XVI, dans le préambule de son ord. de 1776, rendue sur le rapport de Turgot, l'abus des jurandes et maîtrises, jusqu'à ériger en maxime, que *le droit de travailler est un droit royal que le prince peut vendre, et que les sujets doivent acheter*. La veuve d'un poulaillier ne pouvait continuer l'exercice de son métier, si elle ne se remariait à un poulaillier (art. 6). — (L.)

(2) La seule chose à remarquer dans cet édit, c'est qu'il a été rendu sur les remontrances de la chambre des comptes. (Dec.)

N°. 572. — LETTRES *portant que le comte d'Étampes, gardien et juge des juifs, pourra nommer des commis en sa place, et ceux-ci pourront nommer des substituts pour juger les affaires des juifs.*

Paris, 4 octobre 1364. (C. L. IV, 496.)

N°. 573. — LETTRES *du Roi, comme dauphin du Viennois, qui révoque les aliénations domaniales faites par Humbert et ses prédécesseurs.*

Paris, 5 octobre 1364. (C. L. IV, 497.)

N°. 574. — MANDEMENT *à la chambre des comptes, de vérifier les dons viagers et autres, arrachés au Roi par importunité, sur ses domaines en Dauphiné.*

Paris, 18 octobre 1364. (C. L. IV, 498.)

N°. 575. — EDIT *portant défense d'exercer la chirurgie à Paris, sans avoir subi des degrés* (1).

Paris, 19 octobre 1364. (C. L. IV, 499.)

N°. 576. — MANDEMENT *portant que les vaisseaux nationaux ou étrangers qui naviguent à la vue de la lanterne de la tour d'Aigues-Mortes, sont tenus d'entrer à port pour y acquitter les droits* (2), *sous peine de confiscation.*

Paris, 2 novembre 1364. (C. L. IV, 503.)

CAROLUS Dei gratia Francorum rex :

Senescallo Bellicadri et Nemausi, atque castellano et vicario nostro Aquarum-Mortuarum, aut eorum locatenentibus, salutem.

---

(1) Le texte est le même que celui de l'ord. de novembre 1311, p. 16, tom. 3, excepté qu'à la fin, on a attribué à la communauté des chirurgiens les amendes encourues par les contrevenans. (Is.)

(2) C'est un principe du droit des gens qu'un état a la propriété de la mer qui baigne ses côtes jusqu'à la portée du canon. (*V.* Vattel.) Mais avant l'usage du canon, cette fixation était arbitraire, et c'était un fréquent sujet de discussion entre les puissances. Aujourd'hui, tous les navires qui entrent dans les eaux d'un etat, sont tenus d'y acquitter les droits de douane. (*Idem.*)

Ex gravi querimonia procuratoris nostri senescalliæ Bellicadri, percepimus, quod licet, et per certam ordinationem et statutum ab antiquo, de voluntate, consilio et assensu tam regnicolarum, quam civitatum maritimarum infra et extra regnum existentium, factam, caveatur quod omnes et singuli mercatores, quascumque mercaturas ducentes, et per mare navigantes, ex ipso quod videre possunt lanternam in magna turri Aquarum-Mortuarum, positam, cum mercibus et quibuscumque navigiis, appliquari debent et tenentur ad portum dicti loci Aquarum-Mortuarum, et ibidem curiæ regiæ solvere et prestare, de prætio rerum quæ portabuntur, denarium unum pro libra: nec possunt alibi, præterquam ad dictum portum, applicare; et de hoc sit et fuerit in possessione et saisina pacifica, levandi et exigendi dictum denarium pro libra, à quibuscumque per mare navigantibus; sive sint de regno, sive de extra regnum, à tanto tempore quod de contrario hominum memoria non existit:

Et si aliqui reperientur contra facientes et non solventes; sed fraudulenter jus nostrum recelantes, consueverunt corrigi et puniri, et navigia, tamquam comissa, capi, cum omnibus mercibus, et juribus fisci applicari; prout hæc omnia per certum arrestum super hoc per nostram parlamenti curiam, latum, possunt clarius apparere.

Nihilominus nonnulli mercatores de Agatha et aliunde à dicta civitate Agathensi, per quoddam stagnum sive locum apud Montem-Pessulanum, et apud Latas, et converso nituntur res suas et merces ducere et reducere, et ad dictum portum applicare, absque datione, præstatione vel solutione alicujus pedagii vel tributi nobis debiti; quod est in defraudationem juris nostri, dicti portus deteriorationem, et dicti loci Aquarum-Mortuarum, et possessionis prædictæ grande præjudicium atque dampnum; supplicans nobis sibi super hoc de remedio provideri.

Quare nos, præmissis consideratis et attentis, vobis et vestrum cuilibet MANDAMUS, et quia hoc jus nostrum concernit, committimus,

Quatenus, si, viso prædicto arresto, et alias vobis debite constiterit de prædictis, quoscumque navigantes, seu merces per mare ducentes, ad solvendum nobis prædictum tributum, prout hactenus fuit consuetum, et ad dictum portum nostrum applicare compellatis, juxta prædicti arresti, de quo vobis liquebit, seriem et tenorem. Si vero aliquos contrarium facientes repereretis, ipsos, cum dictis mercibus nobis applicatis, taliter puniatis, secundum quod ab antiquo extitit usitatum, jus nostrum integraliter observando : taliter super hoc vos habeatis, quod de diligentia potius quam negligentia, debeatis comendare.

Datum Parisius, die secunda novembris, anno Domini 1364. In requestas hospitii.

N°. 377. — ORDONNANCE *contenant réglement sur l'administration de la justice aux requêtes du palais, les devoirs des magistrats, ceux des avocats et des sergens* (1).

Paris, novembre 1364. (C. L. IV, 506.)

SOMMAIRES.

(1) *Les gens des requêtes viendront tous les jours à l'heure des présidens du parlement; ils donneront audience, les jours que le parlement jugera les procès en rapport, et jugeront les procès de rapport les jours que le parlement donnera audience.*

(2) *Aussitôt arrivés, ils travailleront aux procès.*

(3) *Ils jugeront, après diner, les affaires qu'ils n'auront pu juger le matin.*

(4) *Les causes commencées resteront jusqu'au premier jour plaidoyable.*

(5) *Les avocats et procureurs auront, lorsqu'ils se présenteront pour plaider, avec eux leur mémorial.*

Les avocats plaideront brièvement, sans employer de fins de non-recevoir, que lorsqu'elles seront très-bien fondées.

(6) *Les avocats et procureurs donneront gratuitement leur conseil aux plaideurs pauvres, et les gens des requêtes feront aussi gratuitement tous les actes judiciaires dans ces procès.*

(7) *Les gens des requêtes ne prendront que dix sous par jour dans les procès des personnes qui ne seront pas pauvres.*

(8) *Lorsque les avocats plaideront, le président seul pourra parler, ou prendre, s'il le juge à propos, l'avis des conseillers, si la cause doit être appointée.*

(9) *Lorsque le président nommera des commissaires, il choisira toujours un clerc et un lay.*

(10) *Les enquêtes se feront les jours que l'on ne plaidera pas, ou aux heures non plaidoyables.*

Ceux qui auront fait les enquêtes, ne pourront pas en faire le rapport. Si les parties savent quel est le rapporteur, et que celui-ci en soit informé, il remettra le procès au président.

(11) *Lorsque le président s'absentera, il remettra le*

---

(1) *V.* Fontanon, I, 25; et Joly, off., p. 57, et addit., p. 111. (Is.)

seau des requêtes au plus ancien conseiller.

(12) *Les sergens des requêtes y viendront à l'heure des conseillers, et feront faire silence.*

(13) *Les gens des requêtes veilleront à ce que le greffier ni les sergens ne prennent des salaires excessifs.*

(14) *Les gens des requêtes se conformeront, autant qu'ils le pourront, à l'usage du parlement.*

(15) *Les parties qui auront appelé des jugemens des requêtes, et qui y renonceront dans huitaine, payeront une amende.*

CHARLES, etc. : savoir faisons à tous presens et advenir,

Que comme nos amez et feaulx conseilliers, les gens tenans les requestes en nostre Palais à Paris, soient si grandement chargez et occupez de plusieurs et diverses causes touchant nos gens et officiers et autres; lesquelles causes nous leur avons commises, de jour en jour commettons par nos lettres, que tant pour la multitude desdites causes, comme par les fuites, delais, cavillacions et appellacions frivoles, que ont quises et faictes et font et quierent chacun jour pardevant eulx, plusieurs parties et leurs procureurs, qui quierent par toutes les voyes et manieres illicites et indirectes qu'ilz pevent, fuites et delaiz pour traveiller nosdites gens, et coustengier et delayer les droiz de leurs parties adverses, que nosdites gens ne pevent proceder comme il vouldroient et qu'il appartendroit, à l'expedicion et délivrance desdites causes, et du peuple qui a afaire pardevant eulx : nous qui du tout nostre cueur desirons et voulons, comme tenus y sommes, obvier et remedier à nostre povoir, aux fuites et delais, cavillacions et appellacions frivoles dessusdictes, et les plaiz et causes deuement et briefment estre oyes, plaidoiées et demenées, mises à fin et determinées; par grant et meur advis et deliberacion de nostre conseil, avons ordonné et establi, faisons, ordonnons et establissons sur le fait et estat du siege desdits requestes, et sur la forme, maniere, expedicion et délivrance des causes et plaidoyeries qui à present sont, et pour le temps avenir seront meuz et pendanz oudit siege des requestes, pardevant nosdites gens, les ordonnances qui si-après s'ensuivent.

(1) *Premierement.* Nous voulons et ordonnons que toutes nosdites gens tenans lesdites requestes, à l'eure que nos amez et feaulx les presidens de nostre parlement, viennent et vendront oudit parlement; et les causes plaidoïables pendans et qui pendront pardevant eulx, ils oyent et delivrent aux jours que nos

amez et feaulx les gens de nostredit parlement, seront au conseil en la chambre dudit parlement; et aux jours que l'en plaidoiera oudit parlement, soient au conseil, pour conseiller et delivrer et faire les autres choses qu'ilz ont et auront à faire pour cause de leur office dudit siege.

(2) Item. Puis qu'il seront venuz oudit siege, que tantost ilz commencent de oyr et delivrer lesdites causes; et aux demandeurs, contre les deffendeurs non comparens, doignent deffault; et aux deffendeurs, contre les demandeurs non comparens, doignent congiez, ou autres exploiz selon l'estat et condicion desdites causes, comme l'en fait en nostredit parlement.

(3) Item. Que les causes qui ne pourront estre oyes et delivrées avant disner, oyent et delivrent après disner, tant qu'il pourront bonnement.

(4) Item. Que les causes plaidoiables qui seront entamées ou encommencées à plaidoier en un jour plaidoiable, et ne pourront estre parfinies, soient et demeurent en tel estat, jusques à l'autre premier jour plaidoiable, ou tel que nosdites gens y ordonneront; et lors soient plaidoiées.

(5) Item. Que toutes les parties plaidoians audit siege (1), qui soustienent et soustendront les parties du demandeur, aient chacun jour plaidoiable, quant il voudront ou devront plaidoier, promptement en leurs mains le memorial de leur journée et de l'estat de leur cause (2), escript, et scellé du scel par nous establi audit siege : parquoy lesdits demandeurs puissent faire promptement foy, et qu'il puist apparoir clerement de l'estat du jour de la cause.

Que tous les advocas plaidoians audit siege, plaident sommerement et de plain, leurs causes au plus clerement [et briefment qu'ilz pourront et sauront, en delaissant du tout les fins de recevoir] et de non recevoir, et de avoir et non avoir cause ou action; se n'est en cause où clerement et notoirement il sera faire; et ce enjoingnons nous et commandons expressement ausdits advocas, et sur leurs sermens et loyaultez qu'ilz ont à nous, à nostre court dudit parlement, et audit siege desdites requestes.

---

(1) C'est à dire, les avocats et procureurs chargés des causes d'un demandeur. (Sec.)

(2) C'est à dire, l'acte par lequel il paroît que c'est ce jour-là que la cause dont ils sont chargés, doit être plaider, en consequence des assignations qui ont été données. (Idem.)

(6) *Item*. Nous voulons et commandons estroictement, que tous les advocas et procureurs frequentans et qui frequenteront le siege desdites requestes, soient au conseil, pour Dieu, des povres et miserables personnes qui y plaident et y plaideront ; et que ad ce, nosdites gens contraingnent lesdits advocaz et procureurs ; et que à telles et pour telles povres et miserables personnes, nosdites gens, quant les cas y escherront, facent, pour Dieu, leurs requestes et pieces, et les oyent diligemment, et les délivrent briefment.

(7) *Item*. Chacun de nosdits gens, pour les procez et enquestes qu'ils feront à Paris, pour autres personnes que pour personnes miserables, pourront prendre chacun jour qu'il y vacqueront, dix sols parisis, et non plus.

(8) *Item*. Quant les advocas plaideront devant nosdites gens audit siege, qu'il oyent diligemment l'advocat qui plaidora, et que nul ne parle ; fors lui et le president dudit siege, qui fera les appoinctemens comme bon lui semblera et il appartendra ; et aussi, se mestier est, par le conseil de ses compagnons.

(9) *Item*. Que ledit president, à bailler commissaire à faire les dessusdits procez, baille tousjours et mette ensemble ung clerc et ung laye, se bonnement se puist faire ; se la cause toutes-voyes n'est si petite, que par ung seul commissaire se puist faire.

(10) *Item*. Que lesdits commissaires donnez et à donner, facent dilligemment les enquestes et procez qui leur seront commis à faire, aux jours que l'en ne plaidera pas audit siege des requestes ; ou au moins à heure que l'en y plaidera pas : Et se garde bien le president, qu'il ne baille pas à veoir, visiter et rapporter pour juger lesdites procez et enquestes, par celui ou ceulx qui les auront faiz : Et aussi ceulx qui auront lesdits procez et enquestes à veoir et visiter pour rapporter pour juger, s'il peuvent savoir par quelque maniere, que aucune des parties le sache, que par leurs sermens, ilz le rapportent et le baillent audit president, ou au clerc desdites requestes.

(11) *Item*. Quant le president sera absent de la ville de Paris, ou s'il advenoit qu'il feust malade, qu'il baille le scel desdites requestes, au plus ancien clerc en l'ordre desdites requestes.

(12) *Item*. Que tous nos sergens desdites requestes, tous les jours que l'en y plaidera, viennent bien matin audit siege, à heure que leurs maistres y venront, cy-dessus declarés, et facent faire paix et silence, et exercent dilligemment leurdit office.

(13) *Item.* Pourvoient nosdites geus et ordonnent, que le clerc et les sergens desdites requestes, ne excedent en prenant leurs salaires excessivement, et qu'ilz ne tiengnent les parties qui auront afaire à plaidier pardevant eulx.

(14) *Item.* Nous voulons et ordonnons que nosdites gens, autant comme il pourront, ensuivent, tiengnent et gardent la maniere, coustume et stile de nostredite court de parlement.

(15) *Item.* Que toutes les parties qui appelleront de nosdites gens, et renonceront dedens huit jours après l'appellacion faicte, soient et cheent en amende vers nous, pour chacune appellacion qu'il feront, et renonceront, comme dit est, de soixante sols parisis.

Toutes lesquelles ordonnances dessusdites et chacune d'icelles, nous mandons et commandons estroictement à nosdites gens des requestes, et à chacun d'eulx, et par leurs sermens et loyautez qu'il ont à nous, qu'ils tiengnent et gardent, et les facent tenir et garder sans enfraindre.

Et pour que ce soit ferme chose et stable, nous avons fait sceller ces presentes lettres de notre scel en laps de soye et cire vert.

Donné à Paris, l'an de grace 1364 au mois de novembre.

N°. 378. — ORDONNANCE *portant réglement pour l'expédition des affaires pendantes au parlement* (1).

Paris, 16 décembre 1364. (C. L. IV, 511. — Fontan., I, 61. — Joly, I, 153.)
Enregistrée le 17 au parlement.

SOMMAIRES.

(1) *Lorsqu'une cause sera appointée à écrire ou en faits contraires, l'avocat sera tenu de présenter ses moyens à la Cour dans quatre jours.*

(2) *Le mémoire de frais présenté par la partie gagnante, sera communiqué à la partie adverse, qui sera tenue, dans quatre jours, de contredire.*

(3) *Sur les articles discordés, les greffiers ou notaires mettront le jour de la présentation, afin que huit jours après ils soient réglés sur le rapport des commissaires.*

(4) *Lorsque les causes des bailliages, prévôtés et sénéchaussées, auront été expédiées, la Cour nommera des commissaires pour faire les enquêtes et vacations.*

---

(1) Tout ce qui tient à l'administration de la justice est important. (Is.)

Les avocats et procureurs seront condamnés à l'amende, lorsque, par leur faute, les articles accordés n'auront pas été présentés à la Cour au temps préfix.

___

CHARLES etc. A noz amez et feaulz les gens qui à present tiennent, et ou temps avenir tendront nostre parlement à Paris, salut et dilection.

Comme par certaines ordenances pieça faites par noz predecesseurs Roys de France, par grant et meure deliberation de conseil, pour l'abreviation et expedition des causes pendans oudit parlement, fust et soit ordené et enjoint à touz les advocaz plaidans en nostre court de parlement, et ce aient juré faire, tenir et accomplir par leurs seremens faiz aux saintes euvangiles de Dieu, corporeelment touchées par euls chascun an, au premier jour de nostre parlement, que touz les articles des causes par euls plaidoiées, èsqueles les parties seroient apointées en faiz contraires, il eussent fait et baillassent à la court, dedans trois jours au plus tart, après ce que il auroient esté appointez en faiz contraires; se par nostredite court ne leur feust sur ce dispensé; et après ce, au plustost qu'il peussent, que il accordassent leursdiz articles, pour ce que l'entencion de la court fu, et ainsi est-il expressément contenu èsdites ordenances, que en la fin de chascune baillie, prevosté et seneschaucié, la court donroit commissions et commissaires sur lesdis articles, si comme les autres choses sont plus à plain contenuës èsdites ordenances, lesqueles sont au commencement de chascun parlement, leues publiquement oudit parlement, pardevant vous, et pardevant lesdiz advocaz et procureurs d'icelui parlement.

Neantmoins nous avons entendu que lesdites ordenances ont esté et sont chascun jour enfraintes, ne ne sont tenuës ne gardées, si comme mestier feust, dont pluseurs dommages aus parties, peril au consciences desdiz advocaz et procureurs, et plusieurs autres inconveniens s'en sont ensuiz et ensuient de jour en jour : car souventes-fois est avenu et avient, que quant les causes sont plaidoiées et apointées en faiz contraires, il est avant un mois, ou deux, ou plus, que lesdiz advocaz et procureurs baillent leurs articles descordez (1) à la court; et après, autant de temps ou

___

(1) C.-à-d., sur lesquelles les parties n'étoient pas d'accord; lorsque les articles avoient été présentés par chacune des parties, il falloit qu'elles les *accor-*

plus; et communément jusques en la fin du parlement, avant qu'il puissent estre accordez : pour lesquels delaiz, est avenu et avient moult de foiz, que a accorder lesdiz articles, a et couvient avoir aussi grans plaidoieries, comme ot on a à plaidier le principal, tant pour le debat des *intendis* (2) qui sont à vous à accorder, et des articles desquelz les advocaz qui ont plaidoié les causes, selonc le stil de nostre court, sont creuz par leurs seremens ; et pour la longueur et trop grant intervalle du temps que lesdiz advocaz et procureurs mettent à baillier leurs articles, comme memoire d'omme soit labile et estourviable, vous ne euls ne pouvez estre si memoratis des conclusions et faiz des parties, comme vous feussiés et seriés, se lesdiz articles vous fussent bailliés et accordéz selon les ordenances dessusdites.

Pourquoi il est advenu ou temps passé, par le deffaut, negligence et omission dessusdite, que en la fin de chascun parlement, il a convenu tenir pluseurs de vous à nos gaiges, (3) par l'espace d'un mois ou de plus, pour accorder lesdiz articles, et donner commissions et commissaires sur yceuls ; et depuis en avant (4) jusques au nouveau parlement, à si brief temps, que les commissaires deputez à faire les enquestes sur lesdiz articles, ne les pevent parfaire, pourquoy les causes par tels délais, ne peuvent prendre fin en nostredite court, dont vous qui tenéz et gouvernés nostre court souveraine et justice capital, en avez esté

---

dassent; c.-à-d., qu'elles convinssent être elles, de la maniere dont ces articles seroient redigés, afin de mettre le commissaire de la Cour en état de faire l'enquête sur ces articles.

Lorsque les parties ne s'accordoient pas sur la redaction des articles, il falloit plaider de nouveau, et les faire rediger par les juges. (Sec.)

(2) L'intention des parties ; le fait précis dont il faut faire preuve par l'enquête. (*Idem.*)

(3) C.-à-d., donner des gages à des conseillers, quoyque le parlement ne tint plus. Dans ce temps-là, les gages étoient réglés par jour ; et d'ailleurs, comme les conseillers du parlement changeoient ou pouvoient changer, chaque fois que le Roi établissoit un nouveau parlement ; les conseillers d'un parlement cessoient de l'être dès qu'il étoit fini ; et par conséquent ne devoient plus avoir de gages. (*Idem.*)

(4) Ces conseillers à qui on avoit conservé des gages, quoyque le parlement ne tint plus, employant presque tout le temps qui s'écouloit entre deux parlements, à accorder les articles, les commissaires qu'ils nommoient ensuite pour aller faire sur les lieux, des enquêtes sur ces articles, n'avoient pas le temps de les achever, avant que le nouveau parlement fût établi, ces affaires n'étoient pas en état d'être jugées dans le cours de ce parlement ; car ces commissaires étoient obligés de revenir au parlement, pour travailler aux affaires courantes. (*Idem.*)

en temps passé, et estes encoro de jour en jour, grandement repris et blasmez, et nostredite court scandalisée ou mains prisée : pourquoy nous de tout nostre cueur et pouvoir, vueillans pourveoir et remedier aus dommages et inconveniens dessusdiz, et les ordenances dessusdites estre tenuës et gardées en leurs termes, sanz enfraindre, pour l'abreviation des causes et le proffit de tous nos subgez, et autres qui ont afaire en nostredito court pardevant vous, avons voulu et ordené par deliberation de nostre conseil, voulons et ordenons, et aussi vous mandons et commandons estroictement par ces presentes; et sur les seremens que vous avez à nous, vous enjoignons que vous faciez commandement exprès de par nous, à tous les advocas plaidoians, et procureurs procurans pardevant vous en nostredite court ; ausquelz aussi et à chascun d'eulz, nous commandons et enjoignons par ces presentes, et soubz leurs seremens qu'il font chascun an le premier jour de parlement, comme dit est, et en leurs loyaultés et consciences.

(1) Que les causes qu'il plaideront et demenront, il plaident et les délivrent; et aussi que ès causes qui seront apointées en fais contraires, ou a bailler en escript par maniere de memoire, il escrisent au plus briefment et substantieusement qu'il pourront, en délaissant du tout les fins de non avoir cause et action, de non recevoir et toutes autres fins déclinatoires et dilatoires; se faire ne leur convient necessairement, selonc l'estat, nature et conditions des causes qu'il plaidoieront; et baillent à la court, leursdiz articles doubles, et leurs memoires dedans trois jours, ou au mains dedans le quatriesme jour, à heure de midy, après ce que les causes seront apointées en fais contraires, ou bailler par memoires : lesquels articles ou memoires, sera tenu de faire et bailler devers la court, l'advocat qui aura plaidoié la cause; se il n'y a presentement un autre advocat qui s'en charge de les bailler; et lors, en l'apointement de la cause, faites escrire par les greffiers de nostre parlement, le nom de l'advocat qui en demourra chargiez, afin que la chose en soit plus certaine.

(2) *Item.* Quant aucuns despans seront baillez de partie pardevers la court pour taxer, et la court les aura bailliez touz signez à partie adverse, pour diminuer, nous voulons et ordenons, que la partie soit tenue de bailler ses diminutions dedans trois jours; ou au moins, dedans le quatriesme jour depuis qu'il auront esté bailliez, dedans heure de midy, comme dessus est dit; et vous deffendons que autre delai ne plus long terme, ne donnez à aucun

sur ce, eu par bonne et meure deliberation, et pour certaine
grant cause et necessaire, attendues les qualités des personnes
et grandeurs et merites des causes, vous ne veez qu'il le convenist faire de necessité : sanz ce toute-vois, que les parties de leur
commun accort ou autrement, puissent proroguer ne alonger
ledit temps.

(3) Et incontinent que lesdiz articles vous seront bailliez descordez, faites les signer par lesdiz greffiers, ou par aucuns de
nos autres notaires, se mestier est, et y faites mettre le jour quant
il auront esté bailliez descordez : car de celui jour en huit jours
prochains après ensuians, nous voulons, ordenons et commandons, que lesdiz articles vous soient aportez, ou devers le registre
de nostredite court, touz accordez ; et dès-lors en autres huit,
soient tous triplez, cloz et scellez, et renduz à la court pour
bailler commissaires sur iceus.

(4) *Item*. Nous voulons et ordenons, et vous mandons que en la
fin de chascun bailliage, (1) prevosté et seneschaucie de nostredit
parlement, vous ordonnez commissaires sur lesdiz articles, qui
ainsi, comme dit est dessus, seront accordez et bailliez à la court :
parquoi le parlement finé, lesdiz commissaires puissent tantost
vaquier et entendre à faire les enquestes sur lesdiz articles : et
s'il y avoit deffaut que lesdiz articles ne fussent bailliez et accordez
par la maniere et dedans le temps assigné ou prorogué, comme
dessus est dit, nous voulons et commandons, que oultre la peine
de parjure, que chascun des advocaz et procureurs encourreront
incontinent qu'il feront le contraire, ou que deffaut y aura par
eulx es choses dessusdictes ; de laquele paine nous reservons à
ordener par devers nous, se deffaut y a par l'advocat qui en sera
chargié, que tantost et sans délai et sans aucun déport, dix livres
parisis soient levées sur ses biens ; et se deffaut y a par le procureur, semblablement soient levez sur lui cent sols parisis, sans
aucun espargnier, pour tourner et convertir ou paiement et
acquittement de trente livres parisis, qui sont ordenéz chascun
an, pour la chapelle où l'on chante continuellement la messe au
point du jour, en salle de nostre palais à Paris ; et lesdites trente
livres paiées, que le surplus soit tourné et converti en acquittement de ce en quoy nous povons chascun an, estre tenuz à l'Os-
tel-Dieu de Paris.

---

(1) C.-à-d., lorsqu'on aura expédié les causes qui étoient sur les rôles des bailliages, des prévôtés et des sénéchaussées. (Secr.)

Car ainsi le voulons nous estre fait, pour consideration des choses dessusdites.

En tesmoing de laquele chose, nous avons fait mettre nostre scel à ces presentes lettres.

Donné à Paris, le seiziesme jour de decembre, l'an de grace mil trois cent soixante-quatre.

Ainsi signé, par le Roy à la relacion du conseil.

Lecte, publicate in camera et ad hostium parlamenti, die decima-septima decembris, anno 1364.

N°. 379. — LETTRES *portant entr'autres dispositions, que si les échevins de Commines ne se trouvent pas assez habiles pour juger certains procès, ils iront consulter les échevins de Lille aux dépens des parties.*

Paris, 1364. (C. L. IV, 522.)

N°. 380. — LETTRES *portant abolition de la confiscation, à l'égard des habitans de Carcassonne, qui sont condamnés à mort, ou au bannissement, et qui excepte de cette abolition le crime de lèze-majesté, hérésie et fausse monnaie* (1).

Paris, 1364. (C. L. IV, 543.)

N°. 381. — LETTRES *portant qu'il sera établi un hôtel des monnaies à Tours* (2).

Paris, 26 avril 1365. (C. L. IV, 547.)

N°. 382. — LETTRES *portant confirmation des réglemens arrêtés par le collége des clercs, notaires et secrétaires du Roi.*

Paris, 9 mai 1365. (C. L. IV, 553.)

(5) *Item.* Predictis die et loco, eligetur per dictos supplicantes secretarios et notarios existentes ibidem, duo ex ipsis procura-

---

(1) La constitution du sénat, et la Charte de 1814, abolissent la confiscation en toute matière. (Is.)

(2) Je ne sais, dit Secousse, par quelle raison, il n'est jamais dit, dans les ordonnances et lettres sur les monnaies, quelles ont été scellées, quoiqu'elles le fussent. (Dec.)

Il y avait déjà plusieurs hôtels des monnaies. Cette ordonnance est motivée sur ce qu'il importe de répandre les nouvelles monnaies dans le pays. *V.* ci-après, l'ord. de 1367, sur l'hôtel d'Avignon. (Is.)

tores habentes potestatem substituendi unum vel plures ex ipsis vel alios, qui simul vel ipsorum quilibet, habebunt potestatem causas et negotia collegii, procurandi, promovendi et prosequendi; redditus, legata, jura et emendas confraternitatis, exigendi, recipiendi, et inde faciendi misias opportunas: fientque et constituentur procuratores predicti (1), sub signis secretariorum et notariorum ibidem presentium, et poterunt (2) substituere apud acta: et habebunt dicti procuratores et ipsorum quilibet, necnoc substituti ab ipsis, eamdem potestatem, ac si omnes de collegio interessent et constituissent eosdem: et anno quolibet in dicto festo, renovabuntur, si dicto collegio expediens videatur: tunc tamen reddent compotum de receptis et misiis, coram dicto collegio, vel ab eo super hoc deputandis; prestabuntque dicti procuratores, juramentum in dictis loco et die, de fideliter exercendo procuratoris et receptoris officium, et alia solita in talibus juramenta, et habebunt pensionem, prout per dictum collegium fuerit ordinatum.

(10) *Item.* Si aliquem secretarium vel notarium, qui vite sue tempore, fuerit bone fame, vite laudabilis et conversationis honeste, contingat, quod absit, propter senium vel infortunium, suo victu egere, in tantum quod pro inopia, compellatur suam egestatem, vel familiarem paupertatem, procuratoribus collegii detegere, et collegii petere suffragium, procuratoribus super hoc requisitis per ipsum, habitoque super hoc collegii consilio et assensu, quandiu idem secretarius vel notarius dictum auxilium exiget, quilibet secretarius et notarius tenebitur sibi, ad proprii victus et status sustentationem, ac pro conservatione honoris regii atque totius collegii, sibi vigenti solidos parisiensium, anno quolibet mutuare: quos tamen restituere minime tenebitur; sed vires pari et viri boni, dictum mutuum sorcietur; nisi ipsum sic egentem, contingerit ad pinguiorem redire fortunam: quo casu, dictum mutuum, in totum vel in partem, in quantum facere poterit; deducto videlicet ne egeat, quilibet restituere tenebitur, per dictos procuratores super hoc requisitus.

---

(1) Cela peut signifier, que tous les secrétaires du Roy présents, signeront l'acte d'élection des procureurs. (Sec.)

(2) Peut-être cela signifie-t-il que ces procureurs pourront substituer d'autres personnes en leurs places, au bas de l'acte par lequel ils auront été élûs? (*Idem.*)

AOUT 1365.

N° 383. — LETTRES *portant nomination d'un commissaire chargé d'arrêter les faux monnoyeurs du bailliage de Mâcon, et qu'il aura pour ses frais et gages le quart des prises.*

Paris, 11 mai 1365. (C. L. IV, 539.)

N° 384. — ORDONNANCE (1) sur les monnaies.

Paris, 15 mai 1365. (C. L. IV, 560.)

(11) *Item.* Que nuls, de quelque condition ou estat qu'il soient, sur ladite peine, ne soient sy hardis de faire aucuns contraux ou marchiés à sommes de marcs d'or ne d'argent, ne à pieces d'or; mais seulement à sols et à livre.

(12) *Item.* Que tous tabellions et notaires, jurent sollempnement, et sur ladite peine, qu'il ne feront ne passeront lettres de contraux ou marchiés, qu'il soient fait par quelsconques personnes que ce soit, fors que à sols et à livre simplement; sy ce n'est pour cause de vray prest, de garde ou dépôt sans fraude, ou en traittiés de mariage, et vente ou retrait d'eritaige.

N° 385. — LETTRES *portant confirmation de la confrairie des marchands de vin de Paris, qui leur donnent le droit d'établir des statuts, à la charge de ne rien machiner contre le Roi ou ses successeurs.*

Paris, hôtel de Saint-Pol, août 1365, an 2° du règne. (C. L. IV, 591.)

---

(1) L'instabilité des monnoyes avait, sous les Rois Jean et Philippe-de-Valois, occasionné les plus grands abus. Le prix du marc d'or et d'argent était fixé par l'ordonnance du prince. Supposez le marc d'argent à 8 liv. 5 s., un nouveau réglement ordonnoit une refonte, et que les vieilles espèces fussent prises aux hôtels des monnoyes sur le pied de 7 liv. le marc: cela formoit pour le profit du prince un bénéfice de 1 liv. 5 s. On compte, dans une seule année, onze fabrications successives de nouvelles espèces. Le prince dut donc retirer par ce canal 13 liv. 15 s. par marc, de tout l'argent monnoyé de son royaume, c.-à-d., presque le double de ce qu'il devait y en avoir réellement. Ajoutez à cela les augmentations et diminutions subites de la valeur numéraire, l'infidélité dans l'alliage, dont le secret était recommandé aux maîtres et aux ouvriers des monnoyes, sous les peines les plus sévères; les malversations des officiers; (Villaret), etc., etc., et vous aurez une idée de la bonne foi de ces deux Rois, à l'un desquels on attribue ces belles paroles : « Si la bonne foi et la vérité étaient bannies de tout le « reste de la terre, elles devraient se trouver dans le cœur et dans la bouche des « Rois. » (Dec.)

N°. 586. — *Lettres qui permettent aux échevins de Tournay, comme tuteurs des mineurs, de vendre les biens de leurs pupilles, pourvu que la nécessité en soit constatée avec les parens et amis desdits mineurs, et à charge que lesdites ventes seront faites à cri public.*

Paris, octobre 1365. (C. L. IV, 595.)

N°. 587. — *Ordonnance portant que ceux qui interjetteront appel au parlement, et s'en désisteront dans la huitaine, paieront une amende de 60 sols.*

Paris, 18 novembre 1365. (C. L. IV, 599.)

Charles etc., au baillif de Coustances, ou à son lieutenant, salut :

Comme par la relation de plusieurs personnes dignes de foy, il soit venu à nostre congnoissance, que en vostre bailliage, tant pardevant vous comme pardevant les autres bailliz et juges seculiers demourans oudit bailliage, desquels les appellations viennent tout droit et sanz moyen, en nostre court de parlement, plusieurs parties et leurs procureurs qui plaident et demmainent leurs causes pardevant vous, ou pardevant les autres bailliz et juges dessusdiz, se sont moult de foiz ou temps passé, efforciez, et de jour en jour s'efforcent par vois illicites et indirectement, de trouver suites, dellaiz et cavillations desraisonnables, èz causes qu'il ont et demmainnent ; et par especial, en appellant frivollement, et après en renunçeant à leurs apellations dedans huit jours, comme permis et souffert leur a esté ou temps passé, soubz couleur et entention de l'utilité et bien publique ; laquelle chose il ont tournée et convertie en tel abus et illusion de justice, et prejudice des parties appellans, et aucune fois de chascune des parties, et en si granz delaimens des causes, que à penne peventelles estre menées à fin, en la vie d'icelles parties ; laquelle chose, comme elle soit contre droit et contre raison, ou grief, dommage et prejudice de nos subges, et contre le bien de justice, Nous ne voulons plus souffrir ne estre tolerée, sanz competant et convenable remede :

Pourquoy nous, qui de tout nostre cuer desirons justice estre faite entre nos subges, et pourveoir à l'abregement des causes, et obvier aux suites, delayz, et inconveniens dessuzdiz, selon ce que droit et raison le veult, par grant et meure deliberacion de nostre conseil, pour l'evident prouffit et utilité publique, avons ordonné et ordennons par ces presentes, de nostre auctorité et puissance royal,

Que toutes les parties qui appelleront de si en avant, de vous ou d'aucun des autres desusdiz baillis et juges seculiers, dont les appellations viennent sans moyen en nostre parlement, comme dit est, et renonceront à leur appel dedans huit jours après l'appellation faite, soient noble ou autres, de quelconques estat ou condicion qu'il soient, pour chascune appellation qui feront et renonceront, que chieent en amende de soixante solz parisis, laquelle amende et peine, nous voulons, tantost ce fait, estre commise, levée et exigée, par ceulx à qui il appartendra, sur celui ou ceulx qui appelleront, et renonceront, comme dit est dessuz; noz autres ordenances et constitucions faites sur les causes d'appel, demourant en leur vertu, quant aux autres choses.

Si vous mandons et estroictement enjoignons, que tantost et sans delay, ces letres veues, vous faciez nostre presente ordenance et constitution, lire et publier èz bonnes villes èz lieux notables de tout vostre bailliage, accoustumez à ce faire, et icelle vous ordonnons de ci-en-avant tenir et garder entierement, par touz les subjets d'icelli bailliage, de quelconque estat ou condition qu'il soient; et tant en faites, que vous ne puissiez ou doiez estre repris d'aucune negligence ou deffaut.

Donné à Paris, le dix-huitiesme jour de novembre, l'an de grace mil trois cent soixante-cinq.

Ainsi signé. Par le Roy à la relation du conseil.

N°. 388. — Réglement *à observer sur le sacre et le couronnement des Rois* (1).

1365. (Cérémonial français, tom. I, p. 31-51.)

Ordo ad inungendum et coronandum Regem.

Primo paratur solium in modum eschafaudi aliquantulum eminens contiguum exteriùs choro ecclesiæ inter utrumque chorum positum in medio, in quo per gradus ascenditur, et in quo

---

(1) Il est extrait d'un livre manuscrit portant : « Ce liure du sacre des Roys de France est à nous, Charles V de nostre nom, Roy de France, et le fimes corriger, ordeiner, escrier, et istorier l'an 1365. » Nous donnerons le formulaire du sacre de Louis XIII. (Is.)

possint Pares regni, et aliqui, si necesse fuerit, cum eo consistere.

Le Roy doit estre receu à procession.

Rex autem die quo ad coronandum venerit debet processionaliter recipi, tam à canonicis quàm à cæteris ecclesiis conventualibus.

Le Roy doit estre sacré un jour de dimanche.

Sabbato præcedente diem dominicam (in qua rex est consecrandus et coronandus) post completorium expletum committitur ecclesiæ custodia custodibus à rege deputatis cum propriis custodibus ecclesiæ.

Le Roy doit venir de nuict à l'église pour faire son oraison.

Et debet Rex intempestæ noctis silentio venire in ecclesiam orationem facturus, et ibidem in oratione aliquantulum, si voluerit, vigilaturus. Cùm pulsatur autem ad matutinas debent esse parati custodes regis introitum ecclesiæ observantes, qui aliis ostiis ecclesiæ firmiùs obseratis et munitis, canonicos et clericos ecclesiæ debent honorificè intromittere, ac diligenter quotiescunque opus fuerit eis.

Matutinæ more solito decantentur : quibus expletis pulsatur ad primam, quæ cantari debet in aurorâ diei.

Post primam captatam debet Rex cum archiepiscopis, et episcopis, et baronibus et aliis quos intromittere voluerit in ecclesiam venire, antequam fiat aqua benedicta, et debent esse sedes dispositæ circa altare, hinc et inde, ubi archiepiscopi et episcopi honorificè sedeant.

Séance et rang des Pairs ecclésiastiques.

Episcopis paribus, videlicet, primo Laudunensi, postea Beluacenci, deinde Lingonensi, postea Catalaunensi, ultimùm et Noviomensi cum aliis episcopis archiepiscopatûs Remensis sedentibus seorsum inter altare et regem ab oppositis altaris non longè à rege, nec multis indecenter interpositis. Et debent canonici ecclesiæ Remensis processionaliter cum duabus crucibus, cereis et thuribulo cum incenso ire ad palatium archiepiscopale, et episcopi Laudunensis et Beluacensis, qui sunt primi Pares de episcopis, debent esse in prædicta processione habentes sanctorum reliquias in collo pendentes, et in camera magnâ debent reperire principem in regem consecrandum sedentem, et quasi jacentem supra thalamum decenter ornatum.

Et cùm ad dicti principis præsentiam applicaverint, dicat Laudunensis episcopus hanc orationem. *Omnipotens*, etc.

Le Roy conduit à l'église par deux évesques pairs.

Qua oratione dicta, statim suscipiant eum duo prædicti episcopi dextera levaque honorificè, et ipsum reverenter ducant ad ecclesiam canentes hoc responsum cum canonicis prædictis. *Ecce mitto*, etc.

Finito responso cantetur vers. *Israël si me audieris*, etc. (1).

Cunctoque eum populo sequente ad ostium ecclesiæ clerus subsistat : et alter episcopus scilicet Beluacensis, si præsens fuerit, dicat hanc orationem, quæ sequitur. *Deus qui scis*, etc.

Introeuntes autem ecclesiam præcedentes canonici dicant usque ad introitum chori, hanc antiphonam. *Domine in virtute*, etc.

Le Roy présenté à l'archevesque de Reims pour estre sacré.

Finita Antiphona metropolitanus, cui in ecclesia expectanti ante altare, per prædictos episcopos Rex consecrandus præsentabitur, dicat hanc orationem sequentem. *Omnipotens Deus*, etc.

Quâ oratione dicta ducant prædicti episcopi Regem consecrandum ad sedendum in cathedra sibi præparata, in conspectu cathedræ archiepiscopi, et ibi sedebit donec archiepiscopus veniat cum sancta Ampulla; cui venienti assurget rex reverenter.

De la Sainte Ampoulle.

Inter primam et tertiam debent venire Monachi beati Remigii processionaliter cum crucibus, et cereis cum sacrosancta Ampulla, quam debet abbas reverentissime deferre sub cortina serica quatuor perticis à quatuor monachis albis indutis subleuata. Rex autem debet mitere de baronibus qui eam securè conducant et cùm venerit ad ecclesiam beati Dionysii vel usque ad majorem januam ecclesiæ, propter turbam comprimentem, debet archiepiscopus superpilitio, stola, et capa solemni indutus, cum mitra et baculo pastorali, sua cruce præcedente, cum cæteris archiepiscopis, et episcopis, baronibus necnon et canonicis, si

---

(1) Ces oraisons ne contiennent rien sur les devoirs de la royauté. (Is.)

fieri potest, occurere sanctæ Ampullæ, et eam de manu abbatis recipere, cum pollicitatione de reddendo bona fide, et sic ad altare cum magna populi reverentia deferre, abbate et aliquibus de monachis pariter concomitantibus : cæteri vero monachi debent expectare in ecclesia beati Dionysii, vel in capella beati Nicolai donec omnia peracta fuerint, et quo usque sacra Ampulla fuerit reportata.

De ce qui suit la réception de la Sainte Ampoulle.

Archiepiscopus ad missam se preparat cum diaconibus, et subdiaconibus, vestimentis insignioribus, et pallio induendus et in hunc modum indutus venit processionaliter ad altare more solito. Cui venienti, Rex debet assurgere reverenter : cùm autem venerit archiepiscopus ad altare, debet pro omnibus ecclesiis sibi subditis à rege hæc petere.

Requéte au Roi de la part du clergé.

A vobis perdonari petimus, ut unicuique de nobis, et ecclesiis nobis commissis, canonicum privilegium, ac debitam legem, atque justitiam conservetis, et defensionem exhibeatis, sicut Rex in suo regno debet unicuique episcopo et ecclesiæ sibi commissæ.

Réponse du Roi aux évêques.

Promitto vobis et perdono, quòd unicuique de vobis, et ecclesiis vobis commissis, canonicum privilegium, et debitam legem atque justitiam conservabo, et defensionem quantum potero exhibebo domino adjuvante, sicut Rex in suo regno unicuique episcopo, et ecclesiæ sibi commissæ per rectum exhibere debet.

Serment du Roi envers le peuple.

Item hæc dicit Rex et promittit et firmat juramento. *Hæc populo Christiano, et mihi subdito in Christi nomine promitto.*

In primis, ut ecclesiæ Dei omnis populus christianus veram pacem nostro arbitrio in omni tempore servet.

Et superioritatem, jura, et nobilitates coronæ Franciæ inviolabiliter custodiam, et illa nec transportabo, nec alienabo. Item ut omnes rapacitates et iniquitates omnibus gradibus interdicam. Item ut in omnibus judiciis æquitatem et misericordiam præcipiam : ut mihi et vobis indulgeat per suam misericordiam clemens et misericors Dominus.

Item de terra mea ac jurisdictione mihi subdita universos hæreticos ab ecclesia denotatos, pro viribus bona fide exterminare studebo. Hæc omnia prædicta firmo juramento (1).

Tunc manum apponat libro, et librum osculetur. His factis promissionibus, statim incipiatur *Te Deum laudamus*. Sed secundum usum romanum et aliquorum regnorum non dicitur *Te Deum*, usque post intronizationem quæ est post orationem, *Sta et retine*. Et videtur melius ibi dici quàm hîc. Et duo prædicti episcopi ducunt Regem per manus ante altare, qui prosternit se ante altare usque in finem *Te Deum*.

Postmodum surgit, jam anteà præparatis et positis super altare, corona regia, gladio in vagina incluso, calcaribus aureis, sceptro deaurato, et virga ad mensuram unius cubiti vel ampliùs, habente desuper manum eburneam : item caligis sericis, et jacintinis per totum intextis liliis aureis, et tunica ejusdem coloris, et operis in modum tunicalis quo induuntur subdiaconi ad missam, nec non et socco prorsus ejusdem coloris et operis, qui est factus ferè in modum Cappæ sericæ absque Caperone. Quæ omnia abbas beati Dionysii in Francia de monasterio suo debet Remos afferre, et stans ad altare custodire.

Tunc primò Rex stans ante altare deponit vestes suas præter tunicam sericam et camisiam, apertas profundiùs ante et retro, in pectore videlicet, et inter scapulas aperturis tunicæ sibi invicem connexis ansulis argenteis, et tunc imprimis dicatur ab archiepiscopo oratio sequens. *Deus inenarrabilis auctor mundi*, etc.

Qua oratione dicta statim ibi à magno Camerario Franciæ, Regi dictæ caligæ calceantur. Et postmodum à Duce Burgundiæ calcaria ejus pedibus astringuntur, et statim tolluntur.

Benedictio super Gladium (l'Épée).

Exaudi Domine quæsumus preces nostras, et hunc gladium quo famulus tuus N. se accingi desiderat, majestatis tuæ dextera benedicere ☩ dignare, quatenus defensio atque protectio possit esse ecclesiarum, viduarum, orphanorum, omniumque Deo servientium contra sævitiam paganorum, aliisque insidiantibus sit pavor, terror, et formido.

---

(1) Le serment a esté adjouté depuis le concile de Latran, en 1215, sous le Pape Innocent III. (Note marginale du manuscrit.)

Postmodum Rex à solo archiepiscopo gladio accingitur, quo accincto, statim idem gladius discingitur et è vagina ab archiepiscopo extrahitur, vaginâ super altare repositâ, et datur ei ab archiepiscopo in manibus, quem Rex in manu sua teneat cuspide elevato, donec Ant. *Confortare*, etc. fuerit cantata, et oratio sequens dicta per archiepiscopum. *Accipe hunc gladium*, etc.

Ille cantatur ista Antiphona. *Confortare, et esto vir*, etc. Cantata ista Antiphona dicitur ista oratio post dationem gladii. *Deus qui Providentia tua*, etc.

Le Roi doit offrir son épée à l'autel.

Gladium debet Rex humiliter recipere de manu archiepiscopi, et devotè flexis genibus offerre ad altare, et statim genibus regis in terram positis resumere de manu archiepiscopi, et incontinenti dare seneschallo Franciæ, si seneschallum habuerit, sin autem cui voluerit de baronibus ad portandum ante se, et in ecclesia usque in finem missæ, et post missam usque ad palatium. Tradito per Regem gladio, ut dictum est, dicat archiepiscopus hanc ...ionem. *Prospice omnipotens Deus*, etc.

Alia benedictio. *Bene†dic Domine quæsumus*, etc. *Qui vivit*, etc.

L'Onction.

Hucusque de gladio. Post hæc præparatur unctio in hunc modum. Sed quandiu ab archiepiscopo paratur, incipit cantor Resp. *Gentem Francorum inclitam*, etc. Vers. *Qui dono singulari*, etc.

Vers. *Ora pro nobis beate Remigi*. Resp. *Ut digni*, etc. *Per Christum*, etc.

Prendre une portion de la sainte huile envoyée du Ciel, dite la Sainte Ampoulle.

Chrisma in altari ponitur super patenam consecratam, et archiepiscopus sancrosanctam Ampullam quam abbas beati Remigii attulit super altare debet aperire, et inde cum acu aurea, aliquantulum de oleo cœlitus misso attrahere, et Chrismati parato in patena diligentiùs cum digito immiscere ad inungendum Regem, qui solus inter universos Reges terræ hoc glorioso præfulget privilegio, ut oleo cœlitùs misso singulariter inungatur.

Paratâ unctione, qua Rex debet inungi ab archiepiscopo, debent dissolvi ansulæ aperturarum vestimentorum Regis ante et

retrò, et genibus Regis in terram positis, prostrato super fal-
distorium, archiepiscopo etiam consimiliter prostrato, duo archiepiscopi, vel episcopi incipiunt letaniam. *Kyrie eleison*, etc.

Tunc archiepiscopus ab accubitu surgens, et ad Regem consecrandum se volvens, baculum pastoralem cum sinistra tenens
dicat hos versus, choro post eum quemlibet integrè repetente.
Ut hunc præsentem, etc.

Secundò dicit. *Bene✝dicere et subli✝mare digneris*, etc.

Tertiò dicit. *Bene✝dicere, et sublimare, et conse✝crare*, etc.

Quo dicto et à choro responso, redit ad accubitum, episcopis
resumentibus et prosequentibus letaniam. *Ut Regibus et principibus Christianis pacem*, etc.

Letania finita Metropolitanus surgens, Rege, et episcopis pros-
tratis manentibus annunciat, *Pater noster. Et ne nos*, etc.
Salvum fac, etc. Oratio. *Prætende quæsumus*, etc. Resp.
Amen.

Alia oratio. *Actiones nostras quæsumus*, etc.

Item archiepiscopus debet super Regem dicere has orationes
antequam eum inungat, et debet sedere sicut sedet, quando
consecrat episcopos. *Te invocamus Domine*, etc.

Alia oratio. *Deus qui populis tuis virtute consulis*, etc.

Alia oratio. *In diebus ejus oriatur omnibus æquitas et justitia*, etc.

Le Sacre du Roy.

Omnipotens sempiterne Deus creator ac gubernator Cœli, et
Terræ conditor, et dispositor angelorum et hominum, Rex Regum, et Dominus Dominorum, qui Abraham fidelem famulum
tuum de hostibus triumphare fecisti; Moysi et Josue populo
tuo prælatis multiplicem victoriam tribuisti; humilem quoque puerum tuum David Regni fastigio sublimasti, eumque de
ore Leonis, et de manu bestiæ atque Goliæ, sed et de gladio
maligno Saül, et omnium inimicorum ejus liberasti, et Salomonem sapientiæ pacisque ineffabili munere ditasti : respice propitius ad preces nostræ humilitatis, et super hunc famulum
tuum N. quem supplici devotione in hujus regni regem pariter
eligimus, bene✝dictionum tuarum dona multiplica, eumque
dextera potentiæ tuæ ubique circunda : quatenus prædicti
Abrahæ fidelitate firmatus, Moysi mansuetudine fretus, Josue
fortitudine munitus, David humilitate exaltatus, Salomonis sa-

pientiâ decoratus, tibi in omnibus complaceat, et per tramitem justitiæ inoffenso gressu semper incedat, et totius Regni ecclesiam deinceps cum plebibus sibi annexis ita enutriat, ac doceat, muniat et instruat, contraque omnes visibiles et invisibiles hostes idem potenter, regaliterque tuæ virtutis regimen administret, ut regale solium, videlicet *Saxonum* (1), *Merciorum*, *Nordanchimborum* sceptra non descrat, sed ad pristinæ fidei, pacisque concordiam eorum animos te opitulante reformet, ut utrorumque horum populorum debita protectione fultus, cum digno amore glorificatus per longum vitæ spatium paternæ apicem gloriæ tua miseratione unitum stabilire et gubernare mereatur, tuæ quoque protectionis galea munitus, et scuto insuperabili jugiter protectus armisque cœlestibus circundatus, optabilis victoriæ triumphum de hostibus feliciter capiat, terroremque suæ potentiæ infidelibus inferat, et pacem militantibus lætanter reportet, virtutibus nec non quibus præfatos fideles tuos decorasti, multiplici honoris benedictione condecora, et in regimine regni sublimiter colloca, et oleo gratiæ spiritus sancti perunge. Per Dominum nostrum, qui virtute crucis tartara destruxit, regnoque diaboli superato ad cœlos victor ascendit, in quo potestas omnis, regnumque consistit, et victoria, quæ est gloria humilium, et vita, salusque populorum. Qui tecum, etc.

En quelles parties du corps le Roy est oint.

Hic inungatur inunctione chrismatis et olei de cœlo missi prius ab archiepiscopo confecti in patena, sicut superiùs dictum est. Inungat autem archiepiscopus eum primò in summitate capitis de dicta unctione. Secundò in pectore. Tertiò inter scapulas. Quartò in compagine brachiorum, et dicat cuilibet unctioni. *Ungo te in Regem de oleo sanctificato. In nomine Patris, et Filii, et Spiritus sancti.* Dicant omnes, *amen.*

Dum hæc unctio agitur, cantent assistentes hanc antiphonam. *Unxerunt Salomonem Sadoc Sacerdos, et Nathum Propheta Regem in Gyon, et accedentes læti dixerunt, vivat Rex in æternum.*

---

(1) Ces mots signifient le royaume d'*Angleterre*, et ont esté mis depuis le règne du Roy Louis VIII. qui fut esleu Roy d'Angleterre en l'an 1216. Auparavant, il se disoit : *Ut regale solium, videlicet Francorum, Burgundiorum, Aquitanorum* [illisible] *nobiliorat*. (Note marginale du manuscrit.)

Facta unctione, et cantata antiphona, dicat archiepiscopus hanc orationem. *Christe perunge hunc Regem in regimen*, etc.

Alia oratio. *Deus electorum fortitudo, et humilium celsitudo, qui in primordio*. etc.

Alia oratio. *Deus Dei filius Dominus noster*, etc.

On ferme les vêtemens du Roi à cause de l'onction.

His dictis orationibus connectuntur ansulæ aperturarum vestimenti Regis ab archiepiscopo, vel sacerdotibus, vel diaconibus propter unctionem.

Bénédiction des ornemens et habits royaux.

Deus rex regum, et dominus dominantium, per quem Reges regnant et legum conditores jura decernunt, dignare propitius benedicere hoc regale ornamentum, et præsta ut famulus tuus Rex noster, qui illud portaturus est ornamento bonorum morum, et sanctarum actionum in conspectu tuo fulgeat, et post temporalem vitam æternam gloriam quæ tempus non habet, sine fine possideat, etc.

Tunique et dalmatique.

Et tunc à camerario Franciæ induitur tunica jaccolina, et desuper socco, ita quod dexteram manum habet liberam in apertura socci, et super soccum elevatum, sicut elevatur casula sacerdoti.

Onction des mains.

Tunc ab archiepiscopo ungantur sibi manus de prædicto oleo cœlitus misso ut suprà, et dicat archiepiscopus. *Ungantur manus istæ de oleo sanctificato unde uncti fuerunt Reges et Prophetæ, et sicut, unxit Samuel David in Regem, ut sis benedictus, et constitutus Rex in regno isto quod dominus Deus tuus dedit tibi ad regendum et gubernandum: Quod ipse præstare*, etc.

Deinde dicat archiepiscopus hanc orationem. *Deus qui es justorum gloria, et misericordia peccatorum*, etc.

Les gants.

Facta autem manuum unctione jungat Rex ante pectus, posteà si voluerit Rex chirothecas subtiles inducre sicut faciunt episcopi dum consecrantur, ob reverentiam sanctæ unctionis ne manibus nudis aliquid tangant : Primò ab archiepiscopo benedicentur chirothecæ in hæc verba sequentia. Oratio. *Omnipotens Creator, qui homini ad imaginem tuam*, etc.

Et aspergantur chirothecæ aqua benedicta, deinde imponantur manibus Regis per archiepiscopum dicentem. *Circunda Domine manus hujus famuli tui N. munditia novi hominis qui de cælo descendit, ut quemadmodum Jacob dilectus tuus pelliculis hædorum opertis manibus paternam benedictionem, oblato patri cibo, potuque gratissimo impetravit, sic et iste gratiæ tuæ benedictionem impetrare mereatur. Per eundem Dominum nostrum Jesum Christum, qui in similitudinem carnis peccati tibi obtulit semetipsum. Amen.*

Lavement des mains du Roy.

Vel si Rex maluerit chirothecas non habere, tunc factâ manuum unctione, dictisque orationibus ad eam spectantibus, episcopi adsistentes cum cotone manus Regis abstergant, et mica panis vel cum sale fricent, deinde lavent sibi manus. Quibus lotis, et manibus etiam archiepiscopi, benedicat archiepiscopus anulum sic dicens. *Oremus.* Oratio. *Deus totius creaturæ principium et finis, Creator*, etc. *Per Christum*, etc.

Bénédiction de l'anneau.

Deus cœlestium, terrestriumque conditor creaturarum, atque humani generis etc.

Alia oratio. *Benedic Domine*, etc.

Le sceptre, et la main de justice.

Deinde datur ei ab archiepiscopo sceptrum in manu dexteri, et virga in sinistra, et in datione sceptri, et virgæ dicentur istæ orationes. Sed notandum antequam dantur sceptrum et virga, datur anulus et in datione anuli dicitur hæc oratio.

Hic detur anulus, et dicatur. *Accipe anulum signaculum videlicet fidei sanctæ, soliditatem regni, augmentum potentiæ, per quæ scias triumphali potentia hostes repellere, hæreses destruere, subditos coadunare, et catholicæ fidei perseverabilitati connecti.*

Oratio post anulum. *Deus cujus est omnis potestas*, etc.

Dato anulo, statim post detur sceptrum in manu dextera, et

dicatur hæc oratio. *Accipe sceptrum, regiæ potestatis insignæ*, etc.

Oratio post sceptrum datum. *Omnium Domine fons bonorum cunctorum*, etc.

Post statim datur ei virga in manu sinistra, et dicitur. *Accipe virgam virtutis, atque æquitatis, qua intelligas*, etc.

Bénédiction de la couronne.

Deus tuorum corona fidelium, qui in capitibus eorum ponis coronam de lapide pretioso, bene ☩ dic, et sanctifica coronam istam, quatenus sicut ipsa diversis prœtiosisque lapidibus adornatur, sic famulo tuo largiente gratia repleatur. Per Dominum.

Le Chancelier convoque les pairs pour assister au couronnement du Roy.

Post istam orationem convocantur pares nomine suo à cancellario suo, si præsens est, sin autem ab archiepiscopo : primò laici, postea clerici, quibus vocatis, et circunstantibus, archiepiscopus accipit de altari coronam regiam, et solus imponit eam capiti Regis, qua posita omnes pares tam clerici quàm laici apponunt manum coronæ et eam undique sustentant, et soli pares. Tunc archiepiscopus dicit istam orationem antequam coronam situet in capite, sed eam tenet satis altè ante caput regis. Oratio. *Coronet te Deus coronâ gloriæ atque justitiæ honore*, etc.

Le Roy défenseur et protecteur des droits et franchises de l'Église.

Qua oratione dicta posuedo coronam in capite dicat archiepiscopus : *Accipe coronam regni in nomine Pa ☩ tris, et Fi ☩ lii et Spiritus ☩ sancti, ut spreto antiquo hoste, spretisque contagiis vitiorum omnium, sic justitiam, misericordiam, et judicium diligas, et ita justè, et misericorditer et piè vivas, ut ab ipso Domino nostro Jesu Christo in consortio sanctorum æterni regni coronam percipias. Accipe inquam coronam sanctitatis, gloriam et honorem et opus fortitudinis intelligas signare, et per hanc te participem ministerii nostri non ignores, ita ut sicut nos in interioribus pastores, rectoresque animarum intelligimur, ita tu contra omnes adversitates ecclesiæ Christi defensor assistas, regnique tibi à Deo dati, et per offi-*

cum nostræ benedictio✝nis in vice apostolorum, omniumque sanctorum regimini tuo commissi utilis executor, perspicuusque regnator semper appareas, ut inter gloriosos athletas virtutum gemmis ornatus, et præmio sempiternæ felicitatis coronatus cum redemptore, ac salvatore nostro Christo, cujus nomen vicemque gestare crederis sine fine glorieris: qui vivit et imperat Deus cum Deo patre in sæcula sæculorum. Amen.

Oraisons après le couronnement.

Oratio post coronam. *Deus perpetuitatis, dux virtutum, cunctorum hostium victor,* etc.

Statim post istam orationem dicatur ista benedictio. *Extendat omnipotens Deus,* etc.

Alia benedictio. *Indulgeat tibi Dominus,* etc.
Alia benedictio. *Angelos suos bonos qui te semper,* etc.
Alia benedictio. *Inimicos tuos ad pacis,* etc.
Alia benedictio. *Victoriosum te, atque triumphatorem,* etc.
Alia benedictio. *Et qui te voluit super populum,* etc.
Alia benedictio dicenda super eum. *Bene✝dic Domine hunc Regem,* etc.
Alia benedictio. *Et tali eum benedi✝ctione glorifica,* etc.
Alia benedictio. *Da ei tuo spiramine,* etc.
Alia benedictio. *Tibi cum timore sit subditus,* etc.
Alia benedictio. *Honorifica eum præ cunctis regibus,* etc.
Alia benedictio. *Sit in judiciis æquitatis singularis,* etc.
Alia benedictio. *Præsta ei prolixitatem vitæ,* etc.
Alia oratio. *Omnipotens Deus det tibi de rore cæli.* etc.
Alia oratio. *Omnipotens bene✝dicat tibi benedictionibus,* etc.
Alia oratio. *Benedic Domine fortitudinem principis.* etc.

Le Roy portant la couronne est mené de l'autel au chœur.

Deinde coronatus Rex, ducatur per manum ab archiepiscopo, concomitantibus Paribus, tam prælatis quàm laïcis, de altari per chorum usque ad solium jam antea præparatum : et dum Rex ad solium venerit, archiepiscopus ipsum collocet in sede. Et hîc Regis status designatur, et dicat archiepiscopus.

Le royaume de France héréditaire.

Sta et retine amodò statum quem huc paterna successione tenuisti hæreditario jure tibi delegatum per auctoritatem

Dei omnipotentis, et per præsentem traditionem nostram, omnium scilicet episcoporum, cæterorumque servorum Dei, ut quanto clerum propinquiorem sacris altaribus prospicis, tanto ei potiorem in locis congruentibus honorem impendere memineris, quatenus mediator Dei, et hominum te mediatorem cleri, et plebis. (Hic faciat eum sedere archiepiscopus, tenendo eum per manum). In hoc regni solio confirmet, et in regno æterno secum regnare faciat, Jesus Christus Dominus noster Rex regum et dominus dominantium. Qui cum Deo Patre, etc.

Secundùm usum aliquorum, maximè secundùm usum Romanorum, post intronizationem, et non antè, Metropolitanus inchoat, canonicis prosequentibus, *Te Deum laudamus*. Quo finito dicit super Regem vers. *Firmetur manus tua et exaltetur dextera tua*. Resp. *Justitia et judicium præparatio sedis tuæ*. *Domine exaudi. Et clamor. Dominus vobiscum. Et cum spiritu tuo. Oremus. Oratio. Deus qui victrices Moysi manus*, etc.

L'archevesque de Rheims baise le Roy.

His expletis archiepiscopus cum paribus coronam sustentantibus Regem taliter insignitum, et deductum in solium sibi præparatum sericis stratum, et ornatum, ubi collocabit cum in sede eminenti, unde ab omnibus possit videri : quem in sede sua taliter residentem, mox archiepiscopus mitrà depositâ, osculatur eum dicens. *Vivat Rex in æternum*.

Les pairs disent, Vive le Roy.

Et post eum episcopi et laici pares, qui ejus coronam sustentant, hoc idem dicentes.

His expletis manebit Rex sedens in suo solio, donec Regina fuerit consecrata, quâ consecratâ et ad suam sedem reductâ, missa à cantore primo, et succentore chorum servantibus inchoetur, et suo ordine decantetur. Oratio pro Rege. *Quæsumus omnipotens Deus ut famulus tuus Rex noster N. qui tua miseratione*, etc.

Lorsque l'évangile se dit, le Roy et la Reine déposent leurs couronnes.

Quando legitur evangelium Rex, et Regina debent deponere coronas suas. Notandum quòd lecto evangelio major inter archiepiscopos et episcopos accipit librum evangelii et defert Domino Regi ad deosculandum, et postea Reginæ, et postea Domino archiepiscopo missam celebranti.

L'offrande du Roy et de la Reyne.

Post offertorium pares deducunt Regem ad altare coronam ejus sustinentes : Rex autem debet offerre panem unum, vinum in urceo argenteo, tredecim bisantos aureos, et Regina similiter.

L'espée nue portée devant le Roy.

In eundo autem, et redeundo gladius nudus defertur coram eo.

Le Roy communie sous les deux espèces.

Finità missà iterum pares adducunt Regem coram altari, et communicat corpus, et sanguinem Domini de manu Domini archiepiscopi missam celebrantis.

Le Roy baise la paix.

Sed notandum est, quòd ille qui dedit evangelium ad deosculandum debet post PAX DOMINI, accipere pacem ab archiepiscopo missam celebrante et deferre Regi, cum oris osculo, et Reginæ cum libro.

Les archevesques et évesques baisent le Roy.

Et post eum omnes archiepiscopi, et episcopi unus post alium, dant osculum pacis Regi in suo solio residenti.

Le Roy porte une couronne moindre.

Missà finità deponit archiepiscopus coronam de capite Regis, et exspoliato Rege de insignioribus vestimentis, et aliis indutis, iterùm imponit capiti suo archiepiscopus aliam coronam minorem, et sic vadit ad palatium, nudo gladio præcedente.

La camisolle du Roy doit estre bruslée à cause de l'onction.

Et sciendum quòd ejus camisia propter sanctam unctionem debet comburi.

Du retour de la sainte ampoulle.

SCIENDUM quòd Rex debet accipere de Baronibus suis nobilioribus, et fortioribus in die coronationis suæ in aurora diei, et mittere apud sanctum Remigium pro sancta ampulla, et illi debent jurare abbati, et ecclesiæ quòd dictam sanctam ampullam bonâ fide ducent, et reducent ad sanctam Ecclesiam beati Remigii. Abbas autem hoc facto debet sanctam ampullam afferre sicut superius est notatum. Finitâ consecratione, et missâ, debent iterùm iidem barones reducere sanctam ampullam usque ad sanctum Remigium honorificè, et securè, et eam restituere loco suo.

Du couronnement de la Reyne.

Le trône de la Reyne n'est si haut que celui du Roy.

Quæ debet consecrari statim post factam consecrationem Regis, debet ei parari solium in modum solii Regis, debet tamen aliquantulum minus esse. Debet autem Regina adduci à duobus episcopis in ecclesiam, et Rex in suo solio sedere in omnibus ornamentis suis regiis sicut in solio residebat post inunctionem et coronationem suam superius annotatam : Regina autem adducta in ecclesiam debet prosterni ante altare et prostrata debet orare, quâ elevatâ ab oratione ab episcopis, debet iterùm caput inclinare, et archiepiscopus hanc orationem dicere. Oratio. *Adesto Domine supplicationibus nostris*, etc.

Deinde dicat archiepiscopus hanc orationem. *Omnipotens æterne Deus.*

Alia oratio. *Deus qui solus habes immortalitatem*, etc.

Alia oratio. *Omnipotens sempiterne Deus hanc famulam tuam*, etc.

Onction de la Reyne.

Notandum quòd tunica Reginæ, et camisia debent esse apertæ usque ad corrigiam, et dominus archiepiscopus debet inungere eam oleo sancto in capite et in pectore, et dicere dum inungit in qualibet unctione. *In nomine Pa†tris, et Fi†lii, et Spiri†tus sancti, prosit tibi hæc unctio olei in honorem, et confirmationem æternam in sæcula sæculorum. Amen.*

Facta unctione dicat archiepiscopus. *Oremus. Spiritus sancti gratia humilitatis*, etc.

Alia oratio. *Deus pater æternæ gloriæ sit tibi*, etc.

L'anneau.

Tunc debet ab archiepiscopo anulus immitti digito, et dicere. *Accipe anulum fidei signaculum sanctæ Trinitatis, quo possis omnes hæreticas pravitates devitare, barbaras gentes virtute tibi præstitâ ad agnitionem veritatis advocare.* Sequitur oratio. *Dominus vobiscum. Oremus. Deus cujus est omnis potestas*, etc.

Le sceptre de la Reyne moindre que celui du Roy.

Post istam orationem datur ab archiepiscopo sceptrum modicum alterius modi quam sceptrum Regium, et virga consimilis virgæ regiæ, et in tradendo dicat archiepiscopus. *Accipe virgam virtutis, et æquitatis, et esto pauperibus misericors et affabilis, viduis, pupillis et orphanis diligentissimam curam exhibeas, ut omnipotens Deus augeat tibi gratiam suam. Qui vivit et regnat.*

Sequitur post dationem sceptri et virgæ, hæc oratio. *Omnipotens sempiterne Deus affluentem spiritum*, etc.

La couronne.

Tunc debet ei imponi à solo archiepiscopo corona in capite ipsius, quam impositam sustentare debent undique barones: Archiepiscopus autem debet dicere in impositione orationem. *Accipe coronam gloriæ et regalis excellentiæ, honorem jucunditatis, ut splendida fulgeas et æterna exultatione coroneris, ut scias te esse consortem Regni, populoque Dei semper prosperè consulas, et quanto plus exaltaris tanto amplius humilitatem diligas, atque custodias, unde sicut exterius auro a gemmis redimita enites, ita et interius auro sapientiæ, virtutumque gemmis decorari contendas: quatenus post occasum hujus sæculi cum prudentibus virginibus sponso perenni Domino nostro Jesu Christo dignè et laudabiliter occurrens, regiam cœlestis aulæ merearis ingredi januam, auxiliante Domino nostro Jesu Christo, qui cum Patre et Spiritu sancto vivit et regnat per infinita sæcula sæculorum. Amen.*

Post impositam coronam dicat archiepiscopus. *Omnium Domine fons bonorum*, etc.

Post istam orationem barones qui coronam ejus sustentant, deducunt eam ad solium ubi in sede parata collocatur, circumstantibus eam baronibus, et matronis nobilioribus. In oblatione, in pace ferenda, et in communione penitus est ordo regis superius annotatus observandus.

Bénédiction sur le Roy avant que dire la Paix.

Notandum quòd antequam archiepiscopus dicat Pax Domini, et debet dicere hanc benedictionem super Regem, et super populum, sic. *Benedicat tibi Dominus, custodiatque te, et sicut voluit te super populum suum constituere Regem, ita in præsenti sæculo felicem, et æternæ felicitatis tribuat esse consortem. Amen.*

Alia benedictio. *Clerum ac populum quem sua voluit*, etc.

Alia benedictio. *Quatenus divinis monitis parentes, adversitatibus omnibus carentes*, etc.

Et benedic†tio Dei omnipotentis Patris † et Filii † et Spiritus † sancti super vos descendat, et maneat semper. Amen.

Explicit ordo, et officium in consecratione Regis, et Reginæ.

N°. 389. — Lettres *portant abolition* (1) *de la coutume de Saint-Amand en Priele, d'après laquelle on brûlait les maisons de ceux qui étaient convaincus d'un crime capital, et qui permettait à la famille du condamné de racheter cette peine pour une somme d'argent.*

Senlis, juin 1366. (C. L. IV, 657.)

N°. 390. — Lettres *portant évocation* (2) *au grand conseil et au Roi des contestations portées au parlement, entre le duc de Berry, et plusieurs églises du Berry et de l'Auvergne.*

Paris, dans l'hôtel près Saint Paul, 4 juillet 1366. (C. L. IV, 662, note.)
Enregistré au parlement le 8.

Karolus etc. Universis presentes litteras inspecturis, salutem. Cum carissimus Germanus noster dux Biturie et Arvernie, seu

---

(1) Cette abolition est motivée sur ce qu'il ne résulte que du mal de la démolition. — La Convention, par un décret du 12 octobre 1793, a ordonné que la ville de Lyon serait rasée, à cause de sa rébellion. Ce décret n'a été mis à exécution qu'en partie. (Isambert.)

(2) Le savant Pasquier, dans ses recherches, ne fait remonter l'abus des évocations qu'au règne de Charles VI (liv. II, ch. 6), et le président *Henrion de Pansey* s'est rendu à cette grave autorité (Autor. jud., p. 372 et 373), d'autant qu'on cite un acte du 30 mars 1418, où l'on fit enregistrer de force, au parlement, des lettres révocatoires d'ordonnances enregistrées contre les usurpations de la cour de Rome. Mais on voit ici que l'abus des évocations remonte à Charles V. (Isambert.)

ejus procurator, dudum ad nostram parlamenti curiam appellasset, ab audientia baillivi nostri de Sancti-Petri-Monasterio, comissarii nostri, in et super certa causa seu discordia coram dicto baillivo mota aut quo moveri sperabatur, inter dictum Germanum nostrum, ex parte una; et procuratorem nostrum, ac Burgidolensem, Case-Dei, sancti sulpicii, et nonnullos alios abbates, priorem sancti Porciani, propositum et capitulum brivatensem, ac plures alias religiosas et ecclesiasticas personas ducatus predicti, ex parte altera, racione immunitatum et exempcionum quas per privilegia regia, dicti religiosi et alie persone ecclesiastice antedicte, se habere pretendebant à jurisdictione et ressorti dicti germani nostri, ac gentium et officiariorum ejusdem.

Notum facimus, quod ex certis et justis causis ad hoc nos moventibus (2), ac de expressa voluntate et assensu dicti germani nostri, nos appellacionem seu appellaciones antedictas, absque emenda, anullavimus et anullamus per presentes, causam principalem ac debatum predictum, et quicquid sequtum inde extiterit et sequi potest, ad nos advocando, et nostre disposicioni et ordinacioni specialiter reservando : et insuper, ut dicta causa principalis seu discordia vel debatum predictum, brevius et celerius valeat per nos expediri et terminari, de dicti germani nostri voluntate et assensu, ut premittitur, vive vocis oraculo, comisimus et comittimus per presentes, dilectis ac fidelibus gentibus nostri magni consilii, quatenus ipsi, vocatis secum dilectis ac fidelibus gentibus dictum nostrum par Parlamentum tenentibus, seu tot et tantis de gentibus dicti parlamenti, quot et prout sibi videbitur expedire, de et super privilegiis ac immunitatibus et exempcionibus antedictis, se diligenter informent, ac videant cartas, privelegia et litteras, ac munimenta quas et quos seu que religiosi et alii supradicti, ad suam intencionem fundandam, producere voluerint ac eciam exhibere, et quicquid de et super premissis et eorum dependentiis, repererint, nobis fideliter referant, ut super premissis disponere et ordinare valeamus, prout nobis videbitur racionabiliter faciendum.

Quocirca predictis gentibus nostri parlamenti, tenore presencium inhibemus, ne de cetero dictas partes in causa seu causis appellationum predictarum, ulterius procedere faciant et compellant.

---

(1) On ne dit pas quelles sont ces causes. *Pasquier* affirme que toutes les affaires contentieuses étaient de la compétence exclusive du parlement, et cette autorité n'est pas suspecte. (Lambert.)

Quod premissorum consideracione, sic fieri volumus et ju...

Datum in domo nostra propè ecclesiam Sancti Pauli Parisius, ...ta die julii, anno 66, et regni nostri tercio, per Regem.

Ipsa curia, litteris nostris suprascriptis, presente ad hoc et ...senciente procuratore nostro predicto, obtemperavit, et ob-...perat per presentes.

Datum Parisius, in parlamento nostro, octava die julii, anno ...ini 1366, et regni nostri tercio.

Nº. 391. — LETTRES *qui règlent la mesure que doivent avoir les draps et les toiles fabriquées à Marvejols* (1), *et qui ordonnent qu'ils seront visités et marqués.*

Paris, juillet 1366. (C. L. IV, 678.)

Nº. 392. — ORDONNANCE *portant que la chambre des comptes n'enregistrera aucunes lettres d'amortissement sans finances.*

Triel, 5 août 1366. (C. L. IV, 680.)

Nº. 393 — LETTRES *par lesquelles le Roi donne pouvoir au Bouteillier de France, d'accorder des lettres de rémission et de pardon, même pour crime de lèze-majesté, sauf confirmation par le Roi* (2).

Melun, 29 août 1366. (C. L. IV, 681.)

CHARLES etc.

Comme plusieurs chevaliers, escuiers et autres nos subgès, et

---

(1) Il y avait des fabriques de draps à Paris, Rouen, Amiens, Tournay, ..., Carcassonne, Saint-Omer, Dourlens, Châlons, Terouane, Beauvais, Lou-...s, etc.; mais les produits étaient bien inférieurs à ceux de Bruxelles. Il est ... qu'en Flandre, la liberté aidait beaucoup alors au progrès de l'industrie.

On trouve dans les lois de la confrérie des drapiers, qu'aux repas publics de ...te communauté, il y avait un plat destiné pour le Roi. *Item. Le Roi notre ...seur doit avoir son mets entier.* (Decrusy.)

(2) En parcourant les monumens historiques de la France, (dit M. *Legraverend*, ...lation criminelle, tom. II, p. 742, 2ᵉ édit., ch. du Droit de grâce), on voit ... les seigneurs et les grands officiers de la couronne s'arrogeaient ancienne-

autres, dont les aucuns ont esté banniz hors de nostre royaume, par leurs excès et demerites, aient fait et commis plusieurs crimes et delix en nostredit royaume, comme murtres, roberiez, ravissemens de femmes, arcins, larrecins et autres maleficces, en compaigne et autrement, ou temps passé et à present, eulx ou aucun d'eulx, aient bonne voulenté et grant desir de nous servir et de devenir noz loyaulx vassaux, subgès et amiz, repentans de ce que il ont commiz et meffait envers nous, comme nous avons estendu :

Savoir faisons que nous voulans faire grace à ceulz qui en repentence et en humilité, le nous requierent, et confians à plain du senz et loyauté de nostre chier et feal cousin, le conte de Sarrebruche, à ycellui avons donné et donnons par la teneur de ces lettrez, plain povoir et auctorité.

De pardonner, quitter et remettre, ou nom de nous et pour nous, à ceulz à qui il verra que à pardonner sera, considéré l'estat de leurs personnes, les qualitez de leurs faiz, et les services que il nous pevent et porroient faire, au proffit du bien commun de nostre royaume; lesquellez choses nous remettons à sa discrecion, tous meffaiz dessusdiz et autres quelconques, comment que il soient ou puissent estre dis ou appellez, supposé que il fussent crimes de lese-majesté, et toute peine criminelle et civile qu'il pevent ou porroient avoir pour ce encouru envers nous. de rappeller les banz èsquelz il seroient encourus, de les restituer à païs et à leurs renommez, de leur faire rendre et delivrer tous leurs biens meubles et heritaiges, qui pour leursdiz meffaiz auroient esté miz à nostre main, arrestez ou saisiz en quelque ma-

---

ment le droit de donner des lettres de grace, mais qu'une ordon. de Charles I, du 15 mai 1359 (il aurait fallu dire de la régence du dauphin, encore cet acte est-il perdu), renouvellée par Louis XII, en 1499, leur défendit de donner de pareilles lettres à l'avenir; que les Rois ont quelquefois conféré et délégué ce pouvoir à des princes de leur famille ; que, par un abus de la puissance ecclésiastique, quelques légats et quelques évêques se sont crus autorisés à faire grace; mais que ces délégations de l'autorité royale n'étaient point reconnues en général par les parlemens, qui participaient alors à la puissance législative ; et que les prétentions élevées à cet égard, par l'autorité ecclésiastique, n'avaient l'assentiment ni des Rois ni de la nation, et ont donné lieu, en différens temps, à des édits et des arrêts qui les ont répudiées. Enfin, on voit aussi que des villes étaient en possession d'user du droit de grace, à des époques et dans des solennités déterminées. (Lambert.)

que il soient, et nonobstant quelconques dons que nos predecesseurs Roys, ou nous, en aurons faiz; et de en donner ses lettrez patentez contenant les pardons et remissions dessusdites, de donner et ottroier en nostre nom, toutes manieres de sauf-conduis, à ceulx à qui il verra que bon sera; et de faire toutes autres choses touchant lesd. pardons et remissions, sauf-conduis et les dependences, que nous-meismez ferions et faire porrions en personne : et nous promettons avoir ferme et aggréable, ce que nostredit cousin aura fait ès choses dessusdictes, et les confirmer par nos lettrez, quand nous en serons requis. En tesmoing de ce, nous avons fait mettre nostre scel à ces lettrez.

Donné à Meleun, le 29° jour d'aoust, l'an de grace 1366, et de nostre regne le tiers.

N°. 394. — LETTRES *portant que les parlemens ne sont pas perpétuels* (1).

Août 1366. (Nouv. Rép. V°. *Enregistrement des lois.*)

N°. 395. — LETTRES *portant que nulles causes ne seront renvoyées du Châtelet de Paris au parlement, si ce n'est en vertu de lettres patentes, dans lesquelles les causes du renvoi seront exprimées* (2).

Paris, 16 novembre 1366. (C. L. IV, 689. — Enreg. au Châtelet le 18.)

CHARLES etc. : au prevost de Paris ou à son lieutenant, salut.

Comme nous avons entendu n'agaires, que des causes meües et pendens pardevant vous, tant de ordinaire comme par commissions à vous faictes de par nous, par lettres scellées de notre scel, aucunne-foiz avient que par mandemens à vous faiz par les huissiers de notre parlement, ou autres noz sergens et officiers,

---

(1) L'auteur du Nouveau Répertoire a pris pour une ordonnance une note de Secousse, sur l'ordon. du mois d'août 1366, qui permet à l'église de Tours de se faire représenter en jugement. Le parlement siégeait par session, comme nos Cours d'assises. Quelquefois même le Roi, à l'ouverture de la session, nommait de nouveaux membres. Mais il n'a pas pu exister d'ordon. conçue dans les termes indiqués au Nouv. Rép. Il n'y avait encore qu'un parlement. Les beaux jours de ces parlemens n'étaient pas encore arrivés; jusqu'ici on ne trouve aucun acte de résistance aux abus de la puissance royale. (Isambert.)

(2) Voilà un nouveau mode d'évocation. (*Idem.*)

par importunité des requerans, vous faictes renvoy en notredit parlement : laquelle chose est en la très grant charge, et aussi en empeschement et destourbiez des autres causes et besoingnes qui y sont : pour ce, nous voulans sur ce pourveoir, vous mandons et expressement enjoingnons, que de nulle cause qui soit ou sera pardevant vous, comme dit est, vous ne faciez plus renvoy à notredit parlement, se il ne vous apparoit du mandement qui sur ce, se feroit par lettres scellées de nostre seel; et encore que en la lettre, soit exprimée la cause du renvoy : ne autrement ne le faictes dores-en-avant : car ainsi l'avons ordonné et le voulons estre fait, et pour cause.

Donné à Paris, le seizieme jour de novembre, l'an de grace mil trois cens soixante et six, de nostre regne le tiers.

Sellées du grant sel du Roy notre seigneur, en cire jaune. Ainsi signé : par le Roy à la relation du conseil. Publiées en jugement ou Chastellet, le mercredi 18° jour de novembre, l'an mil trois cens soixante et six.

N°. 396. — Ordonnances et Instructions (*en 8 art.*) *pour l'établissement des greniers à sel* (1).

Paris, 7 décembre 1366. (C. L. IV, 694.)

N°. 397. — Transaction *arrêtée au grand conseil, entre le Roi et le duc d'Orléans, son oncle, par laquelle l'apanage de celui-ci est réduit à 6000 liv. de rente en terres, avec clause de retour à la couronne, en cas d'extinction de la ligne masculine, et faculté à l'apanagiste d'aliéner jusqu'à concurrence de 1000 liv. de rente*

Paris, janvier 1366. (Mss. de Brienne, vol. 236, f°. 105. V°. — Mémoire des pairs, 575. — Brussel, usage des fiefs, CXXIII.)

---

(1) Dans l'origine, nos Rois ne faisaient pas le monopole du sel; mais comme dans leurs domaines ils avaient des salines, ils les faisaient exploiter par leurs officiers. C'est là l'esprit des instructions données en 1366, quoique nous ayons cru apercevoir l'origine du monopole dans un acte du 16 janvier 1269. V. aussi l'acte de 1269, l'ordon. du 25 septembre 1315, celle de novembre 1330, et l'art. 203 de la grande ordon. de 1350. Toutefois, ce monopole n'y est pas expressément indiqué. La juridiction des greniers à sel a commencé beaucoup plus tard; elle a été réglée principalement par l'ord. de mai 1680. Supprimé [...] du 21 mars 1790, le monopole a été rétabli par celle du 2[...] avril 1806. ([...]ert.)

N°. 398. — LETTRES *contenant association entre le Roi et les religieux de Saint-Pierre-Lemoustier, pour l'administration de la justice, et la perception de ses émolumens dans la seigneurie et justice de la ville de ce nom.*

Paris, janvier 1366. (C. L. VII, 266.)

N°. 399. — LETTRES *portant homologation d'un règlement du prévôt de Paris, sur la police du métier de tailleurs de robes, leur privilège exclusif, les obligations des apprentis, etc.* (1).

Paris, janvier 1366. (C. L. VIII, 549.)

N°. 400. — LETTRES *portant règlement sur l'exercice exclusif du métier de chapelier à Paris.*

Paris, février 1366. (C. L. IV, 706.)

N° 401. — ORDONNANCE *rendue en grand conseil, portant que la ville de Tournay est déchue du droit de s'administrer elle-même, à cause des troubles qui s'y sont perpétués entre les habitans, et qu'à l'avenir elle sera gouvernée par les officiers du Roi.*

Paris, février 1366. (C. L. IV, 706.)

N°. 402. — INSTRUCTIONS (2) *données par les gens des comptes, à un commissaire envoyé dans la Normandie, pour visiter certains héritages et tenemens appartenans au Roi, qui étaient en mauvais état.*

Paris, 13 mars 1366. (C. L. IV, 716.)

INSTRUCCION faite par le conseil du Roy nostre sire, estant en la chambre des comptes, le xiij°. jour de mars, l'an mil ccc. lxvj.

---

(1) Il existe à Paris 44 corps de métiers, qui ont ainsi des réglemens homologués par le préfet de police, malgré les lois de 1791 et l'ordon. de 1776, qui abolissent les jurandes et maîtrises. Les réglemens des bouchers et des boulangers ont été seuls soumis à l'approbation du gouvernement. (Isambert.)

(2) Quoique cette instruction ne soit pas une ordonnance, Secousse a cru

presens l'evesque de Chartres, le conte de Salebruche, Guillaume de Dormans, Oudart Levrier, Hüe de Roche, Jehan d'Acheres, Bertran du Clos, Thomas le Tourneur, Guillaume de Hametel et Jehan de Chevreuse, afin de savoir et enquerir verité sur plusieurs faiz et articles, touchans plusieurs heritages estans en Normendie, tenuz du Roy nostre sire, ou sur lesquelx il a droit de prendre et avoir certaines rentes, faisances et redevances : lesquelx heritages, l'en dit telement estre empiriez et tournez à ruyne, pour le fait et occupacions des guerres et mortalitez, qui ou temps passé ont esté en ycelli pays, que aucuns subgiez demourans et residens illec, tenans aucuns d'iceulx heritages, les veulent du tout delaissier; parce que eulx ne les pourroient tenir pour les causes dessusdictes, et païer les rentes et faisances anciennes et acoustumées; si comme eulx dient. Et semblablement, pour ce que aucuns demourans en ycelli pays, qui tenoient aucuns d'iceulx heritages, sont alez de vie à trespassement, sanz hoirs qui aient recueilli leur succession; et aucuns autres, qui pour les causes dessusdictes ou aucunes d'icelles, se sont partiz du pays, et ont les heritages que eulx tenoient, laissiez guerps et gays; parquoy yceulx heritages pourroient plus convertir et tourner en non-valoir, en dommage à nostredit seigneur, se pourveu n'y est.

(1) *Premierement.* Est de necessité que l'en ait par declaracion, par escript en un roulle, soubz le scel de chascun viconte, quelx heritages estans en leurs vicontez, appartiennent au Roy, qui sont empiriez, ou les rentes et revenuës empeschiées pour les causes dessusdictes.

(2) *Item.* De savoir se le Roy est tresfonsier d'iceulx heritages; ou se il les a par conquest, par venduë, par eschange ou autrement : ou se il a droit de prendre et avoir sur yceulx, rentes, faisances ou redevances, et queles et de quel temps.

(3) *Item.* Savoir-mon quelx heritages furent bailliez, et en quel estat eulx estoient au temps du bail d'iceulx; et depuis quel temps eulx furent empiriez.

(4) *Item.* Savoir-mon se yceulx heritages ont esté empiriez

---

devoir la donner, ainsi que le réglement qui suit, à cause de leur importance pour l'éclaircissement des *matières domaniales.* Nous les plaçons, ainsi que lui, à la fin de l'année 1366. Le réglement n'est pas daté, mais il y a apparence qu'il a été fait vers la fin de cette année, se trouvant transcrit au mémorial D de la chambre des comptes, immédiatement avant l'instruction. (Decrusy.)

par les causes dessuzdictes, et comment; ou par la simplesce des tenans; ou par fait d'autri qui en ait osté les édifices, desplanté les arbres, fait carriere ou marliere ès terres; et par autre voie ou maniere.

(5) *Item.* Se aucun contreplege en a esté baillié; ou se aucun est obligié à garantir yceulx, fournir et faire valoir, et comment; et quelx heritages sont à ce obligiez.

(6) *Item.* Se aucuns arrerages sont deuz; quelx, et à quele quantité; et se par l'ignorance, simplesce ou negligence d'aucuns receveurs ou sergens qui yceulx arrerages deussent cueillir et recevoir, aucune chose en est demourée, non païé ou temps passé, ou prejudice et domage du Roy.

(7) *Item.* Que pour savoir et enquerir la verité des choses dessusdictes, soient faictes enquestes deües; appellez à ce, les procureurs et vicontes des lieux, ou leurs lieuxtenans; et suffisament, les tenans ou aïans cause d'iceulx heritages.

(8) *Item.* Que les lieux, et chascun d'iceulx dont il sera question, soient veuz et visitez à bonne deliberacion; appellez certain nombre de genz anciens, sages et expers en telles et semblables choses, selon ce que l'en les pourra trouver demourer ès paroisses où les heritages seront assiz, ou ès plus prochaines, ou cas que en ycelles, l'en ne pourrait avoir le nombre souffisant; et qui soient passez sanz saon et sanz souspeçon; et qui n'aïent pas à faire de present, en tele et semblable cause.

(9) *Item.* Que sur ce, soit fait par le commissaire, un procès-verbal ouquel soient contenues et comprises les parties des heritages dont il sera doubte et question, et toutes les autres choses à ce convenables et neccessaires.

(10) *Item.* Savoir-mon se aucunes rentes ou autres choses, ont esté achatées en charge de fieu, sur les tenemens et heritages de nostredit seigneur.

(11) *Item.* Quelles choses y ont esté achatées, et sur quelx tenemens, et depuis quel temps.

(12) *Item.* Pour ce que il y a plusieurs fermes-fieuffées, et plusieurs autres tenemens qui sont nommez en mox generalx, et n'en sont pas les parties contenues ès comptes des vicontes, dont les revenues se doivent payer par parties particulieres; comme d'aucuns grans heritages, qui furent fieuffez ensemble par un seul homme et par une femme, qui depuis ont esté divisez par parties entre freres, par mariage et par vente, en plusieurs

et diverses parties; et aussi d'aucuns heritages jurez pour la debte du Roy, qui sont en diverses parties, et tenues par diverses personnes; et si est dit èsdiz comptes, *en une seule partie de tels jurés, tant :* Et aucun en vouldroit ou pourroit vouloir delessier aucune partie sanz faire declaracion de quel tenement, ce que il vouldroit delaissier, seroit. Si sera sceu et declarié au mielx que ledit commissaire pourra, soit par declaration de lettres prises en ladite chambre, ou autrement, quelx tenement seroient ceulx que l'en vouldroit delaissier, et dont eulx seroient partiz.

(13) *Item.* Se il y a aucuns heritages qui soient demourez guerps et gays, sanz ce que aucuns heritiers, successeurs ou aians cause, en tiegnent ou weillent tenir tout ou partie, par rente convenable: Lesquelx heritages soient et aient esté longuement, ou depuis certain temps, de nul proffit; que yceulx heritages soient bailliez par ledit commissaire, par solemnitez, ou autrement deuement, par le conseil des viconte et procureurs, à certaine rente heredital, à vie, ou à temps; ou cas toute-voies, que à present, eulx ne porroient par raison, estre bailliez proffitablement à heritage.

(14) *Item.* Que ou cas que par raison desdiz heritages, ou d'aucuns d'iceulx, sont et pevent estre deuz au Roy, certains arrerages, et que yceulx heritages, pour cause des guerres et mortalitez, aient longuement esté en non-valoir, et non pas par la coulpe des tenans; ou que pour ycelles causes, les tenans seroient si povres, ou aucuns d'eulx, et avoient esté longtemps, que eulx ne pourroient avoir yceulx labourez ne cultivez; que ledit commissaire par le conseil dessuzdit, leur face d'yceulx arrerages, tele relasche comme de raison sera, ou cas toute-voies, que eulx vouldroient tenir yceulx heritages, et paier les rentes anciennes.

(15). *Item.* Se il y a aucuns heritages sur lesquelx madame la Royne Jehanne, monsieur le duc d'Orliens, ou aucuns autres, aient droit de prendre et avoir aucunes rentes, à vie, à temps ou à heritage, que declaration en soit faite audit commissaire, par les vicontes, par chascun en sa viconté; et que à faire enqueste de ce, soient appellez les genz et officiers d'iceulx, selon ce que l'en pourra recouvrer; et soit sceu quelx arrerages leur en sont deuz, et quelles remissions eulx en vouldroient faire; et selon ce que ilz vouldront relascher d'iceulx arrerages, tant que les tenans en soient contens, si leur soient laissiez yceulx heritages, pour les rentes anciennes : et ou cas que eulx ne vouldroient sur ce faire relasche suffisant, les heritages soient de nouvel bailliez à autres, par leur conseil et advis; après ce que les premiers tenans auront esté sommez, jouxte ce que en l'article ensuivant est contenu.

(16) *Item.* Pour ce que selon la coustume du pays, quant aucun veult recouvrer un tenement que aucun ait tenu de lui par certaine rente, à heritage, et de droit le tenant, en est encores possesseur, se de fait il ne s'en est dessaisy, ou se il ne l'a esté coustumierement; et aucuns se soient partiz du pays, qui avoient lesdiz heritages laissiez gayz, comme dit est; et depuis avoient esté bailliez à certaine personne, pour le Roy à son proffit, par ledit commissaire; et après pourroient revenir, et vouldroient yceulx heritages recouvrer; que, considerées plusieurs choses à considerer, se eulx ont yceulx heritages laissiez par an et par jour, en la maniere dessusdicte, sanz depuis retourner à yceulx; ou se eulx sont appellez par trois foiz, à jours de dymenche, heure de messe, à l'oye de la paroisse où les heritages sont assiz; et après, eulx ne comparent deüement devant le commissaire, que yceulx en soient privez et deboutez à touzjours-mès, et que le bail qui en sera fait par ledit commissaire, à un autre, tiegne et vaille à touzjours-mès, nonobstant coustumes, usages ou acoustumances à ce contraires.

(17) *Item.* Se aucuns heritages sont venuz au Roy, par aucunes des condicions ou manieres dessusdictes, qui, pour aucune cause, n'aient pas esté bailliez ne appliquiez à son domaine, que yceulx heritages, enquiz premierement par ledict commissaire, comment et pour quelle cause yceulx li sont venuz, quelx ilz sont et de quelle valeur, soient par lui bailliez à rente heredital, à temps ou autrement; si comme, par le conseil dessusdit, il sera à faire par raison.

(18) *Item.* Se aucuns qui aient haulte, moïenne et basse justice, ont pendant le temps dessuzdit, et pour ycelles causes ou autrement, prins et appliquié à eulx, aucuns heritages qui pour quelconque cause que ce soit, puissent et doient appartenir par raison au Roy nostre seigneur que se il treuve par informacion ou autrement deüement, yceulx heritages au Roy appartenir, que il les mette ou face mettre en la main du Roy, realment et de fait; et se aucun se oppose au contraire, la chose tenue en main comme souveraine, jour soit assigné aux opposans, à Paris, pardevant les genz des comptes, pour aler avant sur ce, si comme de raison sera; et de la chose arrestée, face recreance à partie, par caution suffisante, se ladite recreance lui est requise.

(19) *Item.* Se en aucun cas qui touche le fait des heritages dessusdiz, ou autres, aucun veult montrer aucuns tiltres, que la copie en soit prise, et enqueste faite sur la possession, et le procès rapporté pardevens lesdites gens des comptes.

(20) *Item.* Que se ledit commissaire fait aucuns baulx à heritage, à vie ou à temps, au proffit du Roy, d'aucuns heritages, qu'il en puisse donner ses lettres, soubz son scel; lesquelles seront confirmées et approuvées par les lettres du Roy nostre Sire; toute-fois retenu et reservé en ce, l'advis desdites gens des comptes.

(21) *Item.* Se aucuns explois ou diligences avoient ou estoient par lui faiz ès cas dessusdiz, desquelx il ne voulsist pas determiner, pour aucuns doubtes; mais se rapportast de ce, auxdites gens des comptes, il envoyroit les faiz toucheroient, ou par autres certains messages, les faiz principalx, les doubtes et son advis, et du viconte et procureur du lieu, soubz son scel; et lesdites gens lui envoieroient briefment, la deliberacion que eulx aroient sur ce faite.

(22) *Item.* Se ledit commissaire fait aucun bail de aucuns heritages, par le conseil desdiz viconte et procureur, pour ce que les vicontes des vicontez ont greigneur congnoissance des preneurs, et les sergens, que ledit commissaire; eulx en prendront le contrepleige, telx comme eulx seront à prendre, selon la qualité des baux, et les facultez des personnes.

(23) *Item.* Ou temps passé, en baillant les fermes muables, comme la ferme de Montpinchont, la prevosté de la Ferté-Macien, et autres, ont esté comprises ès baulx d'icelles, certaines parties grosses de c. sols, xl. ou xij. sextiers d'avoine, assignés sur Moulins et autres demaines que tiennent grosses personnes, desquelx par leur puissance, les fermiers ont esté mauvaisement paiez, ou temps passé : et pour ce, les fermes, quant ilz eschient à bailler, ne sont, pour telles parties, gueres plus baillées : car ceulx qui les prennent, congnoissent bien ceulx, qui doivent lesdites rentes, et la maniere de leurs paiemens, si redonde en domage du Roy, en celle partie : car c'est en pays coustumier, ou quel possession ou exempcion acquiert droit, et aussi par autre maniere : car, soubz umbre que telles parties sont comprises èsdites fermes, le Roy peut perdre reliefs, xiij. et gardes, qui à cause d'icelles rentes et tenemens, lui porraient venir, et qui ne li sont point tenuz, ou qui poy ou temps passé, ne ne seront ou temps à venir, pour ce que tout est baillié en general, comme dit est. Si soit faite informacion par le commissaire, se ce seroit

le proufit du Roy, que ycelles parties fussent divisées et separées desdites fermes, et rendués à part ou compte, comme demaine foffi, et ancien, ou non : et selon ce que il en trouvera, en advise les vicontes, et leur commande à faire ce qu'il trouvera plus proffitable pour le Roy.

(24) *Item.* De savoir et enquerir quelx heritages ont esté priz et mis ès fossez donnez, arriere-fossez et autres fortifications des chastiaux royaux, et bonnes villes closes; et de quel valeur eulx estoient pour le temps : et se yceulx heritages estoient au Roy; ou se le Roy y prenoit rentes, et quelles. et se aucuns contrepleges en avoient esté bailliez, et quelx contrepleges, et par qui.

N°. 403. — RÉGLEMENT *fait par la chambre des comptes, sur quelques-unes des fonctions des vicomtes de la Normandie.*

Paris, mars 1366. (C. L. IV, 719.)

INSTRUCTION faite par nous les gens des comptes du Roy nostre seigneur sur plusieurs fais touchant ycellui seigneur, pour le pays de Normandie; si comme par les articles qui ensuivent, puet plus plainement apparoir.

(1) *Premierement.* Que les vicontes de Normandie, et chascun d'iceulx, si-tost comme il vendra à sa congnoissance, que aucun soubz-aagé soit venu en la garde dudit seigneur, ilz se transporteront ès lieux où les heritages d'icellui soubz-aagé, seront assis; et se informeront veritablement et loialment, quelz heritages ledit soub-aagé tendra et possidera; en quoy en seront les revenués, quelles elles seront et de quelle valeur; et aussi quelz édifices en manoirs, moulins, fours, halles, coulombiers, estancs et autres édifices quelzconques, que ledit soubz-aagé tendra et possidera, ou temps qu'il vendra en la garde du Roy nostredit seigneur.

(2) *Item.* Que après ce fait, le viconte en la viconté duquel ycelle garde sera eschëue, la baillera à ferme en la maniere et par les condicions qui ensuivent. C'est assavoir, que il la face crier et subhaster ès lieux et en la maniere acoustumez à faire cris en sa viconté, par temps convenable.

(3) *Item.* Que il la baille à personne souffisante et convenable, plus offrant et derrenier enchierisseur, puissant de payer et faire les choses qui ensuivent : c'est assavoir, tenir les édifices en estat, payer vivres et douaires, quant ilz seront deuëment declairiez et

adjugiez; et pour païer le pris d'icelle garde, avecques autres charges deuës et accoustumées.

Item. Que il ne baillera à homme noble, à personne d'église, à advocat, ne à autre personne quelconques, qui soit si puissant et si fortuné ou païs, que l'en lessast enchierir sur lui ycelle garde.

(4) *Item.* Que ilz se informent veritablement, quelles charges hereditaux sont à prendre de raison et de coustume, sur les revenuës d'icelle garde, par quelles personnes, à quel tiltre, pour quelles causes, et quelle possession ils en ont euë.

Et aussi sont tenuz d'apporter par declaration et soubz scellé, que les autres charges il aura en ladicte garde, comme de vivres, doüaires, reparacions, et autres choses se elles y estoient.

(5) *Item.* Se il ne povoit bonnement bailler ycelle garde, les condicions dessusdictes tenuës et gardées, il en cüeillira et recevra bien et loïalment, les prouffis et esmolumens, en la main dudit seigneur, le temps de ladicte garde durant.

(6) *Item.* Que à leurs prouchains comptes après le temps de ladicte garde escheuë, ilz apporteront devers nous, par escript soubz leur seel, les parties des heritages et revenuës quelles elles sont et de quelle valeur, avecques toutes les autres diligences qu'ilz auront sur ce faicte, afin qu'il en soit ordené comme de raison sera.

(7) *Item.* Que aucun desdis vicontes, ne paie point de l'argent du Roy, à quelconque personne, ne ne s'efforce de passer en ses comptes, aucunes sommes d'argent, en faveur d'autruy, se il n'apporte et rende sur ses comptes, toutes les quittances ad ce necessaires.

(8) *Item.* Pour ce que les vicontes ont acoustumé de venir compter tantost après le terme escheu, avant que ilz paient aucunes rentes à héritage, à vie ne autrement; ja soit ce que on leur ait acoustumé à passer tout en leur compte, il est ordené que d'ores-en-avant, ilz rendront à chascun terme, avant toute euvre, les lettres de recognoissance des assignez sur leurs vicontez, du terme precedent ou precedens; et respondront à tous les arrestz qui auroient esté fais sur le compte desdiz termes; et les sommes qu'ilz auroient prises au terme ou termes precedens, dont ilz ne monstreront lettres de recognoissance, l'en leur fera rendre, ou extrait de leur compte; et puis l'en commencera le compte du terme dont ilz seront venus compter.

(9) *Item*. Que pour ce que aucuns desdis vicontes, ont aucunefois receu de plusieurs personnes, certaines sommes de deniers, à cause de leur recepte, et par importunité ou autrement, refusoient à donner leurs quittances aux personnes qui leur paioient ycellui argent; et ainsi ledit viconte vivant, ou après son trespassement, quant il estoit question de l'argent qui avoit esté paié, et cellui qui l'avoit paié, ne le povoit monstrer par quittance, il convenoit que il le repaiast; mesmement, que ou ne vouloit recevoir à prouver son paiement ou paiemens par tesmoings : et pour ce, est ordené que lesdiz vicontes donront desoresmais quittances de l'argent qu'ilz recevront, aussi et par tele maniere comme ilz la auront de cellui qu'ilz paieront; afin d'oster les questions, les doubtes et plaidoieries qui s'en porroient ensuir.

(10) *Item*. Que chascun desdis vicontes en sa viconté, se transportera ès chasteaux, forteresses et autres lieux royaux du Roy nostre seigneur touteffoiz que mestier sera, et pour escheiver les dommages, ruynes et empiremens qui se porroient ensuir desdis lieux royaulx, appellez avec lui le capitaine desdiz chasteaux, ou son lieutenant, et les maistres jurez des euvres dudit seigneur, ou bailliage où sa viconté est assise, et autres qui feront a appeller, tant et tel nombre comme mestier sera; et verra et visitera, et fera veoir et visiter toutes les reparacions neccessaires à faire èsdis chasteaux, forteresses et autres lieux royaulx, et les parties d'icelles reparacions neccessaires, fera mettre par escript, par la relation desdiz jurez et autres ad ce appellez, et les prendra pardevers lui par escript, comme dit est, par maniere de rapport fait par lesdiz jurez, soubz seel royal; ou au moins, soubz les seaulx desdiz jurez.

(11) *Item*. Que les tasches neccessaires pour faire lesdictes reparacions, soient en maçonnerie, charpenterie, couverture, matieres, service pour ce faire, et toutes autres choses neccessaires et convenables, il bailiera à tasche à rabaiz, ensemble, ou par parties, le mielx et le plus prouffitablement qu'il porra; et les fera crier et subhaster deuëment par temps convenable ès lieux acoustumez à faire cris en sa viconté : et les baillera et delivrera sans faveur, aux plus rabaissans, pourveu que yceulx rabaissans soient personnes souffisantes, convenables et solvables pour faire et acomplir entierement toutes lesdictes reparacions, sans aucune faulte.

(12) *Item*. Que lesdiz vicontes paieront bien et loialment

de l'argent de leur recepte, ad ceulx à qui il appartendra, tout ce qui devra estre paié pour lesdictes reparacions.

(13) *Item.* Que de tout ce qu'ils auront paié pour cause desdictes reparacions, ilz prendront quittance soubz seel royal, de toutes les personnes particulieres à qui ilz auront fait paiement pour raison desdictes reparacions, de tele somme d'argent comme ilz auront paiée.

(14) *Item.* Que le plustot qu'ilz porront bonnement, après que lesdictes reparacions auront esté faictes, ilz requerront diligemment au bailli du lieu, ou à son lieutenant, que il visite lesdictes reparacions; et ycelles visitées par ledit bailli ou lieutenant, en prendra lettres de certification dudit bailli ou lieutenant, comme ycelles reparacions auront esté faictes deuëment: ce sauf, que ou cas que il y auroit aucune faulte par la coulpe de ceulx à qui lesdictes tasches seroient demourrées, ledit bailli ou son lieutenant, les contraindra hastivement à faire ce qui y seroit à faire de raison.

(15) *Item.* Que chascun desdis vicontes, apportera les parties desdictes tasches, les noms et surnoms des personnes à qui elles auront esté baillées, et les sommes d'argent par lesquelles elles seront demourées aux plus rabaissans, pardevers nous.

(16) *Item.* Que chascun desdis vicontes, apportera sur son prouchain compte, quand il vendra compter, les parties desdictes reparacions, par escript, verifiées deuëment soubz le seel dudit bailli ou lieutenant; et chascune partie d'icelles, par tele maniere et si clerement, qu'il puisse et doïe souffire selon raison.

(17) *Item.* Que lesdis vicontes apporteront semblablement, toutes quittances des sommes d'argent, paiées pour les ouvrages desdictes reparacions, sans aucune faulte.

(18) *Item.* Que se aucun viconte cesse par négligence ou autrement, de faire et acomplir bien et deuëment, toutes les choses dessusdictes et chascune d'icelles, et il s'efforce autrement de passer en son compte, aucunes euvres que il die avoir esté faictes èsdiz chasteaux, forteresses et autres lieux royaux, et de prendre pour ce en son compte, aucunes sommes de deniers, ycelles parties lui seront royées, recouvrées sur lui, et pour ce sera mis en bonne amende.

JUILLET 1367.

N° 404. — LETTRES *qui portent confirmation des exemptions et priviléges de l'Université de Paris, et qui lui nomment un conservateur* (1).

Au Louvre-les-Paris, 18 mars 1366. (C. L. IV, 710.)

N° 405. — LETTRES *fixant la redevance des tisserands de Paris, pour leur part dans l'entretien de la halle aux draps.*

Paris, 20 mai 1367. (C. L. XVI, 604.)

N° 406. — ORDONNANCE *qui attribue au Châtelet de Paris la connaissance* (2) *exclusive des actes passés sous le sceau de ce tribunal.*

13 juillet 1367. (Nouv. Répert. V°. Enregistrement des lois.)

N° 407. — ORDONNANCE (3) *faite en conséquence des États-généraux tenus à Chartres* (4), *pour préserver le plat pays des incursions des gens des Compagnies.*

Sens, 19 juillet 1367. (C. L. V, 14.)

SOMMAIRES.

(1) *Mode d'entretien des seigneurs, pour résister aux forteresses, entre le Roi et les compagnies.*

---

(1) Ces lettres ne contiennent rien de remarquable. En 1552, le 18 août, une copie collationnée de ces lettres fut ordonnée par arrêt du parlement, à cause des altérations que l'original avait subies. (Isambert.)

(2) *V.* l'ord. du 8 fév. 1367, qui attribue cette connaissance exclusive au prévôt de Paris. (Decrusy.)

L'indication du Nouveau Répertoire pourrait bien être fausse; nous n'avons pu trouver cette pièce. (Isambert.)

(3) Si dans quelques occasions il était avantageux à Charles de paraître autorisé de la nation, pour prévenir ses murmures ou l'empêcher de demander les États, il appela seulement auprès de lui des prélats, des seigneurs, et les officiers municipaux de quelques villes dévouées à ses volontés. En feignant de délibérer avec des gens à qui il ne faisait qu'intimer ses ordres, il ne voulait, en effet, que ne pas répondre seul du succès des événemens, et donner plus de crédit à ses opérations. Telle est vraisemblablement une assemblée tenue à Compiègne en 1366, dont nous ignorons tous les détails, et telle est certainement celle dont il fit l'ouverture à Chartres, dans les premiers jours de juillet de l'année suivante, et qui ayant été brusquement transférée à Sens, fut encore plus brusquement terminée le 19 du même mois. — Mably, Obs. sur l'Hist. de Fr., VI, 1. — (Decrusy.)

(4) Les précautions de Charles V, pour purger la France des grandes compagnies, méritent d'être lues. Elles étaient composées de gens de guerre qui s'as-

(2) *Les capitaines feront retirer dans les forteresses les habitans du plat-pays, avec des vivres.*

(3) *Tous les deniers provenans des aides seront employés au paiement des gens d'armes, à l'exception de ce qui sera nécessaire pour la défense générale du royaume.*

(4) *Les capitaines enverront au Roi l'état des garnisons.*

(5) *Les villes se garderont elles-mêmes.*

(6) *On ne pourra en faire sortir aucunes armes, si ce n'est pour des habitans connus, sur des ordres spéciaux.*

(7) *Les gouverneurs engageront les jeunes gens, et les exerceront à l'arbalètre.*

(8) *Remise aux habitans des lieux et villes du plat-pays, de la moitié des aides.*

Don aux villes fermées, du quart des aides, pour être employées aux fortifications.

(9) *Le sel sera vendu au prix fixé dans l'assemblée des États généraux.*

(10) *Les exécutions seront faites par des sergens royaux et non par d'autres.*

(11) *Les élus les choisiront, et ces sergens seront commissionnés par le Roi, ou par les généraux. Ces sergens ne pourront prendre aucun salaire des personnes qui seront exécutées.*

Quand des sergens feront une exécution, ils appelleront les sergens des hauts-justiciers, et ceux-ci ne pourront prendre de salaire de présence.

(12) *Le Roi sera informé de la conduite des personnes chargées de lever les aides, et des officiers royaux.*

(13) *Le Roi confirmera les priviléges accordés aux habitans, et les ordonnances du Roi Jean, à leur réquisition.*

CHARLES, etc. : sçavoir faisons à tous presens et avenir, que comme sur ce que naguieres, nous eussions esté acertenez par plusieurs dignes de foy, que plusieurs gens de compaigne avoient et encores ont entencion, volenté et propos de retourner en nostre royaulme, pour iceluy et nos bons et loyaulx subjects grever et dommager : nous afin d'estre à ce bastivement pourveu et remedié, ayons faict assembler et venir pardevers nous à Chartres (1), plusieurs prelatz et autres gens d'eglise, plusieurs nobles

---

semblaient sans être autorisées par le prince, et qui s'élisaient un chef. Ils commencèrent à paraitre en France, suivant le continuateur de Nangis, en 1358. Il les appelle *filii Belial, guerratores de variis nationibus, non habentes tectum*. — Hen. Abr. chr. — *V*. les mémoires d'Olivier de la Marche, tom. II. p. 169; Coll. des mém. relat. à l'Hist. de Fr., éd. 1820. (Decrusy.)

(1) La date de cette assemblée d'Estats tenue à Chartres, n'est pas marquée icy; mais il est certain qu'elle se tint dans le mois de juillet 1367; car il y a plusieurs lettres royaux données à Chartres en juillet 1367. (Sec.)

ant de sang, comme autres, et plusieurs gens de bonnes villes, des parties et pays de Champaigne, Bourgoigne, Berry, Auvergne, des montagnes d'Auvergne, Bourbonnois, Nivernois, Chepoy, Sainct Jangon, et Sainct Pere le Moustier, ausquels avons faict exposer les choses dessusdites, avec plusieurs aultres touchant le faict de la provision et deffence de nostredit royaulme, par l'advis et deliberation desquels, ensemble les gens de nostre grant conseil, nous avons ordonné et ordonnons par la maniere qui s'ensuit.

(1) *Premierement*. Pour obvier à iceulx gens de compaigne, et affin qu'ils ne puissent venir ne entrer à descouvert en nostredit royaulme, pour y prendre ne gaigner aucuns fors, avons dès maintenant, ordonné, commis et deputé en chacun bailliage des parties et pays dessusdit, nostre baillif du lieu, et deux chevaliers avec luy, bonnes, souffisantes et convenables personnes, pour diligemment veoir et visiter toutes les forteresses d'iceulx baillages, et celles qui trouveront bonnes, convenables et prouffitables à tenir pour la deffence du pays et de nostredit royaulme, feront mettre en bon estat, pour toute deffence, tant de reparations, artilleries, comme de vivres et autres choses necessaires, aux despens et fraiz des seigneurs à qui elles seront : et s'il advient que en faisant ladite visitation, ils trouvoient aucuns fors tenables, en frontiere ou en pays, très necessaire à garder, et le seigneur ou seigneurs à qui ils sont, n'eussent puissance de les emparer, garnir et advitailler du tout, lesdiz bailly ou commis feront faire par lesdiz seigneurs, ce que faire en pourront, et au surplus, de ce qui de necessité sera à faire, nous, par l'advis desdits commis, y porverrons et briefment ordonnerons : et oultre s'il trouvent fors tant tenables comme non tenables, qui soient à si puissans seigneurs, que entremettre ne se osent de en faire comme des aultres, iceulx commis le nous feront sçavoir; et sur ce, pourverrons : et tous autres de quelques personnes qui soient, qui ne seront tenables et pourfitables, feront abattre quant au fort et desemparer par telle maniere, que par ce, dommage ne puist venir au pays ne à nostredit royaulme.

(2) *Item*. S'il advenoit que lesdittes compaignes approuchassent nostredit royaulme, es parties et pays dessusdits, où desja nous avons ordonnés, commis et deputez capitaines bons, loyaulx et convenables, le capitaine du pays où elles approucheront, face tantoust tout le pays retraire en fors, et par especial, les vivres, parquoy iceuls gens de compaigne, n'en puissent estre soustenus,

et que plustoust leur en conveigne partir : et affin que les gens du plat-pays, soyent plus enclins à retraire leursdiz biens, nous voulons et ordonnons que iceulx ils puissent retraire en forteresse, soient villes ou chasteaulx, franchement et quittement, et iceulx ramener oudit plat-pays, après le departement d'icelles compaignes, sans païer entrée, issuë, ne aultre redevance quelquonque.

(3) *Item.* Voulons et ordonnons, que dores-en-avant, en chacun diocese où les aydes ordonnées pour la deffence de nostredit royaulme, ont cours, tous les deniers qui desdites aydes issront, demeurent et soient gardés en iceulx dioceses, tant et jusques ad ce que necessité soit de les prendre pour le paiement des gens-d'armes; hormis et excepté ce que de necessité prendre en fauldra, pour le faict de la provision et defence de nostredit royaulme.

(4) *Item.* Que ung chacun d'iceulx capitaines, ou pays où il est commis, enquiere et sache sans delay, quels gens-d'armes il puet avoir, et de quel nombre on le pouroit aidier à mener hors, tant de ceulx demourans ou pays de sa capitainerie, comme dehors ès lieux voisins; les lieux et forteresses demourans garnis; et de ce au plustost qu'il pourra, nous certifie, affin que, se besoing y eschiet, nous sachions et puissions sçavoir de combien et de quels gens, nous pourrions estre pourveus : ausquels gens qui esleus seront, iceulx capitaines enchargent qu'ils se tieignent garnis et prest, pour les avoir toutesfois que l'on les mandera: et euls mandés, ils seront payés de leurs gages, des deniers estans ès dioceses dont ils seront.

(5) *Item.* Voulons et ordonnons, que en toutes bonnes villes fermées, et par especial, en celles qui sont en passages ou pas de rivieres, lesquelles nous voulons dores-en-avant estre par les habitans en icelles, bien et diligemment gardées et guaittiées, et que en icelles, ne lessent entrer plus fors d'euls, ne nulles grosses routes passer, se sur ce, n'ont très bonne connoissance des personnes.

(6) *Item.* Que aucunes armeures ne soient traittes ne mises hors de nosdittes bonnes villes, tant de Paris comme d'autres quelquonques, se n'est pour gens de nostredit royaulme, dont l'en ait très bonne connoissance, et par certain signet qui sur ce ... baillé par certaine personne, qui en chacune de nosdittes ... s villes, sera deputée.

Item. Soit enjoint et commandé de par nous, à tous achiers et arbalestriers demourans en nos bonnes villes, qu'ils se mettent en estat, et que par les gouverneurs en chacune d'icelles villes, soit sçeu quel nombre d'archiers et arbalestriers, y a, et combien on en pourroit avoir, se besoin estoit, et de ce, facent registre en chacune ville, et sur tout nous certifient au plustost qu'ils pouront : et avecques ce, enjoignent et induisent toutes jeunes gens, à exerciter, continuer et apprendre le faict et manière de traire.

(8) *Item.* Nous aïans pitié et compassion de nostre peuple, qui grandement par les aides qu'il a convenu et convient lever sur eulx, tant pour le faict des aydes ordonnés pour la redemption de feu nostre très cher seigneur et pere, dont Dieux ait l'ame, de laquelle le payment n'est pas encores parfaict, comme pour celles ordonnées pour la deffence de nostredit royaulme, lesquelles nous avions en propos de faire du tout faillir et cesser, se ne fussent les nouvelles qui des *compaignes* nous sont venuës, pour lesquelles, ce ne puet estre faict ne accompli de present, dont il nous deplaist forment : toute-voies, pour aidier à supporter à nostredit peuple, plus aysiement le faict d'icelles aidez, avons à iceluy, de nostre grace especial, certainne science et auctorité royale, remis et quittié par tous les lieux et villes du plat-pays de nostredit royaulme, la moitié de tout ce à quoy ils sont imposés, tant par composition comme aultrement ; avecques la moitié de tous les arrerages qu'il puet devoir à cause d'icelles aides : et aux habitans des villes fermées, donnons la quarte partie desdites aydes courans en icelles villes, avecques la quarte partie des arrerages qu'il pevent devoir, pour tourner et convertir ès fortifications et reparations desdittes villes ; nonobstant quelquonques dons ou assignations que faiz aïons de et sur iceulx aydes, à quelque cause, ne pour quelquonque personne que ce soit : et avecques ce, voulons et ordonnons, que ez lieux et pays où lesdiz aydes ont cours, et sont imposés à payer par escuz, les debteurs soient quittes, en païans deux francz pour trois escus : et selon la diminution et admoderation faitte des aydes dessusdiz, voulons le nombre des officiers sur ledit faict, et les gaiges qu'ils prennent, estre diminuez par l'ordonnance de nostre conseil.

(9) *Item.* Sur le faict de la gabelle du sel, duquel, de l'assemblée par nous derpierement tenuë à Compiegne, nous, ouymes plusieurs complaintes de nos subgès, qui de ce souvent

se douloient, nous, qui tousjours avons eu et avons parfaict desir de relever nos subgiez de tous griefs, avons deuëment amendé et retranché du tout, la moitié du droit et prouffit que nous y prenons et avons acoustumé de prendre, et ad ce pris, voulons que sans delay, il soit ramenez : et avec ce, est notre entention, que sur le pris que les marchands ayans et menans sel en nos greniers, prennent sur ledit faict, diminution raisonnable soit faict, eu regard à la vostre.

(10) *Item.* Encore pour le très grant et excessif nombre de sergens et commis sur le faict tant des unes aydes comme des aultres, par lesquels nostre peuple, et par les excessifs salaires qu'ils ont pris, a esté grandement et dommagié, si comme entendu avons; nous, pour garder nostre peuple de tels dommages, avons ordonné et voulons, que l'ordonnance faitte par feu nostre seigneur, à Amiens, sur le fait des executions des aydes courans, tant pour sadite délivrance comme aultrement, lesquelles, selon ladite ordonnance, doivent estre faittes par nos sergens royaulx et ordinaires, et non par aultres, soit tenuë et gardée sans enfraindre, selon sa forme et teneur; et que la restrinction par luy faitte, sur le nombre d'yceulx sergens, vaille et tiengne ès lieux où passer l'on s'en poura : et tous aultres, qui pardessus ledit nombre et ordonnance, y auroient esté depuis mis, ostons et deboutons d'iceulx offices, et leur povoir du tout en tout anullons.

(11) *Item.* Seront par les esleus en chacun dioceze, tant sur l'un faict comme sur l'aultre, avisé tel nombre desdits sergens royaulx, comme besoin leur sera, du diocese dont ils seront, bonnes et convenables personnes; lesquels seront par nous ou les generaulx sur lesdits faiz, commis et deputés à faire les executions de ce qui deu nous sera, tant de l'un fait comme de l'autre : lesquels sergens ordonnés pour le fait de ladite defence, et aussi pour celuy de laditte délivrance, èz lieux ou pays où icelles aydes n'ont cours par impositions, trezieme et aultrement, mais tant-seulement par compositions, seront paiés de leur salaire, par les receveurs desdits dioceses, par l'advis des esleus et commis au gouvernement desdits faiz, au plus raisonnablement, et à mains de fraiz pour nous, que il pourra estre faict : et parmi ce, ne pourront prendre aucuns gaiges ne despens sur nostre peuple, sur peine de perdre leurs offices : et ès dioceses et pays où lesdites aydes ont cours par impositions et trezieme, dont les

marchés sont baillés à fermes, se les receveurs desdites aydes, veulent faire executer les fermiers d'iceulx aides, soit pour l'un faict ou pour l'aultre, et soit grand ou petit fermier, ils pourront faire faire ladite execution, par quelque sergent royal qui leur plaira, aux despens desdits fermiers : mais se aucun d'iceulx veult faire executer aultre qui ne soit pas fermier, pour quelque chose qu'il doive desdittes aydes, il le fera faire par un des sergens ordonnés et députés ad ce, èsdiz dioceses, comme dit est, et aux despens d'iceluy fermier, jusques à tant qu'il appert que ladite execution soit faitte à juste cause : ouquel cas, les executés seront tenus de paier lesdits despens : et ne pouront prendre iceulx sergens, pour jour, de chacune ville qu'ils executeront, que trois sols parisis, pour quelquonque personne qu'ils executent en icelle : et à toutes les executions qu'ils feront, appelleront avec eulx, les sergens des hauls-justiciers des lieux, qui de ce faire, n'auront ne ne prendront aucun salaire.

(12) *Item.* Et pour reformer et sçavoir la verité, tant sur les faiz, pors et gouvernementz des esleuz, officiers, sergens et commis sur lesdits faiz, comme de noz prevoz et aultres noz sergens et officiers, estans èsdits païs et bailliages, avons ordonné, commis et député certaines bonnes et convenables personnes, qui bien et diligemment le feront.

(13) *Item.* Avons accordé à iceulx gens d'eglise, nobles et gens de bonnes villes, confermé leurs privilleiges, et ordonnances royaulx à eulx donnés par nos predecesseurs roys de France; et aussi les ordonnances faittes par feu nostredit seigneur et pere, toutes-fois qu'il leur plaira.

Toutes lesquelles choses dessusdittes, et chacunes d'icelles ainsy par nous, par la deliberation dessusdite, ordonnées, nous, de nostre certaine science, grace especial, plaine puissance et auctorité royal, voulons et commandons estre tenues et gardées entierement, sans corrompre ne venir à l'encontre, dores-en-avant, en aucune maniere.

Si donnons en mandement par ces presentes, à nos amés et feaulx conseillers les generaulx esleus tant sur l'un faict comme sur l'aultre, à nostre bailly de Sens, et à tous les aultres justiciers, officiers et subgès de nous et de nostredit royaulme, ou à leurs lieutenants, et à chacun d'eulx, que nostre present edit et ordonnance, facent tantost crier et publier par tous les lieux notables de leurs juriditions, acoustumés à faire criz, et toutes les choses dessusdittes facent tenir et garder en la forme et manière que dessus est dit et devisé.

Et que ce soit ferme chose et estable à tousjours, nous avons faict mettre nostre seel à ces presentes."

Donné à Sens, le dix-neufviesme jour de juillet, l'an de grace 1367, et de nostre regne le quart. Par le Roy en son conseil.

N°. 408. — ORDONNANCE *faite en conséquence d'une assemblée d'États généraux, tenue à Sens, contenant des dispositions sur la levée des aides, sur leur emploi, sur les objets insaisissables, sur les guerres privées, sur la responsabilité des fermiers des aides et des officiers royaux.*

Sens, 20 juillet 1367. (C. L. V, 19.)

SOMMAIRES.

(1) *Lettres de caution aux marchands qui ameneront des denrées dans les villes du royaume.*

(2 et 3) *Imposition de douze deniers pour livre sur les marchandises qui ne passeront pas cinq sous.*

(4) *Les receveurs des subsides paieront exactement aux habitans des villes et à ceux du plat-pays, la portion qui leur a été octroyée.*

(5) *L'instruction faite à Amiens, au sujet de l'aide, sera exécutée; on ne pourra faire d'exécution contre ceux qui n'auront pas payé, qu'après quatre mois.*

(6) *L'argent provenant de l'imposition de feux, ne pourra être employé que pour la guerre.*

(7) *Remise de tout ce qui est dû des subsides ordonnés depuis 1350 jusqu'en 1358.*

(8) *Les aides ordonnées jusqu'ici ne porteront aucun préjudice aux franchises et aux libertés de ceux qui les paieront.*

(9) *On ne pourra exécuter et saisir les chevaux, bœufs, et autres bêtes tirant les charrues, ni mettre les laboureurs en prison pour dettes.*

(10) *Permission aux nobles de se faire une guerre privée.*

(11) *Si un prévôt fait assigner devant lui, contre justice, il sera condamné aux dommages et intérêts, à moins que le procureur du Roi ne se soit joint à lui. Si l'assignation est fondée en justice, le plaignant sera condamné aux dommages et intérêts envers le prévôt.*

Si le prévôt est incapable, le bailly fera rendre la justice à ses dépens.

(12) *Les baillis, et autres officiers royaux, ne pourront augmenter le prix des actes judiciaires.*

(13) *Confirmation des or-*

JUILLET 1367.

donnances sur le fait des bourgeoisies.

(14) *Les réformateurs n'auront de jurisdiction que sur les officiers, fermiers et autres employés sur le fait de la justice et sur le fait des aides.*

CHARLES etc. : Savoir faisons à touz presens et avenir, que comme nous, pour plusieurs causes touchans la garde, le proufit et la seurté de noz subgiez et de nostre royaume, fussiens venuz en nostre ville de Senz, et en ycelle eussiens fait venir et assembler pluseurs prélas et autres gens d'eglise, et pluseurs nobles tant de nostre sanc comme autres, et pluseurs gens des bonnes villes, des pays et bailliages de Champaigne, Bourgoigne, Berry, Auvergne, des montaignes d'Auvergne, Bourbonnois, Nyvernois, Cepoi, Saint Jangon et Saint-Pere-le-Moustier; et après ce que nous eumes ordené de ce pourquoy nous les avions ylecques fait assembler, comme dit est, il nous aient fait exposer pluseurs griefs qui faiz estaient à culz et noz autres subgiez desdiz pays, tant sur ce qui touche les Aydes que l'en lieve en nostre royaume, comme autrement, afin que nous vousissions sur ce pourveoir : nous, ouyes les supplicacions à nous par eulz sur ce faites ; et euz sur ce bon avis et deliberacion avec nostre conseil, desirrans de tout nostre cuer, eulx et noz autres subgiez estre preservez et gardez de touz dammages, griez et oppressions, avons sur ce ORDENÉ et octroié, ordenons et octroïons par ces presentes, de nostre auttorité royal, de nostre certainne science et grace especial, en la maniere qui sensuit.

(1) *Premierement.* Sur ce qui touche les caucions ou plegeries, que doivent donner les marchans et autres amenans denrées esdictes villes ou dehors, nous avons ordené et ordenons, que les deputez à prandre les caucions ou plegeries dessusdictes, seront tenuz delivrer lesdiz marchans dedans ung jour entier ; et ne pourront demander ne avoir de la lettre qui sur ce leur sera faite, que six deniers tant-seulement.

(2) *Item.* Que dores-en-avant, de marchandise qui soit faite de personne qui ne soit regratier, rien ne sera levé pour cause de l'imposicion de douze deniers pour livre, se la marchandise ne passe la somme de cinq solz : Et se les fermiers ou autres deputez à lever lesdictes imposicions, y allegoient aucune fraude, nous voulons que les marchans en soient creuz par leur sere-

mens, se les fermiers ou autres à ce députez, ne vouloient promptement enformer de ladicte fraude ou parjurement.

(3) *Item.* Pour ce que plusieurs des fermiers dient, et maintiennent aucunes-foiz contre les marchans, que il se sont parjurez, et les font pour ce adjourner ès cours d'eglise, sur la transgression de leur seremens, en les contraignant à jurer de qui ont acheté et combien; dont les marchans dessusdiz, especialment les estranges, sont empeschiez et delaiez : nous voulons et ordenons, que senz aucune difficulté, chascun d'eulx en soit creu par son serement, se les fermiers ne enformaient promptement du contraire.

(4) *Item.* Sur ce que nous leur avons octroié du subside imposé pour la guerre; c'est assavoir, la moitié au plat pays, et le quart aus bonnes villes, si comme en noz autres lettres sur ce faites, et plus plenement contenu; nous voulons et ordenons, que ladicte porcion, ensemble ce qui autrefoiz leur fut octroié, leur soit paiez senz aucune difficulté ou contredit, tant pour le temps passé, comme pour le temps avenir, depuis et selon la forme de l'octroy à eulx sur ce fait, aus termes à ce ordenez : Et aussi, les deux deniers qui sur les imposicions leur ont esté octroiez : et voulons que les receveurs en soient tenuz de compter aus habitans desdictes villes, ou de leur moustrer leur estat, de quatre mois en quatre mois.

(5) *Item.* Que de ce qui deu sera pour ledit subside de la guerre, l'en ne les puisse contraindre, jusques à tant que les quatre mois ordenez soient passez : et voulons ladicte contrainte estre faite par sergens royauls ordinaires, et non mie par sergens d'armes ; et que toutes personnes paient desdictes aydes, selon l'ordenance et instruction sur ce faites à Amiens (1).

(6) *Item.* Que dores-en-avant, aucunes assignacions ne soient faites sur l'argent des imposicions des feux (2), ordenez pour la deffense du royaume; et se aucunes estoient faites sur ce, nous voulons et ordenons que elles soient casses et vaines; et que

---

(1) Dans cette ordonnance, et dans cette instruction faites en consequence des Etats d'Amiens, tenus au mois de décembre 1363, et qui ne se sont pas conservées, il étoit sans doute fait mention de ces *quatre mois* dont il est parlé dans cet article. (Sec.)

(2) Ceci nous apprend de quelle nature étoit l'aide ordonnée dans les Etats d'Amiens. (*Idem.*)

les receveurs sur ce ordenez, n'en paient riens; se ce n'est pour la deffense du royaume, ou autrement pour le fait de la guerre.

(7) *Item*. Que de tout ce qui est deu des arrerages des subsides ordenez l'an 50. et depuis; c'est assavoir, que l'an 56. l'an 57. et l'an 58, nul ne soit dores-en-avant, contraint à en riens payer; mès cessent toutes execucions sur ce commandés à faire: car tout ce qui deu en est pour ledit temps, nous quittons et remettons par ces presentes.

(8) *Item.* Leur avons octroié et octroions par ces presentes, que les aydes dessusdictes ou aucunes d'icelles, ne puissent estre tournées à consequence contre les franchises et libertez des dessusdis, ne leur porter aucun préjudice pour le temps avenir.

(9) *Item.* Pour ce que pluseurs labourages sont demourez et demeurent à faire, ou préjudice du bien publique, pour ce que les sergens ou autres faisans execucions des debtes royaulx et autres, prenoient bestes traiant, nous voulons et ordenons, que dores-en-avant, pour quelconques debtes royaux ou autres, aucuns chevaux, buefs ou autres bestes traians, ne soient pris; ne aussi corps de personnes labourans, tant comme l'en trouvera autres biens meubles ou heritages des debteurs, souffisans pour les execucions faire.

(10) *Item.* Pour ce que pluseurs nobles de nostre royaume, se dient aucunes-foiz, avoir guerre les uns aus autres, combien que l'une des parties ne la vüille mie, mès se offre d'ester à droit pardevant nous ou noz gens, là où il devra; et soubz umbre d'icelle guerre, prennent les biens des bonnes gens, et non mie seulement de leur subgiez, mès des autres subgiez de nous et de nostre royaume, nous deffendons par ces presentes, à touz les nobles et autres de nostre royaume, que nul, de quelque estat qu'il soit, ne face guerre à autre de nostre royaume : et se de l'assentement des deux parties, faisaient guerre, nous leur deffendons, sur poinne de corps et de biens, et sur quanque il se pevent meffaire envers nous, que il ne prennent aucune chose sur noz subgiez ne sur les leur; et se le contraire faisoient, nous voulons que il en soient griement punis, si comme au cas appartendra (1).

(11) *Item.* Voulons et ordenons, que se aucuns prevoz fer-

---

(1) Une ordon. du 17 septembre 1367, (perdue), les interdisait de nouveau. (Lambert.)

miers font appeller aucuns, à cause d'office, pardevant eulx; et le bailli ou autre leur souverain, treuve que il les aient fait appeller à tort, il facent rendre les despens à la partie travaillée oultre raison; ou cas toute-voie que nostre procureur n'aurait fait partie avecques ledit prevost : et aussi que ledit prevost ait ses despens, se la partie s'est plainte à tort : et si voulons et ordenons que se aucuns prevoz fermiers estoient trouvez non souffisans pour exercer justice, que le bailli ou autre leur souverain, facent garder la justice par autres souffisans, aus despens desdiz prevoz.

(12) *Item.* Pour ce que pluseurs bailliz et prevoz royaulx, clers et notaires, se sont efforcié et efforcent, de prandre excessivement de leur seaulx et escriptures, et autrement ne veulent délivrer les lettres et actes que il doivent délivrer; laquelle chose est ou grant grief et dammage du pueple, si comme l'a dit, nous deffendons par ces presentes, à touz les dessusdiz et chascun d'eulx, que dores-en-avant, ne preignent pour seaulx ne pour *escriptures*, oultre le pris ancien et acoustumé d'ancienneté; et que pour ce, ne different ou delaient à baillier et delivrer aus parties, leur lettres ou actes.

(13) *Item.* Voulons que l'ordenance des bourgoisies autrefoiz faite par noz predecesseurs, soient tenuë, gardée et acomplie de point en point, selon sa forme et sa teneur (1).

(14) *Item.* Comme nous aions pieça ordené et establi certains reformateurs, nous voulons, ordenons et declairons par ces presentes, que il soient réformateurs seulement de et sur noz officiers, fermiers et autres, tant sur le fait de justice, comme sur le fait des subsides, imposicions et gabelles.

Si donnons en mandement par ces presentes, à noz amez et feaulx conseilliers, les generaulx-tresouriers, aus esleuz et receveurs, et à touz autres députez et à député sur les faiz desdiz subsides, tant pour les guerres comme pour la delivrance de nostredit seigneur et pere, que Diex absoille; et aussi à touz justiciers et autres officiers de nous et de nostre royaume, ou à leurs lieuxtenans, presens et avenir, et à chascun d'eulx si comme à lui appartendra, que toutes noz ordenances et autres choses dessus transcriptes, et chascune d'icelles, facent crier et publier partout où il appartendra, et ycelles tiegnent, gardent et acomplissent, et facent tenir garder et acomplir de point en

---

(1) *V.* note p. 6-5, tom. 2 de cete Collection. (Imbert.)

point, selon leur forme et teneur, senz les enfraindre, ne faire ou souffrir enfraindre, en tout ou en partie, commant que soit :

Et que ce soit ferme chose et estable à tousjours, nous avons fait mettre nostre seel à ces presentes.

Donné à Senz, le 20° jour de juillet, l'an de grace 1367, et le quart de nostre regne. Par le Roy en son grant conseil.

N° 409. — ORDONNANCE *sur la juridiction des eaux et forêts*(1), *rendue en conséquence d'une assemblée tenue à Sens.*

Sens, juillet 1367. (C. L. V, 27.)

CHARLES, etc. Savoir faisons à tous presens et avenir, que comme de la partie de plusieurs prelaz et autres gens d'eglise, nobles, bourgois et autres, noz bons et loyaux subgiez, en l'assemblée que faite avons à Sens, presentement, nous ait esté exposé en eulz griefment complaingnant, que pour cause des griefs et énormes vexations, travaux et oppressions, que les maistres des eauës et forez de nostre royaume, et les sergens d'icelles, ont fait ou temps passé et font de jour en jour aux pescheurs qui ès rivieres et autres eauës dudit royaume, ont acoustumé à pescher, au proffit et accroissement des vivres, de la chose publique et du bien commun de nostredit royaume.

C'est assavoir, que sanz cognoissance de cause, senz aucun délit ou meffait, et senz les oïr ou appeller deuëment, les font aler par adjournemens et autrement, en diverses et lointainnes parties dudit royaume; et se ils se deffendent, sont durement traictiez et demenez, en extorquant d'eulz grosses et excessives amendes; et mesmement, lesdiz sergens prennent de l'un quarante solz, de l'autre trente; vint, dix, ou ce qu'il en puent avoir : lesditz povres pescheurs, desquelz les aucuns sont en procès pardevant lesdiz maistres ou leurs lieuxtenans à la table de marbre (2) en nostre palais à Paris, et les autres qui sont des parties de Champaigne, de Bourgoingne, et d'autres pays, en Nor-

---

(1) *V.* notes sur l'ordon. du 29 mai 1346, p. 522, tom. IV; note 1, p. 133 ci-dessus, et ci-après l'ordon. générale de juillet 1376. (Isambert.)

(2) Il y avait autrefois trois juridictions qui se tenoient à la table de marbre: les *eaux et forêts*, la *connétablie* et l'*amirauté*. (SEC.)

mandie et ailleurs, hors de leurs ressors, sont venus à telles pauvretez et misere, qu'il ne puent poursuir lesdiz procès; mais le convient aucune foiz composer ausdix sergens, à plus que il ne puent finer; et pour ce, leur esconvient laissier leurdit mestier de pescherie, dont il advient et est advenu plusieurs foiz, tant ès bonnes villes comme ès autres lieux dudit royaume, que les très-passans n'y puent recouvrer de poisson, et aussi les residens en yceulx lieux :

Lesquelles choses sont faites contre raison et le bien commun, ou grant dommaige, gref et préjudice de toute la chose publique, et desdiz povres pescheurs, dont les plusieurs n'ont autre chose dont il puissent vivre, et nous en desplait forment, et non sans cause : nous, qui desdictes vexations, griefs, travaux, oppressions et autres choses dessusdictes, sommes souffisament enformez, voulans raison et justice estre gardée en nostre temps, et noz subgiez estre gardez et deffenduz de toutes vexations, oppressions et molestacions indeuës, et pourveoir au bien de la chose publique; et les ordonnances de noz predecesseurs et de nous, par lesquelles aucun ne doit estre traiz hors de son ressort, et mesmement miserables personnes, estre teneuës et gardées sans enfraindre,

De nostre certaine science et grace especial, plaine puissance et auctorité royaulx, et par bonne et meure déliberacion de nostre grant conseil, sur ce euë, avons ordonné et ordonnons par ces presentes.

(1) Que dores-en-avant lesdiz pescheurs, par adjournement ou autrement, ne seront traiz hors des lieux principaux de chastellerie, prevostez ou ressors, soubz qui il demoureront, et seront (1) couchans et levans : et qui ailleurs les vouldroit traire par adjournemens ou autrement, pour la cause dessusdicte, nous n'y voulons estre obéi; mais voulons que touz deffaux donnez au contraire, et toutes autres choses qui s'en ensuirroient, soient de nulle valeur, et vacuës de force et de vertu, et que pour ce, lesditz pescheurs ou aucun d'eulz, ne puissent être executez, ne traiz à amende en quelconque maniere.

(2) *Item.* Que aucuns desdiz pescheurs ne soient contrains à amende, ne executez pour amende quelconque, pour cause de

---

(a) *V.* les Instit. cout. de Loisel, avec les notes de Laurière, l. 1, tit. 1, règle 19, p. 21. (Sec.)

lendit mestier, se il ne confessent y avoir mespris, ou se il n'y sont esdiz lieux principaux condempnez par jugement, ordre de droit gardée; et au contraire, nous ne voulons estre obéi.

(3) *Item.* Que il ne soient tenuz de paier amende, pour quelque meffait que il commettent, audit mestier, autre que paier la doivent par les ordonnances royaux anciennes du temps de mons. saint Loys (1) et de nos autres predecesseurs, et selon les privileges et coustumes des villes et des pays, anciennement gardées.

(4) *Item.* Que lesdiz maistres et sergens, ne pourront faire aucuns exploiz de justice sur lesdiz pescheurs, senz appeller les justices des lieux; et se il faisoient le contraire, nous n'y voulons estre obéy, ne yceulx pescheurs pour ce, paier aucune amende : et en oultre, avons ordonné et ordonnons comme dessus, que les procès dessusdiz, en quelque lieu que il soient meuz et pendent pardevant quelconques desdiz maistres ou leurs lieuxtenans, soient determinez esdiz lieux principaux desdictes chastellenies, prevostez ou ressors; et que les parties estant èsdiz procès, ne soient tenuz de comparoir ne proceder ailleurs; et tout ce qui seroit fait au contraire, tant deffaux donnez comme autres choses quelconques, nous voulons et decernons estre de nulle valeur, et que pour ce, lesdiz pescheurs ou aucun d'eulx, ne puissent estre traiz à amende en aucune maniere.

Si donnons en mandement par ces presentes, à touz nos seneschaux, bailliz, prevoz et autres justiciers, presens et avenir, et à chascun d'eulx si comme à luy appartendra, que nostre presente ordonnance facent crier et publier solleimpnellement, par touz les lieux accoustumez à faire criz et publicacion en leurs seneschaucies, bailliages, prevostez et autres jurisdicions, et ycelle facent tenir, garder et acomplir entierement, selon la forme et teneur d'icelle; et ausdiz maistres et sergenz, et à touz les autres officiers desdites eauës et forès, presens et avenir, que ycelle nostre ordonnance gardent, tienguent et acomplissent de point en point, sur quanque il se puent meffaire envers nous, senz faire le contraire en aucune maniere, en mettant au premier estat et deu, tout ce qui est ou seroit fait au contraire.

---

(1) Nous n'en connaissons aucune de ce règne. La première que nous ayons trouvée, est celle de Philippe Auguste, de 1219, p. 218, tom. 1er. — Beaudrillart n'en indique pas d'autres. Cela prouve qu'il y a beaucoup d'ordonnances perdues. (Isambert.)

Et que ce soit ferme chose et estable à touzjours, nous avons fait mettre nostre scel à ces lettres, sauf en autres choses nostre droit et l'autruy en toutes.

Donné à Sens, l'an de grace 1367, et de nostre regne le quart, ou mois de juillet.

Ainsi signé par le Roy en son Conseil.

N°. 410. — ORDONNANCE *pour modérer et régler le droit de prises* (1), *qui ne pourra plus s'exercer que moyennant une juste et préalable indemnité, et qui autorise la résistance par la force contre toute vexation.*

Paris, 17 août 1367. (C. L. V, 33.)

CHARLES, etc. : au prevost de Paris, et à tous nos autres justiciers et officiers, ou à leurs lieuxtenens, et à chascun d'eux auxquieulx ces lettres sont presentées, salut.

Comme de nouvel, soit venu à nostre congnoissance par la complainte de pluseurs bonnes gens, que pour cause des prinses que l'en a fait par longtemps, et que chascun jour l'en faisait de chevaux, de charretes, de blés, de vins, de foings, d'avoines, de fuerres, de fourrages, de coustes, de coissins, de draps, de couvertures, de cuevre-chiefs, de bestail, de poulaille, de tables, de trestiaux et d'autres biens et choses, que l'en prenoit pour les garnisons de nostre hostel, et des hostelz de nostre très chiere et très amée compaigne la royne, de nos freres, de nostre connestable, et d'autres de nostre lignage, ou d'autres quelconques, les biens et marchandises dont nostre bonne ville de Paris, devoit estre garnie et avitaillié, estoient empeschiez à y venir, et estre conduiz en icelle :

Et aussi pluseurs bonnes gens demourans ès faubours de nostredicte bonne ville, se departiront et wideront desdiz faubours, pour les griefs et dommages qu'ilz avoient pour cause desdictes prinses ; et avecques ce, les bonnes gens des plas pays estoient empeschiez à faire leurs guingnages et labours, et demouroient pluseurs terres et grans possessions, à labourer et en friche, pour ce que les chevaux de leurs chevaux et charruës et charretes, les foings et avoines et feurres et autres fourrages dont ilz devoient soustenir leurs chevaux et bestail, leurdit bestail et poulaille, et

---

(1) *V.* ci-dessus, note p. 212, et ci-après, l'ordon. de février 1429. (Isambert.

autres biens dont lesdictes bonnes gens devoient avoir leur soustenance, estoient chascun jour prins, et si longuement avoient continué et perseveré lesdis preneurs, en faisant icelles prinses, que, se par nous n'y estoit pourveu, lesdictes bonnes gens, ou la plus grant partie d'eulz, estoient en peril d'estre desers à tousjours-mais, et mis à povreté.

Savoir faisons que nous, considerans les choses dessusdictes, et les grans miseres que iceulz bonnes gens ont par longtemps soustenu et souffert par le fait des guerres, et que, se ilz ne labouroient et estoient empeschiez à cultiver, les riches personnes qui des labourages desdictes bonnes gens, vivent et sont soustenus, pourroient avoir et souffrir pluseurs deffautes desdiz biens, et aussi iceulz bonnes gens ne pourroient bonnement paier les aides et subsides sur eulx imposés, aians du povre peuple pitié et compassion, avons de nostre propre mouvement ordonné, voulons et ordonnons par ces présentes,

Que toutes telles prises cesseront de cy-en-avant, et que aucuns preneurs ne autres officiers quelconcques, ne prendront ne ne feront prendre par eulx ne par autres, par composicion ne autrement, pour quelconcque cause que ce soit, en nostredicte bonne ville de Paris, ès fauboure, ne en quelconcques autre lieu de nostre royaume où nous soïons, nostredicte compaigne, nosdiz freres, nostre connestable, ne autre de nostre lignage, pour les garnisons de nostre hostel, ne des leurs; aucuns des biens et choses dessusdictes, ne autres quelconcques; fors tant-seulement coustes et coissins pour nostre chambre, foings, feurres et avoinnes pour les chevaux de nostre corps, de ceuls de nostredicte compaigne, et de ceulz de nosdis freres et d'autres de nostre lignage, qui seront en nostre compaignie, lesquels leur seront baillez et délivrés par nos officiers, et desquelz foings, feurres et avoinnes, nous voulons estre paiez aux bonnes gens, le juste pris tantost et senz delay, et aussi le salaire pour les coustes et coissins, selon le temps qu'elles seront tenuës;

Toutes-voies, pour ce que en nostre bonne ville de Paris, foins, avoinnes et autres biens pevent estre trouvez au denier la denrée, senz faire prinses, nous ne voulons pas que en ycelle ville ne en la viconté d'icelle, et pour les causes dessusdictes, aucune chose y soit prinz, se ce n'est au denier la denrée, et du consentement des bonnes gens de qui les choses seront, et en leur paiant promptement et avant toute œuvre, le juste et loial pris;

Et mandons par ces presentes, à tous preneurs commis à commettre, tant par nous, nostredicte compaingne, comme nos freres et autres de nostre lignage, des maistres de nostre hostel et des leurs, et à tous autres officiers quelconques, en quant qu'ilz se pevent meffaire envers nous, et sur painne d'estre mis hors de nostre hostel, et privés de nostre service à perpetuité, que nostre presente ordonnance et volunté tiengnent et gardent, enterinent et acomplissent, facent tenir, garder, enteriner et acomplir, sanz ycelle enfraindre, ne faire ou souffrir faire le contraire, par quelque maniere que ce soit :

Et ou cas que lesdis preneurs ou autres officiers, feront et attempteront au contraire, et à nostre presente ordonnance n'obéiront, nous voulons et nous plaist, que les bonnes gens sur qui lesdictes choses et biens l'en vouldroit prendre, ne obéissent, ne ne soient tenus de obéir ausdiz preneurs ne autres officiers, mais nous plaist et voulons, et leur donnons licence et povoir par ces presentes, que ilz prengnent et puissent prendre de fait et par force (1), iceulz preneurs ou officiers, et les baillent à la justice des lieux ; par lesquelles justices, nous voulons yceulx estre detenus prisonniers, et seurement gardés, senz aucune faveur ne déport, jusques ad ce qu'ilz aient mandement especial de nous, de leurdicte délivrance.

Si vous mandons et enjoignons, tant estroitement comme plus povons, et commettons, se mestier est, par la teneur de ces presentes, et à chascun de vous en droit soy, que nostre presente ordonnance et voulenté, faciez ainsi garder, enteriner et acomplir, senz ycelle enfraindre ne souffrir estre enfrainte en aucune maniere : et affin que lesdiz preneurs ou officiers, ne puissent nostre presente ordonnance ignorer, vous prevost, nos presentes lettres faictes crier et publier solempnellement en nostredicte bonne ville de Paris, ès lieux acoustumez ; ès faubours et aux autres lieux de la viconté d'icelle bonne ville, où mestier sera : et vous austres justiciers à qui ces lettres seront presentées, faictes les semblablement crier et puplier solempnellement, ès lieux de vos jurisdictions, ordinaires, où bon vous semblera.

Et pour ce que nosdictes lettres presentes seront portées en

---

(1) N'est-ce pas là proclamer, et légaliser le droit de résistance à l'oppression ? (Decrusy.)

Cette disposition n'est pas nouvelle. V. ci-dessus, p. 214. (Isambert.)

...lieux, il nous plaist et voulons, qu'il soit foy adjoustée au ... d'icelles, scellées soubz scel autentique, comme au ... original.

Donné à Paris, le 17⁰ jour d'aoust, l'an de grace mil trois cens ... et sept, et de nostre regne le quart.

N°. 411. — LETTRES *confirmatives des priviléges accordés aux habitans du Dauphiné, portant entr'autres choses (art. 14 et 44), que les guerres privées continueront d'être permises en cette province; diverses dispositions sur les testamens, sur les poursuites en matière criminelle, sur les évocations, sur les franchises; l'abolition de la confiscation, la liberté des mariages; sur la construction des moulins, les inventaires, les poursuites pour usure; confirmation des libertés et franchises, la non-rééligibilité des officiers fiscaux, le serment du Dauphin et de ses officiers.*

Paris, août 1367. (C. L. V, 34.)

(8) Quod deinceps in quacunque curia Delphinatus, vel alibi infra delphinatum seu terras ipsi delphinatui, mediate vel immediate subjectas, nulla publicentur vel publicari debeant testamenta nuncupativa; nec ad id quispiam compellatur, nisi dumtaxat in casu quo hæres universalis institutus, ipsum peteret publicari testamentum nuncupativum, in quo esset scriptus et institutus hæres (1).

(16) Quod nulla inquisitio contra ipsos subditos delphinatus aut aliarum terrarum suarum, fieri debeat, neque fiat in non notoriis criminibus, nisi apareat legitimus accusator vel denuntiator; et eo casu, reddi debeant articuli inquisitionis prædicto accusato, antequam respondere quomodolibet compellatur; exceptis tamen gravioribus criminibus, in quibus possit quandocunque, contra quemcumque inquiri ex officio curiæ delphinalis : quæ quidem graviora, voluit ipse dominus delphinus, intelligi secundum leges et etiam declarari.

(17) *Item.* Quod prædicti subditi delphinatus aut aliarum

---

(1) On entend ordinairement, par *testaments nuncupatifs*, ceux qui sont faits de vive voix. *V.* Inst., tit. Testam., § finale, et Du Cange, aux mots *nuncupativum* et *testamentum*. Ces mots ont ici un sens tout différent, puisqu'il s'y agit d'un testament écrit. (Sec.)

terrarum suarum, pro aliqua inquisitione contra eos ficuda, trahi non debeant neque possint extra judicaturam delphinalem, sub qua deliquissent; nisi tamen ipse dominus delphinus vel successores sui, coram se, vel coram consilio assistente eisdem infra delphinatum, ipsos vocare vellent et habere, contra quos esset dicta inquisitio facienda.

(21) Quod si dominus delphinus, vel aliqui ex successoribus suis, vellet quocunque tempore, aliquam villam francham facere (1), homines quicumque ecclesiarum vel nobilium delphinatus aut alterius terræ suæ, in franchisiis dictæ villæ nequaquam recipi debeant vel admitti, nisi prius facta fuerit emenda competens ipsis ecclesiis vel nobilibus, quorum homines reciperentur aut recipi peterentur in franchisiis antedictis.

(24) Voluit, concessit, ordinavit et declaravit idem dominus delphinus, quod bona quorumcunque damnatorum seu damnandorum inposterum, per curiam delphinalem seu per curiam cujuscunque baronis vel Bannereti, aut alterius delphinatus vel alterius terræ dicti domini delphini, subjecti, jurisdictionem habentis, non aplicentur nec aplicari fisco valeant, nec quomodolibet confiscari; nisi hæresis et læsæ-majestatis, ac aliis à jure permissis casibus, in quibus sunt et esse debent damnatorum bona curiæ confiscanda.

(25) Quod ipse dominus delphinus seu successores ejusdem, vel quivis officiales eorum, aut etiam barones, bannereti vel alii subditi delphinatus aut aliarum terrarum suarum, jurisdictionem habentes, non possint nec sibi liceat mulierem quamcunque, cujuscunque status vel conditionis existat, delphinatus, vel eidem mediatè vel immediatè subjectam, vel ejus parentes aut amicos, directè vel indirectè, compellere per pœnas vel mulctas, aut aliis viribus coactivis, ad maritandum cum quocunque homine; nisi quantum de ipsius mulieris processerit voluntate.

(30) Voluit, concessit et declaravit ipse dominus delphinus, quod ipse vel successores sui, nova non possint facere vel construere molendina, in parte aliqua delphinatus seu aliarum terrarum suarum, in præjudicium aliorum qui ab antiquo in locis

---

(1) Etablir une bourgeoisie dans une ville, dans laquelle les sujets des églises et des nobles, ne peuvent venir s'avoüer bourgeois, sans dédommager leurs seigneurs. (Sec.)

illis molendina consueverunt habere; et super his, bonæ delphinatus consuetudines observentur.

(35) Voluit, concessit et declaravit idem dominus delphinus, quod si et quotiescunque ipse dominus delphinus vel successores ejusdem, aut alius quivis pro eo, voluerit contra quemcunque suum subditum, aliquam causam realem, civilem vel criminalem movere, seu etiam mixtam, reus trahi non possit nec debeat quoquomodo, ad quodcunque forum, nisi dumtaxat coram judice ordinario illius judicaturæ sub qua deget reus ipse, seu sub qua res sita erit, si quæstio realis fuerit; vel coram commissario speciali deputato per dominum delphinum qui nunc est et pro tempore fuerit : et ille deputatus cognoscere non possit, nisi in judicatura Rei, et ad expensas domini et non Rei; nisi tamen ipse dominus delphinus vel successores sui, coram se personaliter, vel coram consilio eidem assistente infra delphinatum, vellent dictum reum evocare et examinare, aut examinari facere dictam causam.

(41) Voluit, concessit, declaravit et ordinavit præfatus dominus delphinus, quod per quamcunque curiam delphinalem, non fiant amodo, nec fieri debeant neque possint inventaria bonorum quorumcunque subditorum delphinalium morientium; nisi ad requestam hæredum, vel substitutorum aut executorum illorum morientium, ubi testamento facto, ipsos contingeret mori; vel nisi ad requisitionem propinquorum, vel qui haberent ab intestato succedere, aut propinquorum pupilli vel pupillorum qui deberent succedere mortuo intestato, vel in aliis casibus in jure expressis, quacunque consuetudine contraria nonobstante; prædicta concedens ipse dominus delphinus, dummodo bannereti delphinatus, in terris suis faciant illud idem.

(42) Cum pro parte subditorum delphinalium, supplicatum fuerit ipso domino delphino, quod contra aliquem subditum delphinalem, de ipso delphinatu oriundum, non possit inquiri directè vel indirectè, ex officio curiæ delphinalis, super crimine usurarum; et quod bona morientium non possent vel deberent ex causa prædicta, quovismodo saisiri, capi vel arrestari per ipsam curiam delphinalem, voluit et concessit ipse dominus delphinus, quod servetur super hoc jus commune.

(47) Voluit, concessit et ordinavit ipse dominus delphinus, quod omnes et singulæ libertates, privilegia et immunitates,

per eam et prædecessores suos, universaliter et particulariter, concessæ et concessa civitatibus, villis, locis, terris, baroniis, marchiis, balliviatibus, aut personis singularibus delphinatus seu aliarum terrarum suarum, eisdem, universaliter universis et singulariter singulis, secundum quod concessæ sunt, in omnibus et singulis capitulis et clausulis, integraliter observentur, eaque et eas, ipse dominus delphinus per se, hæredes et successores suos, promisit et convenit integraliter et inviolabiliter observare.

(49) Voluit, concessit, decrevit et declaravit ipse dominus delphinus, quod quicunque judices et procuratores delphinatus et aliarum terrarum suarum, creati et inposterum creandi, non teneant nec tenere possint officia judicaturæ vel procurationis, in una judicatura vel in quocunque loco, continue, nisi per duos annos dumtaxat; et cum amoti fuerint ab ipsis officiis, ad ea non resumantur nec possint admitti seu reduci, de quinque annis proxime sequentibus, quoquomodo.

(51) Voluit, concessit, ordinavit, decrevit et declaravit ipse dictus dominus delphinus, quod quicumque barones, bannereti, nobiles et vavassores totius delphinatus et cujuslibet ejus partis, et aliarum terrarum suarum, teneantur et debeant eorum homines et subditos tractare, fovere et manutenere perpetuo, in et sub consimilibus libertatibus, privilegiis et immunitatibus, quæ et quales per ipsum dominum delphinum, superius sunt concessæ: et si forsan aliqui sint vel pro tempore fuerint, ex ipsis baronibus, banneretis, valvassoribus vel aliis nobilibus supradictis, qui suos homines et alios eis immediate subjectos, tractare nollent, vel non tractarent, foverent et manutenerent in libertatibus, privilegiis et immunitatibus antedictis et consimilibus eis, illi barones, bannereti, nobiles vel valvassores prædicta facere recusantes, aut contrarium quomodolibet facientes, nullomodo gaudeant nec utantur, nec gaudere vel uti possint privilegiis, libertatibus et declarationibus antedictis; illis videlicet, quibus suos homines et subditos, nollent vel non paterentur uti; imo ipsis exempti sint et privati, nec ad eos prædicta privilegia, libertates et declarationes, quibus suos, ut prædicitur, homines et subditos uti non paterentur, aliqualiter se extendant.

(52) Et ut prædictæ libertates, franchesiæ, gratiæ, concessiones, declarationes et privilegia, perpetuis temporibus, me-

lius et firmius observentur, voluit, concessit, ordinavit, declaravit et decrevit dictus dominus delphinus, quod, quandocumque et quotiescumque in futurum, novus delphinus vel successor ejus, veniet ad successionem vel regimen delphinatus, antequam ad homagia seu recognitiones feudorum recipienda seu recipiendas, quovismodo procedat, et antequam aliter compellere possit aliquam singularem personam vel universitatem, ad prestandum et faciendum sibi homagia, fidelitates seu recognitiones, jurare debeat primitùs, ad sancta Dei Evangelia per eum corporaliter manu tacta, in manibus reverendorum patrum, dominorum episcopi Gratianopolitani, vel abbatis Sancti Antonii, Viennensis, et vicariorum suorum, servare, custodire et attendere inviolabiliter præmissas omnes et singulas declarationes, franchesias, libertates ac gratias et privilegia suprascripta, in omnibus et singulis clausulis et capitulis eorumdem : et si ita esset, quod in principio regiminis, ut prædicitur, ad debitam requisitionem baronum, nobilium vel universitatum delphinatus, seu dictorum dominorum prælatorum vel vicariorum suorum, prædictum sacramentum facere recusaret, eo casu, barones, nobiles et universitates quicumque delphinatus et cujuslibet ejus partis, et aliarum terrarum suarum, eidem novo domino successuro, vel officialibus suis, obedire minime teneantur impunè, donec prædictum sacramentum præstiterit et fecerit publicè et per publicum instrumentum.

(53) Concessit, decrevit et declaravit sæpedictus dominus delphinus, quod omnes et singuli ballivi, judices, procuratores et castellani delphinatus et aliarum terrarum suarum, qui nunc sunt, et qui de cætero fient et ordinabuntur de novo, teneantur et debeant, ac eficaciter sint astricti jurare ad sancta Dei Evangelia, præmissas libertates, franchesias, immunitates et declarationes omnes et singulas, in singulis earum clausulis et capitulis, tenaciter custodire et inviolabiliter observare : et si modo debito requisiti, quilibet eorum dictum sacramentum facere et præstare publicè recusarent, impunè non pareatur cuilibet recusanti : et si, quod absit, aliquis ex dictis officialibus prædictis, libertates, privilegia, concessiones vel declarationes, in toto vel in parte, quomodolibet violaret aut infringeret quomodo, ubi convictus erit dictus officialis de violatione prædicta, teneatur et debeat expensas factas per barones, banneretos, vavassores, nobiles, universitates, seu singulares personas, persequentes dictum officialem de dicta violatione, re-

sarcire et solvere; et ad hoc, per suum superiorem viriliter compellatur; et nihilominus, idem officialis violator dictarum libertatum, de perjurio puniatur.

N°. 412. — LETTRES (1) *portant que l'on ne saisira les biens des habitans du Dauphiné, en matière civile ou criminelle, que dans les cas prévus par les lois.*

Paris, 22 août 1367. (C. L. V, 56.)

N°. 413. — LETTRES *portant que les habitans du Dauphiné ne pourront être contraints, par corps, pour dettes fiscales, s'ils ont des biens suffisants, ou s'ils donnent caution.*

Paris, 22 août 1367. (C. L. V, 58.)

N°. 414. — LETTRES *portant que les lettres de justice et autres, pour le Dauphiné, seront exécutoires, quoique non vérifiées à la chambre des comptes de Paris.*

Paris, 22 août 1367. (C. L. V, 62.)

N°. 415. — LETTRES *portant que les subsides accordés par le Dauphiné seront levés par des collecteurs du choix des habitans.*

Paris, 22 août 1367. (C. L. V, 64.)

N°. 416. — LETTRES *confirmatives du privilége de la ville de Buis, en Dauphiné, qui prohibe l'importation du vin et des raisins étrangers, tant qu'il y aura du vin en ville.*

Melun, août 1367. (C. L. V, 69.)

N°. 417. — LETTRES *portant* (2) *défenses des guerres privées, nonobstant toutes coutumes et priviléges, et injonction au prévôt de Paris de punir rigoureusement les infracteurs.*

17 septembre 1367. (Ducange sur Joinville, p. 484, édit. 1819.)

---

(1) Scellées du sceau delphinal. (Isambert.)
(2) *V.* ci-dessus l'art. 10 de l'ord. du 20 juillet, qui les autorise. (*Idem.*)

N° 418. — LETTRES de rémission (1) données par le Roi au duc de Lorraine et aux habitans de Neufchâtel, à raison de meurtres, viols, incendies, assassinats, et rebellions desdits sujets.

Paris, 23 septembre 1367. (Bibl. du Roi, manuscrit de Dupuy, vol. 574.)

CHARLES, etc. Sçavoir faisons à tous présens et à venir,
Que comme en nostre présence et de nostre grand conseil que nous avions pour ce faict appeller et assembler nostre procureur pour nous et en nostre nom, eust faict proposer encontre nostre très-cher et féal cousin le duc de Lorraine present illeuc en personne, que les officiers de nostre dit cousin et habitans de sa ville de *Neufchastel-sur-Meuse,* laquelle nostre dit cousin tient de nous en foy et en hommage avoient pris et detenus prisonniers aucuns de nos prevosts et sergens, et iceux mis à rançon en la dicte ville, et que iceux officiers et habitans de Neufchastel avoient pillé, rançonné et boutté feulx en plusieurs villes et lieux de nostre royaume et de nostre garde, violé femmes, et occis plusieurs personnes sur la frontière d'environ, et voulu aussi accompagné, conforté et recepté les ennemis estans sur nostre royaume ou temps de guerres. Disoit avec ce qu'il avoient esté en nostre chastel de Montesclere et illeuc avoient pris et emporté audict lieu de Neufchatel, nostre artillerie et la valleur de vingt mille florins, et appliqué à l'usage de la dicte ville au proffit de nostre dit cousin et de eux. Disoit oultre que les gens de nostre dict cousin au partir du sieje de devant Avilley où il avoit esté en passant devant le fort de Richecourt qui nous est rendable, navrerent feu Pierre Pentrival, nostre prevost à Villers-le-Pauvre qui leur presentoit à boire de son vin et le noyerent pour ce qu'il se disoit nostre prevost et que plusieurs autres crimes delits et excez avoient faicts ses dicts subjets lesquels nostre dict cousin avoit eux vraysemblablement agreables. Concluant contre nostre dit cousin afin de confiscation de son dict fié de Neufchastel et contre ses dicts subjets qui ces choses avoient faictes, afin qu'ils nous fussent baillez pour les punir des crimes

---

(1) Il y en a d'autres du 9 mars 1390, sous le règne de Charles VI. Ces actes sont importans, puisqu'ils paralysent le cours de la justice; le parlement de Paris, en 1770, a protesté contre le pouvoir que la Cour s'attribuait à cet égard. *V.* ci-dessus, note, p. 256. (Isambert.)

delits et excez dessusdicts et avec ce dict et proposast nostre
dict procureur ou nom de nous et pour nous comme devant
que nostre dict cousin ou ses gens avoient de long-temps grand
envit sur nostre bourg de Passavant qui faisoit frontiere à sa
duché et à l'empire, et grand desir de le destruire et demollir
pour ce que par le chastel de Passavant qui est à nostre dict
cousin puissent plus greves domages nos subjets es dictes parties, et que nostre dict cousin pour mieux accomplir son desir
en cette partye fist chastelain et capitaine de son dict chastel
qui est joignant du dict bourg Aubert-le bastard de Lorraine
chevalier, qui fist par ly et par ses complices plusieurs griefs et
dommages ou pais ou prejudice de nous et de nos subjets et
que environ la mykaresme darreniere passée ot un an un appelé
Le moyne de Passavant par l'ordonnance et du commandement
du dict Aubert accompagné de plusieurs gens d'armes et de
communs subjets et obeyssans de nostre dict cousin vendrent
audict lieu de Passavant, et a heure de soleil levant ou environ.
que les guettes estoient fraischement descendus de dessus les
murs du dict bourc où ils avoient guetté la nuict devant dres-
serent plusieurs eschelles, lesquelles avoient esté de faict ap-
ense pour ce faict en la ville d'Arney ville de nostre dict cousin,
et par les dictes eschelles monterent et entrerent au dict bourc
et lors retournerent aucuns d'eulx querir leurs glaives lesquels
ils avoient laissez à la porte du dict chastel, et en ce faisant
avoient esté mis dedans pour gardes et leurs furent baillez et
que en ces choses faisant le dict Aubert qui estoit en la tour du
dict chastel dont l'on voit dedans le dict bourg, et tout le commune d'iceluy monstroit à la main certains signes au dict moine
et à ses compagnons, et aussi leur disoit les points et les heures
qu'ils devoient monter et entrer ou dict bourc ou arrester pour
mieux venir à leur entancion et que quant ils eurent la seigneurie dudict bourc ils le pilierent, et ce pillage porterent
ou dict chastel a d'Arney et en autres villes de nostre dict cousin,
violerent femmes et occirent plusieurs personnes nos officiers et
autres, et après ce qu'ils y eurent demouré par six ou par sept
jours, boutterent le feu et ardirent tout le dict bourc, et le
merrien qui y demoura, et aussi les pierres des maisons des habitans et de nos murs du dict bourg emporterent et convertirent ez reparations du dict chastel, et des habitations d'iceluy.
si que dict bourc demoura tout arrass et demoly dont apparoit
que ces choses que notoires estoient faictes par son capitaine

qu'il ne pouoit desaduouer, et pour ce que le dict capitaine qui estoit en sa subjection et obeissance n'en avoit deuement puny avoit eu agreables, disant nostre dict procureur que en ce avoient esté commis crimes de nostre majesté blessee, meurtres, roberies, et autres crimes, excez et delicts; concluant contre nostre dict cousin, et ses dicts subjects aux fins dessus dictes. Et de par nostre dict cousin eust esté proposé au contraire que les choses dessus dictes n'avoient pas esté telles ni si griefves comme dessus sont proposées, et que le dict faict de Passavant n'avoit pas esté faict en son nom, ne de sa volonté ou consentement, mais en estoit doulant et courroucez, ne oncques ne l'avoit eu agreable, et que les conclusions de nostre dict procureur ne devoient ne povoient estre recues contre luy ny ses dicts subjets aux fins dessus dictes, et a ce fist monstré et proposé plusieurs raisons de droict et de faict pardevant nous et nostre dict conseil. Et apres ce nous eust nostre dict cousin humblement supplye que pour comtemplacion et amour de luy nous veuillons sur les choses dessus dictes à luy et à ses dicts subjects eslargir nostre grace,

Nous eue consideration et advis au joine aage de nostre dict cousin, et aussi a ce qu'il a esté longuement absent en lointain pays soubs autruy gouvernement, et que il est bien prochain conjoinct à nous de sanc et de lignaige; considerant aussi les bons et loyaux services que les predecesseurs de nostre dict cousin ont faicts aux nostres en leur vivant, et que nous esperons que nostre dict cousin nous fera encore ou temps advenir,

Eue sur ce meure deliberation en nostre dict conseil, avons à nostre dict cousin quitté remis et pardonné de nostre auctorité royal, certaine science et grace especial, quittons remettons et pardonnons par ces presentes,

Tous les crimes delits et excez et toutes autres choses proposées par nostre dict procureur encontre li comme dict est, et toutes demandes faictes sur ce a nostre dict cousin par iceluy nostre procureur, et qu'il pourroit faire pour nous et en nostre nom, de tout le temps passé jusques aujourd'hui; et aussi avons quitté remis et pardonné, quittons remettons et pardonnons de nos dictes auctorité science et grace special a l'humble supplication et requeste de nostre dict cousin aux habitans de la dicte ville et chastellenie de Neufchastel et aussi du chastel et chastellenie de Passavant et des villes d'Arncy, de Martinvelle et a tous autres ses subjects et hommes de sa duché de Lorraine, de quelque estat ou condition qu'ils soient, tous crimes, excez et delicts commis par eux, en faicts et choses dessus dictes ou en autres quelconques, combien que en ces presentes ne soient exprimées fussent plus grands, plus énormes, pareils ou moindres que les dessus dicts, et que par iceux fussent dues poines de mort naturelle ou civile, de mutilation de membres, de confiscation de biens et quelconques autres poines pecunielles ou corporelles ou contempt de nous et de nos officiers et ou prejudice et dommage de nos subjets ou de ceux qui seroient en nostre garde ou autrement contre notre royal majesté en quelque maniere que ce soit en tant comme il nous touche et peut toucher auxquels toutes les poines dessus dictes et toute autre poine ou amende corporelle criminelle et civile qu'ils pourroient avoir encouru envers nous pour occasion des choses dessus dictes ou aulcunes d'icelles ou de quelconques autres quelles que elles soient lesquelles nous voulons estre tenues pour exprimées en ces presentes, et les restituons à leur fame, renommée et a leurs biens saulf le droict de partye a poursuir civilement. Et nostre dict cousin considerant l'amour et la grace que nous li faisions et monstrions en cette partie a recognu et recognoist pour luy et pour ses successeurs ducs de Lorraine tenir en fié et en hommage de nous ou nom de nous et de nos successeurs Roys de France pour le temps advenir le chastel de *Passavant*, avec toute la chastellenie d'illeuc, et des maintenant l'a repris de nous et en est devenu nostre homme et nous en a faict hommage auquel nous l'avons receu, et pour ce que nostre dict cousin nous faisoit demande a cause def eu nostre cousin le duc de Lorraine son pere de la somme de trente mille florins et aussi de plusieurs courses et chevauchées et de plusieurs pilleries roberies et domages faicts en sa terre par maniere d'hostilité en nostre nom par plusieurs nos officiers et subjets. si comme il disoit iceluy nostre cousin de son bon gré et de sa bonne volonté nous a quitté du tout de toutes les demandes qu'il nous a faictes et qu'il nous pouvoit faire pour cause et occasion des debtes dessus dictes ou autres quelconques a luy deues ou a feu nostre dict cousin son pere ou autres ses predecesseurs ou de qui il a ou peut avoir cause tant pour les courses et chevauchées ou autres dommages faicts en sa ditte terre et sur ses subjets par nos dicts officiers et subjects comme pour quelconque autre cause. couleur ou occasion que ce soit sauf le droict de ses dicts subjets a poursuir civilement. et veult que toutes lettres faictes sur les choses dessus dictes soient et demeurent chancellées et de nulle valeur sans ce que jamais action ou demande en puisse estre faite par quelconque voye ou maniere que ce soit par ly ou ses successeurs ou temps avenir et avec ce a voulu et nous a promis nostre dict cousin pour ly et pour ses dicts successeurs que des plaintes que nos subjets feront des subjets d'iceluy nostre cousin il fera faire droict à nos dicts subjects le plustost et le plus hastivement qu'il pourra en bonne foy cessant toute faveur et toutes essoynes et malices. Et par semblable maniere li avons nous accordé faire faire droict par nos officiers aux subjects de nostre dict cousin. Et n'est pas notre intention ne aussi celle de nostre dit cousin que en ces choses soient comprises ne entendues questions ou demandes touchant heritages fors en tant comme dessus est déclaré pour l'ommage de Passavant.

Si donnons en mandement par la teneur de ces presentes lettres a nostre bailly de Chaumont et a tous nos autres justiciers et officiers presents et advenir et a chacun d'eulx si comme a luy appartiendra que de nostre presente grace remission et quittance facent et laissent nostre dict cousin ses dicts subjects et chacun d'eulx jouir et user paisiblement sans les molester ou contraindre ou aucun d'eulx en aucune maniere au contraire en accomplissant de point en point les choses dessus dictes et accordées en tant comme il nous peut toucher comme dit est. Et que ce soit ferme chose et estable à tousjours nous avons faict mettre nostre scel a ces lettres saulf en autres choses nostre droict et en toutes l'aultruy.

Donné a Paris le 23ᵉ jour de septembre l'an de grace 1367, et de nostre regne le quart.

Et sur le reply est escript, par le Roy en son conseil.

Et scellé d'un grand sceau de cire verte pendant en lacs de soye rouge et verte.

Nº. 419. — LETTRES *portant défenses aux femmes de Montpellier, sous peine d'amende et d'excommunication, de porter des pierres précieuses, ou des vêtemens ouverts, comme ceux des hommes, ou au-dessus de leur état.*

Paris, 17 octobre 1367. (C. L. XII, 107.)

N°. 420. — Règlement *portant que les deniers royaux seront employés d'abord aux réparations des châteaux et domaines, ensuite au paiement des rentes et aux dettes royales, et enfin, au paiement des gages des officiers.*

Paris, 20 octobre 1367. (C. L. V. 81.)

N° 421. — Procès-verbal *de la délibération des États du Dauphiné, contenant règlement pour l'imposition et la levée d'une aide, avec exemption en faveur des pauvres veuves et orphelins, et portant pouvoir à l'évêque, au gouverneur et au comte, de donner des interprétations sur les cas douteux.*

Paris, 27 octobre 1367. (C. L. V, 84.)

In nomine Domini, amen.

Cum prælati, barones, personæ ecclesiasticæ, nobiles, vavassores, universitates, communitates et singulares personæ Dalphinatus, nuper viro potenti et magnifico domino Radulpho domino de Loupeyo, gubernatori Dalphinatus, nomine illustrissimi principis, domini Caroli Dei gratia Francorum Regis, Dalphini Viennensis, in subsidium habendi castra per comitem Sabaudiæ retenta, quoddam donum graciosum concesserunt, summam continens triginta millium Florenorum Auri, et pro eo etiam, quod præfatus dominus noster Rex Dalphinus, libertates et franchesias subditis Dalphinalibus concessas, rattificare et observari facere dignaretur, et nonnullas clarificationes et ampletationes concedere (1); unde præfatus dominus noster Rex Dalphinus, auditâ oblatione factâ de præmissis, libertates et immunitates dictorum subditorum rattificavit per suas autenticas litteras et confirmavit; et ultra eas, certas declarationes et ampliationes dictis subditis dedit et concessit (2), contentas in octo autenticis litteris, sigillo magno Dalphinali, cera viridi impendenti, filis ciricis sigillatis : inde est quod anno Domini millesimo tercentesimo sexagesimo septimo, et die 27° mensis octobris, factâ narratione totius facti, et dictarum gratiarum exploratione,

---

(1) Plaintes et subsides se tiennent. *V.* ci-dessus, l'ordon. du mois d'août. (Isambert.)

(2) Nous donnons ci-dessus les titres des plus importantes. (*Idem.*)

in præsentia prælatorum, religiosorum, baronum, bannereto-
rum, nobilium et aliorum pro universatibus et comitatibus Dalphinalibus, congregatorum et vocatorum; pro ut omnium nomina inferius sunt descripta;

Præfatus dominus gubernator, nomine et pro parte præfati
domini nostri Regis Dalphini, petiit et requisivit à prælatis, religiosis, baronibus, bannerelis, nobilibus præsentibus, et cæteris
nominibus absentium destinatis, attendi, adimpleri et compleri
ea quæ per eos, præmissorum prætextu, eidem, et eorum nuncios et ambassiatores, prædicto domino nostro Regi Dalphino,
oblata et præsentata fuerunt.

Super quibus comparuerunt

Pro parte prælatorum, domini episcopus Gratianopolis, et pro
dominis archiepiscopis Ebredunesii et Viennesii; abbatibus sanctorum Antonii Viennensis, Petri Foris-Portam, bonarum vallium,
certi nuncii destinati fuerunt : pro quibus etiam dominus gubernator comparuit, dominique priores sanctorum Roberti,
Martini, Valerii et Donati, Maræ et beati Laurentii; pro quibus
nominatus et electus fuit dictus dominus episcopus Gratianopolis, ad ordinandum et consentiendum prædicta, et circa ea
pro eisdem, et quæ causæ merita postulabunt;

De baronibus et nobilibus comparuerunt ii quorum nomina
inferius sunt descripta; pro parte quorum electi et nominati
fuerunt ad examinandum præmissa, et videndum et ordinandum pro parte ipsorum, ea quæ circa fienda erunt; videlicet,
pro nobilibus judicaturæ terræ Turris, domini Aymo Damaysini
et Guido de Torchi-felone, milites; pro illis de judicatura Viennesii et Valentinesii, domini Aymarus de Rossilione, dominus
Tollini, Reynaudus Falavelli et Aymarus de Briva; pro nobilibus
vero Graisivaudani, domini Disderius Condominus Cassenatici
et Eymerius Leuzonis; pro nobilibus baroniarum, dominus
Guido de Morgiis, dominus Barreti et Petrus de Verona; pro illis
enim de comitatu Vapincenci, domini Guillelmus Augerii et
Guillelmus de Morgiis, milites; pro nobilibus verò Ebredunen-
sibus, dominus Lanceranus de Avansone et Fassionus de Pruneriis, Domicellus;

Pro parte vero universitatum et comitatuum Dalphinalium, de
domanio Dalphinali moventium, comparuerunt personæ quorum nomina inferius sunt descripta : pro parte quarum fuerunt
nominati et electi tam per ipsas partes, quàm per dictum domi-

num gubernatorem (1), qui pro ipsis aderat, videlicet, pro comitatibus Graisivaudani, nobiles Berardus Grinde et Joannes de Ruffo; pro comitatibus Viennesii et Valentinesii, Joannes Vallini et Guillelmus Nasseti; pro illis de terra Turris, Hugonetus de Saletis et Joannes Charreriæ; in baroniis, Reynaudus Latil et Bermundus de Condorserio; in Ebredunesio, Antonius Marro et Joannes Romerii; in Brianconesio, Franciscus Chais et Morquiotus Medalli; in Vapincesio, Franciscus de Croso et Ruffus Perreti.

(1) Qui quidem electi et nominati, in præsencia et de voluntate prædictorum dominorum gubernatoris et episcopi, ac comitis Valentinesii, voluerunt, statuerunt et ordinaverunt, quod pro præmissis adimplendis et complendis, in duabus vel pluribus vicibus, levari, dividi et collocari possint pro quolibet foco, ita quod pauperes per divites supportentur, novem Grossi Turonenses, seu valor ipsorum, Floreno Dalphinali pro duodecim grossis computato; sub hoc modo, quod singuli bannereti, barones, et cæteri clerici, nobiles, et laïci, homines habentes, numerum (2) verum suorum hominum, cum juramentis corporalibus de ipso numero fideliter reddendo, et præfatus dominus gubernator, numerum Focorum Dalphinalium, hinc ad octabas festi beati Martini, tradant aut mittant in manibus; illi de terra Turris, dominorum Aymonis Damaysini et Guidonis de Torchifelone, militum; illi de Viennesio et Valentinesio, dominorum Aymari de Briva et Berlionis Falavelli, militum; illi de Graisivaudano, in manibus dominorum Morardi, de Arciis et Ægidii Benedicti, militum; de Vapincesii comitatu, dominorum Guillelmi Augerii et Guillelmi de Morgiis, militum; de baroniis vero, in manibus domini Guidonis de Morgiis et Petri de Verona; illi de Brianconesio, in manibus Constandeti de Bardonechia; et illi de Ebredunesio, in manibus domini Lantelmi de Avansone et Fassionis de Pruneriis: ita tamen, quod si facta congregatione

---

(1) Apparemment que la représentation était territoriale, et que le gouverneur nommait à raison des domaines du Roi, des députés. Les autres étaient élus, on ne dit pas comment. (Isambert.)

(2) Le sens de la phrase est, que les personnes des différents états du Dauphiné, dressent des états fidèles et au vrai, du nombre des feux qui sont dans leurs terres, et que conjointement avec le gouverneur, ils les envoyent aux députés nommés pour les recevoir. (Sec.)

et collocatione, numerum dictorum Focorum, appareat præfatis dominis gubernatori, episcopo et comiti, et cæteris supra electis, ad dictum numerum petendum et recipiendum, quod summa opportuna dicti doni, et expensarum factarum et fiendarum pro præmissis, inveniri et commode haberi possit pro sex Grossis pro Foco, aut pro minori vel majori summa, usque ad dictos novem Grossos tantùm, quod ultra necessariam summam pro præmissis, non taxatur.

(2) *Item*. Fuit ordinatum et conventum, quod præfati novem Grossi, aut illud quod minus declarabitur pro Foco, solvantur, tradantur et expediantur personis subscriptis, quæ fuerunt ordinatæ pro receptoribus præmissorum; quilibet in judicatura in qua moram trahit: qui receptores sunt isti; videlicet, Berardus Grinde, Bartholomeus Cornerii, Joannes Vallini, Guillelmus Armini, Reymundus Eschaffini, Antonius Mario et Franciscus Chais, creati et constituti quilibet in solidum, ut supra, per dictas judicaturas, ad exigendum et levandum summas Foccorum prædictorum, prout numerus ipsorum per dictos commissarios traditus fuerit eisdem.

(3) *Item*. Fuit actum et ordinatum per præfatos dominos gubernatorem, episcopum et comitem, dictosque electos ac commissarios à nobilibus et communitatibus nominatos et electos, quod dicti præfati religiosi, barones et cæteri nobiles, clerici aut laici, homines habentes, et idem dominus gubernator, quantum personas domanii tangit, exigant, levent et solvant, seu exigi, levari et solvi faciant prædictis receptoribus ordinatis, cuilibet in judicatura in qua personaliter residet, hinc ad festum proximum Nativitatis Domini; videlicet dictos novem Grossos pro Focco, seu illud quod fuerit minus debere levari declaratum.

(4) *Item*. Fuit arrestatum, ut supra, quod si aliqui prelatorum, nobilium aut religiosorum prædictorum, seu aliorum homines habentium, sint negligentes aut remissi de tradendo, infra dictum tempus, numerum Foccorum suorum, præfatis dominis commissariis, et jurando dictum numerum integraliter tradere; quod dicti commissarii, ad proprias expensas ipsorum negligencium et jurare recusantium, eos quos voluerint, destinare et ordinare possint et mittere, ad perquirendum et veraciter referendum et examinandum numerum Foccorum eorumdem.

(5) *Item*. Quod si infrà dictum terminum non solverint, ut suprà, quod, lapso termino dicti festi, executio realis summæ in

qua taxati erunt homines ipsorum, integraliter cum expensis et damnis inde factis et sustentis, contra ipsos et eorum bona realiter, per dictos receptores fieri possit, et contra non solventes, prout eis suberunt.

(6) *Item.* Fuit ordinatum quod nobiles et franchi jurisdictionem aut homines non habentes, in præmissis contribuant et solvant, juxtà facultates ipsorum. Prout alii populares, taxentur pauperes, supportando tamen ad partem, et non cum popularibus taxentur.

(7) *Item.* Quod dictus dominus gubernator idem procuret et ordinet de religiosis et clericis homines non habentibus juridiciabiles, toto suo posse requirendo prælatos, de faciendo eos contribuere in prædictis.

(8) *Item.* Fuit ordinatum et arrestatum, quod præfati receptores et commissarii supra ordinati, habeant, et eisdem per præfatum dominum Gubernatorem detur potestas opportuna, ad faciendum et exequendum ea ad quæ supra ordinantur et sunt electi.

(9) *Item.* Quod præfati receptores non possint nec debeant aliquas expeditiones aut deliberationes facere de præmissis, aut de aliquibus habentis et recipiendis per eos, nisi de mandato et ordinatione expressis prædictorum dominorum gubernatoris, episcopi et comitis, et consensu dictorum dominorum commissariorum, seu majoris partis eorumdem; de quibus mandatis et consensu, constare debeat per patentes litteras ab eis, in præsencia dictorum dominorum seu eorum qui præsentes erunt: ita quod per absentes expeditio non cesset, dum tamen omnes sint vocati, emanatas, et eorum sigillis propriis sigillatas, ac signo tabellionis signatas; nec pecuniam prædictam in alios usus convertere, nisi in solutione dictorum castrorum et expensarum pro præmissis factarum et fiendarum.

(10) *Item.* Quod dicti receptores, de iis quæ modo prædicto solverint, quitti sint et immunes, et coram ipsis dominis computum et rationem administrationis suæ, loco et temporibus opportunis, reddere teneantur; et reliqua rationis expedire, ubi ordinaverint, prout surpà.

(11) *Item.* Fuit ordinatum, quod si aliquis nobilium, religiosorum aut laycorum, merum mixtum imperium homines habentium, summam Foccorum hominum solvere velit, quod ejus solutio recipiatur, et post modum ipsam, quando voluerit, ab ejus hominibus recuperet; quia forte tam pauperes sunt, quod

ita brevi termino, ab ipsis hominibus non possent exigi commode. Si verò habeant homines sine jurisdictione, contribuant cum illis ad quos jurisdictio ipsorum spectabit. -

De quibus quidem commissariis et receptoribus suprà electis, præfati domini Ægidius Benedicti, Morardus de Arciis, Aymo Damaysini, Guido de Torchi-felone, Guido de Morgiis, Aymarus de Briva, Guillelmus Augerii, Guillelmus de Morgiis et Lantelmus de Avansone, milites; Berardus Grinde, Joannes Vallini, Antonius Mario et Franciscus Chays, qui præsentes erant, in manibus præfati domini gubernatoris juraverunt, tactis ab eorum quolibet Dei evangeliis sacrosanctis, quilibet quatenùs sua interest, officium sibi ordinatum diligenter, fideliter et sine fraude facere et exercere, et omnia et singula facere diligenter, quæ continebuntur in cedulis sibi tradendis, et ad officia sua poterunt quomodolibet pertinere,

(12) *Item*. Fuit actum, quod si obscuritas vel dubium circa præmissa orietur vel esset, quod dicti domini episcopus, gubernator et comes, cum dictis commissariis, dubia et obscuritates declarare, aut super præmissis mutare possint et ordinare, prout eis videbitur faciendum.

(13) *Item*. Fuit ordinatum, quod Viduæ et Orphani pauperes non taxentur; de quibus stetur juramentis taxatorum proborum.

Sic est in originali, in camera compotorum Dalphinalium retento.

N°. 422. — MANDEMENT *portant suppression des nouveaux péages* (1).

Paris, 4 décembre 1367. (C. L. V, 89.) — Reg. au Châtelet de Paris, le 15 février.

N°. 423. — LETTRES *portant création d'un hôtel des monnaies à Saint-André près Avignon, pour empêcher la disparition du numéraire.*

Au Louvre-lès-Paris, 5 décembre 1367. (C. L. V, 90.)

---

(1) *V*. ci-dessus l'ord. du 5 décembre 1363. — L'abus des péages a été porté si loin, que de règne en règne, on trouve des suppressions. Aujourd'hui, ces péages sont établis en vertu d'une loi; quand ils ne dépassent pas dix ans, ils forment des contrats inviolables. Loi du 14 floréal an X, art. 11, et lois annuelles des finances, depuis 1816. (Isambert.)

N°. 424. — **Ordonnance** *sur les fonctions des avocats et des procureurs, et sur les procédures au Châtelet de Paris.*

Paris, 17 janvier 1367. (C. L. VII, 705.)

Charles, etc. Savoir faisons que pour l'expédition brieve des causes et querelles qui de jour en jour affluent et sont ventilées en la Court de nostre Chastelet de *Paris*, pour le bien et utilité du commun pour le bien et utilité du commun peuple, nous, par bonne et meure délibéracion de nostre Conseil, avoir fait sur ce certaines ordonnances qui ont esté advisées par nostre *prevost de Paris* et le conseil dudit Chastellet, en la maniere qui s'ensuit.

(1) **Premierement.** Que chacun an, lendemain de *Quasimodo*, et le premier jour plaidoyable après vacacions de vendenges, les advocas et procureurs feront et renouvelleront leurs seremens de bien et loyaulment patrociner, selon ce qu'il leur sera enjoint et chargié par le prevost, et si comme l'en le fait en parlement; et seront les noms enregistrez (1), par quoy l'en sache quelz advocas et procureurs y doivent patrociner.

(2) *Item.* Que doresenavant aucun ne pourra patrociner en fait d'advocacie et de procuracion, se il n'est à ce receuz par le prevost, et par le conseil d'aucuns assistens de la Court, et se il n'a fait le serement de loyaulment patrociner.

(3) *Item.* Que doresenavant, sitost que la premiere messe Saint Jacques de la Boucherie sera chantée, l'audiencier du Chastellet sonnera la cloche qui à ce sera ordonné ou Chastellet, par l'espace et heure de dires unes sept seaumes; et sitost que elle sera sonnée, le prevost ou son lieutenant entrera en siege, pour l'expédicion des causes; et à celle heure vendront et seront tenus venir à la Court, les advocas et procureurs, pour délivrer leurs causes, chacun autour de son audience; et qui ne sera trouvé à son tour, il perdera son audience; se ainsi n'est que il soit hors du Chastellet par le commandement ou congié de la Court.

(4) *Item.* Que les advocas et procureurs ne partiront du Chastellet, puis que ilz soient entrez en jugement, sans licence

---

(1) Aujourd'hui il y a un tableau des avocats. *V.* notes sur l'ordon. du 20 novembre 1822, Collect. Isambert.

Le premier monument sur l'existence du tableau est l'art. 41 de l'ordon. de février 1327. *V.* art. 11; capit. de 809; édit de Kiersy, 861; establis. de 1270, liv. 2, ch. 8; concile de Lyon, de 1274; ordon. du 23 octobre 1274, ci-dessus; ord. de 1291; mandement du 23 avril 1309; art. 12, ord. de 1314; art. 14, ord. du 17 novembre 1318; réglement de mars 1344; et ord. de décembre 1363. (Isambert.)

du prevost ou de son lieutenant, ou sans nécessité ou cause raisonnable.

(5) *Item*. Que les advocas feront délivrer à leur povoir, par leurs procureurs, leurs causes, là où il ne cherra plaidoyerie, et monstrer les explois qui à monstrer feront, en deschargant le siege, et en procédant à l'expédicion des causes.

(6) *Item*. Que advocas ne plaideront causes, se ilz n'en ont fait paravant collacion (1); et n'en feront collacion eu jugement; mais se ils la vueillent faire, ystront de l'auditoire, et la feront à part.

(7) *Item*. Que des causes qui cherront en plaidoyerie, sur l'acercion des fais des parties, les procureurs soient et seront tenus de bailler leurs fais par escript, par maniere de mémoire, espécialment des grosses et subtilles causes; et que les advocas ne plaideront aucuns fais que ceulz qui leur seront baillez.

(8) *Item* Que les procureurs ne se chargeront de causes, se ils ne sont bien instruiz et par bonne collacion, et sentiront, s'ilz peuvent, quelles preuves leurs maistres auront, pour les avoir quant mestier sera; et mettront en mémoire, comme dit est, tout le fait de leurs maistres, pour y avoir recours quant besoing sera, parquoy ils ne se puissent excuser d'ingnorance; et sauront où leurs maistres demourront, ou là où ilz les pourront trouver et faire savoir l'estat de leur cause, afin qu'ilz n'aront cause de eulx excuser de non parler à leurs maistres; et pour cause de telles allégacions, délay ne leur sera donné par le juge, après litiscontestation faire, oultre que les délaiz accoustumez, et telz que se les maistres estoient présens.

(9) *Item*. Que procureurs soient diligens de faire leurs collacions à leurs advocas, et ne les requerront de playdoyer sans bonne collacion.

(10) *Item*. Procureurs monstreront les ungs aux autres, adjournemens, actes, explois qui à monstrer feront, et ne les recuseront à monstrer ou à veoir malicieusement, ne pour délayer les causes.

(11) *Item*. Que procureurs ne feront de leur auctorité, continuacions ne dilacions, se ce n'est de la voulenté de leurs

---

(1) Il faut entendre par ce mot, la communication des pièces que se font réciproquement les avocats et les procureurs. (Sec.)

maistres, ou en cas de nécessité, par le conseil de leurs advocas, ou de la voulenté du juge.

(12) *Item.* Déliverront les ungs aux autres leurs causes amiablement, juge séant et non séant, de tout ce que ilz pourront bonnement délivrer sans nécessité de plaidoierie; et ce que ilz auront entre eulx accordé, passeront et tendront de bonne foy.

(13) *Item.* Respondront aux articles diligemment et loyalment, ou feront respondre leurs maistres, dedens l'assignacion qui sur ce sera donnée, et ne nyeront coustumes, usaiges que ilz sachent ou croient estre noctoires; et se ilz ont à respondre à aucun dont ilz facent doubte, ilz s'en enformeront aux advocas, avant que ilz respondent.

(14) *Item.* Que les déclaracions des despens soient faictes le plus justement que l'en pourra, et affermées par seremens, et aussi les diminucions, en deschargant la Court le plus et le mieulx que fait pourra estre; et que se aucun salaire est demandé par advocas ou procureurs, que riens n'en soit tauxé jusques à tant que le commissaire aura parlé à l'advocat ou procureur, ou que il lui apparra ce qu'il en aura receu.

(15) *Item.* Que les advocas, examinateurs et procureurs, bauldront lettres de quictance de leur salaire (4) qu'il auront eu, s'il en sont requis, afin que plus clerement et certainement l'en puisse tauxer les despens; et aussy les clers mettront en escript ce qu'ilz prendront de leurs escriptures, se ilz en sont aussi requis.

(16) *Item.* Que qui vouldra avoir prouffit de deffaulx, un ou plusieurs, soit prouffit de cause, de despens, ou autre, il sera tenu de les monstrer promptement; ou se ce non, il n'en aura aucun prouffit, s'il ne sont pris et levez, se par la Court ne demeure.

(17) *Item.* Quiconques vouldra proposer aucune exception dilatoire, quelle que elle soit, de chose qui pourra estre monstrée par escript, il sera tenus de monstrer et enseignier promptement, ou au jour qui lui sera pour ce assigné, les lettres, actes ou procès, sur quoy il fondera son entencion; et de ce fera serement, se il les a, promptement, ou non; autrement, son excepcion sera pas receue à celle fin.

---

(1) Ils s'y sont toujours refusés. *V.* notes sur l'ord. du 20 nov. 1822, et le détail de ce qui s'est passé en 1602, Hist. des avocats, par Fournel. (Isambert.)

(18) *Item.* Et pour ce que plusieurs délaiz sont donnez à partie, après assignacion de garant à lui donné pour sommer et dénoncier à son garant, dont moult souvent la partie adverse est délayée par la négligence du deffendeur; ordonné est que doresenavant quiconques vouldra dénoncer ou sommer son garant, il sera tenus de le faire adjourner et luy dénoncier en la cause, avant que la journée qui lui sera assignée à avoir son garant, soit escheue, ou lui faire signifier par l'adjournement qui sera fait, la cause de la dénonciacion, et la mettre en son adjournement, ou en la rélacion du sergent; et se il ne le fait, il n'aura pas pour ce, délay après l'assignacion de garant escheue, et sera tenus de procéder en la cause comme de raison.

(19) *Item.* Et pour ce que oudit Chastellet et ès autres cours subjettes de la ville de *Paris*, a plusieurs dilacions aussi comme frustratoires, comme de donner jour à dire les veritez sur les faiz baillez par escript devers la Court, l'autre, à aler avant sur les veritez qui doivent estre dictes, et la tierce, à aler avant comme dessus sur lesdictes veritez, quant les parties ont esté négligentes et les dire parmi une compulsion que l'en y met lors; ordonné est que depuis que faiz seront baillez et receuz, l'en aura une seule assignacion pour les trois dessus dictes, à aler avant sur les veritez qui seront dictes pendant la journée qui y sera assignée, sur la peine qui estoit mise en la tierce assignacion; c'est assavoir, que qui ne le fera, les fais à quoy l'en n'aura respondu, vauldront pour confessez, et sera décheuz des sieus non affermez.

(20) *Item.* Et pour ce qu'il avient souvent que plusieurs bourgois, forains, marchans, et autres, qui sont tuteurs ou curateurs d'enfans mineurs d'aage, sont et demeurent par plusieurs journées en la Court dudit Chastellet, aux frais et despens des mineurs, en attendant audience de leurs advocas, et la délivrance de leurs causes, et fault qu'ilz comparent en personne avant litiscontestation faicte ès causes, par l'usaige dont l'en use à présent ou Chastellet, qui leur est grant grief et préjudice, et aus diz mineurs, mesmemement pour la multitude des causes d'icellui Chastellet, et pour ce que chacun advocat ne peut pas avoir chacun jour audience; ordonné est que tuteurs ou curateurs d'enfans mineurs, qui auront une fois comparu en jugement pour garder et deffendre les droits des mineurs, soit en demandant ou deffendant, seront receuz doresenavant et puissent ester en juge-

ment par procureur souffisamment fondé, nonobstant que litis-contestacion ne soit faicte ès causes, ne l'usaige dessusdit.

(21) *Item.* Et pour ce que la Court dudit Chastellet a esté et est moult grandement chargée des causes d'opposicion faictes aux criées des maisons et places wides, par vertu du previlège sur ce donné et octroyé aux bourgois et habitans de la ville de *Paris*, et aussi des causes qui sont afin de garnir ou de quicter sur le dit fait des maisons et places wides, lesquelles causes cheent en matiere toute commune, et toutes voyes pour les grans dilacions qui y ont esté et sont données, plusieurs maisons sont cheues en ruyne, et les drois des censiers, perilz; ordonné est que les parties plaideront doresenavant tous leurs fais et leurs tiltres, à une foiz, et quant elles auront plaidoyé, elles seront appointées à rapporter l'enqueste, et qu'elle soit faicte sommierement et de plain, et que la coustume en ce cas introduite, par laquelle le derrenier censier est tenus de garnir pour le droit du premier censier, ou delaissier et quicter le droit qu'il y a, soit tenue et repputée pour noctoire et pour toute confessée, sans nécessité de peuve, en relevant les parties de coustemens, et en abregant les causes,

(22) *Item.* Est ordonné que se une partie est condempnée par sentence de ceans, à garnir ou quicter, etc. et pour ce faire lui est prefixé temps de quarante jours, et ledit temps passé, la partie condempnée est adjournée deuement afin de monstrer la garnison, se aucune en a faicte, etc. et contre elle la partie demanderesse obtient deux deffaulx, par vertu d'iceulx deffaulx, la demande pertinent à la matiere, sera adjugée à ycelle partie demanderesse, tout ainsi que se elle avoit obtenue quatre deffaulx contre partie deffenderesse; pourveu qu'il y ait adjournement fait à personne, ou au lieu où la partie deffenderesse avoit esleu son domicile.

(23) *Item.* Quiconques se vouldra doresenavant opposer aux criées qui seront faictes par vertu du privilege et ordonnance royal octroyé aux bourgois et habitans de la ville de *Paris*, sur le fait des maisons wides et vagues, ruineuses et inhabitables de ladicte ville, il sera tenus en faisant sadicte opposicion, de dire et d'esclarcir la cause ou les causes de son opposicion, et les arreraiges qui lui sont deubz, et sera mise en escript par le clerc qui tendra le registre desdictes criées, ou autrement, son opposicion ne sera pas receue; et oultre, sera tenus de eslire

domicile à *Paris*, pour y estre sur ce couvenu, se mestier est.

(24) *Item.* Nous ordonnons que aucune personne sus premier adjournement de causes qui aura esté mises en deffault ou Chastellet de *Paris*, ne soit pas adjournez sur le prouffit dudit deffault, s'il n'appert de la demande qui sera ou aura esté faicte contre lui, ou des moyens d'icelle demande, par ledit deffault, ou par la fourme du premier adjournement sur lequel ledit deffault sera ou aura esté empetré, ou par assignacion qui soit donnée entre les parties, depuis le premier adjournement, affin que la personne qui aura ainsi esté mise en deffault, en faisant l'adjournement sur le prouffit dudit deffault, soit ou puist estre cerciorée et advisée de la demande que l'en aura faicte contre lui, en son absence, et que la demande ne puist estre muée ou changée.

(25) *Item.* Que chacun advocat aura quatres causes à son audience, et non plus, se le prevost ou son lieutenant en la fin de leur audience, ne leur en veult aucune donner oultre le nombre des dictes quatre causes, selon ce qu'il verra à sa discrecion et ordonnance.

(26) *Item.* Et pour ce que plusieurs complaintes sont venues et viennent de jour en jour contre plusieurs sergens de nostredit Chastellet, qui ont pris et prennent argent de ceulx sur lesquelz ilz vont faire et font exécucions, à la requeste des créanciers qui les y envoyent, et donnent à entendre que ilz prennent ledit argent sur leur salaire, parquoy est avenu souventes fois, et avient que les créanciers ne reçoivent riens de leurs debtes, mais ce qui deust tourner à leur prouffit, les diz sergens apliquent pardevers eulx, et tournent à leur singulier prouffit; et encores pour cause des deniers que ainsi reçoivent des obligez ou condempnez, ont esté et sont favorables à iceulx obligez ou condampnez, et ne font pas leur devoir de faire les exécucions qui leurs sont commises, lesquelles choses sont contre raison, et ou grant préjudice et dommaige de nostre commun peuple; nous voulans à ce pourveoir et aux inconvéniens qui s'en peuvent ensuir, avons ordonné et ordonnons que doresenavant aucuns sergens ne prendront, ne pourront prendre argent ne deniers de ceulx sur qui les exécucions seront par eulx requises, sur peine de privacion de leurs offices et d'amende volentaire, se le cas le requiert, se ainsi n'est que premierement et avant ce qu'il en reçoivent aucune chose, la debte principal dont exécucion sera requise, soit paiée entierement, et que ce qu'ils recevront à

cause de leur salaire, leur soit baillié amiablement sans aucune contrainte ou exaction, de celui ou ceulx qui auront esté et seront exécutez.

Toutes lesquelles ordonnances et chascune d'icelles, nous voulons et expressément commandons et ordonnons estre tenues et gardées doresenavant sans enfraindre en aucune maniere.

Si donnons en mandement par ces présentes, à nostredit *prevost de Paris*, qui à présent est, ou à son lieutenant, et à ses successeurs qui pour le temps avenir seront prevostz de *Paris*, que noz présentes ordonnances ilz publient et facent publier solempnelement, et les gardent et tiennent et facent tenir et garder entierement et diligemment, de point en point selon leur forme et teneur, sans les enfraindre ou souffrir estre enfraintes en aucune maniere, en punisant les faisans au contraire, si comme il sera à faire de raison : car ainsi le voulons nous estre fait, de nostre plaine puissance et auctorité royal, nonobstant quelzconques autres ordonnances, usaiges, stiles, drois ou coustumes à ce contraires, ne lettres supreptices empetrées ou à empetrer au contraire.

Donné à Paris, le XVII° jour de janvier, l'an de grace mil ccc. LX. et sept, et de nostre regne le quart.

N°. 425. — LETTRES *qui ordonnent que le prévôt de Paris, privativement à tout autre, connaîtra de l'exécution des actes scellés du scel du Châtelet de Paris.*

Paris, 8 février 1367. (C. L. V, 95.) — Reg. au Châtelet le 12.

CHARLES, etc. A nôtre prevost de Paris et à son lieutenant: salut.

Comme de nostre droit, et de si grant ancienneté qu'il n'est memoire du contraire, la congnoissance du sellé de notredit Chastellet de Paris (1), et des oppositions faictes contre les executions qui sont requises et faictes par vertu des lettres scellées dudit scel, et de toutes les deppendances, à cause de ton office

---

(1) C.-à-d., des actes passés sous le scel du Châtelet. On trouve, dans des lettres du 7 février 1367, la clause suivante : « Pour ce est-il que Nous, qui voulons la congnoissance dudit scellé et des appartenances, appartenir à toy et à tes successeurs pour Nous, et non a autres, si comme il est accoustumé d'ancienneté, et nostre droit de ladicte Court de Chastelet. » C'est probablement cette ordon. que désigne l'auteur du Répertoire. Isambert.

te appartiengne pour nous, et non à autres ; et nous afons entendu que pluseurs de noz officiers et justiciers, et des officiers et justiciers d'aucuns de notre lignage et autres seigneurs haulx justiciers de notre royaume, en quelles jurisdictions aucunne executions ont esté requises et faictes par vertu dudit scellé, t'ont reffusé et reffusent à ce renvoyer ladicte congnoissance, et à toy rescripre, quant ilz en ont esté et sont requis ; et oultre s'efforcent et veulent efforcier de congnoistre des dictes oppositions, et de tenir sur ce les parties en procès devant eulx ; qui est ou grant prejudice de nostre droit, et de la jurisdiction de nôtre court de Chastellet estre gardé en cette partie.

Te mandons et commettons par ces presentes, que tous nos justiciers, et autres officiers et justiciers des subgez de notre royaume, quelz qu'ilz soient, de notre [lignage ou autres, qui te auront reffusé ou reffuseront doresenavant, à renvoyer la congnoissance des dictes oppositions dudit] scellé, et des dépendances, et qui auront esté ou seront en demeure, ou reffusant de t'en rescripre, si comme il est accoustumé, tu contraingnes et faces contraindre vigoureusement ad ce faire, senz faveur ou deport, et à nous en faire amende convenable : appellé ad ce nôtre procureur, et les en pugnir par telle maniere, que vôtre droit y soit gardé, et que ce soit exemple à tous autres : et nous mandons, commandons et enjoignons estroitement par ces presentes, à tous les justiciers et subgiez de nôtre royaume, que à toy et à tes deputez, en ce faisant, obeïssent diligemment.

Donné à Paris, le huitième jour de fevrier, l'an de grace mil trois cens soixante-sept, et de notre regne le quart. Scellé en cire jaune. Ainsi signé. Par le Roy, à la relation du conseil.

N°. 426. — Réglement *pour le guet de la ville de Paris* (1).

Paris, février 1367. (C. L. V, 97.)

---

(1) *V*. ci-dessus, pag. 172, l'ord. du 6 mars 1363. (Isambert.)

N°. 427. — Lettres *du lieutenant de Roi, en Languedoc, qui ordonnent qu'il ne sera point payé de finance par les non-nobles, pour les acquisitions d'alleux non-nobles, et ne relevant point du Roi, ni en fief ni arrière-fief, faites de personnes nobles; et que ceux qui n'auront point payé la finance des francs-fiefs et nouveaux acquêts, n'y pourront être contraints par l'emprisonnement de leurs personnes, mais seulement par la saisie et vente de leurs biens.*

Nismes, 16 février 1367. (C. L. V, 99.)

N°. 428. — Lettres *qui ordonnent l'exécution de trois anciennes bulles, la première et la deuxième portant défense de lancer aucun interdit sur le royaume, sans la permission spéciale du Saint-Siége; la dernière, disant que nul ecclésiastique, sujet du Roi, ne sera cité au-delà des monts.*

Paris, 14 mars 1367. (C. L. V, 100.)

Carolus Dei gratia Francorum Rex : senescallo Tolosæ, Carcassonæ et Bellicadri, ceterisque justitiariis nostris, vel eorum loca-tenentibus : salutem. Certas bullas papales de nostris thesauris extrahi fecimus et copiari; quarum tenores sequuntur, et sunt tales.

Gregorius episcopus (1), servus servorum Dei : carissimo in Christo filio, illustri Regi Francorum : salutem et apostolicam benedictionem.

Apostolice sedis benignius, sincere obsequentium vota fidelium favore benivolo prosequi consuevit, et illustrium virorum personas, quas in sua devotione perpetuas invenit et ferventes, quibusdam titulis decentius decorare.

Ut igitur ex devotione quam ad nos et romanam ecclesiam habere dinosceris, favorem apostolicam tibi sentias accrevisse, tuis devotis supplicationibus inclinati, ad instar felicis recordationis Innocentii papæ predecessoris nostri, auctoritate tibi presentium tibi indulgentes, ne nullus in terram tuam, excommunicationis vel interdicti sententiam proferat absque mandato sedis apostolicæ speciali; nos autem decernimus irritum et inane,

---

(1) On croit que c'est Grégoire IX, élu en 1227. Isambert.

MARS 1367.

si quid contra præmissæ indulgentiæ nostræ tenorem, contingerit attentari : nulli ergo omnino hominum liceat, hanc paginam nostræ concessionis infringere, vel ei ausu suo temerario contra ire.

Si quis autem hoc attemptare presumpserit, indignationem omnipotentis Dei, et beatorum Petri et Pauli apostolorum ejus, se noverit incursurum.

Datum apud Urbem-veterem, viiij kalendas aprilis, pontificatus nostri anno primo.

Item. Sequitur tenor alterius bullæ.

Clemens episcopus (1), servus servorum Dei : charissimo in Christo filio, Ludovico Regi Francorum illustri : salutem et apostolicam benedictionem.

A felicis recordationis Alexandro et Urbano predecessoribus, serenitatis tuæ olim extitit indultum, ne à quoque judice delegato vel ordinario, terra tua posset ecclesiastico subici interdicto, ut cum, à nobis postmodum ad apicem apostolatus assumpti, indulti hujusmodi innovatio per tuos nuntios peteretur, nos annuissemus votis tuis, et eandem gratiam innovassemus, verbis aliquibus additis, quod ad terras tui domanii artare videbant eandem; licet autem, te postea de adjectione hujusmodi conquerentes (2), nos tandem eorumdem predecessorum

---

(1) Cette bulle est adressée à Louis Roi de France : Je ne doute point que ce ne soit S.t Louis, et que le Pape qui la lui adressa, ne soit Clément IV, élu en 1265. (Secousse.)

(2) Cette bulle est extrêmement corrompue. Voici ce qu'elle signifie :

Les Papes Alexandre et Urbain avoient ordonné que nul juge, soit ordinaire ou délégué, ne pourroit lancer aucune excommunication dans les *terres* du Roi; c'est-à-dire, nonseulement dans celles qui étoient de son propre domaine, et dont il avoit le domaine utile, mais encore dans celles dont il n'avoit que le domaine direct, et qui étoient possédées par des personnes qui en avoient le domaine utile, et qui les tenoient de lui en fief. Clément confirma ces bulles de ses prédécesseurs; mais il ajouta dans sa bulle une clause qui sembloit les restraindre aux terres qui étoient du propre domaine du Roi, et dont il avoit le domaine utile. A la requête du Roi, il renouvella purement et simplement les bulles d'Alexandre et d'Urbain, en supprimant la clause qu'il y avait ajoutée dans sa première confirmation. Cependant quelques juges, sans avoir égard à cette suppression, vouloient exécuter cette première bulle de confirmation, et en conséquence, ils croioient pouvoir lancer des excommunications dans les terres des seigneurs qui relevoient du Roi : mais Clément déclara par cette derniere bulle, que celles d'Alexandre et d'Urbain devoient être exécutées, sans avoir aucun égard à la clause qu'il avoit ajoutée dans sa première bulle de confirmation; laquelle clause il revoqua. (Secousse.)

nostrorum sequuti vestigia, ipsorum circa hoc innovaverimus indulgentiæ, adjectionem prædictam sublata, adhuc tamen calumpniantur aliqui, prout fertur; et quasi sufficere debeat semel saltem de nostro, ut asseruit, intellectu per adjectionem hujusmodi constitisse, sic apostolicam attenuant gratiam et restringunt, ut sibi in loco aliquo cujus Dominus publice nominare, quisquam alius jurisdictionis cujuslibet aut Dominii vel modicam partem habeat, quam etiam à te teneat et se tenere cognoscat, locum illum domanii regentur (1) esse, et concludatur per consequens, ad loca talia prædictam indulgentiam non extendi : nos igitur, nihil penitus intendentes purè detrahere vel adhicere veritati, interpretationem illam, si tamen interpretatio dici debeat, quam per verba prædicta, de tuo domanio, predecessores dictorum indulgentiam super addita, fecisse dicant, penitus revocantes, haberi volumus pro inserta ; ita quod dictis indulgentiis, sicut primo ab eisdem predecessoribus, et à nobis novissimè emanavit, dicta nostra interpretatio seu adjectio nihil detrahat, nichil hæc revocatio super addat; sed in sensu verba remaneat earumdem, quæ sine calumpnia et absque qualibet captioso habent seu continent intellectu.

Datum Viterbii, ij^{do} kalendas augusti, pontificatus nostri anno secundo.

Item. Sequitur tenor alterius bullæ.

Urbanus episcopus (2), servus servorum Dei : Ad futuram rei memoriam. Ad audientiam nostram, fide digna multorum relatione pervenit, quod nonnulli prelati aliæque personæ ecclesiasticæ, seculares et regulares, in regno Franciæ consistentes, privilegiis et indultis quibus se armatos ab apostolica sede pretendunt, illicitis abusibus abutentes, alios prelatos et personas ecclesiasticas et laicas, de regno predicto, coram conservatoribus eis ab eadem sede concessis, extra dictum regnum trahere, multisque laboribus et expensis ac redemptionibus et vexationibus, et ut plurimum et sine rationabili causa, gravare; et nonnulli etiam prelati ac personæ ecclesiasticæ hujus-

---

(1) Ce mot est corrompu, et il faut en substituer un autre qui signifie que les juges prétendoient que ces terres des seigneurs, ne devoient point être réputées du domaine du Roi. (Secousse.)

(2) C'est Urbain V qui siégea pendant le regne de Charles V, ayant été élu en 1362. (*Idem.*)

modi, de regno predicto, alios prelatos et personas tam ecclesiasticas quam etiam laycales personas, pro juribus sibi cessis ab aliis tam ecclesiasticis quam secularibus personis, coram hujusmodi conservatore, etiam infra dictum regnum, in causam trahere et indebitè molestare malitiosè presumunt; propter que nos hujusmodi obviare malitiis cupientes, carissimi quoque in Christo filii nostri Charoli Regis Francorum illustris, in hac parte supplicationis inclinati, tenore presentium facimus, instituimus et ordinamus, quod quamdiu Romana curia erit ultra montes (1), nullus prelatus vel alia persona ecclesiastica, secularis vel regularis, infra dictum regnum consistens, aliquem vel aliquos clericos vel laycos, coram aliquo conservare per sedem apostolicam, auctoritate litterarum sedis ejusdem, in forma consilii (2) deputato vel depputando, seu ejus comisso, quacumque occasione vel causa, ad judicium extra regnum predictum; nec etiam super hujusmodi juribus sibi cessis, etiam infra ipsum regnum trahere, aut aliquatenus molestare seu inquietare; dictique conservatores, contra constitutionem et ordinationem nostram hujusmodi, contra aliquos procedere, aut in aliquos vel in aliquem excommunicationis, suspensionis vel interdicti sententias promulgare voleant vel presumant : Nos enim ex nunc, omnes processus et sententias hujusmodi, quos contra ordinationem nostram predictam, fieri contingerit, irritos decernimus et inanes; constitutionibus, privilegiis et litteris apostolicis, quorumcumque tenorum existant, nonobstantibus quibuscumque. Nulli ergo omnino hominum liceat hanc paginam nostræ constitutionis et ordinationis, infringere vel ausu temerario contraire : Si quis autem hoc attemptare presumpserit, indignationem omnipotentis Dei, et beatorum Petri et Pauli ejus, se noverit incursurum.

Datum Massiliæ, septimā idus maii, pontificatus nostri anno v°.

Intelleximus que quod archiepiscopi et ceteri prelati senescalliarum et jurisdictionum vestrarum, jurisdictionem haben-

---

(1) Urbain V, aussi-bien que quelques-uns de ses prédécesseurs, faisoit alors sa résidence ordinaire à Avignon. Ce fut Grégoire XI, son successeur, qui retourna à Rome. (Secousse.)

(2) C'est le concil générale de Vienne, tenu en 1311.
Comme les actes de ce concile ne se sont pas conservés en entier, je n'ai rien trouvé touchant ces conservateurs, dans ce qu'en rapporte le pere Hardouin dans sa *Collection des conciles*. (*Idem.*)

tium spiritualem, contra tenorem bullarum predictarum, in nostri et nostrorum subditorum prejudicium abutentes, attemptare non formidant, quod nobis displicuit et displicet in inmensum; quo circa vobis et vestrum cuilibet, prout ad eum pertinuerit, districtè precipiendo mandamus, quatenus omnibus et singulis jurisdictionem et senescalliarum vestrarum prelatis, et eorum vicariis et officiariis, ceterisque jurisdictionem habentibus spiritualem, premissa specialiter intimetis; et notanter inhibentes eisdem, vel eorum singulis, ex parte nostra, sub magnis penis nobis applicandis, ne contra tenorem bullarum predictarum, subjectos vel officiarios nostros quoquomodo molestare presumant, nec ab inde in antea, in nostri prejudicium attemptent: quod si aliquis contra premissa repereretis attemptare, ipsos compellatis per bonorum suorum temporalium captionem et detentionem, et à premissis compellatis abstinere, et per penarum declarationem et earum executionem, taliter in premissis vos habentes, quod per negligentiam vestram, nostram indignationem non incurratis.

Datum Parisius, xiiij die martii, anno Domini m. ccclxvij. regni autem nostri quarto.

Per consilium existens in camera compotorum.

N°. 429. — LETTRES *portant défenses à tous nobles et autres du Dauphiné, de sortir avec armes, sans permission du lieutenant du Roi, à peine de confiscation de leurs fiefs, et d'une amende de 200 marcs d'argent, et qui leur ordonnent de se mettre en état de défendre le pays.*

1er avril 1368 (1), avant Pasques. (Bibl. du Roi, lib. memor., mss. J, Nicoleti, cot. 136j, f° 11, v°.)

N°. 430. — LETTRES *portant qu'une ville ne peut être close et fortifiée sans la permission du Roi, et qui permettent aux notables de Vermanton de se clore et fortifier à leurs frais, à la charge d'une juste indemnité envers ceux qui devront être dépossédés.*

Paris, avril 1368. (C. L. V, 111.)

---

(1) Cette pièce est de 1367, puisque l'année 1368 n'a commencé que le 9 avril. (Isambert.)

AOUT 1368.

N°. 431. — MANDEMENT *portant que les lettres d'amortissement, de légitimation, bourgeoisie et anoblissement, ne pourront être délivrées avant d'avoir été scellées et passées à la chambre des comptes.*

Paris, 21 juillet 1368. (C. L. V, 119.)

N°. 432. — LETTRES *portant qu'il sera établi un contrôleur dans chacune des recettes du Languedoc, et qui règlent leurs fonctions.*

Paris, 7 août 1368. (C. L. V, 122.)

N°. 433. — MANDEMENT *au prévôt de Paris, portant défense à ceux qui n'ont pas droit de colombier* (1), *d'avoir des pigeons dans les maisons de Paris et de la banlieue, et à toutes personnes de tendre des rets aux pigeons.*

Paris, 29 août 1368. (C. L. VI, 497.)

De par le Roi. — PRÉVOST de Paris.

Nous avons entendu que en nostre bonne ville de Paris et en plusieurs lieux de la banlieuë d'icelle, a plusieurs assietes de coulons (2) où se retraïent et assieent plusieurs des coulons qui s'esvolent aucunes foiz de plusieurs des coulombiers de noz subgez, lesquelles assietes sont ou prejudice et dommage de noz diz subgez; et comme lesdiz coulons de coulombiers sont propres heritages de noz diz subgiez, et que aucunes foiz on les baille en partage ou apenage en assiete de terre; et aucuns de ceulz à qui ilz sont lesdictes assietes, retiennent et prennent plusieurs des coulons desdiz coulombiers, oultre le gré, voulenté, et ou desplaisir et dommage de noz diz subgiez, si comme ilz dient;

Nous vous mandons et enjoingnons estroitement, que tantost et sanz delay vous faites crier à Paris, que nul ne soit si hardiz qu'il ait ne tiengne assiete de coulons en nostre dicte ville et

---

(1) Ce droit a été aboli par l'art. 2 de la loi du 4 août 1789. *V.* note sur l'ord. du 1er fevrier 1350, tom. IV, p. 626; et le Nouv. Rép., V. *Colombier*, p. 449. (Isambert.)

(2) *Pigeons.* A l'égard du mot *assiette*, signifie apparemment un endroit où l'on nourrit des pigeons dans les maisons où l'on n'a pas le droit d'avoir des colombiers, et que l'on nomme ordinairement, *volet.* (Secousse.)

banlieuë de Paris, ou préjudice des coulombiers de nos subgez, sur certaines paines à appliquier à nous selon vostre ordenance, et sur quanque ilz se pevent meffaire.

Item. Que nul ne soit si hardis sur paine de la hart, de tendre aux coulons en la prevosté et viconté de Paris, ne de prendre yceulx à raiz ne autres engins.

Donné à Paris, le xxix.ᵉ jour d'aoust, l'an de grace mil cccix et huit.

N°. 434. — LETTRES *portant que les commissaires du Roi ne pourront tirer les habitans de Narbonne hors du territoire de cette ville, pour juger les procès de ces habitans, si ce n'est dans les affaires où le Roi aura intérêt.*

Paris, août 1368. (C. L. V, 124.)

N°. 435. — LETTRES *qui rétablissent la commune de Douai, abolie pour fait de prévarication dans l'administration de la justice criminelle; qui déterminent le mode d'élection des échevins par les bourgeois de la ville, et qui portent (art. 37), que tous les jugemens seront rendus publiquement.*

Neele en Vermandois, 5 septembre 1368. (C. L. V, 130.)

N°. 436. — ORDONNANCE (1) *portant que, dans les justices féodales du Vermandois, les seigneurs, en cas d'infirmation de leurs jugemens* (2), *et les appellans, en cas de confirmation par le parlement, paieront une amende de 60 livres, sans préjudice des poursuites pour fraude, dol ou faveur entre les juges seigneuriaux qui s'en seraient rendus coupables.*

Tournay, septembre 1368. (C. L. V, 140.)

---

(1) Le Roi dit, dans le préambule de cette ordonnance : « *Per eam quippe justitiam, Reges et principes dominantur in sæculo, provinciarumque populi ac respublica in pacis tranquillitate feliciter et longius observatur.* » (Isambert.)

(2) L'ordon. de 1667, tit. 1ᵉʳ, art. 8, consacre encore cette responsabilité; mais la disposition de cette ordonnance n'a jamais été appliquée pour simple erreur. — Le Code de procédure, art. 505, permet aussi de prendre les juges à partie pour dol et fraude. — Mᵉ Laromiguière, avocat, a fait paraître, en 1822,

JANVIER 1368.

N° 437. — LETTRES *portant commission pour la réformation des abus commis dans les halles de Paris, et qui donnent pouvoir à ces commissaires de faire des réglemens de police exécutoires, sans le concours du Roi* (1).

Paris, 13 octobre 1368. (C. L. V, 147.)

N° 438. — LETTRES *portant que les libraires, les écrivains, relieurs et parcheminiers de l'université de Paris, seront exempts du guet.*

Paris, 5 novembre 1368. (C. L. V, 686.)

N° 439. — MANDEMENT *d'ajournement personnel du Roi d'Angleterre à la chambre des pairs* (2).

Paris, 25 janvier 1368. (Froissart, ch. CCXLVII, p. 543. — Lancelot, preuves du Mém. des pairs, p. 584.)

CHARLES, etc., à notre nepveu le prince de Galles et d'Acquitaine, salut.

Comme ainsi soit que plusieurs prélats, barons, chevaliers, universités, communautés et colleiges des marches et limitations du pays de Gascongne, demourans et habitans es bandes de nostre royaulme avecques plusieurs autres du pays et duché d'Acquitaine, se soient traitts pardevers nous et notre court, pour avoir droict d'aucuns griefs et molestes indeues que vous par foible conseil et simple information leur avez proposé à faire, de laquelle chose sommes esmerveillez : Doncques pour obvier et remedier à ces choses, nous nous sommes adhers avecques eulx et adherons, tant que de nostre magesté royalle et sci-

---

un ouvrage sur la possibilité d'assurer le succès des bons procès. *Lata culpa dolus est*, dit ce jurisconsulte; L. 15, Dig. de judiciis. — Arrêt de la Cour de cassation, rapporté par Sirey, tom. VI, I, 564, qui condamne un juge à 6000 fr. de dommages-intérêts, pour faute grave. (Isambert.)

(1) D'après nos lois actuelles, les autorités municipales jouissent du même droit. A Paris, il est exercé par le préfet de police, comme il l'a été par le prévôt de Paris. *V.* ci-après, l'ordon. du 26 mars 1368; arrêté consulaire de messidor an XII, fondé sur les lois de 1790 et 1791, relatives aux municipalités et à l'organisation judiciaire. *V.* le président *Henrion*, du pouvoir municipal. (*Idem.*)

(2) Villaret, (Hist. de France), a jugé cet acte assez important pour le rapporter tout entier. (Decrusy.)

Le comte de *Boulainvilliers* a dit, à ce sujet, que Charles V n'osant attaquer

gneurie nous vous commandons que vous viengnez en nostre cité de Paris en propre personne, et vous monstrez et presentez devant nous en nostre chambre des Pers pour ouyr droict sur lesdictes complainctes et griefs esmeus de par vous à faire sur vostre peuple qui clame à avoir et à ouir ressort en nostre court. Et à ce n'y ait point de faulte, et soit au plus hastivement que vous pourrez après ces lettres veues.

En tesmoing de laquelle chose nous avons à ces présentes mis nostre scel.

N°. 440. — LETTRES *sur la commune de Péronne, portant (art. 8), que celui qui, en se défendant, tue un homme qui veut entrer de force dans sa maison, lorsque la loi ne le permet pas, n'est passible d'aucunes peines.*

Paris, 28 janvier 1368. (C. L. V, 156.)

N°. 441. — LETTRES *qui défendent aux propriétaires et locataires des maisons d'une rue de Paris de louer à des femmes de mauvaise vie, et à celles-ci d'y demeurer* (1).

Paris, 3 février 1368. (C. L. V, 164.)

N° 442. — LETTRES *qui défendent de contraindre les Juifs d'aller à l'église.*

Paris, 22 mars 1368. (C. L. V, 167.)

CHARLES, etc., à tous justiciers et officiers de nostre royaume: salut.

Deys Quinon, juif, procureur general des juifs habitans et demurans en nostre royaume, ès parties de la Languedoc, nous font exposer humblement, que comme lesdits juifs soient

---

ses ennemis à force ouverte, ne faisait la guerre que par procédure. — Le Roi d'Angleterre était dans un âge avancé, et le prince de Galles était atteint d'une maladie mortelle. — Il semble que les stipulations du traité précédent s'opposaient à la réception de cet appel. Ce qui réussit alors contre les Anglais, fut la cause effective de la perte de la Bretagne. V. les Grandes Chroniques de France, tom. III, f° 5-8, et ci-après, l'ordon. de 1370, qui confisque la Guyenne. (Isambert.)

(1) Cette prohibition existe encore, en ce sens qu'on ne peut louer en garni, sans remplir les formalités prescrites par la police. (*Idem.*)

par nostre congé et licence, venus demurer en nostre royaume, en intention d'estre tenus et gardés sous nous, en paix et tranquillité, et deffendus de toutes oppressions, griefs et molestacions quelconques; moyenant certaines redevances qu'ils nous payent pour ce, chacun an; néantmoins aucuns chrestiens convers, qui depuis ce que lesdits juifs commancerent à habiter en nostredit royaume, se sont convertis à la foy catholique, et faits baptiser, se efforcent de imposer à aucuns juifs abusions et malvesties, en faisant faire constraindre à aler à l'église, ouir le service divin et les sermons et predications que l'on y fait; parquoy iceux juifs, qui n'ont pas ce accoutumé, ne n'y ont aucune devotion, pourroient estre en grand peril de leur corps; mesmement que le peuple chrestien les a moult en derision, et ne se font que mocquer d'eux, quand ils le voyent entre eux, si comme dit icellui procureur, supplians que sur ce, les veuillons pourvoir de remede convenable :

Pourquoy nous, ces choses considerées, sachans que les sacrements de sainte Eglise ne doivent pas estre administrés par force, & aussi que nuls n'y doit estre contraint (1), si ce n'est par vraye devotion, voulans eschever plusieurs perils et inconvenieus qui s'en pourroient ensuivre, vous mandons, et à chacun de vous, si comme à lui appartiendra, que lesdits juifs ni aucuns d'iceux, vous ne constraignés ou faites constraindre à aler à l'eglise ne oüir les sermons et predications contre leur volunté; en deffendant ausdits chrestiens convers, et à tous autres dont vous serés requis, que ausdits juifs ils ne meffacent ou medisent en aucune maniere; et ne voulons que pour ce, à l'instigation et pourchas d'iceux chrestiens convers, vous mettez lesdits juifs ou aucuns d'eux en procès, se ils ne se font partie, ou se vous n'avez suffisante information contre eux : car ainsi le voulons nous estre fait, et auxdits juifs l'avons octroyé et octroyons de grace special, par ces presantes; nonobstant quelconques lettres subreptices, impetrées ou à impetrer au contraire.

Donné à Paris le xxij°. jour de mars, l'an de grace 1358, et de nostre regne le quint.

---

(1) On aime à trouver ces principes sacrés à une époque si reculée : en droit naturel, la liberté de penser est un droit incontestable; la liberté des cultes est aujourd'hui consacrée dans presque tous les etats de l'Europe. (Isambert.)

N° 443. — LETTRES *qui ordonnent que le prévôt de Paris sera seul réformateur sur le fait des halles de cette ville.*

Paris, 26 mars 1368. (C. L. V, 148.)

N° 444. — LETTRES *qui accordent aux négocians d'Aix-la-Chapelle, la franchise en France, en mémoire de Charlemagne, dont cette ville renferme le tombeau.*

Au bois de Vincennes, mars 1368. (C. L. VIII, 365.)

N° 445. — ORDONNANCE *qui défend de jouer aux jeux de hazard* (1), *sous peine d'amende, et enjoint de s'exercer à l'arc et à l'arbalètre.*

A l'hôtel Saint-Paul-lez-Paris, 3 avril 1369. (C. L. V, 172.) Publiée le 25 mai.

CHARLES, etc. Savoir faisons, que nous desirans de tout nostre cuer, le bon estat, seurté et deffense de nostre royaume, de la

---

(1) C.-à-d., jeux de dés, de dames, de paulme, de quilles, de palet, de billes et de poules. Ce dernier jeu consistait à pousser une balle ou une boule avec le pied ou avec une crosse. Cette ordonnance, dit le président Hénault, se sent bien du temps où la nation n'était que guerrière ; mais, dans l'énumération des jeux défendus, on est étonné d'y en trouver qui n'étaient pas des jeux de hazard, et qui appartiennent à l'esprit, ou qui pouvaient contribuer à dénouer le corps des jeunes gens.

Édouard avait fait publier, dans ses états, une semblable ordonnance, par laquelle il défendit les jeux de palet, de balle, de ballon, de mail, les joutes et généralement tous les divertissemens désignés dans ses lettres sous le nom de *ludi gallici.* — Villaret, X, 192. — (Decrusy.)

V. le Recueil des *Statutes at large*, imprimé par ordre du parlement, par Tomlins et Taunton, 1811, in-4°, tom. Ier. (Isambert.)

Les jeux de hazard sont interdits, pour la première fois, par l'art. 55 de l'ord. de Saint-Louis, décembre 1254. — L'ordon. de 1319, indiquée par Guyot, à Nouv. Rép., V° Jeu, n° 2, n'a pu être retrouvée, non plus que le capitulaire de Charlemagne. — Charles VIII, par ordon. du mois d'octobre 1485, défend aux prisonniers, autres que les nobles, de jouer. V. aussi les ordon. de juin 1532; mai 1539; janvier 1560; l'ord. de 1583; l'art. 59 de l'ordon. de Moulins; l'ord. de Louis XIII, 31 mai 1611; l'ord. de janvier 1629, art. 137-141; arrêts du parlement des 8 juillet 1661, 16 septembre 1663, 28 novembre 1683, 16 décembre 1686, 8 février 1708, 1er juillet 1717, 21 mars 1722, et 12 décembre 1777; arrêt du conseil, 15 janvier 1691; ordon., décembre 1666, avril et décembre 1717, novembre 1731, avril 1741, novembre 1744, mai 1749, novembre 1781,

chose publique, et de tous noz subgès d'iceluy, voulans obvier à tous inconveniens, et tousjours enduire et gouverner noz bons subgez, en ce qu'il leur puet estre agreable et prouffitable, avons deffendu et defendons par ces presentes, tous geux de dez, de tables, de palmes, de quilles, de palet, de soules, de billes, et tous autres telz geux, qui ne cheent point à exercer ne habiliter noz diz subgez, à fait et usaige d'armes, à la deffense de nostredit royaume, sur paine de quarante sols Parisis, à appliquier à nous, de chascun et pour chascune foiz qu'il y encherra : et voulons et ordenons, que noz diz subgez prennent, et entendent à prenre leurs geux et esbatement, à eulz exercer et habiliter en fait de trait d'arc ou d'arbalestres, ès biaux lieux et places convenables à ce, ès villes terrouoirs; et facent leurs dons aux mieulx traians, et leurs festes et joies pour ce, si comme bon vous semblera.

Si donnons en mandement, etc.

N° 446. — PROCÈS-VERBAL *de l'assemblée tenue en parlement* (1), *sur les difficultés survenues au sujet de l'appel interjeté par des seigneurs gascons, contre le duc de Guyenne, fils du Roi d'Angleterre.*

Paris, 2, 9, 10 et 11 mai 1369. (Cérémonial français, II. p. 450. — Lancelot, preuves du Mémoire des pairs, p. 585. — Grande Chronique de Saint-Denis, fol. XIII, V°.)

Le second jour de may l'an mil trois cent soixante-neuf, se presenterent en parlement contre Edouard prince de Galles et

---

decembre 1759, mai 1760; l'édit de Louis XVI, du 1er mars 1781, et ordon. de janvier 1789.

Les jeux publics ont été défendus par la loi du 25 juillet 1791, tit. 1er, art. 7 et 10; tit. 2, art. 36 et 37, et par le décret du 24 juin 1806. Par l'art. 3, le gouvernement a le droit de les autoriser à Paris; quoiqu'il ait été abrogé par les art. 410 et 475 du Code penal, les jeux de Paris ont continué de subsister. Une ordon. du 5 août 1818, portant mention qu'elle ne sera pas insérée au Bulletin des lois, consacre cette immoralité, malgré les réclamations renouvelées tous les ans dans les Chambres. (Isambert.)

(1) On lui donne le titre de lit de justice. — C'est la première fois que nous trouvons cette expression, mais elle est fausse; le président Henrion observe que le premier lit de justice est du 17 mars 1563. (Autorité jud., p. 372, note). Le Repertoire donne aussi le nom de lit de justice à l'ord. du 28 août 1359. — Il parait que Charles V, depuis les États par lui tenus sous le Roi Jean, n'o-

duc de Guyenne, le comte d'Armaignac, messire Jean d'Armaignac, le seigneur de Labret, et plusieurs autres nobles, cou-

---

sait plus assembler les États-généraux, celle-ci n'est qu'une assemblée de notables ; on n'en connait pas bien la composition.

Voici ce qu'en dit *Secousse*, préface du tome VI de la Collection des ordonnances.

« Il est difficile de décider si cette assemblée doit être mise au rang des
» États-généraux, ou si ce fut seulement un de ces conseils extraordinaires, que nos
» Rois convoquaient quelquefois, lorsqu'ils avaient à délibérer sur ces affaires
» majeures d'où dépendent le bonheur et l'état de tout un royaume. Ce qui me
» détermine à la mettre au rang des États-généraux, c'est que non-seulement elle
» fut composée de trois ordres, mais qu'il y assista, disent les Chroniques de
» Saint-Denis, des personnes envoyées par le clergé et par les villes. Cette dé-
» putation est ce qui caractérise les assemblées des États-généraux, et qui les
» distingue des *assemblées des notables*, qui ne sont formées que de ceux que le
» Roi a nommés pour y assister, et des conseils extraordinaires. »

Secousse, à la fin de sa note, convient qu'on peut la considérer comme une assemblée de notables.

Cette assemblée des États-généraux, dit-il, (si néanmoins on doit lui donner cette qualification) fut la dernière qui se tint sous le règne de Charles V.

Une première lettre du Roi d'Angleterre, ou de son conseil, qualifiée bulle, ou cédule, remise aux messagers du Roi de France, répond aux griefs ; que, par le traité, celui-ci avait renoncé aux ressort et souveraineté, que c'était le prix de la renonciation du Roi d'Angleterre au titre de Roi de France. Cette réponse était très-pacifique.

La réponse du Roi de France délibérée en son conseil le 21 mai 1369, est extrêmement longue. On y dit entre autres choses « que le Roy d'Angleterre,
» ne son conseil ne se doivent point merveiller de ce que le Roy de France
» a receu les appellacions dessusdictes, car par le traictié de la paix le Roy Jehan
» donc Dieu ayt l'ame avait promis de surseoir de user des dictes souverainetés
» et ressors jusques a la Saint Andry qui fus l'an lxi, si comme par le traictié
» de la dicte paie peult apparoir et par especial en une lettre en laquelle est
» contenue la cause. C'est assavoir et ne peut refuser les appellations reues les
» souverainetes et requestes d'icelles appellations qu'il ne leur faulsist de justice
» et qu'il ne pechast mortellement veu ledit traictie, et ainsi le treuve le Roy
» de France et a son conseil de bouche eue sur ce meure deliberation par plu-
» sieurs fois si comme les messagiers du Roy de France lont plus plainement dit au
» Roy d'Angleterre et a son conseil de bouche et se le Roy de France se est
» deporte par aucun temps de user des dictes souverainetes et ressors depuis le
» temps dessusdit quil ne le povoit faire, de tout a il fait gregneur courtoisie au
» Roy d'Angleterre. Se il n'avait pas autrefoys este somme d'aucunes appel-
» lations par la maniere qu'il a auttrefois par le dit conte d'Armignac et aultres
» appellations et pour bien de paix la dissimule par aucun temps tant comme
» il a peu bonnement ja soit ce que faire le peust comme dit est devant. Et
» quant ad ce que contenu est audit article que ledit conte d'Armignac, le
» sire de Labret et aultres subgets d'Acquitaine ont fait hommage au Roy d'An-

..., consulats, et communautez du duché de Guyenne, lesquels avoient appelé dudit duc de Guyenne.

»gleterre comme a seigneur souverain et lige contre toutes personnes qu'il
»puisse vivre et mourir. Et au prince ont fait hommage sauvee et reservee la
»souveraineté du Roy d'Angleterre.

»Responce que le sire de Labret, et le conte d'Armignac sauve la grace des
»proposans ne le dient pas ainsi, aincois ont dit au Roy que en faisant hommage au prince ils dirent expressement selon ce que l'entencion du dit traictie
»le rapporteroit et reserve a eulx leurs privileges franchises et libertes anciennes
»si avant et par la maniere que leurs predecesseurs les avoient eues et avoient
»jouy. Et c'est trop bien a presumer. Car le mandement que le Roy de France
»fist aux subgets de Guienne de faire obeissance au Roy d'Angleterre estoient
»par exprez retenues les souverainetes et ressors du Roy de France si comme
»par l'inspection des mandemens poult apparoir, et se la dicte reservacion ny
»fust si y fust elle entendue de raison puisque le Roy de France ne transpor-
»toit icelles souverainetes, et se le dit conte d'Armignac ou aultres l'avoient fait
»aultrement si ne leur vouldroit soubstenir ne le dit Roy d'Angleterre ne le
»pourroit recevoir par la maniere qu'il maintient que ce ne fust contre le traic-
»tie de la paix et aussi ne le faisoit le prince. En ce faisant ont clerement et
»notoierement entrepris sur la souveraineté du Roy de France, et en plusieurs
»aultres manieres. Car par le traictié de la cause. C'est assavoir les dictes sou-
»verainetes et ressors demouront au Roy de France au tel estat comme elles
»estoient au temps du dict traictié de la paix sans ce qu'elles puissent estre
»dictes ne deputees ne transportees au Roy d'Angleterre par lettres quelconques
»comprinses audit traictie donnees ou a donner par le dict fait se le Roy de
»France ne le fait expressement. Laquelle chose ne fist oncques. Mais requiert
»le Roy d'Angleterre et son conseil par la dicte bulle que le Roy de France face
»les renonciations.

»Et quant ad ce que contenu est au dit tiers article, il semble au Roy d'An-
»gleterre que la recepcion des dictes appellations n'a pas este bien faicte ne si
»ordonneement ne en gardant la paix et l'amour comme elle doit estre par le dit
»traictie et par les alliances faictes entre les deux Roys.

»Response que sauve la grece des proposans la dicte recepcion a bien et deu-
»ment este faicte ne le Roy de France ne la povoit ne devoit refuser comme
»dessus est dit ne en ce n'a riens fait contre la paix. Mais selon la forme et te-
»neur d'icelles. Et quant ad ce que contenu est audit article que ladicte recep-
»cion d'appel a bien et deuement este faite a grant ivre et vitupere de la
»maison d'Angleterre et pourra estre occasion de grant rebellion et aussi d'en-
»fraindre ladicte paix se remede ny est mys briefvement.

»Response que en ce faisant le Roy de France n'a fait ne voulu faire aucune
»injure au Roy d'Angleterre ne à aultres. Car les choses qui sont faictes par justice
»et selon raison et excusacion de droit ne peuvent causer injure ne deshonneur
»et aussi ladicte recepcion d'appel ne donne aucune occasion de rebellion aux
»subgetz ains donne occasion de obeissance. Car appel est remede de benefice
»de droit et pour garder les subgetz d'oppression et pour hoster toute voye
»de fait et aussi le Roy de France en ce faisant n'a donne aucune occasion de

Le mercredy neufiesme jour dudit mois de may veille de l'Ascension l'an dessusdit, le Roy de France Charles fut en la chambre de parlement, en la maniere que les Rois de France y ont accoustumé d'estre.

Et la Reine Jeanne assise de costé le Roy.

» enfraindre la paix pour ce que dit est, et par ce ne aultrement ne voudroit
» donner cause ne occasion.

» Et quant ad ce que contenu est au dit article que le Roy d'Angleterre se
» est bien deporté de soy appeller et tenir pour Roy de France et que aussi
» bien se peust estre deporté le Roy de France de faire les dictes appellations.

» Response que ses deux choses sont despareilles, car appeller et nommer
» Roy de France regarde la voulenté et interest seulement du dit Roy d'Angleterre. Mais recevoir les dictes appellations ne regarde pas seulement linterest du souverain. Mais regarde seullement linterest des subgets appellans
» affin quils soient pourveuz contre les oppressions des seigneurs demoutrez et par
» ce a la requeste et instance des appellans et comme contrau a faire justice
» a receu le Roy de France les dictes appellations donne rescript a icelles et
» fait ce que seigneur souverain peult et doit faire en tel cas par justice et
» par raison et na en riens usé de voye de fait. Et quant ad ce que contenu
» est en la fin du dict article que se le Roy veult reparer les attentats et remettre les appeaulx en lobeissance du Roy d'Angleterre et faire les renonciations qui sont a faire de sa partie et tout ce que faire devera de sa parte
» par le traictie de la paix.

» Response que sauve la grace des proposans loffre ou conclusion des us dictes
» nest pas raisonnable par plusieurs raisons. La premiere raison car le Roy de
» France ne fait nulz attemptatz contre la dicte paix et aussi par les dictes appellations les appellans sont exempts du Roy d'Angleterre et du prince de
» Galles son fils et demourent en lobeissance du Roy de France et ne sont ilz
» tenu de les remettre en lobeissance du Roy d'Angleterre ou du prince se soit
» congneu des appellations quil fust dit ou jugé que ilz eussent mal appellé
» auquel cas le Roy se ainsi estoit feroit sus ce, ce quil deveroit aussi comme
» il a accoustumé de faire en cas semblables.

» La seconde raison car le Roy de France par le traictie de la paix n'est
» pas tenu de renoncer premierement ne avant le Roy d'Angleterre ne premierement ne doit pas envoier ses lettres aincois par certaine aultre forme
» quil nest contenu en loffre du Roy d'Angleterre.

» La tierce raison que le Roy d'Angleterre ne offre pas a faire les renonciations qui sont a faire de sa partie supposé que se le Roi de France le dist de sa
» partie. At cors dit le conseil du Roy d'Angleterre quilz pensont que le Roy
» d'Angleterre les face. Laquelle chose ne souffist pas consideré la forme
» du traictie de la paix faisant mencion des dictes renonciations.

» La quarte raison car le Roy d'Angleterre ne offre pas envoier les personnes
» devant lesquelles le Roy de France devoit faire les dictes renonciations, et aussi
» ne requiert pas le Roy de France quil lui envoie personnes devant lesquelles
» il le fera lesquelles il convient par le traictie de la paix, » etc.

(*Extrait de la Grande Chronique de Saint-Denys.*)

Et le cardinal de Beauvais chancellier de France au dessous, au lieu auquel sied le premier président.

Et de ce rang scoient les archevesques de Rheims, de Sens, et de Tours, et plusieurs evesques jusqu'au nombre de quinze.

Et plusieurs abbez et autres gens d'église, envoyez à cette convocation, seoient ès bancs et par terre.

Et au rang où sieent les laiis de parlement, seoient les ducs d'Orleans, et de Bourgongne, le comte d'Alençon, le comte d'Eu, le comte d'Estampes, tous des fleurs de lis, et plusieurs autres nobles.

Et aussi y avoit en ladite chambre gens des bonnes villes envoyez à ladite assemblée, et autres en si grand nombre que toute la chambre estoit pleine.

Et là fit dire et exposer le Roy par ledit cardinal, et après par messire Guillaume de Dormans frere dudit cardinal, comment il avait esté requis par lesdits appellans du duché de Guyenne de recevoir leurs appellations (1), dont dessus est fait mention, et comment il avoit esté conseillé de les recevoir, et qu'il ne les pouvoit, ne devoit refuser : et pour ce les avoit receu, et donné adjournemens aux appellans contre ledit prince : comment pour celle cause et pour autres, le Roy d'Angleterre avoit envoyé pardevers le Roy de France : et comment le Roy de France avoit envoyé en Angleterre les comtes de Tancarville, et de Sarrebruche, messire Guillaume de Dormans et le doyen de Paris. Et fit dire le Roy par le dit messire Guillaume de Dormans les responses qu'il avoit faites au Roy d'Angleterre sur ses requestes; et aussi les requestes qu'ils luy avoient faites pour le Roy de France, et les responses qu'avoit fait sur le tout le conseil du Roy d'Angleterre. Et fut dit par la bouche du Roy à tous, que s'ils voyoient qu'il eust fait chose qu'il ne deust, qu'ils le dissent, et il corrigeroit ce qu'il avoit : car il n'avoit fait chose qui bien ne peust se redresser s'il y avoit deffaut, ou que trop

---

(1) Tel était le droit féodal d'alors; mais il est évident qu'il y a incompatibilité entre les fonctions de la royauté, auxquelles est attaché le caractère d'inviolabilité, et le servage féodal. C'est pourquoi, par le traité de Bretigny, le Roi de France, avait renoncé à sa suzeraineté. Cette remarque a été faite à l'occasion du duc de Valentinois, prince souverain de Monaco, relevant de la Sardaigne, et néanmoins pair de France. — *V.* note sur l'art. 1er, n° 4, du traité du 20 novembre 1815. (Isambert.)

en eust fait : et fut dit à tous tant par le Roy, comme par le dit cardinal, que chacun y pensast, et que le vendredy ensuivant ils fussent derechef bien matin en ladite chambre, pour dire leur avis sur ce.

Le jeudy ensuivant jour de l'Ascension de relevée, le Roy, la Reine Jeanne, et grand nombre de conseillers du Roy, tous les prelats et les nobles (1) furent derechef assemblez en ladite chambre de parlement : et dit le Roy, et fit dire par le cardinal, et par messire Guillaume de Dormans, son frere, les causes pour lesquelles il avoit receu les appeaux faits du prince et de ses officiers, par lesdits comte d'Armaignac, le seigneur de Labret, et leurs adherans; et dit lors le Roy qu'il vouloit avoir leur conseil et advis sur ce, s'il avoit failly ou erré en aucune chose : lesquels tous d'un accord, et chacun par sa bouche, respondirent que le Roy avait raisonnablement fait ce qu'il avoit fait, et ne le devoit, ne pouvoit refuser : et que si le Roy d'Angleterre faisoit guerre pour cette cause, induement la feroit et sans raison.

Le vendredy matin ensuivant onziesme jour dudit mois de may, le Roy, ladite Reine, les prelats, les nobles, et les bonnes villes furent assemblez derechef en ladite chambre de parlement, et furent tous d'accord par la maniere qu'ils avoient esté le jour precedent à la relevée : et après furent leües les responses qui avoient esté advisées pour faire au Roy d'Angleterre sur la bulle ou cedulle qui avoit esté baillée aux gens du Roy de France en Angleterre : lesquelles responses furent approuvées de tous ceux de ladite assemblée; et si fut ordonné que le Roy les envoyeroit en Angleterre au conseil du Roy d'Angleterre; et ainsi fut fait.

N°. 447. — LETTRES *portant que les chambellans* (2), *et autres officiers des princes du sang, n'auront aucune jurisdiction criminelle sur ceux de la maison, au préjudice du prévôt de Paris.*

Vincennes, 25 mai 1369. (C. L. V, 170.)

CHARLES, etc. Comme à cause du demaine de la couronne de France, la jurisdiction ordinaire de notre bonne ville de Paris,

---

(1) Les gens du tiers-état ne furent mandés que le 11. (Isambert.)
(2) *V.* notes sur l'ordon. de Philippe-le-Hardy, d'août 1272. Nous n'avons pa

avecques la congnoissance, pugnicion et correction de tous delis et malefices faiz, perpetrés et commis en notredicte ville, par quelque personne que ce soit, appartiengne et soit deue de plain droit, à notre prevost de Paris, de plain droit pour nous en notre nom; et ainsi en aient usé nos prevosts et officiers, qui ont esté par si long temps, qu'il n'est memoire du contraire; neantmoinz les maistres ou gouverneurs des hostels d'aucuns seigneurs de notre lignage, et autres, s'efforcent d'avoir et retenir par devers eulz, la congnoissance des gens de leurs hostelz, quant ilz ont mesprinz et delinqué, en notre dicte ville :

Savoir faisons à tous presens et à venir, que notre entention n'est ne ne fu onequès, que des deliz et mesprentures faictes en notre dicte ville, lesdiz seigneurs ou leurs gens, comme leurs chambellens, maistres de leurs hostelz, gouverneurs ne officiers, en eussent ou aient la congnoissance par quelque voie ou maniere que ce soit;

Maiz voulons, declarons et ordonnons de notre certaine science, plaine puissance et auctorité royal, ycelle estre deue et appartenir à notre prevost de Paris, qui pour le temps est, et qui pour le temps à venir sera, sens ce que ilz soient tenus de en faire aucun renvoy ou remission aux dessusdiz, ne à aucun d'eux; se ce n'estoit toutesvoies qu'ilz montrassent en ce avoir

---

trouver celle de la régence de Philippe-de-Valois, de 1316, portant, suivant Guyot, Nouv. Rép., V° *Chambellan*, que le grand chambellan ne pourra sceller ni signer lettres de justice ni de bénéfices, ni aucune autre chose, sinon lettres d'état ou mandement de venir. On croit que cette charge est la plus ancienne. Grégoire de Tours parle des chambellans. Il a la surintendance sur tous les officiers de la chambre du Roi. Quand le Roi s'habille, le grand chambellan lui donne sa chemise; au sacre, il lui chausse ses bottines. Il siège derrière le trône. Il ensevelit le Roi. Les marques de sa dignité sont deux clés d'or. Autrefois le grand chambellan était du conseil privé; il était chargé du scel secret; il était exempt des droits du scel royal (ord. de Charles VI, de 1386); il avait la clé de la cassette. A l'hommage fait par le duc de Guyenne, en 1330, le grand chambellan acceptait au nom du Roi. Il en fut de même à l'hommage rendu à Charles V par le duc de Bretagne. *V. Guyot*, Traité des offices, ouvrage rare, interrompu par la révolution. Cette charge tomba avec la royauté. Elle fut rétablie par le sénatus-consulte du 28 floréal an XII, tit. 6. *V.* l'ordon. du 1er novembre 1820, et spécialement l'art. 6 et le § 5. Il y a aujourd'hui un grand chambellan, quatre premiers gentilshommes de la chambre, quatre premiers chambellans et trente-deux gentilshommes, quatre premiers valets-de-chambre, etc. Le chambellan n'a plus aucune jurisdiction. *V.* aussi l'ordon. du 27 septembre 1814, omise au Bulletin des lois, Collection Isambert, 1816, p. 636. (Isambert.)

tiltre, privilege ou lettres faisans de ce expresse mencion, et de date précedent ces presentes; ouquel cas nous voulons, que vous, leursdiz tiltres, privileges ou lettres, et oy notre procureur général en notre court de parlement, bonne raison et accomplissement de droiture soient sur ce faiz entre les parties, par nos amez et feaulx conseillers les gens de notre dit parlement, qui ad present sont, et qui pour le temps à venir seront, sens procès ou figure de jugement :

Car ainsi nous plaist-il estre fait; nonobstans mandemens, ordonnances ou deffenses, et lettres subreptices empetrées ou à empetrer au contraire.

En tesmoing de ce, nous avons fait mettre notre scel à ces lettres. Donné au bois de Vincennes, etc.

N°. 448. — LETTRES *portant qu'il sera ajouté aux* Vidimus *des titres de l'hôtel Dieu de Paris, la même foi qu'aux originaux, lesquels néanmoins seront produits en justice en cas de procès.*

Paris, 25 mai 1369. (C. L. VI, 498.)

N°. 449. — LETTRES *portant qu'il ne pourra, sous aucun prétexte, être levé d'impôt dans le Ponthieu qu'au profit ou du consentement des habitans.*

Paris, mai 1369. (C. L. V, 176 et 689.)

N°. 450. — LETTRES *qui fixent la marque des draps de Châlons-sur-Marne, et qui fixent le salaire des ouvriers.*

Vincennes, mai 1369. (C. L. V, 193.)

N°. 451. — ORDONNANCE *portant révision des commissions des sergens à cheval et à verge du Châtelet de Paris, leur fixation à 120, avec faculté à ceux qui excèdent ce nombre, d'exercer, leur vie durant, mais sans pouvoir résigner* (1). *ce qui leur donne le droit d'instrumenter exclusivement dans Paris et sa banlieue.*

Paris, juin 1369. (C. L. V, 194.)

---

(1) Les autres le pourraient donc; ainsi, le principe de la transmissibilité des

JUILLET 1369.

N° 452. — LETTRES *qui nomment le comte de Pardiac, à l'effet de traiter avec les nobles et communes du duché de Guyenne, qui voudront se soustraire à l'obéissance du Roi d'Angleterre, et qui lui donnent pouvoir d'accorder des priviléges* (1).

Paris, 11 juin 1369. (C. L. VIII, 50.)

N° 453. — LETTRES *sur la pêche des rivières* (2), *dans la vicomté de Paris.*

Paris, juillet 1369. (C. L. V, 207.)

CHARLES, etc. Savoir faisons à tous presens et avenir, à nous avoir esté exposé, que de la partie des povres pescheurs de nostre bonne ville de Paris, des villes d'environ et de la vicomté de Paris, disans, que ja soit ce que en tous temps, soit le mestier de pescherie de Poisson, en saison, pour le vivre et sustentacion d'un chascun qui en voelt et poet user, dont plusieurs bonnes gens prendent communement leur soustenement, qui de chars et de volalles se astiennent par devocion, par veux ou autrement; et pour ce, aient de accoustumence lesdis exposans, de pescher pour gaignier leur povre vie, et le gouvernement de

---

offices ministériels existait déjà. Supprimé le 27 mars 1791, il a été rétabli par l'art. 91 de la loi du 28 avril 1816. Quant à la vénalité des offices de magistrature, on croit qu'elle remonte à l'ordon. ou arrêt du 28 mai 1359 ci-dessus, p. 55. Elle a été définitivement abolie par l'art. 7 des lois du 4 août 1789.

V. sur le nombre et le salaire des sergens, art. 1er de l'ordon. de novembre 1302; celle de juin 1309. — Par l'ordon. de décembre 1317, la réduction fut faite par voie d'élimination. *V.* l'art. 3 de l'ordon. du 25 février 1318, et l'ordon. de juin 1321, et notes sur l'ordon. du 27 juin 1821. (Isambert.)

(1) Le Roi d'Angleterre était seigneur légitime de la Guyenne. C'est donc un pouvoir donné à l'effet de faire révolter ses sujets contre lui, ce qui est réprouvé par le droit des gens. *V.* ci-après, à la note, p. 339. (*Idem.*)

(2) *V.* l'art. 127 des etablissemens de Saint-Louis, 1270, tom. II, p. 525; l'ordon. de 1293, p. 691; l'ordon. du 5 mai 1317, sur la police de la pêche dans la rivière d'Yonne; l'ordon. du 26 juin 1326, sur la pêche en général, et celle du 16 août 1344, sur la pêche dans la rivière de *Somme*. De plus, les ordon. de 1515, art. 89, 92; de 1597, art. 38, 39; l'ordon. de 1669, tit. 25, art. 17 et 18; arrêt de 1701, 1726, 1751, 1755; déclaration de 1773; les décrets des 15 août 1792 et 30 juillet 1793, portant abolition du droit exclusif de pêche; arrêté directorial, du 28 messidor an VI; loi du 14 floréal an X; arrêtés consulaires, des 4 brumaire et 17 nivôse an XII, et enfin les arrêts du conseil d'État, cités dans le recueil de Baudrillart, I, 697, et II, 36. (*Idem.*)

leurs femmes et enfans, chascun jour l'année, durant que l'en peut bonnement entrer en eauë; néant moins les maistres de nos eauex et forès, depuis un peu de temps et nouvellement, leur wellent interdire, defendre et faire chomer de peschier, depuis le my-mars jusques à my-mai, en quel temps le mestier de pescherie est moult neccessayre à la substantacion du peuple; et traictier les wellent tous generalment à amende pour avoir pesché, disans que il ne povoient mettre en riviere, de jour ne de nuis, par le temps dessus dit, aucuns engins, vrins, lignes, hamessons, verneux ne autres angins quel qu'ils il soient, comment que à tout engin loisible et acoustumé de temps ancian, eulx aient acoustumé et usé de mestier de pescherie, ledit temps durant, comme il font ès autres saisons de l'an; par lequel interdit, demouroit le vivre de partie du peuple, qui souvent en est en partie gouverné; et aussi les dis exposans ne se sauroient de quoy gouverné, s'il les convenoit estre oiseux, et cesser de leur mestier par si long temps; et pour ce, nous ont humblement supplié, que de nostre grace leur vosissiens ottroier, que, nonobstant la dicte defense et interdit, eulx puissent pescher par ledit temps, depuis my-mars jusques à my-may, en la maniere qu'il ont fait du temps de nos predecesseurs et du nostre; c'est assavoir, à banc, mooles, loyaux de hamessons, à toutes esches et qui ont cour en toutes saisons, en les mettant ou jettant en l'eauë de jour, et les y laissant la nuit, et recouvrant landemain de jours, en la maniere que il ont acoustumé d'ancienneté :

Nous ad certes, ces choses considerées, et desirans de nostre cuer, le bien et profit de nostre menu peuple, et que un chascun en droit soy, soit gouverné et maintenu selon les bons ancians usages de nos predecesseurs, tousjours de nostre povoir, à l'augmentation du bien publique, avons ottroié et ottroions aus dis supplians, de grace especial, certaine science, auctorité et puissance royal,

Qu'il puissent pescher et user du mestier de pescherie, en tous temps de l'an, et en la forme et maniere qu'il ont acoustumé d'en user du temps de noz predecesseurs et du nostre, jusques à ores; nonobstant l'interdit et defense dessus dit, à eulx fais par les dis maistres de nos eauës et forès, ausquelz et à tous les justiciers et officiers de nostre royaume, presens et avenir, ou à leurs lieuxtenans, et à chascun d'eulx, ainsi que à lui appartendra, nous donnons en mandement par ces pre-

..., que lesdis supplians et chascun d'eulx, il lessent et facent à pleiu joir et user de nostre presente grace, sens les contraindre, molester ou empeschier pour le temps passé, present ou avenir, en aucune maniere contre la teneur d'icelle; et se aucune chose est faicte, attenté ou innové comment que ce soit au contraire, si le ramainent et facent ramener sans delai, au premier et deu estat.

Et pour ce que ce soit ferme chose et estable à tousjours mais, nous avons fait mettre nostre grant seel à ces presentes; sauf eu autres choses nostre droit et l'autrui en toutes.

Donné à Paris, l'an de grace m. ccc. lxix. ou mois de juillet, et le vi° de nostre regne.

N°. 454. — LETTRES *portant approbation de celles du lieutenant du Roi, duc de Berry et d'Auvergne, par lesquelles il a été fait remise à l'archevêque de Bourges, des peines par lui encourues, à raison d'un statut synodal, contenant peine d'excommunication contre les juges séculiers qui faisaient acte de jurisdiction sur les clercs accusés de crimes, statut que l'archevêque lui-même avait révoqué* (1), *comme attentatoire aux droits de la puissance temporelle.*

Rouen, août 1369. (C. L. V, 718.)

N°. 455. — MANDEMENT *portant convocation des bourgeois et gens du plat-Pays, pour la guerre contre les Anglais* (2).

Sainte-Catherine-sur-Rouen, 17 septembre 1369. (Mss. de la Bibl. du Roi, Titres concernant l'Hist. de France, Carton 92.)

CHARLES, etc. Nous avons entendu que noz anemis qui sont es parties de Calleis et en autres parties du royaume veultent

---

(1) Il s'était excusé sur son ignorance. V. l'ordon. du 23 décembre 1820, qui supprime un mandement de l'évêque de Poitiers, à peu près dans le même cas. — C'est un cas d'ABUS, art. 8, loi du 18 germinal an X. (Isambert.)

(2) C'est un arrière-ban. V. le capitulaire de Charlemagne, octobre 812, sur le service de l'armée de terre et de mer. A cette époque aussi, tous les Francs étaient tenus du service militaire, à l'exception des ecclésiastiques; Capitulaire de 803. Depuis la 3° race, la milice fut divisée en trois bans. L'arrière-ban n'était convoqué que rarement, par le Roi, et pour une guerre étrangère, non pour ses démêlés avec ses vassaux. Dès-lors existait le privilège des défenseurs

et entendent a chevaucher pour grever et dommager de leur povoir notres royaume et noz bons et loyaux subgez pourquoi nous qui voulons sur ce remedier et pourveoir a leurs males volentez et entreprises vous mandons tant estroittement que nous posons et commettons par ces présentes que vous sachiez solennement publier et crier en tous les lieux de votre bailliage accoustumez à faire cris,

Que tous bourgois et autres gens de bonnes villes et plat païs dudit bailliage sur quanque chascun se peut mesfaire envers nous soient armés deuement et montés et les autres qui monteures ne pourront bonnement avoir soient souffisamment armés chascun selon son estat et sa faculté pour resister contre nosdits anemiz et pour en faire et ordonner ce que bon nous semblera à la defence de notre royaume, en contraignant a ce les reffusans et chascun d'eulx par toutes les voies et manieres deües que mestier sera de ce faire vous donnons povoir (1).

Mandons à tous noz subgez que a vous en ce faisant obbeissent.

N°. 456. — LETTRES *portant exemption d'impôts aux élèves de l'Université de Paris.*

Vincennes, 26 septembre 1369. (C. L. V, 221.)

de la patrie; Charte de 1195. Le vassal ne pouvait refuser le service à son seigneur, établissemens de Saint-Louis, 1270, ch. 61. Les nobles seuls étaient sujets au ban, *ibid.*, et ch. 107. L'ordon. du 12 juin 1302 exempte du service, ceux qui ont moins de 100 livres en meubles. *V.* art. 8 des lettres de mai 1316, portant dans quel cas le Roi peut convoquer l'arrière-ban; l'ordon. de 1353, sur l'arrière-ban est perdue, note, p. 691, t. IV. *V.* les ordon. de 1411, février 1447 et 1553, mars 1550, février 1547 et 1553, juillet 1635, et janvier 1693. Depuis cette époque, l'arrière-ban ne fut plus convoqué, et fit place aux milices. La loi du 19 fructidor an 6 consacre le principe, que tout Français est soldat, et se doit à la défense de la patrie. — La force armée sédentaire s'appelle garde-nationale, et l'autre l'armée active. Art. 48, loi constitutionnelle, du 22 frimaire an 8. Le sénatus-consulte du 13 mars 1812 a divisé la garde-nationale en trois bans; mais depuis, la garde-nationale a été rendue à son organisation municipale, par l'ordon. du 30 septembre 1818. La dernière loi sur l'armée, après celle du 10 mars 1818, est du 10 avril 1823, sur les vétérans. (Isambert.)

(1) C'était des amendes. — Il n'y avait pas encore de loi sur la désertion. (*Idem.*)

N° 457. — LETTRES *qui accordent, moyennant finances, à 21 habitans de Paris, le droit de faire de la bierre, à charge de ne pas employer ensemble plus de 30 muids de bled.*

Vincennes, 26 septembre 1369. (C. L. V, 222.)

N° 458. — LETTRES *portant concession de priviléges aux marchands de Plaisance en Lombardie, qui viennent commercer à Harfleur* (1).

Paris, novembre 1369. (C. L. V, 259.)

N° 459. — ACTE *par lequelle Edward, Roi d'Angleterre, expose ses griefs contre Charles, et reprend le titre de Roi de France.*

A la tour de Londres, 30 décembre 1369. (Rymer, tom. VI, p. 643. Édition de Londres, 1708.)

Edward, par la grâce de Dieu, Roi de France et d'Engleterre, et seignur d'Irland, à, nostre chiere et foial, le seignur de Salutz.

Assez et notoirement conuz coment jadis le roialme de France, a nos acquis et devolut con... nostre heritage par droite succession, nous pursuismes mesme nostre droit par fort main, pur defaute d'autre justice, contre Phelip de Valoys, lors tortueous occupeur du dit roialme, et puis apres encontre Johan son fitz successeur en vice,

Et, combien que, au pleiser de Dieu, le dit Johan, par fait de guerre, estoit mys et renduz en nostre poair prisoner, nientmains, pur eschuer effusion du sank cristien, a la reverence de Dieu et de la seint siege de Rome, nous entrasmes treitee de pees,

Et estoit, par mediacion des messages, nostre seint pierre le Pape, la pees ordenee, soutz certeine fourme, entre nous, et le dit Johan, et Charles, son fitz, ja tortueous occupeur du dit roialme, et affermé, par serement sur le corps nostre seignur, et les seintz ewangiles,

---

(1) Cette ordon., en 26 articles, contient à peu près les mêmes dispositions que celles des Italiens, Castillans et Portugais. V. tom. IV, p. 418, notes sur l'ordon. de novembre 1359, et ci-dessus, p. 188. (Isambert.)

Parmy la quele pees les ditz, Johan et Charles, estoient tenuz, entre les autres choses, as lieux et termes acordes, de nous baillier, tout plein, des terres et possessions, renonciacions des soverainetes et resortz faire, certeines sommes de monoie a nous paier, et, par l'acomplissement des dites choses, certeins hostages a nous doner,

Adjoustes par expres que, si aucuns des hostages, sanz nostre congie, s'en departissent de nostre hostage, ou tres passassent, de compeller les departantz de retourner en nostre hostage, et de subroger aultres, de esgale value, en lieu des mortz,

Mais, certes, les ditz Johan et Charles n'avoient, sicom il apparu, ne cure de garder et entreiner le dit acord, par maner que la dite pees demandoit,

Einz lui, susnomez Charles, pur lieu et temps covenables et depar nous sovent requis sur mesmes les choses, nous fist au darrein, par ses messages de parole, seulement offrir, pur liveree des terres, et pleine deliverance des hostages, certeines terres, entrelessant tout oultrement les paiementz de les sommes, restitucion et subrogacion des hostages, departiz et mortz, et les renonciacions avantditz,

Et tant come entre nous et lui avoit este tretement et parlance, et pendante sur ce response finale, laquele il nous devoit avoir donne et faite a la feste de Pentecoste darrein passee, dedanz quele terme riens ne deuts avoir estee innovez ou attemptez d'une partie ne d'autre,

Desouz la demoeure et exspectacion de quele response, nous esperantz sanz fraude bon issue de la pees, si fist il mout grant defaute devers nous par colour de soverainte et resort, les queux il dit a lui mesmes appartenir, et les queux, par sa notoire default, nous demoerent, prendre, par puissance d'armes, chastialx, villes et forteresces, a nous liverees par la tretee de mesme la pees, tant en Aquitaigne, com en Pontieu, et les ad appliqez a ses poair et signuris, et ensi les detient il de fait occupez,

Et, que pluis est, il ad fait tuer cruelment noz gentz, et les uns de eux mettre en tresfort prisone, et s'afforce, par toutes les voies q'il purra deviser, noun pas tantseulement a destruire nous et nostre treschere fitz le prince, eins de nous et toutz les noz ouster de tout recordacion et memoire,

Enfreignant, par tiele manere, oultrement de sa part la susdite paix, laquel nous ne pensasmes unques d'avoir offendu ne tenuÿ en aucun point, come Dieu le sciet, en cas que les choses, a nous promises, come dit est, nous eussent este gardeez,

Et, estre ce, nous fait toutdis force et guerre overtement, et par tout ce q'il ne purroit, ne ne deveroit faire par aucun colour.

Es pur ce que lui, devantdit Charles, rumpue par lui tout outrement la paix susdit, ne n'ad tenuz a nous, ne gardez sa foi ne lealtee, einz (ce que nous en desplest a dire) l'ad blemy overtement et violez, come dit est,

Par ount nous ne sumes arrieremain obligez ne tenuz de lui garder foy en ce cas, mesmement que, en fesant le serement, sur la paix, nous disismes et protestasmes de nostre bouche, et adjoustames expressement que nous ne pensasmes, ne ne veulliens unqes, estre par nostre serement obligez, si noun en tant que les choses, a nous promises par la treitee de la dite paix, nous feussent par les ditz, Johan et Charles, de point en point, loialment gardez,

Si avons REPRIS LE NOUN RENOMEE ET TITLE DU ROI ET DU ROIALME DE FRANCE, les queux, avant la treitee de la pees, nous usasmes come nous devions, et il nous leust de clere droit, ET AS QUEUX NOUS NE RENONCIASMES UNQUES TEISEBLEMENT NE EXPRESSEMENT,

Et pensons a pursuire nostre droit en ce cas, par toutes les bones voies que faire purrons, et de contreester et reboter, a nostre poair, la malice et violence du dit Charles, a l'eide de nostre seignur tout puissant, sicome lui plerra a nous doner la grace.

Toutes les queles choses nous vous signifions en verite, au fyn que, par tant entrelessaut chescune manere de scruple de conscience, vous soiez excitez, afforcez, et encouragez a demoerer toutdis noz vrays et loialx subgietz, et de faire vestre devoire, et par toutz voz subgietz faire aussi envers nous et nostre dis fitz le prince, come promise avetz et tenuz y estes; de quoi nous avons ferme esperance :

Ne ne veullez croier ne accepter suasions, enformesons, bealx, plances, ou promesses de nullui que vous ad par cas excitez, ou vous purra en apres exciter, au contraire, de vous metter hors de nostre obeisance, affection, et bon amour; car, certes, nous vous monstrerons et ferrons toutdis, et a toutes noz bones et vrays subgietz, tiel amour, favour, et justice, dont vous et eux en deuffiez bien loier et vous ent pur contentz.

Don. par tesmoignance de nostre grant seal, a nostre tour de Loundres, le trentisme jour de decembre, l'an de grace mil, troiscents, sessante et noef.

N°. 460. — ORDONNANCE *qui enjoint aux sénéchaux* (1) *de faire exécuter plus exactement les ordonnances sur les monnaies, de confisquer les monnaies défendues, avec attribution du quart pour leur salaire.*

Paris, 6 février 1369. (C. L. V, 250.)

N°. 461. — LETTRES *portant homologation du règlement du maire de Rouen, sur la police de la marée et la vente du harengs* (2).

Paris, février 1369. (C. L. V, 252.)

N°. 462. — LETTRES *qui nomment le prévôt de Paris et un conseiller au parlement, commissaires sans appel pour régler la police des halles de Paris, comme si c'était un arrêt de parlement* (3).

Paris, hôtel de Saint-Paul, 8 mars 1369. (C. L. V, 261.)

N°. 463. — LETTRES (r) *portant confiscation définitive du duché de Guyenne sur le Roi d'Angleterre et son fils, pour cause de forfaiture.*

Au château de Vincennes, 14 mai 1370. (C. L. VI, 508. — Corps diplom., 128.)

KAROLUS, etc. Cum dudum ad nostrum pervenisset auditum, quod licet nonnulli prelati, barones, nobiles, consules, habita-

---

(1) Celle-ci est adressée au sénéchal de Beaucaire; mais il est constant que des lettres semblables furent adressées aux autres baillis et sénéchaux. Charles V altéra, comme ses prédécesseurs, les monnaies. (Isambert.)

(2) Il y a une ordonnance toute semblable du 29 février 1820, sur la vente du hareng et du maquereau, à Boulogne. V. Dissertation, année 1822, du Recueil des lois et des ordonnances, sur les réglemens de police. (*Idem.*)

(3) On peut conclure de là, que le parlement exerçait dès lors un pouvoir de haute police. Les actes des commissaires, quoique souverains, ont été confirmés par des lettres d'octobre 1370. (*Idem.*)

(4) Le greffier *Dutillet* l'appelle un lit de justice. Mais le premier acte de

nos, et certi alii singulares de *ducatu* nostro *Acquitanie*, ac de terris et partibus quondam traditis et assignatis per inclite recordacionis dominum genitorem nostrum, dum viveret, et nos, *Edouardo* de *Anglia* et *Edouardo* ejus primogenito, in tractatu pacis novissime factœ (1) et initœ inter dictum genitorem nostrum et nos, ex parte una; et dictos de Anglia, ex altera, ad nos et nostram superiorem parlamenti curiam à dictis de *Anglia*, ac certis eorem locatenentibus et aliis officiariis in dictis ducatu et terris, quem seu quas in puro domanio sub nostra superioritate et ressorto tunc tenebant aut tenere debebant, appellassent racione plurimorum gravaminum, oppressionum et excessuum eisdem et eorum singulis tortionariè et indebitè contra jus et justiciam, per dictos de *Anglia* et eorum officiarios ante dictos factorum et illatorum; nosque pro debito justicie, eisdem appellantibus adjornamenta requirentibus in causis appellacionum predictarum, tanquam superior dominus, ut moris est, concessissemus, ut facere poteramus et secundum justiciam tenebamur, cum per dictum tractatum pacis superioritas et ressortum tocius ducatus predicti et aliarum terrarum per dictum tractatum eisdem de *Anglia* traditarum et assignatarum, dicto genitori nostro et nobis ac successoribus nostris salvi essent et fuissent, sintque et fuerint specialiter et expresse reservati, et ad nos spectarent et pertinerent ac spectent et pertineant, cum tota illa integritate cum qua ad nos et coronam nostram temporibus retroactis pertinuerant ante tractatum supradictum; nichilominus tamen dicti *Edouardus* pater et *Edouardus* filius, et eorum officiarii predicti, quanquam de consuetudine, usu, stilo, et communi ac generali observancia curie nostre antedicte ac tocius

---

cette nature, suivant le président Henrion, autorité judiciaire, p. 372, est du 27 mars 1563. (Isambert.)

(1) C'est le traité de Bretigny. On voit par l'art. 8 de cet acte, (ci-dessus, p. 80) que le Roi de France avait cédé la souveraineté de la Guienne au Roi d'Angleterre, par conséquent renoncé à faire aucun acte de juridiction sur ces domaines. Il paraît que, lors de la ratification du traité à Calais, Edouard n'insista pas sur le renouvellement de ces renonciations. *Hume* dit que c'est sous ce prétexte injuste et grossier que Charles résolut de se regarder encore comme seigneur de ces provinces, et de recevoir l'appel de ses vassaux. Le comte de *Boulainvilliers* appelle Charles V chicanneur à cette occasion. *Hume* ajoute que probablement on ne prit pas l'avis des docteurs en droit et des jurisconsultes. *Secousse* avait promis de discuter ce fait historique, (*V.* note a, page 345 du 5e vol. des ordonn.) mais il ne l'a pas fait. (Isambert.)

Regni nostri, appellantes antedicti ac eorum gentes, subditi et officiarii quicunque, appellacionibus antedictis pendentibus, in omnibus casibus essent et esse deberent exempti à dictis de *Anglia* et eorum officiariis supradictis, nec cuiquam nisi nobis et dicte curie nostre dumtaxat obedire tenerentur, post et contra dictas appellaciones interpositas, nostram superioritatem usurpare volentes, eosdem appellantes et alios apppellare seu appellantibus adherere volentes, ac alias gentes dictorum ducatus et terrarum, ad obediendum sibi et ad resistendum nobis minis et muneribus commoverunt contra nos, et eciam concitaverunt, publice edicentes quod nobis et gentibus nostris in nullo parentur; nonnulli eciam ex dictis appellantibus, simplicitate vel ignorancia aut aliter sua temeritate ducti eisdem obediebant, et nostris Justiciariis et officiariis obedire formidabant et recusabant; et quod erat et est deterius, post appellaciones multas à dictis de *Anglia* et eorum officiariis antedictis ad nos et dictam curiam nostram interpositas, occasione et in odium appellationum ipsarum, in magnum et grave prejudicium superioritatis, et juridicionis nostre contemptum et lesionem Regie majestatis, appellantes ipsos à juridicione sua propter easdem appellaciones exemptos, ut premittitur, dicti de *Anglia* et gentes ac officiarii ipsorum, irracionabiliter et crudeliter, ac spreta reverencia nobis debita, tractaverunt et tractabant, ac multos ex eisdem appellantibus inhumaniter mortem subire fecerant; nuncios eciam nostros solennes, quos ad dictum *Edoardum* filium destinaveramus, nostras patentes litteras defferentes, per quas dictum *Edoardum* et ejus officiarios à quibus fuerat appellatum, ad instanciam dictorum appellantium adjornabamus et adjornari mandabamus coram nobis seu in dicta nostra superiori curia, in causis appellacionum predictarum processuros, et ulteriora facturos ut esset racionis, ipse *Edouardus* filius prisionarios detinuerat et adhuc detinebat seu detineri faciebat; licet eciam per alias litteras nostras, in villis et locis publicis, convicinis partibus, in quibus dictus *Edovardus* filius, ac sui et genitoris ejusdem locatenentes et officiarii conversari dicebantur, publicato nostre citacionis edicto, certam diem seu certos dies eidem *Edouardo* filio suo ac ejus officiariis à quibus ut premittitur, extiterit appellatum, in causis appellacionum predictarum assignari fecissemus coram nobis seu in curia nostra superiori predicta, ad diem tamen seu dies cisdem assignatos, per se vel alium comparere contempserant, nec comparuerant ut debebant, quare ipsos exigente justicia, contumaces reputavimus et posuimus in defectu; et preterea dicti pater et filius, ac alii de domo sua et adherentes eisdem, ad deteriora prorumpentes, dictum tractatum et pacem eorumdem propriis juramentis solenniter prestitis firmatis violantes, et contra eosdem temere et de facto venientes, elata obstinacione ac obstinata elacione, superioritatis et ressorti nostrorum usurpacione antedicta non contenti, contra nos et coronam nostram predictam evidenter et manifeste se rebelles et inimicos nostros reddiderant, nobisque et regno nostro guerram notorie ac permanenter et aperte indixerant et fecerant, sicut adhuc faciebant, ac per diversas regni nostri partes, tam in dicto ducatu quam alibi, multos incursus hostiles fecerant et fieri mandaverant et adhuc faciebant, dictasque partes totis suis viribus nequiter invadere nisi fuerant, incendia et alia innumerabilia facinora et dampna gravissima inferendo; propterque et alia multa scelera per eosdem de *Anglia* et eorum adherentes et coadjutores notorie perpetrata et commissa.

Nos cum nostro consilio ac pluribus peritissimis et magne sciencie viris, deliberacione super hoc prehabita diligenti, per nostras alias litteras (1) in mense novembris novissime preterito confectas, diximus et declaravimus dictum *ducatum Acquitanie*, et alias terras quas dicti de *Anglia* in dicto regno nostro ac sub nostra superioritate et ressorto ante rebelliones antedictas tenere et possidere dicebantur, et quas de facto occupabant, nobis causa forefacture confiscatas et applicatas fuisse et esse (2), et eosdem ducatum et terras qui seu que ad nos per dictam confiscacionem, ut premittitur, devenerunt et ceciderunt in commissum; nostro domanio applicavimus,

Decernentes omnes et singulos vassalos, homines et subditos dictorum ducatus et terrarum, et qui eisdem patri et filio juramento fidelitatis ante rebellionem antedictam tenebantur astricti, ab omnibus obedienciis et subjeccionibus in quibus eisdem tenebantur, quietos esse et perpetuo liberatos; et quia ut intelliximus, nonnulli de dicto ducatu et aliis terris supradictis in commissum deventis, ac nobis confiscatis et applicatis, et ad do-

---

(1) Ces lettres, de 1369, sont perdues; peut-être ont-elles été détruites pendant l'usurpation de Henri VI. (Isambert.)

(2) La peine de la confiscation a été abolie, surtout parce qu'elle paraissait imaginée moins comme réparation d'un crime, que pour s'enrichir aux dépens d'un ennemi. (*Idem.*)

maniam nostrum unitis, ut est dictum, quibusdam coloribus exquisitis, licet de predictis tam notoriis et manifestis ignoranciam non possint aut debeant pretendere qualemcumque, cum talia sint que nulla tergiversacione celari possunt, aut non notoria et non manifesta dici vel fieri nequeunt, predictis de *Anglia* vel eorum gentibus et officiariis quamquam in suis rebellionibus, guerris et inimiciciis evidenter et notorie contra nos perseverantibus, adhuc obedire et eorum partem fovere presumunt; quidem vero ex ipsis, licet nos verum superiorem ac directum et immediatum dominum dictorum ducatus et terrarum recognoscunt, nundum tamen fidelitatis juramenta ac homagia et alia deveria, ad que nobis tanquam vero et immediato domino pro suis feudis, possessionibus et terris tenentur, prestiterunt vel fecerunt, et eisdem inimicis nostris notorie guerram facere et pro suis viribus nocere distulerunt, ex quibus dampna quam plurima ac scandala et irreparabilia pericula nobis ac toti reipublice regni nostri ulterius contingere possent et sequi, nisi eisdem celeriter obviaretur.

Notum igitur facimus nos urgente justicia, pro jure et honore corone nostre, ac totius reipublice et subditorum dicti regni nostri utilitate, ac privilegiorum omnium in dictis ducatu et terris habitantium conservacione, premissa ulterius absque competenti remedio tolerare nollentes, pleniori cum dicto consilio nostro et aliis litteratis et prudentibus viris super hoc deliberacione habita, ducatum predictum et omnes alias terras antedictas, ex causis et factis ac racionibus predictis, et aliis notoriis et manifestis, ac nos et dictum consilium nostrum in hac parte racionabiliter et juste moventibus, ex habundanti decernimus et DECLARAMUS.

Ut alias, in commissum nobis recidisse, et erga nos confiscatos fuisse et esse, eosdemque nostro domanio regio applicamus; decernentes serie presencium prout aliàs decrevimus, ut est dictum, omnes et singulos vassalos, homines et subditos dictorum ducatus et terrarum, à quibuscunque juramentis fidelitatis et subjeccionibus, quibus ante dictam rebellionem et confiscacionem eisdem de *Anglia* et sibi adherentibus tenebantur, fuisse et esse quictos et imperpetuum liberatos; districtius injungentes omnibus et singulis dictorum ducatus et terrarum subditis, cujuscunque status, preeminencie, dignitatis aut condicionis existant, ut ipsi nobis tanquam superiori et immediato ac vero domino dictorum ducatus et terrarum, ac gentibus et offi-

... nostris in omnibus casibus de cetero obediant; expressius inhibentes eisdem sub penis amissionis omnium bonorum suorum quorumcumque, et aliis quas erga nos incurrere possunt, ac deinceps predictis de *Anglia* et eorum officiariis, in casibus quibuscunque obedienciam prebeant aliqualem, neo consilium, auxilium vel favorem eisdem quomodolibet prestare presumant; eisdemque et eorum singulis expressius injungimus, ut ipsi de cetero dictos de *Anglia*, ac omnes et singulos eisdem adherentes et eorum partem foventes et tenentes, erga nos rebelles, ac nostros et regni nostri ac suos teneant et reputent notorios inimicos:

Qui vero contrarium facient, ipsos ex nunc nostros et corone nostre inobedientes et rebelles reputamus et tenemus;

Et ut deinceps nullus possit aut debeat de predictis ignoranciam pretendere aliqualem, omnibus senescallis, baillivis, ceterisque justiciariis et officiariis nostris dictorum ducatus et terrarum ubicunque constitutis, aut eorum locatenentibus, et ipsorum cuilibet, ut ad eum pertinuerit, districte precipimus et mandamus, quatenus ipsi et eorum singuli, in villis et locis insignibus dicti ducatus, et aliis eorum juridicionibus subditis, declaraciones, confiscaciones, injunctiones et inhibiciones nostras supradictas, ac omnia et singula prout superius sunt pretacta, publicent et publicari solenniter faciant, ac omnibus et singulis prelatis, baronibus, militibus, consulibus, et aliis ubilibet in ducatu et terris antedictis constitutis, significent et intiment; eisdemque et ipsorum singulis ex parte nostra inhibeant sub omni pena quem erga nos incurrere possent, ne quisquam eorum de cetero dictis de *Anglia* vel eorum officiariis in casibus quibuscunque pareant aliqualiter vel intendant; predictisque prelatis ac baronibus, militibus, consulibus, et aliis singulis quorum intererit ex parte nostra precipiant, ut ipsi absque morosa dilacione quacunque, ad nos seu carissimum germanum nostrum *ducem Andegavensem* nostrum locumtenentem in dicto ducatu et *partibus occitanis*, seu ad alios locatenentes et officiarios nostros in terris predictis, ad quos spectabit, personaliter accedant, pro fide et homagio ac juramentis fidelitatis, ceterisque juribus et deveriis nobis per ipsos debitis pro suis temporalitatibus, feudis, terris et possessionibus antedictis, faciendis et prestandis, aut sufferenciam requirendam, si sit opus.

Que sic fieri et execucioni effectualiter demandari volumus,

jubemus, et eciam ordinamus per presentes. In cujus rei, etc.
Per Regem, in *** magno consilio*.

N°. 464. — LETTRES *par lesquelles le Roi déclare qu'il est abbé de Saint-Martin-de-Tours* (1).

Vincennes, juin 1370. (C. L. V, 305.)

N°. 465. — LETTRES *portant entre autres dispositions que, dans la ville de Puy-Mirol, les demandes qui ne passeront pas cent sols ne seront pas faites par écrit, mais verbalement, et que le bailli pourra donner des tuteurs et des curateurs, les déposer, en nommer d'autres à leur place.*

Paris, juin 1370. (C. L. V, 310.)

N°. 466. — ORDONNANCE *sur la forme du serment* (2) *des chirurgiens de Paris, qui leur accorde des exemptions de garde, et autres, en raison des soins qu'ils donnent aux pauvres.*

Paris, hôtel de Saint-Paul, 21 juillet 1370. (C. L. V, 322.)

Karolus etc. Preposito Parisiensi vel ejus locum tenenti salutem.

Cum ex dilectorum nostrorum magistrorum, juratorum, licenciatorum et baccallariorum in arte cirurgie, Parisius commorantium, nobis fuerit insinuacione monstratum, quod cum ipsi, antequam exercicio dicte artis se debeant immiscere, teneantur coram vobis prestare juramentum de ipso officio fideliter exercendo : Quo facto, vulneratos existentes in villa sive vicecomitatu parisiensi, seu vulnera eorum vel plagas vobis seu auditoribus castelleti nostri parisiensis, revelare seu etiam intimare minime teneantur: nisi duntaxat illos vel illorum, quos in locis sacris vel privillegiatis esset contingit; et propter

---

(1) Hugues Capet, chef de cette dynastie, s'était emparé du bien de cette riche abbaye, et même du titre, quoiqu'il fût laïc. (Isambert.)

(2) *V.* notes sur l'ordon. de novembre 1311, pag. 6, vol. 3, et les ordon. de décembre 1750, septembre 1760, mai 1768, avril 1772, décembre 1774, et juin 1784. (Isambert.)

hoc, hactenus prestaverunt et prestare consueverunt coram sigillifero castelleti dicti, dictum fidelis exercitii juramentum.

Nihilominus vos, ipsos exponentes, pro dicto juramento per eos, ut dicitur, non prestito, ac presentacione et approbacione de ipsis seu aliquibus ipsorum, coram vobis, et pro dicta revelacione seu intimacione non factis, nec non et pro non gradualis, quia se dicto exercitio immiscuerunt, licet in hac sint experti, illudque saltem sub regimine et nominibus magistrorum exercere consueverint, trahere nitimini ad emandam, et compellere ad vobis seu dictis auditoribus revelandum seu intimandum, post primam visitationem seu preparationem, vulneratos et plagas, non solum existentium in locis sacris et privilegiatis, sed etiam aliorum quorumlibet indistincte; et jam aliquos ex ipsis de sacro jurare fecistis, quod vobis seu dictis auditoribus, de omnibus revelabunt;

Et insuper, licet ipsos omni hora de dicto officio exercendo oporteat esse paratos, eosdem ad custodie januarum nostre civitatis parisiensis, de die et de nocte excubiarum ejusdem vultis ponere servitutem (1), ipsos pro premissis diversis modis et viis punire volendo, in ipsorum et reipublice, cujus sunt servitio deputati, grave dispendium, prout sumus sufficienter informati.

Hinc est, quod nos, premissis attentis, et quod non multum refert, an coram vobis seu dicto sigillifero fuerit dictum juramentum prestitum; attento etiam, quod medietas emandarum ex predictis non approbacione et juramenti non prestacione, proveniencium, ad ipsos exponentes, ex donacione per nos ipsis facta, ut in utilitatem confraternitatis sue, quem faciunt in honorem beatorum martyrum Cosme et Damiani, et non alibi, convertatur, noscitur pertinere;

Omnem et quamcunque emendam, in qua propter supradicta erga nos teneri possent quovismodo et tenentur, eisdem et eorum cuilibet, remisimus et in dicto casu remittimus de nostra certa sciencia et gracia speciali; ita tamen, quod ipsi et eorum cuilibet, deinceps jurare, et aprobacionem petere, prout decuerit, secundum eorum privillegia teneantur.

Et ex habundanti, attento quod dicti exponentes se sponte offerunt pro nobis et remedio anime nostre, nostrorumque pre-

---

(1) C'est le service du guet, aujourd'hui garde-nationale. V. ci-dessus, ordon. du 6 mars 1363. (Isambert.)

decessorum et in futurum successorum, gratis visituros et preparaturos pauperes, qui in hospitalibus recipi non possunt, et qui eorum visitationibus et remediis indigebant, volumus et eis concedimus, ut ipsi ad dictos vulneratos seu eorum vulnera et plagas revelandos, aliter quam superius, et in suis privilegiis per nos seu nostros predecessores eis concessis, de quibus vobis licuit aut liquebit, est cautum;

Nec non ad faciendum excubias vel custodiam januarum deinceps, minime sint astricti; sed potius sint liberi et immunes : mandantes vobis, quatinus ipsos et eorum quemlibet, nostra presenti gracia et concessione uti faciatis et permittatis pacifice et quiete, ipsos seu aliquem ipsorum, in contrarium nullatenus molestando seu molestari faciendo vel etiam permittendo aliqualiter in corpore sive bonis; sed jam exacta in contrarium, ut est dictum, juramenta contra suorum privillegiorum tenorem et seriem, relaxando, que nos eidem in casu premisso tenore presencium relaxamus, et silencium super hiis omnibus, nostro procuratori imponimus per presentes.

Datum in hospicio nostro santi Pauli, etc.

N°. 467. — MANDEMENT (1) *qui défend au parlement de surseoir à la prononciation des arrêts, quelques ordres qu'ils en reçoivent du Roi, et qui porte que le Roi ne connaîtra plus des affaires de peu d'importance.*

Paris, 22 juillet 1370. (C. L. V, 323.)

A nos amez et feaulz les presidens de nostre parlement, à Paris.

De par le Roy. Nous sommes assés recors que aucune foiz vous avons mandé par importunité de requerans, de surseoir à prononcier les arrez jusques à certain temps sur aucunes causes; et aussi par l'infestation des gens de nostre hostel et autres, nous avons voulu oir pardevant nous (2), la plaiderie d'aucunes petites causes dont il n'appartient point. Et pour ce que nous avons n'agaires esté et sommes acertenez, que par le

---

(1) Cette ordonnance est souvent citée comme une des plus remarquables de ce règne. (Isambert.)

(2) Ce sont les évocations. V. ci-dessus, note p. 253. (Isambert.)

OCTOBRE 1370.

delay des diz arrez, le droit de partie, a esté et est appeticié contre raison; et semblablement, pour oïr telz mesmes causes, nostre dit parlement a esté empeschié,

Nous vous mandons que dores en avant, pour quelconque lettre ou mandement que vous ayez de nous au contraire, vous ne sursoiez ou delayez à pronuncier et donner les diz arrez; sur ce procediez touteffois qu'il vous semblera bon à faire selon justice et raison : et aussi il n'est pas nostre entention de oir dores en avant telz causes, ne les rappeller pardevant nous (1).

N°. 468. — LETTRES *qui donnent aux consuls de Cahors le droit de créer des notaires et de les remplacer en cas de vacance.*

Paris, juillet 1370. (C. L. V, 524.)

N°. 469. — LETTRES *portant abolition de la confiscation au profit des habitans de Sarlat.*

Vincennes, août 1370. (C. L. V, 538.)

N°. 470. — LETTRES *portant que les registres et protocoles des notaires royaux seront, après leur mort, remis au Roi, et le profit des expéditions réservé au domaine, sauf la portion revenant aux héritiers.*

Paris, 10 octobre 1370. (C. L. V, 352.)

CHARLES etc. Nous avons entendu que aprez la mort des tabellions royaulx, qui ont esté ou temps passé en la seneschaucie de Thoulouse (2), aucuns ont empetré et encores s'ef-

---

(1) Dans le procès du duc de Bretagne, en 1378, les pairs de France protestèrent contre la présence du Roi. *V.* le chap. 3 de l'Autorité judiciaire du président Henrion, portant que le prince ne doit jamais s'immiscer dans l'exercice du pouvoir judiciaire; *V.* aussi l'Esprit des lois, II, 5. C'est ainsi que nos anciens magistrats interprétent la maxime *toute justice émane* du Roi. (Isambert.)

(2) Elle est adressée à plusieurs autres sénéchaux. La disposition de cette ordonnance, relative à la réunion des minutes des notaires entre les mains du gouvernement, a été souvent mise en avant, et toujours abandonnée. (*V.* art. 12 de l'ordon. de juillet 1304.) On dit que les actes des notaires, à Rome, sont réunis dans un seul dépôt public. — *V.* sur la transmission des minutes,

forcent d'empetrer de nous, sitost comme lesdis tabellions sont trespassez, les notes, prothocolles, briefs ou registres que iceulx tabellions ont faites et enregistrées à leur vivant; et les lettres et escriptures royaulx qui en pevent ou doit estre faites, traittées et yssir, ont baillé et baillent à ferme, et en ont reçeu et reçoivent de jour en jour, très-grans prouffis et esmolumens; et aveuc ce, aucuns de noz genz ou officiers, ont tenus et encores tiennent certains tabliers en la ville de Thoulouse, qui oncques ne furent mis en recette, ne aucune mention n'en est faitte ès comptes de la recepte de Thoulouse; lesquelz tabliers ils ont baillé à ferme, et en ont reçeu et reçoivent tres grans émolumens; et pour ce que l'émolument de telles letres et escritures royaulx; hors le droit de l'interez des hoirs ou ayans cause du nottaire ou nottaires (1), qui ont fait lesdites nottes, prothocolles, briefs ou registres; et aussi desdis tabliers, à nous doit appartenir et non à autre, comme de nostre propre demainne,

Ait esté et soit ordonné par bonne et meure deliberacion de nostre conseil, que dores-en-avant, toutes telles notes, prothocolles, briefs ou registres, sitost comme les notaires qui les auront faites et enregistrées, seront trepassez; et aussy de ceulx qui ja le sont, seront prises et mises en nostre main, et avenc ce, lesdis tabliers; et en seront les letres, instrumens et escriptures royaulx, qui en porront yssir et devront estre traittez et faittes, bailliées à ferme pour nous, ou par autre maniere, en sera fait nostre prouffit le miex que vous porrez, et en seront levées et reçeuz et les prouffiz et esmolumenz pour nous; en baillant et deslivrant aux heritiers ou ayans cause des tabellions ou tabellions, qui les notes, prothocolles, briefs ou registres dessus dictes auront faittes, telle partie ou porcion de ce (2) comme de droit il ont accoustumé d'avoir pour leur dit interez: lesquelles lettres et escriptures aveuc les diz tabliers, nous des maintenant, mettons et appliquons en nostre demaine par la teneur de ces presentes.

---

la loi du 25 ventose an XI, dont on retrouve le type dans la célèbre ordon. de juillet 1304, qui est, à proprement parler, la première loi sur le notariat. (Isambert.)

(1) Les héritiers des notaires avaient le droit de tirer du profit de l'expedition des actes concernant les particuliers. (Secousse.)

(2) C'est apparemment la moitié. *V*. art. 23 de l'ordon. de juillet 1304. (Isambert.)

Si vous mandons et expressement enjoignons, que en tenant et gardant fermement sanz enfraindre, ceste presente ordennance, vous et chacun de vous, toutes les notes, prothocolles, briefs ou registres que vous trouverez de la condicion dessus dite, et aussi celles qui semblablement escherront en la dite seneschaucie ou temps avenir; ensemble lesdits tabliers, prenez, mettez et tenez en nostre main, tantost les lettres veues; et ycelles et aussi lesdits tabliers, baillés à ferme ou en faictes nostre prouffit, comme dit est : et vous tresorier, en levez et exploictiez les prouffis et émolumens pour nous doresenavant, selon la teneur de cette presente ordennance, en telle maniere que par vous ni ait aucun deffaut; non contrestant quelconques dons et letres faites et à faire au contraire, qui ne seroient expresse mencion du rappel de ceste presente ordonnance, et qui ne seroient passées et expediées par la chambre des diz comptes.

Donné à Paris etc., de nostre regne le septisme.

N°. 471. — LETTRES *portant homologation d'un réglement des commissaires du parlement, sous la date du 4 octobre, sur le commerce de la marée à Paris, portant* (art. 20) *que tous les priviléges de la marée seront enregistrés dans un registre qui sera gardé dans la chambre des élus de la marée* (1).

Paris, 8 octobre 1370. (C. L. V, 355.)

---

(1) Ce registre contient tous les actes relatifs à ce genre de commerce, depuis 1314 jusqu'à 1379. Cette matière a paru assez importante, pour que le parlement prit connaissance directe de tout ce qui concernait la marchandise de poisson. Cette jurisdiction privilégiée fut confirmée par des lettres du 26 février 1351, qui ne sont pas dans la Collection du Louvre. Le 20 mars 1352, on établit une commission *ad hoc*, composée de quatre conseillers et d'un juge du Châtelet. Par arrêt du 21 août 1361, le prévôt de Paris fut rétabli dans sa jurisdiction de première instance. Le 20 juin 1369, une commission de dix membres fut chargée de procéder à la réformation de cette partie de la police; ce qui donna lieu à l'ord. du mois d'octobre. Le prévôt de Paris a été rétabli dans sa jurisdiction en 1379. Cependant, un réglement du parlement, de l'an 1414, rétablit la commission, et partagea ses attributions avec celles du prévôt de Paris. En août 1602, lettres patentes qui attribuent au parlement en première instance, toutes les affaires de la marée. En 1678, on organisa une chambre dite *de la marée*, jurisdiction souveraine, composée du doyen des présidens à mortier, des deux plus anciens conseillers de la grand chambre,

N°. 472. — LETTRES *délivrées par les gens des comptes, à l'ordre du Roi, pour l'acquit des droits de franc-fief et d'amortissement dans la viguerie de Beziers, portant (art. 23) que les nobles par leurs mères seront sujets aux droits de franc-fief.*

Paris, 15 novembre 1370. (C. L. V, 362.)

(23) Innobiles descendentes à patre innobili, et matre nobili, pro rebus feodalibus aut retro-feodalibus sibi deventis, et per ipsos acquisitis et acquirendis ex successione eorum matris nobilis, et aliorum collateralium ejusdem matris, aut aliter à nobili, solvent financiam quam exigatis et queratis, ut supra (1).

N°. 473. — LETTRES *par lesquelles le Roi accorde à ses clercs, secrétaires et notaires, une chambre dans le palais à Paris, pour s'y assembler et y faire leurs lettres et expéditions* (2).

Paris, hôtel de Saint-Paul, 29 novembre 1370. (C. L. V, 367.)

CHARLES, etc. Sçavoir faisons, que nous, à la supplication du college de nos amez et feaux, clercs, secretaires et notaires, afin qu'il ayent lieu ou chambre en nostre palais royal à Paris, où ils se puissent retraire pour faire et signer leurs lettres, et

---

et d'un procureur général, connaissant de toutes instances civiles et criminelles, qui n'a été supprimée que par la loi du 7 septembre 1790. — V. Nouv. Rep., V°. Chambre de la marée. (Isambert.)

(1) M. H....., l'un des auteurs du Nouv. Rép., V°. *Noblesse*, § 4, cite cet article de l'ordon. de 1370 comme une preuve que la noblesse par les femmes était autrefois reconnue dans tout le royaume. Charles V est peut-être le premier de nos Rois qui ait porté atteinte à cette noblesse.

On prétend que ce privilége fut accordé aux femmes champenoises après une bataille donnée en 841, contre les Normands, où la majeure partie de la noblesse périt; mais on ne connaissait point encore, à cette époque, la noblesse féodale héréditaire. Ce droit est d'ailleurs reconnu par l'art. 20 des coutumes de Champagne, données par *Thibaut*, à Noël 1224. Cette disposition se retrouve dans l'ancienne coutume de Champagne et de Brie. On lit, dans la Chronique de Monstrelet, sur l'année 1509, que Jean de Montagu, qui fut décapité, *était gentilhomme de par sa mère*. On cite aussi Beaumanoir. (Isambert.)

(2) Les avocats à la Cour royale et à la Cour de cassation, et les avoués, jouissent encore aujourd'hui de cette faveur. (Isambert.)

aler ensemble; et auquel les bonnes gens qui auront à faire avec eux, les puissent plustost et plus aisément trouver; et pour certaines autres causes que nous ont meu et meuvent à ce, à nos dits clercs avons octroyé et octroyons par ces presentes, de nostre grace speciale, et jusqu'à nostre volonté, une chambre assise au coing de la grand'sale du palais, du costé du grand pont, en laquelle on tient et fait nostre eschançonnerie, et en laquelle nos amez et feaux conseillers, les gens des requestes de nostre hostel, ont accoutumé à tenir et tiennent aucunes fois les requestes et les placets, quant ils échéent : laquelle chambre nosdits clercs feront appareiller de fenestres, verrieres, bancs, et autres choses à ce necessaires et convenables: voulans, et octroyans à nos dits clercs, que en ladite chambre ils puissent aller et venir quand il leur plaira, écrire et faire leurs lettres et escriptures, et eux y assembler et parler de leurs besognes, si mestier est, etc.

Si donnons en mandement au concierge de nostre dit palais, ou son lieutenant, que ladite chambre il delivre à nos dits clercs, et d'icelle les laisse joyr et user pleinement et en la maniere dessus dite.

N°. 474. — LETTRES *portant que tous les secrétaires du Roi ne seront pas tenus d'assister aux requétes.*

Paris, 20 janvier 1370. (C. L. V, 370.)

N°. 475. — LETTRES *portant que les prévôts et jurés de Tournay ne pourront tenir les prévenus en prison plus de sept jours, sans les faire paraître devant leur tribunal, pour leur faire connaître l'accusation intentée contre eux*

Bois de Vincennes, 6 février 1370. (C. L. V, 370.)

N°. 476. — LETTRES *d'abolition en faveur d'Arnoul de Dampierre et ses complices, pour avoir enlevé de son domicile, avec escalade et effraction, le sieur de Marolles, ses chevaux, harnois, etc., et l'avoir tenu en charte privée, hors du royaume, pendant six semaines.*

Février 1370. (Mss. de la Bibl. du Roi, Tit. concernant l'Hist. de France carton n° 93. — Recueil de Colbert, vol. 30, fol. 741.)

N°. 477. — Lettres portant que les habitans de *Florence* (1) pourront prendre pour leur usage, pendant cinq ans, du bois sec et mort dans une forêt royale, acquérir des fiefs nobles et militaires sans rendre aucun hommage, s'emparer des biens immeubles des rebelles absens, et contenant abolition de tous crimes et délits commis antérieurement.

Paris, avril 1371. (C. L. V, 587.)

N°. 478. — Lettres qui permettent aux magistrats de Béziers, vu qu'ils ne se sont soumis à aucune banalité, d'établir des moulins à eau et à vent pour les besoins de la ville, et d'en employer le produit pour l'entretien des fortifications.

Paris, mai 1371. (C. L. V, 303.)

N°. 479. — Lettres portant que les consuls de *Villeneuve* ne pourront être appliqués à la question, quelques crimes qu'ils aient commis (2).

Paris, mai 1371. (C. L. V, 393.)

N°. 480. — Lettres portant que les habitans de *Rodez* ne devront les tailles réelles que lorsqu'elles auront été imposées à la pluralité des voix, dans une assemblée à laquelle ils auront été appelés, et qu'on ne pourra procéder contre eux pour le paiement de ces tailles que par la saisie de leurs biens, et non par emprisonnement et par garnison, à moins d'insuffisance desdits biens.

Paris, juin 1371. (C. L. V, 410.)

---

(1) Cette ville relevait de la Guyenne, mais suivait le parti de Charles; ce qui explique pourquoi on leur accorde de si grands priviléges. (Isambert.)

(2) Dans la plupart des lettres de priviléges, on exceptait les crimes d'hérésie et de lèze-majesté, dont on ne fait pas mention dans celles-ci. Decrusy.

Cette exemption est accordée comme une grâce, et non comme un droit. C'est Louis XVI qui a aboli la question préparatoire. Cette pratique n'est pas seulement contraire à l'humanité; on prouve, en droit naturel, que la société n'a pas le droit d'obliger un individu à s'accuser lui-même. (Isambert.)

JUILLET 1371.

81. — MANDEMENT *aux officiers de justice de contraindre par le sequestre de leurs biens, après une année, ceux qui auront été excommuniés par la jurisdiction ecclésiastique, pour n'avoir pas payé leurs dettes, ou autres offenses semblables, à se faire absoudre de ces excommunications.*

Paris, 3 juillet 1371. (C. L. V, 414.)

CAROLUS, etc. Omnibus justiciariis nostris, ad quos presentes littere pervenerint, aut eorum locatenentibus, salutem.

Ex parte dilecti et fidelis clerici secretarii nostri, archidiaconi Lingonensis, jurisdictionem spiritualem ordinariam, cum dilecto ac fideli episcopo Lingonensi, pari Francie, in casu preventionis (1), ad causam dicti archidiaconatus, ut asserit, ha-

---

(1) Le président *Henrion*, (autorité jud., ch. 21), a fait voir par quelles subtilités la puissance ecclésiastique s'attribua la connaissance des affaires civiles. Comme le péché offense la majesté divine, toute prétention qui était de nature à constituer en état de péché celui qui la forme, ne pouvait être portée que devant les juges d'église, (*Loyseau*, des seigneuries, ch. 15, n° 65). Il en était de même, à plus forte raison, du cas où le serment devait intervenir. Les droits des veuves et des orphelins étaient sous la sauve-garde de l'église, (*Beaumanoir*, ch. 21). Toutes conventions passées sous le scel ecclésiastique, étaient nécessairement de sa jurisdiction. On y arrivait aussi par voie de connexité, (*Loyseau*, ch. 15, n° 66). Un arrêt du parlement, cité par *Jean Desmares*, décision 328, juges, contre l'évêque de Beauvais, qu'il y avait usurpation manifeste de sa part de s'être mis en possession des biens meubles d'une personne *intestat*. Tout bon chrétien ne pouvait mourir sans avoir fait un legs, sinon il était privé de la sépulture religieuse. *V.* note de Laurière sur le Glossaire de Rageau, V°. Exécuteur testamentaire. Pendant les 12° et 13° siècles, les ecclésiastiques étaient en possession de connaître de toutes affaires testamentaires, et dictaient les testamens conjointement avec les héritiers. Le mariage ayant été élevé à la dignité de sacrement, personne ne contestait à l'église le droit d'en régler les conditions et la validité. Les cours ecclésiastiques revendiquaient la connaissance de toutes ces difficultés. — Il n'est donc pas étonnant que les officiaux aient connu même des causes de l'Etat. *V.* ch. 123, liv. Ier, des Etablissemens, et les notes. Ils forçaient l'exécution de leurs sentences par voie d'excommunication. Cette peine emportait presque mort civile; (*Boutillier*, Somme rurale, tit. 9). Ces usurpations devinrent si révoltantes, qu'en l'an 1260, les seigneurs se coalisèrent, et nommèrent une commission pour déclarer nuls les décrets d'excommunication qui leur paraîtraient injustes. Le parlement, depuis 1302, réprima ces abus. La conférence de 1329 ouvrit les yeux de plus en plus, et si Charles V eut la faiblesse, en juillet 1371, de favoriser cette usurpation, et d'ordonner par ce mandement l'exécution de l'art. 123 de la 1re partie des Établissemens, il y eut bientôt après, dit *Fevret*, (Traité de l'appel comme d'abus, liv. 4, ch. 1er, n° 9), arrêt général au mois de mars 1371, contre

bentis in villa et civitate et archidiaconatu Lingonensi, fuit expositum, quod in dicta villa et civitate Lingonensi, et aliis locis sue jurisdictionis spiritualis archidiaconatus predicti, erat et est tanta multitudo personarum excommunicationum et aggravationum sententiis, ipsius archidiaconi auctoritate, ligatarum; quarum alique dictas sententias per decem annos, alie per viginti, cetere plus alie minus, quasi in profundum malorum descendentes, sustinuerunt et sustinent animis induratis; ob quod multociens, propter accessum temerarium talium personarum ad ecclesias, à quibus et à communione fidelium, sunt exclusi, mentes catholicorum et divina officia perturbantur, et multa etiam alia scandala in Dei ecclesia generantur; quamvis persone memorate sint adeo locupletes et in bonis abundantes, quod bene possent, si vellent, se acquitare erga suos creditores, ad quorum instantiam, dictis sentenciis sunt ligate; de offensisque per ipsas commissis satisfacere, ac ablucionum suarum beneficia procurare; quod facere neglexerunt et negligunt, dando ceteris perniciosum exemplum, in omnipotentis Dei et sue sancte ecclesie scandalum, offensam, ac suarum pericula animarum; nec non contemptum fidei orthodoxe, ac creditorum suorum prejudicium et jacturam; super quibus, per nos provideri de remedio, dictus archidiaconus instantissime supplicavit, nostri brachii secularis auxilium implorando.

Quibus attentis, nos volentes ob Dei et sancte Matris ecclesie reverantiam et honorem, talium maliciis obviare, vobis et vestrum cuilibet, prout ad eum pertinuerit, MANDAMUS quatenus, ad requestam dicti archidiaconi seu gentium suarum, omnes et singulas personas, quas per acta curie ecclesiastice ordinarie

---

ce même évêque de Langres et l'archevêque de Sens, les évêques d'Autun, Troyes, Autun et Châlons, et leurs officiaux, qui leur défend de connaître des actions réelles, des successions, etc. V. aussi *Chopin*, liv. 2, part., tit. 1er, n° 6. Après une lutte dont la durée fut encore de plus de 250 ans, les juridictions furent à peu près replacées sur leurs véritables bases, par l'ordon. de 1539. Depuis la révolution, toute juridiction ecclésiastique a cessé. En 1820, on a cherché à rétablir les officialités. V. le Recueil complet, p. 53, et les notes. — Saint Augustin dit, dans ses Confessions, qu'il ne pouvait aborder Saint Ambroise, parce que ce prélat était constamment environné de plaideurs. Une constitution de l'empereur Constantin, (Code Théod. titre de *Epis. [...]*), constituait les évêques arbitres forcés de tous les différends. Cela serait insoutenable dans les États modernes, qui ont adopté la liberté des cultes. (Isambert.)

archidiaconatus, debite vobis constiterit dictas sentencias per annum et amplius sustinuisse, compellatis seu compelli facialis per captionem et explectationem bonorum suorum, si et prout opus fuerit, ad procurandum à dictis sentenciis se absolvi, et ad reddendum ad gremium sancte matris ecclesie, ac se reconsiliandum tanquam boni Christiani, altissimo Salvatori: proviso quod pro dictis absolutionibus dictis personis impendendis, non exigatur ab eisdem ultra modum, et nisi quantum, inspecta qualitate personarum, moderate consuevit exigi ab aliquo; taliter id acturi, quod non possitis de negligentia reprehendi; litteris subrepticiis in contrarium impetratis vel impetrandis, non obstantibus quibuscumque: Mandantes omnibus subditis nostris quatenus vobis efficaciter pareant in premissis; presentibus per annum valituris.

N°. 482. — LETTRES *qui confirment les citoyens de Paris dans les privilèges des gardes bourgeoises* (1), *de l'exemption des francs-fiefs, de faire porter à leurs chevaux des freins dorés, et autres ornemens servant à l'état de chevalerie, comme nobles* (2), *de lignée et de lignage.*

À l'hôtel de Saint-Paul, près Paris, 3 juillet 1372. (C. L. V, 418. — Archiv., cart. 1.)

N°. 483. — LETTRES *portant que les juges de la sénéchaussée de Beaucaire ne pourront faire des compositions avec ceux qui ont commis des délits, qu'en présence du procureur du Roi et du receveur de la sénéchaussée.*

Paris, en la chambre des comptes, 25 août 1371. (C. L. V, 420.)

---

(1) Merlin (Nouv. Rép., V°. Bourgeois, § 4), dit que la garde bourgeoise de leurs enfans mineurs fut originairement concédée aux bourgeois de Paris, par des lettres patentes de Charles V, du 9 août 1381. — Il y a erreur de date évidente, puisque Charles V est mort en 1380. (Decrusy.)

(2) Cette qualité leur fut confirmée par Charles VI, Louis XI, François I et Henri II. — Henri III restreignit ce privilège en 1577 aux seuls prévôt des marchands et échevins. Il fut supprimé en 1664, rétabli en 1707, supprimé de nouveau en 1715, et rétabli enfin en 1716, tel qu'il a subsisté jusqu'à la révolution de 1789. (Idem.)

N°. 484. — *Lettres par lesquelles le Roi ordonne la publication* (1), *dans le diocèse de Langres, d'une bulle du Pape, donnée à Toulouse, portant peine d'excommunication contre les faux monnoyeurs.*

Paris, 6 octobre 1371. (C. L. V, 426.)

N°. 485. — *Ordonnance du conseil, sur la jurisdiction du bailli des ressorts de Touraine* (2).

Paris, 8 octobre 1371. (C. L. V, 428.)

Cy après s'ensuit la déclaration que le Roy nostre sire a fait en son conseil à la requeste de son bailly, et procureur au bailliage de Thouraine, d'Anjou et du Maine, après ce que en sondit conseil eurent esté veuës les lettres faites sur le bail et octroyé à monseigneur d'Anjou, de ladite duché de Thouraine, par lesquelles il appert que le Roy a reservé pardevers luy la foy et lige hommage dudit duché de Thouraine, la souveraineté et ressort et exemptions de tous les droicts royaux, et lesquelles ordonnances par arrest du parlement furent ordonnées estre criées et publiées à la table de marbre à Paris, en la ville de Tours, et autres villes et lieux notables du duché de Thouraine, tant ès lieux et terres des exemptions, comme en ceux de jurisdiction et domaine de monsieur d'Anjou.

(1) *Premierement.* Est ordonné et declaré par le Roy à present, et en tant que touche et regarde la duché de Thouraine, que ledit bailly qui a present est, et ceux qui seront pour le temps avenir ordonnez pour le gouvernement desdites souveraineté et ressort, exemptions et droicts royaux, aura la cour, jurisdiction et connoissance des causes et besongnes regardans ressort et souveraineté, regardans les exempts du pays de Thou-

---

(1) Les actes de la cour de Rome n'ont aucune autorité dans le royaume, sans cette formalité. *V.* le concordat de 1801 et de 1817. (Isambert.)

(2) Ce règlement n'est pas en forme. Il ne se trouve pas dans les registres de l'année 1371. Secousse l'a donné d'après *Joly* (Offices de France). Le grand coutumier de France de Charondas, et Chopin, Commentaire sur la coutume d'Anjou, l'ont rapporté, ce qui en prouve l'importance.

La France était distribuée en bailliages pour les provinces de coutumes, et en sénéchaussées pour les pays de droit écrit. — Sénéchaux et baillis étaient commis par le prince, et révocables à volonté. — Villaret, X, 27. — (Decrusy.)

... leurs subjects, justices et juridiction ordinaire demeurant pardevers lesdits exempts, comme ils ont eu du temps ...

(2) *Item.* Il est ordonné pour le gouvernement dudit bailliage desdits ressorts, que ledit bailly pourra tenir ses assises ès jours ès lieux qui s'ensuiveut; c'est à sçavoir à Chinon, en la ville de Tours, ou lieu que l'en dit Chasteauneuf.

(3) *Item.* En un chacun desdits lieux pourra bien faire un lieutenant seulement, un tabellion pour recevoir contracts, et passer toutes lettres de toutes personnes qui se voudront obliger devant luy, et un homme notable pour garder les seaux.

(4) *Item.* Fera ledit bailly, sergens, pour garder ladite juridiction royale dudit païs de Thouraine, jusques au nombre de six : c'est à sçavoir deux à Chinon, et quatre à Tours, et croistra le Roy le nombre s'il veut et il voit qu'il soit expedient de le croistre.

(5) *Item.* Pourra faire faire et ordonner ledit bailly ès lieux desusdits, advocats et procureurs pour garder le droict du Roy nostre sire et de la couronne de France, ausquels advocats et procureurs, seront gages et pensions establis selon l'ordonnance de la chambre des comptes.

(6) *Item.* Feront le serment les dessus nommez, que à leur pouvoir ils garderont le droict du Roy nostre sire, et ne le laisseront ou souffriront point perir ne amurir.

(7) *Item.* Avec ce ledit bailly ou son lieutenant tiendront leurs assises en la maniere accoustumée, comme dit est. Pourront aussi iceluy bailly ou son lieutenant tenir leurs jurisdictions ordinaires esdits lieux, de huit jours en huit jours, et non autrement, si ce n'estoit pour cas present, peril évident, ou autre juste cause desirant celerité, auquel cas ledit bailly ou ses lieutenants en son absence ès lieux dessus nommez, pourront tenir et exercer jurisdiction, toutesfois que mestier seroit.

(8) *Item.* Le bailly et son lieutenant esdits lieux pourront cognoistre de tous cas, dont la cognoissance appartient au Roy nostre sire, soit à cause de souveraineté, ressort ou par droict royal, et ne souffriront que autre juge en ait la cognoissance, si comme des églises royaux, ou de fondation royal ou autrement exemptes ou privilegiez par le Roy nostre sire. Ou quel dit ledit bailly ou son lieutenant auront la cognoissance tant des causes desdites églises, des serviteurs en icelle et des hommes

et subjects, comment que ce soit desdites églises ou personnes privilegiées, comme dit est. Et ne pourront les juges ordonnés par monsieur de Touraine, cognoistre des cas meus ou pendans en deffendant entre lesdits gens d'eglise ou privilegiez comme dit est, soit à cause du chef ou des membres desdits privileges, mais iceux seront tenus de renvoyer sans difficulté pardevant ledit bailly, au siege ou sieges de leurs ressorts; c'est assavoir ceux de Thouraine à Tours ou à Chinon.

(9) *Item*. Auront lesdits bailly ou lieutenant, et non autre, la cognoissance, punition et correction de leze-majesté ou premier chef, de l'infraction de la sauve-garde du Roy nostre sire, fausse monnoye, et de port d'armes notables, qui est à entendre quand ils auront compagnie de gens armez, garnis d'autres armes que espées, cousteaux ou bastons; et aussi des contracts faicts sous seel royal, quand l'obligé s'obligeoit ou sousmettoit seulement à la conversion du seel royal: car ou cas que l'obligé se sousmettroit à toutes jurisdictions, autres juges en pourroient cognoistre par prevention, et aussi en cas de nouvelleté entre toutes personnes par prevention cognoistra lesdits bailly et lieutenant, et generalement d'avoir la cognoissance de tous cas touchant droict royal.

(10) *Item*. Ordonné est, que ressort sera ordonné à monsieur le comte de Blois et à ses officiers, gens ou hommes à cause du chastel et chastellenie de Chasteau-Regnaut à Tours, et y sera renvoyé de Chartres où il est audit lieu de Tours à assises, cognoistra ledit bailly et pourra justicier ledit comte et ses sujects, à cause de sadite chastellenie.

(11) *Item*. Ordonné est que doresnavant pour le temps à venir les mandemens et rescriptis qui partiront du parlement ou de la cour de France, et lesquels on souloit addresser ou envoyer aux seneschaux de Touraine, d'Anjou et du Maine, s'addresseront ausdits bailly et lieutenant, et ainsi sera dit au greffier du parlement et autres notaires du Roy.

(12) *Item*. Recevra ledit bailly pardevers luy tous les procez et causes desdits exempts et sujects, pendans ailleurs que pardevant luy.

(13) *Item*. Et ledit estat desdites causes et aussi les autres qui auront les procez devant nostre bailly et lieutenant, ledit bailly les baillera à nostre procureur par luy ordonné esdits lieux pour conservation du droict royal, et à ce contraigne ceux à qui il appartiendra.

En tesmoins de ce, nous avons fait mettre nostre seel à ces présentes lettres.

Donné en nostre hostel lez Sainct Paul à Paris, le huictiesme jour d'octobre, l'an mil trois cens soixante et onze, et de nostre regne le huictiesme. Signé par le Roy.

N° 488. — TRAITÉ d'alliance offensive et défensive entre l'Écosse et la France, contre l'Angleterre, par lequel le Roi de France s'oblige à reconnaître comme successeur de Robert, celui que les prélats et autres grands d'Écosse auront élu à sa place.

Château d'Édimbourg, 28 octobre 1371. (Rymer, Fœdera, tom. VI, p. 696.)

Robert, par la grace de Dieu, Roy d'Escoce, savoir faisons à tous, presens et à venir, que, comme, entre les autres choses, par les quelles les Roys regnent et Royaumes sont gouvernes, convenable chose soit et necessaire que princes s'alient ensemble par lien d'amitie et de bienveuillance, pour les grevances de ceulx, qui grever les veullent, plus efforcement refraindre, et la paix et transquilité d'eulx et de leurs subgez plus paisiblement pourchasser et maintenir,

Nous, considerans les amities et aliances, confederations et bienveuillances,

Qui, de tres long temps, ont este contraictes, gardes, et maintenues entre le Roy de France, nôtre cousin, et ses predecesseurs, et nous, et noz predecesseurs, et noz royaumes communautez et subgez,

Voullans d'icelles estre renouvelées, gardées, et fortifiées,

Avons avec le dit Roy de France, pour lui, et ses hoirs, et successeurs, traictie et acorde, pour nous, et noz heirs, et successeurs, par la maniere qui s'ensuit; c'est assavoir,

(1) Que le Roy de France dessus dit, et ses hoirs, et successeurs, Roys de France, et nous, noz hoirs, et successeurs, Roys d'Escoce, les communautes et subgez des diz royaulmes de France et d'Escoce, sommes des maintenant, et serons, pour le temps a venir, par lien de union et amitie, en bonne foy liez et obligiez ensemble, et doresenavant ferons, denrons, et procurerons amour, aide, conseil, et confort de tout, quanque nous purrons, comme loyaulx alliez, les ungs aus autres.

Et, pour ce que le Roy d'Angleterre et ses predecesseurs se sont

.... escroées et penes de grever et dommagier, de ... leur povair, les diz royaulme de France et d'Escoce, le dit Roy de France, ses hoirs, et sucesseurs, nous, noz hoirs, et sucesseurs sommes et serons ensembles liez et obligiez pour refraindre et empeschier les grevances dessus dictes, que, toutes foiz, que le Roy de France dessusdit, ses hoirs, et sucesseurs dessusdites auront afaire de aide ou de conseil, en temps de paix ou de guerre, contre le Roy d'Angleterre, ses hoirs, ou sucessours, et ses subgiez, nous, noz hoirs, et sucesseurs dessusdiz, aiderons, et conseillerons, en quanque nous pourrons, comme loyaulx aliez, le dit Roy de France, ses hoirs, sucesseurs, et ses communautes.

Et aussi, semblablement, toutes fois, que nous, noz hoirs, et sucesseurs Roys d'Escoce, aurons afaire d'aide ou de conseil, en temps de paix ou de guerre, contre le Roy d'Angleterre, ses hoirs, ses sucesseurs, et ses subgiez, le Roy de France, et ses hoirs, et sucesseurs, dessusdits, aideront et conseilleront, en quanque il pourront, comme loyaulx aliez, nous, noz hoirs, et sucesseurs, nôtre royaume, et noz communautes.

(2) Item. Se guerre estoit meuë, ou mouvoit, entre le Roy de France, ses hoirs, et sucesseurs dessusdites, et le Roy d'Angleterre, ses hoirs, et sucesseurs, nous, noz hoirs, et sucesseurs dessusditz, serons tenuz et obligiez a faire guerre, de toute nôtre puissance, au dit Roy d'Angleterre, et ses hoirs et sucesseurs ou royaulme d'Angleterre, si tost comme de la dicte guerres meue nous, noz hoirs, et sucesseurs en serons certifiiés par escript sufisaument, ou par relacion certaine, ou par renommee commune; les treues toutevois, prinses et pendans a present entre nous et le Roy d'Angleterre, finees, ou par quelque maniere anullees, ou rompues par le fait des Angloys.

Et aussi le Roy de France, et ses hoirs, et ses sucesseurs, Roys de France, seront tenuz, semblablement, a faire guerre, de toute leur puissance, au Roy d'Angleterre, ses hoirs, et sucesseurs, ou royaulme d'Angleterre, si tost comme il sera certifié au dit Roy de France, ses hoirs, et ses sucesseurs, que guerre soit esmeue entre nous, noz hoirs, et sucesseurs, et le Roy d'Angleterre, ses hoirs, ou sucessours, comme dit est; les treues toutevois dessus dictis finees, ou par quelques maniere anullees ou rompues par le fait des Anglois comme dit est.

(3) Item. Que le dit Roy de France, ses hoirs, et ses sucesseurs, Roys de France, ne laisseront, souffreront, ou soustendront, par aucune voie, aucuns de leurs subgiez faire au donner aucun

..., ou conseil, ou faveur au dit Roy d'Angleterre, ses hoirs, successeurs, ses aliés, ou aidans, ne aler, ou estre en aide, a gages, par quelque voie que se soit, avec luy, ou autre personne quelconque, qui soit ennemy, adversaire, ou rebelle de nous, nos hoirs, ou successeurs, nôtre royaume, ou communautes, ou grief, prejudice, ou dommaige de nous, de noz hoirs, et successeurs, ou de noz subgez, et de noz communautes.

Et semblablement nous, noz hoirs, et sucessours, ne laisserons, souffrerons, ou soustendrons, par aucune voie, aucuns de noz subgez faire, ou donner, aucun aide, conseil, ou faveur au dit Roy d'Angleterre, ses hoirs, ou sucesseurs, ses aliés ou aidans, ne aler, ou estre en aide, a gages, ou sans gages, par quelque voie que ce soit, ovec lui, ou autre personne quelconque, que soit ennemy, adversaire, ou rebelle du dit Roy de France, ses hoirs, ou sucesseurs, son royaulme, ou ses communautes, ou grief, prejudice, ou dommage du Roy de France, ses hoirs, et sucessours, ou de ses subgez et de ses communautes.

Et se, apres inhibicion ou deffense generaument sur ce feite, aucuns des dix royaumes de France et d'Escoce peult estre trouvé, qui ait fait, ou face le contraire, il sera prins et pugny comme traistre et rebelle contre son prince et son pais, sans en avoir grace, faveur ou remission aucune.

(4) *Item.* Que les adversaires et notoirement rebelles du dit Roy de France, de ses hoirs, et sucessours, et de nous, nos hoirs, ou sucessours, ou de noz royaulmes, ne seront aucunement receuz ou receptes, en appert ou en repost, dedens le royaulme ou les seigneuries, l'un ou de l'autre, si tost et deslors en avant que l'un en sera requis de l'autre; mes garderons et procurerons, les ungs es autres, le dit Roy de France et nous, et noz hoirs, et sucessours, l'onneur, proufit, droit, privileges, et franchises l'un de l'autre, et de noz diz hoirs et sucessours, et enduirons et attraions, de tout nôtre povair, noz amis, aliés, et adherens a l'amour et a l'aide l'une de l'autre, et de noz hoirs et sucessours, noz royaumes et communautes, et le vitupere, deshonnour, vilhanie, et dommage l'un de l'autre empescherons a nostre povair.

(5) *Item.* Que nous, noz hoirs, et sucesseurs, ne pourrons prendre treues au Roy d'Engleterre, ses hoirs, ou sucessours, sans le consentement du dit Roy de France, de ses hoirs, ou sucessours, et sans ce qu'il, son royaume, et ses communautes y soient

comprins, se ainsi se estoit que il n'y voulsissent mye estre comprins.

Et pareillement le dit Roy de France, ses hoirs, ou sucessours, ne pourront prendre treues au Roy d'Angleterre, ses hoirs, ou sucessours, sans le consentement de nous, de noz hoirs, ou sucessours, ou sans ce que nous, nôtre royaulme, et noz communautes y soions comprins, se ainsi n'estoit que nous, nos hoirs, et sucessours, et communautez, n'y voulsissions mye estre comprins.

(6) *Item.* Que le dit Roy de France, ses hoirs, et sucessours, ne pourront faire paix ovec ce le Roy d'Angleterre, ses hoirs, ou sucesseurs, sans exprès consentement de nous, de noz hoirs, ou sucessours, ou sans ce que nous, nôtre royaulme, et noz communantes y soions comprins entierement :

Et aussi nous, nos hoirs, ou sucessours, ne pourrons faire paix ovec le Roy d'Angleterre, ses hoirs, ou sucessours, sans exprés consentement du dit Roy de France, de ses hoirs, ou sucessours, ou que il, et son royaume, et ses communautes y soient comprins entierement.

(7) *Item.* Que, se il avenoit que nous alions de vie, a trespassement sans lignee procree de nôtre corps, et que debat feust entre aucuns sur le droit de la succession de l'eritage de nôtre royaulme d'Escoce, en ce cas le Roy de France, ses hoirs, ou sucessours dessusdiz, ne aideront aucune d'iceulx, ne par lour, ne souffreront aidier comment que se soit; mais seroit faicte la decision de ce debat par les prelas et autres grans de nôtre royaulme d'Escoce selon les loys, droiz, et estatus d'icelui; et celui, qui la plus grant et la plus saine partie aprouveroit pour Roy, le dit Roy de France, ses hoirs, et sucessours le tendront aussi pour Roy, et pour leur alie et confedere.

Et, se aucun de ses adversaires, par la puissance du Roy d'Angleterre, de ses hoirs, ou sucessours, faisoient guerre contre celui, ainsi aprouve pour Roy, le dit Roy de France, ses hoirs, ou sucessours de toute leur puissance le soustendront et deffendront contre son dit adversaire, et contre ses adherens et aidans, selon la fourme de l'aliance dessusdicte.

(8) *Item.* Que ceste aliance sera ratiffie et confermee de nôtre Saint Pere le Pappe : et que le dit Roy de France, ses hoirs, ou sucessours, nous, noz hoirs, ou sucessours ne ferons, ou procurerons, en appert ou en repost, par nous, ou par autre, nous, nos hoirs, et sucessours, les royaumes de France et d'Escoce, ou nos

... estre absolx du serment fait, ou a faire sur ceste alliance ... garder, et parfaire.

(b) *Item.* Que, se le Saint Pere, de sa volenté et de son propre mouvement, ou par indition d'aucunes personnes quelcunque, vouloit absouldre le dit Roy de France, nous, ou nos hoirs, et successours, les diz royaumes, ou subgez, du serment dessusdit, ou icelui serment anuler, le dit Roy de France, ses hoirs et successours, nous, nos hoirs et successeurs ne userons, pourrons, ou devrons user, par aucune voye, du benefice de telle absolution ; mais tendrons et garderons loyaument et entierement ceste aliance, en touz poins sans fraude et mal engin, et sans jamais faire, ou dire aucun chose au contraire, tout et ainsi come celle absolution ou anulation ne feust onqes faicte ou donnee.

Et toutes les choses dessusdictes et chascune d'icelles, en tant comme elles peuent touchier nous, noz hoirs, et successeurs, nous avons promis, et promettons en bonne foy, garder, tenir, et acomplir, et ainsi l'avons fait jurer, en la presence du dit Roy de France, par, nôtre ame et feal cousin, Archebault de Douglas Chivaler, en nôtre ame et au saius Euvangilles de nôtre Seigneur, pour ce corporellement touchees.

Donne soubz nôtre seel, en nôtre chastel de Edynbourch, le xxiii jour du mois d'octobre, l'an de grace mil CCC.LXXI. et de nôtre regne le premier.

N° 187. — Lettres *confirmatives des priviléges accordés aux habitans de Mailly-le-Château, par leur seigneur, portant qu'en cas de guerre, ils ne pourront être forcés de s'éloigner de plus d'un jour de chemin, que les forains ne pourront être arrêtés que pour délits commis à la foire, que les habitans ne paieront point de tailles, que nul ne pourra être retenu prisonnier s'il donne caution, que les habitans pourront vendre leurs biens et former des établissemens ailleurs, qu'ils ne seront point tenus à faire le guet, que les successions vacantes pendant une année appartiendront au seigneur, et que le seigneur qui violera ces franchises sera excommunié.*

Octobre 1371. (C. L. V, 713.)

N°. 488. — LETTRES *portant que les ecclésiastiques, nobles, avocats, sergens d'armes et autres officiers Royaux, ne pourront être fermiers des revenus du Roi.*

<small>Paris, en la chambre des comptes, 8 novembre 1371. (C. L. V, 431.)</small>

N°. 489. — MANDEMENT *qui ordonne* (1) *aux possesseurs de fiefs d'en fournir dénombrement, à peine du séquestre des revenus.*

<small>Paris, 20 novembre 1371. (C. L. V, 432.)</small>

N°. 490. — ORDONNANCE *qui porte que les procureurs du Roi ne pourront intenter procès qu'il n'y ait eu une information préalable et assignation ordonnée par le juge* (2).

<small>Au bois de Vincennes, 22 novembre 1371. (C. L. V, 433.) Suivie d'un mandement de la chambre des comptes.</small>

CHARLES, etc. A nos amez et feaulz, genz de noz comptes à Paris : salut et dileccion.

Comme par ordenances royaulx anciennes et notoires (3) ait jà pieça ordené, que aucuns procureurs royaulx ne metroient aucunes personnes quelxconques en cause ou en procès contre iceulx procureurs, jusques à ce que informacions deues et convenables seroient premierement et avant toute euvre faictes sur les faiz et articles qui seroient aportez pardevers iceux procureurs, ou qui autrement vendroient à leur cognoissance ; et que icelles informacions seroient veuës et examinées à bonne délibéracion, par les bailliz ou autres juges ordinaires des lieux, auxquelz il appartendroit; presenz et appellez les diz procureurs royaulx, et les conseillers et advocats estans es diz bailliages, pour nous et pour nos predecesseurs Roys de France, depuis le temps des dictes ordenances ; et que par iceulx soit dit, que les dictes informacions fussent teles, que ceulx contre qui icelles auroient esté faictes, fussent trouvez tielx, que par ce deussent estre mis en

---

<small>(1) Il est cité, Nouv. Rép., V° Domaine public, § 2, p. 208, 4° édit. (Isambert.)

(2) Elle a eu pour motif principal d'empêcher qu'il ne fût fait de composition avec les délinquans, au préjudice des droits du Roi. (Idem.)

(3) Nous n'avons pu en découvrir aucune ; c'est une preuve qu'il y a beaucoup d'anciennes lois perdues. (Idem.)</small>

... contre les dis procureurs ; et ce fait, que les adjournemens ... ce, et les procès commencez contre les personnes culpa... les diz procureurs, chascun ès metes de son office, les pour... continuelment et diligemment, ès lieux et devant les ... où il appartendroit, jusques en diffinitive ; afin que les ... royaulx y feussent et deussent estre declariez ; deuëment ... que les excès, attemptas et autres malefices ne demou... impugnis, et que les personnes adjointes avec les diz pro... eussent leur droit ; et que ceux qui seroient miz en pro... ne fussent traveilliez sans cause : Néantmoinz nous avons en... , que aucuns noz Procureurs et plusieurs leurs subatituz, ... dix ans en ça ou environ, tant en leur nom, comme à re... de plusieurs personnes adjointes (1) avecques iceux, ont ... encié plusieurs causes et procès contre plusieurs personnes, ... informations sur ce deuëment faictes ; et que par ce, plu... compositions ont esté faictes entre plusieurs nos bailliz, ... tenants, procureurs et substituz, avecques leurs parties ad... , sans nostre auctorité et licence, et sanz avoir fait de... ... raisonnables de la verité des faiz, et sanz condempna... ou absolucion estre faicte pour les faiz pourquoy les dictes ... et procès estoient commenciez, et sanz ce que par sen... diffinitive, les amendes et autres profiz qui en appartenoient ... et auxdiz adjoins, fussent declariez, levez et exploictiez à ... prouffit et au leur, si comme il appartenoit et estoit à ... selon raison et les coustumes des pays ; et que les aucuns ... procès sont encores pendans et non determinez par la def... et negligence des diz procureurs ; combien que pour faire ... les diligences deuës et convenables, que ilz estoient et sont ... faire en telx cas et semblables, ilz aïent pris et receu par ... receveurs, plusieurs sommes de deniers ; et ce nonobstant, ... esté et sont encores sur ce très mal diligent, ou prejudice et ... de nous, des diz adjoins, en retardement de la delivrance ... expedicion de noz causes, ou delaiement de la declaracion des ... et profiz appartenans pour ce à nous et aux diz ad... dont forment nous desplaist, et non sans cause, s'il ... ainsi.

Pourquoy nous volans les dictes ordenances estre tenuës et

---

(1) Cela est autorisé en matière correctionnelle, art. 182 du Code d'instr. criminelle. Le ministère public ne doit pas procéder sans cette information. (Lambert.)

gardées, et pourveoir deuëment aux choses dessus dictes, et aux dommages et inconveniens qui s'en pourroient ensir, et noz subjez non estre travailliez ne dommagiez sanz cause raisonnable, et sur les choses dessus dictes nostre profit en garde.

Vous mandons et enjoignons, que par vos lettres, vous mandez à touz noz bailliz, receveurs et procureurs, leurs lieutenans et substituts, en tant comme à chascun touche, que aucun de noz subgez ne soit désormais mis en cause contre aucun de noz procureurs, sanz informacion faire deuëment; et que après que icelle informacion aura esté veuë et visitée par la maniere dessus dicte, il soit deliberé et ordené par le juge à qui il appartendra, present noz procureurs et conseil, ce qui en sera à faire selon raison, et non autrement; et que nostre receveur du lieu, ait et preigne par escript le double de toutes les causes qui ont esté menées et commencées depuis dix ans ença, ou dit bailliage, contre nostre procureur, et contre les parties adjointes avecques lui, lesquelles il prendra par registres et escripz qui sont ou doivent estre pardevers les clercs des juges royaulx, bailliz, lieutenants, prevoz, et autres qui ont esté oudit bailliage depuis le temps dessus dit; lesquiex escripz et registres, nous vous mandons estre loi bailliez pour ce faire, et pour savoir comment et par quelle maniere icelles causes ont esté demenées et determinées, et quiex profiz et émolumens en sont issuz, et en quel estat noz autres causes pendans encores et non determinées, sont à present; et par quiex juges et de qui auctorité les dictes composicions ont esté faictes; et que des diz registres des dictes causes, ils vous envoyent feablement la copie par escript, soubz leurs seaulx; lesquiex nous voulons et vous mandons estre visitez par vous bien et diligemment, pour y pourveoir sur tout, si comme vous regarderez qui sera à faire à nostre profit selon raison.

Donné en nostre chastel du bois de Vincennes, etc.

N° 491. — *Lettres portant permission au duc d'Anjou d'établir des grands jours dont les appels seront portés au parlement.*

Melun, 22 novembre 1371. (C. L. V, 435.)

N° 492. — ORDONNANCE *homologuant les statuts pour la communauté des barbiers* (1) *de Paris, dont la garde appartient au premier valet de chambre du Roi.*

Paris, décembre 1371. (C. L. V, 440.)

N° 493. — LETTRES *portant concession d'un droit de pacage dans les forêts du Roi, non défensables, aux habitans de Miélhan.*

Paris, décembre 1371. (C. L. V, 442.)

N° 494. — LETTRES *qui ordonnent le départ de Paris de tous les ladres qui n'y sont pas nés, et qui les renvoient aux maladeries fondées dans leurs pays.*

Bois de Vincennes, 1er février 1371. (C. L. V, 451.) Publié à Paris le 16 avril (2).

CHARLES, etc. Il est venu à nostre congnoissance par la complainte de noz bien amez les gens d'eglise, du prevost des marchans, des bourgoiz et habitans de nostre bonne ville de Paris, que depuis le commencement de noz guerres, plusieurs hommes et femmes meseaux infecs de la maladie saint Ladre (3), qui sont de plusieurs nacions et villes, tant en nostre royaume comme de-

---

(1) Charles V, durant son règne, a établi les jurandes et maîtrises de presque toutes les professions, moyennant finance. (Isambert.)

(2) Cette mention est très-rare. (*Idem.*)

(3) Cette maladie n'a cessé d'exister que fort tard, grâce à une meilleure police. *V.* Histoire de Paris, par *Dulaure.* Par le capitulaire de Compiègne de 757, Pepin permit à la femme d'un lépreux de se séparer de lui, et d'en épouser un autre, de son consentement. Charlemagne, en 879, défendit aux lépreux de se mêler avec le peuple. *V.* ch. 109, des Coustumes du Hainault, chap. des Ladres; art. 1er, Coutume de Lille; tit. 7, art. 25, Coutume du Boullonais; art. 224, Coutume de Normandie. — Il y avait à Paris deux maladeries. Une ordon. du prévôt de Paris, du 10 février 1388, défendit aux lépreux d'entrer dans Paris sans permission. *V.* aussi ordon. des 27 juillet 1394, 31 mars 1402, 22 mars 1413; lettres de Charles VI, juin 1404; arrêt du parlement, du 11 juillet 1453, qui défend à la femme d'un lépreux de converser avec lui, sous peine du pilori. Ordon. du prévôt de Paris, du 15 avril 1488, et du 7 septembre 1501; ord. de François 1er, 19 décembre 1543; édit de Henri IV, juin 1606; déclaration de Louis XIII, 24 octobre 1612. — Elle disparut vers cette époque. (*Idem.*)

hors, sont venus et viennent de jour en jour en nostre dite bonne ville, en telle quantité et nombre, alians parmi la ville, querans leurs vies et aumosnes, buvans et mengans emmi les ruës, ès carrefours et autres lieux publiques, où il passe le plus de gent, en telle maniere qu'ils empeschent et destourbent bien souvent les genz à passer ou à aller en leurs besongnes, et fault que ilz passent parmi ou par emprès eulz, et sentent leurs alaines, qui est exemple de mauvaise chose, contre raison et les ordenances, privileges et statuts anciens de nostre dite bonne ville de Paris, qui est cité et siege royal, et le chief de tout nostre royaume; pourquoy la police et gouvernement d'icelle doivent devant toutes autres villes, estre plus especialement gardez et estroitement maintenus, par quoy noz bon subgez et des populaires qui sont simples gens, pourroient par la compaignie et multitude des diz meseaulx ainsi frequentans, alans et sejournans en nostre dite bonne ville, estre infecs et ferus de la dite maladie saint Ladre, dont tres grans maulx et inconvenient s'en peuent ou pourroient ensuir, se il n'y estoit pourveu de brief remede et convenable.

Pour ce est-il que nous, qui de tout nostre cuer voulons et desirons pourveoir au bien publique et bon gouvernement de nostre dite bonne ville et de noz diz subjez, vous mandons et commettons par ces presentes et estroitement enjoignons, que tantost veües ces letres, vous faites publier et crier solennelment de par Nous, par tous les lieux solempnelz et acoustumez à faire cris en nostre dicte bonne ville, que sanz delay, et sur certaines et grosses paines corporelles ou pecuniaires, telles que bon vous semblera,

Tous les diz meseaux, hommes, femmes et enfans, qui ne sont nez en nostre dicte bonne ville, et qui par les diz privileges, ordenances ou estatus anciens d'icelle, n'y doivent ou ont acoustumé de estre receuz ès maladeries pour ce ordennées et establies, se partent de nostre dicte bonne ville dedens le jour des brandons prochain venant, et s'en voisent droit ès villes et lieux dont ilz sont venus et nez, ou ailleurs, ès maladeries où ils doivent estre receuz, soustenuz et gouvernez: et ou cas que ainsi ne le feront après nostre dit cry, passé ledit temps, nous voulons et vous mandons en commettant, se mestier est, comme dessus, que à ce vous les contraignez sanz aucun deport, par telle maniere que par deffaut ou negligence de vous, aucun péril ou dommage ne s'en ensuive, et que il n'en conviengne plus retourner à nous ou à nostre court : car il nous en desplairoit.

N°. 495. — LETTRES *portant don au connétable du Guesclin* (1), *à titre de récompense nationale, du comté de Longueville.*

15 février 1371. (Mém. de la chambre des comptes, coté D, tom. III. — (2) Recueil des manuscrits de l'abbé de Camp, p. 102.)

N°. 496. — LETTRES *du duc de Bretagne, pour la publication du traité d'alliance entre lui et le Roi d'Angleterre, contre la France* (3).

Vannes, 21 février 1371. (Rymer, VI, p. 712.)

N°. 497. — LETTRES *portant que les recettes et dettes du domaine ne seront régies que par l'ordonnance des trésoriers.*

Hôtel de Saint-Paul-lès-Paris, 22 février 1371. (C. L. V, 454.)

N°. 498. — LETTRES *portant que les blés appartenans aux écoliers de l'université de Paris ne seront pas pris pour l'approvisionnement des vaisseaux.*

Paris, 27 février 1371. (C. L. V, 455.)

N°. 499. — LETTRES *qui portent que les étudians de l'Université de Paris ne paieront aucuns droits pour la vente en gros ou en détail des denrées de leurs patrimoines ou de leurs bénéfices.*

Château du Louvre-lès-Paris, 23 mars 1371. (C. L. V, 467.)

---

(1) Hume dit que c'est le premier général vraiment habile qu'ait eu l'Europe. *V.* Hist. d'Édouard III, année 1370, p. 190, édit. de 1819. Il y a d'autres lettres du 11 janvier 1375 (Bibl. du Roi, Carton 95), qui lui accordent une terre en Poitou, pour ses bons et loyaux services. (Isambert.)

(2) Ce volume n'est pas à la Bibliothèque royale. (*Idem.*)

(3) On trouve au même Recueil, sous la date du 4 novembre 1371, des pouvoirs donnés par Édouard III, qui contiennent les conditions de ce traité. Par ce traité, le duc s'oblige à foi et hommage envers Édouard, comme Roi de France, et envers son fils, comme duc d'Aquitaine. (*Idem.*)

N°. 500. — ORDONNANCE ou ARRÊT *rendu en parlement, qui nomme des commissaires, à l'effet de s'enquérir du prix du blé, et des mauvaises pratiques des boulangers* (1).

Paris, 20 avril 1372. (C. L. V, 499.)

N°. 501. — INSTRUCTIONS ROYALES, *contenant la définition des droits régaliens, relativement au Roi de Navarre, par suite de la cession* (2) *de la baronnie de Montpellier.*

8 mai 1372. (C. L. V, 479.)

CE SONT les drois de sourainetez et de ressort, et autres drois royaulx (3) au Roy nostre Sire, appartenans, seul et pour le tout, et desquiex et depeudences d'iceux, et de tous autres drois royaulx et de souveraineté, qui par exprès ici ne pevent estre exprimez, le gouverneur à ce ordonné aura la cognoissance, la garde et conservacion, et ne souffrera que autrement en soit usé par le Roy de Navarre ne par ses gens, ne par quelconques autres; et lesquiex drois ont esté bailliez par maniere d'instruction, à maître Arnaut de Lar, secretaire du Roy, et gouverneur dessus dit, le VIII°. jour de may M. CCC. LXXII.

(1) *Et premierement.* L'eglise cathédral de Magalonne, l'ordre de St.-Jehan de Jerusalem, et autres gardes anciennes du Roy, ou de fondacion royal, ou autrement exemptes par privilege

---

(1) *V.* ci-après, au mois de juillet, p. 574. (Isambert.)

(2) Ce Roi avait pris parti pour les Anglais, mais il fit sa paix avec Charles en juin 1371, et on lui rendit Montpellier, conformément au traité de 1365.

Quoique ces instructions ne soient pas en forme, elles sont authentiques, et tirées du registre A du parlement, f°. 71, v°. Elles sont précédées d'autres instructions en 13 articles, qui sont moins importans. (*Idem.*)

(3) Sous ce rapport, cet acte est très-important; il détermine parfaitement quelles étaient alors les prérogatives de la couronne à l'égard des grands vassaux. (*Idem.*)

Mably a cru que c'était un arrêt du parlement. On voit, dit-il, par cet arrêt, combien les grands seigneurs avaient de peine à renoncer à leurs prérogatives féodales. Il fait très-bien connaître l'esprit du parlement, qui ne tendait qu'à humilier les grands. Jamais le parlement n'a dit plus vrai, que lorsque, dans les derniers temps, et avant que d'être cassé, il s'est encore glorifié, dans ses remontrances, d'avoir travaillé sans relâche à établir le pouvoir arbitraire qu'il avait espoir de partager, et dont il a été enfin la victime. — Mably, Observ. sur l'Hist. de Fr., liv. V, remarq. (Decrusy.)

en autre maniere; et aussi l'eglise et monstier de Saint Germain fondez par nostre Saint Pere Pape Urbain, que le Roy à la requeste dudit fondeur, retint et print en sa garde en la fundacion d'icelle eglise; et aura ledit gouverneur la cognoissance des dictes eglises, des serviteurs en icelles, et de leurs hommes et subgiez; et icelles eglises et leurs membres, terres et subgiez, seront exemps de toute cognoissance, juridicion, et de tout povoir dudit Roy de Navarre et de ses officiers, et demourront et demeurent souz le Roy, seul et pour le tout, et souz le gouverneur par lui sur ce ordonné; et se riens estoit fait au contraire, il sera retourné au premier estat et deu.

(2) *Item.* Aura ledit gouverneur et non autre, la cognoissance et punicion des crimes de lese majesté, de toutes infractions de sauvegarde du Roy, du forgement de fausses monnoyes, et de toutes transgressions des ordennances royaulx faictes sur le fait des monnoyes, de tous portemens d'armes notables et invasibles; et aussi des contraux fais soubz le seel royal, quant li obligez se seront souzmis à la cohercion d'icelui; et aussi de tous cas de nouvelleté, en cas de prevencion.

(5) *Item.* Aura ledit gouverneur pour lui, la cognoissance, en tout cas, des personnes ordenées et députées à garder les drois, souverainetez et ressors; et aussi de tous autres officiers royaulx et autres, aura-il la cognoissance, en maniere que le Roy ou ses gens ont acoustumé à cognoistre ou pays.

(4) *Item.* Aura la cognoissance de tous monnoyers, et autres gens necessaires pour ladicte monnoye.

(5) *Item.* A et aura le Roy, et pour lui son gouverneur, seul et pour le tout, la cognoissance et contrainte de soy faire paier de ses debtes royaulx, tant de ses aydes comme d'autres, et par ses sergens, ou autres à ce commis.

(6) *Item.* Au Roy seul et pour le tout appartient donner et octroyer sauvegardes, et graces à plaidoier par procureur (1), et lettres d'estat, de nobilitacions (2) et legitimacions.

(7) *Item.* Au Roy appartient seul et pour le tout, de faire remission de crimes et rappeaux de bans (5).

---

(1) Ce privilége judiciaire est aboli. Il n'existe plus que pour les actions judiciaires du Roi, ordon. du 8 novembre 1814. (*Isambert.*)
(2) Le Roi fait des nobles à volonté (Charte de 1814). (*Idem.*)
(5) Le Roi a le droit de grâce, d'après la Charte, et on en a conclu qu'il avait

(8) *Item.* Se la Roy a fait grace ou remission de [...] avant condempnacion ou bannissement ensuis, nul autre [sei]gneur, par ne autre baron, ne peut puis cognoistre du [...] ne soy entremettre en aucune maniere.

(9) *Item.* Au Roy appartient seul et pour le tout, de octr[oyer] nouvelles indictions (1) generaulx sus villes et sur pais, et [ne] le peut autres faire sans le congié et auctorité du Roy.

(10) *Item.* Au Roy seul et pour le tout appartient le [...] des bourgoisies; et quant à user de present d'icelles bourgoisi[es] en la terre baillée au Roy de Navarre, et aussi des perso[nnes] qui sont en ladicte terre, le Roy en ordonnera; et des [autres] bourgoisies qui ne sont de la terre dudit Roy de Navarre, l[e] Roy en usera à Somieres, par la maniere que il faisoit en la [sei]torie de Montpellier; et en seront faictes lettres de commiss[ion] audit gouverneur.

(11) *Item.* Au Roy seul et pour le tout appartient amor[tir] en tout son royaume, à ce que les choses puissent estre dit[es] amorties: car supposé que les pers, barons ou autres seign[eurs] subgiez du Roy, amortissent pour tant comme il leur touch[e] ce qui est tenu d'eulx, toutes voies ne pevent, ne doivent l[es] choses par eulx amorties avoir effect d'amortissement, jusqu[es] à ce que le Roy les amortisse; mais puet le Roy faire co[n]traindre les possesseurs à les mettre hors de leurs mains e[t] dans l'an, et iceux mettre en son domaine, se il ne le f[ait]; et ainsi le fera ledit gouverneur, se le cas y avenoit.

(12) *Item.* Au Roy appartient seul et pour le tout en tout [son] royaume, et non à autre, à octroyer et ordonner toutes foir[es] et tous marchés (2); et les alans, demourans et retournans, [sont] eu sa sauvegarde et protection.

(13) *Item.* L'université de Montpellier a esté fondée, cre[ée] et privilegiée par les Roys de France, et de tous temps a e[sté] en leur sauvegarde; pourquoy la cognoissance du corps de la[di]dicte université, appartient au Roy; et quant aux singulier[s] d'icelle université, au Roy seul et pourtout appartient la co[g...]

---

celui d'abolition et d'amnistie. *V. Legraverend*, Traité de législation criminel[le.] (Lambert.)

(2) Impositions. (Secousse.) — Ce droit a toujours été contesté à la couron[ne.] (Lambert.)

(3) C'est encore aujourd'hui l'une des prérogatives de la couronne. (*Idem.*)

...... de sa sauvegarde, en laquelle ont esté tousjours et .... sont; et de ses autres drois royaulx, quant il y es......

(14) *Item.* Combien que le Roy nostre Sire ait octroyé au Roy ... Navarre, la moitié des aides qui courrent et courront en ...dicte terre, pour le faict de la guerre, jusques à certain temps, .. dictes aides se gouverneront, recevront et executeront par .. gens du Roy nostre Sire et de leur main prendra le Roy de .... ladicte partie et non autrement.

(15) *Item.* Que de toutes les choses dessus dictes et chas-.... d'icelles, et des dependances, et de toutes autres qui .... appartenir ou touchier à souveraineté et ressort et .... royaulx, cognoistra ledit gouverneur seul et pour le tout, .. aura la garde et conservacion d'iceux, et ne soufferra que .. autre maniere en soit fait ne usé; et se aucuns faisoit le con-traire, ledit gouverneur les contraindra à en cesser.

(16) *Item.* Le gouverneur, les consulz et les autres officiers qui seront establiz de par le Roy de Navarre, en ladicte ville et baronnie, et autres terres baillées audit Roy de Navarre, seront tenu en leur creation, de faire sairement audit gouverneur du Roy nostre Sire en la forme et maniere que il ont accoustumé de faire, et que il est contenu en certaines lettres faites ou premier traittié et bail qui fu fait audit Roy de Navarre, de la ville et baronnie dessus dictes.

(17) *Idem.* Que pour exploictier et mettre à execucion les choses appartenantes aux souverainetez, ressors et drois royaulx dessus dits, ledit gouverneur ou autres officiers du Roy, requer-ront la justice dudit Roy de Navarre, pour leur y donner obéis-sance; et ou cas que les gens dudit Roy de Navarre, en seroient refusans ou delaïans, les dis officiers du Roy le pourront faire sans les en plus requerir.

N° 502. — LETTRES *du duc d'Anjou, lieutenant du Roi dans le Languedoc, faisant défense à la noblesse, sous peine de confiscation, d'en sortir sans sa permission, si ce n'est pour aller servir le Roi dans sa guerre contre les Anglais.*

Toulouse, 12 juin 1372. (C. L. V, 483.)

N°. 503. — LETTRES *portant que les nobles, les ecclésiastiques et autres personnes privilégiées, paieront les tailles et autres impositions réelles et personnelles, par rapport aux fiefs et autres biens qui leur viendraient, à quelque titre que ce soit, de personnes roturières.*

Paris, 22 juin 1372. (C. L. V, 484.)

N°. 504. — LETTRES *portant confirmation des privilèges accordés aux juifs.*

Vincennes, 18 juillet 1372. (C. L. V, 490.)

N°. 505. — TRAITÉ *d'alliance offensive et deffensive entre le Roi d'Angleterre et le duc de Bretagne* (1).

Westminster, 19 juillet 1372, ratifié par celui-ci à Brest, le 22 novembre. (Rymer, tom. VI, p. 758.)

N°. 506. — LETTRES *portant que le prix du pain sera fixé selon le prix du blé* (3).

Vincennes, juillet 1372. (C. L. V, 499.)

CHARLES, etc. (*Après avoir visé l'arrêt du 20 avril 1372 et le rapport des commissaires, on lit ce qui suit :*)

Et pour ce que de present le blé est à bou marchié, et pourra estre par le plaisir de Dieu, à aussi bon ou meilleur marchié ou temps avenir, fut advisié et deliberé, que de present, et toutes foiz que le meilleur blé ou à douze deniers près du meilleur, sera à pris de seize solz et audessoubz, les diz talemeliers feront et seront tenus de faire pain d'un denier de taille, de chascune des qualitez dessus dites, pesant la moitié du pain de deux deniers de taille, par la maniere dessus divisée, oultre et avec

---

(1) Ce traité fut l'un des motifs de la condamnation du duc de Bretagne en 1378. (Isambert.)

(2) Ce principe existe encore. V. les art. 30 et 31 de la loi du 19-22 juillet 1791. Une ordon. de police de Paris, de 1823, prescrit la révision de la taxe tous les huit jours. V. du reste, les ordon. de 1305 (p. 828, tom. 2); janvier 1330, art. 5 et suiv., et celle de mai 1351. (Isambert.)

(3) Il y a une seconde rédaction de cette ordonnance sous la date du 9 décembre 1372. (Idem.)

[...]es le pain de deux deniers de taille, qu'il feront par la manière que dit est : et toutes foiz que le blé sera à seize solz le [sextier] ou audessoubz, les diz talemeliers seront tenus de faire [de] chascun sextier de blé que ilz auront pour vendre, une [douzaine] de pain de chailli d'un denier de taille, et autant de pain bourgoiz, à tout le moins; et le surplus pourront faire se il leur plaist, tel et en tele maniere que dessus est divisé, selon ce que [les] choses nous ont esté rapportées plus à plain, et aux genz de nostre parlement, et autres de nostre conseil, par les commissaires dessus nommez, à ce que par nous feust pourveu sur [les] choses dessus dites, remede couvenable :

Savoir faisons à tous presens et avenir, que nous voulans et desirans de tout nostre povoir, le prouffit de la chose publique estre preferé devant tous autres; attendu que en nostre bonne ville de Paris, doit estre mis et trouvé tout bon gouvernement, mesmement sur les vivres dont le commun peuple est soustenu; eu sur ces choses grant deliberacion de conseil aux genz de nostre parlement, et autres noz conseillers, ladite ordennance advisée et deliberée sur le fait dudit pain, comme dessus est esclarcy, avons eu et avons agreable, comme bien et deuement faite, et la loüons, greons et approuvons, et ycelle de nostre certaine science et auctorité royal confermons par la teneur de ces presentes; et nous plaist et voulons, que ycelle ordenance soit doresnavant tenuë et gardée et accomplie sanz enfraindre en aucune maniere, par aucuns ou temps à venir : et quiconques fera ou sera trouvé faisant le contraire des choses contenuës en ladite ordennance, il perdra le pain, et l'amendera d'amende voluntaire, selon l'ordenance de nostre prevost de Paris ou de son lieutenant, qui est ou qui sera pour le temps avenir.

Et voulons et ordenons oultre, que pour faire plus diligemment la visitation des choses dessus dites, nostre dit prevost puist mettre ou ordonner telles personnes, et jusqu'à tel nombre comme il lui plaira et bon lui semblera, pour visiter et exercer les choses dessus dites, toutes les foiz que bon lui semblera; lesquelz commis auront et prendront pour leur paine et salaire, le quart sur les amendes et emolumens qui ystront de ladite visitacion; et du pain qui sera pris en faisant ladite visitacion, ledit prevost ou son lieutenant, pourra ordener et le distribuer ou faire distribuer par ses commis, là où bon lui semblera.

Si donnons en mandement par ces presentes, à nostredit prevost ou à son lieutenant, qui est et qui pour le temps sera, que ladite ordenance il face publier deuëment et solennelment, là où il appartendra, et la face tenir et garder et accomplir bien et diligemment, si comme il sera à faire de raison, et contraigne à ce tous ceulz qui pour ce seront à contraindre: et n'est pas nostre entente que ceste presente ordenance face prejudice à telz droiz comme nostre pennetier de France peut avoir sur les choses dessus dites; mais pourra visiter les talemeliers, et distribuer le pain qui sera trouvé en mesprenture, comme il faisoit par avant, et en rapportant à nostre prevost de Paris ou à ses commis, les noms de ceulz, qui seront trouvé avoir meffait, à ce que nostre amende puist estre levée par nostredit prevost ou ses commis, à nostre prouffit, selon nostre ordenance dessus esclarcie.

Et pour que ce soit chose ferme et estable à tousjours, etc.

N°. 507. — MANDEMENT *portant qu'il sera établi un hôtel des monnaies à Poitiers.*

16 août 1372. (C. L. V, 504.)

N°. 508. — ORDONNANCE *contenant homologation d'un règlement arrêté par les maire et échevins d'Arras, sur la police de la boulangerie* (1).

Paris, août 1372. (C. L. V, 508.)

N°. 509. — LETTRES *portant donation au duc d'Anjou, frère du Roi, en exécution de la promesse faite par le Roi Jean, son père, du duché de Touraine, à la charge de tenir les grands jours, à Paris, ou ailleurs.*

22 septembre 1372. (Mss. de la Bibl. du Roi, Titres concernant l'Hist. de France, Carton n° 93.)

---

(1) Il existe aujourd'hui beaucoup de réglemens de ce genre délibérés en Conseil d'État, qui ne sont réellement que des ordonnances de police municipale. Le premier depuis la révolution est du 11 octobre 1801. Il n'a pas été inséré au Bulletin des lois. V. le Recueil complet des lois et ordonnances, année 1801, p. 453. (Isambert.)

N° 510. — LETTRES *portant que le prévôt de Paris aura seul l'inspection sur les métiers, les vivres et marchandises.*

Vincennes, 25 septembre 1372. (C. L. V, 526.)

N° 511. — TRAITÉ (1) *entre le lieutenant du Roi et les barons du Poitou, pour la reddition de cette province, dans le cas où ils ne seraient pas secourus par les Anglais.*

Au camp devant Surgères, 28 septembre 1372. (Bibl. du Roi, Mss. de Brienne, vol. coté 29, f°. 293.)

N° 512. — LETTRES *qui défendent de faire pâturer les bestiaux ès vignes vendangées* (2).

Au Louvre, 1er octobre 1372. (C. L. V, 529.)

CHARLES etc. Au prevost de Paris, et à tous les autres justiciers de nostre royaume, ou à leurs lieutenants : salut.

Nous avons entendu par la complainte d'aucuns habitans de plusieurs villes estans ou vignoble, que plusieurs personnes des dictes villes et d'autre environ, font et ont acoustumé faire et mener pasturer leurs bestes ès vignes, après ce que elles sont vendengiées; parquoy très grans inconveniens et dommages inreparables s'ensuivent chascun jour, tant sur les prouvains nouvaux et autres seps, que menuient, rompent et degastent les dictes bestes, comme autrement en plusieurs manieres, et encores s'en pourroit plus ensuir ou temps avenir, se par nous n'y estoit brefment pourveu de remede convenable.

Pourquoy nous desirans le prouffit et utilité de la chose pu-

---

(1) Ce traité a été suivi de lettres d'abolition, le 15 décembre; C. L. V, 557. Secousse connaissait l'existence de ce traité, mais croyait qu'on ne l'avait pas conservé. (Isambert.)

(2) Voilà une des plus anciennes lois rurales. — L'exercice de la chasse dans les vignes est suspendu depuis le mois de mai jusqu'à la vendange. Décret du 22 avril 1790, art. 1er; ordon. de 1669, art. 18; ordon. d'Orléans, art. 108; ordon. de Blois, art. 285; édit de 1601, art. 4. Cités par Fournel, lois rurales, p. 98, 2e édit., tom. 1er.

Sur le grapillage et les bans de vendange, V. la loi du 22 septembre 1791, tit. 2, et le tableau de la législation rurale, tom. IV du projet de Code rural, p. 476 et 491. (Isambert.)

blique, par bonne et meure déliberacion de nostre conseil, avons ordenné et ordennons, que nul de quelque estat ou condicion qu'il soit, sur quanque il se puet meffaire, et sur certaines paines, ne face où face faire mettre, mener ou conduire pour pasturer ès dites vignes, aucunes grosses bestes ou menues.

Si vous mandons et à chascun de vous, si comme à luy appartendra, que nostre dicte ordenance vous faictes crier solempnelement ès villes estans ès diz vignobles, et autre part où il appartendra et requis en serés, et tous ceuls qui seront trouvés faisant le contraire, l'auront fait ou seront faire après ledit cry, contre nostre dicte ordenance, contraignez les à paier les paines dessus dictes, et autrement les pugnissiés selon ce qu'il appartendra de raison; car ainsi le voulons nous estre fait; nonobstant quelconques ordenances, coustumes des lieux, et autres choses a ce contraires.

N°. 513. — ORDONNANCE *rendue au grand conseil, qui, nonobstant les réclamations des chirurgiens, maintient les barbiers de Paris dans le droit de panser les plaies qui ne sont pas mortelles.* (1).

Château du Louvre, Paris, 3 octobre 1372. (C. L. V, 550.)

CHARLES, etc. De la partie des barbiers demourans en nostre bonne ville et banlieuë de Paris, nous a esté exposé en complaignaut, que jasoit ce que eulz et leurs devanciers barbiers demourans en ycelle ville et banlieue, de la nature et à cause de leur office ou mestier de barberie, aient acoustumé de curer et guerir toutes manieres de cloux, de boces et plaies ouvertes, en cas de peril et autrement, se les plaies ne sont mortelles, toutes les foiz que ilz en sont requis ou appellez à ce, et de bailler pour ce aux paciens emplastres, onniement et autres medecines convenables et necessaires ausdites plaies, cloux et boces, ainsi comme bon leur semble, et de ce ont les diz barbiers joy et usé paisiblement et sanz empeschement aucun, par tel et si long temps qu'il n'est memoire du contraire; neantmoins les cirur-

---

(1) Cette ordonnance se rattache à une matière importante, et d'un grand intérêt public; ce n'est pas une question de simple privilége de métier. V. ci-dessus les ordon. de 1311, 1352 et 1370, sur l'exercice de la chirurgie. (Isambert.)

... et mires jurez en nostre bonne ville de Paris, soubz umbre de certains privileges que ilz se disoient et dient avoir de noz predecesseurs Roys de France sur ce, que aucun ne se puet ne doit mesler ou entremettre en aucune maniere des choses dessus dites ne du fait de cirurgie, fors que les diz jurez tant seulement, qui par la science et art dudit fait de cirurgie que ilz ont, pevent et doivent mieulx curer et guerir toutes manieres de plaies et de maladies, et oster touz perilz de corps humain, si comme ilz dient, se sont nagaires efforciez de troubler et empescher les diz barbiers et chacun d'eulx, en l'exercice des choses dessus dites, qui est ou grant prejudice et lesion des diz barbiers et de leurs successeurs barbiers, et aussi contre raison et le bien publique de touz noz subgiez; attendu que plusieurs poures gens qui à la foiz ont plusieurs et diverses maladies accidentelles, desquelles l'en a par usaige et longue experience noctoire congnoissance de la cure d'icelle, par herbe ou autrement, ne pourroient en tel cas, ainsi comme ilz font des barbiers, recouvrer des diz mires jurez qui sont gens de grant estat et de grant sallaire, et ne les avoient de quoy satisfier;

Et pour ce, nous qui de tout nostre povoir voulons pourveoir au bien publique de noz subgez, et les relever de toutes oppressions, avons par l'advis et deliberacion de nostre conseil, fait veoir diligemment les privileges des diz mires jurez, et les dites parties oyr en toutes bonnes raisons, qu'ilz ont voulu dire et proposer sur ces choses l'une à l'encontre de l'autre, pardevant les genz de nostre grant conseil et des genz de nostre parlement; et avecques ce, avons fait par plusieurs foiz assembler en nostre Court de parlement et ailleurs, le prevost des marchans de nostre dite ville de Paris, avec plusieurs autres personnes, jusques à très grant nombre, pour enquerir et savoir plus meurement et à plain qui estoit la plus prouffitable à ordener à faire en ceste partie, pour l'utilité du bien commun et de noz subgez dessus diz.

Savoir faisons à tous presens et avenir, que nous par le rapport et advis de nostre dit conseil, et de tous ceulz qui pour ce ont esté appellez et assemblez, eu aussi consideration et deliberation sur lesdites raisons des dites parties, et sur les diz privileges, de nostre certaine science et grace especial,

Avons ordené et declairié, et par la teneur de ces presentes ordenons et declairons, que les diz barbiers et tous leurs successeurs barbiers demourans en nostre dite bonne ville et banlieue de Paris, et chascun d'eulx, se ilz sont pour ce appellez et requis, puissent doresenavant bailler et administrer à tous nos subgez, emplastres, ongnemens et autres medecines convenables et necessaires pour guerir et curer toutes manieres de clous, boces, apostumes et toutes plaies ouvertes, en la maniere que dit est dessus, et qu'il ont usé et acoustumé de faire ou temps passé, sans ce qu'ilz soient ou puissent estre doresenavant molestez, troublez ou empeschiez en ceste partie, par les dix cirurgiens et mires jurez, ou par vertu de leur dit privileges, ou autrement, en aucune maniere.

Si donnons en mandement par la teneur de ces meismes lettres, à noz amez et feaux noz genz tenans nostre present parlement à Paris, et qui le tendront ou temps à venir, au prevost de Paris, et à touz noz autres justiciers et subgiez, ou à leurs lieutenans, presens et à venir, et à chacun d'eulz, si comme à lui appartiendra, en commeçant se mestier est, au dit prevost de Paris, ou à son lieutenant, que de nostre presente grace, ordenance et declaration, facent et laissent doresenavant à tousjours mais perpetuelment, joyr et user paisiblement les dix barbiers, et tous leurs successeurs, barbiers demourans en nostre dite bonne ville et banlieue, et chacun d'eulz, sanz les troubler ne empescher, ou souffrir estre troublez ou empeschiez, ou aucun d'eulz, en aucune maniere au contraire; mais tout ce qui y soit fait ou attempté, mettent et ramennent ou facent mettre et ramener sanz delay au neant, et au premier et deu estat.

Et pour ce que ce soit ferme chose et estable à tousjours, nous avons fait mettre nostre seel à ces lettres : sauf nostre droit en autres choses, et l'autrui en toutes.

N°. 514. — Ordonnance *contenant règlement sur les finances et sur la comptabilité* (1).

13 novembre 1372. (C. L. V, 537.)

SOMMAIRES.

(1 et 2) *Les officiers employés pour la levée des aides ne pourront faire le commerce.*

---

(1) C'est une des lois les plus importantes de ce règne, célèbre par l'habileté

(3) Ceux qui seront chargés du recouvrement dans les différens pays, les enverront au receveur-général à Paris.

(4) Le receveur-général jurera au Roi, et en la chambre des comptes, qu'il ne donnera de quittances aux receveurs particuliers que lorsqu'il recevra de l'argent.

(5) Le chancelier ne scellera aucunes décharges par lesquelles le Roi reconnaîtrait qu'il a reçu des deniers; le receveur n'y aurait point d'égard, et elles ne lui seraient pas passées dans ses comptes.

(6) Les dons faits par le Roy contiendront le motif, et les gens des comptes ne passeront que les lettres qui auront été vérifiées.

(7) Les lettres de dons seront signées par trois secrétaires du Roy, sinon le chancelier ne les scellera pas.

(8) Les généraux ne feront aucune délivrance de deniers que par l'ordonnance de la chambre, ou pour le paiement des gens de guerre.

(9) Le receveur-général ne paiera aucuns dons faits par le Roy, si les lettres ne sont signées de lui, d'un des secrétaires, et vérifiées par les généraux.

(10 et 11) Lorsque les généraux refuseront des lettres, le greffier écrira leur décision sur le dos, avec les causes du refus.

(12) Les généraux vérifieront tous les mois la recette et la dépense du receveur-général, et enverront leur rapport au Roi.

(13) Toutes les fois que le trésorier des guerres aura fait un paiement, les généraux en vérifieront l'état.

(14) Les généraux jureront de ne favoriser personne au préjudice du Roi.

(15) Les généraux diminueront le nombre des élus et autres officiers départis.

(16) Les élus et autres rendront leurs comptes. Il sera envoyé dans les provinces des réformateurs pour récompenser ceux qui auront fait leur devoir, et punir ceux qui auront fait des extorsions.

(17) Les notaires de service en la chambre ne pourront être procureurs, ni se mêler des affaires de personne; ils ne pourront recevoir de présens par leurs clercs.

(18) Assignations pour le paiement des gens de guerre.

(19) Fonds destinés aux armées navales.

(20) Assignations pour les dépenses de l'hôtel du Roi.

(21 et 22) Assignations pour le paiement des dettes et autres dépenses.

(23) Fonds de la cassette du Roy.

---

avec laquelle Charles V sut réparer les maux de l'État, et accroître la puissance royale. Il y parvint surtout en établissant l'ordre dans les finances. *V.* les dissertations de M. de *Pastoret*, préfaces des tom. XV, XVI et XVII de la Collection du Louvre; *V.* les ordon. de 1309, 1320, 1322, 1323, 1355, 1356, 1358, 1347, 1353. (Lambert.)

Ce sont les ordenances faictes par le Roi nostre sire, sur le fait de ses aides, le xiii° jour du mois de novembre, l'an MCCCLXXII.

(1) Le Roy a ordenné que aucuns de ses generaulz-conseillers, tresoriers de guerres, esleuz, receveurs, grenetiers, contre-rolleurs, ou autres officiers quelconques, députés ou à députer sur le fait de ses aides, ne exercent d'oresenavant publiquement ou occultement, par eulz ou par autres, aucun fait de marchandise (1), sur peine d'encourir l'indignacion du Roy, et de perdre leurs offices; et de recouvrer sur eulz les gaiges qu'il auront receu durant le temps qu'il auront marchandé contre l'ordenance du Roy.

(2) *Item.* Que des marchandises qu'il ont à present, sanz aucunes acheter, il se delivreront le plustost qu'il pourront, sanz fraude, malice ou faintise aucune.

(3) *Item.* Ceulz qui seront commis pour le gouvernement des fais et des pais, feront venir continuelment chascun mois, les sommes dont il seront chargés, et plus grans, s'il puent, pardevers le receveur général à Paris, sanz recevoir ou faire recevoir les deniers par autres; si ce n'est tant seulement par les tresoriers des guerres, pour le paiment des gens d'armes, ou par autres chiefs d'offices, pour les choses appartenantes à leurs offices.

(4) *Item.* Ledit receveur general jurera sur les saintes evangilles de Dieu, en la presence du Roy, et en la chambre des comptes, que il ne baillera descharge ou quittance à quelconque receveur, grenetier ou autre, s'il ne reçoit l'argent presentement, ou se ce n'est pour le fait des tresoriers des guerres ou autres chiefs d'offices, comme dessus est dit, ou par autres causes raisonnables, par commandement et ordonance faicte en pleine chambre, par la greigneur partie de ceulz qui seront presens en la chambre; quant aus x^m frans ordenés pour le fait de la chambre, et aussi quant aus x^m frans ordenés pour paier les debtes, et quant aus L^m frans ordenés pour le paiement des gens d'armes, par l'ordenance de l'abbé de Fescamp, de messire Nicolas Braque, messire Pierre de Chevreuse, ou de deux d'iceulz au moins, s'ils sont à Paris.

---

(1) Cette incompatibilité existe encore; mais elle n'entraine aucune peine autre que celle de la destitution, puisqu'elle n'est prévue par aucune loi pénale. (Isambert.)

(5) *Item.* Le Roy a ordenné que doresenavant, monsieur le chancellier ne scelle aucune descharge par laquelle le Roy confesse avoir eu aucune somme de deniers; et se elle estoit scellée par inadvertance, que le receveur n'y obeïsse en aucune maniere; et s'il y obeïssoit, le Roy deffent aux generaux et aus gens des comptes, qu'il ne lui en passent aucune chose en ses comptes (1); sauf et excepté les descharges des deniers receuz par le Roy pour les mettre en ses coffres (2), lesquelles le Roy envoiera à mons. le chancellier par certaine personne et non par autres; et sera contenu en la descharge, par quel main le Roy les aura fais recevoir dudit receveur general.

(6) *Item.* Les dons et graces (3) qu'il plaira au Roy à faire doresenavant, et les causes pourquoy, seront contenuës et declairées expressement ès lettres qui seront faittes sur ce; et il plaira au Roy à commander à ses gens des comptes, que toutes lettres de don faiz à ses officiers et serviteurs sur le fait des aides, signées et verifiées selon la teneur de ceste presente ordenance, il allouent ès comptes de ceulz à qui il appartendra, sans contredit ou difficulté aucune.

(7) *Item.* Il plaist au Roy que toutes lettres de don soient signées par maistres Pierre Blanchet, Yves Daven, Jehan Tabari, ses secretaires, et non par autres; et se on apportoit lettres de don signées par autre secretaire, que mons. le chancelier ne les scelle point.

(8) *Item.* Les generaulz-conseillers ne feront doresenavant aucune delivrance de deniers, soit de dons, gaiges, debtes ou autres choses quelconques, se ce n'est en plaine chambre; et quant aus x^e frans ordennés pour le paiement des gens d'armes, par l'ordenance de l'abbé de Fescamp, messire Nicolas Braque et messire Pierre de Chevreuse, ou deux d'iceulz au moins, s'ils sont à Paris; et quant aus x^e frans ordenné pour le fait de la chambre; et aus x^e frans pour païer les debtes, par l'ordenance de touz les dis generaulz, ou de la plus grant partie d'iceulz, qui seront en la chambre, en laquelle il conviendra quatre au moins.

---

(1) Il en serait de même aujourd'hui, à cause de la responsabilité des ministres. (Isambert.)

(2) Comme à présent la liste civile; mais c'est un agent du ministère qui donne quittance. (*Idem.*)

(3) Il s'agit ici de dons mobiliers et non de biens domaniaux, qui sont inaliénables. (*Idem.*)

(9) *Item.* Le receveur general ne sera tenus de payer de[niers] pour quelconques lettres de don, se elles ne sont signées d'[au]cuns des secretaires dessus dis, et aussi du signet du Roy, et v[e]rifiées au dos par les generaulz; ne aussi par quelconques lett[res] ou mandemens, s'il ne sont verifiées semblablement; et avec [ce] se ladite verification n'a esté faite en la chambre, ou ailleurs [où] les dis generaulz fussent assemblés, et par la plus grant par[tie] d'iceulz, en la forme et maniere que dessus est dit : et mettr[ont] dorésénavant les notaires ès dites verifications, le lieu où [elle] aura esté faite.

(10) *Item.* En toutes lettres et mandemens refusés en [la] chambre des generaux, sera escript au dos signé de notaires, q[ue] les lettres ont esté refusées, et ce mesmes, quant on donn[e] long delay pour faire response.

(11) *Item.* La teneur des lettres sera enregistrée en [la] chambre, et les causes du refus au long (1).

(12) *Item.* Les generaux-conseillers verront chascun m[ois] sanz faillir, l'estat du receveur general au long et au juste; [et] ceulz qui seront ordennés à aler pardevers le Roy, lui en po[rte]ront touz les mois un abregié, lequel il retendra et sera gar[dé] par qui qui lui plaira.

(13) *Item.* Toutes fois que les tresoriers des guerres, ou le[urs] clers ou lieuxtenans, retourneront de faire aucun paiement, l[es] generaulz verront leur estat du paiement precedent, par la m[a]niere que dit est du receveur general.

(14) *Item.* Les generaulz dessus dis jureront en la prese[nce] du Roy, qu'il diront l'ub à l'autre la vérité du fait, dont il [se] merlera, sans riens celer; et qu'il ne porteront ne soustiendr[ont] fait de quelconque seigneur, ou autre personne quele qu'el[le] soit, à l'apeticement de la chevance du Roy; et ne donn[ont] charge ne maug. l'un à l'autre, mais porteront l'un le fait [de] l'autre, comme le sien propre.

(15) *Item.* Les generaux auront deliberacion sur le nom[bre] des esleuz, receveurs et autres officiers estans sur les dioce[ses] pour le fait des aides, et par grant deliberacion, le restraindr[ont] et modereront au miex qu'il pourront, au proufit du Roy.

(16) *Item.* Pour ce qu'il est commune renommée en plus[ieurs]

---

(1) On procède de même dans la comptabilité municipale, art. 4 de l'ord[onnance] du 25 avril 1823. (Isambert.)

..., que les esleuz, receveurs, greneticrs et contreroleurs, et ... commis et deputés, ont fait pluseurs griefs et extorcions ... peuple, contre les instructions et ordenances du Roy; et aussi ... ce qu'il y a pluseurs d'eulx qui ont à compter de pluseurs ..., il fut ordenné pieça, que touz ceulx qui auroient à comp- ..., compteroient et s'afineroient; et avec ce, seroient envoiez ...mateurs sur les pais, quant au fait des aides tant seule- ...; et ceulz qui seroient trouvés qui auroient bien servi, se- ... bien guerredonnés, et les autres punis selon raison, civile- ..., il plaist au Roy que ladite ordenance se tiegne (1).

(17) *Item.* Il plaist au Roy, que maistres Hutin d'Aunay, ... de Baigneux, Pierre Cadoret, Jehan Dohan, Dreu Poithiers, ... Fournier, ses notaires, demeurent en la chambre, et ... autres; ausquelx sera deffendu sur peine de privacion d'of- ..., qu'il ne soient procureurs ne promoteurs d'aucuns fais ou ... en la chambre, pour quelconque personne que ce soit; ... qu'il praignent ou sueffrent prendre à leurs clers, dons, ... ou émolumens pour les lettres ou autres escriptures ... feront; et ce chascun d'eulx jurera sur saintes euvangiles ..., en la chambre, en la presence de mons. le chancellier ... dis generaulx.

(18) *Item.* Les L^m frans pour le paiement des gens d'armes, ...dront; c'est assavoir, sur le pais que a en gouvernement ... Nicolas Braque, xxx^m. v^c. L. frans; et sur celui que a en ...ement messire Pierre de Chevreuse, xi^m iii^c frans; et sur ... que a en gouvernement l'abbé de Fescamp, viii^m c. L. frans; ... quelconques causes, lettres ou mandemens qui survie- ..., on ne prendra aucune chose sur les sommes dessus dites, ... seulement pour le paiment des gens d'armes; excepté ... recevoit plus grant somme des dis pais, elle seroit aportée ... le receveur general, comme dessus est dit.

(19) *Item.* Pour ce que le paiement des gens d'armes et arba- ... ordenné à present par le Roy, ne monte que xlii^m frans environ, les viii^m frans qui demourront, seront bailliés a ...emi Spifame en garde, pour les rendre là où besoing ... pour le fait de la mer.

... verrons ci-après des ordonnances qui définissent les droits de ces ..., qui avaient plus de pouvoirs que les inspecteurs des finances ... (Lambert.)

(20) *Item*. Les vi˟ frans pour l'ostel du Roy, se prendront ou païs que a en gouvernement messire Pierre de Chevreuse; les v˟ frans pour mettre en ses coffres, seront prins sur le fait de Paris; et n'an prendra l'en denier pour chose qui surviegne.

(21) *Item*. Il plaist au Roy que le receveur general ait chascun mois, x˟ frans pour les choses qui surviennent chascun jour en la chambre, et x˟ frans pour paier les debtes; et seront prins les dites sommes; c'est assavoir, sur le fait de la gabelle do sel, xi˟ vi˟ l. frans; sur le fait de Paris, v˟ vi˟ lxxii frans, et sur le fait que a en gouvernement l'abbé de Fescamp, ii˟ vi˟ lxxviii frans.

(22) *Item*. Il plaist au Roy que de la somme de xx˟ frans soient baillez chascun mois audit Berthelemi, iiii˟ frans, jusques à ce qu'il en autrement esté ordonné; et par ainsi, le receveur n'aura que viii˟ frans pour le fait de la chambre, et viii˟ frans pour paier les debtes. Et est assavoir, que les xvi˟ frans que a receu jusques cy Jehans d'Orliens, pour robes et plusieurs autres choses, passé le mois de decembre, seront baillez au Roy; et le Roy fera pourveoir sur les choses dessus dites, à sa bonne ordenance.

(23) *Item*. S'il plaist au Roy à faire aucune moderation ou restrainte sur la despense des hostelz de lui, de madame la royne et de mons. le Dauphin, ce qui demourra de residu, sera baillé au Roy chascun mois, pour mettre en ses coffres, par le receveur sur ce ordenné.

N°. 515. — Lettres *qui ordonnent le rétablissement des commissaires aux francs-fiefs et amortissemens, et l'emploi des deniers en provenant aux réparations du palais.*

Château du Louvre, 25 novembre 1372. (C. L. V, 543.)

N°. 516. — Mandement *portant qu'il sera établi un hôtel de monnaies à La Rochelle.*

Château du Louvre, 29 novembre 1372. (C. L. V, 543.)

N° 517. — LETTRES d'abolition (1) *en faveur des habitans du Poitou, Saintonge et Angoumois, (la Vendée), qui avaient suivi le parti des Anglais.*

Paris, château du Louvre, 15 décembre 1372. (C. L. V, 557.)

N° 518. — LETTRES *qui établissent une prescription de trois ans contre les droits dus au Roi dans la ville de Toulouse, sur chaque demande en justice, et ce à compter du jour de la demande.*

Château du Louvre, décembre 1372. (C. L. V, 562.)

N° 519. — ORDONNANCE *contenant règlement pour la vente du sel, et sur le fait de la gabelle* (2).

Paris, 24 janvier 1372. (C. L. V, 576.)

N° 520. — RÈGLEMENT *portant que les finances dues pour francs-fiefs, amortissemens et droits seigneuriaux, ne pourront être reçues que par les baillis, sénéchaux, ou par les receveurs royaux.*

Saint-Denis, 24 février 1372. (C. L. V, 594.)

N° 521. — LETTRES *qui assurent aux habitans de l'île d'Oleron la jouissance, sans trouble, des rentes et héritages dont les titres se trouvent perdus par les événemens de la guerre, en justifiant d'une possession de vingt ans.*

Paris, février 1372. (C. L. XV, 405.)

N° 522. — LETTRES *qui confirment une charte de commune, portant entr'autres dispositions (art. 16), que celui qui sera vaincu en duel paiera cent sols et une obole, et que le champion aura le pied ou le poing coupé* (3).

Paris, mars 1372. (C. L. V, 598.)

---

(1) Elles furent accordées en conséquence d'une convention faite avec les prélats, et gens d'église, barons et nobles du pays. (Isambert.)
(2) C'était un monopole. *V.* ci-dessus, note p. 258.
(3) Le Code pénal de 1810 se tait sur le duel; on veut y appliquer la dé-

25*

N°. 523. — Déclaration sur le recouvrement des droits d'amortissement et francs-fiefs.

Paris, 7 avril 1372. (C. L. V, 608.)

N°. 524. — Ordonnance par laquelle le Roi retire, en vertu d'un traité, les effets de Jeanne de France, mis en gage à Avignon, pour frais de voyage.

9 avril 1372. (Mss. de la Bibl. du Roi, Tit. concernant l'Hist. de France, Carton 93.)

N°. 525. — Mandement sur le paiement des droits d'amortissement et de francs-fiefs, qui parle des annoblissemens.

Vincennes, 18 mai 1373. (C. L. V, 612.)

N°. 526. — Mandement pour le prompt recouvrement et application au paiement des gages du parlement et des maîtres des requêtes de l'hôtel, des amendes et condamnations prononcées en parlement.

Paris, 28 mai 1373. (C. L. V, 613.)

N°. 527. — Ordonnance qui alloue aux marchands de vin de la ville d'Arras le droit d'élire un chef, avec le titre de prince des viniers, avec faculté de les représenter en justice, et d'imposer les marchands pour les frais de justice et autres (1).

Vincennes, mai 1373. (C. L. V, 614.)

---

finition du meurtre ; mais la Cour de cassation a jugé le contraire. La question est maintenant soumise à toutes les sections réunies de cette Cour. V. l'ouvrage de M. *Brillat-Savarin*, l'un des conseillers, Paris 1823. (Isambert.)

(1) Aujourd'hui, d'après le décret du 15 décembre 1813, les marchands de vins ont aussi le droit de s'assembler, et de nommer des syndics ; mais depuis les lois de 1790 et 1791, qui ont aboli les corporations d'arts et métiers, les cotisations arrêtées par le syndicat ne sont pas exécutoires. Il en est de même des autres syndicats. (*Idem.*)

528. — ORDONNANCE *qui supprime les sergens des maréchaux, et porte qu'ils devront motiver leurs ajournemens, sous peine de nullité, sinon autorise d'ailleurs à n'y pas obéir.*

Bois de Vincennes, 22 juin 1373. (C. L. V, 616.) Enregistrée au parlement, et publiée à cri public dans Paris, le 14 décembre 1374.

CHARLES, etc. Comme nostre bon peuple de nostre royaulme, ait long-temps été, et soit encore chascun jour grevé et opprimé grandement par le fait de nos ennemis, par quoy nos bons subgez ont à painnes dont ilz puissent vivre ne avoir leurs soustenances; et par especial, nous aïons entendu que par les commiz ou sergens de nos amez et feaulx mareschaux, il sont de jour en jour adjournez, excecutez et travaillez, et prennent grans et excessifs salaires, et se font payer de plus de journées que ne pourroient ou devroient faire nos sergens ordinaires des lieux où nos diz subgez demeurent; et qui pis est, les adjournent de jour en jour pardevant nos diz mareschaux ou leurs lieuxtenans, prevosts ou officiers, senz dire les causes pourquoy il les adjournent, ou que elles soient contenues ou exprimées en leurs commissions ou adjournemens (1); par quoy souvent avient que nos diz subgez vont au jour qui leur est assigné, tout despourveuement, et senz ce que ilz sachent que on leur veult demander; et aussi souvent sont adjournez ès lieux où il ne pevent et osent aler pour doubte des guerres, et là où ilz ne pevent recouvrer de conseil; parquoy souvent ilz perdent leurs causes, combien que ilz aient bon droit de eulz deffendre (2), et en ce et autrement, leur font de jour en jour tant de griefs et de dommages, que à painnes les pevent il soustenir ne endurer; et pour ce nous sont venues pluseurs plaintes de nos diz subgez, afin que par nous y soit remedié par telle maniere que nostre bon peuple puisse vivre, et que par ceste maniere ne puisse doresenavant estre ainsi grevez ne dommagiez, et de tous autres;

Avons ordonné et ordonnons par ces presentes nostre cuer

---

(1) L'art. 185 du Code d'instruction criminelle veut qu'en toute matière correctionnelle, les faits soient articulés et qualifiés. *V.* aussi l'art. 6, loi du 26 mai (Lambert).

(2) Par arrêt du 7 décembre 1822, la Cour de cassation a jugé que le droit de faire défaut est inhérent au droit de défense. (*Idem.*)

eschever nos subgez des diz griefs et dommages, et de tous autres avons ordonné et ordonnons par ces presentes, de nostre auctorité royal,

Que doresenavant les sergens, commiz ou officiers de noz diz mareschaux, ne feront aucuns adjournemens ou exccucions a nos diz subgez; mais seront faiz par nos sergens ordinaires des bailliages, seneschaucies ou prevostés, là où nos diz subgez demourront; lesquelz seront ad ce commiz par nos diz mareschaux, leurs lieutenans ou prevosts; et voulons et ordonnons que les causes et demandes pourquoy ilz seront adjournez, soient contenuës et exprimées ès diz adjournemens ou commissions; et ou cas que les dis adjournemens ne seroient faiz par nos diz sergens ordinaires, ou que les causes ou demandes ne seroient contenuës et exprimées ès dis adjournemens ou commissions, comme dit est, nous voulons que il n'y soit obeï, et que tels adjournemens n'aient aucun effet et soient de nulle valeur; et desmaintenant les declairons, et tout ce qui par vertu d'iceulz seroit ensui, estre nulz et de nul effect;

Et aussi considerans que en notre ville de Paris, l'en peut mieulz recouvrer de bon conseil que ailleurs, nous voulons et ordonnons que nos diz subgez ne soient adjournez par vertu des dictes commissions ou mandemens, pardevant nos diz mareschaux, leurs lieutenants, prevos ou officiers, forques en notre dicte ville de Paris, et non ailleurs, adfin que mieulx leur bon droit leur soit gardé et deffendu; se ce n'estoit toutesvoies du consentement et acort du deffendeur.

Si donnons en mandement par la teneur de ces presentes (1) au prevost de Paris et à tous les autres justiciers de nostre royaume, ou à leurs lieutenens, et à chascun d'eulz, si comme à lui appartendra, que nostre presente ordonnance ilz signifient à nos diz mareschaux, leurs lieutenens, prevostz et officiers, et leur facent commandement de par nous, que ycelle ordonnance il tiengnent et acomplissent, et que en aucune maniere ilz ne facent ne facent faire le contraire : Et aussi mandons audit prevost et justiciers, et à leurs lieuxtenens, que de par nous il deffendent generalment à tous nos subgez, que aux diz adjourne-

---

(1) Il y a dans *Pinson de la Martinière*, (De la connétablie, p. 5), à nos amés et féaux les gens tenans notre Cour de parlement, et à tous les autres justiciers, etc. (Secousse.)

…eas qui par nos diz sergens ne seroient faiz en la maniere que …est, ne obéissent; aux quelz par ces presentes nous le deffen-…ons; et ou cas que les diz adjournemens seroient faiz autrement …e dit est, que il ne seuffrent que par noz diz subgez y soit …bei; mais les sergens et officiers qui se efforceroient de faire le …traire, punissent de telle amende ou punicion qu'il verront …tre à faire, selon le cas;

Et pour ce, nous voulons que ceste ordonnance soit notoire à tous les justiciers, officiers et subgez de notre dit royaume, nous voulons et leur mandons qu'elle soit publiée par tous les lieux de leurs bailliages, prevostés, chastellenies et juridictions.

En tesmoing de ce, nous avons fait mettre notre scel à ces presentes.

Donné en notre chastel du boys de Vincennes, le vint deuxieme jour de juing, l'an de grace mil trois cens soixante et treze, et de notre regne le X°

Ainsi signés, par le Roy, en son conseil.

Presentes littere lecte et publicate fuerunt in camera parlamenti, et ad tabulam marmoream Palacii regii Parisius; et ut ordinatum per curiam, quod publicabuntur in omnibus sedibus regiis regni. Actum XIII. *die decembris, anno millesimo trecentesimo septuagesimo quarto.*

Publiées souflisamment ès lieux acoustumés à faire criz à Paris, par Jehan le Maire, le jeudi 14° jour de decembre, l'an 1374 (1).

N° 529. — ORDONNANCE *portant octroi de privileges, ou exemption d'impôts en faveur des écoliers de l'université d'Angers, à cause du nombre et de l'excellence des étudians* (2).

Château du bois de Vincennes, 29 juillet 1373. (C. L. V, 629.)

---

(1) Voilà des formes de publication qui ne sont pas ordinaires dans les ordon. de cette époque. (Lambert.)

(2) Ces privileges sont accordés à l'imitation de ceux de l'Université d'Orléans, accordés en juillet 1312, renouvelés en juin 1337, et mai 1346; Charles V les conféra sur la demande de son frère, duc d'Anjou, pour la première fois, par des lettres du mois de juillet 1364. (C. L. IV, 478.) Cette concession est motivée; *quod regibus cedit ad gloriam et honorem, in suis regnis habere viros industrios, decoros scienciis et virtutibus eruditos, ut fortes consiliis, et facta sua providerent deliberacionibus dirigente pacis principe, feliciter regnent et im-*

N°. 530. — LETTRES *de rémission en faveur du Sire d'Amboise, pour avoir fait enlever de vive force, tenu en chartre privée, et mis à composition un officier du Roi, à cause de l'exercice de ses fonctions, à la charge de faire amende au Roi, de rester huit jours en prison, et de donner satisfaction au plaignant, etc.*

Bois de Vincennes, juillet 1373. (Mss. de la Bibl. du Roi, Tit. concernant l'Hist. de France, Carton 94. — Recueil de Colbert, vol. 51, fol. 1141.

CHARLES, etc. De la partie de nostre amé et feal le sire d'Amboise nous avoir esté humblement exposé que comme à l'instance de nostre amé et feal Jean de Brion chevalier nostre conseiller et maistre des requestes de nostre hostel adjoint avec lui nostre procureur ledit sire d'Amboise eust esté adjourné pressa en nostre parlement sur ce que le dit de Brion lors advocat royal en Touraine et a cause de ce estant en la sauvegarde de nostre tres chier seigneur et pere que Dieu absoille lui imposoit que ja pieça ledit de Brion avoit esté commis et ordonné par nostre dit seigneur et pere en la compagnie de Jollain Guenaut et Jean Hamelin commissaires a lever et imposer certain subside par nous lors regent le royaume ordonné en baillie de Touraine pour la garde et defense du pays, et pour ce que le dit exposant ne vouloit souffrir que le dit subside feust levé en sa terre, le dit de Brion du conseil et assentement de Jollain son compaignon dessusdit se fust transportez à Amboise pour dire et monstrer audit d'Amboise les grans perils et inconveniens qui se pourroient ensuir s'il desobeissoit aux commissaires. Neantmoins ledit d'Amboise fit prendre et emmener de faict ledit de Brion prisonnier en son chastel d'Amboise par quatre de ses hommes les espées et bouclers ès poins nonobstant que ledit de Brion lui deist et signifiast ladicte sauvegarde ou il estoit et qu'il estoit venu illec pour le faict de nostre dict seigneur et pere et le nostre et comme commis et deputé a ce de par nous et nostre dict seigneur et pere laquelle chose il ne pouvoit ignorer et qu'il ne lui cuidoit rien avoir forfait et se forfait avoit aucune chose il estoit pret de l'ammender, jaçoit ce que de ce la con-

---

perant *en crimine majestatis.* Les lettres du 29 juillet 1373 sont confirmatives et plus étendues. (Lambert.)

…issance en appartenisse a nostre dit seigneur et pere et a nous … a nos officiers, lequel d'Amboise respondit audit de Brion, … non Jehan il n'est pas temps de plaidier, ainçois que vous … m'eschapez, j'aurai du vôtre a plaine volonté, et apres incon- tinent ledit d'Amboise le fist prendre et mener sur une jumant … piez liez sous le ventre de la jument, et le chaperon lié devant les yeux ou chastel de Chaumont hors de la baillie de Touraine, et en le menant lui dit Jehan pensez de vous, car ainçois que vous m'eschapez je aurai du vostre dix mil florins lequel de Brion respondit qu'il n'avoit rien mesfait ne n'en pouroit finer, et pour ce que ledit de Brion ne vouloit faire sa volonté le fist mettre en une cave ou fosse de trente toises ou piez en parfont ou il fut au pain et a l'au quinze jours, en laquelle fosse estoient ras, souris et vermines avec autres cho- ses, et disoient audit de Brion ceux qui le gardoient, Jehan faites la volonté de Mr. d'Amboise, et pour ce qu'il ne vouloit ne pou- voit faire la volenté dudit sire d'Amboise; le fit de rechef mettre en une autre fosse plus vilaine et plus mauvaise que celle ou il avoit esté devant et le fist enferer en deux fers, et la fut par l'espace de trois semaines, ou il souffrit plusieurs et enormes tourmens et despendit du sien moult grandement, et apres ce le dit d'Amboise le fit mettre de jour tout ferié ou baile dudit chastel et de nuit le faisoit remettre en ladite fosse, et avant qu'il partist de ladite prison convint qu'il payast deux cens escus et lui fieit plusieurs autres exces, injures, villenies et op- pressions dont ledit sire d'Amboise fut ainsi poursuivi en nostre court et par icelle mis en plusieurs defaus pour ce qu'il ne s'etoit pas comparu en personne a plusieurs journées qui lui avoient sur ce esté données et assignées; pour lesquelles choses ainsi faites le dit sire d'Amboise doutant rigueur de justice nous fait supplier que comme par nostre licence et congié il ait ac- cordé avec ledit de Brion sur les choses et excez dessusdiz que sur ce lui veuilliens de nostre grace et misericorde pourveoir;

Pour ce est il que ces choses considerées et les bons et agrea- bles services que ledit suppliant nous a fais ou fait de nos guerres avec les grans pertes et domage que pour occasion d'i- celles a soustenus, pour contemplation consideration aussi de deux jeunes enfans dudit sire d'Amboise lesquels nous servent en nostre court, Nous au dit sire d'Amboise les cas et mefait dessusdiz avec toute peine et amende corporelle, criminelle et civile que pour occasion de ce le suppliant pourroit et devroit avoir encouru envers nous au cas dessusdiz avons remis, quitté et pardonné, quittons, remettons et pardonnons de nostre certaine science et puissance royale par ces presentes en cassant et annullant touz defauts et procez sur ce faits et donnez contre ledit suppliant et en imposant a nostre dit procureur sur ce perpetuel silence, par ainsi toutesvoies que ledit sire d'Amboise sera tenus avant tout œuvres de nous amender et amendera en plaine assise devant nostre bailly des ressorts de Touraine les offenses et desobeissances dessusdictes, laquelle amende ainsi faite, comme dit est, le dit sire d'Amboise sera mis et detenu par l'espace de huit jours en nos prisons, pendant lesquels huit jours nostre dit conseiller sera appellé pour sçavoir s'il se tient pour content et est a accort avec ledit sire d'Amboise sur les cas et mesfaiz dessusdiz, auquel cas qu'il s'en tiendra pour content et seront à accort lesdites parties, nous voulons nostre presente remission et grace avoir son plain effect et non autrement.

Si donnons en mandement, etc.

N°. 531. — LETTRES *portant défi par le duc de Bretagne au Roi de France* (1).

8 août 1373. (Mss. de la Bibl. du Roi, Carton 94.)

Le VIII°. jour d'aoust M. III°. LXXIII, furent présentées lettres au Roy nostre sire de par le duc de Bretagne, contenant la forme qui s'ensuit.

Sire Charles de France qui vous reclamez estre souverain de mon duché de Bretagne, il est bien vray que puis le tems que

---

(1) Les démêlés continuels du Roi et du duc de Bretagne donnent de l'importance à ces lettres. Villaret les transcrit dans son Histoire de France, tom. X, p. 265. (Decrusy.)

Elles indiquent de plus l'état d'indépendance où se trouvaient les grands vassaux. Dans le droit feodal, on ne connaissait pas le crime de lèse-majesté; mais la puissance royale commençant alors à s'établir, les gens du Roi empruntaient les maximes du droit romain, et les faisaient valoir contre celles du droit féodal.

Les grands vassaux avaient le droit de paix et de guerre, même contre le seigneur suzerain, s'il leur refusait justice; mais ils ne devaient pas appeler l'étranger. (Isambert.)

je estois entrez en la foy et hommage de la couronne de France, j'ay a vous tousjours fait mon devoir envers laditte couronne et envers tous autres auxquieux il appartenoit, mais ce nonobstant vous par vous et par vos gens sans connoissance de cause seulement par procés de fait avez fait entrer par vostre commandement et soustenance, votre connestable votre puissance et force de guerre en mon duchié de Bretaigne, prins tout plain de moy villes chasteaulx et forteresses, prius prisonniers les uns ranconnez, et les autres mis à mort et moy ont fait et font tout plain des autres outrages, tortz dommages, et villenies non réparables et parmy ce vous m'avés sciemment de votre propre voulenté et tout outrement et ouvertement monstré mon ennemy et imaginé a moy mon estat deffaire et détruire et par ce que vous ne me voulez rendre les terres que promistes a moy avoir rendre a certain temps, tant par lettres et scel comme autrement comme je vous ay plusieurs fois requis a moy grans coustz et missions et moy deboutant et mettant tout hors de la foy et hommage et obéissance de la ditte couronne sans coulpe ou meffait de moy ou de ma partie sans aucune cause raisonnable, dont je moy en déplait trop, si que parmy les avant dittes choses et causes et tout plain des autres griefs qui ad ce moy chastent, je vous fais savoir que en votre deffaut jeo me tieng du tout frans et quitte et deschargez de la foy et hommage qu'ay fait a vous et a la couronne de France de toute obeissance et subjection faitte à vous ne a la ditte couronne ne de autre a cause de vous ou de meme la couronne et vous tiengne et repute mon ennemy ne vous ne devés point merveiller se jeo en face dommage a vous et à votre partie pour moy revancher des tres grans outrages tors dommages et villenies devant dits.

Le duc de Bretaigne et comte de Montfort et de Richemont; de ma main escritte.

Il y a au dos: *Le procureur du Roy fit ses conclusions afin de déclaration d'avoir commis crime de leze majesté et confiscation de corps et bien, et ainsy affiché et déclaré par arrest, et ainsy l'ay trouvé au registre civil du parlement de l'an 1378 sous les 4°. 9°. 13°. et 18°. jour de decembre au dit an.*

N° 532. — ORDONNANCE *contenant réglement sur les finances provenant des aides, sur les finances en général, et sur les gens de guerre* (1).

Paris, 6 décembre 1373. (C. L. V, 645.)

(9) *Item.* Nostre chancellier commandera de par nous et fera jurer à nos secretaires, qu'ilz entendent dilligemment aux lettres que nous leur commanderons touchant fait de finances, et qu'ilz ne les facent point plus fortes que nous leur commanderons, ne y mettent aucuns *nonobstant*, etc. se nous ne leur commandons par exprès; et que chascun d'eulx ne face ou pourchasse commander lettres touchant eulx ou leurs amys, que ilz aient promis à pourchasser ou procurer, et qu'ilz ne s'entremettent de les faire ou signer; avec ce, qu'ilz ne mectent en aucune lettre *nonobstant aucune ou ceste presente ordonnance*, se nous ne leur commandons en la presence d'aucun de nostre conseil, que nous leur avons nommez et ferons nommer par nostre dit chancellier.

(10) *Item.* Nostredit chancellier deffendra de par nous, à tous nos secretaires et notaires, qu'ilz ne facent d'oresenavant aucunes requestes touchant finances, se ce n'est en plaines requestes.

(25) *Item.* Et pour ce qu'il est voix et commune renommée que aucuns clers ou lieuxtenans des tresoriers des guerres, ont aucuneffois baillé aulx gens d'armes chevaulx, harnoys, coursiers ou autres marchandises, prins dons, robes, paies d'hommes d'armes, et autres prouffitz d'aucunes seigneuries, capitaines et autres gens d'armes, qui nous ont servy et servent en noz guerres; et aussi que les dis tresoriers ont prins et prennent des dis seigneurs et capitaines, robes, terres à vie ou à heritaige, dons, pensions ou autres prouffiz, les dis tresoriers jureront devant nous, qu'ilz ne pranderont ne feront prandre d'oresenavant aucune chose, et qu'ilz feront le paiement aulx gens d'armes en deniers contens, ou en assignacion selon ce qu'elles leur auront esté baillées par noz gens, sans vendre ou eulx entremettre de quelque marchandise, soit de meuble ou de heritaige, pour

---

(1) Les dispositions contenues en cette ordonnance se retrouvent presque littéralement dans celle du 13 novembre 1372 ci-dessus. Nous ne donnons ici que les articles qui nous ont paru différens, et mériter l'insertion. (Decrusy.)

cause ou occasion de paiemens qu'ilz ont à faire pour raison de leur office; et ce mesmes feront jurer à leurs clers et lieuxtenans, sur sainctes euvangiles; et s'ilz sçavent qu'ilz facent le contraire en aucune maniere, ilz le diront et le reveleront le plustost qu'ilz pourront aus dis generaulx; et avec ce, leur donneront congé incontinant.

(24) *Item.* Les dis tresoriers jureront comme dessus, que s'ilz sçevent ou apperçoivent quelque fraulde, cautelle ou malice ou fait des monstres et des reveuës, ou que ceulx qui auront prins de noz deniers, n'aïent servy ou servent pour le temps dont ilz seront paiez, ilz le nous diront ou à nostre conseil ensemble, sans riens celer pour doubte ou faveur d'aucune personne de quelque estat ou condicion qu'il soit.

(25) *Item.* Pour ce que les capitaines de plusieurs villes, chasteaulx et forteresses, ont introduit de nouvel, ou grant prejudice du peuple, prandre et lever composicions par maniere de rançons, à cause de guet; nous voulons et ordonnons, ainsi que autreffoys l'avons ordonné, que touctes telles composicions soient mises au néant; et avant que nos capitaines de noz forteresses aïent d'oresenavant lettres aucunes de la chambre, ilz jureront sur les sainctes euvangiles de Dieu, de non lever pour le temps advenir ne souffrir estre levées les dites composicions ne autres prouffitz quelzconques à cause de guet; et se obligeront à rendre et restituer tout ce qu'il sera trouvé en avoir osté, cuilly et levé par eulx, depuis et contre nostre presente ordonnance; et que ce soit mandé à noz baillifs qu'ilz facent crier et publier ceste nostre presente ordonnance, et qu'ilz ne souffrent faire le contraire aulx capitaines ou leurs commis et deputez, de quelque forteresse que ce soit; et se ilz le sçavent, qu'ilz le nous escripront incontinent; et ne pranderont pour deffault de guet les dis capitaines ou leurs commis et deputez, que xvi. deniers de iiii. deniers parisis la piece, lesquelz seront convertiz à en paier autres guetz, sans ce que les dis capitaines en aïent aucun prouffit.

N°. 533. — *Lettres pour la levée de l'aide accordée par les trois États de l'Artois, du Boulonnais et du comté de Saint-Pol, sans tirer à conséquence pour l'avenir, et sous réserve de leurs franchises.*

Château du Louvre, 7 décembre 1373. (C. L. V, 651.)

N°. 534. — MANDEMENT *portant fixation d'un délai aux évêques, et autres ecclésiastiques, pour prêter au Roi le serment de fidélité et l'hommage, sous peine de la saisie de leur temporel* (1).

Paris, 4 janvier 1373. (C. L. V, 654.)

N°. 535. — DÉCLARATION ET INSTRUCTIONS *sur le paiement des droits d'amortissement et francs-fiefs.*

Paris, 4 janvier 1373. (C. L. V, 655.)

N°. 536. — ÉTABLISSEMENT OU ORDONNANCE (2) *sur les revues des troupes, la responsabilité des officiers, la composition des compagnies, la nomination des capitaines, etc.*

Bois de Vincennes, 13 janvier 1373. (C. L. V, 658.)

CHARLES, etc. Sçavoir faisons que pour ce que nous avons entendu que aucuns capitaines qui ont eu pour le temps des

---

(1) Charles V était alors dans la dixième année de son règne, et les évêques avaient jusqu'alors différé leur hommage. Il est dit dans le préambule de cette ordonnance :

« Cum ratione regalis nostre superioritatis, ac postremi ressorti nostre superioris curii parlamenti Parisius, omnis temporalitas, tam juridiciaria, quam alia in regno nostro et ejus pertinentiis quibuscumque existens et situata, et per quascunque tam ecclesiasticas, quam alias personas detracta et possessa, a nobis, et sub nostris superioritate et ressorto prædictis teneatur et teneri debeat. » (Isambert.)

(2) Cette ordonnance est la plus importante de toutes celles de la 3e race, sur l'organisation de l'armée royale, que nous ayons jusqu'à présent rencontrée. V. le capitulaire de Charlemagne, d'octobre 812, sur la même matière. A cette époque, tous les Francs étaient soldats. Les armées étaient permanentes, ou plutôt la nation conquérante était comme campée au milieu des Gaules. Depuis l'établissement du système féodal, chaque seigneur avait droit de lever seul des troupes sur ses terres, et il devait le service à son seigneur suzerain, pendant un certain nombre de jours. Souvent les seigneurs prenaient parti contre le Roi, et dans ce cas, ils n'étaient pas coupables de haute trahison. C'est à compter du règne de Philippe-le-Bel que le Roi s'attribua le droit de convoquer tous les vassaux et arrière-vassaux. V. sur la convocation de l'arrière-ban, les établissements de Saint-Louis; ordon. de 1274 et 1303; l'art. 2 de l'ordon. de mai 1316, et notes sur l'ordon. de 1355. Nos Rois n'avaient pas assez de revenus pour soudoyer toujours des gens de guerre. Les gages étaient temporaires et pour la durée du service. Ordon. des 7 août 1335 et 18 juin 1339. Si Charles V avait eu des

JANVIER 1373.

guerres gouvernement de gens d'armes, n'ont pas tenu le nombre
qu'ilz faisoient monstre et prenoient payement, et que souventes fois les deniers qu'ilz en recevoient, ils ne paioient pas à
leurs gens selon ce qu'ilz les avoient receuz; et aussi que quant
les dis gens se partoient avant le temps qu'ilz devoient servir,
ilz n'en faisoient aucune mencion aux trésoriers des guerres,
leurs lieuxtenans et clercs des monstres; et quant après leur
partement, ilz faisoient compte avec les dis trésoriers des guerres,
que les sommes qui estoient deuës à eulx et à leurs gens, ilz recevoient par devers eulx sans riens en bailler à leurs gens; parquoy ilz prenoient occasion de eulx plaindre de nous de deffault
de paiement; et oultre, que pour le grand nombre de capitaines
qui a esté le temps passé en nos hostz et chevauchées, et par especial ceste saison, grant nombre de gens de petit estât ont
esté passez ès monstres, et combien qu'ilz fussent receuz à
gaiges, armez et monstez moins souffisans, dont ilz ont pillé et
robé tant ès bonnes villes comme ou plat pays, et fait plusieurs
grans dommaiges sur les lieux par où ilz sont passez; et pour
connoître de la pillerie (1), n'ont mic esté avec les lieuxtenans
ou chefs d'offices ou de guerres;

Nous pour obvier aux inconveniens dessusdis, et à plusieurs
autres touchant le fait de la guerre, desirans sur toutes choses
le bon gouvernement de nos bons et loyaulx subjectz, et les
garder de griefs, oppressions et dommaiges, et gouverner en
bonne justice, par grant advis et meure deliberation de conseil eu sur ce avec les chefz d'office de nostre guerre, et plu-

---

finances florissantes, il aurait retenu les grandes compagnies au lieu de les
renvoyer, et il aurait su préserver le peuple du pillage. *V.* ci-dessus l'ordon.
du 19 juillet 1367. C'est Charles VII qui, par ordon. du 8 novembre 1439, rendit
l'armée permanente. (Isambert.)

(1) Le métier de pillard était si brillant, que *Talbot* disait : Si Dieu était
homme d'armes, il serait pillard.

Les militaires de ce temps avoient, comme on voit, une étrange idée de Dieu,
témoin encore ce trait de *Lahire* : Près d'entreprendre une action hasardeuse, il
demande à un chapelain l'absolution : « Confessez-vous, lui dit le prêtre. — Je
n'ai pas le loisir, répond Lahire, il faut promptement frapper sur les ennemis;
au reste, j'ai fait tout ce que les gens de guerre ont accoutumé de faire. » Le chapelain lui baille l'absolution telle quelle, et Lahire fait à Dieu sa prière en ces
termes : Dieu, je te prie que tu fasses aujourd'hui pour Lahire autant que tu
voudrais que Lahire fît pour toi s'il était Dieu et que tu fusses Lahire. (Decrusy.)

sieurs autres saiges et vaillans, avons voulu, ESTABLY (1) et ordonné les choses qui s'ensuyvent.

(1) *Premierement.* Que nostre connestable de France qui à present est ou sera, nommera et ordonnera certaine personne pour recevoir les monstres des gens (2) de son hostel; et chascun de noz mareschaulx, quatre lieuxtenans pour recevoir le monstres de toutes gens (3), manieres de gens; et le maistre des arbalestriers ung, pour recevoir les gens de son hostel seulement; lesquels commis et lieuxtenans seront saiges et ydoines et experts, et jureront en nostre presence avant qu'ilz usent de leurs offices, aux Sainctes Euvangiles de Dieu, de tenir et garder les ordonnances touchant le fait desdictes monstres, lesquelles seront escriptes après; et en deffaut de ceulx qui seront nommez pour mort, pour rapport ou autrement, autres bons et souffisans seront mis en leurs lieux, lesquels feront le serment comme dessus.

(2) *Item.* Nostre connestable, noz mareschaux, le maistre des arbalestriers, et tous les autres capitaines des gens d'armes, le mieulx et le plus loyaument qu'ilz pourront, exerceront et gouverneront leurs offices, et feront les choses appartenans à iceulx, à l'onneur et prouffit de nous, nostre royaume et de nostre guerre, et si comme ilz feroient pour leur propre fait; et tiendront quant à eulx, et feront tenir, garder et acomplir nostre presente ordonnance, et toutes les choses contenuës en icelle, sans faire ne venir encontre par eulx ne par autre, en aucune maniere.

(3) *Item.* Eulx, leurs lieuxtenans, commis et deputez dessus dis, ou autres aians povoir à ce, ne recevront, ne souffreront estre receuz à monstre ne à reveuë, aucuns gens de guerre, s'ilz n'y sont en personne, montez et armez souffisamment de son propre harnois, et son cheval ou de son maistre; et aussi se en faisant la monstre ou reveuë, il ne jure sur les Sainctes Euvangiles de Dieu, que en tel estat servira pour le temps qu'il recevra

---

(1) Ce mot annonce l'importance de cette loi, qui n'est pas temporaire. (Isambert.)

(2) Il paraît par plusieurs endroits de ces lettres, que ces mots signifient les troupes qui sont sous son commandement. (Secousse.)

(3) C'est là, dit Villaret, l'origine des inspecteurs, devenus intendans militaires. (Decrusy.)

nos gaiges, se il n'est hors du commandement de son capitaine, ou pour nostre service, ou [enfermé de son corps loyaument sans nulle fraulde;] et ne feront, soustiendront ou souffreront aucun autre estre receu, escript ou passé en monstre.

(4) *Item.* Ilz prendront en leur compaignie et se chargeront de bonnes gens d'armes de fait, telz comme ilz les prandroient pour leur propre fait, lesquelz ilz congnoissent, et qu'ilz soient gens de tel estat qu'ilz doivent estre receuz à noz gaiges; et ne les lairront ou donneront congé sans cause raisonnable.

(5) *Item.* Se aucun se partoit devant le temps qu'il devroit servir, sans congé et sans loyal exoine, ilz le reveleront et diront au tresorier des guerres, ou à son lieutenant qui fera le paiement pour luy faire rabattre pour le temps qu'il aura esté hors (1).

(6) *Item.* Ilz feront jurer aux gens d'armes qui seront soubz eulx, qu'ilz le serviront continuellement, et ne s'en partiront sans leur congé; et aussi qu'ilz ne feront aucun dommaige à leur povoir, sur noz gens et subjectz d'aucuns des pays de nostre royaume estans en nostre obéissance, soit en venant en nostre service ne en demourant, tant comme ilz seront en nostre dit service, ne en retournant en leurs pays et maisons.

(7) *Item.* Ilz feront jurer à leurs dis gens, en faisant leurs dictes monstres, qu'ilz se gouverneront bien, loyaument et raisonnablement, sans prendre aucunes choses ès villes fermées, forteresses et autres lieux, sans en paier le pris raisonnable, et faire satisfaccion ès hostelz, si qu'ilz en soient contens; et aussi que de noz subjectz et obéissans, ilz ne prandront ne recevront deniers, vivres ou autres choses, à cause de prinse ou de rançon, ou autres occasions quelzconques, autrement que dit est; et sitost qu'ilz seront cassez de gaiges, ilz s'en retourneront en leurs maisons; et se ainsi ne le font, ilz perdront leurs chevaux et harnois, et du demourant seront à nostre voulenté.

(8) *Item.* Se les capitaines mandent aucuns gens d'armes à venir à eulx de pays à autre, pour nous servir ou nombre qui leur sera ordonné, et ilz meffaisoient en venant devers eulx, iceulx capitaines seront tenuz du meffait.

(9) *Item.* Se les gens d'armes qui seront sous aucun capitaine,

---

(1) Il n'y avait donc pas alors de lois contre la désertion. Cela n'eut lieu que quand Charles VII eut créé des armées permanentes. (Isambert.)

font aucune pillerie, roberie, ou aucun donmaige durant leurs services, les capitaines les contraindront à dresser et repparer iceulx donmaiges (1), ou iceulx capitaines les païeront de les mesmes, quant il sera venu à leur congnoissance, sans querir cautelle et malice aucune au contraire; et s'ilz en estoient delayans ou reffusans, nous voulons qu'ilz y soient contrains vigoreusement et sans deport par noz lieuxtenans, chefs de guerre, ou autres officiers à qui la congnoissance en appartiendra; et ou cas que bonnement on ne pourroit sçavoir nommeement les personnes qui y auront faitz les diz dommaiges, les capitaines soubz qui serviront les dis malfaicteurs, feront assembler tous leurs gens, et les feront jurer et reveler ceulx qui ce auront fait, pour les en corriger; et ainsi le jureront les dictz capitaines.

(10) *Item.* Se l'on treuve aucunes gens de pié ou de cheval suyvant l'ost, qui ne soient gens de mestier, marchans, ou autres gens necessaires pour servir l'ost, les lieuxtenans ou chefs de guerre qui y seront, les feront contraindre à vider et en partir; se ilz meffont, ilz les feront pugnir selon la qualité du meffait; et aussi feront pugnir tous autres malfaicteurs en l'ost, sans faveur ou déport.

(11) *Item.* Que tous les payemens des gens d'armes se feront d'oresenavant par chambres à part; et ne recevra aucun capitaine aucun paiement, ne fera compte, que pour les gens de son hostel tant seullement; et est nostre entente que à ceulx qui viendront mandez par nous en nostre service, duquel mandement apperra par ce qu'ilz se gouverneront par la maniere que dit est, l'en comptera après leur cassement, venuë et retour, raisonnablement.

(12) *Item.* Les clercs des mareschaulx ne recevront aucune chose, se n'est des monstres des capitaines qui auront le nombre de cent homme dessoubz eulx, ou de plus.

(13) *Item.* Les gens d'armes que nous tiendrons de cy-en avant à nos gaiges, seront divisez par routes, chacune de cent hommes d'armes, et en chascune route, aura ung capitaine; et au-dessoubz dudit nombre de cent hommes d'armes, n'aura

---

(1) *V.* l'art. 274 de l'ordon. de Blois de 1579, et le président Henrion de Pansey, autorité judiciaire, ch. 36, p. 562, 2ᵉ éd. (Isambert.)

capitaines aucuns; ainçoys feront chambres, selon ce qu'ilz vouldront recevoir leur paiement.

(14) *Item.* Les dis capitaines de cent hommes d'armes avec leurs gens, seront par nous ordonnez à estre soubz le gouvernement des lieuxtenans, chefs de guerre et autres officiers, à nostre plaisir et ordonnance.

(15) *Item.* Doresenavant nul ne sera capitaine de gens d'armes sans nostre lettre et auctorité (1), ou de noz lieuxtenans ou chefz de guerre, ou d'autres princes (2) et seigneurs de nostre royaume, pour nostre service, deffense, bien et seurté de leurs pays, sur peine de perdre chevaulx et harnoys et tous biens meubles et heritaiges.

(16) *Item.* Nul n'aura estat, se ce ne sont les capitaines ordonnez audit nombre de cent hommes d'armes, comme dessus; lesquelz auront chascun cent francs pour moys; et des lieuxtenans et chefz de guerre, qui auront plus grans nombres de gens d'armes soubz leur gouvernement, sera nostre ordonnance de leur donner tel estat, comme il nous plaira.

(17) *Item.* Sitost comme les monstres seront faictes, et les gens d'armes auront receu leur paiement, les capitaines les meneront tout droit et le plustost qu'ilz pourront, ès frontieres ordonnées, sans les laisser séjourner sur les pays, et les tiendront ès lieux plus convenables pour le proffit de la guerre, et au commandement et ordonnance du lieutenant ou chef de nostre guerre, estant pour lors en ceste partie.

(18) *Item.* Nos lieuxtenans, connestable, mareschaulx et maistres des arbalestriers, et autres capitaines de gens d'armes, jureront; c'est asscavoir, ceulx qui sont presentement, et ceulx advenir, avant que leurs lettres d'offices ou capitaineries leur soient renduës, sur les sainctes Euvangiles de Dieu, sur leur honneur et par leur foy et loyaultez, que les ordonnances dessus dites, et toutes les choses contenuës en icelles, ilz garderont, tiendront et accompliront de point en point, et feront tenir, garder et acomplir loyaument et veritablement, sans faire ne venir au contraire par eulx ne par autres, [en aucune

---

(1) Le Roi est le chef suprême de l'armée, dit la Charte de 1814, mais l'avancement est réglé par la loi du 10 mars 1818, art. 29. (Isambert.)

(2) *V.* l'ord. du 5 mars 1823, supplément au Bulletin des lois, qui confère au duc d'Angoulême le droit de nommer aux emplois vacans. (*Idem.*)

manière qu'il est contenu cy-dessus.] Et nous plaist que les ordonnances dessus dictes soient publiées à Paris, ès frontières et ès autres notables lieux du royaume, dont il semblera estre expedient à nostre conseil et à noz officiers sur le fait de nos guerres.

En tesmoing de ce, nous avons fait mettre nostre seel à ces lettres.

Donné au boys de Vincennes, etc. Par le Roy en son conseil

N°. 537. — MANDEMENT *au bailli de Mâcon de saisir les biens que peut avoir dans le royaume l'abbé de Saint-Claude (1), en représailles de ce qu'il contrefaisait les monnaies du Roi.*

Paris, 14 janvier 1373. (C. L. V, 661.)

N°. 538. — LETTRES *par lesquelles le Roi supprime la commune de Roye, à la requête de ses habitans, qui ne pouvaient plus en supporter les charges* (2).

Paris, janvier 1373. (C. L. V, 662.)

N°. 539. — LETTRES *portant concession à la ville d'Angoulême des libertés accordées à la commune de Rouen (3) et de Saint-Jean-d'Angely, et qui y ajoutent d'autres dispositions.*

Paris, mars 1373. (C. L. V, 667.)

---

(1) Cet abbé était souverain et indépendant de la France; il avait droit de battre monnaie, (Glossaire de Ducange, V° *Condatescensis*, tom. 4, p. 94, mais non de contrefaire les monnaies étrangères. Cette ordon. appartient au droit des gens. *V. Vattel*, liv. 1er, § 108. (Isambert.)

(2) Ce motif est fort remarquable. Les droits d'échevinage étaient donc bien onéreux, pour que les habitans préférassent être régis directement par les officiers du Roi? (*Idem.*)

(3) L'art. 15 de la charte de cette ville, accordée à Sens au mois de novembre 1204 par Philippe-Auguste, porte sur les femmes médisantes, la disposition suivante, qui est très-bizarre.

« Si femina convicietur esse litigiosa et maledicta, alligabitur funa super » ascellas, et ter in aquam projicietur, cui si quis vir exprobaverit, pagabit »

AVRIL 1374.   405

N° 540. — LETTRES *portant* (art. 5), *qu'à Angoulême, ceux qui trouveront des bêtes épaves (égarées), les amèneront au maire, qui les rendra à ceux qui prouveront qu'elles leur appartiennent* (1), *et* (art. 10) *que nul ne peut faire le métier de courtier sans la permission du maire.*

Paris, mars 1373. (C. L. V, 682.)

———

N° 541. — INSTRUCTIONS et ORDONNANCES (2) *sur le taux et la levée de l'aide, la mise à ferme de ces droits, les devoirs des élus.*

Avril 1374. (C. L. VI, 3.)

Instructions et ordonances faictes sur le gouvernement des aides et subsides du roaume, et la maniere de les cuillir et lever, faictes ou moys d'avril mil trois cens soixante et quatorze.

(1) *Premierement.* Sera levé par tout le royaume de France, l'imposicion de douze deniers pour livre ; et sera baillée par tous les dioceses par les esleuz commis à ce, à part.

(2) *Item.* Le treizième du vin qui y sera vendu en gros, sera levé et baillé à part.

(3) *Item.* Le quart denier du vin qui sera vendu à taverne, sera levé et baillé par les dis esleuz, à une autre part (3).

———

médos ; si verò formam exprobaverit, decem solidos pagabit, et ter in aquam projicietur. » (Decrusy.)

Cette charte est antérieure à la reddition de cette ville à la France, le 1er juin 1304. (Isambert.)

(1) On invoque cette disposition, fort peu importante en soi, comme une ordonnance générale, mais à tort. C'est un usage local. M. de *Pastoret*, préface du tom. 15 des Ordon., p. 81, cite l'ordon. du 15 avril 1360, comme une preuve que les épaves appartenaient au domaine. V. à cet égard les ordon. de mai 1315, art. 4, et 22 juillet 1315, art. 14 ; l'ord. de Charles VI, du 5 septembre 1386 ; édit d'avril 1695 ; ordon. de 1669, tit. 31, art. 16 et 17 ; ordon. de la marine, août 1681 ; coutume d'Orleans, art. 164 et 166 ; de Bretagne, art. 47 ; arrêt du parlement de Paris, du 29 mai 1743 ; art. 39, loi du 28 mars 1790 ; art. 1er, loi 1er décembre 1790 ; art. 7, loi 20 avril 1791 ; art. 539, 616, 713 et 717, Code civil, et avis du Conseil d'État, du 1er décembre 1820 ; Recueil Isambert, thi, p. 389. C'est probablement cette ordon. de 1373 qu'on a citée sous la date de 1368, dans une dissertation sur les épaves, insérée dans Sirey, VIII, 2, 4. (*Idem.*)

(2) Elles ne sont pas en forme, quoique tirées du 1er registre de la Cour des aides de Paris. (*Idem.*)

(3) Impositions par feux. (Secousse.)

(4) *Item.* Seront levez les foüaiges; c'est asscavoir, ès villes fermées, six francs pour feu; et au plat-pays, deux francs pour feu; le fort portant le foible.

(5) *Item.* Seront tenuz les fermiers qui vouldront prandre et encherir les dictes aides, nommer leurs pleiges aulx esleuz tantost qu'ilz auront mis leur denier à Dieu; et ne sera receu pleige nul homme d'eglise, gentilhomme, ne nul officier du Roy.

(6) *Item.* Sera dit et exprimé par les dis esleuz au bail des dis fermiers, que s'aucuns fermiers donnoient proffit à aucunes personnes, afin qu'il ne tiersast ou doublast les dictes fermes qu'ilz encherissent sur eulx, et il venoit à congnoissance, les dis fermiers païeront le tiercement ou doublement; et l'amenderont à la voulenté du Roy, et aussi ceulx qui prandront le proffit (1).

(7) *Item* Quant ung fermier aura prins une ferme à certain pris d'assiete, et le pris sera tiercé ou doublé, toutes encheres seront acquises au Roy; et se ung fermier avoit prins une ferme à certain pris, et encheri sur lui de quatre encheres, ung autre y pourra estre receu pour tiercer, sans y comprandre les encheres de son assiette, et aussi doubler le tiercement par dessus, par la maniere que dit est; et y seront receuz à tierçoier de l'assiette jusques à quatre moys, et doubler jusques à demi-an, du jour que la ferme sera commancée.

(8) *Item.* Ne payeront riens Portugaloys ne Espaignolz de la premiere vente des denrées qu'ils feront venir de leurs pays sans fraulde; et aussi ne païeront riens mendians, vrays escoliers estudians, hospitaliers, ne les chartreux.

(9) *Item.* Les dictes aides se païeront de mois en moys es villes fermées; et au plat-pays de deux moys en deux mois, se plustost ne povoit estre le payement.

(10) *Item.* Tous esleuz seront tenuz de bailler les fermes à bonnes gens et souffisans, ou qui soient si bien appleigez que le Roy ne puisse avoir dommage par deffault de païement, et qu'ilz n'en puissent estre reprins ou avoir blasme.

(11) *Item.* Se gardent bien tous esleuz qu'ils ne baillent aucunes fermes à aucun de leur lignaige, pour mendre pris que autres en vouldroient bailler; car s'il povoit estre sceu qu'ilz le

---

(1) *V.* l'art. 412 du Code pénal de 1810, alinéa 2. (Isambert.)

..... par faveur, ilz en seroient pugniz, et seroit tout le dommaige du Roy recouvré sur eulx.

(12) *Item.* Chascun fermier jurera et affermera qu'il escripra tout ce qu'il en recevra jusques à demy an, afin que se aucun marchant tierceoit ou doubloit, qu'il en peust avoir bon et juste compte et loyal.

(13) *Item.* Les diz esleuz seront tenuz de faire crier les dites aides es citez et ailleurs aulx lieux acoustumez, par deux ou troys marchez et dimenches; et les bailleront au plus offrant, et prandront leurs pleiges bons et souffisans de païer, par la maniere dessus dite; et pourront tiercer et doubler dedans le temps dessus dit.

(14) *Item.* Tous esleuz et receveurs après ce que toutes les dites fermes auront esté baillées et les caucions prinses, et ancheres passées, seront tenuz de envoyer à Paris pardevers les generaulx, le bail des fermes de leur diocese, les noms des fermiers et leurs pleiges, et la valleur de chascune ferme, sur peine d'estre privez de leurs offices.

(15) *Item.* Les esleuz en chascun dioceze, feront jurer le receveur sur sainctes euvangiles de Dieu, que les deniers qu'il recevra, il mettra en escript ès monnoyes qu'il recevra, et que telz il les paiera, ou envoyera à Paris pardevers le receveur general.

(16) *Item.* Que tous les receveurs aient leurs comptes ou leurs estats prests, afin que on les puisse veoir ou avoir toutesfoiz qu'ilz seront mandez pour compter, ou que l'en les yra visiter.

(17) *Item.* Que chascun esleu fera jurer à chascun receveur, qu'il ne sera si hardy de faire lettres de descharge à personne quelconque, s'il ne le reçoit content.

(18) *Item.* Que nulz esleuz ou autres officiers du Roy en ce fait, ne pourront estre compaignons ne participans à aucunes fermes, sur peine de leurs biens estre confisquez au Roy.

(19) *Item.* Aucun fermier ne pourra faire gaiger aucunes personnes pour ledit fait, avant qu'ils aient admonesté de païer, se n'estoit marchans forains; et se ilz les faisoient gaiger, ilz l'amenderont au Roy; et seront tenuz les fermiers de prandre les seremens des vendeurs sur les lieux, avant qu'ilz les fassent adjourner pardevant les esleuz, sur peine d'amende.

(20) *Item.* Les encheres des marchands seront païées aulx

fermiers (1) quant ilz auront païé le Roy, jusques à la valleur et montance des dittes encheres, et non autrement; c'est asçavoir que les encheres seront paiées ès lieux et au pays là où il est acoustumé de les païer, ès marchiers du Roy et non ailleurs, en telle porcion et quantité comme il est acoustumé en chascun pays.

(21) *Item.* Chascun receveur sera tenu de monstrer chascune sepmaine son estat aulx esleuz du dioceze dont il sera receveur; et feront leur povoir les dis esleuz d'estre avec ledit receveur quant il sera aucune recepte; et sera toute icelle recepte mise en une coffre dont les dis esleux auront une clef, et le receveur une autre, et soit ainsi fait et gardé sur peine de perdre leurs gaiges, et sur peine de amende arbitraire au Roy.

(22) *Item.* Nulz esleuz du royaume ne pourront prandre d'une commission de quelque ferme que ce soit, que XII. deniers Parisis; et d'un deffault executoire, VIII. deniers Parisis; d'un deffault simple et interlocutorial, de chascun IIII. deniers Parisis, et non plus; ne nulz receveurs des dittes aides ne pourront prandre d'une quictance de quelque somme que ce soit, que III. deniers Parisis, et non plus, sur peine d'amende, si comme il a esté ordonné par le Roy ou son conseil, ou moys d'aoust dernier passé, sur l'auditoire (2) des esleuz en la ville et diocese de Paris.

(23) *Item.* Tout ce qui ystra des commissions et lettres comme dessus a esté ordonné, sera converty ès paiemens des clers, du parchemin, cire, ancre, et non ailleurs.

(24) *Item.* Que nulz sergens commis à faire exploix des dictes

---

(1) Quelques personnes au fait de ces matières, conviennent qu'elles n'entendent pas cet article. L'on trouve dans plusieurs lettres, *vendre un impôt*, pour signifier *le donner à ferme*. Peut-être par ce mot *marchands*, faut-il entendre les fermiers qui ont *tiercé ou doublé*? Si on veut adopter cette interprétation, on pourra trouver un sens à la première partie de cet article, et il signifiera, que les nouveaux fermiers qui ont *tiercé et doublé*, rembourseront à l'ancien fermier ce qu'il aura déjà payé au Roi sur le prix de sa ferme. (Secousse.)

(2) Cette ordon., et celles ci-après énoncées, ne sont pas dans les Recueils. La juridiction ou auditoire des élus, abolie par la loi du 7 septembre 1790, remonte au règne du Roi Jean. V. aussi ordon. de 1376, 1383, 1452, 1501, 1543, 1587, janvier 1598, décembre 1627 et 1634, août 1681, et janvier 1687. V. Nouv. Rép., V° Élection. (Isambert.)

..., ne puissent prandre en une ville, tant sur les fermiers qui yront executer, comme sur ceulx qui executeront à la requeste des dis fermiers, que IIII. solz tournoiz pour jour, et non plus.

(25) *Item.* Que les notaires et tabellions qui passent lettres ou bevetz des obligacions du fait des dittes aides, ne puissent prandre pour chascun brevet, que XII. deniers Parisis.

(26) *Item.* Pour ce que les ordonnances faictes par le Roy nostre S. dès le VII° jour d'aoust l'an soixante et un, scellées en troys doubles queuës, appert par le XIII° article, que les dis esleuz de Paris povoient prandre d'une commission d'une ferme au dessus de cent livres, v. solz Parisis; et d'une ferme au dessoubz de cinquante livres, III. solz Parisis, et non plus.

(27) *Item.* Oudit article est contenu que nul receveur ne doit prandre de chascune quitance de quelque somme que ce soit, que VIII. deniers Parisis seullement.

(28) *Item.* Et le XIII° ensuivant de la dite instruction contient ce qui s'ensuit. *Item.* Tout le proffit qui ystra des dictes commissions, lettres et quictances comme dessus est dit et ordonné, sera converty au paiement des clercs, parchemin, cire, ancre, et non ailleurs.

(29) *Item.* Il fut ordonné, comme il appert par une autre instruction faicte par le Roy en son conseil, l'an mil trois cens soixante et neuf, ou XII° article, que nulz sergens ou commis à faire les dis exploix, ne puissent prandre en une ville, tant sur les fermiers qui iront executer, comme sur ceulx qu'ilz executeront à la requeste des dis fermiers, en icelle ville, de IIII. solz tournois par jour.

(30) *Item.* Est contenu en icelle instruction ou XIII° article, que pour les plaintes qui estoient, et les receveurs ne prandront que IIII. deniers d'une quictance; et s'ilz faisoient le contraire, ilz l'amenderont.

(31) *Item.* Et au moys d'aoust derrenier passé l'an mil trois cens soixante et treize, advint que aucuns par convoitise vouldrent prandre à ferme au pris dessus dit, les escriptures de l'auditoire des esleuz à Paris; et depuis pour ce que le prevost des marchands avoit impetré pour son filz, le proffit d'icelles escriptures, le Roy nostre S. en son conseil estant en la chambre des comptes, considerant que telz choses ne se devoient pas bailler à ferme, et que c'estoient choses deppendans du fait des dictes aides et choses

prinses sur le peuple, qu'il valloit mieulx pour oster toutte [...] voitise moderer icelles, fut ordonné que les deux clercs [qui] avoient longuement et loyaumènt servy chascun aulx gaiges [de] soixante francs par an, au lieu des dis gaiges auroient tou[tes] icelles escriptures selon la modéracion qui s'ensuit; c'est a[ssa-] voir, que doresenavant les dis clercs ne prandront de chas[cune] commission, fust des fermiers ou des collecteurs, que XII. de[niers] Parisis seullement; et d'un registre d'un deffault, IIII. deniers P[a-]risis, et autant pour la grosse; et des autres menuës escriptures, se[-]lon ce que on fait en chastellet à Paris; et les receveurs, de cha[-]cune quictance pour quelque somme que ce soit, que IIII. deni[ers] Parisis, et non plus; laquelle ordonnance ne fut onques bail[lée] par escript aulx esleuz ne aulx clercs;

Si soit commandé qu[e la] dicte ordonnance soit faicte, et au[x] esleuz baillée par escrip[t.]

N°. 542. — LETTRES *portant exemption d'hommage aux évê-ques et autres gens d'église, qui justifieront n'en être pa[s] tenus, et qui accordent de nouveaux delais à ceux qui doi-vent cet hommage* (1).

Paris, 28 mai 1374. (C. L. VI, 9.)

N°. 543. — LETTRES *qui nomment* (2) *un commissaire réfor-mateur des abus, relatifs aux monnaies, avec faculté de recevoir à composition tous les contrevenans, ou [de] les ajourner pardevant la chambre des comptes.*

Paris, 10 août 1374. (C. L. VI, 18.)

---

(1) L'ordon. de 1373, ci-dessus, p. 398, éprouva beaucoup de résistance, tant la puissance spirituelle avait encore d'autorité. Le Roi, après diverses proro[ga-]tions, fut obligé de fermer les yeux sur cette résistance. (Isambert.)

(2) Il y en a eu beaucoup d'autres. (*Idem.*)

544. — ORDONNANCE OU ÉTABLISSEMENT *portant que les lettres royaux et arrêts du parlement seront exécutés dans tout le royaume, notamment dans les pays de droit écrit* (1), *sans l'attache des capitaines, baillis, sénéchaux, ou autres officiers royaux.*

Paris, 14 août 1374. (C. L. VI, 22.) Publiée en parlement le même jour.

Karolus, etc. Cum nostre regie magestatis intersit, pro reformatione regni nostri diu diversimode gravati et oppressy, abusus quoscunque per officiarios nostros introductos corrigere, et populo nobis subdito in suis perplexitatibus et angustiis subvenire, et ipsum populum à vexacionibus relevare, et in pace et sub justicie viribus tenere, et finem litibus imponere breviorem, ut quanto plus idem populus per nostram regiam magestatem senserit se adjutum, tanto liberalius eidem magestati obedientem se reddat, et subjeccionem exhibeat prompciorem; cumque littere que de die in diem à nobis seu curia nostri parlamenti, à judicibus sigillorum nostrorum privilegiatorum, ac aliis judicibus nostris obtinentur, breviter exequi debeant per illos quibus diriguntur, nec ulli aliorum judicum nostrorum liceat de iis se intromittere, nec dictarum litterarum execucionem impedire, nec eisdem superiorem se reddere in hoc facto; nichilominus, prout fama publica referente auribus nostris innotuit, quod in regno nostro; et specialiter in patria que jure scripto regitur (2), littere nostre pro nobis vel ad subditorum nostrorum instanciam impetrate, que in eadem patria execucione indigent, cuicunque consiliario, vel inferiori judici aut officiario nostro diriguntur, exequi non permittuntur absque annexa locumtenentis vel capitanei nostri, necnon senescalli, baillivique et vicarii seu judicis, in quorum districtibus eas exequi opportet; pro qua eciam annexa et sigillo ejusdem, plures pecunie summe sine causa exiguntur; unde impetrantes per litteras predictas dampnificantur; et pro obtinenda hujus-

___

(1) *V.* l'édit de Louis XI, du 2 septembre 1474, sur les paréatis; les édits de septembre 1555, août 1560, et surtout l'édit de mai 1568, et l'art. 121 de l'ordonnance de janvier 1629 (Code Michaud), sur les jugemens rendus en pays étrangers, qui est encore en vigueur. (Isambert.)

(2) Dans le midi de la France, l'autorité royale n'a été reconnue que bien tard, et les ordonnances contraires au droit écrit, qui n'avait cessé d'y être en pleine vigueur, n'y étaient reçues qu'avec beaucoup de difficultés. (*Idem.*)

modi annexa cothidie vexantur subditi nostri non minime eorum gravi dispendio et negociorum suorum retardacione, hoc sub dissimulacione per quoddam temporis spacium transirunt; et ex hiis, si locum haberent, illi qui concessione dicte nexe abusi fuerunt et abuti nituntur, vires nostre regie magestati ledere, et quadam astucia in suis regendis officiis per nos commissis, elati et errantes viderentur, et nomen superioris sumpsisse, et ob hoc dicte magestati ingratos se reddiderunt que reddunt; quod ex concupicentie et elacionis radice credimus provenisse.

Notum facimus, quod nos attendentes dempna, oppressiones atque molestias ob hoc populo nobis subdito illatas, quas ex gerimus, pensata regni nostri et subditorum nostrorum utilitate, ex deliberacione nostri consilii STATUIMUS et ORDINAVIMUS,

Ut omnia mandata nostra, et omnes littere nostre et judicii sigillorum nostrorum privilegiatorum, in dicto regno nostro per consiliarios et judices, vicarios et commissarios nostros cui diriguntur et dirigentur, exequantur absque annexa cujusvis locumtenentis seu capitanei nostri, senescalli aut baillivi vel judicis, absque eo quod alicui ipsorum litteras predictas exhibere teneantur.

Si vero contingat quod servientes nostri armorum, hostiarii parlamenti nostri, aut alii servientes nostri, de exequcione litterarum, casu se offerente, se intromittere habeant, dicti servientes nostri dictas litteras judicibus nostris, vel aliis in quorum jurisdicionibus seu ressortis exequi requirentur, exhibere tenebuntur, et obtinere litteram, ut in exequendis ipsis litteris preatur eisdem, antequam ulterius in hoc procedere possint; exceptis tamen servientibus sigillorum nostrorum privilegiatorum, qui non tenebuntur dictas exequtorias obtinere in exequcione obligacionum dictorum sigillorum, ab aliquo officiario nostro, ut est dictum; sed solum tenebuntur requirere ordinarium loci in quo exequcionem voluerint facere, ut obedienciam eis prestant in sibi commissis exequendis.

Quocirca dilectis et fidelibus gentibus nostris parlamenti nostri Parisius, ac universis justiciariis nostris et regni nostri, ac eorum locatenentibus, presentibus et futuris, et eorum cuilibet prout ad eum pertinuerit, mandamus districte injungentes, quatenus presentem nostram ordinacionem teneant, et teneri permictant in suis viribus et robore; et ne quisvis ejusdem ordi-

causam ignorancie pretendere valeat, ipsam presentem ... cionem in locis insignibus et solitis publicari faciant;

... quod si aliquis ipsorum contrarium fecerit vel facere ... raverit, tam graviter punietur (1) per dictam nostram par- ... curiam, quod ceteris delinquentibus transibit in exem- ..., usibus, consuetudinibus, privilegiis, ordinacionibus ac ... tam à nobis seu à quocunque alio impetratis seu impe- ..., non obstantibus quibuscunque.

In cujus rei testimonium, sigillum nostrum presentibus litteris ... apponendum.

Datum Parisius, in camera parlamenti etc., regni nostri XI°. ... signata, per Regem, ad relacionem consilii in camera existentis. Lecta et publicata in camera parlamenti, die decima quarta ... anno domini MCCCLXXIV.

N°. 545. — ORDONNANCE *portant que les sénéchaux, et autres juges, seront obligés de donner les motifs des sentences interlocutoires aux parties qui les attaqueront par appel au Roi ou au parlement* (2).

Paris, 14 août 1374. (C. L. VI, 23; XII, 159.)

CAROLUS, etc. Cum deceat regalem magnificentiam litibus finem ponere breviorem, et obviare maliciis eorum qui dictas lites cu- ... protelare; ad nostramque nuper devenerit notitiam, quod ... plurimi de senescaliis Bellicadri, Carcassonæ et Tholosæ,

---

(1) Jusqu'à la révolution de 1789, les peines étaient *arbitraires* (Merlin, Nouv. ... , V° *Contravention*), et étaient appliquées ainsi par les Cours souve- ... Aujourd'hui il y a un *maximum* et un *minimum* que les juges ne ... dépasser; mais il y a encore beaucoup de pouvoirs *discrétionnaires*. (Lambert.)

(2) Les nouvelles lois (celle du 24 août 1790, loi du 20 avril 1810, art. 7) pres- ... aux juges de consigner dans leurs sentences les motifs de leurs décisions. ... anciennes ordonnances leur imposaient les mêmes obligations; mais, plus ... voyantes et plus sages, elles ne se bornent pas à dire *les jugemens seront* ... ; elles assujétissent la rédaction à des règles telles, que les motifs qu'ils ... ment soient nécessairement ceux de la majorité. V. les art. 3, 4 et 8 de ... du 11 mars 1344; sur l'apport des motifs, même dans les colonies. V. or- ... de Louis XIV, du 3 mai 1681, Recueil complet des lois et des ordonnances, ... 23, supplément. (*Idem.*)

quæ senescalliæ jure scripto reguntur, causas principales [in] senescalliis et aliis judicibus dictarum senescalliarum, tam [ordina]riis quam delegatis, pendentibus retardari ac plus debito [de]cupientes, in interlocutoriis partes involvunt, et à sentenciis super ipsis interlocutoriis proferuntur, causa diffugii frivolas [ap]pellationes ad nostram parlamenti curiam interponunt ut [causæ] principales differantur; unde multotiens contingit quod [boni] jus habentes sic laboribus et expensis fatigati et oppressi, à [pro]secutione suorum jurium cessare aut illa deserere, seu cum partibus adversis ad earum voluntatem pacificare coguntur.

Notum igitur facimus, quod talibus fraudibus obviare vol[entes], matura et diligenti deliberatione nostri consilii super hoc hab[ita] ORDINAVIMUS et tenore præsentium ordinamus,

Quod quicumque de dictis senescalliis qui de cætero s[uper] appellationibus ab interlocutoriis seu gravaminibus qualiter[cum]que illatis, adjornamentum seu adjornamenta à nobis seu [gen]tibus nostris pro nobis, habere seu reportare voluerint, ins[tru]menta seu litteras suarum appellationum et responsionum, [a] judicum defferre et fidem facere teneantur, ut per ipsa ins[tru]menta aut litteras, nos aut dictæ gentes nostræ certiorari et vi[deri] possimus atque possent, an appellantes justam causam habu[erint] necne appellandi; alias dictis appellantibus adjornamenta s[uper] dictis appellationibus suis nullatenus concedantur;

Et ne appellantes se valeant excusare de et super eo q[uod] aliquando judices à quibus appellatur, multos terminos assig[nant] ad suam responsionem audiendam, etiam post tempus à j[ure] præfixum; et aliquando à loco suæ sedis seu ubi suam protu[le]runt interlocutoriam seu gravamen intulerunt, se absentant, [et] sic appellantes sine responsione recedunt, cum pro ipsa aud[ien]da sæpius, nec post terminum juris, nec alibi quam in loco s[edis] vel ubi gravamen est illatum, venire teneantur; et etiam a[li]quando notarii qui instrumenta de responsionibus faciunt, ca[usa] majoris salarii habendi, in illis responsionibus inserunt iter[um] tenorum appellacionum, litteras potestatum judicum, locum[te]nentias, instrumenta procurationum partium et alia script[a]; necnon et aliquando instrumenta appellationum et respons[io]num tradere differunt per magnum tempus;

---

(1) Il faut entendre l'acte par lequel les juges déclarent les motifs des sen[tences] interlocutoires qu'ils ont rendues. (Secousse.)

...ea propter talibus oppressionibus obviare volentes, ordi... et tenore præsentium ordinamus, quod judices à quibus ...tea ad dictam nostram parlamenti curiam appellabitur, ...m certum et solum quem voluerint assignent terminum, et ...ra tempus à jure ordinatum, et in loco sedis suæ, vel ubi ip... interlocutoria protestata fuerint seu gravamen illatum, ad ...am responsionem audiendam; et quod tunc illam faciant quam ...uerint.

Si vero post suam interlocutoriam seu gravamen, sive appel... ...ionem inde secutam, contingat judices prædictos à loco suæ ...dis vel ubi gravamen intulerint, absentare, ipsi judices prædic... ...m fieri faciant per eorum locatenentes, vel alios quos ad hæc ...uerint deputare; notarii autem qui de responsionibus requisiti ...rint facere publica instrumenta, in illis nihil aliud inserant, ...am solam responsionem judicis, et instrumenta appellationum ...dant appellantibus infra quatuor dies à tempore responsionis ...mputandos.

Quocirca dilectis et fidelibus gentibus nostris parlamenti ...stri etc.

N° 546. — Édit, Loi ou Constitution (1) *qui fixe la majorité des Rois à quatorze ans commencés* (2).

...u château de Vincennes, août 1374. (C. L. VI, 26, et VII, 518.) publiée ...ans une séance royale, tenue au parlement, en présence des princes du ...ng, des prélats, princes, barons, conseillers et notables, le 21 mai 1375.

Karolus, Dei gracia, Francorum Rex, ad perpetuam rei me... ...oriam.

Filios Regum per parentes educari et erudiri debere, ut deum ...meant, virtutum ac virium profectum celeriter attingant, sin-

---

(1) Elle fut rédigée dans une espèce d'assemblée de notables, et publiée avec ...formes extraordinaires qui en annoncent toute l'importance. Une traduction ...es lettres se trouve jointe à l'ordonnance de novembre 1392. (Lambert.)
(2) V. Lettres du 2 octobre 1370, II, 644. Ce qui différencie ces deux ordon... ...ces, c'est que celle de Philippe-le-Hardi ne fait mention que de son fils, et ...oit les 14 ans révolus, au lieu que celle de Charles V en fait une loi perpé... ...elle pour tous les rois à venir, et rend les souverains majeurs dès qu'ils ont ...int la 14ᵉ année. C'est le sens dans lequel le chancelier de *L'hôpital*, à l'occa... ...n de la majorité de Charles IX, expliqua les expressions de cette ordon... ...ce. « Il fut dit, que l'esprit de la loi était que les rois fussent majeurs à ...ans commencés, et non pas accomplis, suivant la règle que dans les causes

cere diligi, et primogenitos maxime, magnis donis et a[...]
noribus decorari, reipublicæ commodum, status regno[...]

---

favorables. *Annus inceptus pro perfecto habetur*. Villaret, et Abrégé d[...] (Decrusy.)

Pour donner une sorte de consistance au gouvernement, Charles pensa [...] à faire sacrer son successeur de son vivant ; car on croyait alors qu'un roi, [...] cette cérémonie, ne pouvait exercer la puissance royale : et en effet, [...] nom ni son sceau ne paraissaient dans aucun acte public ; mais il comp[...] cette cérémonie, en donnant à son fils le titre de Roi, ne lui donnait pa[...] cité nécessaire pour gouverner ; il avança seulement sa majorité à l'âge de [...] faible ressource ! et quoiqu'il eût cité dans son ordonnance la Bible et l'A[...] mer d'Ovide pour prouver que les Rois enfans peuvent, par un privilège p[...] culier, être de grands hommes, il n'en fut pas plus rassuré sur la fortune de [...] descendans. — Mably, Obs. sur l'Hist. de Fr., liv. VI, ch. 1[...]. — (D[...]

Voici la loi la plus célèbre de ce règne. On en a vanté la sagesse ; mais D[...] l'auteur du T[...] de la majorité des Rois, observe, p. 8, que c'est une l[...] gulière et non [...] aux autres royaumes. *Maury*, qui n'a pas osé la dé[...] à l'assemblée constituante, dans son fameux discours sur la régence, du 2[...] 1791, a remarqué lui-même qu'en Angleterre la majorité des Rois a été [...] par un statut de la 25ᵉ année de Henri VII (en 1533), à 18 ans pour les m[...] et pour les filles à 16 ans, ou à l'époque de leur mariage. La Constitution [...] 1791, tit. III, ch. 3, sect. 2, art. 2, confirmée par l'art. 17 du senatus-co[...] de 1804 et le projet de constitution de 1815, ont fixé la majorité des R[...] France à 18 ans accomplis. Chez les anciens Francs, d'après une loi rapp[...] par *Goldast*, mais qui paraît suspecte, la majorité était à 25 ans. On a p[...] tendu que sous les Mérovingiens, la majorité des Rois était fixée à 14 ans. [...] prouvé, au contraire, par une charte de 651, de Sigebert II, qu'il n'atteint [...] légitime qu'à 21 ans. — *Laurière* pense que jusqu'à l'ordonnance de 17[...] Rois comme les nobles n'étaient majeurs qu'à cet âge ; mais l'histoire des [...] semble établir le contraire. — Sous la première race des Mérovingiens, on [...] pas compter la minorité des enfans de Clodomir, arrières-petits-fils de Clov[...] sacrés par leurs oncles, avant que leurs droits au trône eussent été reconn[...] 526 et 533. — Théodebald, fils de Théodebert et arrière-petit-fils de Clovis, [...] avoir régné à 14 ans sans difficulté jusqu'à l'époque de sa mort, à 21 ans, [...] 553 ; mais on n'a rien de bien précis à ce sujet. — Childebert II succéda, en [...] à son père Sigebert, à l'âge de 5 ans. Le régent, élu par la nation, comm[...] la lignée des maires du palais. Clotaire II succéda, en 584, à Chilperic s[...] à l'âge de 4 mois, sous la tutelle de Gontran, son oncle. Gontran, dan[...] assemblée de 584, demandait qu'on le laissât vivre encore 3 ans, jusqu'à [...] ses neveux eussent atteint l'âge viril. Childebert devait avoir, à l'expira[...] ces 3 années, 18 ans ; en sorte, dit M. *Sismondi*, Histoire des Français, I, [...] qu'il aurait pu, à la rigueur, gouverner par lui-même. Childebert mo[...] 25 ans, en 596, laissant pour successeur un enfant de 10 ans, et un second [...] proclamé roi par les Bourguignons, quoique n'ayant que 9 ans. Il y eut [...] 3 maires du palais. Ces princes gouvernèrent par eux-mêmes à 22 ou 2[...] (*Sismondi*, I, 433.) Thierry II laissa 4 fils âgés de 11, 10, 9 et 6 ans, qu[...] rirent en bas âge sous les coups de Clotaire II, qui, en 622, s'associa [...]

...orum concernentibus, tranquillitatis augmentum, præ-
...orum illustrium sectando vestigia, clare liquet; bona enim

...obert, qui lui-même s'associa Sigebert III, son fils, à l'âge de 5 ans, et
Clovis II, presque à sa naissance, et tous deux moururent à peu près à 21 ans. A
Clovis II succéda Clotaire III, âgé de 4 ou 5 ans, avec ses deux frères plus jeunes,
...la tutelle du maire du Palais. Thierry III succéda à 15 ans à son père; mais
...oncle Childéric II, parvenu à l'âge de 21 ans, réunit sa portion à la sienne.
...a mort, en 673, Thierry fut replacé sur le trône, ayant pour concurrent Da-
...bert II, massacré en 678. Clovis III succéda en bas âge à son père Thierry,
...691; son frère Childebert III lui succéda à sa mort, en 696. Dagobert III,
...de Childebert, lui succéda à l'âge de 12 ans, en 711. Un moine âgé de 42 ans
...mis à sa place en 715, sous le nom de Chilpéric II. On ne connaît pas l'âge
...Clotaire IV fut mis sur le trône, en 717. Thierry IV fils de Dagobert III,
...appelé au trône à l'âge de 6 ans, en 720, après la mort de Chilpéric II. On
...oit que Childéric III, qui porta le nom de Roi en 742, était un enfant, qui
...déposé en 752. — Presque tous les derniers Rois mérovingiens furent mineurs.
Sous la seconde race, Charles II, dit le Chauve, paraît avoir commencé à
régner à 17 ans, en 840. Louis III et Carloman son frère avaient moins de 17 ans,
lorsqu'ils commencèrent à régner, en 879. Carloman à sa mort, en 884, n'avait
que 18 ans. Charles III, dit le Simple, fut porté sur le trône en 893, n'ayant que
14 ans. Il avait pour concurrent Eudes. Louis d'Outremer succéda à son père à
l'âge de 16 ans, après un interrègne de 15 ans, en 936, sous la tutelle de Hugues-
le-Grand. Lothaire, son fils, lui succéda en 954, à l'âge de 13 à 14 ans, avec la
protection de Hugues-le-Grand. — Louis V, associé à la couronne à 12 ans, succéda à son père en 986, âgé de 20 ans. Il ne fut point fait d'acte de majorité au
nom de ces princes.

Troisième race. Robert fut associé au trône par Hugues Capet, à 18 ans;
mais au moment de son avènement il en avait de 24 à 26. — Henri Ier fut associé
au trône à l'âge de 15 ans; mais il en avait à peu près 20 lorsqu'il succéda à Robert. — Philippe Ier succéda à son père à l'âge de 7 ans. Il ne paraît point, dit
Sismondi, (IV, 319), qu'on eût encore songé à abréger par les lois la durée
de la minorité. La tutelle fut donnée par testament au comte de Flandre, à l'exclusion de la reine et des oncles. En 1068, à 14 ans, il perdit son tuteur, qui ne
fut point remplacé, et le prince fut abandonné à lui-même. — Louis-le-Gros fut
associé au trône à l'âge de 18 ou de 20 ans, et il régna plus que son père. —
Louis-le-Jeune, à la mort de son père, en 1137, n'avait pas plus de 18 ans. Il
n'eut pas de tuteur. Philippe-Auguste fut associé au trône à 14 ans 2 mois, en
1179. Il commença dès-lors à régner avec son père; en 1180, il n'avait que 15
ans, et n'avait pas de tuteur. S. Louis fut appelé au trône en 1226, à l'âge de 12
ans. La reine sa mère avait été nommée régente par testament.

Ainsi, Philippe-le-Hardi, en fixant la majorité à 14 ans par une loi formelle,
semble avoir pris la moyenne des minorités connues jusque-là. Je ne sais pourquoi
on dit que son ordonnance ne fut pas exécutée. Philippe-le-Bel, son fils, avait à
peu près 17 ans quand il lui succéda; il n'y eut pas de régence. L'ordonnance de
1374 fut renouvelée le 11 avril 1344. Cependant, durant la captivité du roi Jean,
Charles, son fils, n'osa prendre le titre de régent, étant mineur de 21 ans. Il ne
prit ce titre qu'en 1357, ayant alors atteint sa vingt-unième année.

L'ordon. de 1374 ne fut pas exécutée à l'égard de Charles VI, qui, dit-on

terra cum diligentia colitur, ut fructus optimus reportetur; multo magis sunt filii regum, per patres studiosius nutriendi et docendi, ut virtutibus imbuantur, fortificentur et crescant; et cum in adultam etatem pervenerint, pueritie redoleant bonos mores, qui ad majoris honoris culmen sunt in populis erigendi. Altius nempe percepta descendunt que teneris imprimuntur etatibus, et illa vera et utilis censetur doctrine prudentia, que ab etatis initiis atque ab infantie ipsius exordiis inchoatur. Unde sapiens (1). *Fili à juventute tua excipe doctrinam, et ad canos invenies sapientiam.* Ceterum equum censetur reges filios suos ut se ipsos diligere, tanquam sue senectutis pastores, et custodes domus sue, cum natura eadem persona reputentur cum ipsis, et filii si non bene viverent, ad interitum patris cedat. Sane filios regum generaliter magnificandos et honorandos plus quam alios, jura clamant, in quibus parentes ceteris munificentiores esse debent; nam ipsis solis remanentibus post mortem, memoria et spe ducti, quodammodo immortalitatem participant: Unde non magnificando vel honorando eosdem, donum Dei singulare sibi in filiis prestitum, negligere viderentur. Rursus quod in honoribus sint aliis fratribus primogeniti preferendi, paterna benedictione pinguiori, satis patet ex benedictione quam dedit Ysaac ipsi Jacob, sic inquiens: *Det tibi Deus de rore cœli et de pinguedine terre, habundantiam frumenti, vini et olei; serviant tibi populi, et adorent te Tribus; esto Dominus fratrum tuorum, et incurventur ante te Filii matris tue.* Cum summe debent reges attendere, quod beneficia filiis suis, precipue primogenitis impensa, cum publica utilitate concurrant; cum hec duo post Deum sibi debeant existere cariora; confidentes in filiis rempublicam post ipsorum obitum feliciter conservari; in ipsius negotiis peragendis sic intendentes solerter, quod ea que periculosiora sunt, nequaquam absque remedio reformationis accommode relinquant; sed sic respiciant oculate, quod populus ab opprimentium protectus incursibus, ex huberantia

---

ne prit les rênes de l'État qu'à 20 ans commencés. Cela n'est pas prouvé; à l'époque de la mort de son père, il avait 17 ans selon les uns, et 12 ans selon les autres. *V.* ci-après. — L'ordon. de Charles V, renouvellée en 1392, a été regardé comme loi en pleine rigueur jusqu'en 1789; mais son exécution fut toujours subordonnée aux circonstances politiques qui accompagnent les minorités. *V.* le traité sur la majorité des Rois, par *Dutillet* (1560), et surtout celui de *Dupuy*, analysé au Nouv. Répert., V° *Régence*. (Isambert.)

(1) Ce passage est tiré de l'Ecclésiastique, chap. 6, v. 18. (Secousse.)

virtutum, quiescat in pulchritudine pacis, in tabernaculis fiducie, et requie temporalium opulenta; res quoque publica suis temporibus prosperetur. Postremo super regimine regni debemus predecessorum nostrorum vestigiis inherere; et inter bonos, meliores, et inter meliores, optimi sunt sectandi. Hinc est quod nos considerantes attente etatem quatuordecim annorum seu etiam minorem, nullatenus repugnare regie dignitati, vel administrationi nasciscende seu suscipiende regnorum; *Joas enim unctus fuit et regnavit etatis sue anno septimo; Josias vero annorum erat, quando regnare cepit; David parvulus in regem unctus est; et Salomonem elegit Deus adhuc puerum et tenellum; et isti reges fecerunt placitum coram Domino. Jheremias puer super Gentes constitutus est et regna.* Considerantes eciam quod annus quartus decimus annus discretionis existit, et in ipso quis ad plures actus legitimos admittitur, exercendi et assuescendi sunt nobiles ad labores militares et opera bellicosa; et quod nonnulli Reges tam predecessores nostri quam alii, hac etate seu paulo ante vel post, regnorum gubernacula assequti, magnifice et utiliter regnaverunt; quodque filii Regum Francie solent cura pervigili instrui et educari in bonis moribus, virtutibus et honore; quapropter ipsos verissimiliter creditur plus illo tempore profecisse, quam alios minoris status, etate longe majori, juxta illud quod scribitur, *Cesaribus virtus contigit ante dies;* et quod in corde nostro indelebiliter est scriptum, qualiter sanctissimus attavus et predecessor noster, patronus, defensor et Dominus singularis, beatus Ludovicus, flos, decus, lumen et speculum nedum regalis prosapie, sed omnium Gallicorum; cujus memoria in benedictione est, et non derelinquetur in secula; ac divina protegente gracia, nullius mortalis criminis sensisse contagium perhibetur, regnumque et rempublicam sic laudabiliter gubernavit, quod gesta ipsius preclara que mundus mirabitur quamdiu sol eclipticam permeabit, per nos et successores nostros, merito ad consequenciam trahi debent; sicque sua actio nostra instructio videatur; de ipso enim legitur, quod Regni maximi et potentes inimici, agente Deo, ipsius pueri Regis viribus sunt repulsi, in etatis sue quarto decimo anno regni regimen assumpsit (1), recepit homagia seu fidelitatis juramenta prelatorum, parium et alio-

---

(1) Saint Louis, au contraire, ne commença l'exercice de son autorité qu'en 1234. L'ordon. d'avril 1228, rendue au moment où il avait atteint sa quatorzième

rum vassalorum, fuitque sacra unctione regali inunctus et coronatus;

Videntes etiam dierum crescente malicia, mundum jugiter in deteriora prolabi, et non ex divine providencie deffectu seu debiti rerum ordinis, sed ex propriis demeritis, in hominum mentes assueta depravante nequitia, malis malorum passim cumulum superaddi; et quod quasi dampna infinita per administratores alienos minoribus illata et irrogata fuerunt temporibus retroactis, nec cessant, pro dolor! indesinenter inferre; exactique temporis consideratio edocet, et pensata prudenter discrimina manifestant quot et quantis aliena, longeva et peregrina regimina plena periculis extiterunt; quibus de causis et aliis, ut minorum indempnitatibus succurratur, et ipsi frequenter veniam etatis impetrant, et nos et predecessores nostri in concedendo eandem, consuevimus nos exhibere petentibus liberales (1); quodque Rex et dominus naturalis ac legitimus plus diligitur à subditis, quam quicumque regens pro eo, videtur libentius, et sibi ab eisdem promptius obeditur, retrahunturque à facinoribus et delictis solum dominum videndo; et ut frequenter visum est, puerum, juvenem vel infantem, ad bonum obedientie et serviciorum promptitudinem excitati, audaces et magnanimi fiunt, ac magis in omnibus virtuosi. Macedones enim prelio pulsi, rege suo regis deffuncti filio existenti in cunis post aciem posito, acrius repetiere certamen, victores futuri propter presentiam ejusdem; ostendentes priori bello regem non virtutem Macedonibus defuisse; et Galici Chilpericum Regem Francie, cujus auttoritate et nomine etatis quatuor mensium existentis, regnum regi voluerunt, intuentes per reginam matrem suam ad excercitum inter brachia portari, ita strenue bellaverunt quod dictus Chilpericus gloriosissimum habuit et obtinuit triumphum (2);

Pacifico statui regni nostri nedum pro nostris sed pro perpe-

---

année, n'émane pas de lui, mais de la régente, à laquelle le Pape Innocent en adressa ses félicitations. Il est possible que Saint-Louis ait concouru personnellement à l'édit de 1230, sur les juifs, mais il avait alors seize ans, et sa mère l'assistait, à moins, toutefois, que nous ne soyons mal informés sur ce prince. Il serait possible qu'en effet, Saint-Louis eût commencé à gouverner dès l'an 1228, comme on le suppose ici. (Isambert.)

(1) Il existe, en effet, beaucoup de lettres de nos Rois, qui habilitent des mineurs à contracter comme majeurs. (*Idem.*)

(2) Ce fait, suivant l'auteur des *Gesta francor*, et M. *Sismondi*, s'applique

tuis temporibus, cupientes sinceris affectibus providere, ad vitandas discordias, removenda scandala, et alia inconvenientia et detrimenta maxima, que nisi provideretur, timerentur verisimiliter evenire; premissis omnibus et singulis, quantum nobis ex alto permittitur, premeditatis prudenter, ut agere considerate possimus, ad omnem dubitationis materiam submovendam, habita super hoc deliberatione matura et consilio pleniori cum pluribus prelatis personisque notabilibus, clericis et laicis, DECLARAMUS, decernimus, ordinamus, et hac EDITALI LEGE nostra irrefragabili et inperpetuum valitura, diffinimus, constituimus et sancimus de nostris certa scientia, ac regie plenitudine potestatis,

Et si nos vel successores nostros nutu divino decedere vel ab hac luce migrare contigerit, filio nostro masculo (1) primogenito, seu primogenitis regum successorum nostrorum pro tunc existentibus minoribus quatuordecim annis, eo ipso quod dictus primogenitus noster, seu primogeniti predictorum successorum nostrorum, quartum decimum annum sue etatis attigerint; vel eisdem decedentibus sine filiis masculis, fratres sui ab eodem patre procreati, naturales (2) et legitimi, secundum debitum ordinem originis eorumdem, dictum annum quartum decimum attingentes, quos ex nunc prout ex tunc quoad infra scripta puberes statuimus et decernimus reputari, habeant et habere debeant regimen et administrationem regni, homagia et juramenta fidelitatis per prelatos, fratres, pares, principes, seu quascumque personas alias ecclesiasticas vel seculares, prestanda et facienda; etiamsi archiepiscopali, episcopali, regia, vel alia quacumque prefulgeant dignitate, recipiant et admittant; illi vero qui ad eadem prestanda vel facienda erunt quomodolibet astricti, illa dicto tempore sibi facere et prestare necessario teneantur; donumque munificum sacre unctionis regalis, ceptrum, coronam et diadema, vestimenta, et alia insignia regalia

---

rit à Clotaire, et non à aucun prince du nom de Chilpéric; mais qu'importe? l'argument qu'on en a tiré est mauvais; car un prince, pour être mineur, n'en est pas moins décoré du nom de Roi. Autant vaudrait citer le trait de l'impératrice Marie-Thérèse, *Moriamur pro rege nostro*. (Isambert.)

(1) Voilà l'exclusion des filles. (*Idem.*)

(2) Les enfans naturels qui ne seraient pas légitimes ne seraient pas aptes à succéder, non plus que les enfans adoptifs. *V.* Dissertation servant de préface à l'année 1817, du Recueil complet des lois et des ordon. (*Idem.*)

universa et singula, recipere valeant pro sue libito voluntatis, teneant ac plenum sortiantur effectum juramenta, tam in sacra unctione vel coronatione, quam alias tunc per eosdem prestita; nec non gracie, pacta, conventiones et promissa facta suis subditis et vassallis, seu aliis personis ecclesiasticis vel secularibus quibuscumque, ac si essent majores vigenti quinque annis (1); faciantque et disponant in omnibus et per omnia, prout verus Rex Francorum facere potest, et eidem competit ratione sui precelsi culminis ac dignitatis supreme sue regie majestatis; consuetudinibus nonobstantibus quibuscumque; cum enim sint et fuerint ab antiquo pro demanio regni regendo et conservando, actibus bellicis, ad laudem bonorum vindictam vero malorum, si opus fuerit, exercendis, provinciarum regimine, ac debita justitia que nunc usque, laudes Deo, in regno nostro dicitur floruisse absque acceptione personarum, omnibus et singulis ministranda, distincta officia ordinata; virique spectabiles, illustres et superillustres, litterati, prudentes et scientifici, quorum opinionibus et operationibus floret orbis, commissi et deputati ad hujusmodi officia gubernanda, impendenda obsequia, ac ministranda consilia majestati regie in omnibus que jus publicum concernunt; et super adeptione vel administratione regni non reperiatur certa etas constituta vel prefinita à jure (2) in rege, qui solutus est legibus (3), cum jura dicentia certam etatem exigi in minoribus, loquantur jurium ditioni subjectis; dignum prorsus et congruum arbitramur tam ex iis quam aliis supradictis, in dicto anno quarto decimo, suprascriptos filios nostros vel successorum nostrorum, in casibus superius declaratis, regimen et administrationem regni nancisci, suscipere et habere, ac omnia facere que ad verum regem pertinent, ut superius est premissum.

Si quis autem in tantam proruperit temerarie presumpcionis audaciam, quod premissa vel aliquod premissorum, per se vel per alium, publice vel oculte, nisus fuerit impedire, seu super eisdem se inobedientem reddiderit vel rebellem, omni jure suc-

---

(1) Cela est remarquable; la majorité était donc dès-lors à vingt-cinq ans, et non à vingt-un. (Isambert.)

(2) C'est le Droit romain. (Idem.)

(3) Maxime theorique fausse aujourd'hui, partout où il y a des lois fondamentales, mais qui doit être admise dans les pays où le prince était seul législateur. (Idem.)

sessionis, etiam regni, regiminis vel administrationis ejusdem, quod pro tunc et futuro tempore sibi competere posset, nec non dignitatibus, feodis, terris et dominiis que in regno nostro tenebit, et etiam mandantes, consulentes, agentes, consentientes seu ratum habentes, eo ipso noverint se privatos.

Ne autem nostra presens lex vel constitutio deinceps in disceptationis materiam deducatur, sed si qua super ipsa pretenderetur ignorantia, crassa dici debeat et supina, volumus et decernimus eamdem solenniter publicandam, et in archivis cartarum nostrarum (1) ad perpetuam memoriam, redigendam.

Datum in castro nostro nemoris Vicenarum, mense augusti, anno ab incarnatione Domini MCCCLXXIV; regni vero nostri XI°. Per regem, in consilio suo.

Enregistrement et publication.

Hec lex seu constitutio regia, lecta fuit et publicata in camera parlamenti regii Parisius, presente domino nostro rege in sua magnificentia regia, dicto suo parlamento tenente; assistentibus sibi domino dalphino Viennensi ejus primogenito, et domino duce Andegavensi dicti domini nostri regis Germano; pluribus prelatis, principibus, baronibus, consiliariis suis, ac aliis prudentibus viris, XXI die mensis maii, anno Domini MCCCLXXV.

Indication des notables.

Ad hoc presentes fuerunt domini patriarcha Alexandrinus, archiepiscopi Remensis, Senonensis, Tolose et Ebredunensis, ac episcopi Laudunensis, Meldensis, Parisiensis, Dolensis, Antissiodorensis, Nivernensis et Ebroicensis; abbates Sancti Dionisii, de Estpen, Sancti Vedasti, Sancte Columbe Senonensis, Sancti Cypriani et Vindocinensis; Cancellarius domini ducis Andegavensis; rector ac plures magistri in theologia, et doctores decretorum, ac plures alii prudentes viri universitatis Parisiensis; Decanus, archidiaconus Brie, cancellarius et penitentiarius; et alii notabiles viri ecclesie Parisiensis; domini comites Alenconii, Augi, Marchie; dominus Robertus de Arthesio, ac comites Brene et Insule, et dominus Raymundus Bellifortis, filius vicecomitis Turenne; ac multi alii, tam clerici, quam milites et laici.

---

(1) C'est le Trésor des chartes; on en a en effet trouvé l'original, avec le sceau pendant, layette des régences. La copie du parlement contient des fautes. (Lambert.)

N°. 547. — *Lettres portant que les contraventions sur les monnaies ne pourront être jugées que par les juges royaux.*

Paris, 16 septembre 1374. (C. L. VI, 39.)

N°. 548. — *Lettres qui prolongent, moyennant finances, le temps pendant lequel il est permis aux juifs de demeurer dans le royaume.*

Paris, 15 octobre 1374. (C. L. VI, 44.)

N°. 549. — *Ordonnance qui dispose de la régence* (1), *en cas de décès du Roi, avant la majorité de son fils aîné, et qui sépare la garde des enfans, de la régence, et prescrit le serment du régent* (2).

Château de Melun, octobre 1374. (C. L. VI, 45.)

Charles, etc. L'office des Roys à cause de leurs dignitez royaux, est de gouverner et administrer sagement toute la chose publique, nos

---

(1) Ce qu'il y a de très-remarquable dans cette loi, qui n'a pas été publiée avec les mêmes solennités que celle du mois d'août, et qui ne fut pas exécutée long-temps après la mort de Charles V, c'est la séparation de la tutelle et de la garde des enfans de France, et le droit que le Roi s'attribue de disposer de la régence. Sous les Mérovingiens ce furent les assemblées nationales qui usèrent de ce pouvoir en nommant les maires du Palais. *V.* Histoire des Français, par *Sismondi.* Les maires, qui furent assez puissans, se perpétuèrent dans le droit d'en disposer. Il en fut de même sous les derniers Carlovingiens. En 1060, Philippe 1er disposa de la régence en faveur du comte de Flandre, à l'exclusion de la reine et des princes du sang. En 1179, Louis-le-Jeune l'attribua à la reine et à son frère. En 1225, Louis VIII en disposa en faveur de la reine Blanche. En 1270, Philippe-le-Hardi attribua la régence à son frère. En 1294, Philippe-le-Bel institua la reine regente et tutrice. En 1316, les états nommèrent le régent pendant que la reine était enceinte. Il en fut de même en 1327. En 1355, les états-généraux donnèrent la régence au fils du Roi Jean. En 1380, des commissaires furent nommés, de l'avis du parlement, pour juger les difficultés survenues entre les ducs de Bourgogne et d'Orléans sur la régence. En 1392, Charles institua une régence. En 1403, il nomma la reine tutrice et régente avec ses frères. En mourant, Louis XI disposa verbalement de la régence en faveur du sire de Beaujeu. Aux états de Tours, en 1483, Philippe Pot réclama, au nom de l'assemblée, la nomination du régent, comme un droit national; mais le conseil fut établi seulement de leur avis. En 1505, Louis XII donna la régence à la reine. En 1525, François 1er donna la régence de son fils à la reine, et en 1527 il cassa les restrictions apportées en parlement aux pouvoirs qu'il avait donnés. En 1551, 1553 et 1560, Catherine de Médicis, femme de Henri II, fut nommée

...partie d'icelle mettre en ordenance, et l'autre lessier senz
...vision convenable, et ès faiz et besoignes dont plus grant peril

...gente, et les états ratifièrent le choix du Roi. En 1574, Charles IX désigna
...mère comme régente pendant l'absence de Henri III. En 1610, la veuve
...Henri IV fut nommée régente par le parlement. En 1643, il en fut de
...même pour la minorité de Louis XIV. En 1714, Louis XIV voulut régler la
...régence par un testament qui fut cassé en parlement. Au mois de mars 1791,
...l'abbé Maury et autres membres du côté droit demandèrent que la régence fût
...élective et non dévolue au prince le plus proche; néanmoins la constitution de
...1791 en disposa autrement; en séparant la garde de la personne du Roi de la
...régence, elle défera cette charge au parent plus proche du Roi, âgé de 25 ans,
...français et régnicole; les femmes en sont exclues. A la mort de Louis XVI,
...Louis XVIII, par des lettres de Ham, en Westphalie, du 28 janvier 1793, prit le
...titre de régent. Il nomma un lieutenant-général du royaume. Le sénatus-consulte
...de 1804 donnait à l'empereur le droit de désigner le régent. Il excluait les
...femmes; ce qui n'a pas empêché Napoléon de conférer 3 fois ce pouvoir à l'im-
...pératrice Marie-Louise (Lettres-patentes des 30 mars, 2 novembre 1813, et
...9 janvier 1814.) Pendant les cent jours, et par acte de juin 1815, il a nommé
...son frère son lieutenant-général, avec un conseil de régence. Le sénatus-consulte
...de 1804 détermine le serment du régent, et les cas d'élection par le sénat.
...(Lambert.)

...Il était temps de mettre ordre à l'abus des régences, qui absorbaient l'auto-
...rité royale: dans la première et la seconde race, le roi n'était majeur qu'à 22 ans,
...et pendant sa minorité, tous les actes étaient scellés du sceau du régent. Cet
...âge était fondé sur l'opinion que le Roi n'était pas Roi qu'il n'eût été sacré,
...et ce sacre était différé par le régent, le plus long-temps qu'il pouvait: aussi
...voyons-nous que même encore sous la troisième race, où la puissance des régens
...était fort diminuée, les Rois faisaient sacrer leurs fils de leur vivant, pour assurer
...leur état, que l'autorité du régent pouvait rendre incertain. Cette matière est
...trop vaste pour la traiter dans toute son étendue; il suffira de quelques remar-
...ques: 1° La régence était distinguée de la tutelle, et ne se confondait pas dans
...la même personne; ensorte que, par exemple, Charles V avait donné la tutelle
...de son fils à la reine son épouse, et la régence au duc d'Anjou; ce qui n'eut pas
...lieu parce que la reine mourut avant Charles V. La reine Blanche, mère de saint
...Louis, fut la première qui réunit ces deux titres, que l'on distingua toujours,
...mais que l'on ne sépara jamais depuis Charles V. 2° Les Rois ont disposé de la
...régence par leurs testamens, et leurs dispositions ont été suivies. 3° Charles IX
...est le premier qui ait déclaré solennellement sa majorité. 4° Le premier de nos
...Rois qui ait voulu apporter quelque règlement sur la régence est Philippe-le-
...Hardi: il rendit deux ordonnances, l'une étant encore en Afrique, et l'autre à
...son retour, par lesquelles il voulait que son fils fût déclaré majeur à 14 ans;
...mais ces ordonnances n'eurent pas d'exécution après lui; celles même de
...Charles V furent contredites pendant la minorité de Charles VI, qui rendit
...à son tour deux déclarations conformes à celles du Roi son père, qui sont enfin
...devenues la jurisprudence constante de notre droit public en cette matière. —
...*Jen. Abr. chr.* — (Decrusy.)

(2) Quelques historiens ont avancé que cette ordonnance fût supprimée; mais
...ne rencontre nul vestige de sa suppression dans les dépôts publics. (Decrusy.)

puet venir, pourveoir plus hastivement, et y querir et m[ettre]
les remedes plus necessaires et convenables, plus honnor[ables]
proffitables qui y puent estre mis, tant pour le temps de l[eur]
gouvernement comme pour cellui de leurs successeurs; et p[our]
ce, nous eu regart et consideracion aus choses dessus dict[es]
selon ce que pourveu avons à la tutelle, garde et nourriss[ement]
de noz enfans après nostre decès, en certaine maniere con[tenue]
en noz lettres sur ce faictes (1), desiranz de tout nostre c[uer]
pour ycellui temps pourveoir au bon gouvernement de n[ostre]
royaume, confianz à plain de nostre tres-chier et tres-amé f[rere]
Loys duc d'Anjou et de Touraine, tant pour le grant bien, [sens]
et vaillance de luy, comme pour la très-singulière, parfaite
et vraye amour qu'il a toujourz eu à nous et à noz enfanz [et]
aura, si comme de ce nous tenons pour touz certains,

Voulons et ordenons par ces presentes, que ou cas que par [le]
plaisir de Dieu, nous irions de vie à trespassement avant [que]
Charles ou autre nostre ainsné filz pour le temps, fust entré [au]
quatorzieme an de son aage, nostre dit frere d'Anjou ait le g[ou]-
vernement de nostre royaume, jusques à ce nostre dit ainsné [filz]
soit entré oudit xiiiⁱ an de son aage, pour le temps preced[ent]
ycelui xiiiⁱ an de l'aage de nostre dit ainsné filz tant seulem[ent].

Auquel nostre dit frere nous dès maintenant pour lors donn[ons]
auctorité et pleniere puissance de gouverner, garder et deffe[ndre]
nostre dit royaume pour le temps dessus dit, de créer offici[ers]
pour le fait de justice, et pour toutes choses touchans les di[tes]
garde, defense et gouvernement, toutesfoiz qu'il sera besoing [et]
appartendra à faire selon raison, tout en la maniere qu'il a est[é]
acoustumé de faire ou temps passé, donner et octroier lettres [de]
justice, de presentacions et collacions de benefices à nous appartenanz tant à cause de regale comme autrement, lettres [de]
remissions de crimes, deliz et malefices, faire, cuillir, lever [et]
recevoir toutes les rentes et revenuës, proffiz et emolumens ordinaires et extraordinaires de nostre dit royaume, et sur icel[les]
prendre ou faire prendre ce qui sera necessaire pour la despe[nse]
du gouvernement, garde et deffense d'icelluy royaume;

Saufs et exceptez par exprès les lieux, terres et pais par no[us]
ordenez pour l'estat et gouvernement de noz diz enfanz et [de]

---

(1) Dans ces nostres lettres, il est fait mention de celles-ci, ce qui p[rouve]
qu'elles ont été données le même jour. V. ci-après. (Secousse.)

...qui auront la garde et le gouvernement de eulx, selon la
...et teneur de noz dictes autres lettres faictes sur ce; c'est
...voir, la ville et le viconté de Paris, la cité et le bailliage de
...lis, les chastel, ville et bailliage de Meleun, avecques touz les
...teaux et autres fortereices, villes, manoirs et autres lieux,
...ices et seigneuries haultes, moïennes et basses, ressors, fiex,
...fiez, rachaz et quins deniers, cens, censives, forès et autres
..., garennes, rivieres, estans, viviers et autres pescheries,
...es et moulins; et avecques ce, le duchié de Normandie en-
...ble toutes les cités, bailliages et vicomtez, chasteaux et autres
...tereices, villes, manoirs et autres lieux ou edifices, tant celles
...à present sont en nostre main, comme celles qui y seront
...r le temps de nostre decès, justices haultes, basses et
...ennes, la court et cognoissance de l'eschiquier, de patronages,
...brief delay, fié et aumosne, et toutes autres justices, nobleces
...seigneuries quiexconques elles soīent, appartenanz au duc de
...mandie à cause des anciens droiz du duchié ou autrement,
..., riereſiez, treziesmes, service de chevaliers à cause de
...bre de Haubert, gardes d'eglises vacans et de soubzaagiés,
..., rivieres et autres eauës, hables et pors de mer, droiz de
...el et de poissons royaulx, bois, forès, reliès, dangiers, et
...exconques autres rentes et revenuës, proffiz et emolumenz or-
...aires et extraordinaires, soīent en grains, vins, deniers, pains,
...ces, oisiaux, ou quiexconques autres choses que ce soīent; et
...eralment et universalment touz droiz, justices, nobleces et
...neuries quiexconques elles soīent, des dictes ville et viconté
...Paris, bailliages de Senlis et de Meleun et duchié de Normandie
...us diz, tout en la fourme et maniere que nous les tenons à
...sent et tendrons au temps de nostre trespassement; (saufs et
...ceptez tant seulement nostre palais royal à Paris, la court de
...tre parlement, les chambres des enquestes et des requestes
...palais, des comptes, du tresor, et autres ordenées general-
...ment pour le fait du royaume; et aussi le darrenier ressort en
...tes les terres ci-dessus declairées; lesquelles choses nous
...lons appartenir à nostre dit frere ou autre qui auroit ledit
...vernement du royaume);

Et ou cas que les rentes et revenuës des terres ci-dessus ordenées
...signées pour l'estat et gouvernement de noz diz enfans et de
...ux qui en auront la garde, comme dit est, ne souffiroient pour
...pporter les fraiz et charges et faire les despans d'iceulx, nous
...lons et ordenons ainsi que par noz dictes autres lettres l'avons

ordené, que le demourant soit pris et le deffaut supploié es autres terres et lieux de nostre dit royaume, les plus prochaines et plus proffitables pour noz diz enfanz, au chois et opcion de dessus diz qui en auront la garde et le gouvernement; et ne voulons que nostre dit frere ait puissance aucunes sur ycelles, fors tant seulement ès cas touchans ledit darrenier ressort; et tout ce qui demourra des rentes et revenues de nostre dit royaume, outre la despense faite pour la garde, defense et gouvernement d'icelli, comme dessus est dit, nous voulons et ordenons estre baillé realment et de fait chascun an senz contredit ou empeschement aucun, par les officiers à ce ordenez, à noz amez et feaulx Bureau sire de la riviere nostre premier chambellan; et s'il aloit de vie a trespassement, ou avoit empeschement en sa persone pourquoy il ne peust entendre, à Phelippe de Savoisi nostre chambellan, à mestre Bertran du Clos et mestres Pierres du chastel, mestres de la chambre de noz comptes, ou à ceulx de eulx qui vivroient pour le temps, pour estre gardé par eulx pour nostre dit ainsné filz heritier et successeur de nostre royaume, et à luy estre baillé et delivré sitost qu'il entrera ou dit XIII° an de son aage;

Et pour l'utilité publique de nostre dit royaume, declairons expressement par ces presentes, que nostre entente n'est point que nostre dit frere ou cas qu'il auroit ledit gouvernement, puisse vendre, engagier, donner, ceder, transporter ou aliener par quelconque tiltre d'alienacion que ce soit, quelxconques lieux, terres ou autres biens non meubles qui soient lors du demaine du royaume, ou que nous tenissiens comme nostres propres ou temps de nostre deces;

Et pour faire plus pleinement nostre deu quant audit gouvernement du royaume, lequel ou cas dessus dit nous desirons souverainement estre bon, honorable et proffitable à touz noz bons subgiez, nous voulons et ordenons que en nostre vivant, nostre dit frere d'Anjou face serement en nostre presence en la sainte chapelle dudit palais, sur les saintes reliques et sur les sains evangiles de Dieu, de gouverner ou dit cas le royaume bien et loyaument à tout son povoir, au bien, honneur et profit de nostre ainsné filz nostre heritier et successeur, et de tout le bien publique du royaume, selon la fourme et teneur contenue ci-après; et s'il n'avoit fait ledit serement nous estanz en bonne vie, nous voulons et ordenons que il le face selon ladicte fourme en ladicte sainte chapelle, en la presence de nostre dicte compaigne la

... et de noz freres de Bourgoigne et de Bourbon, ou de cellui ceulx de eulx qui aura ou auront la garde et gouvernement de noz diz enfanz, selon nostre ordenance faite sur ce, et contenu plus à plain en noz autres lettres dont ci-dessus est faite mencion;

Et ou cas que nostre dit frere d'Anjou iroit de vie à trespassement, ou ne voudroit et pourroit entendre audit gouvernement de nostre royaume, s'il avenoit que nous mourissiens avant que nostre dit ainsné filz fust entrez oudit XIIIe an de son aage, nous voulons et ordenons que la garde, defense et gouvernement d'icellui royaume, viegne et appartiegne à nostre très-cher et amé frere Philippe duc de Bourgoigne dessus dit; et en cellui cas le commettons, ordenons et establissons dès maintenant pour lors au dessus dit gouvernement du royaume, ou lieu de nostre dit frere le duc d'Anjou, et li donnons plain povoir et auctorité de faire toutes les choses appartenanz à la garde, defense et gouvernement dessus diz, tout en la fourme et maniere que dessus est contenu; et aussi voulons que il soit tenuz de faire ledit serement de gouverner le royaume bien et loyaulment, en la fourme et maniere que le devroit faire nostre dit frere d'Anjou, s'il avoit ledit gouvernement, laquele est tele.

« Je Loys duc d'Anjou et de Touraine, jure sur les sains evangiles de Dieu et sur les saintes reliques ci-presentes, par mon serement et par ma loïauté, que se monseigneur le Roy, ce que Dieu ne vueille, mouroit avant que mon très-chier seigneur et neveu monseigneur Charles son ainsné filz, ou autre lors son ainsné filz, fust entrez ou quatorziesme an de son aage, je garderay, gouverneray et defendray le royaume et les bons subgiez d'icellui, loïaument, justement et raisonnablement, et au plus honorablement et proffitablement que je pourray et sauray, au bien, honneur et proffit de mondit seigneur et neveu le dit ainsné filz de mons. le Roy, comme son heritier et successeur lors vray et droitturier Roy de France; et aussi garderay et defendray le demaine, les noblecces, droitures et seigneuries d'icelluy royaume, contre tout homme vivant, senz en riens aliener ne souffrir estre aliené par quelconque maniere ne pour quelconque cause, couleur ou occasion que ce soit; et à ladicte garde et defense mettray et exposeray ma personne et touz mes biens meubles et non meubles, toutesfoiz que besoings en sera, tout aussi comme je feroie ou faire devroie pour mon propre heritage; et feray et ferai faire aux granz et aux petiz senz accepcion de personne, raison et justice; tendray le royaume et tous les subgiez d'icel[ui] en bonne paix tont le plus que je porray, et les garderay de [tout] ma puissance d'estre pilliez, robez, grevez ou opprimez, [et ne] mettrai le royaume en nouvelle guerre que je le puisse esch[iver] durant le temps de mondit gouvernement, par quelconque v[oie] ou maniere que ce soit; et avecques ce, la loy et les orden[ances] faites par mondit seigneur le Roy sur l'aagement des ainsnez [filz] de lui et de ses successeurs Roys de France, sur le douaire de [ma] très-chere dame madame la Royne de France femme de mon[dit] seigneur, sur la tutelle, garde et gouvernement de mon t[rès] cher seigneur et neveu son ainsné filz, et de mes autres neveu[x et] nieces ses enfanz, et sur le partage ou appanage d'iceulx, su[r la] garde et depost des joyaux, vaisselle, monnoye d'or et d'ar[gent,] pererie et de touz autres biens meubles que mondit seigneur Roy auroit au jour de son trespassement, et aussi des meub[les] qui vendroient des rentes et revenuës, profiz et emolumen[s du] royaume, durant le temps que j'en auray le gouvernement, [et] sur le fait de son testament ou darreniere volenté, lesquelz [les] ordenances et testament j'ai oy lire de mot à mot, et me ti[ens] pour plainement enfourmez et bien acertenez des choses c[on-] tenuës en icelles, je tendrai, garderai et acomplirai, et ferai ten[ir,] garder et acomplir de point en point selon leur fourme et teneu[r,] realment et de fait, loyaument et veritablement, senz frau[de,] barat, decepcion, art, cautele ou mal engin, et ne ferai, irai n[e] vendrai, ne soufferray faire, aler ou venir à l'encontre par m[oy] ou par autres, teuement ou expressement, directement ou in[di-] rectement, publiquement ou occultement, pour quelconq[ue] cause, couleur ou occasion, ou par quelconques voie ou mani[ere] que ce soit; et ainsi je le jure et promet sur les saintes evangi[les] et reliques dessus dictes, par ma crestienté, le bautesme que [j'ai] pris sur fons, et par ma part de paradis. Ainsi me vüeille Die[u] aidier, et les saintes evangiles et reliques ci-presentes; »

Et est nostre entente que selon ce que ledit serement sera f[ait] à nostre vivant ou après nostre decès, le langage se change ain[si] comme le cas le requerra. Et que ce soit ferme chose et estab[le] à tousjours, nous avons fait mettre nostre seel à ces presentes.

Donné en nostre chastel de Meleun, ou moys d'octobre, l'a[n] de l'incarnacion de nostre seigneur, mil trois cens soixante qua[-] torze, et de nostre règne l'onziesme. Par le Roy, en son consei[l.]

550. — Ordonnance ou Testament *qui défère la garde et la tutelle des enfans de France à la Reine mère, à la charge de ne pas se remarier, et lui nomme un conseil* (1).

Château de Melun, octobre 1374. (C. L. VI, 49.)

Charles, etc. Combien que la mort soit certaine et inevitable, le temps d'icelle est si incertain que le jour et heure d'elle ne pueet estre sceu par jugement humain (2), et pour ce les Roys lesquiex par leur sens, honeste vie et bon gouvernement, doivent donner à leur subgiez fourme et exemple de vivre, de tant comme Dieux leur a donné plus grant auctorité et seigneurie, sont plus astrains et obligiez à pourveoir en leur bonne santé à toutes choses qui pueent touchier le salut de leur ames, et la paix, seurté et transquillité de leur royaumes pour le temps avenir; aussi que leurs enfanz estanz meneurs d'aage, lesquelz il doivent amer naturelment comme eulx mesmes et ceulx par qui leur memoire doit estre perpetuée, soient nourriz et enseigniez, gardés et defenduz diligenment et curieusement au bien et prouffit de leurs royaumes, et par genz qui très parfaitement les aiment, et qui soient telz que l'en ne puisse ne doie avoir en eulx presumpcion ou soupeçon d'aucun peril ou dommage des personnes et biens de leur diz enfanz, en tele maniere que quant il plaira à Dieu de leur envoier la maladie de la mort, il soient senz aucune cure ou solicitude afflictive ou angoisseuse des faiz de cest siecle, et n'aient à entendre que à avoir contriction et repentance de leur pechiez, recevoir leur sacrement comme bons christiens, lessier sans regret la misere, vilté et fragilité de condicion humaine, crier merci et rendre devotement l'ame à Dieu leur createur et sauveur de tout le monde;

Et pour ce nous estans, la merci nostre Seigneur, en bonne santé du corps, attendans et considerans les choses dessus dic-

---

(1) On a vu que, par une ordonn. précédente, la régence a été donnée à un oncle du Roi. L'assemblée constituante sépara aussi ces deux fonctions; à défaut de reine-mère, c'est le corps législatif qui devait prononcer sur le choix du gardien. V. à ce sujet le beau discours de l'abbé *Maury*, du 22 mars 1791, où il établit que la tutelle du roi mineur ne peut pas être contestée à la reine-mère. Le sénatus-consulte de 1804 a consacré les mêmes principes. (Isambert.)

(2) C'est la formule des testamens. Cet acte en a en effet le caractère. V. ceux de Charlemagne, 811; Philippe-Auguste, 1190 et 1222; Louis VIII, 1225; saint-Louis, 1269; de Philippe-le-Hardi, 1270, ect. (*Idem.*)

tes, et desiranz de tout nostre cuer ycelles mettre à execu‑
cion, aians en memoire que selon raison escripte et naturel‑
la mere aime plus tendrement ses enfanz, et a le cuer plus doulz
et plus piteux de eulx garder soigneusement et nourrir amou‑
reusement, que quelconque autre personne tant leur soit pro‑
chain de lignage, et quant à ce doit estre preferée à touz autres,
et avecques ce, que de raison et honeste, dames doivent estre
acompaignées et conseillées des plus prochains parenz de elles
et de leurs enfanz, qui soient sages et puissanz, et qui les ai‑
ment de bonne, vraye et loyal amour;

Eu sur ce très bon avis, meure deliberacion et grant conseil
avecques pluseurs sages, de nostre certaine science, plaine puis‑
sance et auctorité royal, pour le bien et seureté de noz enfanz,
proffit et utilité evidenz de nostre royaume, voulanz oster toute
matiere et occasion de division, doubte ou dissencion, et obvier
aux perilz, esclandres, dommages et inconvenienz qui pour def‑
faut de ce pourroient avenir, avons ORDENÉ et ordenons par ces
presentes,

Que se par le plaisir de Dieu, il avenoit que nous alissions de
vie à trespassement avant que Charles nostre ainsné filz fust en‑
trez ou quatorziesme an de son aage, et s'il mouroit nous vivant,
ce que ja n'aviegne, avant que Loys, ou autre pour lors nostre
ainsné fils, fust entré oudit XIIII.ᵉ an, que nostre très chiere et
très amée compaigne la royne mere de noz diz enfanz, ait et à
elle appartiegne principalment la tutelle, garde et gouverne‑
ment de Charles nostre dit ainsné filz, et de touz noz autres en‑
fanz filz et filles, nez et à naistre, et que avecques elle et en sa
compagnie, noz très chiers et très amez freres Phelippes duc de
Bourgoigne et Loys duc de Bourbon, soient tuteurs et gouver‑
neurs de noz diz enfanz;

Et dès maintenant pour lors nous donnons et octroyons à
notre compaigne et freres dessuz diz, auctorité et plain povoir
de faire tout ce que à tuteur appartient de raison et de coustume,
quant à la garde et gouvernement des personnes de noz diz en‑
fanz, et des terres ci-dessoubz declairées et par nous ordenées
pour leur estat tenir;

Et ou cas que nostre dicte compaigne mourroit avant que nous
ou durant le temps de ladicte tutelle, ou que elle se marieroit
ou auroit empeschement de maladie ou autrement, telle que
elle ne peust ou deust vacquer ne entendre au gouvernement de
noz diz enfanz, nous voulons et ordenons que nostre dit frere

Bourgoigne ait ladicte garde, gouvernement et tutele, ainsi comme avoit nostre dicte compaigne, comme premier et principal tuteur, et nostre dit frere de Bourbon en sa compagnie, comme dit est devant; et se nostre dit frere de Bourgoigne mouroit semblablement, ou par aucune maniere venoit ou apparroit à lui le gouvernement du royaume, ou avait empeschement de maladie ou autre raisonnable en sa personne, nous voulons et ordenons que nostre dicte compaigne la royne ait ladicte tutele, garde et gouvernement, comme premiere et principal, et nostre dit frere de Bourbon en sa compaignie, comme dit est; et se nostre dit frere de Bourbon mouroit ou estoit empeschiez en la fourme et manieres dessus dictes, il nous plaist et voulons que le gouvernement demeure toujours à nostre dicte compaigne comme principal, et à nostre dit frere de Bourgoigne en sa compaignie; et par ainsi est nostre entente que se un des trois mouroit ou estoit empeschié, que le gouvernement demeure aux deux selon l'ordre dessus declarée; et se les deux mouroient ou estoient empeschiez, qu'il demeure à cellui tout seul qui survivra; pourveu toute voie que ou cas que aucuns d'eulx auroit empeschement, que cessant ycellui, il retournast audit gouvernement ou lieu et selon l'ordre à lui donnée par nostre presente ordenance ;

Et pour ce que pour nourrir noz diz enfanz, pour l'estat et gouvernement d'iceulx, de notre compaigne et freres dessus diz, convendroit necessairement supporter et avoir grans charges et faire grans frais et despans, nous voulons et ordenons que nostre dicte compaigne et noz diz freres, ou cellui ou ceulx qui auroient la tutele, garde et gouvernement de noz enfanz dessus diz, tient et tiegnent en leur main, et preignent ou facent prendre realment et de fait, dès le jour de nostre trespassement, jusques à tant que nostre ainsné filz qui à present est ou pour le temps sera, soit entrez ou XIII.ᵉ an de son aage, comme dit est, la ville et vicouté de Paris, etc. (1), saufs et exceptez tant seulement nostre palais royal à Paris, la court de nostre parlement, les chambres des enquestes et des requestes du palais, des comptes, du tresor, et autres ordenées generalment pour le fait du royaume; et aussi le darrenier ressort en toutes les terres cy-dessus declarées; lesquelles choses nous voulons appartenir à cellui qui aura

---

(1) Comme en l'ordonnance précédente. (Lambert.)

le gouvernement du royaume, selon ce que nous l'avons ordené par noz autres lettres; et ou cas que les rentes et revenues des terres ci-dessus ordenées et assignées pour l'estat et gouvernement de nostre dicte compaigne et de noz enfans et freres dessus diz, ne souffiroient pour supporter les fraiz et charges et les despans d'iceulx, nous voulons et ordenons que le demourant soit pris et le deffaut supploié en autres terres et lieux de nostre royaume, les plus prochaines et plus proffitables pour noz diz enfanz, au chois et opcion de nostre dicte compaigne et de noz diz freres, ou de cellui ou ceulx qui auront ledit gouvernement;

Et afin que touz noz bons subgiez aient plus grant amour à noz diz enfanz, leur soient plus loiaux et les aient en plus grant honneur et reverence, nous voulons et ordenons que touz les prelaz de nostre royaume qui seront tenuz ou temps de nostre deces à nous faire serement de feaulté, et aussi noz autres freres qui n'auront mie ledit gouvernement, et touz noz autres vassaulx facent et soient tenuz de faire ledit serement de feaulté a Charles nostre dit ainsné filz, ou autre qui pour le temps seroit nostre filz ainsné, en la presence de nostre dicte compaigne et de cellui ou ceulx qui auront le gouvernement de noz diz enfanz, selon la fourme ci-desoubz escripte; et semblablement les successeurs des prelaz et les hoirs ou successeurs de noz dits vassaulx, lesquelz mourroient ou seroient translatez, muez ou changiez durant le temps de la tutele, garde et gouvernement dessus diz, seront tenuz de faire à nostre dit ainsné filz serement de feaulté selon la fourme et maniere ci-dessus declarée;

Et sitost comme nostre dit ainsné filz entrera ou xiii.⁰ an de son aige, nous voulons et ordenons que touz noz freres et vassaulx li soient tenuz de faire hommage senz contredit ou dilacion aucune, selon ce que plus à plain est contenu en la loy et constitucion par nous faite touchant l'estat des ainsnez filz de nous et de noz successeurs Roys de France;

Et consideré que de temps comme les granz faiz et les granz besoignes sont faites par conseil de pluseurs sages hommes, et ant sont elles plus seures et plus certaines; et aussi que nous et noz predecesseurs nous suymes toûjours gouvernez et gouvernons en touz noz faiz par conseil de grant nombre de sages hommes, clers et lays, nous voulons et ordenons que les arcevesques de Reins et de Sens; les evesques de Laon et de Paris; Nicolas evesque d'Aucerre et Jehan evesque d'Amiens; à present

... de Saint Denis en France; Guillaume à present l'abbé de ... Maixant; le conte de Tancarville à présent chambellan de ..., ou cellui qui lors en sera chambellan; Bertran du Gues... conte de Longueville et connestable de France; Jehan conte ... Harcourt; Jean conte de Sarebruche bouteiller de France; ... conte de Brenne; Enguerran sire de Coucy; Olivier sire ... Cliçon; Loys de Sanceurre et Monton de Blainville, mares... ; Jehan de Vienne admirault; Huë de Chasteillon mestre ... arbalestriers; Raoul de Reneval panetier de France; Guil... de Craon; Philippe de Maisieres; Pierre de Villiers sou... mestre de nostre hostel et garde de nostre oriflambe; ... d'Omont et Philippe de Savoisi, noz chambellans; Ar... de Corbie et Estienne de la Grange, presidenz en nostre ...lement; Phelibert de l'Espinace, Thomas de Voudenay, Jehan ... Rie, chevaliers, Richart doïen de Besançon; mestre Nicole ... Bois, mestre Evrart d'Etremangon, nos conseillers; Nicolas ...racque, Jehan Bernier, chevaliers; mestre Bertran du Clos, ...stre Philippe Ogier, mestre Pierre du Chastel, mestre Jean ...stourel, mestres de la chambre des comptes; Jehan le Mer... , general-conseillier sur le fait de noz aides; mestre Jehan ... nostre advocat en parlement; et six des plus notables et plus ...ffisanz bourgois de nostre bonne ville de Paris, telz comme ...tre dicte compaigne ou cellui ou ceulx qui auront le gou...nement de noz diz enfanz, vouldront eslire, ou au moins ... des dessus diz telz comme il leur plaira, soient et demeu... continuelment en la compaignie et service de nostre dicte ...mpaigne, de noz enfanz et freres dessus diz, pour estre ès ...seaulx des faiz et besoignes touchanz l'estat et gouvernement ...ceulx;

Et aussi voulons et ordenons que Bureau sire de la Riviere ...tre premier chambellan, lequel scet pleinement nostre vo...té et entencion sur le fait de noz enfanz dessus diz, soit pre... chambellan de nostre ainsné filz, et demeure continuel...nt avecques lui comme il est avec nous, et que senz lui ...peller et senz son conseil et deliberacion, nostre dicte com...gne ou cellui ou ceulx qui auront ladicte garde et tutele de ... diz enfanz, ne facent aucune chose sur le gouvernement de ... personnes ou sur leur autres grosses besoignes touchans ...r estat;

Et combien que nous soions certains que nostre dicte com...gne aime noz diz enfanz et siens, si tendrement et parfaite-

28*

ment comme mere puet et doit aimer les siens, et que noz diz
freres les aiment aussi tres-chierement, encores pour estre plus
affermez et assurez en nostre propos et entencion, voulons
nous et ordenons que nostre dicte compaigne et noz diz freres de
Bourgoigne et de Bourbon, facent en nostre presence serement
de tenir et garder nostre presente ordenance, selon la fourme
contenue ci-dessoubz; et s'il avenoit qu'il n'eussent fait ledit
serement à nostre vivant, nous voulons et ordenons que tantost après nostre decès il le facent; c'est assavoir, nostre dicte
compaigne en la presence de noz diz freres, et noz diz freres
en la presence de nostre dicte compaigne et de noz conseilliers
et chambellans dessus diz, ou de ceulx qui presens seroient; et
aussi voulons et ordenons que noz conseilliers et chambellans
dessus diz, facent en nostre presence serement de tenir et garder
de tout leur povoir nostre presente ordenance; et s'il ne l'avoient fait en nostre vivant, qu'ils le feissent tantost après nostre
decès, en la presence de nostre dicte compaigne la Royne et de
noz freres de Bourgoigne et de Bourbon ci-dessus nommez.

Ce s'ensuit la fourme du serement que fera nostre dicte compaigne.

« Je Jehanne de Bourbon Royne de France, promet en bonne
foy et jure aux sains Evangiles de Dieu et sur les saintes reliques
ci-presentes, que s'il avenoit, ce que Dieu par sa grace ne vueille,
que mon très-chier et redouté seigneur mons. le Roy alast de
de vie à trespassement, avant que Charles ou autre pour lors
son ainsné filz et le mien fust entrez ou xiiie. an de son aage,
et par ainsi la tutele, garde et nourrissement des enfanz de
Mons. et miens, appartenoit à moy et à mes très-chers et
très-amez freres les ducs de Bourgoigne et de Bourbon, selon
l'ordenance faite par mondit seigneur, je nourriray, garderay
et gouverneray avecques mes diz freres commis et ordenez tuteurs avecques moy, mondit ainsné filz et touz noz autres enfanz nez et à naistre, curieusement et diligemment, et au
mieulx et plus proffitablement que je pourray et sauray, en
bien, santé, honneur et proffit de leurs personnes, enseignement et bonne doctrine de eulx, et ne feray, souffriray ne consentiray quelconque chose qui puisse estre par quelconque voie
ou maniere à l'apeticement de leur santé, abregement de leur
vie, au dommage de leurs personnes, gastement ou consumption desordenée ou desraisonnable de leurs biens; et la tutele,
garde et gouvernement d'iceulx noz enfanz à moy et à mes dis

freres commis, comme dit est, exerceray, feray et administreray selon la fourme et teneur de l'ordenance faite sur ce par mons. le Roy ci-dessus contenuë, laquelle j'ai oy lire entierement, et me tiens pour bien acertenée des choses contenuës en icelle; et useray tant ou gouvernement et nourrissement de noz enfanz dessuz diz, comme és faiz et besoignes touchanz iceulx, du conseil des prelas, contes, barons, chevaliers, clers et bourgois, contenuz en l'ordonance dessus dicte, tout en la fourme et maniere que mondit seigneur le Roy l'a voulu et ordené, et cy-dessus est escript et contenu plus à plain, senz faire ou venir à l'encontre par quelconque maniere que ce soit; laquele ordenance je garderay en tous ses poins senz la enfraindre ou souffrir estre enfrainte en quelconque maniere; et ainsi m'aist Dieux et les sains Evangiles et reliques ci-presentes. »

Ci s'ensuit la fourme du serement que feront noz diz freres de Bourgoigne et de Bourbon, et chascun de eulx. »

« Je Philippes duc de Bourgoigne ou Louis duc de Bourbon, promet par la foy de mon corps, et jure sur les sains Evangiles de Dieu et sur les saintes reliques ci-presentes, que s'il avenoit, ce que Dieux par sa sainte grace ne vüeille, que mon très-chier et très-redoubté seigneur mons. le Roy alast de vie à trespassement, avant que mon très-cher seigneur et neveu monseigneur Charles, ou autre pour lors son ainsné filz, fust entrez ou xive. an de son aage, et selon l'ordenance faite par mondit seigneur le Roy, la tutele, garde et gouvernement de sondit ainsné fils et de ses autres enfanz nez et à naistre, appartenist à ma très-chere et redoubtée dame madame la Royne et à moy en sa compaignie, ou autrement, je vaqueray et entendray loyaument et diligemment au bon nourrissement, à la bonne doctrine et enseignement d'iceulx, à la santé, bien et seurté de leurs personnes, et à la conservacion de leur estat et de leur chevance; et ne soufferray ne consentiray quelconque chose estre faite au contraire; et l'ordenance faite par mondit seigneur le Roy sur la tutele, garde et gouvernement de ses diz enfanz, et la loy et les autres ordenances faites par luy, lesqueles j'ay oy lire mot à mot, et me tiens pour bien acertené des choses contenuës en ycelles, tendray, garderay et acompliray en touz leurs poins, selon leur forme et teneur; pour lesqueles ordenances touchans la garde et nourrissement de ses diz enfanz, l'aage, sacre et couronnement, et autres seigneuries et noblecces royaux de sondit ainsné filz heritier et successeur en son royaume, exposeray, se besoings en estoit, ce que Dieux ne vueille, mes corps, mes subgiez, mes amis, ma chevance et ma puyssance, comme je feroie pour mes enfanz ou pour ma personne. Ainsi m'aist Dieux et les saintes Evangiles et reliques ci-presentes. »

La forme du serement que feront les prelaz et noz autres freres et vassaux.

« Je tel, etc. jure sur les sains Evangiles et reliques ci-presentes, et promet par la foy de mon corps, que tant comme je vivray, je seray feal, loïal et vray obeissant à mon très-redoubté et souverain seigneur monseigneur Charles Roy de France, sa personne, son honneur, son estat, les demaine, nobleces, seigneuries et autres droiz de son royaume, garderay et defendray et aideray à garder et defendre à tout mon povoir contre tout homme qui puet vivre et mourir; bon conseil et loïal li donray, s'il li plaist à le moy demander; et touz ses consaux a moy diz ou revelez tendray secrés; son bien et son proffit pourchaceray, son domage escheviray et destourberay, et se destourber ne le puys, je ly feray à savoir; et ne seray sachant ne consentant de sa mort, de sa prison, de son domage en corps ne en biens, ne de son royaume; et ne m'alieray par mariage ou autrement à ses ennemis, rebelles ou desobeissanz; ne serviray, aideray ou conseilleray quelconque personne contre lui ne contre son royaume. Ainsi m'aist Dieux et les saintes Evangiles et reliques ci-presentes. »

Et avec ce que dit est, s'ensuit la forme du serement que fera nostre dit chambellan Bureau seigneur de la Riviere.

« Les joyaux, vaisselle, monnoye, or, argent, perrerie, et autres biens meubles quelxconques à moy baillez en garde et en depost, garderay loyaument sens riens en oster ne souffrir estre ostée, à mon povoir, et senz en bailler aucune chose à quelconque personne que ce soit, pour proffit, faveur, menaces, paour, ou pour quelconque autre cause; mais les rendray et restitueray à mon très-redoubté seigneur ci-dessus nommé, sitost qu'il entrera ou xiiiie. an de son aage, senz contredit ou dilacion aucune; et en touz les fais et besoignes touchans la garde, bien, seurté et nourrissement de mes très-redoubtez seigneurs et dames les enfans du Roy nostre seigneur nez et à naistre, et la defense et bon gouvernement de son royaume, je donray bon conseil et loyal, et vaqueray et entendray en icelles le plus loyaument et diligemment que je pourray. Ainsi m'aist Dieux et les saintes Evangiles et reliques ci-presentes. »

La forme du serement des conseilliers dessus nommez.

« Je tel jure sur les saintes Evangiles et reliques ci-presentes, que s'il avenoit, que Dieux ne vüeille, que nostre très-redoubté seigneur le Roy mourust avant que son ainsné filz fust entrez en xiiii°. an de son aage, son dit ainsné filz, madame la Royne sa mere et mes seigneurs mons. Philippe duc de Bourgoigne et mons. Loys duc de Bourbon, et mes autres seigneurs et dames les enfans du Roy nostre dit seigneur, je serviray et conseilleray loiaument, le bien, honneur et proffit de leurs personnes et du royaume, garderay et pourchaceray, et leur domage eschiveray et destourberay, et se faire ne le puis, leur ferai savoir; tous leurs consaulx tendray secrés; dons corrumpables ne prendray; et en touz les fais et besoignes touchanz la tutele et nourrissement de eulx et le bon gouvernement du royaume, je feray tout le mieulx que je porray; les ordenances faites par nostre dit seigneur le Roy sur iceulx, en tant qu'il me touchera, je garderay et acompliray senz enfraindre par moy ne par autres, en aucune maniere. Ainsi m'aist Dieux, etc. »

Et est nostre entente que selon ce que les dis seremens seront fais à nostre vivant ou après nostre decès, le langage se change ainsi comme le cas le requerra.

Et que ce soit ferme chose et estable à tousjours, nous avons fait mettre nostre seel à ces presentes.

Donné en nostre chastel de Meleun, ou mois d'octobre, etc.

N° 551. — ORDONNANCE *qui fixe les apanages* (1) *des enfans et des filles de France.*

Château de Melun, octobre 1374. (C. L. VI, 54.)

CHARLES, etc. Les Roys estant en bonne santé, doivent nourrir et acroistre amour et tranquillité entre leurs enfans, oster

---

(1) Sous la première race, les enfans se partageaient les états de leur père. Il en fut de même sous Louis-le-Débonnaire. Hugues Capet et ses descendans constituèrent en apanage des provinces tout entieres, même sans clause de retour. Saint-Louis paraît être le premier qui ait apposé au moins cette clause, au cas d'extinction de la branche masculine, dans un acte de juin 1257, aussitôt sa majorité. En mars 1268, il en conféra un autre à son fils ainé; ce qui était sans danger, parce qu'il faisait de suite retour à la couronne. *V.*, pour plus de renseignemens, notes sur l'ordon. de mars 1269, p. 354, note 2, p. 355; et note de Hénault, p. 667 de la 1re livraison de cette collection. Aujourd'hui les princes n'ont plus que des rentes apanagères en argent. Loi du 8 novembre 1814. (Isambert.)

d'entre eulx toute matiere de division et de contens, et de donner de leurs partaiges et à appanaiges, en telle maniere que ilz n'aient occasion d'avoir questions ou debatz ensemble.

(1) Et pour ce, affin que nos enfans soient en bon accord et union, et s'entreayment parfaictement, si comme ilz doivent, sanz avoir dissensions aucunes, à cause de nostre succession ou autrement, après nostre decez, nous voulons et ordonnons que comme nostre très cher et aisné filz Charles, doye estre Roy de France après nous, et succeder en nostre royaulme et en nos demaines, droitz, noblesses et seigneuries royaulx, comme nostre droit, vray et loyal heritier, nostre très chier et amé filz Loys ait pour tout droit de partaige ou appanaige à lui appartenant en nos terres et seigneuries, pour raison de nostre devant dite succession ou autrement, selon les stiles, usaiges, observances ou coustumes de nostre royaume (1), douze mil livres de terres au tournois, avec tiltre de comte, et quarante mille francs en deniers, pour lui mettre en estat.

(2) *Item*. Voulons et ordonnons que Marie nostre fille soit contente de cent mil francs que nous lui avons ordonné donner en mariage, avecques tels esturemens et garnisons, comme il appartient à fille de Roy de France, et pour tout droit de partaige ou appaunaige que elle pourroit demander en noz terres et seigneuries devant diz.

(3) *Item*. Que Ysabel nostre fille ait pour tout droit de partaige ou appaunaige, comme dessus est dit, soixante mil frans, et telz garnisons et estoremens comme il appartient à fille de Roy.

(4) *Item*. Ordonnons que s'il advenoit par le plaisir de Dieu, que nous eussions autres enfans, chacun des filz ait pour tout droit de partaige ou appanaige, comme dessus, douze mille livres de terres au tournois, avec tiltre de comte, et quarante mille frans en deniers, pour les mettre en estat; et chacune des filles soixante mil frans pour son mariaige, avecques telles garnisons et estoremens comme il appartient à fille de Roy.

Lesquelles nous mandons, voulons et ordonnons estre assises, et les garnisons et estoremens quiz baillez et delivrez, et les sommes de deniers payez par nostre dit filz à Loys, Marie, Ysabel, et autres nos Enfans, s'il plaisoit à Dieu à les nous

---

(1) C'est-à-dire à charge de retour en cas d'extinction de la postérité masculine. (Isambert.)

donner; c'est assavoir, aux filz, si tost qu'ilz seront aaigez, et aux filles, quand elles seront mariées, sans reffuz, delay, contredit, fraude ou malice quelconques; toutes fois est-il nostre entente, que se nous avions baillé autres terres pour partaige ou appanaige à nostre dit Filz Loys, ou à autres filz, se nous les avions, ou assises les terres, ou baillé les estoremens, ou payé les sommes de deniers dessus dites, tout ce que fait en aura esté par nous, tiegne lieu pleinement à nostre dit aisné filz, et en demeure quicte et delivré, tout ainsi comme se il mesme l'avoit fait; et par les partaiges, appannaiges et mariages dessus declarez et ordonnez, voulons que nos diz enfens nez et à naistre, soient contents, sans ce que ilz puissent reclamer aucun droit, ne demander autre chose en nos terres et seignouries, en conquez faitz ou à faire, à nostre aisné filz dessus dit.

Se par adventure en nostre presente ordonnance, avait aucun deffaut en forme ou en substance, selon les usaiges, coustumes et observances de nostre royaume, nous de nostre certaine science, pleine puissance et auctorité royal, suppléons iceulx deffaulx entierement; et voulons, decernons et ordonnons que elle vaille, tiegne, et ait son plain effect, tout aussi comme se les solennitez à ce necessaires et convenables, y eussent esté gardées de point en point; nonobstant quelconques coustumes, usaiges, stils ou observances à ce contraires.

Et que ce soit ferme chose et estable à toujours, nous avons fait mettre nostre seel à ces presentes lectres.

Donné en nostre chastel de Meleun, ou moys d'octobre, etc.

N° 552. — LETTRES *d'abolition en faveur d'un officier des monnaies qui avait malversé, et qui le rendent à sa bonne renommée et à tous ses biens, moyennant* 1000 *francs d'or de composition.*

Melun, décembre 1374. (C. L. VI, 83, à la note.)

N°. 553. — MANDEMENT *pour changer alternativement les officiers des monnaies d'un hôtel à l'autre.*

Paris, 13 janvier 1374. (C. L. VI, 89.)

N°. 554. — ORDONNANCE *concernant la nouvelle enceinte de Paris, et portant exemption de prises en faveur des habitans des faubourgs.*

Paris, janvier 1374. (C. L. VI, 92.) — Publiée au Châtelet le 5 mars.

CHARLES, etc. Savoir faisons que comme d'ancienneté et du temps de noz predecesseurs Roys de France, nostre bonne ville de Paris ait esté et soit; c'est assavoir, tout ce de nostre dicte ville qui est entre et dedens les portes et ancienne fermeté et murs d'icelle, franche et exempte de y faire aucunes prises ès maisons et hostelz des manans et habitans en icelle, feust ou soit pour la provision de noz diz predecesseurs, de leurs compaignes, enfanz et successeurs, et de ceulz de leur sanc, et autres quelconques, et des exempcions et franchise dessus dictes, n'aient pas joy ne usé ou temps passé, ceulz de ladicte ville qui ont esté, estoient et sont demourans et habitans au dehors de ladicte ancienne fermeté, et des portes et murs anciens dessus diz, qui estoient et sont appellez forbours de nostre dicte bonne ville; ainçois de lonc et ancien temps, y sont pour noz diz predecesseurs, pour nous, et autres de nostre sanc et lignage, et pour autres qui ont prinses, esté faictes prinses jusques à present, si comme ailleurs avoient et avions accoustumé de faire, tant en plat païz comme autre part, ès parties de nostre royaume; pour lesquelles prinses les demourans es diz lieux appellez forbours, comme dit est, ont esté mout grevez, et ce sont plusieurs d'iceulx retraiz de y habiter, demourer et converser; et pour ce ont esté et sont moult empirés et cheuz en ruine pluseurs bonnes et grans maisons, habitacions et mansions qui y estoient, lesquelles pourroient de legier estre relevez et mis en estat, et nouviaux edifices estre fais et edifiez, et les diz lieux bien peuplez, ou cas que iceulz lieux appellez forbours de nostre dicte bonne ville, lesquelz par nostre ordenance et voulenté sont commenciez et ordenez estre bien fermés et clos de bons gros murs, de bonnes portes et de fossez, useroient et joyroient de l'exempcion et franchise dessus dictes, qui autrement pour occasion des dictes prinses, ne seroit et ne pourroit pas convenablement estre fait, si comme nous avons entendu, et de ce sommes enformés souffisamment par bonnes gens dignes de foy.

Pour ce est-il que nous desirans de tout nostre cuer faire bon plaisir à nostre bonne ville de Paris, qui est prerogative et de plus noble et grand renom que nulle autre de nostre dit royaume, et la accroistre et augmenter en toutes bonnes manieres deuës et liciles, et les habitans et conversans en icelle, tenir et garder en bonne vraye paix et amour et tranquilité, à ce que par nostre liberalité et grace et moyennant ycelles, les affluens en nostre dicte bonne ville, aient plus convenables et plantureus lieus, maisons et habitacions où il se puissent retraire et estre receuz, ensemble leurs facultés, choses et biens, sans leur donner destourbier ou empeschement à cause et pour occasion de telles prinses, par bonne et meure déliberacion de nostre grant conseil, avons ORDENÉ et declarié, ordenons et déclairons,

Que les diz lieux appellez forbours, estans et situez au dehors des murs anciens de nostre dicte bonne ville de Paris, et que derrainement nous avons fait commencier, et ordenez estre cloz et fermez de gros murs, de portes et de fossez, comme dessus est dit, sont et seront d'oresenavant tenus et reputés, et dès maintenant pour tousiours mais, les tenons et reputons estre de nostre dicte bonne ville de Paris, et une mesme ville soubz le nom de la cité et ville de Paris; et useront et joyront tous les habitans des diz lieux par avant et jadiz appellez forbours, à present commenciez et ordenez estre cloz et fermés, comme dessus est dit, de tous les privileges, libertés et franchises, pareillement et par la maniere que faisoient, font, feroient et ont accoustumé de faire les autres habitans estans et demourans au dedens des diz anciens murs, sans ce que jamais doresenavant aucunes prinses de garnison d'Ostel, pour les provisions des hostelz de nous, de nostre très-chiere et amée compaigne la Royne, noz enfanz, nos freres, ceux de nostre sanc ou lignage, ou de noz successeurs, ou autres quelconques usans et qui pevent ou pourroient ou temps presens ou avenir user de prises, soient ou puissent estre faictes ès lieux dessus declairez, ne en aucun d'iceulx jadis et n'agueres appellez forbours; mais les en exceptons, franchissons, et icelles prises es diz lieux par nous ainssi exemptez des dictes prises, nous anullons, cassons et irritons d'oresenavant du tout à toujours maiz, de nostre certaine science, auctorité royal, plaine puissance et grace especial, par ces presentes, par la teneur desquelles nous mandons et commectons, et avec ce enjoignons estroictement à nostre prevost de Paris, present ou avenir, ou à sen lieutenant, que les manans et habitans qui ores sont et ou temps avenir seront es diz lieux et forbours par nous presentement franchiz et exemptez des dictes prises, face et seuffre user et joïr paisiblement, entierement et perpetuelment de nostre presente grace et lettres et du contenu en icelles, sans les y empeschier ou souffrir estre empeschiez, ne aucunes prinses estre faictes par quelconques personnes que ce soit au contraire; et que tout ce que il trouvera estre fait ou attempté au contraire; face sans delay ne autre mandement attendre sur ce, remettre et ramaine au premier estat et deu, en contraignant à ce tous ceuls et chascun d'iceulx qui fait l'auroient, par toutes les plus fortes et meilleurs voies et manieres que faire se pourra et devra;

Et nous mesmes par ces presentes deffendons à toutes les gens et officiers des hostelz dessus diz, et à tous nos autres, presens et avenir, et à chascun d'iceulx, que contre la teneur de ces presentes, ne facent ou facent faire par autres, prinses quelconques ès lieux dessus diz ainsi par nous franchiz et exemptez de prises, comme dessus est dit, sur tout ce que il se doubtent d'encorir l'indignation de nous et de noz diz successeurs, et de estre prives de leurs offices, et de autrement estre puguis se ilz faisoient le contraire, par telle maniere que il feust et soit exemple à tous autres; et à ce que nostre presente declaracion et ordenance soit notoire à tous, et que aucuns ne les puissent ignorer, nous voulons, mandons et commettons à nostre dit prevost comme dessus, que icelles noz lettres face publier et lire solempnelment par tous les lieux et carrefours de nostre ditte bonne ville de Paris, où l'en a acoustumé de faire publicacion et cris de par nous, pour ycelles estre mieulz tenuës et gardées selon et par la maniere que dessus est dit. Et pour ce que ce soit ferme chose et estable à tousjours, nous avons fait mettre nostre seel à ces presentes : sauf en autres choses nostre droit, et l'autruy en toutes.

Ce fu fait et donné à Paris, en nostre hostel du Louvre etc. Publiées en jugement ou chastellet de Paris, le samedi troisieme jours de mars, l'an de grace MCCCLXXIV.

N°. 555. — LETTRES (1) *qui, moyennant finance, reconnaissent le titre de noble à un habitant d'Amiens, auquel ce titre était contesté.*

Paris, 24 février 1374. (C. L. VI, 126, à la note.)

---

(1) Il y en a beaucoup de cette espèce au Trésor des chartes ; ce qui a produit du pillage dans la noblesse. (Isambert.)

JUIN 1375.

N° 556. — LETTRES PATENTES (1) *portant que les officiers du Roi connaîtront, dans les duchés de Berry, d'Auvergne et de Poitou, des cas royaux, et des affaires des églises cathédrales et de fondation royale, préférablement aux officiers du duc.*

Paris, 5 mars 1374. (C. L. VI, 96.) Publiées par ordre du duc, au mois de mars, de l'avis de son conseil.

N° 557. — LETTRES *qui portent que le bailli et le prévôt d'Orléans seront conservateurs et juges, tant des écoliers que des officiers de l'Université, et qu'ils connaîtront des procès dont les conclusions seront personnelles, quoique les moyens soient réels.*

Paris, 23 mars 1374. (C. L. VI, 99.)

N°. 558. — LETTRES *du Roi d'Angleterre, par lesquelles il s'attribue, ou à ses commissaires, l'appel des affaires du duché de Guyenne* (2).

Westminster, 19 avril 1374 (3). (Rymer, tom. VII, p. 64.)

N°. 559. — LETTRES *portant assignation de la dot de la Reine de France* (4).

Bois de Vincennes, 2 mai 1375. (Mss. de la Bibl. du Roi, Tit. concernant l'Hist. de France, Carton n° 94. — Recueil de Colbert, vol. 52, fol. 1085.)

---

(1) Ce titre est celui qui est donné par les lettres de publication. (Isambert.)

(2) Cet appel aurait dû être porté à la Cour de France, d'après les règles du droit féodal. (Idem.)

(3) Rymer lui donne la date de 1375; mais l'année 1375 a commencé le 22 avril, et fini le 12. (Idem.)

(4) Ces lettres visent, 1° d'autres lettres données à Melun, le 13 juin 1360, par Charles, alors dauphin et régent le royaume, qui assignent à sa femme un douaire de 15,000 liv. tournois de terre ou rente annuelle, assise sur les domaines y dénommés, tant en France qu'en Normandie; 2° d'autres lettres du même jour, données aussi à Melun, qui octroient en accroissement dudit douaire 1,000 florins du pays de Florence, de terre ou rente annuelle à prendre en Dauphiné;

Et en les confirmant et ratifiant, fixent définitivement le douaire de la Reine à 25,000 liv. tournois de rente annuelle, assise sur les domaines y spécifiés, avec tous droits de souveraineté, ressort, juridiction, honneurs et prérogatives qui y sont attachés, etc. (Idem.)

N°. 560. — TRÊVE *entre la France et l'Angleterre* (1).

Bruges, 27 juin 1375. (Corps dipl. de Dumont, II, 104. — Rymer, III, part. 3, p. 29.)

N°. 561. — ARRÊT *du parlement* (2), *qui condamne la Reine à garnir la main, par provision, sans préjudice au principal.*

Paris, 8 juillet 1375. (Nouv. Rép., V°. Reine, § 2, n° 7.)

N°. 562. — ORDONNANCE *portant que les vassaux d'un évêque viendront, sous peine d'amende, tenir sa cour de justice, et seront passibles d'amende dans le cas où leur jugement serait réformé.*

Paris, 21 juillet 1375. (C. [...], 130.)

KAROLUS, etc. Dum regia celsitudo in ministranda subditis justicia solicitam se exhibet, premium acquirit à domino, et in suo obsequio situant animum subditorum; per justiciam namque reges et principes dominantur in seculo, provinciarumque populi ac respublica in pacis transquillitate feliciter et longius observantur. Quia igitur communis rumor et fama, ac plurimorum fide dignorum relacio ad nostras aures deduxit, quod homines feodales dilecti et fidelis consiliarii nostri episcopi belvacensis Paris Francie, in ipsius episcopi curia apud belvacum, et in suo castro de Gerborredo judicantes, ac nonnulli alii homines judicantes in pluribus castellaniis, preposituris et sedibus justiciariis regni nostri, tam nostris propriis, quam de juridicione et domanio nostrorum parium Francie, et quorumdam aliorum dominorum temporalium dicti regni, in quibus ab antiquo ad subveniendum nostris et dictorum parium ac dominorum temporalium oppressis subditis, vigere consueverat et ministrari justicia, homines feodales qui in castellaniis, preposituris et sedibus, ac aliis locis predictis justicia facere et reddere consueverant, et à quibus ad nos seu nostri parlamenti curiam erat et est solitum appellari, ad evitandum emendas arbitrarias aut sexaginta librarum parisiensium

---

(1) La guerre ne recommença qu'en 1377. Il n'[...] indifférent, pour l'appréciation des motifs qui ont dirigé le législateur de savoir si l'état était en paix ou en guerre. (Isambert.)

(2) On cite cet arrêt pour combattre certains auteurs qui accordent un privilège aux Reines de France. *Idem.*

sium, quas singuli hominum predictorum judicancium retroactis temporibus erga nos incurrebant et nobis solvere tenebantur, dum per viam appellacionis ad nos et nostram curiam, à judiciis eorumdem hominum emisse, contingebat per nos seu dictam nostram superiorem curiam eorum judicia infirmari tanquam male ac injuste prolata, ad conveniendum simul; videlicet, homines dicti episcopi ad mandatum ipsius episcopi aut baillivi sui, in dictis suis curia et castro; et alii homines judicantes, in castellaniis et sedibus judiciariis nostris e aliorum dominorum suorum in quibus judicare tenentur, et es dictum, et ad faciendum ac consulendum et reddendum eorum judicia, quandoque hactenus recusarunt et frequentius distulerunt, ac de die in diem differunt et recusant; quod jam cessit gravius cedere posset in futurum in reipublice scandalum et grave dampnum, ac dictorum nostrum et ipsius episcopi ac aliorum subditorum oppressorum lesionem et prejudicium, presertim in ipsius episcopi juridictione ac terra et castellania de Gerborredo commorancium, exheredacionem, grande prejudicium et jacturam, nisi super hoc de competenti remedio succurratur.

Nos premissa absque debite reparacionis moderamine ulterius tolerare nolentes, sed pro bono justicie, et nostrorum ac dicti episcopi subditorum utilitate, debitum super hoc remedium adhibere cupientes, sicut alias in pluribus nostris castellaniis et preposituris in casibus similibus fecimus, ut deinceps predictis nostris et ipsius episcopi oppressis subditis, presidio justicie plus solito in dictis partibus succurratur :

Notum facimus universis presentibus et futuris, quod nos ad supplicacionem hominum feodalium dicti episcopi in predictis suis curia et castro judicancium, qui cum instancia pro eorum ac aliorum ipsius episcopi subditorum, et tocius reipublice in dictis partibus belvacensibus securitate et evidenti utilitate, ut dicebant, humiliter requirebant per nos eisdem super hoc de gracioso remedio provideri, habita prius super hiis matura deliberacione cum gentibus nostri consilii,

Statuimus, declaravimus et ordinavimus, ac auctoritate nostra regia declaramus et Ordinamus per presentes.

Quod homines feodales ipsius Episcopi in sua curia et castro predictis judicantes, presentes et futuri per aut unquam dicio vel eorum successores homines inibi judicare compotem secundum reddendo, à quo quidem judicio seu nostram parlamenti curiam contingerit appellari, si in judi cium per nos aut eandem nostram curiam infirmetur, ad unam emendam sexagenta librarum parisiensium, duntaxat nobis per dictos homines judicantes proportionaliter persolvendam teneantur; quam quidem emendam sexaginta librarum parisiensium solvendo, quicti erunt et immunes erga nos à dicto judicio per eosdem facto seu reddito, et per nos seu curiam nostram predictam infirmato: dum tamen fraus, dolus seu favor (1) in hujusmodi consulendis et reddendis judiciis per ipsos homines judicantes minime committatur : Si vero fraus, dolus aut favor intervenerint, usui et observacionibus antiquis de solvendis emendis arbitrariis stabitur; et ut equalitas, sicut decet, in judiciis observetur in hac parte, statuimus et auctoritate predicta ordinamus, quod deinceps ad nos seu ad nostram curiam appellantes à judiciis hominum feodalium et judicancium in curia et castellania dicti episcopi, pro quolibet judicio à quo appellaverint, si contingat illud judicium per nos seu nostram curiam predictam confirmari, ac pronunciari bene fuisse judicatum per homines judicantes antedictos, et male appellatum. pro qualibet appellacione sic, ut premittitur, infirmenda, ad emendam sexaginta librarum Parisiensium duntaxat, inter dictos homines judicantes dividendam teneantur, nec ad aliam emendam ipsis hominibus prestandam occasione temerarie appellacionis predicte, quomodolibet teneantur aut compelli valeant in futurum appellantes antedicti; sed ut deinceps predictis ipsius episcopi et nostris subditis justicia conveniencius ministretur, statuimus et ordinamus quod prefati homines feodales ad judicium faciendum et reddendum, ad locum seu ad loca consueta, ut moris est, evocati, infra statuendum et eisdem assignandum tempus accedere et comparere cum ceteris judicantibus hominibus judicaturi, prout ipsorum feodum desiderat et requirit, teneantur absque defectu, et sub pena super hoc ab antiquo statuta.

Quod ut firmum et stabile permaneat in futurum, litteris presentibus nostrum jussimus apponi sigillum : salvo in aliis jure nostro, et in omnibus quolibet alieno.

Datum et actum Parisius etc.

---

(1) *Lata culpa dolus* est, dit un arrêt de la Cour de cassation. Nouv. Rep. V°. Prise à partie. (Isambert.)

AOUT 1375.

N°. 563. — LETTRES *qui confirment celles par lesquelles le seigneur de Meulan accorde des priviléges aux habitans, sur leur demande d'être admis à renoncer à leur commune, comme leur étant onéreuse.*

Paris, juillet 1375. (C. L. VI, 137.)

N°. 564. — MANDEMENT *au chancelier de ne pas recevoir de recours contre les arrêts de la chambre des comptes, et de les renvoyer à ladite chambre.*

Saint-Ouen, 7 août 1375. (C. L. VI, 141.)

DE PAR LE ROY, Chancelier, nous attendues les ordenances royaulx faictes par noz predecesseurs (1), VOUS MANDONS et defendons expressement, que vous ne passez ou scellez commission ne adjornement aucuns pour complainte que aucuns facent de sentences ou griefs qu'il vouldroient maintenir contre eulx avoir esté faiz en nostre chambre des comptes à Paris, par les gens d'ycelle tenans le siege en ladicte chambre, ne ne donnez sur ce autres commissaires que de ladicte chambre, contre la teneur des dictes ordenances; mais se aucuns s'estoit efforciez ou s'efforçoient ou temps avenir de faire ou empetrer le contraire, remettez le ou faitez remettre au premier estat et deu, en renvoient tout en nostre dicte chambre, et non ailleurs, pour en connoistre et ordener selon ce qu'il apartendra par raison, les dictes ordenances gardez.

Car ainsi le voulons nous estre fait, et pour cause.

Donné à Saint Oüain, le VII°. jour d'aoust, l'an de grace CCCLX et quinze, et de nostre regne le XII°.

Et estoient signées à la marge ainsy, CHARLES.

Lesquelles lettres furent bailliées audit chancellier, le VIII° jour d'aoust, l'an dessus dit; et respondit qu'il ne feroit point le contraire des dictes lettres.

---

(1) Elles sont perdues. Aujourd'hui, il y a recours au Conseil d'État contre les arrêts de la cour des comptes, mais seulement pour excès de pouvoir, incompetence, ou violation de la loi. Autrement, le droit de revision appartient à la cour elle-même. *V.* la loi du 16 septembre 1807. (Isambert.)

N°. 565. — LETTRES *qui portent que le maître de la vènerie sera partie des six maîtres des eaux et forêts, nombre auquel ces officiers sont réduits* (1).

A l'abbaye de Saint-Denis, 22 août 1375. (C. L. VI, 141.)

N°. 566. — LETTRES *qui portent que les juges du comté de Clermont paieront une amende de 60 liv., si leurs sentences sont cassées par le Roi ou en parlement; et si elles sont confirmées, ce sont les parties qui leur paieront cette amende* (2).

Paris, août 1375. (C. L. VI, 142.)

N°. 567. — LETTRES *qui affranchissent par grâce spéciale, et sans tirer à conséquence pour l'avenir, du droit de régale l'archevêché de Rouen, pendant la vacance* (3).

Paris, 4 septembre 1375. (C. L. VI, 149.)

N°. 568. — ORDONNANCE *portant règlement pour les droits d'amortissement et de francs-fiefs.*

Paris, 14 février 1375. (C. L. VI, 171.)

N°. 569. — ORDONNANCE *portant qu'on n'aura point égard aux lettres d'exemptions en faveur de certains juifs, des levées de deniers qui se font sur toute la nation, à moins que ces lettres ne soient signées de la main du Roi.*

Paris, 17 février 1375. (C. L. VI, 173.)

---

(1) Aujourd'hui les agens forestiers de la liste civile sont encore officiers publics. V. les ordon. des 15 et 20 août 1814, non insérées au Bulletin des lois. Recueil complet, 1822, p. 551, 554, sur la chasse dans les forêts de l'État et sur le grand veneur. (Isambert.)

(2) Les juges ne peuvent plus être responsables que pour dol ou forfaiture. Ordon. de 1667, et Code de procédure. (*Idem.*)

(3) On lit dans le préambule de cette ordonnance : « Comme toutefois qu'à la mutacion d'arcevesque en l'église de Rouen, nous y avons nostre regale semblablement comme en plusieurs autres archeveschez et eveschez de nostre royaume. » — L'exception confirme la règle.

La régale est un droit féodal. Les revenus d'un évêché, pendant une vacance, ne devaient pas appartenir au Pape mais à l'État. (*Idem.*)

N° 570. — LETTRES *qui défendent, sous peine d'amende, de vendre, sous le nom de draps de Bruxelles, ceux qui n'en sont pas, et ordonnent de respecter la marque des draps.*

Hôtel Saint-Paul, à Paris, février 1375. (C. L. VI, 174.)

N° 571. — LETTRES *qui portent que les causes des religieuses de Poissy seront défendues d'office par les avocats du Roi.*

Paris, 9 avril 1375. (C. L. VI, 183.)

N° 572. — ORDONNANCE *qui homologue le règlement de confrairie des sergens d'armes de l'hôtel et de la chambre du Roi.*

Paris, avril 1376. (C. L. VI, 185.)

N° 573. — RÈGLEMENT *sur la marque des draps de Harfleur.*

Vincennes, 16 mai 1376. (C. L. VI, 196.)

N° 574. — ORDONNANCES ET INSTRUCTIONS *sur l'imposition foraine* (1).

4 (ou 15) juillet 1376. (C. L. VI, 207.)

Ci après s'ensuyvent aucuns poincts et articles ordonnez et advisez sur et après que n'agueres ou plain conseil du Roy nostre sire, où estoient mons. le cardinal d'Amiens, messires les generaulx et autres, avoit esté ordonné que l'imposition foraine des denrées ou marchandises prinses par maniere d'achapt, ou chargees ou royaume ès païs ou parties où lesdites aides ordonnées pour la guerre ont cours, pour porter hors du royaume, ou en aucuns lieux ou parties d'icellui royaume où lesdites aides n'ont

---

(1) Voici la première loi sur les douanes; elle n'est pas en forme. (Isambert.)

Il paraît, par le préambule de ce règlement, que ce n'est qu'une explication et une *déclaration* d'un règlement antérieur, fait en 1369, par lequel l'imposition foraine fut établie pour la première fois. Ce premier règlement ne se trouve plus dans les registres, et il y a quelques articles du second qui sont difficiles à entendre, parce qu'on ne peut consulter ceux du premier.

L'aide qui avait cours en France, en 1376, et qui avait été établie par l'ordon. du 5 déc. 1360, ne se levait que dans la Languedoïl. L'imposition foraine se payait sur les marchandises qui étaient transportées dans les pays étrangers, et dans les lieux du royaume qui n'étaient pas sujets à l'aide. (Secousse.)

aucun cours ne ne sont point levées, on païeroit et leveroit pour la valeur de chacune livre desdites denrées levées hors de la ville et diocese de Paris, xii. deniers pour livre, en chascun des dits lieux et dioceses où elles seroient prinses et levées pour porter hors, et de celles qui seroient prinses et levées à Paris et ou diocese, six deniers pour livre, dont l'en avoit acoustumé de faire plusieurs fermes mains distinctement declairées ; que d'oresenavant par toutes les citez et dioceses du royaume, ladite imposition appellée foraine sera baillée à ferme par les esleuz en chascun diocese, qui pourroit appartenir et escheoir ès choses touchant ledit diocese ; et par especial, tout ce qui toucheroit à ville et diocese de Paris qui est la ville cappital du royaume, seroit baillée à part, ainsi comme les autres, sans cioistre, pour six deniers la livre tant seulement, si comme on avoit acoustumé ou temps passé ; lesquelz poins et articles, pour obvier au mieulx que l'en peult, à plusieurs frauldes et malices que on povoit avoir commis ou pourroit commettre ou temps advenir, se declaration n'en estoit faicte, si comme on expose ausdits generaulx, et sur ce baillé aucunes doubtes, pour en estre faicte declaration ou certificacion ; et mesmement en ce qui touche ou pourroit touchier le fait de la ville et diocese de Paris, sont telz.

(1) *Premierement*. Que quant aulx fraudes et malices que on pouvoit commettre et qui pevent avoir esté commises ou temps passé, nenobstant certaines ordonnances et instructions sur ce faictes l'an mil ccclxix les dites ordonnances dont la copie sera envoyée aulx esleuz en chascun diocese, seront tenues et gardées en leurs termes, sans ce que ceste presente declaracion y puist deroguer, ne les dites ordonnances diminuer, fors en tant qu'elles pevent contenir plus grant certaineté ou declaracion que les dites ordonnances ; et aussi ce que touchera la cité et diocese de Paris, par la maniere cy-dessoubz plus à plain declairé.

(2) *Item*. Et pour ce que ou temps passé jusques à ore, ladite imposition a esté baillée à part en plusieurs dioceses, et en aucuns, non, ou préjudice et dommaige du Roy nostre sire et de la chose publicque ; et par ce, aucuns des fermiers des lieux où elle a esté affermée, ont acquis plusieurs voies extraordinaires ou prejudice de leurs voisins, tant à l'entrée de leurs dioceses comme à l'issuë ; ordonné et declaré est à present, que aulx villes et dioceses du royaume, excepté Paris, on ne levera ladicte imposicion foraine fors des denrées et marchandises de chascun diocese en chascun lieu des dits pays, ou des denrées

marchandises qui y auront esté portées et qui là seront chargées; ne aussi ne seront ceulx qui les vouldront lever, tenuz d'en donner aucune caucion de les vendre ou royaume sans transporter hors, fors celles qui seront levées et chargées particulierement en chascun diocese, se ce n'est en la ville et diocese de Paris, en laquelle ville et diocese on sera tenu de venir païer ladite imposition ou de donner ladite caucion, et non ailleurs, sur les peines de la forfaicture et amendees plus à plain declairées et contenuës ès anciennes ordonnances cy en droit tenuës pour repetées (1).

---

(1) L'imposition foraine avait été affermée dans quelques-uns des diocèses du royaume, et les fermiers pouvaient avoir des bureaux particuliers dans les villes et lieux de ces dioceses. Dans d'autres dioceses, l'imposition était en régie, et perçue par les receveurs du Roi. Les fermiers de chacun de ces premiers dioceses imaginaient differens moyens, en modérant les droits ou autrement, pour engager les marchands à payer l'imposition plutôt dans leurs dioceses que dans un autre. D'ailleurs ils obligeaient les marchands qui faisaient voiturer par leurs dioceses des marchandises destinées pour les endroits du royaume où se payait l'aide, à prendre des *acquits à caution*, c'est-à-dire, des engagemens de ne les porter que dans ces lieux, et ils ne donnaient point ces *acquits* gratuitement. Pour remédier aux inconveniens auxquels ces différentes manœuvres pouvaient donner lieu, il fut ordonné, 1° que lorsque l'on chargerait, dans un diocèse, des marchandises pour être portées dans les pays étrangers, ou dans les provinces du royaume où l'aide n'avait point cours, l'imposition serait payée dans ce diocèse, soit que ces marchandises en fussent originaires, soit qu'elles y eussent été amenées d'ailleurs et vendues; 2° que lorsque l'on chargerait dans un diocèse des marchandises pour être transportées dans les pays du royaume où l'aide avait cours, on ne prendrait d'*acquits à caution* que dans ce diocèse, et que l'on ne serait point contraint d'en prendre dans les autres dioceses que l'on traverserait pour arriver au lieu de la destination. A cette règle générale, on fit une exception en faveur de la ville et du diocèse de Paris. Il fut réglé, 1° que lorsque l'on chargerait dans un diocèse des marchandises pour être portées dans celui de Paris et y être consommées, ou transportées dans les endroits du royaume où l'aide avait cours, on ne serait point obligé de prendre d'*acquits à caution* dans ce premier diocèse; 2° que lorsque l'on chargerait des marchandises dans un diocèse pour être transportées, en passant par celui de Paris, dans les pays étrangers, ou dans les provinces du royaume où l'aide n'avait point cours, on ne paierait point l'imposition foraine dans ce premier diocèse, mais dans celui de Paris. Cette exception avait sans doute pour objet de procurer l'abondance des marchandises dans cette grande ville. Dans le premier cas, les marchands étaient exempts de ce qu'on exigeait pour les *acquits à caution*. Dans le second, ils trouvaient un gain considérable, parce que, suivant l'art. 5 de ce réglement, l'imposition n'était que de six deniers dans le diocèse de Paris, et de douze deniers dans tous les autres. (Secousse.)

(3) *Item.* Et procedant plus amplement ou fait de ladicte declaracion, est ordonné que toutes manieres de draps et autres marchandises, excepté blé, vin, laines et sel, et la modification de l'orfaverie cy-dessous touchées, on paiera en chascun diocese hors Paris, XII. deniers pour livre des denrées qui y seront levées pour porter hors du royaume; et de celles qui y seront cruës, faictes et levées, en affermant que on les veult porter pour vendre ou dit royaume, et és lieux où les dites aides ont cours, on en sera tenu de donner caucion aulx fermiers de chascun diocese, qui en doivent certificacion convenable, afin que les marchans soient mins empeschez et plus brief expediez en leurs voyaiges, et ou fait de leurs marchandises.

(4) *Item.* Et que combien que és autres dioceses hors Paris on doye paier pour ladite imposition foraine, XII. deniers pour livre, toutes voyes à present ne sera prins et receu fors VI. deniers pour livre seullement.

(5) *Item.* Et pour ce que souventes fois plusieurs marchans, tant du pays de Breban, de Flandres, de Henault, et d'ailleurs hors dudit royaume, sont apporter à Paris et en plusieurs autres citez, dioceses et pays, de leurs draps, denrées et marchandises en entencion de les vendre, ce que ne font pas aucunes fois, et dont il leur convient faire remporter le tout ou partie, et retourner arriere en leurs pays hors du royaume, et és lieux où les dites aides n'ont point de cours, ordonné est et declairé qu'ilz les pourront faire mener franchement et sans danger, par prenant certificacion sans fraulde des fermiers des lieux et pays où ils les auront apportées, par laquelle certificacion on les laissera passer hors du royaume, ou és lieux où les dites aides n'ont pas cours.

(6) *Item.* Que de toutes denrées et marchandises qui seront apportées des pays de dehors du royaume, comme de Lorraine, de Cambresis, de Henault, de Brebant, de Flandres, ou d'autres lieux où les dits aides n'ont point de cours, pour estre menées hors du royaume, les marchans à qui les denrées seront, ou les conducteurs d'icelles, seront tenuz, s'ilz les veullent mener pour vendre hors du royaume, d'en payer imposition de VI deniers pour livre, aulx gens du Roy nostre sire ou aulx fermiers de la cité et diocese de Paris; et de celles qu'ilz voudront mener oultre les rivieres d'Oyse, de Seine et d'Yonne, en affermant que ce feust pour porter vendre en aucuns lieux du royaume, telz marchans ou conducteurs seront tenuz de venir

en prandre congé à Paris, aulx receveurs ou fermiers dudit diocese, et de là en donner caucion, sur la peine de forfaicture et amende plus plainement contenuë esdites premieres ordonnances, et dudit receveur ou fermier de Paris, prandre certification, pour ostencion de laquelle les fermiers des autres dioceses ne les pourront ou devront empescher, se ainsi n'estoit que fraulde ou malice eust esté en ce commise, et qu'elle peust estre monstrée.

(7) *Item.* Et pour ce que en condescendant au fait de la ville et diocese de Paris, on a requis aucunes declaracions particulieres; asscavoir mon, se aucuns marchans seront francs (et exempts des dites aides, autres que les Portugalois, Espagnols, ceux du pays de Guyenne), qui seront venuz ou venront en l'obeissance du Roy, ceulx de la conté de Ponthieu et de Cambray; ordonné est que quant à present, que tous ceulx qui ont esté exemptez et usé de ladite exemption depuis les aides faictes pour la guerre, en seront quictes, et non autres.

(8) *Item.* Semblablement ceulx du pays où le duc de Bourgoigne prent les aides par la grace et ordonnance du Roy, duquel fait il sera ordonné à part selon ladite ordonnance, et sera faicte une ferme particuliere.

(9) *Item.* Et pour ce que en la quantité de toutes marchandises, les denrées d'orfavrerie dont plusieurs fois plusieurs marchans de Paris portent hors du royaume, et semblablement font aucuns autres marchans forains, ordonné est et declairé, que tous les marchans d'orfavrerie demourans à Paris, pourront porter leurs denrées et marchandises hors du royaume pour vendre, et par piant à Paris VI. deniers pour livre de ce qu'ilz auront vendu, seront tenuz quictes et paisibles en faisant serment de verité, auquel on ne differera, se ainsi est que le receveur et fermier veulle et puisse monstrer le contraire; et quant aulx marchans de dehors demourans hors Paris, telz marchans des denrées qu'ilz auront achetées à Paris pour porter hors du royaume, en Flandres et en autres pays où les aides n'ont point cours, seront tenuz de paier à Paris entierement l'imposition de VI. deniers pour livre de qu'ilz en vouldront transporter et mettre hors, et autrement ne le pourront faire sur la peine de forfaicture et amende contenuë esdites ordonnances.

Les choses et ordonnances dessus dites furent leués et publiées en la chambre des comptes du Roi nostre sire à Paris, presens les generaulx - consilliers sur lesdites aides ordonnées pour la guerre; et ordonné que semblables instructions seront envoyées aulx esleuz et receveurs de chacun diocese de ce royaume de Languedoy. Fait en ladite chambre des comptes, le III.e jour de juillet, l'an mil CCC LXXVI.

N°. 575. — ORDONNANCE générale (1) *sur les forêts royales, la jurisdiction des officiers, le martelage, les droits des usagers, les droits du Roi dans les forêts particulières, et qui confirme les ordonnances sur les eaux, rivières, étangs, et prohibe les engins.*

Melun, juillet 1376. (C. L. V, 226.)

CHARLES, etc. Savoir faisons à tous presens et avenir, que comme n'agueres feust venu à nostre cognoissance, que en la visitacion ou gouvernement de nos eaues et forez, avons esté par la coulpe, defaut ou negligence des maistres et enquesteurs d'icelles, ou autrement, defraudé de nostre droit en grant appetissement et détriment de nostre demaine en pluseurs manieres, nous voulans sur ce pourveoir, ordenasmes lors certaines sages et discretes personnes de nostre conseil, generaulx-reformateurs sur le fait de nos dictes eaues et forez, desqueiz avons oy les relations, et sur ce avons fait par deliberacion de nostre grant conseil, certaines instructions et ordenances lesquelles nous voulons estre tenuës et gardées sans enfraindre, perpetuelment, en la fourme qui s'ensuit.

(1) *Premierement.* Que le nombre des maistres des forez, par tout nostre royaume, soit restraint et mis en ordenance et nombre certain; et aussy des sergans tant à gages comme sans gages, et en chascun pays.

---

(1) Voici la plus importante des lois sur la matière. Les ord. de novembre 1219, de la Toussaint 1280, et du 19 mars 1314, art. 8 et 9, sont spéciales. *V.* aussi les ordon. de 1318 et 1319. Beaudrillart, dans son Recueil, ne les a pas données. Il indique, sous la date d'août 1291, une ordon. que nous avons imprimée sous celle de 1292. L'ordon. de mars 1302, sur la coupe des bois et la pêche des étangs, n'est pas dans la Collection du Louvre. Beaudrillart a oublié l'ordon. de juin 1319, et il cite, sous la date de 1318, une ordon. sur les chasses, que nous n'avons pas. C'est peut-être celle de juin 1321. Il cite, sous la date du 11 juin 1355, une ordon. du 11 juillet. Il a omis l'ordon. du 14 mai 1362. La 1re ordon. dont il donne le texte est celle de mars 1515. Il faut comparer cette ordonnance avec celle du mois d'août 1669, qui est encore en vigueur. *Saint-Yon* a fait des notes fort longues, mais curieuses, sur cette ordon. La plupart de celles de Secousse sont purement philologiques. (Isambert.)

(2) *Item.* Et quant au païs ou duché de Normendie, qui est peuplé des forez, baissons et broches, plus avant que en aucunes parties de nostre dit royaume, tant de nostre demaine, comme à tiers et dongiers, seront ordenez et establis pour visiter et gouverner les eaues et forez dudit païs de Normendie, deux maistres, gens de bons sens et vertu, vie et renommée, et qui ayent congnoissances des coustumes et usages dudit païs, par quoy les droits de nous et de nos subgès, puissent et doient mieulx estre gardez, et à chascun raison rendue, et que l'office ne soit troublé, ne se entremettront d'autres yeaues et foretz, que dudit païs; et en chascun des autres païs seront establiz maistres telz et tant qu'il nous plaira, qui aussi ne se entremettront d'autres lieux que ceux où ils seront ordenez; et nous plaist que quant à present soit un maistre ou païs d'Orlenois; deux ès païs de Brye et de Champaigne, de France et de Picardie, qui auront chascun par an quatre cens livres tournois pour tous gages et chevauchées.

(3) *Item.* Et lesquels maistres pour ce que ça en arriere, obstant les guerres, lesdictes forez ont esté petitement visitées, et par defaut de bonne visitation, elles ont esté forées et grandement endommagées, visiteront par chascun an de general visitation toutes icelles forez par deux fois à tout le moins, et iront de garde en autre, presens et appellez avecques eulz les baillis, prevos ou vicontes des lieux, ou leurs lieuxtenans, les verdiers, gruiers, gardes, maistres sergans et sergans; et à chascune fois feront escrire et registrer l'estat d'icelles forez, afin qu'ils en puissent faire relation là où il appartendra; mesmement en nostre chambre des comptes.

(4) *Item.* Que lesdits maistres, verdiers, gruiers, maistres sergans et sergans, entenderont et seront tenus d'entendre curieusement à la visitacion desdits bois, et conservation de nos droits.

(5) *Item.* Que chascun verdier, gruier, garde ou maistre sergant, visite chascune quinzaine à tout le moins, toutes les gardes de la forest dont il est verdier, gruier, garde ou maistre sergant, et voye l'estat et le port des sergans, et les malfais qui y seront fais, et les rapporte par escrit aux maistres sans delay; et facent chascun verdier, gruier, garde ou maistre sergant, residence en sa verderie, grurie, quatre ou maistre-sergantise, sans soy occuper en autre service ou besoingne; ou l'en y pourverra d'autres; et les sergans soient chascun jour en leur garde, pour savoir et

raporter aux maistres, gruiers, gardes, verdiers ou maistres sergans, ce que l'en y mesfait; et s'il en sont negligens, l'en y pourvoiera d'autres, et seront punis selon leurs demerites.

(6) *Item.* Et pour ce que l'on a trouvé que nous avons eu plusieurs et grans dommages par le fait et coulpe des verdiers, gruiers, gardes ou maistres sergans; à ce que mieulz s'en gardent, ou que l'on puisse sur eulz recouvrer le dommage, s'il avient par eulx, il seront doresenavant tenus de bailler et bailleront en nostre dicte chambre des comptes, chascun bons pleges et respondant pour eulx, jusques à la somme de cinq cens livres tournois.

(7) *Item.* Des fautes et mesfais qui seront trouvez en toutes choses touchans les eaues et forez, qui leur appartendra, cognoistront les maistres et les verdiers, gruiers, gardes ou maistres sergans, tant comme à eulz touche, en lieux notables et publiques, convenables à tenir jurisdition au plus aisié des parties, à ce que l'en puisse veoir leurs fais, et eulz pour nous, et les parties avec conseil, se mestier est, et ne donront plus adjournemens, ne assignations generaulz quelque part que il soient; mais diront où lieu certain qui soit tel que dit est; et si ne porront avoir congnoissance de quelconques actions ou debas, fors que des cas touchans nos dictes eaues et forez; et de tous autres cognoistront les juges ordinaires, soit des demouraus ez forez et . . . . . rain d'icelles, ou autre part (1).

(8) *Item.* Et pour ce que ou temps passé les maistres qui ont eu le gouvernement des dictes eaues et forez, se sont entremis de tenir jurisdition de nostre héritage et demaine, en absence de nostre conseil et de nostre procureur ordinaire, dont par impérité ou autre coulpe, moult de dommages se sont ensuis et porroyent grands inconveniens avenir, les maistres doresenavant ne cognoistront de nulles questions qui touche proprieté ne le droit de la chose; mais seront demenées et determinées devant les baillis et prevos royaulx des lieux, en leur assises ordinaires, nostre procureur et conseil appellez, en ce qui est de Normendie, et de ce qui sera ès autres païs, en parlement; et que ce soit par le conseil desdis maistres.

---

(1) Cette jurisdiction, reconnue dès l'an 1219, a existé jusqu'à la reddition V. notes sur l'arrêt du conseil, du 11 juillet 1535. L'appel était porté, en dernier lieu, à des tribunaux appelés *Tables de marbre*. Aujourd'hui, ce sont les tribunaux correctionnels qui prononcent en première instance. Isambert.

(9) *Item*. Que les maistres et verdiers, gruyers, gardes et maistres sergans, seront contens de leurs gages qui leur sont ordenez, sans prendre aucuns drois en forfaitures ne en amendes, car chose raisonnable n'est pas qu'il soient juges de leur cause.

(10) *Item*. Quant aux gages et pensions des maistres qui souloient estre païez en diverses manieres, selon ce qu'il chevauchoient, et prenoient un jour plus que autres, lesdits gages leur sont tauzez et ordenez par deliberation à 400 livres tournois par an, pour tout ce; et partant seront tenus vacquier et entendre continuelment ou fait de leur office; et prendront leurs dis gages par les mains du receveur ou viconte, un ou pluseurs, du pays ou il seront establis; auquel ou ausquelz il sera mandé par l'executoire de leurs lettres; et par les comptes desdis vicontes ou receveurs, porra apparoir de leurs diligences; et à yceulz il bailleront leurs explois; et aussi leurs rescriront toutes les ventes et delivrances que ils feront.

(11) *Item*. Que chascun desdits maistres porra prendre par an cent molles de busches, et non plus; non pas par sa main, ne sur livrée nouvelle, que li ne ses compaignons, ensamble ne par parties, facent ne puissent faire, ne en vente de bois pour ce; ainçois leur seront livrez par un marchant de bois, ou pluseurs, d'telz comme il vouldront eslire, auxquels marchans par les lettres de reception des maistres, les vicontes ou receveurs feront rabat sur ce que il devront pour leurs marchiez, desdis cent molles, à fuer que busche vaura, aus termes, sur les lieux de l'arrivage, lieu plus commun; et seront tenus de faire quittance aux marchands; par laquelle quittance rapportant ou viconte ou receveur, lesdis marchans en seront deschargiez.

(12) *Item*. Des lettres des ventes et delivrances que les maistres feront, ne prendront pour seel et escriptures de la plus grant vente, que dix soulz tournois ou pais de tournois, et Parisis, ou pais de Parisis; et des autres au dessoubz, à la valuë; ne pour ce ne feront payer aus marchans pour vin, oultre la somme de quarante solz tournois ou pais de tournois, comme dessus; et se plus en estoit payé, si n'en rendera plus l'enchirisseur, s'il y vient; et en seront les maistres et les marchans punis.

(13) *Item*. Des forfaitures que les sergans prendront et raporteront, il seront contens des profis qui d'ancienneté y furent introduis; c'est assavoir, que du charroy auront la charette et les harnois, et de ce qui sera porté à somme, auront la somme et les bas, et a plait autrement harnois; et nous aurons tous les

chevaux et autres bestes; et les sergans, des personnes mal sans auront les menus drois accoustumez; c'est assavoir, le farremens; et toutes les amendes et autres profits seront à nous lequel profit ordené aus dis sergans, leur ait laissié pour ce que il soient plus diligens d'eulz prendre garde que l'on ne meffe et parce que il facent de tous leurs exploiz raport, sans riens re celer, ne prendre à part explois, amendes ne autres avant ces sur nous ne sur nos eaues et forez, ne sur nos subges; et sans en rien donner ne distribuer que par les ventes qui se feront au profit de nous, s'il n'en ont de nous mandement especia passé en nostre chambre des comptes, et sur painne d'estre privez d'office, et leurs corps et biens estre en nostre volenté; et est à en tendre que de toutes les dictes fourfaitures de charettes, chevau à bas, ou autres choses en quoy les preneurs doivent prendre portion, les maistres et verdiers, gruiers, gardes ou maistres sergans, feront faire le pris en deux parties; c'est assavoir, ce qui puet appartenir au preneur, à une part, et ce qui puet à nous appartenir, à une autre part, pour prendre le chois pour nous, à qui d'ancien usage l'election est deuë; et bailleront par escrit aus vicontes et receveurs, les noms des priseurs, et tout le fait comme dessus.

(14) *Item.* Que les dis maistres et verdiers, gruiers, gardes ou maistres sergans, au feur que les fourfaictures escherront, ils seront tenus de rendre aux vicontes et receveurs, et bailler par cedule les choses, la cause, les personnes et le temps; et sem blablement leurs amendes tantot après le taux; et tous leurs explois et les explois des sergans, et de leurs rapors, sans riens receler, ne estre excusez pour dire que il l'eussent oublié.

(15) *Item.* Que quant les ventes se devront faire en noz forz, les maistres en auront collation avecques les verdiers, gruiers, gardes ou maistres sergans, et aucuns des sergans plus souffisans avecques, s'il est mestier, des marchans de chascune forest, pour aviser quantes et où elles seront plus profitables à faire, sans retourner à l'erreur passé de faire à volenté tant de mul tiplications ne si grans; mais feront ventes de vint à trente ar pens, ainsi comme il escherront en siege, sans faire aucun rem plage; et auront demi an de vuidenge, oultre le darnier paiement de la vente, qui sera de trois ans, sans passer, s'il n'y a bonnes causes de les mettre à plus long temps; et asseureront bien les marchans que il ni ara autres ventes durant leur temps, ne em peschement qui les destourbe, et leur sera tenu en verité et de bonne

oy, et seront les marchans tenus de bailler bons et souffisans pleges de païer et accomplir leur marchié et convences par devers les receveurs ou vicontes des lieux; et sera mis en convenant en chascun marchié des ventes qui seront faites des forez, que les marchans feront clorre leurs ventes, par quoy les bestes n'y puissent entrer, et que la revenuë en soit sauvée.

(16) *Item.* Que le maistre qui ordonera la vente, voie en sa personne la place, pour aviser les lieux où elle sera mise mieulx et plus profitable, et en estre certain en sa conscience.

(17) *Item.* De tous marchiez et ventes, les letres des maistres adresceront aus vicontes et receveurs des lieux, et leurs seront presentées par les marchans; c'est assavoir, les letres des ventes ordinaires, dedens un mois; et des autres marchiez, dedens xv. jours après la date, sur paine d'une enchiere, se defaut y estoit; et les vicontes et receveurs en manderont faire les criees, en vendront les pleges, en recevront les enchieres; et les pleges presens, manderont aux verdiers, gruiers, gardes ou maistre sergant, faire delivrance du marchié, et à delivrer martel et prendre les seremens accoustumez des marchans; mais des petis marchiés dont les enchieres se passeront à trois plais, le verdier, gruier, garde ou maistre sergant en porra recevoir les enchieres prendre les pleges, parce que il envoyera au viconte ou receveur le nom du marchant premier, les renchirisseurs, et du darain à qui il sera demouré, le pris, les noms des pleges, l'estat du marchié; et le viconte ou receveur l'enregistrera devers lui, et en recevra les deniers, et fera compte comme des ordinaires; et toutesvoyes porront les dis maistres en tous cas, recevoir les enchieres, par le rescrivant tantost au viconte ou receveur.

(18) *Item.* Et se ès dictes forez escheent aucuns caables, couppiaux, trouches, souches ou branches, ou aucuns demourans, il seront vendus par les maistres ou verdiers, gruiers, gardes et maistres sergans, par gardes, et non pas tous ensemble, au profit de nous; pour ce que l'on trouvera plus de renchirisseurs en ce cas, que à les vendre ensamble; et ne seront pas les enchieres passées à trois plais; mais d'un chascun marchié sera mis l'enchiere au jour du premier paiement; sauf ce que se le marchié ne monte plus de vingt livres tournois, si que il n'y cheist que un seul payement, il seroit passé à enchiere de trois plais; et seront vendus par compte et par merque, et non pas par places; et le compte mis en escript, et raporté au viconte ou receveur par le verdier, gruier, garde ou maistre sergant.

(19) *Item.* Que les d.. maistres n'auront ...sance
let... ne mandemens de dons.. termes.. respis.. don.. ..
ne autres graces, s'il ne leur appert qu'elles ...ent es..
tées et passées par nostre chambre des comp...

(20) *Item.* Que pour quelconques g... es ne mandemens
soyent ..res passés en nostre dicte ch.amb.., pour dons en...
ou en deniers, comment que ce ..t, nouvelle vente o.di..
ne ex..ordinaire ne se fera: mais le bois sera prins en la v...
ordinaire de la forest où le don sera fait, sur le m...h..i, ..
le pris que il vendera le bois à son port ou en ..v.. ..c..
luy ..ra rabba..a sur ce que il devera .. premier terme a ...
..us autr.. ensuians, s.. tant mont.. le don.. aux quelz ..
il payera le donataire; et sembla..ement sera fait et deb..t..
deniers, de ce qui sera donné en deniers, et passé par ...
dicte chambre.

(21) *Item.* Et pour ce que ou temps passé, les maistres..
faisant et vendant ventes de bois, ont par inadvertence ..
autrement, oublié à faire retenue de baiviaulz ou esta...
pour la repueple des forez; et puis grant temps après, en o..
noyent faire retenuë, et en estoit fait pris excessis, et puis.. ..
tution en bois à grant marchié, ou grant dommage de nous..
ordené que d'oresenavant en toutes ventes qui seront fai...
sera entendue la retenue des bayveaulx ou estallons, de di..
huit en l'arpent; et ce seront tenus les maistres de mettre ..
leurs letres, par quoy les marchans ni puissent trouver exc..
tion; et s'il n'y estoit mis, sera il ainsi entendu; et si en s..
ront les maistres réprins de negligens; et se par aventure les d..
maistres oublient ou delaissent à faire ceste retenue, ou la c..
et greffe, ou autres choses accoustumées et ordenées pour nous
ce sera en leur peril, et en seront avecques les marchans chargiez de restitution (1), et yceulx maistres d'amendes et punitio..
sans excusation.

(22) *Item.* Que soubz umbre de caable ne autrement, l'..
ne face ventes de chesnes ne autres arbres en estant, sur le..
quelz autres abbattus par caables ou autrement, soient encroe..

---

(1) Par l'art. 51, tit. 15, de l'ordon. des eaux et forêts, de 1669, les march..
sont responsables des délits commis dans leurs ventes. Cette responsabilité ..
tend-elle jusqu'aux crimes de fausse marque, commis à leur insçu, et p..
par le Code pénal de 1810? (Isambert.)

... soient ... marchie ... caable ... ... sceps z.
... marchans ne les p... ... abbatre, sans celuy en estant
...pper; et après l'en ...erra mieulz qu'il ... sera à f... ... donner à nostre profit.

(23) *Item.* Pour ce que moult de fois a l'on ve... que aucuns
...ustumiers ou acheteurs, qui un arbre ou plus avoyent à pren-
...e en noz forez, le fasoient abbatre, telement qu'il se encroit
... autre milieur pour eulz, et plus dommagable à nous que
... remier, et tel que icelli ne cheist en coustume ne en vente;
... puis par prisiée, avoient icelui en estant, en fraude et grant
...ommage de nous, par la convoitise des marchans ou cous-
...umiers, et par le malice des abateurs, lesquelz, selon leur
industrie, feroient l'arbre cheoir de quelque part que ils vouldroient, sans encroer sur autre; ordoné est que chascun se
garde doresenavant de abatre ne faire abatre son arbre si fo-
lement que il s'encroe sur autre arbre à nous appartenant, tellement que il ne puisse estre osté sans le nostre abatre; car s'il
est fait, il perdera le sien arbre, et sera à nous acquis (1).

(24) *Item.* Que les remaisances (2) de nos euvres ne seront
vendus, tant que le maistre des euvres qui sera pour nous en
ces parties, les ait veues, et qu'il ait raporté que il n'en
ait plus mestier, ou que toute l'euvre soit accomplie, et tant
de temps passé que esperance ne soit que l'on les y doye employer.

(25) *Item.* Pour ce que ou temps darrenierement passé, en
chascune forest, l'on faisoit plus de ventes ordinaires et extraordinaires, que les forez ne desirroyent, et que un marchant en
tenoit plusieurs que il delivroit par un seul martel, dont moult
de fraudes sont ensuies; ordené est que doresenavant chascun
marchié se deliverra par un propre martel qui sera publiquement baillié au marchant en plais ou en assises; et jurera que
d'icelui martel ne marquera fors que le bois de sa vente; et
après le serement, s'il est trouvé que il eu celui à qui il aura

---

(1) Les usagers sont sujets à délivrance. *V.* l'ord. de 1280, qui est encore en
vigueur; arrêt de la Cour de cassation, du 24 août 1820, motivé sur cette ord.,
et sur celles de 1529 et 1540; art. 2, janvier 1583; tit. 26 de l'ordon. de 1669;
arrêté directorial du 5 vendémiaire an 6; lesquels sont applicables aux bois des
particuliers, comme aux forêts nationales. (Isambert.)

(2) Le reste des bois qui ayant été coupés pour les bâtimens du Roi n'y ont
...ant été employés, *V.* ci-après, l'ordon. du 3 septembre 1576. (*Idem.*)

bailiié son martel, en merque autres bois fors que celui de vente, ou mesure frauduleusement, il fourfera sa vente entierement en l'estat où elle sera, ou en sera en amende voluntaire, selon ce que l'on verra l'estat de la chose, au choix des maistres.

(26) *Item.* Aucun marchant pour pleges qu'il ait baillez ne pour martel qu'il ait receu, ne porra entrer à exploiter de sa vente, se avant toute euvre elle n'est martellée et marquée par dehors par le mesureur, ou d'autre martel que les maistres y auront ordoné, sur paine de forfaiture ou amende voluntaire, lequel qu'il plaira eslire auz maistres (1).

(27) *Item.* Que tous marchans quant le terme de coppe et vuidenge de leur marchié sera failli, apporteront devers les verdiers, gruiers, gardes ou maistres sergans, sans delay, les marteaulz dont il auront delivré leurs ventes; et les verdiers, gruiers, gardes ou maistres sergans, les recevront d'eulz, et leur en bailleront lettres, se requis en sont; et iceulz receuz deperiront, ou en ordonneront par tele maniere que l'on n'en puist jamais user.

(28) *Item.* Ainsi comme il est dit du bois à edifier, est-il à entendre du bois pour chauffage de cheminées des chastiaux, quant nous le manderons, en ayant regard aux edifices qui y sont, au nombre des cheminées; et que on ne baille pas bois en estant, se bonnement l'on puet finer d'aucuns cables, ou arbres abbatus ou secs (2).

(29) *Item.* Et quant aus chauffages des verdiers, gruiers, gardes ou maistres sergans, il n'auront riens, s'il n'est avant avisié du viconte ou receveur, lequel leur porra baillier selon leur mesnage; ainsi comme par livrée et esgart convenable du bois versé ou sec, s'il en y a qui souffise; sinon des remanans des couppiaux ou branches qui ne porront estre emploiez en edifice, et sans excès ou outrage; ne en autre usage n'es porront point convertir ne à eulz appliquier, ne eulz aidier de usage contraire, lequel, s'il estoit ou avoit esté, est aboli et ostez du tout.

---

(1) Aujourd'hui on ne marque plus que les arbres reservés, mais le marchand n'est déchargé de la vente qu'après visite et congé de cour. (*Sinon id.*)

(2) Cet article est relatif aux usagers; il est de principe que le droit de bois est attaché au nombre de feux, et non à la personne. *V. Delapée de Firmeville,* Pratique des terriers; *Dupin,* préface des lois des communes; président *Henrion,* des biens communaux. *Idem.*)

(30) *Item.* Quant aus usagiers qui ont droit et coustume de vendre boiz ès forez pour ardoir ou pour edifier, ou pour leurs autres usages, et avoir pasturages (1), pasnage et teles choses samblables, comme nous ne vueillons à aucun donner sans cause empeschement, ne aussi nostre demaine souffrir par mal usage perir; soyent les maistres diligens de veoir leurs tiltres et de esquerir de leurs possessions, la maniere de user, de l'estat de la forest, et que elle puet souffrir; et ceulz qui auront à oultrage et abus usé, n'en soient pas laissiés joir, et les autres en soient souffers par attemprance mise, si le convient, selon la possibilité des forez et la qualité des personnes.

(31) *Item.* Samblablement les maistres, sur les paines de devant, ne porront donner congié ou licence à un homme usagier ou coustumier, de ardoir ne user de bois, ne pasturage de son usage ou coustume, autre part que ou lieu par raison duquel il prent et perçoit ledit usage et coustume (2).

(32) *Item.* Aucuns sergans à qui nous aurons donné l'office, soit à gages ou sans gages, ne usera de sa coustume, supposé que il soit coustumier en la forest dont il sera sergant, ou autre, tant comme il sera en l'office.

(33) *Item.* Pour obvier aus fraudes, aucuns charpentiers ou ouvriers de nefz, de vaisseaulz à vin, de charpenterie, de tonniaulz à vin, ou autre merrien, ouvrans de leur mestier, ne tienent atelier doresenavant, ès termes ne ou rien des forez; se ce n'est dedens les ventes ordinaires (3).

(34) *Item.* Que se les coustumiers abatent bois de leur coustume, ou qui leur aura esté livré, ne font bien et souffisamment la coppe profitablement pour la revenuë, il le feront reparer selon la qualité du fait.

(35) *Item.* Que comme l'en dit que les maistres et verdiers, gruiers, gardes ou maistres sergans, qui ont esté, se soyent alargis par fol hardement, simplece ou autrement, de restituer arrerages aux usagiers qui rien n'en avoyent eu, chauffages,

---

(1) *V.* les notes de Pecquet, sur l'ordon. de 1669, au recueil de *Beaudrillart*, p. 66 et suiv., tom. 2, où les droits de *pâturage*, *panage*, et autres sont définis. (Isambert.)

(2) Quant à la vérification des titres, *V.* la loi du 28 ventose an XI. (*Idem.*)

(3) *V.* l'art. 21, tit. 27 de l'ordon. de 1669. On a même imposé la servitude de ne pas batir à une distance fixée; avis du Conseil d'État, 22 brumaire an XIV; arrêt de la Cour de cassation, 22 septembre 1820, et surtout notes sur l'arrêt du Conseil d'État, du 11 juin 1817, au Recueil complet. (*Idem.*)

charruries, et en choses samblables qui sont annuelz, temporelz et momentanez; deffendu est que plus en tel cas fait ne soit; ne usage transmué de lieu en autre pour quelconques causes, sans l'exprès mandement de nous, passé en nostre dite chambre.

(36) *Item.* Que les maistres des forez ne autres, ne puissent establir sergant ne donner serganterie des eaues et forez, à gages ou sans gages; ne le sergant ne soit si hardi de en user, se il ne l'a par nostre grace et octroy, ou s'il n'y a evident et souffisant cause; ou quel cas, les maistres y porront establir sergant à temps et par provision.

(37) *Item.* Pour ce que ou temps passé, les maistres et verdiers, gruiers, gardes et maistre sergant, ont accoustumé quant il estoit plait ou debat devant eulz d'aucunes forfaitures et amendes, de user de compositions (1), de y prendre proufis singuliers contre justice, et en nostre prejudice et de nos subgez, les maistres d'oresenavant n'en oseront plus, et ne seront arbitres de nostre droit; mais seront tenus d'oyr parties, de justement jugier selon verité et la nature du cas, et à un chascun faire raison et droiture, et ne prendront pour nous fors ce qui nous appartendra; et aussy n'en feront don ou grace, mais nous s'en attenderont, comme à nous seul appartiengne de faire du nostre à nostre volenté; et samblablement les verdiers, gruiers, gardes ou maistre sergant, des cas qui regarderont leurs offices.

(38) *Item.* Ne porront lesdis maistres donner aucuns alloguemens de vuidenges pour quelconque cause que ce soit ne puist estre; et qui besoing en aura, si en ait recours à nous ou en la chambre de noz comptes; et lors en facent les maistres ce qui mandé leur en sera.

(39) *Item.* Pour ce que de jour en jour esconvient du bois tant pour navire comme pour noz chasteaulz et edifices, et que ou temps passé ce qui en a esté prins et employé esdis chasteaulz, navire et edifices, a esté prins et coppé sans mesure ne ordenance, endommagant les forez, en grande lesion et destruction d'icelles; ordené est que quant il conviendra ouvrer,

---

(1) C'est ce que fait encore le ministre de la maison du Roi, dont les officiers sont administrateurs des forêts de la couronne, avec d'autant plus de facilité, que les amendes appartiennent au trésor. Ordon. d'août 1814; supplément ibi au Recueil complet. (Lambert.)

JUILLET 1376.

...ulz qui seront chargiez des euvres, n'en porront riens pren-
...re, tant que lesdis maistres ou l'un d'iceulz, avecques les
...contes ou receveurs des lieux, ou leurs lieuxtenans, et les
...rdiers, gruiers, gardes ou maistre sergant, soient appellez;
...quelz par bonne deliberation avecques les ouvriers, aviseront
...bien de bois et quel faudra livrer pour chascun chastel,
...vire ou edifice, et au lieu plus aisié et moins dommagable
...ront la place et les chesnes ou autres arbres, selon ce que
...sera; et se une place ne souffit, l'en nomberra les ar-
...res, et seront martellez du martel du verdier, gruier, garde,
...maistre sergant, ou autre qu'il aviseront pour le mieulx;
...quelz arbres ainsy merquiez, ou place pour ce livrée, se-
...ront justement prisiez; et puis le viconte, receveur, ou le maistre
...des euvres, feront copper et prendre, et non autre, jusques à
...tant que il seront employez; et, par nouvel delivrance, s'il est
...mestier, autres places ou arbres soyent delivrez, merquez et
...signez; et des arbres ainsy merquez et prins, les vicontes ou
...receveurs bailleront les letres aux verdiers, gruiers, gardes ou
...maistres sergans, ou au sergant en quelle garde il seront prins,
...pour valoir en son excusation quant l'on visitera la forest; et
...aussi de reception, celui qui sera chargié des euvres, sera tenus
...de baillier ses letres; en gardant toutes voyes les poins dessus
...dis, et autres qui sont contenus en l'ordonnance faicte en espe-
...cial pour cause desdictes euvres.

(40) *Item.* Comme de tousjours ait esté mise difference entre
...les coustumiers, entendans la signification des paroles de *mort*
...*bois à bois mort*, en prendant *bois mort* pour celuy qui est
...sec, soit abbatu ou en estant, et en entendant le *mort bois*
...de certain bois vert en estant; afin que plus n'en soit debattu,
...l'en desclaire que ainsi doit-il estre entendu que dit est, et le
...*mort bois* tel, non autre, comme il est dit et declairié en la
...chartre aux Normans qui en fu faite par le Roy Loÿs, l'an mil
...ccc, quatorze (1), sur l'interpretation et nomination dudit *mort*
...*bois*; et ainsi sera interpreté et prins ès cas qui se offrent et
...offeront, especialement quant au païs de Normendie.

(41) *Item.* Que la ferme de la maistrise de Rommare, pour
...ce que elle ne fait que empeschier et donner occasion de mef-
...faire, comme l'en a trouvé; et meesmement ou darrenier fer-
...mier, est abatuë, et ne sera plus baillée le terme failli de celui

---

(1) *V.* ci-dessus, tom. 3, p. 48.

qui le tient à present; lequel terme durant, il en usera et paiera; et deslors en avant les amendes dont ledit fermier avait la moitié, et les autres droits venront à l'ordinaire, et les recevra le vicomte.

(42) *Item.* Que ce qui sera deu des dismes, pour cause des dismes de nos bois, sera prins d'oresenavant sur le pris des ventes, et payé en deniers aux termes qui seront ordonez aux marchans, à chascun terme par portion, par la main du vicomte ou receveur; non pas en bois ne en autre maniere.

(43) *Item.* Pour ce que quant l'en a esté assemblé pour bailler nostre pasnage, l'en a fait plusieurs despens excessis, ou prejudice de nous et des marchans; il est ordonné que le jour du bail, le viconte ou receveur pour la recepte et son clerc, le verdier, gruier, garde ou maistre sergant, et les sergans de la forest, si comme il a tousjours esté accoustumé, y seront et doivent estre; et se le vicomte ou receveur est empeschiez, il y envoyra lieutenant convenable; lequel viconte ou receveur ou son lieutenant, aura vingt solz; son clerc, cinq solz; le verdier, gruier, garde ou maistre sergant dix solz; chascun des sergans qui y sera present douze deniers : et avec ce, porront prendre en despence pour legierement marchander avecques les marchans, quarante solz et au-dessoubz, et non plus; lesquelz quarante solz seront prins, des deniers que l'en met en chapel, en la maniere accoustumée.

(44) *Item.* Que les maistres desdictes eaues et forez, pour ce que il ne puissent ignorer que il ne doient rendre raison de l'estat et gouvernement desdictes eaues et forez, et des fais et provisions que chascun en droit soy y aura fais et apporceuz; il seront tenus de venir en nostre chambre des comptes, à Paris, une fois en l'an à tout le moins, tant pour ce qui leur touche, comme pour ce que sur les comptes des vicontes et receveurs qui s'en sont entremis, les gens de nos comptes, ou mestier sera, puissent avoir leur relation et avis avec eux; et lors apporteront leurs prothocolles des ventes qui seront faictes ès forez où il seront establis; et aussi des exploits et amendes fais et bailliez par lesdis maistres, et qui seront venus à leur cognoissance, que riens n'en soit celé.

(45) *Item.* Se par grace ou autre maniere, estoit souffert que verdiers, gruiers, gardes ou maistre sergant ou autres officiers, eussent lieuxtenans, il seront chargiez de tous les fais de leurs lieuxtenans, comme se en propre personne il l'avoient

bail; comme par autres ordonances ait esté ainsy fait, encore est-il ordoné.

(46) *Item.* Lesdis maistres ne aucuns d'iceulz, ne porront vendre ne bailler aucunes ventes des forez à aucun de son lignage, ne à gentilhomme, ne à nostre officier, advocat, ne à clerc beneficié.

(47) *Item.* Comme par fol hardiment des usagiez, ou par simplece ou autre cause des officiers qui pour nous se sont entremis, aucuns coustumiers soubz umbre de leur coustume de prendre en nos forez et abbatre chesne en estant, qui nomment *d'entrée*; c'est assavoir, sitost comme en la racine ou autre part en bas, il pevent mettre la cuignie et embattre à sec, pour rendre dix solz de la chartée de hestre; par voye pareille, dix soulz de autre bois que il veulent nommer *mort bois*, comme tremble, boulz, fresnes, l'erable et leurs samblables, pour cinq solz; le fait d'un homme pour douze deniers; et partant estre quitte de tel meffait; sans ce que il en aient tiltre, ordenance, registre, ensengnement ne grace, que de volenté; pour ce que c'est evident dommage, et que l'on a sçeu que aucune fois par malice clandestinement, pour les arbres faire sechier en aucunes de leurs parties, aucuns malvais ont par le pié de l'arbre feru la cuignie emprès terre sur partie de la racine, et icelle couverte pour le mortiffier en icellui endroit, et moult d'autres fraudes s'en sont et porroyent ensuir; et aucune fois est le dommage de l'arbre greigneur que l'amende; et pour moult d'autres causes, ordoné est, que doresenavant nul ne s'entremette de abbatre telz arbres nommez *d'entrée*, quelz que ils soient; et se aucuns le fait, il soit tenus de rendre le dommage à nous, et en amende convenable selon le meffait et la coustume (1).

(48). *Item.* Pour ce que en Normendie et aucuns autres lieux, sont plusieurs forez, bois et buissons, en autres fons et demaine, esquelles avons et prenons tiers et dongier (2), gruric et autres drois; et y pevent les maistres, verdiers, gruiers, gardes, maistres sergans et sergans de nos forez, faire prinzes

---

(1) Les usagers qui n'avaient droit que de prendre du *bois mort*, pratiquaient divers moyens pour faire mourir les arbres; et dès qu'ils commençaient à se secher en quelques endroits, ils les coupaient, et en étaient quittes en payant pour le prix de ces arbres une somme très-modique. (Secousse.

(2) *V.* le titre 23 de l'ordon. de 1669. (Isambert.)

et explois, se malfaçon y treuvent; et aussi sans licence et l'auctorité de nous ou de nos gens ordenez sur le fait de sa forez, n'en pevent les demeniers riens vendre; ordené que toutesfois que prinzes et explois y seront fais de nos gens, il seront tenus de les raporter aus vicomte ou receveur royal du lieu, pour estre registré devers lui; et par voies samblables, seront les ventes raportées à ycellui vicomte ou receveur, pour en recevoir le tiers et dongier, grurie et autres drois, et les rendre en compte, ainsi comme ordené est; dont lesdis maistres et verdiers, gruiers, gardes, maistres sergans et sergans, retendront autant pour registre de tous leurs explois.

(49) *Item.* Pour ce que lesdis bois et buissons à tiers et dongier, sont en divers lieux, et aucuns lointieux des forez royaux, et en diverses vicomtez; dont pour cause des prinzes ou explois sur quoy aucunes questions naisteroyent, porroyent les sagis estre traveilliez d'estre traitiez de lieu en autre; ordené est que en tel cas, le viconte ou le prevost ou autre juge royal, en qui viconté ou prevosté la forest ou bois sera, ou son lieutenant, en ait la cognoissance; et prendra le profit, s'il y est pour nous, et le rendera à nous; et audit viconte ou receveur seront ceulx qui feront les explois, tenus de faire raport; mesmement que ainsy le faisoit l'en dès l'an mil ccc. soixante.

(50) *Item.* Comme nulz ne doye par raison ce qui est en parçonnere pour indivis, aliener sans son parçonnier; et aussi doyons bien avoir prerogative en ce où nous avons part; et autrefois ait esté ainsy fait en ce cas, et pour autres causes que l'en a apperceues en reformant le fait desdictes forez; ordené est que nul demenier de bois où nous prendrons tiers et dongier ou autres droits, ne puisse vendre de sesdis bois sans avant en avoir congié de nous, se le marchié ne monte si petit pris que il n'exede dix livres tournois ou païs de tournois, et Parisis ou païs de Parisis; ou quel cas de si petit pris, il souffist d'en avoir le congié des maistres; au-dessus non.

(51) *Item.* Que se lesdis demeniers veulent vendre desdis bois à tiers et dongier de nous, comme communement il ayent accoustumé de savoir quel pris il en pevent avoir, et combien il ont necessité; ou s'il veulent vendre, il seront tenus de declarcir et bailler par escript aus maistres, quel bois il veulent vendre, quel pris, quelle quantité, les bous, places et costez, le temps de coppe et de vuidenge, à ce que les maistres voyent le lieu et la jettée, et en sachent respondre; et les maistres sont chargiez

des lieux visiter et de pourveoir à nostre profit, et que nous ne soyons fraudez.

(52) *Item.* Que les ordenances anciennes des eaues, bois et forez, là où il n'est ès articles dessus derogué, ou autrement declaré, sont et demeurent en vertu; et par especial sont et demeurent en vertu les ordenances faites autrefois sur les eaues, rivieres courans, estans, viviers et autres du royaume,(1); tant des engins, fourme, quantité d'iceulz, et des temps comment l'en en doit user; comme des amendes, punicions et paines, si soyent gardées; et pour ce que ça en arriere, lesdictes ordenances faites sur les eaues, ont esté petitement gardées, et les pescheurs des rivieres et leurs engins pou visitez, et aucuns souffers pescher à engins deffendus, par long temps, et par simple et petite amende deportez, ou dommage de nous et des rivieres redondant en l'interest publique; ordonné est que d'oresenavant l'en y fait diligence et visitation, et les engins deffendus soyent ostez; et ceulz qui en auront usé et fait contre lesdictes ordonnances, punis, et les autres bons laissiez en paix et tranquillité, comme il appartient; et est enjoint ausdis maistres, que se en aucuns desdis engins ou sur autre point, appercevoyent que il soit bon mettre attemperance ou provision, il le raportent en nostre dicte chambre des comptes, pour y estre par nous pourveu, si comme il sera à faire au profit de nous et au bien de la chose publique.

Sy mandons à noz amez et feaulz gens des comptes à Paris, que nosdictes presentes ordonances facent enregistrer en nostre chambre des comptes, et icelles facent tenir, garder et enteriner de point en point, selon leur fourme et teneur, sans aucune chose faire ou souffrir estre fait au contraire.

Et que ce soit ferme chose et estable perpetuelment, nous avons fait mettre nostre scel à ces presentes letres : sauf en autres choses nostre droit, et l'autrui en toutes.

Donné à Melun-sur-Saine, l'an de grace mil ccc. soixante seze, et de nostre regne le XIIIe, ou mois de juillet.

---

(1) *V.* les ordon. de 1292, sur la police de la pêche (p. 691, 2e vol.); les ord. de juin 1326, p. 318 et suiv. du tom 3; art. 35 de l'ordon. du 29 mai 1316, et l'ord. de 1669. (Lambert.)

N°. 576. — Lettres *portant commission d'informer secrètement sur la contrefaçon des monnaies du Roi, faite par ordre du comte de Saint-Pol, en un château de l'empire voisin des frontières, et d'arrêter les coupables partout, excepté en lieu saint.*

Paris, 7 août 1376. (C. L. VI, 213.)

N°. 577. — Édit ou Constitution *rendue en parlement* (1), *sur les droits de bourgeoisie dans le Languedoc.*

Paris, 27 août 1376. (C. L. VI, 214.)

Karolus, etc. Notum facimus universis tam presentibus quam futuris, quod exposita dilectis et fidelibus consiliariis nostris in nostra parlamenti camera existentibus, querimonia non nullorum prelatorum, aliarumque personarum ecclesiasticarum, procerum, nobilium, ac aliorum dominorum justiciariorum senescalliarum Belticadri, Carcassone, et partium lingue occitane,

Dicencium, quod licet inclite memorie Rex Philippus-Pulcher certas burgesias in dictis partibus pridem statuerit (2) sub certis modis, condicionibus, punctis et articulis in suis ordina-

___

(1) C'est, à proprement parler, un arrêt. Les nobles et les prêtres se plaignaient de l'accroissement des bourgeoisies, parce que leurs droits s'en trouvaient diminués. Pour jouir du droit de bourgeoisie, dans une ville royale, il fallait, dit le président *Henrion de Pansey*, Autor. judic., p. 58, y faire une résidence continuelle. L'autorité royale en profitait, elle accordait ce privilège même à ceux qui ne résidaient pas. Il y eut des bourgeoisies réelles et des bourgeoisies personnelles, des bourgeoisies royales et des bourgeoisies seigneuriales, des bourgeois du dedans et des bourgeois du dehors, des bourgeois par résidence, et des bourgeois par aveu ou par avouerie. Voilà pourquoi le titre de bourgeois, jusqu'à la révolution, a exprimé une sorte de franchise ou supériorité sociale. Les bourgeois pouvaient être nobles. V. préface du tom. 12 des ordon. du Louvre. Les seigneurs s'apperçurent du mal que leur faisait la multiplication des bourgeoisies, et c'est sur leurs plaintes que Philippe-le-Bel, en 1287, imposa l'obligation de résider une partie de l'année dans le lieu de la bourgeoisie. Cette obligation, dit M. *Henrion de Pansey*, leur fit illusion. Telle fut leur imprévoyance, qu'ils ne virent pas combien l'ordon. elle-même renfermait de moyens d'éluder son exécution. Leur irritation se calma. Ils renouvelèrent ces plaintes sous Charles V, mais ce prince non moins politique que *Philippe-le-Bel*, eut l'art de les satisfaire quoiqu'en effet il ait encore affaibli le lieu de respect, etc. (Isambert.)

(2) V. l'ordon. de 1287 et celle de 1309. *Idem.*

...ibus super hoc confectis, plenius expressis et lacius decla-
... ; nichilominus nonnulli burgenses nostri vigore dictarum
... ...cionum effecti, plurima puncta, condiciones et articulos
in eisdem ordinacionibus contentos non observant, sed eadem
...are nituntur et infringere moliuntur, dictisque burgesiis
...untur; nam licet per easdem nullus recipi in nostrum bur-
...em debeat, nisi in loco burgesie in quo se asserit moratu-
..., nichilominus prout nostris auribus est relatum, ipsi
...dernis temporibus recipiuntur ubique, etiam in terris et in
...dicionibus conquerentium predictorum; quamquam eciam
...ta predictorum seriem statutorum, burgenses ipsi domum
...ecio sexagenta solidorum ad minus, emere infra annum in
loco burgesie tenerentur, hoc nullatenus observatur, nec mutant
...cilium ad locum burgesie, sed remanent et morantur ut
...in locis conquerentium prefatorum, et tamen defenduntur
... nostri burgenses, adeo quod conquerentes ipsi non possunt
...amine hujusmodi ficte vel simulate burgesie, de eis justiciam
...inistrare; quod si fecerint, vexantur et mutipliciter opprimun-
tur, remanentque propter hoc eorum delicta penitus impunita;
confugiunt etenim ad locum sue burgesie simulate, distantem
quam plurimum à loco more sue atque perpetrati delicti; quamobrem propter locorum distanciam, lesi metu sumptuum et
vexationum, ipsorum prosecutionem verentur; non possunt
eciam iidem burgenses in locis ubi morantur et in quibus habent sua peccora, si eadem contingat in alienis agris depascere,
et alieno reperiantur in dampno, pignorari ut ceteri, quin ipsos
pignorantes salvamgardiam nostram infregisse dicatur; non sol-
vunt etiam subsidia et taillias, nec volunt excubias tempore
guerre facere in locis in quibus morantur; nec est aliquis qui
sit ausus ipsos compellere ad premissa. Preterea plures debitores
suorum volentes solucionem effugere debitorum, in fraudemque
creditorum suorum burgesias nostras, et presertim longe à suis
creditoribus ingrediuntur; quapropter creditores ipsi suos dictos
verentur prosequi debitores, et eodem modo fit de injuriam
passis, qui suos injuriatores nostras dictas ingredientes longin-
quas burgesias, minime prosequuntur. Contingit eciam quandoque, quod si forsan aliquis calore iracundie motus vel alia ratione, ingrediatur nostras burgesias antedictas, et inde postmodum
alio ductus consilio velit recedere, gentes tamen dicte burgesie
ipsum exinde recedere non permittunt, sed ipsum eciam invitum
ut nostrum burgensem tuentur; quamquam eciam dicte burgesie

voluntarie existant, dicti burgenses tamen per penarum i[n]-
cionem, ad festum omnium sanctorum et ad festum ..
domini, venire inviti ad locum burgesii compelluntur; et [..]
quilibet nostras dictas ingrediens burgesias, in introitu mar[cham]
argenti nobis solvere teneatur, plures tamen fraudulent[er]
suorum criminum ulcionem et debitorum solucionem pler[um]
evitandas, ingrediuntur easdem, qui propter ipsorum in[opiam]
marcham argenti solvere nobis nequeunt supradictam. De [..]
eciam gentes burgesie Aquarummortuarum, instituunt servi[entes]
burgesie speciales, nedum in Aquismortuis, ymo eciam ubi[cum]-
que per patriam, quorum multitudine consumitur patria, [..]
dicunt exemptos ab ordinariis ut burgenses; estque de nov[o ..]
titulus unus procurator noster specialis burgesie Aquaru[mmor]-
tuarum; quod tamen officium noster procurator senesc[alli]
Bellicadri. in Montepessulano per se vel suum substitutum e[xer]-
cere solebat. Faciunt eciam dicti burgenses nostri singulis a[nnis]
unam collectam ad ordinacionem conservatorum suorum, p[ro]
suorum litigiorum et suarum surrepticiarum prosecutione b[ar]-
rarum, et ut per suos dictos conservatores ex dictis tailliis imp[in]-
guatos, audacius defendantur; et quod deterius est et pernicios[o]
exemplo, fit similis, ut premittitur, usurpatio in juridicion[ibus]
nostris ordinariis predictorum locorum; simili namque m[odo]
defenduntur iidem burgenses contra senescallos et alios offic[ia]-
rios nostros, sicuti contra conquerentes prefatos. Fiunt insup[er]
infiniti excessus pariter et abusus, per hujusmodi burgesia[s et]
sub earum velamine; burgensis etenim noster in antedictis p[ar]-
tibus erecto cervice morabitur in terra et juridiccione u[nius]
conquerentium predictorum, qui metu dicte burgesie infra[n]-
gende, ipsius delicta corrigere, nec de ipso ausus erit facer[e]
justicie complementum; prout hec inter cetera conquerenti[s]
prefati exposuerunt dilectis et fidelibus consiliariis nostris ex[is]-
tentibus in nostri camera parlamenti, supplicantes de salubri [et]
competenti sibi super hoc remedio provideri.

Pro parte autem procuratoris burgesie nostre predicte Aqu[a]-
rummortuarum, pro dicte burgesie defensione fuit expositu[m]
nostris consiliariis supradictis, quod idem Rex Philippus-Pulch[er]
predecessor noster memorie recolende, pro regni sui commo[do]
duxit dictas burgesias statuendas, et presertim pro utilitate subditorum suorum lingue occitane, quibus per eorum dominos [et]
dicte patrie justiciarios, multiplices oppressiones inferebant[ur]
atque molestie, easdem burgesias in dictis partibus introdux[it;]

quod quilibet qui proprio juramento se diceret agravatum .... per suum dominum vel justiciarium aut officia- ...... burgesias, et presertim in parte antiqua Montispes- ......, posset intrare, qui per rectorem nostrum tunc dicte ...... antique, haberet recipi in burgensem, solvendo nobis in ...... anno unam marcham argenti duntaxat; qui quidem sic ...... debebat ibidem emere unam domum precio sexaginta ...... parisiensium ad minus, eratque, est et esse debet cum ...... liberis et familia, exemptus ab omnimoda juridiccione ...... sub cujus juridiccione vel in cujus dominio antea mora- ......, concedendo quod in quocumque casu criminali et civili, ... rectore predicto seu ejus locumtenente teneretur respon- ......, quem eisdem burgensibus nostris in judicem, conservato- ...... et commissarium deputavit, et eosdem burgenses nostros ...... cum uxoribus, liberis atque familia, suscepit in salvagardia ...... speciali; que omnia fuerunt hactenus, quamdiu dicta pars ...... in manu predecessorum nostrorum et nostra extitit, ...; recepitque dictus rector seu ejus locuntenens, quos- ...... volentes intrare dictam burgesiam modo superius anno- ......; qui quidem burgenses una cum eorum familia, privilegiis ...... libertatibus predictis usi et gavisi fuerunt pacifice et quiete ab ...... annis et amplius, et à tanto tempore quod de contrario ...... memoria non existit; quodque translacione ille Mon- ...... facta in carissimum et fidelem fratrem nostrum ...... Navarre, nos voluimus et ordinavimus quod dicta bur- ...... prout fuerat, ut premittitur, instituta, mutaretur et trans- ...... in loco Aquarummortuarum qui carebat custodia, et ...... popularetur idem locus dicta burgesia mediante, et quod ...... burgenses qui fuerant in Montepessulano recepti, prout ...... vocabantur burgenses Montispessulani, deinceps vocaren- ...... burgenses Aquarummortuarum, qui gauderent privilegiis, ... et libertatibus burgesie, prout ante, eisdem in conserva- ......, judicem et commissarium, castellanum et vicarium Aqua- ...... mortuarum deputando ac eciam committendo, coram quo ...... ipsos respondere in quocumque casu criminali et civili, ... coram dicto rectore antea faciebant; qui quidem castella- ...... et vicarius dictam burgesiam, juraque, privilegia et libertates ...... juste et legitime gubernavit, pluresque de senescalliis ...... Bellicadri et Tholose, in nostros burgenses recepit, ... antea in Montepessulano fiebat; quodque nonnulli prelati ...... barones habentes odio dictam burgesiam, eo quod propter metum superioritatis nostre, opprimere suos subditos non ausi, volentes dictam burgesiam destruere, quasdam ordinationes per carissimum fratrem nostrum ducem andegavie nostrum locumtenentem in partibus occitanis, fieri procuravit super destruccione videlicet et diminucione privilegiorum, statutum et jurium dicte burgesie, et presertim super habitacione quam in loco burgesie tenentur facere nostri burgenses predicti, videlicet, novem mensium, licet non teneantur nisi in festivitatibus natalis domini et pasche, prout in litteris dicti transporti dictus procurator asserit contineri; que tamen ordinacio tanquam juri nostro et rei publice repugnans, per nos extitit revocata et ad nichilum redacta; ordinatumque fuit per nos, quod prout observatum fuerat, tenerentur; et insuper quod nonnulli prevaricantes ab inhibitionibus eis factis, ne de personis et bonis dictorum burgensium nostrorum et eorum familie, qui in suis terris et juridicionibus morabantur, se intromitterent, ad nos appellare dicuntur; quapropter dictus castellanus de dictis burgensibus cognoscere non est ausus, et presertim propter ordinacionem et provisionem quamdam factam per nostram curiam parlamenti, quod judex major de burgensibus in terra episcopi magalonensis cognoscat, per quam provisionem fuit mutata sedes burgesie supradicte; et sic dicti burgenses gravantur, quia ipsos ad longiores partes quam in loco Aquarummortuarum litigare oportet, ex quo sequitur depopulatio et destruccio dicti loci, nosque per hoc sumus dessaisiti dicta burgesia et emolumentis ejusdem, quibus quidem de causis dictus procurator burgensium requirebat privilegia et libertates dicte burgesie, pendentibus dictis impedimentis observari, vel informationem super commodo et incommodo nostris et patrie fieri; et hoc pendente, dicto castellano dictorum burgensium cognitionem committi.

Visis itaque per dictos consiliarios nostros supplicationibus et racionibus antedictis atque ordinacione burgesiarum, predictam habitaque super hoc relacione nonnullorum officiariorum nostrorum patrie predicte, diligentique et matura deliberatione consilii super hiis et eorum circumstanciis et dependentiis prehabita, dicti consiliarii nostri super hoc ordinaverunt; nosque tenore presentium ordinamus et presenti declaramus expresso,

Quod dicti burgenses nostri deinceps recipiantur solum in loco burgesie, ubi recipi petent et requirent, et si secus fiat, ille qui fuerit alibi receptus, burgensis nullatenus reputetur; quodque de quibuscunque delictis commissis ab anno seu infra annum

... burgenses nostros ante ingressum burgesie vel recep-
... ipsorum, ordinarii sub quorum juridiccione antea mora-
..., et à quibus virtute dicte burgesie se eximunt, cognos-
... faciant justiciam, ac si non essent burgenses effecti;
... quod illa de causa ipsos non gravent aut opprimant; et
... inhiberi sub certis penis volumus et jubemus; cog-
... eciam iidem ordinarii, et justiciam de ipsis faciant in
... realibus quibuscumque, nec sint iidem burgenses nostri
... à contribucione tailliarum nec ab aliis muneribus pu-
...; ymo omnia munera civilia subire teneantur sicut ante, et
... possint per ordinarios compelli sicut alii non burgenses,
... videlicet in locis in quibus morantur; possint eciam
... burgenses predicti renunciare burgesie si et quando vo-
...; dum tamen hoc fiat libere et sua spontanea voluntate,
... sine fraude; nec deinceps creabuntur servientes bur-
... predictorum Aquarummortuarum, quia ad hoc suffi-
... servientes nostri ordinarii Aquarummortuarum, quos eciam
... moderari.

Si vero contingat aliquos de nostris burgensibus antedictis
... delicta committere, volumus et tenore presentium ordina-
..., quod per ordinarios sub quibus moram trahent, vel in
... juridicione delinquent, in ipso delicto capi possint, vel
... fugientibus, fragrante crimine vel informacione legitima
... hoc precedente, deinde per eosdem ordinarios ipsos remitti
... ad locum burgesie, prout casus exegerit puniendos. Vo-
... insuper et hac irrefragabili CONSTITUTIONE sanccimus, ut
... burgenses prefati, qui dicte burgesie privilegiis, libertati-
... et juribus uti voluerint et gaudere, teneantur morari cum
..., liberis et familia, in loco burgesie in qua recepti
..., ut prefertur, per quatuor festa solennia in anno; vide-
..., in festo omnium sanctorum, in festo natalis domini, in
... sancto pasche et in festo nativitatis Beati Johannis Baptiste,
... quolibet videlicet festo, per octo dies ad minus; alioquin ipsos
... burgesie volumus non gaudere; committemusque ali-
... ex justiciariis vel officiariis nostris, in judicem, conserva-
... et commissarium, qui premissa et in presentibus litteris
... tenta, faciet odservari.

Si quis autem nostrorum burgensium predictorum, predicta
... nos statuta ac salubriter ordinata, ausu temerario infringere,
... violare, vel contra eadem aut aliquod eorum venire pre-
... sumpserit, eum nostrum burgensem non reputari amodo vel

teneri, privilegiisque, libertatibus et juribus, tam per pre[de]ssores nostros quam nos, dictis burgensibus concessis et co[ncre]dendis, non gaudere vel uti volumus, statuimus et jube[mus] premissa siquidem tam mature quam legitime statuta tene[ri] inviolabiliter observari volumus, decernimus et sanccimus; nobstantibus abusibus contrariis, et litteris subrepticiis [quibus]cunque, adeo ut nulli impetrationi contrarie obtempere[tur], nisi per nostram transierit cameram parlamenti, facienti[que] presentibus mencionem.

Nolumus tamen nec nostre intencionis existit, quod per p[re]sentem ordinacionem, interpretacionem vel declaracion[em] quecunque novacio, revocacio vel prejudicium institucion[i ac] concessioni dicte burgesie per prefatum felicis memorie re[gem] Philippum Pulcrum inducatur vel eciam generetur, sed ipsa[m in] suo robore in omnibus aliis punctis et articulis suis per pre[sen]tes non declaratis vel interpretatis, remanere volumus, sta[tui]mus, decernimus ac eciam ordinamus.

Quod ut robur obtineat perpetuum, litteras presentes si[gilli] nostri fecimus appensione muniri : salvo in omnibus jure nos[tro] et quolibet alieno.

Actum et datum Paris. per consilium existens in camera pa[r]lamenti.

N°. 578. — L[ettres] portant homologation d'un réglement *des maîtres des eaux et forêts, sur le choix des bois [de] construction dans les forêts royales* (1).

Paris, 3 septembre 1376. (C. L. VI, 219.)

(13) *Item.* Se livrée leur est faicte, elle sera, ainçoiz que [ils] puissent riens prendre, signée et merquée du martel du verdi[er], ou de celuy qui sera commis, et du maistre du clos; et se ce [est] hors livrée, n'y pourront-il encore touchier, tant que les arb[res] soyent en ladicte maniere martelez desdis marteaulx du verdi[er] ou commis, et dudit maistre du clos, et n'en feront riens aut[re]ment aucuns abatre.

(14) *Item.* Que se il [t]reuvent ou temps avenir bois abbatu[s], soit eschapplé ou entier, ou autres remaisances, dont l'en s['a]

---

(1) *V.* le titre 21 de l'ordon. de 1669, et pour le surplus, l'ordo[n. de] juillet ci-dessus. (Decrusy.)

...bessing à noz dictes euvres, il le signifieront au plustot que ... au viconte du lieu, afin de en faire nostre profit.

(15) *Item*. Se par inadvertence ou autrement, estoit des dic- ... sances ou d'autres bois, vendu auz marchans, ou deli- ... autre maniere que deuë, ou que tout ou partie feust con- ... à noz euvres dessus dites, il le diront, et reveleront ... reformateurs ou maistres de noz dictes eaues et forez, ... et viconte, pour ce que remede y soit mis; et ne se en tairont ... posé que il l'eussent par avant avisié que ce ne leur fust ... bon, ne pour autre cause quelconques, puisque il verront ... ce sera nostre profit.

(16) *Item*. Que des arbres qui seront prins ès forez, il met- ... le nombre et les places en escript, et en certifieront le vi- ... par escript, en qui viconté les forez seront, par quoy il en ... et puissent respondre de certain.

N° 579. — LETTRES *portant que les sergens d'armes ne pour-ront mettre à exécution des lettres de justice qui seraient adressées à des sergens en général.*

Paris, 10 décembre 1376. (C. L. VI, 290.)

N° 580. — TRAITÉ *portant extradition réciproque des crimi-nels entre la Savoie et la France* (1).

Paris, 4 mars 1376. (C. L. VI, 258.)

CAROLUS Dei gracia Francorum Rex, dalphinus viennensis, et ... Amedeus comes Sabaudiæ, notum fieri volumus tenore pre- ... cium universis,

Quod nos considerantes detestabilia crimina et actus nefarios ... per subditos utrùmque nostrùm, super certis jurisdictionibus ... julibet nostrùm, deffectu remissionis delinquentium non ... , sine correctione debita hinc inde sepius vice mutuata

---

(1) Le Roi, dans ces lettres, prend le titre de Dauphin de Viennois, ... qu'il eût donné le Dauphiné à Charles, son fils ainé, lorsqu'il vint au ... . — Villaret. — (Decrusy.)
Ces sortes de traités n'ont plus lieu aujourd'hui que pour les déserteurs, ce- ... il existe des traités d'extradition, même pour crimes politiques. (Lambert.)

committuntur; nosque deceat circa statum tranquillum et pa‑
cificum terrarum fidelium et subditorum nostrorum principa‑
intendere, obviareque nequissimis propositis patratorum sce‑
rum predictorum, habita super iis deliberatione matura, ex
tris certis scientiis in hunc modum providimus ordinandum:
delicet, quod nos rex dalphinus predictus omnes et sin‑
homines nostros nobis mediate vel immediate subjectos, qui
linquerunt et delinquent quomodolibet in futurum in comit
Sabaudiæ, locis et terris ejusdem, si penes nos et terras nos
Dalphinatus aut fidelium nostrorum poterunt reperiri, dicto
miti vel gentibus sui consilii Chamberiaci residentis, factu
aut gentibus nostris prius fide summaria de criminibus et de
tis commissis et committendis, ad requisitionem dicti com
seu gentium suarum predictarum, personaliter remittemus
remitti faciemus omni excusatione remota, de commissis
eos exigente justicia puniendos; et nos dictus comes omn
singulos homines nostros nobis mediate vel immediate subdi
qui delinquerunt et delinquent quomodolibet in futurum
Dalphinatu, locis et terris ejusdem, si penes nos et terras nos
aut fidelium et subditorum nostrorum poterunt reperiri, d
domino nostro regi dalphino, vel gentibus suis, facta nobis
gentibus nostris prius fide summaria de criminibus et del
commissis et committendis, ad requisitionem dicti domini no
regis dalphini seu gentium suarum predictarum, personal
remittemus aut remitti faciemus omni excusatione remota,
commissis per eos mediante justicia puniendos; et ulterius
Rex dalphinus et comes predicti, cupientes quibuscumque m
lefactoribus omnem viam precludere delinquendi, inter nos a
tum extitit et conventum, quod homines domini nostri reg
dalphini predicti, nobis mediate vel immediate subjecti, q
crimina et excessus commiserunt vel committent qualitercump
in nostro Dalphinatu, terris et locis ejusdem, et qui in com
tatu Sabaudie, terris et locis ejusdem se reduxerunt vel redu
cent, nobis aut gentibus nostris per dictum comitem vel ge
suas predictas, quamprimum requisiti extiterint, personali
remittentur, facta fide summaria dictis comiti aut suis predic
gentibus, de criminibus et dilectis, ut premissum est, per ho
nes et subditos nostros sic in nostro Dalphinatu commissis;
idem volumus nos comes predictus, quod nostri homines nob
mediate vel immediate subjecti, qui crimina et excessus com
miserunt vel committent qualitercumque in nostro comitat

...ris et locis ejusdem, qui in dalphinatu, terris et locis ejusdem reduxerunt vel reducent, nobis aut gentibus nostris predictis, ... dictum dominum nostrum Regem dalphinum vel gentes suas ...dictas, quam primum requisiti extiterint, personaliter remittur, facta fide summaria dicto domino nostro Regi dalphino ... suis predictis gentibus, de criminibus et delictis, ut premis... est, per homines et subditos nostros, sic in nostro comitatu ...missis: promittentes nos dicti Rex dalphinus et comes, alter ...eri bona fide ordinationem presentem, et omnia in presentibus ...prehensa, servare et attendere, et facere perpetuo inviola... observari, omni exceptione cessante.

In quorum testimonium, nos dicti Rex dalphinus et comes, ...illa nostra duximus presentibus apponenda. Datum Parisius, ... quarta mensis marcii, anno incarnationis domini millesimo ...centesimo septuagesimo sexto.

Signatur per Regem dalphinum. Per dominum comitem.

---

581. — ARRÊT *du parlement* (1), *toutes les chambres assemblées, qui défend aux tribunaux ecclésiastiques de connaître des actions réelles et possessoires, quand même elles seraient intentées contre des clercs, ainsi que des droits féodaux et des rentes assignées sur héritages.*

...is, 13 mars 1376. (Villaret, Hist. de France, XI, 184. — Chopin, liv. 2, polit., tit. 1er, n° 6.)

---

582. — DONATION *faite par le Roi de Hongrie, à un fils de France* (2), *des comtés de Provence, Forcalquier, Piémont, etc.*

1376. (Mss. de la Bibl. du Roi, Titres concernant l'Hist. de France, Cart. n° 95.)

---

(1) *Fevret*, Appel comme d'abus, liv. 4, ch. 1er, n° 9, lui donne la date de ... V. le président *Henrion de Pansey*, Autorité judiciaire, p. 307, note; ...de 1539, sur la juridiction ecclésiastique, et l'ordon. du 25 août ... (Lambert.)

On voit dans cet arrêt, que le procureur du Roi conclut à ce que l'évêque ... Beauvais et ses officiers fussent condamnés à une amende, pour réparer les ...ats et abus faits au préjudice de la juridiction temporelle. Il y avait alors ... de confusion dans la dispensation des lois, que les enfans de chœur du Puy-...Velai, exerçaient l'office de juges des juifs. Ils en condamnèrent un à 300 liv. ...ende. — Villaret. — (Decrusy.)

(2) Par contre, le Roi Charles s'oblige d'aider ledit Roi de Hongrie, et

N°. 583. — RÉGLEMENT *pour la manufacture des draps [qui] se fabriquent à Troyes.*

Senlis, juillet 1377. (C. L. VI, 481.)

N°. 584. — MANDEMENT *donné aux requêtes de l'hôtel, sur appel comme d'abus, relativement à un cas d'usurpation de la juridiction ecclésiastique* (1).

Paris, 25 août 1377. (C. L. VI, 295.)

CHARLES etc. Nous avons entendu par la grief complainte [des] consuls de la ville de Lyon sur le Rosne, pour eulx et ou nom de [la] communauté, citoyens et habitans d'icelle ville, et de Huet [de] Larben bourgeois de ladicte ville de Lyon, en tant comme le touch[e] et puet touchier, que soubz l'ombre de certaine bulle ou previ[lège] que le doyen et chapitre de Lyon dient à eulx avoir este de p[iéça] ottroyez par le pape Nicholas, par laquelle bulle ils maintienne[nt] avoir la connoissance de ceux qui injurient, molestent, pert[ur]bent ou empeschent ledit chapitre, ou aucune des personnes [...]

---

son fils, à recouvrer le royaume de Sicile, de la Pouille, de Naples, la pr[in]cipauté de Salerne, etc. (Isambert.)

(1) *V.* ci-dessus l'arrêt du parlement, du 13 mars 1376, et la note sur [l'ord.] du 3 juillet 1371, où l'on a indiqué par quelles subtilités la juridi[ction spi]rituelle usurpait sur la juridiction temporelle, et l'ordon. de 1539. A[ujour]d'hui, le clergé catholique n'a plus aucune juridiction temporelle, et [même] en matière ecclésiastique, l'appel comme d'abus est admis. Porté au C[onseil] d'État, d'après le concordat de 1801, il a été rendu aux Cours royales p[ar] décret de 1813, puis rendu au Conseil d'État par ordon. d'août 18[14]. [Le] projet de loi sur le concordat de 1817 proposait de le rendre aux C[ours] royales. Le Conseil d'État en est aujourd'hui saisi. *V.* M. de Cormenin, [Ques]tions de droit administratif, V°. Appel comme d'abus.

L'appel comme d'abus a été garanti par l'art. 79 des Libertés de [l'église] gallicane. On dit que cet appel remonte au quatorzième siècle. No[s rois] ont usé sous les 1re, 2e et 3e races, notamment sous Saint-Louis. *V.* n° [...] p. 358 du 1er vol. de cette Collection, et la note. Mais, dit le président [Hé]rion, nous n'avions encore ni ce ministère public si vigilant et si ac[tif,] ce parlement, la terreur des ultramontains. Il paraît, toutefois, que la [juri]diction exclusive du parlement ne date que de l'arrêt célèbre du 11 sept[embre] 1406. Ici, c'est un véritable arrêt du conseil. *V.* sur la forme de cet appel, [...] les lois citées, les ordon. d'Orléans et de Blois; l'édit de 1606, de sept[embre] 1610; la déclaration de février 1617, et surtout les art. 11, 18, 19, 20, 26, [...] et 37 de l'édit de 1695. (Isambert.)

lieres de leur eglise, et que pour connoistre de ce, ils peuvent
mmettre et deputer telles personnes comme il leur plaist (1).
eulx doyen et chapitre ont par plusieurs fois plusieurs des diz
oyens et habitans fait citer et trairre en cause, et encores font
jour en jour par diverses voyes, et pardevant leurs juges com-
par eulx à l'execution dudit privilege lequel ils nomment
ise espirituel, sur choses et actions réelles et autres mixtes,
t de leur compete ne puet appartenir en aucune maniere la
nuoissance; et mesmement, lesdits chapitres ou aucuns d'eulx,
t n'agueres fait citer pardevant maistre Loys de Pomtperes et
ert de Sainte Marie chanoine de Lyon, leurs juges et commis
ce, si comme ils dient, par ledit chapitre, ledit Huet de Lar-
n, et contre lui baillé un libel, disant que il tient une vigne
i fut Poncet de Malon, qu'elle leur doit chacun an de rente
uelle quatre souls forts, et que de prendre ladite rente ils ont
e et sont en bonne possession et sensive, et que ledit Huet avoit
sé de paier par l'espace de dix ans, en concluant calomnieuse-
ent et pour covrir leur fait, que il fut et soit pronuntié declai-
r excommunié, comme notoire injuriateur des dits du chapi-
e, si comme il appert par ledit libelle; et que pis est, pour ce
e ledit Huet disoit qu'il n'estoit tenu de repondre audit libelle,
proceder pardevant lesdits commis (2); mesmement que la-
e bulle ou previlege ne s'étendoit pas à celles choses, mais seu-
ment contre ceulx qui auroient batu ou injurié aucun des cha-
ines ou autres beneficiés et encorporez en leur eglise, ils ont
dit Huet excommunié, et tel fait denuntier publiquement en
usieurs lieux, et autres plusieurs fois l'ont fait par semblable
aniere, contre plusieurs de la ville et païs de Lyon; lesquelles
oses, se elles estoient tolerées, premierement nuyent à la juris-
ction temporelle; car ils attribueroient à eulx par telles voyes
directes, malicieuses et exquises, la cognoissance des choses
elles, comme il est ou cas present, et en ciés dont ils ne pour-
ient ne devroient ne peuvent ne doyent cognoistre par voye dicte; et est ou seroit ou grant domage et vexation desdits com-
ignans, si come il dient.
Pourquoy requise sur ce nostre provision, nous qui ne voulons
s sujets estre traittez ne fatiguez par voyes obliques (3) contre

---

¹ L'ordon. de juillet 1576 dit que nul ne peut être juge en sa propre cause.
mbert.)

² Ce sont en effet des jugemens par commission. (Idem.)

³ C'est en effet de cette maniere que les juges d'eglise avaient toujours

les termes de raison, te MANDONS et commandons que les évocations et procès indeus dont dessus est faite mention, l'on t[...] contre les subjets de ton bailliage, commettons, se mestier [...] que se par l'inspection dudit libelle, ou autrement deuement, appert estre ainsi, contraints lesdits doyen et chapitre, les commis et autres qui seront à contraindre, par la prinse [...] detencion de leur temporel, et autrement comme bon te semblera de raison, à cesser desdites évocations, procès et ex[...] munimens, et tous autres semblables faits par eulx et leurs commis, à l'encontre dudit Huet de Larben, et des autres cito[yens] et habitans de la ville de Lyon et Suburbe d'icelle, et chas[cun] d'eulx, et à faire absoudre ledit Huet de Larben à leurs propres cousts, frais et despens; et avec ce, leur faire deffense sur c[er]tainnes et bonnes peines appliquez à nous, que d'oresenavant [ils] ne s'entremettent de cognoistre ou faire cognoistre des cho[ses] dessus dictes, touchans actions réelles ou autres semblabl[es] dont à juge seculier apartiegnent, doit ou puisse appartenir [la] connoissance; et tous ceux que tu trouverés avoir fait et faire [à] pourchacier à faire au contraire, en corrige tellement et c[on]trains pour ce, avons et à partie, faire amende raysonnable [par] toutes les voyes et manieres que mieux se pourra et de m[anière] de raison, si que lesdits complaignans n'aient cause d'en p[lus] retourner plaintes pardevers nous; et en cas d'opposition, [faite] entre les partyes, icelles oyes, bon et bref accomplissement [de] justice; nonobstans quelconques lettres sur ce empetrées o[u à] empetrer au contraire.

Donné à Paris, etc. Es requestes de l'hostel.

N°. 585. — LETTRES *portant concession de priviléges aux h[a]bitans de Moissac, et de Droits de chauffage, pâtur[age] et autres dans une forêt royale* (1).

Vincennes, septembre 1377. (C. L. VI, 299.)

---

procèdé, même en fabriquant de fausses décrétales. *V.* le président H[enrion,] ch. 21 et 22, de l'Autorité judiciaire. (Isambert.)

(1) Ces droits étant des concessions de bienfaisance, on en a conclu q[u'en] cas d'abus par les usagers ou défaut de paiement des redevances, il y av[ait] chéance des droits d'usage. *V. Delapoix de Fréminville*, Pratique des te[rres.] Ces droits sont encore aujourd'hui régis par une législation à part, qui pr[end sa] source dans les ordonnances et les coutumes du 14° siècle. (*Idem.*)

586. — ORDONNANCE *portant règlement pour la juridiction des auditeurs du Châtelet,*

Paris, Hôtel-lès-Saint-Pol, septembre 1377. (C. L. VI, 302.)

CHARLES, etc. Savoir faisons à tous presens et avenir, que en posant la mutacion et maniere de delivrer et baillier doresenavant les offices des auditeurs de nostre Chastelet de Paris, les [sel]z et les prouffis des escriptures, l'en avoit par aucun dernier [temp]s acoustumé de bailler à ferme et delivrer au plus offrant, [et q]u'ils seront baillez en garde à certains gaiges et prouffis; nous [pou]r le bien publique et par grant deliberacion de nostre con[seil], et advis de plusieurs saiges et expers en ce, avons entre les [aut]res choses ORDENÉ et ordenons, et voulons estre tenus et gar[dé] fermement à tousiours, les choses, poins et articles qui s'ensuivent.

(1) *Premierement.* Que les auditeurs qui y seront doresenavant, soient personnes saiges, souffisans et convenables pour [exe]rcer les diz offices; et soient esleuz par nous ou par nos depu[tés s]ur ce (1).

(2) *Item.* Que les diz auditeurs se contiennent et gouvernent [hon]nestement; et aïent lieuxtenans saiges et expers en fait de [jus]tice; et qu'ilz soient de bonne vie et honneste conversacion.

(3) *Item.* Que les auditeurs ayent clers souffisans et congnois[san]s ou fait de justice, qui soient demourans avecques les diz au[dite]urs; et lesquelz seront sermentez des diz auditeurs et du [pre]vost de Paris; et aux perils d'iceulz auditeurs exerceront les[di]tes clergies, sanz ce qu'ilz en puissent prendre d'iceulz audi[teu]rs à ferme lesdites clergies, ne que les diz auditeurs les puis[sen]t bailler à ferme; mais tendront les diz auditeurs les clergies [en] leurs mains, et en auront les prouffis et emolumens.

(4) *Item.* Que les auditeurs et leurs lieuxtenans, seront tenus [de] venir diligemment ou Chastellet; et par especial, aux jours [pla]idoiables, tant au matin comme après diner; c'est assavoir [au] matin, à l'heure que le prevost ou son lieutenant entreront [ou] siege, et seront assistens avecques le prevost ou son lieute[nan]t, pour les aidier à conseillier et à delivrer le peuple, jusques [ce] qu'il sera heure qu'ilz voisent en leurs sieges des auditeurs.

---

(1) *V.* l'ord. de 1467, sur l'inamovibilité des offices de judicature, et le Nouv. [Rép.] V°. Enreg. des lois. (Isambert.)

pour l'expedicion des causes des bonnes genz qui auront à f[aire]
devant eulz; et seront tenuz de entrer en leurs sieges aux heu[res]
cy-après esclarcies; c'est assavoir, en yver depuis la Saint R[emy]
jusques à Pasques, à ix. heures de l'orloge du Palays, et se le[ve]
ront à douze heures; et en esté depuis Pasques jusques à la S[aint]
Remy, à huit heures, et se leveront à onze heures.

(5) *Item.* Que parties ne soient mises en procès de escript[u]
res, et audicion ordinaire par commission et escriptures, p[our]
cause qu'ilz aient qui ne monte plus de vint solz Parisis; m[ais]
soient delivrées sommierement et de plain; et se il y fault [au]
moings, soient examinez en audience.

(6) *Item.* Que les clers des auditeurs se paieront moderem[ent]
et raisonnablèment de leurs escriptures, selon les taux cy-ap[rès]
esclarcis, comme anciennement souloit estre; c'est assavoir [du]
petit rapport, etc. (1).

Si mandons et commandons au prevost de Paris qui à pre[sent]
est, ou à son lieutenant, et à ceulz qui pour le temps avenir [se]
ront, que noz dictes ordenances facent fermement tenir et gar[der]
de point en point (2): et les diz auditeurs à leur institucion [fa]
cent jurer de ycelles tenir et garder en ce qui leur touche, s[ans]
rien faire à l'encontre; et se ilz faisoient le contraire, les en p[u]
nissent et reprengnent, si comme les cas le desireront. Et qu[e ce]
soit ferme chose et estable à tousiours, nous avons fait me[ttre]
nostre grant scel à ces lettres: sauf nostre droit en autres ch[oses]
et l'autrui en toutes.

Donné à Paris, en nostre Hostel-lez-Saint Pol, etc.

N°. 587. — LETTRES *pour la marque des draps.*

Paris, octobre 1377. (C. L. VI, 507.)

N°. 588. — LETTRES *portant révocation des domaines ali[énés]
par les Dauphins de Vienne.*

Paris, 27 mars 1377. (C. L. VI, 521.)

---

(1) Suit un tarif qui comprend plus de dix articles, et qui s'applique [à des]
écritures dont il n'existe plus depuis long-temps aucune trace. I[s]ambert.

(2) Merlin conclut de ce texte, et des ordonnances de ce regne, que [l'en]
registrement au parlement n'était pas encore une formalité nécessaire à [la vali]
dité des lois, V°. Enreg. des lois, Nouv. Rép. (*Idem.*)

N° 589. — ARRÊT *du parlement* (1), *qui condamne à la peine de mort le sire du Rue et Pierre du Tertre, conseillers du Roi de Navarre, pour crime de lèse-majesté.*

Juin 1378. (Mss. de la Bibl. du Roi, n° 10297. — Dutillet, Recueil des rangs, p. 53.)

N° 590. — ORDONNANCE *qui réduit à 40 le nombre des procureurs au Châtelet, et supprime les autres sans indemnité* (2).

Hôtel de Beauté-sur-Marne, 16 juillet 1378. (C. L. VI, 332.) Publiée au Châtelet le 20 septembre.

CHARLES etc. Savoir faisons à tous présens et avenir, que nous souffisamment informez que pour la grant multitude des Procu-

---

(1) On y voyait le chancelier, deux archevêques, cinq évêques, cinq abbés, le nonce du pape, le comte d'Harcourt, le vicomte de Thouars, le sire de Coucy, et autres seigneurs, avec les présidens et conseillers du parlement, plusieurs magistrats de la Chambre des comptes, ainsi que les secrétaires du Roi, le prévôt des marchands et des notables de Paris.

L'exécution eut lieu le 21 juin. Fournel, Hist. des avocats, t. Ier, p. 567, rapporte cet événement à 1350, mais à tort; nous n'avons pu trouver le texte de cet arrêt. (Isambert.)

(2) L'ord. de 1287 (art. 2), qui déclare les fonctions de procureur incompatibles avec les fonctions ecclésiastiques, est, avec l'art. 8, liv. 2 des Établissemens, le 1er titre de l'existence des procureurs *ad lites*, aujourd'hui des avoués; encore n'est-il pas certain qu'ils fussent dès-lors en titre d'office. L'ordon. de la régence, de février 1327, est encore là-dessus fort incertaine. L'établissement définitif des procureurs n'est attesté que par lettres sur leur confrairie, d'avril 1342. Le reglement de 1344 ne laisse plus aucun doute à ce sujet, puisqu'on leur prescrit un serment, ce qu'on ne pourrait faire à de simples mandataires. Il parait que le nombre n'en était pas limité: mais le système des corporations ayant tout-à-fait prévalu sous Charles V, nous voyons une première fixation à 40, par ces lettres. Charles VI, par des lettres du 19 novembre 1393, rendit cette profession libre, en exigeant seulement des formalités de réception. Le 3 novembre 1403, nouvelle ordonnance qui donne pouvoir au président du parlement de les réduire. Louis XII, en 1498, donna aux Cours et Tribunaux inférieurs le pouvoir de les réduire; ce qui ne fut point exécuté. Ces fonctions ayant été érigées en office, et étant devenues de véritables propriétés inamovibles, d'après l'ordonnance de 1467; depuis lors nulle réduction n'a pu avoir lieu au préjudice des titulaires, à moins de destitution légalement provoquée par l'autorité judiciaire, art. 102, décret du 30 mars 1808; ordonn. du 18 août 1819. L'art. 114 de la loi du 20 avril 1810, autorise les Cours royales à prononcer la réduction, mais sans préjudice des droits acquis; et c'est ainsi que la loi a été

reurs-généraulx qui sont en nostre Chastellet de Paris, et pour l'insouffisance d'aucuns d'iceulx, nostre peuple est moult grevé et en pluseurs manieres opprimé indeuëment; desirans pourveoir a telz inconveniens, afin que nostre dit peuple puisse vivre en bonne paix, transquillité et justice ès termes dont nostre prevost de Paris a pour nous la cognoissance du scel de Chastellet par tout nostre royaume; mesmement pour la grant quantité de gens estranges qui y affluënt pour ladicte cause.

Par bon avis et deliberacion avons ORDONNÉ et ORDONNONS de certaine science et auctorité royal par ces presentes que de cy en avant n'ait en nostre dit Chastellet que quarante procureurs generaulx.

Si donnons en mandement à noz amez et feaulx gens de nostre parlement, et comettons, se mestier est, que par eulx, ou deux ou trois d'eulx, ilz revoquent tous les procureurs de nostre dit Chastellet; et appellé avecques eulx ou leurs deputez, nostre dit Prevost, et aucuns des plus souffisans conseillers de nostre dit Chastellet, eslisent par serement les quarante plus loyaulx et plus souffisans procureurs, en rejetant tous autres.

Lequel nombre de quarante, nous voulons et ordonnons estre tenu sans enfraindre par quelque personne que ce soit; et quant

---

exécutée par les ordonnances de 1820. Procéder par voie d'élimination, comme on l'a fait sous Charles V, ou sous Napoléon (décret non inséré au Bulletin des lois du 25 mars 1808), est une violation du droit de propriété et de la justice. C'est ce qui est implicitement reconnu à l'égard de ceux qui ont payé leur cautionnement, conformément à l'art. 91 de la loi du 28 avril 1816, par l'ordon. d'août 1819.

Ne peuvent être officiers municipaux, octobre 1547. On plaide par procureur pour la reine, novembre 1549 et août 1559, et encore aujourd'hui pour le roi, loi 8 novembre 1814, et note p. 371 ci-desssus. Ils sont supprimés, août 1572 et juillet 1572. Rétablis en titre héréditaire, mars et juillet 1580, janvier 1581. Leur suppression, décembre 1635. Leur rétablissement, janvier 1636. Les offices sont héréditaires, mars 1672, juillet 1690, décembre 1743. Leur suppression, mai 1771. Leur rétablissement, novembre 1774. Ils sont déchargés des pièces après cinq ans, décembre 1597. Les protestans ont été exclus de ces fonctions par une ordonnance de juin 1682. Ils cèdent la prééminence aux avocats, juin 1688, et ne peuvent faire les écritures à leur préjudice, juillet 1705. Ils sont réunis en communauté et en syndicat, par une ordonnance de mars 1704. Il y a des peines contre ceux qui se servent de termes irrespectueux envers les magistrats, mai 1725.

La suppression des procureurs par la loi du 20 mars 1791, a autorisé la création des avoués, supprimés par l'art. 12 de la loi du 3 brumaire an IV, et rétablis par celle de ventose an VIII. (Isambert.)

aucun procureur sera mué par mort ou autrement dudit nombre de quarante, il nous plaist, voulons et ordonnons de certaine science et auctorité royal dessus dictes, que nostre dit prevost qui est à present et sera pour le temps avenir, appellé avecques lui deux ou trois des plus souffisans conseilliers de nostre dit Chastellet presens et avenir, les y puisse mettre jusques à l'enterinement et perfection dudit nombre de quarante; et que nostre presente ordonnance soit enregistrée en nostre dit parlement et oudit Chastellet, pour estre mieulx gardée et maintenuë à tousjours. Et pour ce que ce soit ferme chose et establé à tousjours perpetuelment, nous avons fait mettre nostre seel à ces lettres.

Donné en nostre *hostel de Beauté-sur-Marne*, le seziesme jour de juillet, l'an de grace mil trois cens soixante et dix-huit, et le xve. de nostre regne. Publiées en jugement le lundi xxe. jour de septembre, l'an MCCCLXXVIII.

N°. 591. — LETTRES *qui accordent, pour six ans, divers priviléges à des étrangers, pour s'établir à Amiens, Abbeville et Meaux, moyennant finance* (1).

Saint-Germain-en-Laye, 7 août 1378. (C. L. VI, 335.)

---

(1) Par l'art. 2 il leur est défendu de prêter à un intérêt plus élevé que deux deniers pour franc par semaine, et de prendre l'intérêt des intérêts. Par l'art. 5, il leur est permis de prêter sur gages, excepté sur ornemens d'église, instrumens aratoires, fers des moulins, et les effets appartenant au Roi ou aux princes. Par l'art. 9, on ne peut leur faire de procès pour avoir acheté des effets volés, ni en aucune autre matière, sans information préalable; art. 11, ils pourront vendre les gages au bout d'un an et jour. Par l'art. 16, il est dit qu'ils ne seront pas responsables des crimes les uns des autres; ils sont exempts d'impôts, péages, droits de prise, etc.; ils sont affranchis du droit d'aubaine (art. 21); en cas de guerre, ils ne seront pas soumis aux représailles, art. 23; enfin tout ce qui est obscur sera interprété en leur faveur. (Isambert.)

Mably leur donne ce titre: Lettres en faveur d'une compagnie d'usuriers, qui auront le privilége de faire l'usure pendant six ans. Charles V en accorda beaucoup de semblables. (*V.* les lettres du 2 juin 1380). Il crut qu'il serait puissant s'il était riche, et voulut avoir un trésor pour acheter dans le besoin des amis ou perdre ses ennemis. Il se dédommagea de ce que lui coûtaient sa liberalité et l'avarice des courtisans et de ses officiers, en devenant un usurier public. Il fit de l'usure une prérogative de la couronne. (*V.* Art. 1er, ordonn. du 1er février 1378). Il envoya dans les principales villes des espèces de courtiers ou d'agioteurs, à qui il accordait le privilége exclusif de prêter sur gages et à gros intérêts, et qui lui rendaient une partie de leur gain abominable. Le roi prenait ces hommes odieux sous sa protection spéciale; il leur donnait une sorte d'em-

N°. 592. — LETTRES *portant que les juifs convertis ne pourront dénoncer les juifs, s'il n'y a information préalable et caution de poursuivre.*

Saint-Germain-en-Laye, 9 août 1378. (C. L. VI, 340.)

CHARLES, etc. Savoir faisons à tous presens et avenir, de la partie des juifs et juyves estans et demourans dans nostre royaume, nous avoir esté humblement supplié, que comme pluseurs de leur loy qui de nouvel se sont faiz chrestiens, leurs envieux et haineux, pour ce qu'il ne leur font aucun proffiz, se soient efforciez et efforcent de jour en jour d'eulx accuser, ou faire pluseurs denunciacions contre eulx pardevant pluseurs juges de nostre royaume, pour et à cause desquelles accusacions ou denunciacions, il ont esté et sont maintes foiz pris, molestez, travaillez ou donmagiez, et poarroient estre ou temps avenir, se sur ce ne leur estoit pourveu; qu'il nous plaise sur ce leur povoir de convenable remede; et nous inclinans à leur supplicacion.

Consideré ce que dit est, à yceulx juifs et juyves avons octroyé et octroyons de grace especial par ces presentes, que d'oresenavant aucuns qui en delaissant leur loy, faiz se font et feront crestiens, ne soient oyz et receuz à accuser les diz juifs ou juyves ou aucuns deulx, ou contre eulx aucune chose proposer ou denuncier, s'il n'y a outre informacion precedent, ou se les diz accuseurs ou denunceurs ne donnent caucion souffisant de fournir leurs accusacions.

Si donnons en mandement par ces presentes à touz noz justiciers ou officiers, ou à leurs lieuxtenans, presens et avenir, et à chascun d'eux, si comme à lui appartendra, que de nostre presente grace laissent et facent les diz juifs et juyves joir et user paisiblement, senz les molester ou travailler, ne souffrir estre travaillez ou molestez en aucune maniere contre la teneur de ces presentes.

Et pour ce que ce soit ferme chose et estable à tousjours mais, nous avons fait mettre nostre seel à ces presentes : sauf nostre droit en autres choses, et l'autrui en toutes. Donné. etc.

---

pire sur les femmes de mauvaise vie, en défendant qu'elles fussent reçues à plaindre en justice de leurs violences; et leur promettait de les défendre contre le clergé qui, malgré son ignorance et ses mauvaises mœurs, n'était pas cependant assez corrompu pour tolérer cette usure atroce. — Mably, Obs. sur l'Hist. de Fr., liv. VI, ch. 1. — (Decrusy.)

N° 593. — LETTRES *qui confirment celles par lesquelles l'évêque du Puy-en-Velay a associé le Roi dans le domaine de cette ville.*

Paris, août 1378. (C. L. VI, 341.)

N° 594. — LETTRES *qui, de concert avec le Pape, abolissent la coutume de raser les maisons servant de conventicule aux hérétiques, dans le Dauphiné, si ce n'est pour cas énorme, et qui remplacent, par un traitement, la portion réclamée par l'inquisiteur, dans les biens des hérétiques* (1).

Paris, 19 octobre 1378. (C. L. VI, 352.)

CAROLUS Dei gratia Francorum rex et dalfinus Viennensis. Dilecto et fideli consiliario nostro gubernatori dalphinatus nostri predicti, vel ejus locumtenenti : salutem.

Exposito pridem summo pontifici, quod inter officiales nostros dicti nostri *dalphinatus*, et inquisitorem hæreticæ pravitatis illarum partium, obortæ fuerant graves quæstiones et lites super eo quod ipse inquisitor domus hæreticorum pro hæresi damnatorum, in quibus facta fuerant hæreticorum conventicula, dicebat debere demoliri; et insuper idem inquisitor dicebat et multis rationibus asserebat se in bonis hæreticorum prædictorum pro hæresi damnatorum, certam debere habere de consuetudine et ex commissione nostra portionem, cum nulla alia stipendia perciperet vel haberet; Parte vero nostra dicente et asserente dictas domos damnatorum non debere dirui, et bona ipsorum non inquisitori, sed eorum domino temporali vel suo fisco debere appli-

---

(1) C'est la reine *Blanche* qui, pendant sa régence en 1229, établit l'inquisition en France. Heureusement que *Saint-Louis* devenu majeur, réprima les usurpations des ecclésiastiques, et qu'en 1287 et en 1302, on empêcha les inquisiteurs de s'établir en tribunal indépendant comme en Espagne. Philippe de Valois, en novembre 1329, eut la faiblesse d'homologuer l'ordonnance d'un inquisiteur, et de prescrire la démolition des maisons des hérétiques; mais ce fut un acte particulier et non une loi générale. Le parlement n'aurait pas souffert les empiètemens de la juridiction de l'inquisiteur. L'ordonn. de 1378, prouve combien ils avaient peu de crédit. V. encore les ordonn. de juillet 1543 et novembre 1549.

Cette méthode de raser les maisons a été renouvelée par la Convention, à l'égard des conspirateurs et autres, et même à l'égard de villes entières, en 1793. (Isambert.)

cari. Dicebat etiam pars nostra predicta, et offerebat se paratam dicto inquisitori stipendia assignari, et liberaliter ei pro se et notario ac familiaribus suis, per omnia facere provideri, ut *carcassonensi et tholosanensi* inquisitoribus regulariter providetur. Super quibus dictus summus pontifex volens prædictarum qnæstionum et litium materiam tollere, et causas predictas fine debito terminare, pro fine et pace perpetua habuit prædicta decidere per modum subsequentem.

Primo. Voluit et ordinavit quod domus hæreticorum jam pro hæresi damnatorum, quæ nundum fuerunt demolitæ, vel imposterum damnandorum, feudales, emphiteotecariæ, censuales, reddituales seu pensionales, vel aliàs tributariæ quovismodo nullatenus demoliantur, nisi casus ita esset detestabilis, quod ejus enormitas sic exigeret faciendum; et eo casu, hujusmodi demolitio fuit de vestro gubernatoris nostri consilio, beneplacito et assensu.

(2) *Item.* Quod pro tempore futuro provideatur inquisitori pro se et suis familiaribus, de habitatione, carceribus et stipendiis, et alia per omnia, ut inquisitori *carcassonensi* vel *tholosanensi*, pro rata temporis quo vaccabit in dicto inquisitionis Officio infra *dalphinatum* nostrum prædictum; et eo casu quo dicta stipendia eidem inquisitori, ita ut, præmittitur, *carcassonensi* vel *tholosanensi* est consuetum, non persolverentur, ne propter deffectum stipendiorum et expensarum, hujusmodi inquisitionis officium differatur, ipse inquisitor in dictis bonis partem consuetam habere valeat, prout ante ordinationem prædictam extitit consuetum; de tempore vero præterito, de bonis damnatorum percipiat, prout extitit consuetum, seu aliàs super ipsis conveniatur amicabiliter cum eodem, prout præmissa in litteris super hoc confectis latius contineri dicuntur.

Ea propter ordinationem prædictam ratam habentes, volumus et vobis præcipimus et mandamus, quatenus ordinationem ipsam, ut in litteris super eadem confectis videbitis contineri, compleatis, observetis et exequamini diligenter, complerique, observari et exequi faciatis et mandetis juxta ipsarum litterarum formam et tenorem; mandantes nihilominus receptori generali nostri *dalphinatus* prædicti, vel ejus locumtenenti, quatenus juxta mandatum vestrum super hoc per vos faciendum: stipendia debita et debenda dicto inquisitori pro se et familiaribus suis, pro rata temporis quô vacavit seu vacabit in dicto inquisitionis officio infra *dalphinatum* nostrum prædictum, ad rationem per annum novies viginti et decem librarum turonensium, prout ipsas anno quolibet inquisitor *carcassonensis* percipere consuevit et habere, eidem inquisitori nostri *dalphinatus* prædicti, solvat seu solvi faciat; ordinationibus sive mandatis per nos factis in contrarium, nonobstantibus quibuscumque; quæ quidem stipendia sic soluta, in ipsius receptoris nostri vel alterius solventis computis, per quoscumque auditores eorumdem, volumus et præcipimus allocari, cessante difficultate quacumque, habitis ab eodem inquisitore quittationibus de solutis.

In cujus rei testimonium, sigillum nostrum dicti *dalphinatus* præsentibus duximus apponendum.

Datum Parisius. etc.

Per Regem dalphinum, ad relationem consilii.

N° 595. — ARRÊT *de la Cour des pairs, présidée par le Roi, qui tient pour appointée la cause d'entre le procureur du Roi, contre le duc de Bretagne, tendant à ce que celui-ci soit déclaré rebelle, à cause de son alliance avec les Anglais* (1), *et à ce que le duché soit confisqué.*

Paris, 9 décembre 1378. (Cérémonial franc., t. 2, p. 452. — Lancelot, preuv. du Mémoire des pairs, p. 609. — Dutillet, Recueil des rangs, p. 58.)

Ce jour le Roy nostre seigneur tint son parlement en la chambre de parlement à Paris, auquel *estoient adjournez les*

---

(1) Le traité d'alliance offensive est dans Rymer, sous la date du 19 juillet 1372. Par un second traité, du 5 avril 1378, le duc cédait au Roi d'Angleterre le château de Brest. (Isambert.)

Le procès se poursuivit juridiquement à la requête du procureur du roi; mais Charles se laissant emporter par la haine qui l'animait contre le duc, *ne se fiant en son procureur général d'assises en rien*, (Hist. de Bretagne), fit lui-même un long exposé des griefs et conclut à la condamnation capitale et à la confiscation. Le procureur du roi fit ensuite lecture des faits contenus en l'ajournement. Villaret ajoute qu'il y eut une représentation des pairs, motivée sur ce que s'agissant de juger l'un d'eux, la décision leur appartenait, et non au monarque offensé. Ils demandent que Charles reconnaisse par des lettres-patentes que ce qu'il venait de faire, *c'était sans leur préjudice et sans qu'aucun droit nouveau lui fût acquis.* Le Roi promit les lettres, mais il ne les fit pas expédier. — Villaret, Hist. de Fr. xi, 6. — (Decrusy.) — On ne nous a pas conservé le discours du Roi, ni la protestation des pairs, si convenable et si honorable; le président *Henrion de Pansey*, en parle p. 151 de son fameux chapitre 5, que le prince ne doit jamais s'immiscer dans l'exercice de l'autorité judiciaire. *Montesquieu*, Esprit des lois, vi, 5. Il ne donne que la protestation faite en 1386, dans le procès du roi de Navarre. Lors du procès fait au mar-

pairs de France pour le fait touchant Me Jean de Montfort, chevalier, n'aguieres duc de Bretagne, dont plus à plein est fait mention en l'adjournement, relation, et exploicts des commissaires ordonnez de par le Roy à executer le dit adjournement, et estoit demandeur en cette cause, le procureur du Roy et le dit de Montfort defendeur, si comme par le propos du procureur du Roy apperra clairement cydessous. Et est à scavoir que cy-après s'ensuit l'ordre et la maniere, comment les pairs de France sieent et furent assis, et lesquels furent presens à la dite journée.

Et est à scavoir que le Roy nostre seigneur estoit assis en sa majesté royale en la maniere qu'il a accoustumé quand il sied pour justice, et assez près de luy estoit monseigneur le Daulphin.

Les layes barons presens.

Le duc de Bourgogne, le duc de Bourbon, le comte d'Estampes.

Les absens.

Le duc d'Anjou, le duc de Berry, le comte Flandre, le comte d'Alençon, la comtesse d'Artois, et la duchesse d'Orleans.

Les clercs prelats.

L'archevesque de Reims, l'évesque de Laon, l'évesque de Langres. — Ducs. — L'evesque de Beauvais, l'évesque de Chalons, l'evesque de Noyon. — Comtes.

Tous les pairs de France absens cy-dessus nommez, ont escript au Roy nostre seigneur leurs excusations pour lesquelles ils n'ont pu estre à la dite journée.

Item. Cy-après s'ensuivent les noms des autres prelats et barons qui estoient presens à la dite journée.

---

quis de *Saluces*, sous François Ier, on fit voir à ce prince qu'il ne devoit pas sièger. Il s'en abstint dans le procès du chancelier *Poyet*. Louis XIII fut blâmé par le président de *Bellièvre*, pour avoir présidé la commission nommée pour juger le duc de Lavalette.

Un statut de la 16e année du regne de Charles Ier, porte que ni S. M. ni Conseil privé, n'ont droit de disposer en aucune manière des biens des sujets du royaume.

Merlin soutient, Nouv. Rép. v° *pouvoir judiciaire*, §. Ier, que jusqu'en 1789 les rois de France ont eu le droit de sièger au parlement dans les procès de haute trahison et autres; l'interdiction ne fut prononcée que par l'art. 19 du décret du 1er octobre 1789. (Isambert.)

DÉCEMBRE 1378.

Les prélats.

L'archevesque de Rouen, l'archevesque de Sens, l'évesque du Mans, l'évesque de Paris, l'évesque de Saint-Brieuc, l'évesque de Therouenne, l'évesque de Limoges, l'évesque d'Evreux, l'abbé de Saint-Denis, l'abbé de Vezelay, l'abbé de Saint-Vaast d'Arras, l'abbé de Sainte-Colombe lez-Sens.

Les barons.

Le comte de Geneve, le seigneur de Coucy, un comte d'Alençon, le comte de Harecourt, M⁰. Jean de Boulongne.
Et est à sçavoir que les pairs de France barons, seoient à la dextre du Roy, et les pairs de France prélats, à la senestre.
Le procureur du Roy recite les faicts contenus en son adjournement, et dit que M⁰ Jean de Montfort qui fut duc de Bretagne est adjourné en personne pour respondre au procureur du Roy, à ce qu'il luy voudra demander en elisant conclusions civiles, et a requis qu'il soit appellé, à l'huis de la Chambre, à la Table de marbre, au perron et à la porte du palais. Ce qui a esté faict par Pierre Anguier huissier de parlement, présens M⁰. Jean de Maison Comte chevalier, et M⁰. Simon Frison conseiller du Roy nostre seigneur, le prevost de Paris et deux notaires du Roy, lequel a rapporté qu'il n'y estoit pas. Et le rapport ainsi faict par ledit huissier, le procureur du Roy a requis défault, et la cour a appoincté que on verra l'adjournement et la relation des commissaires, et sera fait droict sur ce au procureur du Roy.
Ce faict le procureur du Roy a dit que messire Jean de Montfort qui fut duc de Bretagne, qui est adjourné en personne pour respondre au procureur du Roy à ce qu'il luy voudra demander, en elisant conclusions civiles, comme dit est, vint premierement au gouvernement du duché de Bretagne, il fit foy et hommage lige au Roy nostre seigneur, et depuis envoya l'évesque de Saint-Brieuc qui lors estoit, et le seigneur de Clisson ses conseillers nantiz de procurations suffisantes, pour ratifier ce qu'il avoit auparavant faict, ce nonobstant a faict plusieurs griefs et exceds aux barons de Bretagne, et par especial audit de Clisson, et pour ceux griefs appella au parlement, et releva son appel bien et deuement. Et combien que selon la saincte escripture, et le style de la cour laye, ledit de Clisson fust exempt du duc pendant ladite appellation. Neantmoins fist le duc plusieurs attentats contre icelle, et fist noyer en la riviere de Loire ung prestre qui portoit

les lettres d'adjournement à son col, et depuis manda les anglois et furent en Bretagne, et pour ce que ce vint à la connoissance du Roy, il envoya les ducs de Berry, de Bourgongne et de Bourbon ses freres, et le connestable de France. Et quand ledit de Montfort sentit ces choses, il escrivit lettres au Roy nostre sire, ausdits ducs de Berry, de Bourgongne, et de Bourbon, et connestable, et s'excusa et promit à faire vuider les Anglois hors de Bretagne, dont il ne fit rien. Depuis en perseverant de mal en pis, et comme induré alla en Angleterre, et en la compagnie du duc de Lanclastre fit guerre en ce royaume à bannieres desployées, de Calais jusques à Bordeaux, non pas guerre, mais depredation, et exigea rançons, viola eglises, print prisonniers et bouta feux et ardit en Picardie, Roye et Crespy en Laonois, Mons, et Crecy, et passa par Champagne, Bourgongne et Auvergne, et cuida prendre Moulins, et viola l'eglise de Saint Leu, et depuis en Limosin fut devant Tulle et darrenierement en Bretagne fist de grands exces à Saint Malo, et paravant, avait baillé et mis en la main des Anglois les chasteaux de Hammetons, de Pons et de Brest, dict outre le procureur du Roy que ces choses sont toutes notoires, mesmement au Roy qui souffit et doit estre reputé à tous notoire, selon raison et en vérité on doit procéder en telle matiere sommierement et de plain, et combien que le Roy eust pû proceder contre ledit de Montfort sans ledict adjournement, neantmoins le Roy a voulu meurement proceder en cette matiere, et faire adjourner ledit de Montfort à comparoir personnellement en sa *noble cour de parlement pardevant luy et les pers*, dit plus qu'en faisant ces choses ledict de Montfort a commis crime de leze-majesté, felonie, et parjure notoirement, comme dit est, et commis tous ses fiefs selon raison. Conclut ledit procureur du Roy, qu'il soit declaré par le Roy et sa noble cour, ledit de Montfort *estre privé de toute noblesse de pairie*, soit declarée la duché de Bretagne estre au Roy commise, et se mestier est, soit par arrest ledit de Montfort debouté du dit duché de Bretagne et allegue raison escrite, coustume, stile et usage. Et à ces fins le procureur du Roy se offre de monstrer tant qu'il souffira pour obtenir ses conclusions paravant dictes.

Ce faist le procureur de la duchesse de Bretagne a dit, qu'il ne confesse point que le dit de Montfort fut oncques duc de Bretagne, mais dict qu'il n'estoit que detenteur, et a requis qu'il soit ouy au nom de ladite duchesse, à dire de qu'il voudra dire alencontre des conclusions du procureur du Roy.

finablement appointié fut que le Roy et sa cour verroient l'adjournement du procureur du Roy, la relation des commissaires, et tout ce que le procureur du Roy voudroit remonstrer en cette matière. Et tout consideré, le Roy et sa cour aront advis qu'il sera à faire en ce cas, tant sur les conclusions du procureur du Roy, comme sur la requeste du procureur de la duchesse et en plus bref qu'il pourra bonnement estre fait (1).

N°. 596. — LETTRES *portant homologation des statuts des drapiers de Rouen.*

Paris, 4 janvier 1378. (C. L. VI, 364.)

N°. 597. — CODICILE *de Charles V, par lequel il fonde deux chapelles, et nomme son confesseur pour exécuteur testamentaire.*

Vincennes, 22 janvier 1378. (Mss. de la Bibl. du Roi, Tit. concernant l'Hist. de France, Carton 96. — Chamb. des compt., mémor. D, fol. 252.)

N°. 598. — LETTRES *portant que dans la ville d'Oureillan on ne pourra élire consul, son père, ses fils, frères, neveux, ni cousins-germains, ni ceux qui auront été accusés de crime, ou qui auront obtenu des lettres de rémission.*

Paris, janvier 1378. (C. L. VI, 375.)

N°. 599. — ORDONNANCE *portant réglement sur le domaine du Roi, les finances, les recettes royales, la chambre des comptes, les généraux maîtres des monnaies, et les maîtres des eaux et forêts.*

Paris, dernier février 1378. (C. L. VI, 379.)

CHARLES, etc. Considerans la petite provision et gouvernement qui de moult long temps pour le fait des guerres et autrement, ont esté mis et sont à present sur le fait de nostre domaine; car les chasteaulx, hostelz, maisons, et autres biens et heritages qui y appartiennent, ont esté et sont en grande ruyne, et les aucuns descheus; et se remede n'y estoit mis briefment, encore seroit en aventure de venir à greigneure destruction, ayant pour ceste

---

(1) V. ci-après, page 513, à la date du 20 juillet 1379. (Isambert.)

cause, ainsi qu'il appartient, desir, volenté et affeccion de pourveoir, au bien, à l'honneur et au prouffit de nous, de nostre royaulme et de nos successeurs, par grant advis et meure deliberation de nostre conseil, avons fait et faisons de nostre plaine puissance, auctorité royal et certaine science, par la teneur de ces presentes, certaines provisions et ordenances pour relever et mettre suz nostre dit demaine, en la maniere qui s'ensuit.

(1) *Premierement.* Voulons et ordennons que toutes les receptes de nostre royaume, viennent et soient receues en nostre tresor à Paris; et que aucuns fors les tresoriers que nous y ordenerons, n'y ait aucune congnoissance.

(2) *Item.* Que touz les deniers qui isteront des eaux et forez, avec les rachas, quins, deniers, amortissemens, finances de franchisez, composicions ordinaires de Juifs, anoblissemens, amendes de parlement et autres, et aussi les revenus des monnoies, avecques les composicions des usuriers, passent et viegnent par nostre dit tresor, en la maniere que dessus est dit.

(3) *Item.* Qu'il n'y ayt que troiz tresoriers, desquieulz l'un sera continuelment par un an resident au bureau du Tresor; et les deux autres iront veoir et visiter les choses du demaine qui sont en ruyne, tant chasteaux, hostelz, maisons, comme fours, moulins, estangs, et toutes autres choses appartenans audit demaine; et les feront relever le mieux qu'il porront, et se mestier est, meneront avecques eulz des maistres des eaues et forez; car les revenues desdictes eaues et forez souloient estre unes des plus grandes revenues de nostre royaume, qui à present sont devenues comme à neant, et par bonne diligence et en pou de temps pourront estre relevées et mises suz; et que à la fin de l'an, celluy des diz tresoriers qui aura esté au bureau, voise une autre année parmi le royaulme, visiter comme dessus, en lieu d'un des deux qui par avant y aura esté, et l'un des deux sera au bureau parellement; et ainsi il resideront par un an chacun l'un après l'autre; et quant l'un des diz tresoriers aura esté en un pays, que l'autre y voise, afin que l'un n'ait point plus de gouvernement ne de administracion en l'un pays que l'autre; maiz soient communs en toutes choses et par tout.

(4) *Item.* Nous aurons un signet pour mettre ès lettres, sans lequel nul denier de nostre dit demaine ne sera payé.

(5) *Item.* Assignacions d'arrerages, dons, transports, alienacions, changemens de terres, ventes et composicions des rentes

temps, à vie, à heritage ou à volenté, seront signées dudit signet; et ainsi auront leur effet; autrement non.

(6) *Item.* Les gaiges des genz de noz comptes seront renouvellez chacun an par mandement et lettres de nous, signées dudit signet; et ainsi seront payez par nostre dit Tresor; et non autrement.

(7) *Item.* Pour ce que il a très-long temps que ou dit domaine ne fut mise notable provision; et y a moult grant quantité de gens d'eglise, nobles et autres, qui ont ventes tant à vie comme à heritage et à volenté, sur le Tresor et sur les autres demaines, et de quoy l'en pourroit avoir très-raisonnable marchié; et aussi qu'il est necessité d'avoir à ce commencement personnes notables pour soutenir et porter ledit fait, car autrement pourroit decheoir, nous mettrons et ordennerons quatre personnes de nostre conseil, telz comme il nous plaira; et les diz troiz tresoriers ne pourront payer, delivrer et distribuer aucuns deniers dudit demaine, sans ledit signet et deux des signez des quatre conseillers dessus diz.

(8) *Item.* Que aucunes assignacions ne seront faites sur les receveurs, se ce n'est de l'ordinaire; c'est assavoir, des fiez d'aumone, de gaiges d'officiers anciens et necessaires, de reparacions de noz chastiaulz, maisons et hostelz, halles, fours, moulins et autres edifices; de quoy les dictes lettres seront passées par les conseillers et tresoriers dessus diz, sanz nostre dit signet.

(9) *Item.* Le siege des quatre conseillers dessus diz, et des diz trois tresoriers, sera en nostre dit Tresor à Paris; et illecques feront les reponses, accors et composicions de toutes les choses et deppendances dudit domaine.

(10) *Item.* Touz les receveurs ordinaires de nostre dit royaume seront de leurs offices suspendus, et les fera l'en compter jusques à conclusion; et par nous et non par autres, seront mis sur les lieux autres receveurs, bons bourgoiz notables et resseans; lesquieulx auront gaiges suffisans, et ne leur seront royées chevauchées ne autres mises raisonnables, pour ce que par telles radiacions, les prudommes ont aucunes foiz laissié nostre service, et autres y sont entrez qui y ont pris avantage au dommage de nous et du pueple; et durant ladite suspension, seront commises autres bonnes personnes qui feront le fait des receptes.

(11) *Item.* Les receveurs extraordinaires compteront chascun an pareillement comme les ordinaires; et sera enquis de leur

suffisance, pour en ordenner par nous ou ceulz que nous y commettrons.

(12) *Item.* Que se aucuns des diz receveurs estoient bons et suffisans, et fussent bien habitez et mariez, ou pays de leur recepte, que ils demeurent en leurs offices, ou cas premierement où ils seroient bien affinez de leurs comptes.

(13) *Item.* Que touz les diz receveurs viegnent compter à la fin de l'an, ou un moiz aprés au plustard, à peine de perdre leurs offices, et de ce seront serement; et les receveurs qui à present sont, tant ordinaires comme extraordinaires, qui auront bien compté et culz affiné, nous pourverrons à iceulz estas ou autres, ou leur ferons autre bien, selon qu'il l'auront desservi, et à la relacion de ceulx qui auront oy leurs comptes.

(14) *Item.* Pour mettre en nostre chambre des comptes l'ordennance (1) ancienne, laquelle fut faicte au bien de noz predecesseurs et de tout le pueple; c'est assavoir, que aprés ce que les comptes auront esté veuz par les clercs d'aval, et auront faictes les doubles, ainsi qu'il est accoutumé, nous voulons et ordennons que aprés ce les diz comptes soient apportez en hault au bureau, leuz et examinez au long, sanz ce que on s'attende de rapporter les doubles aux clercs de l'aval; et pour plus delivrer de comptes, les maistres d'iceulx se partiront, tant clers que laiz; et sera la moictié à l'un des diz bureaux, et l'autre moitié, à l'autre; car aussi y a-il deux bureaux; et prendront des clercs de l'aval à chacun bureau, tant comme bon leur semblera; et quand un compte aura esté ainsi examiné à l'un des diz bureaux, il sera rapporté avecques toutes les doubles, se aucunes en y a, en la presence de touz; et lors il sera conclus, sanz ce que jamaiz aucune chose puisse estre dicte contre.

(15) *Item.* Que en nostre dicte chambre des comptes, ne soit clos aucun compte de nostre dit domaine, sanz ce que l'un des diz quatre conseillers y soit present, et aussi l'un d'iceulx tres tresoriers, pour ce qu'il voient comment les diz deniers auront esté distribuez; et aussi pour sçavoir les restes des comptes.

(16) *Item.* Que les diz conseillers, genz des comptes et tresoriers, voient tost et à grant diligence, toutes les restes des comptes

---

(1) Ce mot ne signifie ici qu'ordre. Il n'y a point dans ce Recueil d'ordonnance qui contienne toutes les dispositions comprises dans cet article et quelques-uns des suivans. Il s'en trouve quelques-uns dans l'ordon. de 1319. (Secousse)

du temps passé jusques au jour d'uy, qui sont en nostre dicte chambre; et ycelles restes facent excequter diligemment et sanz deport ou delay, sur ceulx qui les doivent; car nous ne voulons aucunement que l'en attende à faire compter les hoirs, qui après la mort de ceulx de qui ils ont cause, ne sauroient parler.

(17) *Item*. Que aucuns des maitres de noz comptes d'en hault, ne ait les comptes d'un pays tout seul; mais que clers et lays soient ensemble comme dessus est dit, afin que touz les comptes de nostre dicte chambre soient communs entre eulz, et que l'un y puisse aussi bien veoir que l'autre; et que ceulx qui auront veu les comptes d'un pays une année, se changent, et les repreignent autres.

(18) *Item*. Que de ceulz qui sont en la dicte chambre, lesquieux se sont entremis, et entremettent ou entremettront, de œuvres, de ediffices, d'argent distribuer, ou autrement, lesquelz es choses puent toucher, leurs comptes ne soient oys par eulz ne veuz par ceulx qui sont faiz d'eulz; mais soient veuz, visitez et clos par les autres ensemble.

(19) *Item*. Que se il y a aucun des clers de l'Aval, qui soit fait par aucun des maistres des comptes, ou qui luy appartiegne de lignage, qui l'ait servi, ne en aucune affinité à luy ou aux siens, ne qui soit mis par luy ne à son pourchas audit office, que les comptes que ledit clerc aura veu, ne soient visitez ne cloz par celui dessus dit, se les autres maistres ne sont presens à tout.

(20) *Item*. Voulons et ordennons que pour le gouvernement de noz monnoies, ne seront doresenavant que six Maistres par tout bons et suffisans; lesquieulz y seront mis par nous; et desquels troiz seront residens à Paris, pour lever les comptes; et les autres trois yront par les monnoies de nostre royaume, veoir et visiter comme il appartiendra; et quand les troiz auront esté hors en visitacion un an, les autres iront pareillement; et chacune foiz qu'il iront hors, changeront les payz, où ils auront esté chascun en droit soy, afin que aucun d'iceulz n'ait plus d'affinité ne congnoissance en l'un payz que en l'autre.

(21) *Item*. Que pour le gouvernement de noz eaux et forez, soient partout six maistres seulement; de quoi quatre seront ordennez maistres des forez, qui visiteront par-tout nostre royaulme, tant en Languedoc comme ailleurs; et là où l'un d'eulz aura esté un an, l'autre ira l'autre année, ainsi comme dessus est dit; et deux des six dessus diz, seront Maistres de nos eaues; et ne seront en riens tenus visiter ceulx des eaues, les forez; ne ceux des forez,

les eaues, et par ainsi congnoistra l'en la diligence de chacun d'eulx.

Lesquelles ordennances dessus escriptes et divisées, nous voulons et mandons très-étroictement estre tenuës, gardées et accomplies de point en point, selon leur fourme et teneur, par touz ceulx à qui il appartendra, sanz les enfreindre ou faire chose au contraire, par quelconque maniere que ce soit; et affin que elles soient fermes et estables perpetuelment et à tousjours, nous avons fait mettre nostre seel à ces presentes.

Donné à Paris, etc. Par le Roi en son grand conseil.

N°. 600. — *Lettres d'abolition en faveur de la comtesse de Flandre et d'Artois, à raison des crimes et délits commis par ses ordres, ou ceux de ses officiers.*

Senlis, 16 mars 1378. (Mss. de Brienne, vol. 256, fol. 120. — Lancelot, preuves du Mém. des pairs, p. 616.)

Charles, etc. Nous la supplication de nostre très-chere et très-amée cousine la comtesse de Flandres, d'Artois et de Bourgongne avoir receue, contenant que comme pieça il fut venu en sa connoissance, que les habitans de la ville d'Arras ses sujets au moyen *à cause de sa comté d'Artois tenue de nous en pairie* avoient fait, faisoient de jour en jour, et de plus en plus s'efforçoient de faire plusieurs desobeissances, mesusances, entreprises, machinations, et conspirations contre et au prejudice d'elle et de son estat, son honneur, ses droits, noblesse et seigneurie, et contre ses gens et officiers à Arras, et avec ce avoient fait, faisoient et s'efforçoient de faire comme dessus, plusieurs defaus et abus de justice ou fait de la loy et eschevinage d'Arras; et sur ces choses ou partie d'icelles nostredite cousine voyant et considerant le dur et mauvais propos de sesdits sujets d'Arras, et veillant et desirant sçavoir d'où ces choses venoient, eut chargié et mandé à Jean Grevel son bailly d'Arras, à Godefroy de Noyelle, et Bernard du Jardin, que ils fissent leur pouvoir de prendre aucuns desdits d'Arras, et amener pardevers elle ou qu'elle fust; et pour ce ledit Jean Grevel accompagné de Baudin de la Motte, Jacquemin de Mezieres, et Jacquemart Lebouchart, eust trouvé et prins hors ladite ville d'Arras un nommé Gerard du Moulin d'Or, qui estoit conseiller pensionnaire de ceux qu'on dit à Arras les vingt-quatre, et icelny eust mené prisonnier ès chasteaux de

...nsay et de Choques appartenant à nostredite cousine en sadite ...té d'Artois; et lesdits Godefroy et Bernard d'autre part eus... ... pris desdits d'Arras, Robert Wyon, Jean Nemerin, Jean du ...ulin d'Or, Bernard Jeannin, Michel Donne et autres, lesquels ... les aucuns d'eux, et especial ledit du Moulin d'Or nostredite ...usine qui pour lors estoit ou pays de Flandres, avec nostre cou... ... le comte de Flandres son fils eust mandé, et là fait venir à ... tous les prisonniers, et eux fait emprisonner ou Chastel que ... dit le pavillon emprès Gand. Et après ce que nostredite cou... ...ne a fait parler audit du Moulin d'Or, et à quelques autres des... ...its prisonniers, et fait sçavoir ou sentir d'où venoient telles ma... ...hinations que ainsi contre elle et son heritage, et contre ses gens ... officiers se faisoient; elle voyant que par telles canteleuses, ...uvertes, et malicieuses voyes sesdicts sujets d'Arras tendoient à ...n deshonneur et à sa desheritance, moult emeüe d'ire et de co... ...re, ait fait mettre, et mis sus une troupe de gens d'armes, ou ...rent le haze bastard de Flandre, Nicolas de Leschie Chevaliers, ...ntoine de Poitiers, Humbert de la Platere, Jean du Gué, Jean ... Camp eschuiers, et lesdits Godefroy de Noyelle, et Bernard ... Jardin avec plusieurs autres, et eust commandé et enjoint ...ostredite cousine aux dessusdits qu'ils allassent et chevauchassent ...r puissance et à force d'armes en tour et sur la ville d'Arras, ... contraignissent ses sujets d'illec de venir à sa mercy, et à son ...beissance, par lequel commandement le haze et autres dessus... ...its ayent chevauché à force d'armes sur et en tour ladite ville ...'Arras, fait plusieurs assauts, traits, gietté de lance, et de trait, ...ue tué une femme nommé Marie de Prouvoy, ayant mis, tollé, ...illé vivres chevaux et autres choses, abatu, desroschié et demoly ...lusieurs maisons et granches, manoirs, et édifices appartenans ...usdits d'Arras, destourbé les vivres d'entrer en ladite ville et fait ...oult d'autres dommages, griefs, duretez et oppressions.

Parquoy lesdits d'Arras ayent esté et furent contraints de soy ...enir rendre à mercy à nostredite cousine et à nostredit cousin ...on fils, et des procès pendans en nostre cour de parlement, et ...'autres choses dont debat et question estoit, et dont ils pou... ...oient estre en leur indignation, se soubmirent ainsi à leur vo... ...onté et ordonnance, et par telle soumission ayent fait certaines ...mendes honorables à nostre cousine, et parmy ce tous lesdits ...risonniers d'Arras ayent esté eslargis, excepté ledit Gerard du ...oulin d'or, que l'on dit par froidure ou autres accidens estre ...ort en ladite prison. Et pour le desmenement et le fait desdits prisonniers, et autrement pour ces choses, certaines impetrations de nous et de nostre cour ayent esté impetrées et faites alencoutre dudit Jean Grenel bailly d'Arras, Baudin, de la Motte, Jacquemin de Mezieres et Jacquemart, de Lombart, et en soient es procès, ouquel se soient adjoints nostre procureur.

Depuis lesquelles choses ainsi faites, nostredite cousine, tant par nostre frere de Bourgogne, nostre cousin le sire de Coucy, et nostre chambellan le sire de la Riviere, lesquels pour autres certaines grandes causes nous avions envoyé devers elle et nostre dit cousin son fils, comme par nostre chambellan aussi Charles de Poitiers seigneur de Saint Vallier, et Auxeau de Salins seigneur de Montferrant ses messages, qu'elle a envoyez specialement devant nous, nous ait fait supplier que comme ces choses soient ainsi advenues par le deplaisir et le grand couroux, qu'elle avoit et prenoit, en voyant elle, ses gens et officiers non estre obeis, comme il appartenoit de sesdits sujets d'Arras. Et comme elle nous ait amé et servi loyalement, et veut amer et servir de tout son pouvoir, il nous plaist à elle, et ses gens et officiers, et autres ses aydans, adherans, et complices en ces choses, faire nostre pleniere grace, et remettre et pardonner les meffaits des susdits, avec toute peine et offense, que pour l'infraction de nostre sauvegarde à cause desdits procès pendans en nostredite cour de parlement, pour ladite assemblée et chevauchée de faits gens d'armes pour le transportement desdits prisonniers, pour les morts de la dite Marie, et dudit Gerard, pour les desrochemens et demolissemens desdites maisons, pour les courses et pilleries et autrement par quelques voyes en ce et es dependances, elle nostredite cousine, ses officiers, aydans et adherans et complices sont ou pourroient estre encheus envers nous et nostre dite cour.

Pour ce est-il, que nous considerans la grande prochaineté de lignage, en quoy nous est, et appartient nostre cousine, et la bonne et très-grande amour quelle nous a tenu tout son vivant et eu à nous et à nostre couronne. Considerans aussi les grands services peines et travaux, que en continuant et perseverant en sa bonne amour, elle a eus et portez es temps passez pour nous et pour nos affaires, et plusieurs autres grandes et notables raisons que à ce nous meuvent, veuillant de nostre puissance et majesté royale prendre et tourner ces choses à douceur et amiabilité, plustost que à rigueur de justice, de nostre certaine science, propre mouvement et grace especial à nostre dite cousine, aux dessus sommez ses gens et officiers, et autres ses aidans et adherans et complices de ces choses, et à chascun d'eux avons quitté, remis et pardonné, quittons, remettons et pardonnons pleinement et entierement tous les delicts, meffaits et autres choses dessusdittes, avec toute peine, offense et amende corporelle, criminelle et civile, en quoy elle nostredite cousine, et autres dessusdits, ou les aucuns d'iceux pour cause ou occasion de ces choses, aucunes d'icelles leurs circonstances et dependances, sont, pourroient avoir esté, ou seroient encheus envers nous et nostredite sauvegarde enfrainte comme par les voyes dessusdites, et autrement par quelque sorte et maniere que ce fust ou pust estre, nonobstant que tous les coupables et tous les delicts et meffaits ne soient cy declarez, nommez et exprimez.

Et quant à nous est, nous en imposons silence perpetuel à nostredite cour de parlement, à nostredit procureur et à tous autres nos gens et officiers quelsconques, et à chacun d'eux, et en delivrons par ces lettres et ostons de procès ledit bailly d'Arras et autres des gens et officiers de nostredite cousine, ses aidans et complices, satisfaction faite à partie civilement. Et voulons que à chacun des gens et officiers de nostredite cousine et complices dessusdits, ces presentes s'ils le requierent soient faites, scellées et baillées d'une mesme forme.

Si mandons à nos amez et feaux, etc.

N° 601. — STATUT et ÉDIT ROYAL *sur les orfèvres et joailliers de Paris* (1).

Paris, mars 1378. (C. L. VI, 587.)

CHARLES etc. Savoir faisons à tous presens et avenir que comme par la diligence d'aucuns de nos officiers, l'en ayt trouvé plusieurs deffaux et malfaçons es œuvres d'aucuns des orfèvres de notre bonne ville de Paris, en or ou en argent de mendre loy et valeur que estre ne doivent par les ordonnances et usaiges anciens, dont aucuns ont esté repris et pugniz, pour ce que en telles choses moult de inconveniens se pourront ensuir, et plus

---

(1) V. l'ordonn. d'août 1555, p. 711, vol. 4, et la note. — Nouv. Rép., V° Marque et Contrôle, §. 1er. L'orfèvrerie a été toujours soumise à des lois spéciales. (Isambert.)

multiplier ou temps avenir, ou dommaige et lezion de la chose publique, se c'estoit souffert, sans certain pié ou ordonnance y mettre; nous ensuivans les bonnes mœurs et justes considerations de nos devanciers Roys de France, ayons très-affectueux desir de pourvoir au bon gouvernement du bon peuple de nostre royaume, et en especial de nostre bonne ville de Paris, qui par multiplications d'excellans artifices doit resplendir, et sur toutes les autres citez estre décorié, et de notables renommées estre loué, ayons fait viseter et essayer les matieres dont les diz orfevres usoient communement, tant d'or comme d'Argent, en nostre dicte ville de Paris, et veoir aucunes anciennes ordonnances faictes sur ledit mestier, matiere et œuvre, et fait or aucuns des diz orfevres, et autres plusieurs en ce congnoissans, tant en nostre chambre des comptes, comme en presence de noz amez et feaulx les conseillers ordonnez sur le fait de nostre demaine, noz tresoriers à Paris, et autres noz conseillers, avec les generaulx-maistres de noz monnoyes, et nous ayt tout rapporté en nostre grand conseil finablement tout consideré, et en especial advisé l'utilé publique, par grant et meure deliberacion avons sur ce ORDONNÉ et ordonnons par statut et edit royal, à tenir fermement sans enfraindre doresenavant, les poins et articles qui s'ensuivent en la maniere cy-après declairée;

(1) C'est assavoir, que comme autreffoiz a esté ordonné, quiconques le vouldra et saura faire, il pourra estre orfevre à Paris, s'il y a aprins, ou ailleurs, aux us et coustumes du mestier ou quel sera tel éprouvé par les maistres et bonnes gens du mestier, estre souffisant de estre orfevre, et de tenir et lever forge, et de avoir poinçon à contresaing, comme cy-après sera plus à plein declaré.

(2) Et semblablement, se ycelluy esprouvé est tel qu'il doit estre orfevre et avoir poinçon, et il a esté ouvrier de metaulx autres que d'or ne d'argent, et il veut estre orfevre, il le sera; mais il ne ouverra ne fera ouvrer jamais d'autre metail que de bon or ou de bon argent; se ce n'est en joyaulx d'eglise, comme tombes, chasses, croix, encensiers ou autres joyaulx accoustumez à faire pour servir sainte eglese; et se ce n'est du congié et licence des maistres du mestier; et jurra ledit orfevre tenir et ouvrer, aus us et aus coustumes du mestier d'orfaverie dont cy-après sera faicte declaration.

(3) Aussi quelzconques orfevres ne pourront tenir ne lever

, ne ouvrer en chambre secrette, se ilz ne s'apperent approuvez devant les maistres du mestier, et estre tesmoingnez souf[fisans] de tenir forge et d'avoir poinçon à contresaing, et autre[men]t non; et s'ils ne sont très-bien resseants, ilz n'auront pas [poin]çon, s'ilz ne baillent pleiges de dix mars d'argent, aus diz [g]eneraulx-maistres des monnoyes, qui prendront les meilleurs [plei]ges que bonnement en pourront avoir; lesquelz generaulx-[m]aistres feront despecier tous les poinçons que ont à present [le]s diz orfevres, qui auront autres poinçons nouveaulx plus larges, [e]t telz comme il leur seront ordonnez par les diz generaulx-[m]aistres des monnoyes; et de leurs diz poinçons yceulx orfevres [sig]neront toutes vaisselles et grosses œuvres, et aussi tous [j]oyaulx et saintures, qui bonnement se pourront signer, selon [le]urs bonnes consciences, et le prouffit de la chose publique.

4) Avec ce aucuns oultremontains quelzconques ne pour[r]ont ouvrer secretement ne en appert en leurs hostelz, se ilz [ne] sont orfevres comme dessus est dit; et s'ilz y ouvroient ou [fai]soient ouvrer, il seroit à nostre veulanté du joüel, ou de ce [q]ue fait auroient, ou si comme nostre bon conseil en ordonne[ro]it; et l'orfevre seroit banny de la ville de Paris un an et un [j]our ou plus, selon la qualité du meffait et des œuvres; et le [va]rlet, à la valuë, selon la qualité.

5) Et en quelzconques œuvres d'orfaverie, les diz orfevres ne [p]ourront ouvrer de nuyz, se ce n'est pour nous, pour la Royne, [p]our noz enffans ou freres, ou pour l'evesque de Paris; ou se ce [n'e]st du congié et licence des maistres du mestier.

6) Aussi quelzconques billonneurs, tabletiers, merciers er[r]ans qui orfevres ne sont, ne se pourront entremettre de vendre [n]e d'achetter aucune chose d'or ne d'argent à Paris, se ce n'est [p]our billon; ne affiner, s'ilz n'ont congé et lettres de nous ou [d]es diz generaulx-maistres des monnoyes; et se aucun des dessus [d]iz est trouvé faisant le contraire, les diz maistres dudit mestier [d']orfaverie pourront tout despecier, et envoyer à la monnoye [p]our billon.

7) Et aucuns orfevres quelz qu'ilz soient, ne pourront ouvrir [l]our ouvroir ou forge en jour de dimenche, ne de feste d'ap[p]ostre, se elle n'eschiet au samedi; fors que un ouvroir que [c]hacun ouvrera à son tour, dont en seront payez deux solz d'au[m]osne en la Boiste saint Eloy, avec les deniers-Dieu que les or[fe]vres reçoivent de leurs marchiez, avec autres debtes et argent

(15) Et croye ne metront soubz Esmaulx d'or ne d'argent; c'est assavoir, en grosse vaisselle ou autre qui se vent au marc.

(16) Avec ce, ne pourront faire ne faire faire tailler dyamans ne bericle, ne metre en or ne en argent.

(17) Semblablement en or ne pourront faire mettre doubles de verrines pour vendre, ne pour leur user; se ce n'est pour nous, pour la Royne ou noz enffans.

(18) Aussi tous orfevres qui ouverront d'argent en vaisselle, et autres joyaulx, comme poz, plas, escuelles, hanaps, gobelés, calipces, cuilliers, seintures et autres choses quelzconques; excepté celles dont il sera ordonné en l'article cy prouchaine ensuivant, ouverront d'argent qui soit aussi bon et se reviengne comme l'argent appellé l'Argent-le-Roy, sans les souldures; lequel Argent-le-Roy est à unze deniers douze grains fin; et auront remede de troiz grains fin, au marc d'argent, et non plus; et leur doit bien souffire de celle loy: car entre la vaisselle que l'en a nagueres prinse sur plusieurs orfevres de Paris, l'en a trouvé grant quantité à xi. deniers ix. grains fin, et au-dessus.

(19) Et en tous petis ymages, feuilles, lyons, gargoulles, et autres choses de semblable façon qu'il conviengne estre moullez et assises en autres joyaulx que ès diz ouvraiges, planches, boutons, et semblables choses feruez en tas, les diz orfevres ouverront dudit Argent à xi. deniers xii. grains fin; et auront remede de cinq grains fins au marc, et non plus; et que toutes planches et boutons feruës en tas, se reviengnent les plus massisses et plaines que l'en pourra, au prouffit de la chose et du bien publique.

(20) Toutes pieces qui seront feruës en tas pour mettre sur ore ou ailleurs, seront de la propre condition que dessus; et toutes ycelles pieces qui auront bastes souldées pour mettre sur ore ou ailleurs, seront cloées et rivées de pointes de tel argent comme dit est.

(21) Et les preudhommes du mestier esliront cinq ou six preudhommes pour garder ledit mestier; lesquelz prudhommes jureront qu'ilz garderont ledit mestier bien et loyaument, aus us et aus coustumes devant dites, si comme bien et loyaument tout temps a esté accoustumé de faire: et aussi viseteront les œuvres dudit mestier et en feront comme ilz ont accoustumé denément ou temps passé; et quant cilz preudhommes auront passé leur année, le commun du mestier ne les y pourra mais

remettre jusques à troiz ans, s'ilz n'y veullent entrer de [leur] bonne voulanté.

(22) Et aussi nous ordonnons que les diz generaulx-maistres de noz monnoyes en ce congnoissans, viseteront lesdites œuvres en quelzconques lieux que à Paris trouver les pourront, ordonnées à vendre, sanz en parler aus diz esluz ne les appeller, s'il plaist aus diz generaulx-maistres.

(23) Et s'aucuns sont trouvez avoir mesprins en avoir ouvré de mains bon or que dessus est devisé en la maniere dessus dicte, pour la premiere et seconde fois seulement, l'œuvre sera despecée; et pour la tierce et autreffois, l'œuvre sera despecée, et payeront pour ce amende arbitraire selon l'exigence du cas et la relation de ceulx qui auront raporté le delit.

(24) Et quant à l'argent dont, comme dessus est dit, nous avons octroyé remede de troiz grains fins au marc; pour la premiere et seconde fois que un orfevre sera trouvé avoir deffailli d'un grain fin seullement outre ledit remede, l'œuvre sera despecée sans autre amende; et se plus ou autrement y mesprent, et aussi oultre le remede octroyé, comme dit est, de cinq grains pour marcs d'argent, il en sera puniz selon l'exigence du cas et le raport d'icellui delit.

(25) Avec ce, tous les diz orfevres sont et seront frans et quittes et exempts de paiages et de coustumes de toutes choses qu'ilz achettent ou vendent appartenans audit mestier, et de faire le guet du commun des mestiers de Paris, par la forme et maniere qu'ilz ont esté ou temps passé; mais ilz nous paieront les autres redevances que les bourgeois de Paris nous doivent.

(26) Et ès forfaitures et espaves qui seront trouvées par les diz maistres des orfevres, du prouffit que nous y avons, les diz orfevres en auront le quint denier pour tourner et convertir au prouffit de la confrarie de Saint Eloy des orfevres, de laquelle l'aumosne de Pasques est faicte à l'Hostel-Dieu de Paris, et en plusieurs autres lieux, et chantées plusieurs messes par an.

Toutes lesquelles choses et chascune d'icelles, nous d'autorité royalle et plaine puissance, loons, approuvons tant comme justes, bonnes et prouffitables; et les voulons, mandons et commandons estre de point en point tenuës et gardées entierement; et de nostre grace aus diz orfevres et aus maistres dudit mestier d'orfaverie, qui sont et seront, avont donné ctroyé, donnons et octroyons par ces presentes, la quinte partie de tout le prouffit qui y sera des forfaitures et espaves qui seront trouvées et raportées par les maistres dudit mestier, et sur diligence, pour tourner et convertir au prouffit de la confrarie de Saint Eloy des orfevres de Paris, dont l'aumosne de Pasque est faicte en l'Hostel-Dieu de nostre bonne ville de Paris. Et autres lieux, avec les franchises et exemptions plus à plain declairées cy-dessus. Et donnons en mandement au prevost de Paris, qui ores est et qui pour le temps avenir sera, que noz dis statuz et ordonnances ils facent enregistrer et escripre ou registre ordinaire de nostre Chastelet, ouquel on a accoustumé entre les poins et ordonnances des mestiers de nostre dicte ville, et les facent tenir, garder, entretenir et accomplir, selon leur forme et teneur, et en seuffrent et laissent les diz orfevres et leurs successeurs joir et user paisiblement sans eulx empeschier, ne souffrir aussi qu'ilz facent riens au contraire; non obstant usaiges, ne ordonnances precedentes, lesquelles, fors et articles qui sont en ces lettres mis et declairez, nous avons batuz et aboliz, et par ces presentes ostons et abolissons, et ne voulons estre gardées ne ensuyes oultre ne contre ces presentes.

Et que ce soit chose ferme et estable perpetuellement, nous avons fait mettre nostre scel à ces presentes : Sauf en autres choses nostre droit et l'autruy en toutes.

Donné à Paris, etc. Par le Roy, à la relation du conseil estant en la chambre des comptes, et ouquel estoient les conseillers sur le fait du demaine, les tresoriers, plusieurs autres conseillers, avec les generaulx-maistres des monnoies.

N° 602. — SERMENT *de Charles de Navarre* (1).

1378. (Mss. de la Bibl. du Roi, coté 8354, fol. v et vj, R°.)

Vous jurez sur la vraye croix et sur les sains Evangiles de Dieu qui ci sont escriptes et par la foy de votre corps en la main du Roy nostre sire vostre oncle cy present que vous serez bon et loial subget au Roi nostre sire vostre dit oncle et a ses

(1) Il fut mis en jugement sous le règne de Charles VI. Lambert.

heritiers et ses successeurs Rois de France l'honneur et l'état du Roi vostre dit oncle son corps et ses membres et son heritage, et de sa lignée garderez et le servirez contre tous ceux qui peuvent vivre et mourir, et que des maintenant vous vous mettrez et vous tendrez et ferez mettre et tenir M. Pierre de Navarre vostre frere, aussi Mad. Bonne vôtre sœur au gouvernement du Roy nos dits seigneurs pour estre gouvernez dorenavant par lui et a sa disposition et ordenance et mettrez et ferez mettre realement et de fait les chatiaux et forteresses de Cherbourc, de Romerville, de Gauray, de Mortaing, de Ponteau de Mer, d'Avranches et de Breteuil en la main du Roy nostre dit seigneur pour y mettre tels capitaines et gens à la garde d'iceux comme bon lui semblera, et ferez faire serement solemnel au Roi nostre dit seigneur ou a ses commis par les capitaines et chattellains des autres chatiaux et forteresses que le Roy de Navarre vostre pere occupe au royaume de France que ils ne recepteront ou souffreront entrer ledit Roi de Navarre esdites forteresses ne autrement conforteront ou souffreront estre confortez aucuns ennemis ou malveillans du Roy ne souffreront par aucune maniere par iceulx chasteaux ou forteresses mal ou dommage viengne au Roi, ne a sesdits heritiers et successeurs ne ou royaume de France, mais les tendront et garderont à la vraye obeïssance du Roy nostredit seigneur et de ses dits successeurs et en la vostre sans en faire obeïssance ne reconnoissance quelconque au Roi de Navarre votre pere ne a autre pour luy, et les rendront et delivreront au Roy nostre dit seigneur et a ses dits successeurs.

N°. 603. — BULLES (1) *d'or de l'Empereur Charles IV, qui nomment Charles, dauphin de Viennois, son vicaire au royaume d'Arles, et le rendent capable, quoique mineur, d'exercer ledit vicariat.*

1378. Bibl. du Roi, M-s. de Dupuy, vol. 1 et 154.

---

(1) On ne les trouve pas au corps diplomatique de Dumont. (Isambert.)

JUILLET 1379.

N° 604. — LETTRES *qui, sur la demande des consuls et bourgeois de Limoges, défendent l'entrée, pendant une partie de l'année, d'autres vins que ceux du cru des environs, et qui excluent la concurrence des vins étrangers* (1).

Au bois de Vincennes, juin 1379. (C. L. VI, 397.)

N° 605. — LETTRES *portant qu'à Lauserte, on ne paiera plus de droits au Roi, pour faire aiguiser les instrumens propres au labourage.*

Paris, 2 juillet 1379. (C. L. VI, 399.)

N° 606. — ARRÊT (2) *de la Cour des pairs, présidée par le Roi, qui, adjugeant le défaut prononcé contre le duc de Bretagne, le déclare criminel de lèse-majesté, le condamne à mort, et confisque son duché.*

Paris, 20 juillet 1379. (Registres du parlement des procès faits aux grands.)

(1) Il paraît que les consuls et les bourgeois se servaient de leur influence pour vendre ainsi leurs vins à plus haut prix. (Isambert.)

(2) D'Argentré, Hist. de Bretagne, liv. 8, ch. 289. Lebaud, Hist. de Bretagne, ch. 42, p. 360. Lobineau, id. liv. XII, art. 97 et 98. Guill. de Saint-André. Songe du Verger, ch. 188. Ceremonial français, t. II, p. 432. — La date du 20 juillet 1379 n'est rien moins que certaine. Villaret dit que la condamnation eut lieu dans la sixième séance, au mois de décembre 1378. Les historiens disent que les trois états concoururent à ce jugement. On n'a pu retrouver le texte de cet arrêt; il n'est pas sur le registre criminel du parlement, déposé aux archives judiciaires du palais, que nous avons compulsé à la date du mois de décembre 1378 et à celle du 20 juillet 1379. Il paraît qu'à cette époque les affaires délibérées en présence du Roi et des pairs, n'étaient pas portées dans les registres ordinaires, et que c'était le chancelier qui en retenait la minute. Voilà pourquoi on a perdu le texte de presque tous les procès faits aux grands, par commission ou autrement.

Blondel, Hist. du Parlement (t. Ier, avertissement, p. 14), parle de cet arrêt, mais ne le donne pas, quoiqu'il annonce avoir travaillé sur les registres secrets. La Cour de cassation possède un exemplaire manuscrit du conseil secret du parlement; on y mentionne le procès, mais on renvoie au registre criminel.

Fournel, dans son Histoire des Avocats, ne fait pas mention de ce procès.

Villaret dit que les pairs protestèrent contre la présence du Roi, qui promit de faire expédier des lettres, portant que ce serait sans préjudice pour l'avenir, des droits des pairs; mais elles ne furent pas expédiées. V. ci-après, le traité du 10 avril 1380. (*Idem.*)

N°. 607. — ORDONNANCE *sur la levée des aides, contenant des dispositions sur les concussions des officiers, leur traitement, leur jurisdiction, la levée des fouages, la responsabilité des collecteurs, le mode de contrainte, l'incompatibilité de ces fonctions avec celles de commerçant, la vente du sel, etc.* (1).

Montargis, 21 novembre 1379. (C. L. VI, 442.)

CHARLES etc. Savoir faisons que nous qui voulons garder nos subgiez de griefs et oppressions, et eux relever de dommages, ayans en memoire leur bonne voulenté, et comment ils ont liberalement contribué aux aydes qu'il a convenu faire pour le fait des guerres, et eulz deffendre; et pour la bonne obeissance et parfaite amour qu'ilz ont à nous et à nostre couronne, ont, si comme nous avons entendu, souffert moult d'extorsions, prises et exez à eux faits par la mauvaistié de plusieurs officiers, esleuz, receveurs, grenetiers, contrerolleurs, et autres ordenez sur le fait des aydes, contre noz ordenances et nostre voulenté, qui est de eulx tenir en bonne paix et transquilité; voulant notablement pourveoir au fait et gouvernement des diz aydes, alegement de nostre dit peuple, et par grant et meure deliberacion de nostre grant conseil, avons sur ce pourveu et ordené, pourveons et ordenons par la teneur de ces presentes, en la maniere qui s'ensuit.

(1) *Premièrement.* Que tous elenz, receveurs, grenetiers, contrerolleurs et autres officiers, seront visitez, et leurs euvres et gouvernement sceuz; et ceulz qui ne seront trouvez pour le fait suffisans en discretion, loyauté et diligence, ou ne exerceront leurs offices en personne, en seront mis hors, et y pourverrons d'autres bons et couvenables, que nous ferons eslire ou pays, ou seront pris ailleurs, se le cas si offre; et se aucun est trouvé qui ayt plus pris qu'il ne devoit, ou exedé les precedentes ordenances, ou autrement meffait, il sera contraint de rendre ce qu'il en aura indeuement pris, et punis selon ses demerittes.

(2) *Item.* Pour ce que nous avons entendu que contre aucunes de nos autres ordenances precedentes faites sur les proufits et sallaires des diz officiers et leurs clers, pour cause des quitances, escriptures et autres choses, pluseurs excès et fraudes au

---

(1) *V.* Nouv. Rép. v° Élection. (Lambert.)

préjudice de nostre peuple ont esté commis, et aussy en la manière des executions, contre nostre entention qui est de nostre dit peuple relever ce que l'en poura bonnement; nous avons ordené que les diz officiers et les clers qui feront les escriptures des causes et plaidoyries, auront chacun selon l'estat de son office, bons et suffisans gaiges sur nous, et partant seront contens, et ne prendront riens de nostre dit peuple, fors que les diz gaiges; et abregeront toutes plaidoiries, et ne oyront les parties que sur le principal, et à fin preremptoire procederont sommerement; et seront registrer en un papier ou registre briefment les memoriaux, actes, appointemens et sentences qu'il feront; et ce registre portera fin, et sera foy comme s'il estoit seellé et tabellionné; car les clers seront jurez et noz gaigés, et ne prendront rien d'ecriptures, comme dit est.

(3) *Item.* Pour la pitié que nous avons de nostre peuple, et pour plus les allegier, nous voulons et octroyons de nostre grace especial, que des villes fermées qui sont composées pour les fouages à certaines sommes, et les autres villes fermées qui sont imposées à nombre de feux sanz composition, sur qui l'on avoit tiercoié leur sommes et nombres, et de tant creu la premiere somme et le premier impost et quantité; de prendre sel en certaine quantité de paroisses, et voulons que tout ce cesse (1).

(4) *Item.* Et pour eschever leurs vexations et travail, avons ordené que les fouages se payent doresenavant chacun an à trois termes; le premier au premier jour de mars; le second au premier jour de juillet; et le tiers au premier jour de novembre; à commencier pour le premier payement au premier jour de mars prouchain venant; et jusques lors les fouages se lievront en la manière acoustumée.

(5) *Item.* Encores pour la pitié et cause devant dite, deffen-

---

(1) Voici le sens qu'on peut donner à cet article difficile : Je suppose que le Roi avait ordonné que l'on leveroit quinze cents livres sur un lieu, parce que suivant un rôle qui avait été fait des feux ou familles de ce lieu, il s'en était trouvé quinze cents, chacun desquels devait payer vingt sous. Dans la suite, le nombre des feux de ce lieu était considérablement diminué, et il n'en restait que cinq cents. Cependant l'on continuait à lever quinze cents livres sur ce lieu, en sorte que la somme que chaque feu payait d'abord était *tiercée* ou triplée, puisque chaque feu payait soixante sous. Le nombre des feux était aussi par-là fictivement *tiercé* ou triple; car chaque feu en représentait pour ainsi dire trois, puisqu'il payait la somme qui d'abord n'était payée que par trois. (Secousse.)

dons que les eleuz ou autres des dix officiers, ne s'entremettent de mettre volluntairement ez villes et parroisses de plat pays ordonnez à payer foüages, asseeurs des diz foüages ou collecteurs; mais seront eleuz par les habitans mesmes des villes et parroisses, ou par la plus saine et greigneure partie, tels et tant comme bon leur semblera, en leurs perilz; lesquelz feront serement en la maniere et si comme il est acoustumé; et lesquelz asseeurs entendront diligemment à l'assiete faire sur eulz et les autres, sitost et en tel temps qu'il puissent avoir tout parfait, et l'assiete bailler aux collecteurs un mois avant le commencement de l'année; et les diz collecteurs pourront commencer à ceüllir ladite assiete un moys avant le terme, et executer quinze jours avant ce terme, pour ce que le payement soit lors tout prest: auquel l'un d'iceulz sera tenu de le apporter au receveur quatre jours après le terme ou plustart; et se plustost estoit prest, plustost sera tenu de le apporter.

(6) *Item*. Que les diz asseeurs et collecteurs prendront se il leur plaist commission de leur povoir, laquelle ilz auront sans frais tout franchement des eleuz du diocese, pour estre à eulz mieulz obey, car ilz seront en exerceant leurs offices, officiers royaulz, et sera obey à eulz comme se ils estoient noz sergenz, et pour ce n'y seront envoyez autre, se ce n'est en deffaut de payement, les diz quatre jours passez; lesquels quatre jours passez, se il y a defaut pour chacun terme, en sera levé douze deniers de peine pour livre de la somme que il deffaudra, avecques le principal, sur les deffaillans, se ils sont solvables, sinon sur ceulz par qui la faute sera; et en sera l'execution faite par noz sergens ou commis, qui auront pour leur salaire à prendre comme dessus pour chacune execution planiere qu'ilz feront, quatre sols tournois tant seulement; et se la faute venoit par les diz collecteurs, ladicte peine et salaire seroit levée sur eulz; et pour leurs depens auront les collecteurs, quand ilz emporteront le payement devers le receveur, se ilz sont à cheval, pour chacun jour quatre sols, et se ilz sont à pied, deux sols, allant, demourant et retournant, sanz fraude; et pour leur peines et salaires de lever et executer ladite assiete, ils seront quittes de leurs foüages, ou auront autre prouffit, tel que les habitans de la ville accorderont avec eulz; et des dictes peines rendra compte ledit receveur en son compte.

(7) *Item*. Que se aucuns de noz sergens par occupation en autre cas, l'en ne povait avoir promptement pour faire les dites

executions pour ledit pris, les esleuz ou receveurs donront commission aux sergens des hauls justiciers pour ce faire, et ce ils estoient de diverses jurisdicions, il souffira de l'un des justiciers notables, qui plus que dit est ne pourront prendre, mais moins, se il est accoustumé au pays.

(8) *Item.* Pour semblable maniere, seront tenuz de payer les fermiers des autres aydes, dans quatre jours après leur terme echeu, et plustost ne seront executez; mais s'il deffaillent, ils seront executez et contrainz de ce qu'il devront du principal, par sergens et executeurs qui auront et prendront tel sallaire, et par la maniere que dessus est dit des sergens.

(9) *Item.* Et pour la malice des diz fermiers eschever, si aucuns leur doyvent aucune chose à cause de leurs fermes, ils les pourront demander et poursuir incontinent dedans six moys après la ferme faillie; et iceulz passez, ilz en seront excluz et n'y seront jamais receuz, s'ilz n'en ont letres de recognoissance, ou commenciée la poursuite en jugement dedans ledit temps; et pareillement le pourront faire de ce qui leur sera deub des fermes baillées au jour que nos presentes ordenances seront publiées, dedens six mois après ladicte publication; ou ilz en seront exclus, comme dessus.

(10) *Item.* Le receveur pour plus briefve expedition, fera ses quictances à l'appruchement de chacun terme, en laissant espace là où il convendra; et delivrera ceulz qui apporteront les deniers prestement au plustart dedens deux jours; car se ilz demouroit plus, il leur payera, à homme de cheval quatre solz, et à homme de pied, deux solz, et ne prendra rienz de quictance, comme dessus.

(11) *Item.* Que les levées et executions des villes fermées composées à nombre de feux, se feront par tele maniere; et sy il y a aucun puissant qui ne veulle payer, ou que l'en ose executer, par baillant aux esleuz et receveurs par ecript les noms et les sommes, il seront par les esleuz et receveurs ou par leurs commis, executez au plus explettament que l'en poura, et contraint de payer principal et peine, sanz deport, comme dessus est ordené du plat pays.

(12) *Item.* Comme par plusieurs ordenances pieça faites, noz diz officiers ne doivent point pour oster tout souppeçon, estre marchans, nous voullons et commandons que ceulz qui seront de nouvel instituez, se delivrent de leurs marchandises et les baillent par ecript, se aucuns en ont, selon ce et dedens le

temps que l'article qui de ce fait mention, contient en nos autres ordenances, sur quanque ilz se pevent meffaire envers nous, et de perdre leurs dites marchandises.

(13) *Item.* Et aussi seront les diz receveurs tenuz de bailler leurs debtes incontinent quand ilz seront mis hors d'office; et voulous et ordenons qu'ilz les baillent selon la forme des precedens ordenances en l'article qui en fait mention, sans delay, à son successeur receveur, lequel les lievera et explectera à nostre prouffit, et ren lra en ses comptes.

(14) *Item.* Pour ce que multiplication d'officiers donne aucunes foiz confusion, nous voulons et ordenons que à Paris ayt seulement trois esleuz et un receveur; à Roüen deux, et pour la ville et vicomté, un receveur; en la recette de Gizors, un esleu; et pour les recettes d'Arques, Fescamp et Montivilliers, un eleu demourant à Fescamp; pour ce que c'est en my marche: et en chacun des autres dioceses, aura deux esleuz et un receveur seulement; et demoura le nombre des receveurs particuliers, grenetiers et contrerolleurs, ez lieux où ilz sont ordenez.

(15) *Item.* Que aucuns receveurs ne soient en l'office d'esleu.

(16) *Item.* Revoquons et ostons tous esleuz receveurs generaulz; excepté le receveur general à Paris.

(17) *Item.* En chacun diocese ou ailleurs, où il y aura esleuz, aura un clerc avecques les diz esleuz, qui fera à nos gages, et fera controlle des livres des baulx des fermes, des enchieres, tieçoyemens, doublemens, amendes, tant du fait du sel, comme autres taxations, deffaux et autres exploiz; et fera les commissions du bail des fermes, et autres escriptures appartenans audit fait, sanz en prendre don ou autre prouffit, excepté ses gaiges; et ne pourront ou devront les esleuz sceller ne delivrer aucune commission ou lettre, se ledit clerc ne les a premierement signées; lequel enregistrera premierement la briefve substance devers luy, avant qu'il les signe.

(18) *Item.* Les euvres qui seront et devront estre envoyez en la chambre des comptes, quand le receveur voudra compter, seront clos et scellez des sceaux des esleuz, et signez en la fin de chacune somme total de chacun subcide, imposition, XIIIe. IIIIe. et foüages; et aussy en la fin de la somme total du livre, du seing manuel des diz esleus et clerc, en verifiant et approuvant les choses contenues audit livre; et pareillement

sera le contrerolleur ou livre de son contrerolle; et quant à
le fait des gabelles, nous avons ordené ce qui s'ensuit.

(19) *Premierement.* Que pour relever et allegier nostre puepfe
de ce que nous pouvons bonnement, nous avons ordené que
tout le sel qui est en noz greniers à present, et qui sera mis
doresenavant, à qui qu'il soit, chacun marchant senz attendre
le tour du papier, qui en voudra faire le meilleur marché, et
plus rabattre du prix qui y est ou sera ordené pour le marchant,
sera receu à le vendre devant les autres qui si bon marchié n'en
vouldront faire, jusques à la quantité de dix muys à la foys; et
yceulz dix muyds dispensez, se un autre marchand veult encor
faire meilleur marchié, il sera receu, et vendra jusques à ladite
quantité de dix muys; et ainsy en continuant de dix muys en dix
muys, se fera la vente d'icelny sel de celuy qui meilleur marchié en vouldra faire, sanz ce que les diz marchans puissent
en faire aucune alliance par fraude contre le bien publique,
par quanque ilz se pourront meffaire envers nous; et se il n'y
avoit aucun qui se voulsist abessier, l'en vendra ledit sel selon
ledit prix de la gabelle et audit tour de papier; mais en la ville
et ès greniers de Paris où il y a plus habondance de peuple, l'en
le fera en la maniere dessusdite, jusques à vingt muys à la fois.

(20) *Item.* Comme ez autres ordenances precedens par nous
faites sur le fait des gabelles, soit expressement contenu que
tout le sel qui seroit amené pour vendre en aucunes villes où
nous avons grenier, seroit descendu et mis ou dit grenier par les
diz greneliers et contrerolleurs d'illec, et que du lieu où seroit
mis ledit sel, les diz greneliers et contrerolleurs auroient chacun
une clef, et le marchand à qui le sel seroit, une autre clef;
et que aucun sel ne seroit mis ou descendu en grenier ou maison
de persone qui vendist sel à detail; et aussy que tout ledit sel
seroit vendu par ledit grenetier et contrerolleur, le pris qu'il
seroit ordené, et l'argent de la vente mis en lieu seur, en coffre
ou escrin fermant à trois clefs, dont le grenetier auroit l'une,
le contrerolleur l'autre, et le marchant l'autre; lesquelles ordenances en ce cas n'ont pas esté gardées, dont pluseurs inconveniens sont ensuys ou grant dommage de nous et des marchans; nous voulons et expressement commandons que doresenavant elles soyent tenues sanz enfraindre.

(21) *Item.* Que tous les deniers qui seront prins ou dit coffre
ou escrin, pour faire aucuns payemens ordenez à faire, ledit
contrerolleur fera registre en son livre, et sera present aux

payemens que en fera le grenetier, soit aux marchans ou à autres, se les payemens se font au lieu; et ce c'est pour porter hors, il le registra, et sera le grenetier tenu au retour de son voyage, de luy moustrer la descharge qu'il en aura, et ledit contrerolleur en fera registre en son livre, comme dessus; et se il trouve aucune faulte, il le signiffiera incontinent aux generaulx conseilliers sur ledit fait, et ne luy laissera delà en avant aucune chose prendre, se il n'en a exprès mandement desdits generaulx, faisant mention de ladite faulte.

(22) *Item*. Que aucun marchant regratier ne detailleur, ne pourra vendre par quelque maniere que ce soit, que au-dessoubs d'un minot, par pluseurs partyes, ainsy comme bon luy semblera, à petites mesures, sanz fraude.

(23) *Item*. Que aucun regratier ne pourra vendre sel ez mettes des greniers, senon en bonnes villes, en marchié ou en autre lieu publique; et en plat pays, ez villes (1) où il y a marchié seulement, en plain marchié, et à jours de marchié.

(24) *Item*. Que les diz regratiers ou vendeurs à détail seront ordennez par les grenetiers et contrerolleurs, et jureront chacun an à tenir ces presentes ordenances; et que se ilz scevent aucun qui vende ou achete sel qui n'ait esté pris ou dit grenier, il le revsleront aus diz grenetier et contrerolleur; et au proffit qui en ystra, ilz auront tel prouffit comme cy après sera eclarcy; et prendront chacun an lettres des diz grenetiers et contrerolleurs, de laquelle lettre ilz ne payront riens.

(25) *Item*. Que aucuns grenetiers, contrerolleurs, mesureurs, courratiers, porteurs, ne autres qui s'en entremettent ou entremettront de fait de sel, comment que ce soit, ne prendront d'oresenavant aucun droit de sel ou autres choses quelconques; exceptez les diz mesureurs, courratiers et porteurs, qui prendront salaire d'argent, tel comme il souloyent avoir d'ancienceté.

(26) *Item*. Que aucuns marchands ou officiers ne pourront donner ou distribuer aucun sel à quelque personne que ce soit, se ce n'est de sel estant ou grenier, et en payant la gabelle.

(27) *Item*. Que toutes personnes soyent d'eglise, nobles ou autres ayans paiages ou rentes de sel, seront tenuz de le faire

---

(1) Je crois qu'il faut entendre ici, par ce mot, et les bourgs, à la difference des bonnes villes, les grandes villes, qui dans plusieurs ordonnances sont appellées les villes fermées. (Secousse.)

...à nostre plus prouchain grenier de sel, duquel il auront ...chement pour leur user par la main du grenetier et contre-
...eur, et le demourant sera vendu ou dit grenier au prix des
...chans, en prenant sus nostre droit; ou s'il ont plus chier, les
...grenetiers et contrerolleur leur bailleront comptant l'argent
...leur sel, au pris que le marchand vendra à ce jour; et lo dit
... sera vendu à nostre prouffit, toutes et quantes foiz qu'il sem-
...blera bon aus diz grenetiers et contrerolleurs.

(28) *Item*. Sera deffendu par cry solennel et par toutes autres
voyes que l'en pourra, que nul ne soit sy hardy d'achepter, vendre ou depenser aucun sel de (1) salynous ny d'autre sel, que
... sel pris ez plus prouchains Greniers.

(29) *Item*. Quiconques trouvera aucuns menans sel ou portans ez metes d'aucuns greniers, qui n'aura esté prins ou dit
grenier, il le pourra prendre par cette generalle Ordennance, et
...a en ce cas reputé sergent royal, sanz autre commission; et
...emblablement pourront prendre les chars, charettes, chevaux,
...efs et autres voytures, menans, portans ou conduisans le dit
...d, et tout ce amener pardevers ledit grenetier et controlleur
...dit grenier, comme forsfait et acquis à nous; lesquelz le regis-
...ront incontinant en leurs papiers et registre; desquelles forfaitures, tant du sel au prix qu'il sera vendu ou grenier pour nous
et pour le marchant, comme des autres choses, ensemble des
...mandes qui en ystront, ledit preneur aura le tiers; la justice
du lieu où ce aura esté pris, tant en nostre jurisdicion moyenne
comme en subjecte, l'autre tiers, par la main dudit grenetier et
contrerolleur qui incontinent leur payeront sanz en riens prendre
...a retenir par don ou autrement; et nous l'autre tiers; et se
ladite prise est faitte par personne par especial à ce commise,
...u par aucuns de noz officiers, soit le grenetier, contrerolleur
...u autres, nous en aurons le quart, ladite justice l'autre quart,
et le preneur la moitié qui sera payé comme dessus; et ledit
...el ainsy confisqué sera mis ou grenier pour vendre, quant il
semblera bon aux diz grenetier et controlleur.

---

(1) Ces mots sont dérivés de celui de *salin*, qui signifie un puits ou une autre
...urce d'eau salée propre à faire du sel. Il était défendu de se servir du sel tiré
des salins, et l'on ne devait faire usage que de celuy qui provenait des marais
...lans du *Poitou* et des pays circonvoisins, lorsqu'il avait été porté aux greniers.
(*Seconsse*.)

(30) *Item.* Se aucuns de quelque estat ou condition qu[i] soyent, conduisent, accompagnent, receptent, soustien[nent] confortent, aydent ou herbagent céellement ou en app[ert] aucuns des diz faulx marchans portant ou conduisant sel, a[rmez] ou desarmez; et aussy se aucun est atteint deuement et tro[uvé] avoir vendu ou achepté de tel sel non gabellé, ou autrement [en] avoir usé, il sera contraint à l'amander selon le meffait; et d[e] l'amande qui en ystra, celuy qui aura fait l'information, aur[a le] quart; celuy qui aura le fait accusé, soit de noz officiers ou a[u]tres, l'autre quart; et nous la moitié.

(31) *Item.* Se ledit grenetier treuve aucuns marchan[s ou] autres personnes quelconques, qui ayent mesprins ou mepre[n]gnent pour le temps avenir ou fait de ladite gabelle, ou qu[i] facent oucune chose contre ces presentes ordenances, il reque[rra] aux esleuz du lieu qu'ilz en facent punition, sy c'est en lieu [où] il y ayt esleuz et grenetiers; et se c'est en lieu où il n'ait [que] grenetier et contrerolleur seulement, la verité sceue, ilz en po[u]ront determiner et ordener deuement selon la qualité du meff[ait]; et se les cas estoyent sy grant qu'ilz en doutassent à determin[er], ilz pouront adjourner les malfaicteurs à comparoir personne[lle]ment à certain jour competent, pardevant les generaux-conse[il]lers sur ledit fait à Paris, pour respondre à nostre procureur.

(32) *Item.* Par les dioceses seront mis certains commissai[res] bons et suffisans par les esleuz, grenetiers et controlleurs d[es] lieux, qui feront chacun au serement qu'ils se prendront gar[de] des faulx marchans de sel, et les prendront, arresteront e[t] ameneront se ilz les pevent avoir, pardevers les diz esleuz e[t] grenetier; et se ilz ne les peuvent avoir, ilz lez revelleront a[u]x diz esleuz et grenetiers; et semblement feront de tous ceu[lx] qu'ilz sçauront avoir vendu, achepté ou usé de sel non gabellé; et du prouffit qui en istra, ilz auront la moitié, comme de[ssus] est dit; et feront serment de bien et loyaument exercer les di[z] offices; et se les diz commis font fraudes ou dit fait par corru[p]tion, ou autrement indeuement laissoient aller les diz faux ma[r]chans, ou leur fissent aydes, conseil et confort, ilz soient priv[és] de tous offices royaulx, et leurs biens confisquez à nous.

(33) *Item.* Les esleuz et grenetiers feront jurer solennelme[nt] aux Saintes Evangiles de Dieu, chacun an une foiz, aux col[]lecteurs des foüages de chacune paroisse, qu'ilz enquerront bie[n] et diligemment se aucuns de ladite paroisse vent, achepte [ou] use de sel non gabellé; et sytost qu'il venra à leur cognoissan[ce],

… le reveleront aus dits esleuz et grenetiers; et leur sera enjoint et commandé que ainsy le facent; et tous ceulz qui le reveleront auront tel part et prouffit comme dessus est dit.

(34) *Item.* Les diz esleuz et grenetiers, clers, contrerolleurs, et chacun d'eulz, enquereront et se informeront diligement de tout ceulz qui ont esté et seront faux marchans de sel, ou en auront acheté, vendu ou usé, ou qui frauduleusement en menront, vendront, acheteront ou useront; et tous ceulz qu'ilz trouveront coulpables par informacion, et qu'ilz pourront cognoistre deuement, ilz les puniront: ou se ilz n'en veulent cognoistre, ils les feront adjourner pardevant les diz generaulz à Paris, comme dessus.

(35) *Item.* Tout le sel qui passera doresenavant par le pont de Sée, sera mesuré, sy comme autreffoiz fut ordené, combien que depuis à la requeste d'aucuns marchans, pour ce qu'ilz disoient qu'ilz avoyent trop de delay et de despense, fut ordené qu'il ne seroit que jaugié; et depuis y ont esté trouvées et fait plusieurs fraudes, en quoy nous avons eu trop grand dommage; et pour ce sera mesuré avant qu'il passe ledit pont, comme dessus est dit; et bailleront caution illec les marchans de le mener ou grenier où ilz le voudront mener, et nommeront le grenier, et ne le pourront mener autre part.

(36) *Item.* Se il y a aucun sel ez batteaux qui passeront par ledit pont de Sée, qui soit empeschiez ou autrement (1), soit en batteliers ou autres, l'on ne laissera aucuns passer; mais seront mesuré et mis avecques l'autre sel, et en baillera l'en caution comme de l'autre sel.

(37) *Item.* Est nostre entente, voulons et commandons que toutes noz ordenances precedentes ces presentes, tant sur le fait de noz aydes, impositions, foüages, gabelles, et autre ordre et maniere de proceder. garder, comme sur noz officiers, gardes de forteresses, chasteaux de guez, et autres choses, demeurent en leur force et vertu; et seront tenuës de point en point et gardées selon leur forme et teneur, en tous articles et matieres là où par ces presentes ordenances n'est derrogé ou autrement declairié, mué, augmenté ou diminué.

---

(1) Il me paraît que le sens de cet article est, que s'il se trouve du sel dans des batraux qui ne soient point entièrement destinés à voiturer cette marchandise, il sera porté dans ceux qui ne seront chargés que de sel. (Secousse.)

(38) *Item*. Que tous les diz officiers qui demourront en leurs offices, ou seront de nouvel instituez, facent serment solennel et sur la foy, loyauté et amour que ilz ont et doivent avoir à nous, qu'ilz garderont, et feront tout leur povoir de garder et tenir fermement et veritablement, sanz ficcion ou double entencion, lesdites ordenances, chacun en ce qui luy touchera et appartendra à son office, sanz faire en quelque chose le contraire; et ne prendront prouffit ou avantage sur aucun de nostre peuple, fors seulement ce qui leur sera ordené pour leurs gaiges et prouffits; que loyaument et justement ilz garderont les drois de nous, et des marchans et subgiez et de tout le peuple, et rendront à chacun sa droicture sanz faveur, convoitise ou mauvais entendement; et se ilz apperçoivent que aucuns autres des diz officiers face le contraire, ou ce qu'il ne devra pas faire en son office, il y pourverra ce qu'il pourra, ou le nous revelera sans déport, ou à tel de nostre conseil qui sçaura certainement qu'il le nous dira, ou pourra ou voudra à ce pourveoir.

Si donnons en mandement par ces presentes à noz amez et feaulz conseillers l'evesque de Bayeux, Estienne de la Grange chevalier, president en nostre parlement, maistre Jehan Pastourel maistre de noz comptes, et François Chanteprime receveur general des diz aydes, generaulz-reformateurs ordenez de par nous en nostre royaume, aux trois et aux deux d'eulz, que noz presentes ordenances facent crier et publier solennelement par-tout là où il appartendra, et ycelles tenir et garder sans enfraindre selon leur forme et teneur.

En tesmoing de ce, nous avons fait mettre nostre seel à ces presentes lettres.

Donné à Montargis, le vingt et unieme jour de novembre, l'an de grace mil trois cens soixante dix neuf, et le sezieme de nostre regne.

N°. 608. — LETTRES *sur les lizières ou marques du drap, defendant de les contrefaire, sous peine d'amende et de confiscation.*

Montargis, 21 décembre 1379. (C. L. VI, 454.)

N° 609. — SENTENCE *prononcée par le lieutenant-général du Roi, contre les habitans de Montpellier, à l'occasion d'une rébellion* (1).

Montpellier, 14 février 1379. (Mss. de la Bibl. du Roi, Tit. concernant l'Hist. de France, Carton n° 96.)

C'est a scavoir l'université a perdre consuls consulas maisons et arches communes, sel et cloches et touttes auttres juridictions, et furent condamnés envers le Roy, et le dit duc d'Anjou, en six vingt mille francs d'or, et depens que ledit duc avoit fait a cette cause; et quand aux seculiers six cent des plus coupables a mourir, c'est a scavoir deux cent a coupper les testes, deux cents pendus, et deux cent avec les enfants infammes en perpetuelle servitude, et les biens confisqués de la moitié de tous les biens d'icelle ville, deux porteaux de la ville, et les jours et les murs qui sont entre les porteaux à abattre, et les femmes d'entre deux emplir tous les harnois et armures de cette ville, a estre ars les consuls et les plus notables d'icelle ville traire les morts qui avoient été occis en cette rumeur des puiz ou ils furent jettés. Il fut ordonné que la ditte université fonderoit une église ou une chappelle ou il y auroit six chappellains qui auroient chacun soixante livres de rente, en icelle chappelle sera mise la cloche de quoy on sonna le tanquehan; et outre fut condamné l'université en une restitution des biens des morts, et l'interest des portaux. Tantost la ditte sentence prononce et devertoient les consuls publiquement de robbes consulats sans mantel cotte et chapperon et rendirent audit duc le scel de la dite ville, toutes voyes ils se servirent et requirent avec le peuple misericorde très humblement; et lors ledit cardinal de l'Alvenici et plusieurs autres prelats de par le Pape envoiés et de par le college des cardinaux prierent ledit duc moult affectueusement qu'il eut pitié de ce peuple et que il ne voulsit procedere a autre execution jusques a ce qu'il eust oy parler lesdits cardinaux, et leur assignat ledict duc sursis jusques a lendemain en ceste mesme place pour les ouir, auquel jour et lieu,

---

(1) Ils s'étaient révoltés au sujet d'une aide levée par le duc d'Anjou, pour la guerre de Languedoc, et ils avaient mis à mort les commissaires royaux, et autres, au nombre de 80. Le duc d'Anjou entra en armes dans Montpellier le 15 janvier; la ville demanda mercy. La sentence fut prononcée en présence du duc, en la manière suivante. (Isambert.)

ledict cardinal et colleges religieux et religieuses de ladite ville université et très grand nombre des femmes et des petits enfans crioient misericorde pour le peuple ; ledit cardinal disoit moult de belles paroles audit duc et fut faitte une collation par ung frere des jacobins tout tendant affin de misericorde. Si fist ledit duc moderation de sentence, et remission de six cent mille francs et que les portaux et murs dessusdits ne seroient n'y abbattus, et leur rendit leur consulat, maison jurisdiction et scel, reserve l'office de baillif, et tous les autres qui seront sous luy demouront en l'ordonnance dudit duc. Et quant a execution de six cents condamnés fust dit que tous ceux qui avoient été cause de la commotion et qui avoient mis leurs mains aux morts seroient avec leurs biens en l'ordonnance du Roy, et aussy remist la moitié des biens des autres de ladite ville et les chapellains furent rammenés à trois, et les armures et artilleries de cette ville furent mises en la main du Roy pour faire à sa volonté, et fust dit qu'ils payeroient les despenses que ledit duc avoit fait en cette besogne, lesquelles choses furent ordonnées par ledit duc à six mille francs.

N°. 610. — TRAITÉ *d'alliance offensive et défensive*, entre *Richard, Roi d'Angleterre et de France, et le duc de Bretagne* (1).

Westminster, 1er mars 1379. (Rymer, tom. VII, p. 273. — Dumont, Corps diplomat., p. 147.)

N°. 611. — LETTRES (2) *portant défenses au gouverneur du Dauphiné, de permettre des exécutions, si on ne justifie de titres authentiques* (3).

Paris, 6 mars 1380. (C. L. XII, 122.)

KAROLUS, etc. Pro parte procuratoris nostri generalis dalphinatûs nobis significatum extitit conquerendo, quòd nonnulli

---

(1) Dumont dit mal à propos, que cette alliance eût lieu contre Charles VI. Charles V n'est mort que le 16 septembre 1380, et le duc de Bretagne eut le temps de se réconcilier avec lui. *V*. ci-après, à la date des 10 avril et 22 mai 1380. (Isambert.)

(2) Ces lettres sont attribuées à Charles VI, mais c'est une erreur qu'indique la date de l'an 17e du règne qui est à la fin. Nous les restituons à Charles V, malgré l'autorité des Bénédictins, qui ne commencent l'année 1380 qu'au 25 mars (*Idem*.)

(3) Il en est de même aujourd'hui pour toute saisie immobilière et autres; il

...missarii, executores et servientes sigilli parvi Montis-pessu-
lani et superioritatis in Sumidrio existentis, per certas commissiones eis directas et vobis presentatas sepiùs vos requirunt ut
quosdam debitores pretensos, in ipsis litteris nominatos, compellatis aut compelli faciatis ad solvendum summas in quibus asse-
runt esse efficaciter obligati et predicte curie submissi, et in casu
oppositionis, manu sufficienter munita, predictos debitores habeatis remittere coram judice dicti parvi sigilli cum cominatione
marche seu reprehensalie subditis dicti dalphinatûs inferende,
in casu quo in predictis faciendis fueritis negligens vel remissus,
licet dicti commissarii, exequtores et servientes, de aliquibus
obligationibus et submissionibus, vigore quarum exequtiones
predictas petunt fieri, nullatenus vos informent, quòd est contra
debitum rationis, usum, stilum et consuetudinem in patria dalphinali diutiùs observata, et etiam redundat in grande dampnum et prejudicium dalphinalium subditorum, à nobis super
hoc debitum remedium postulantium.

Nos igitur subditos nostros, à quibuscumque vexationibus et
oppressionibus indebitis relevare volentes, vobis precipimus et
mandamus quatenus requisitionibus dictorum servientium et
commissariorum dicti sigilli vobis suarum commissionum vigore
factis, à modò in anteà nullatenus obtemperetis, nisi primitùs
vobis facta fide de litteris originalibus obligatoriis, vigore quarum executionem petunt fieri, aut saltim de earum vidimus sub
sigillo auttentico, casu quo propter viarum discrimina aut alia
pericula non possent dicte originales littere transportari et vobis
liberi; quod eidem procuratori nostro concessimus et sic fieri
volumus, usu, stilo, viribus et consuetudinibus dicti sigilli, litteris à nobis seu predecessoribus nostris in contrarium impetratis, vel impetrandis non obstantibus quibuscumque.

Datum Parisiis, die 6° mensis martii, anno domini MCCCLX.
Et regni nostri XVII°.

Per Regem dalphinum, ad relationem Consilii.

---

612. — Traité *de paix entre le Roi de France et le duc de Bretagne* (1).

10 avril 1380. (Bibl. du Roi, Mss. de Bethune, vol. cote 9419, p. 170.)

...est que par une saisie arrêt, que l'on peut obtenir une permission du juge. *V.*
Code de procedure civile. (Isambert.)
(1) Il a été convenu que ledict duc viendrait devers le Roy, accompagné de

N°. 613. — LETTRES *portant nomination de cinq conseillers d'État, à l'effet de visiter les domaines royaux dans le Languedoc, de révoquer les engagemens non autorisés par l'autorité royale; d'informer sur la conduite des officiers, de les suspendre ou renvoyer, de composer avec les comptables ou de les punir, de faire des levées de gens d'armes, de traiter avec les ennemis ou avec les places, de lever les aides, et enfin, de statuer, comme juges souverains et sans appel au parlement, au nombre de deux au moins.*

Château de Vincennes, 23 avril 1380. (C. L. VI, 46.)

gens de son pays ainsi qu'il voudroit, et luy étant devant le Roy à genoux, seroit en présence desdits ambassadeurs;

« Mon très redouté seigneur, je vous supplie que vous me veuillez pardonner de ce que je vous ay courroucé dont il me desplait bien fort, et de tout mon cœur, et après ces paroles à la prière des amis du dict duc, le Roy lui pardonneroit, et après ledict pardon que ledict duc feroit hommaige au Roy du duché de Bretaigne et de tout ce qu'il tient du Roy en la manière qu'il avoit autrefois faict, que le comté de Montfort seroit rendu audit duc qui en feroit aussi hommaige, et que ledict duc jurera d'estre à l'advenir bon et loyal subject du Roy et du royaume à l'advenir et se joindra avec le Roy contre le roy d'Angleterre, le roy de Navarre, et aultres; outre le Roy usera en la duché de Bretaigne de ses droits royaux, souveraineté et ressort en la manière que luy et ses prédécesseurs faisoient au temps du duc Jean dernier décédé, que le duc fera hommaige en la manière que faisoit ledict duc Jean, que ledict duc fera aussi hommaige qu'il est tenu faire au duc d'Anjou pour le chastel et chastellenie de Chanteauceaux, ce faict lui sera rendu ledict chasteau et Chastellenye, et oultre ce ledict duc baillera au Roy dans certain temps la somme de 500 mille francs pour plusieurs frais faicts par le Roy durant les différends d'entre luy et ledict duc, pour asseurance de ce traicté les gens d'eglise nobles et autres personnes du pays s'obligeront à l'entretenir et se joindre pour le Roy contre le duc d'Angloys et Navarre en cas de contravention de sa part, que ledict duc viendra vers le Roy dans certain temps y préfix, et pour seureté de sa venue le comte de la Marche, M°°. Philippes d'Artois, le mareschal de Blainville, et M. Jean de Bueil seront baillés les ostages, quand ledict duc viendra monsieur de Bourbon le connestable de France et messire Jean de Vienne admiral iront le recevoir à l'entrée de la Bretaigne et le reconduiront jusques là à son retour. Au bas duquel est la confirmation dudict traicté faicte par ledict duc et promesse de l'entretenir. » (Mss. de la Bibl. du Roi, Tit. concernant l'Hist. de France, Cot. n° 97.) — V. ci-après, pag. 550, les lettres de pardon, du 27 mai 1380. (Isambert.)

JUILLET 1380.

p. 614. — LETTRES *adressées au bailli d'Amiens, faisant défenses aux personnes y dénommées, et sous les peines y portées de se faire la guerre pendant les guerres du Roi.*

Paris, 18 mai 1380. (Ducange (1) sur Joinville, p. 484, éd. 1819. Collect. des Mém. relat. a l'Hist. de France.)

CHARLES, etc. Comme par nos ordonnances royaux toutes guerres et voyes de faict soient deffenduës entre nos sujets et en nostre royaume, pour ce que aucuns puissent, ne doivent faire guerre durans nos guerres, et nous ayons entendu que Charles de Longueval, escuier sire de Maigremont, de sa volonté a deffié et fait deffier nostre amé et feal chevalier Guillaume Chastelain de Beauvais et grant queu de France, et s'efforce ou veut efforcier par lui, et ses adherans, de faire, ou vouloir faire grieve audit Chastellain, et à ses amis, contre nos ordonnances, et attemptant contre icelles, et pour occasion de ce ledit Chastellain voulant resister contre ledit Charles s'efforce de faire armées et assemblées de ses amis, et par ce lesdites parties delessent à nous servir en nos guerres, dont il nous déplaist, s'il est ainsi. Pourquoy nous voulans pourvoir à ces choses, et pour obvier aux perils et inconveniens, qui pourroient enssievir, vous MANDONS et enjoignons étroitement, et à chascun de vous, si comme il appartiendra, en commettant se mestier est, que ausdites parties, et

---

(1) Ducange donne a la suite de cette ordonnance un procès verbal contenant mandement adressé par le bailli au receveur, pour avoir paiement des frais d'exécution. Cette pièce est curieuse, mais elle ne peut entrer dans le plan de notre ouvrage. Ducange ajoute : Jean Lecocq rapporte deux arrêts du parlement de Paris, l'un de 1386, par lequel la guerre fut défendue entre les sujets du Roi, non seulement durant la guerre, mais même durant les trèves; l'autre, de 1395, par lequel défenses furent faites au comte de Pardiac, et au vicomte de Carmain, d'une part, et au seigneur de Barbazan en Gascogne, d'autre, de se faire la guerre et de mettre en armes : *Quod licitum esset eis, vel aliis de regno Franciæ guerram facere regiis guerris durantibus.* (Jo. Galli., quæst. 198, 335.) Ce qui fait voir que l'on a eu bien de la peine à abroger cette espèce de guerre, puisque, pour ne pas choquer absolument la noblesse, on a apporté de temps en temps ce tempérament, qu'ils ne pourraient pas en user durant la guerre du Prince. (*Guido Papæ*, décis. 457.) Enfin Louis XI, qu'on dit avoir mis les Rois hors de page, n'étant encore que dauphin de Viennois, par ses lettres du 10 décembre 1451, abrogea cet article, qui est le quatorzième des libertés de ceux du dauphiné : *Quo cavetur effectualiter, quod nobiles hujus patriæ, unus contra alium, possunt impuné sibi guerram inducere, et facere propriâ auctoritate, donec eisdem ex parte justitiæ fuerit inhibitum.* (Decrusy.)

5.   34

à chascune d'icelles, se trouvées peuvent estre, à leurs personnes, vous deffendes, et faites faire inhibition et deffense de par nous, sur canques il se peuvent mesfaire envers nous, que il ne procedent en voye de guerre, ne de faict les uns contre les autres, mais s'en cessent et desistent du tout, en les contraignant à ce par prinse de corps et de biens, et autrement, si comme il appartiendra. Et ou cas que eux ou l'un d'eux ne pourroient estre trouvez ; faites ladite deffense semblablement à leur amis, adherens, aliez et complices, et à ce contraignez, et faites contraindre rigueureusement, et sans deport, les rebelles et autres qui seroient ou persevereroient au contraire par prinse et detention de corps et de biens, en mettant et multipliant et faisant mettre et multiplier mangeurs et degasteurs en leurs hosteux et sur leurs biens et en faisant descouvrir leurs maisons, se mestier est par toutes autres voies et remedes que faire se pourra et devra par raison, jusques à ce qu'il aient cessé ou fait cesser ladite guerre, ou qu'il aient donné ou fait donner bon et seur estat, ensemble et en ces choses procedez, et faites proceder par main armée se mestier est, car ainsi le voulons nous estre fait, nonobstant mandemens et impetrations sur ce faites subrepticement au contraire.

Donné à Paris, etc., et de nostre regne, le XVIIe.
Ainsi signé par le Roy, à la relation du conseil......

N°. 615. — Lettres *de pardon et d'oubli accordées au duc de Bretagne, et à tous ceux de son pays, pour avoir fait la guerre au Roi sans cause ni couleur.*

22 mai 1380. (Archiv. du château de Nantes, Arm. P, Cassette E.

N°. 616. — Lettres *qui accordent à cinq usuriers le droit de faire exclusivement l'usure dans la ville de Troye* (1).

Château de Vincennes, 2 juin 1380. (C. L. VI, 477.)

---

(1) *V.* ci-dessus, note p. 489. (Decrusy).
Le 17 août suivant, le Roi accorda les mêmes priviléges à d'autres personnes, auxquelles il permit de s'établir dans différentes villes de son royaume. (Secousse).

N° 617. — LETTRES *d'adoption de Louis d'Anjou, par Jeanne, Reine de Naples, et investiture par le Pape, en faveur de ce prince, du même royaume et des comtés de Provence, Forcalquier et Piémont.*

29 juin 1380. (Mss. de la Bibl. du Roi, Tit. concernant l'Hist. de France, Carton 97. — Godefroy, Hist. de Charles VI, p. 542 et 545.)

N° 618. — LETTRES *qui défendent aux échevins de Mouson d'aller, aux frais des parties, consulter sur les jugemens qu'ils doivent rendre des personnes demeurantes dans des lieux éloignés de cette ville.*

Bois de Vincennes, pénultième de juillet 1380. (C. L. VI, 483.)

N° 619. — ORDONNANCE *portant suppression des impôts établis sans le consentement des États* (1).

15 septembre 1380. (Villaret. — Mably.)

N° 620. — TESTAMENT *de Charles V.*

Château de Beauté-sur-Marne, 16 septembre 1380. (Chamb. des comptes, mémor. D. fol. 228.)

CHARLES, etc. A nos amez et feaux conseillers Aymery de Magnad, évêque de Paris, Mille de Dormans, évêque de Beauvez, Jehan, conte de Sarrebruche, notre cousin Boutillier de France, Pierre d'Orgemont, chevallier et notre chancellier, Bureau de la

---

(1) Cette ordonnance fut faite par le Roi la veille de sa mort. Il n'était plus temps de rien faire d'utile. Quand cette ordonnance aurait été publiée et exécutée, quel en aurait été le fruit ? Les bienfaits d'un prince qui se meurt ne font que des ingrats et ne servent qu'à rendre plus difficile l'administration de son successeur. Toujours agité, toujours inquiet sur l'avenir, Charles mourut, ne prévoyant que des malheurs. Le règne d'un prince à qui les historiens ont donné le surnom de sage, fut perdu pour la nation; et s'il est vrai que pouvant donner des règles et des principes fixes au gouvernement, son ambition s'y soit opposée, ne faut-il pas le regarder comme l'auteur de tous les désastres que la France va éprouver ? Mably, Obs. sur l'Hist. de Fr., liv. VI, ch. I. — (Decrusy.)

Cette ordonnance était dans le registre E de la Chambre des comptes de Paris, qui comprenait les ordonnances de Charles VI. Ce registre a été enveloppé dans l'incendie du 27 octobre 1737. (Secousse.)

Rivière notre premier chambellan, frere Maurice de Coulan[ges] notre confesseur, Philippe de Sarvisy notre chambellan, Est[ienne] de la Grange chevalier et president en notre parlement, Jehan [le] Mercier, maistres Thomas le Tourneur et Jehan Crete mais[tres] de nos comptes, maistre Hugues Boilcaüe notre soubz aumos[nier] maistre Jehan Canart advocat en notre parlement, Jehan [de] Vaudetar et Gile Malet, nos valets de chambre ordinaires et com[mis] executeurs de par nous sur le fait et accomplissement [de] notre testament et darraine volenté salut et dilection.

Comme par la voulenté de notre seigneur nous aucuneme[nt] mal disposez de maladie estans touttes voies en bonne et sai[ne] mémoire et pensées et pour ce aiens désir et affection de regard[er] et adviser au sauvement de notre ame et ordener de notre po[voir] sur les choses par lesquelles puissions acquérir l'amour et [la] grace de notre seigneur et venir à la gloire perdurable et mesme[ment] soit notre finale parfaite et vraye entencion que toutes nos det[tes] et par espécial pour la dépense de notre hostel et de feue no[tre] compagne la Royne soient promptement payées, et notre testa[ment] en un codicile depuis iceluy testament par nous ordené [et] fait entierement accompliz et pareillement de ce en quoy pov[ons] estre tenuz à exécution de feu le cardinal de Beauvais po[ur] cause de certain prest eu de la dite exécution et aussy à l'exec[u]tion de feu Bertrand de Guesclin notre connestable et à plusie[urs] marchands de Paris pour joyaux d'orfevrerie et draps d'or et [de] soye que eux avons deubz satisfaction sans delay soit faitte. Po[ur] toutes lesquelles choses faire et entretenir ayons jà piéça [des] rentes et revenués de notre propre héritage comme de notre dau[l]phiné de viennois et d'ailleurs miz en garde et dépost en la tou[r] de nostre chastel du bois de Vincennes la somme de ii mil[le] frans d'or compris eux viii° frans qui nous devoient estre apportes de notre dauphiné des la my aoust darrenement passée et u[ns] que nagaires avons fait delivrer pour l'achat de certaine ren[te] pour les chanoines de notre nouvelle fondation du dit bois.

Voulons et ordonnons de notre certaine science et propre mou[ve]ment que les clefs ou sont lesdits ii mil frans en la ditte to[ur] compris les x° dessusdits vous soient baillées et delivrées tantost et vous commandons que iceux ii mil frans vous prenez, recev[ez] et les mettez incontinent devers vous pour distribuer, faire entériner et accomplir les choses dessus dattées et chacune d'icelle par la maniere que il appartiendra et verrez que il sera à faire pour le bien et salut de notre ame et de celle de notre compa[gne]

tout ce que par vous ou aucun de vous par la forme et teneur
nostre testament et codicille dessusdits et autrement selon
nredite volenté et ordonnance sera fait nous voulons et mandons estre ferme et vallable et tenu et gardé ainsy que se nous
mesmes l'avions fait en propre personne considéré que dedans
huit jours se il eut plu à Dieu de nous donner santé, nous en
nostre présence le eussions fait parfaire et accomplir sans nulle
faute.

Mandons à tous a qui il appartiendra que sur toutes ces
choses par eux vous soit obey sans contredit et à nos amez et
faux gens de nos comptes que tout ce qui en aura été payé soit
alloué ez comptes de celuy ou ceux à qui il appartiendra non
contrestant ordonnances mandemens ou deffenses faites ou à
faire au contraire.

REMARQUES SUR CE RÈGNE.

Forme et style du cartel (1) proposé par Felleton à Duguesclin, et de la réponse de ce dernier. (1365.)—(Obs. sur l'Hist. de Dug., pièces justif. t. XI, p. 177 de la Col. des Mém. sur l'Hist. de Fr., éd. 1820).

Autre cartel proposé vers 1365 par le prince de Galles à Henri Transtamare. (Ancien mém. sur Duguesclin, même collection).

Acte signé par Jean de Grailly, capital de Buch, pendant sa captivité, donnant des notions sur la position d'un captif et ses obligations. (*Id.*, pièces justif.; t. XI, p. 179).

Hugues Aubriot, prévôt de Paris, pose la première pierre du fondement de la Bastille en 1370.

Les inquisiteurs de la foi, en 1372, condamnent au feu les Turlupins, leurs livres et leurs habits, au nom d'une religion qui ne respire que la douceur et l'humanité. — Les juges séculiers cherchaient dans quelques provinces à modérer ces rigueurs. — Le pape Grégoire en porte ses plaintes au Roi. (Volt. — Essai sur les mœurs).

Le château de Mauvoisin ne relève de personne *fors que de Dieu*.

Mort de l'empereur Charles de Luxembourg, en 1378. On a dit

---

(1) Remarque omise au regne de Jean, qui n'a fini qu'en 1364. (Decrusy.)

de lui qu'il avait ruiné sa maison pour acquérir l'empire, et qu'il ruina l'empire pour rétablir sa maison. — Hen. Abr. chr.

Commencement du Schisme (1378). Grégoire XI avait succédé à Urbain V *qui n'était pas cardinal quand il fut élu pape*. Après la mort de Grégoire XI arrivée le 27 mars 1378, Urbain VI fut élu par tous les cardinaux qui étaient à Rome; plusieurs d'entr'eux en étant sortis, prétendirent que la violence du peuple avait empêché que l'élection ne fût libre, et ils élurent le 20 septembre de la même année Clément VII qui dans la suite se retira à Avignon. Ce Schisme ne finit que 40 ans après, au concile de Constance. On a dit que les cardinaux électeurs de Clément avaient auparavant envoyé offrir le pontificat au roi Charles V qui était veuf, et que ce prince l'avait refusé, parce qu'étant estropié du bras gauche, il n'aurait pu célébrer la messe. (Martens) — Hen. Abr. chr.

L'univers chrétien est partagé entre les deux papes; guerres sanglantes, haines acharnées, trahisons, atrocités, scandale et ridicules sont, durant trente années, le fruit de l'élection de ces deux ministres de paix.

En France Charles V convoque une assemblée de prélats, adhère, d'après l'avis de cette assemblée, à l'élection de Clément VII et proteste contre l'élection d'Urbain VI. La mort de ces deux papes n'éteignit pas cette guerre civile. Le Schisme se perpétua. Les cardinaux Urbanistes élurent Perin Tomas et et après lui le cardinal Meliorati. Les Clémentins élurent Pierre Luna. — Cependant, dit Voltaire, tous ces misérables se disaient hautement les vicaires de *Dieu* et les maîtres des Rois; ils trouvaient des prêtres qui les servaient à genoux, comme des vendeurs d'orviétan trouvent des *Gilles*.

Les États généraux de France avaient pris dans ces temps funestes une résolution si sensée, qu'il est surprenant que toutes les nations ne l'imitassent pas. Ils ne reconnurent aucun pape: chaque diocèse se gouverna par son évêque : on ne paya point d'annates, on ne reconnut ni réserves ni exemptions. Rome alors dut craindre que cette administration, qui dura quelques années, ne subsistât toujours. Mais ces lueurs de raison ne jetèrent pas un éclat durable. Le clergé, les moines avaient tellement gravé dans les têtes des princes et des peuples l'idée qu'il fallait un pape, que la terre fut long-temps troublée pour savoir quel ambitieux obtiendrait par l'intrigue le droit d'ouvrir les portes du ciel. (Volt. — Ess. sur les mœurs).

Philippe de Maizières, conseiller de Charles v, sollicite (1380) l'abolition de la coutume qui refusait le sacrement de Pénitence aux criminels condamnés à mort. Le Roi en fait la proposition au parlement ; elle n'est pas adoptée (Villaret).

Un gentilhomme soupçonné d'assassinat est obligé de combattre en champ clos contre le chien du défunt, qui le vainquit et arracha l'aveu de son crime (Villaret). — Cela paraît une fable. (Isambert.)

Un chevalier partant pour Rhodes dépose mille francs chez un changeur, sous la condition qu'il ne les remettra qu'à lui, ou lui dont qu'il en ferait des aumônes. Le fils du chevalier, sur une fausse lettre du père, trompe le changeur, qui lui paie les mille francs. Procès. Le roi pris pour juge, dit au chevalier : « Vous qui si mal avez chastié votre fils en juence, qui à présent tel offense vous ose faire, votre ignorance vous condamnera, qui mieux ne vous gaitastes de votre fils mal moriginé ; si ne vous ne sera rien restitué. Et toi, dit-il, pour ta folie, Simon Dauma, qui alas encontre l'obligation que tu avois faite et cru simplement les fausses lettres, tu payeras 500 fr., lesquels seront convertis en legs. » (Christine de Pisan, VI, 52. — Coll. des Mém. sur l'Hist. de Fr., édit. 1820.)

Sevestre Bude fut décapité sans cause par ordre du bailli de Mâcon. Ses parens s'en plaignirent au roi : « Se il est mort à tort moins leur (aux parens) doit peser que se à droit fut ; car c'est mieux pour son ame, et a moindre deshonneur pour eux. » (Id., VI, 38.)

On peut, dit Hénault, regarder Charles v comme le véritable fondateur de la Bibliothèque du Roi : ce prince aimait fort la lecture, et c'était lui faire un présent très-agréable que de lui donner des livres ; il parvint à en rassembler environ 900, nombre considérable pour un temps où l'imprimerie n'avait pas encore été inventée, et pour un prince à qui le roi Jean son père n'avait laissé qu'une vingtaine de volumes au plus. La bibliothèque de Charles v était composée de livres de dévotion, d'astrologie, de médecine, de droit, d'histoires et de romans ; peu d'anciens auteurs des bons siècles, pas un seul exemplaire des ouvrages de Cicéron, et l'on n'y trouvait des poëtes latins qu'Ovide, Lucain et Boëce ; des traductions en français de quelques auteurs, comme la Politique d'Aristote, Tite-Live, Valère Maxime, la Cité de Dieu, la Bible, etc. Charles v la fit placer dans une des tours du Louvre, que l'on nomma la *tour de la librai-*

rie. C'est de ces faibles commencemens, que s'est formée [la] bibliothèque royale, dont il aurait été difficile alors de prévo[ir l']éclat et la grandeur : elle fut considérablement augmentée p[ar les] soins de Louis XII et de François Ier, à mesure que les lettre[s et le] goût des sciences s'étendirent dans la France, sous la prote[ction] de ces princes. Catherine de Médicis, qui avait acheté la bi[blio]thèque de Médicis, que le malheur des guerres d'Italie ava[it fait] transporter à Rome, la garda tant qu'elle vécut, ayant un bi[blio]thécaire à ses gages ; et après sa mort, de Thou, qui était bi[blio]thécaire du Roi, racheta cette bibliothèque des créancie[rs de] Catherine, et en enrichit la Bibliothèque du Roi. Mais [c'est] principalement sous les règnes de Louis XIV et de Louis XV, qu['elle] a été portée à ce degré d'immensité et de magnificence, q[ui la] rendent la plus riche et la plus précieuse bibliothèque du m[onde]. (Decrusy.)

www.ingramcontent.com/pod-product-compliance
Lightning Source LLC
Chambersburg PA
CBHW051328230426
43668CB00010B/1185